上村達男先生古稀記念
公開会社法と資本市場の法理

尾崎　安央
川島　いづみ
若林　泰伸

編

商事法務

上村達男先生

謹んで古稀をお祝いし

上村達男先生に捧げます

執筆者一同

目次

1　公開会社法　総論

公開会社法の今後の進展
　——持続可能な世界の構築のために……………中村　直人　3
上場会社法制と会社法制の連携………………………中東　正文　35
SDGs・ESG・SCS（SSCM）——会社法学及び
　金融・資本市場法学と持続可能な社会の実現（序論）……河村　賢治　53
ゴルトシュミットとギールケが株式会社法に
　与えた影響について……………………………高橋　英治　93

2　株主・株主権

株式会社の規制区分と取締役会・株主総会間の
　権限配分を巡る定款自治の射程………………中村　信男　115
株主平等の原則および定款変更による属人的な
　定め——東京地裁立川支部の2013（平成25）年9月
　25日の判決を契機にして……………………鳥山　恭一　137
会社持分の自由譲渡性と社員有限責任……………山本真知子　171
個別株主通知と株主名簿制度
　——立法論的・解釈論的考察………………岩原　紳作　195
機関投資家の議決権行使基準の検討………………黒沼　悦郎　225

共通株主（common ownership）の競争問題
　　——コーポレートガバナンスと独占禁止法の共通
　　課題として……………………………………………川濵　　昇　253

3　ガバナンス・内部統制・監査

多発する不祥事の予防と対応に関する公開会社
　の取り組み……………………………………………久保利英明　287
コーポレート・ガバナンスの実状と発展…………牛島　　信　323
取締役会の監督機能と取締役の監視義務・内部
　統制システム構築義務………………………………藤田　友敬　357
米国における改訂版ERMが及ぼす取締役会の
　監督機能への影響——資本市場法的視点から………柿﨑　　環　385
会社法監査と金融商品取引法監査……………………弥永　真生　417

4　企業情報の開示

有価証券報告書の復権…………………………………神田　秀樹　449
事業報告等と有価証券報告書の一体的開示を
　めぐる一考察…………………………………………尾崎　安央　459
非財務情報の開示と開示規制
　——イギリスにおける非財務情報に関する開示
　法制の進展……………………………………………川島いづみ　487

5　企業買収・組織再編

公開買付規制の焦点（focal point）
　　——株式保有構造と公開買付パターンの分析を
　　　踏まえた考察……………………………………渡辺　宏之　515
二段階買収による完全子会社化と手続の公正性
　　——JCOMおよび前後の裁判例を手掛かりとして………福島　洋尚　549
金融商品取引法上の組織再編成に係る開示制度
　　の再検討……………………………………………久保田安彦　577
会社分割における債権者保護制度の再検討
　　——最高裁平成29年12月19日第三小法廷決定を契機
　　　として………………………………………………受川　環大　611

6　金融・資本市場

フランスにおける株式上場制度の形成
　　——パリ公認仲買人組合における上場判断要素の
　　　変遷を中心に………………………………………石川　真衣　641
公開会社の株式の募集・売出しと空売り規制
　　——米国SECによる法執行事例の分析を中心に………若林　泰伸　675
EUの投資会社の経営破綻における投資者補償
　　制度（ICS）について………………………………松岡　啓祐　699

個人向け支払サービスにおける一般的補償制度
　──なぜ日本ではモバイル決済・キャッシュレス化
　　が進まないか……………………………………青木　浩子　723
保険負債の価値評価──「出口価格」モデルと
　「履行キャッシュフローの現在価値」モデル…………大塚　英明　751

上村達男先生略歴……………………………………………………… 775
上村達男先生著作目録………………………………………………… 779
執筆者紹介……………………………………………………………… 799
あとがき………………………………………………………………… 801

1　公開会社法　総論

公開会社法の今後の進展
——持続可能な世界の構築のために

中村　直人

　Ⅰ　はじめに
　Ⅱ　開示制度の進展と公開会社法
　Ⅲ　持続可能性と従来の学説
　Ⅳ　営利性の解釈と株主価値最大化説
　Ⅴ　社団法人性と公開会社法
　Ⅵ　公開会社法説による持続可能性
　Ⅶ　取締役の義務の在り方
　Ⅷ　今後の進展

Ⅰ　はじめに

　21世紀に入ってから、持続可能性の重要性についての認識が世界中に広まっている。国連では、2006年にPRI（責任投資原則）を定め、ESG（環境、社会、統治）を重視した投資のあり方を提唱した。日本のGPIFも2015年にこれに署名している。日本学術会議では、2010年4月5日に「持続可能な世界の構築のために」という提言をとりまとめた。国連は、2015年にSDGs（持続可能な開発目標）を提唱し、2030年までの達成目標（17のゴール）を示した。日本経済団体連合会も、2017年にこれを踏まえた企業行動憲章を定めている[1]。経産省・金融庁・東証による『持続可能性を巡る課題を考慮した投資に関する検討会』は、2017年に「ESG検討会報告書」をまとめた。2014年のスチュワードシップ・コードでは、原則3で、機関投資家は、投資先企業の持続的

1）　経団連「企業行動憲章2017年改定版―持続可能な社会の実現のために―」。

成長に向けてスチュワードシップ責任を適切に果たすものとされ、3－3では、把握すべき内容として、社会・環境問題に関連するリスクへの対応を含むとされた。また2015年のコーポレートガバナンス・コードでも、原則2－3で、「上場会社は、社会・環境問題をはじめとするサステナビリィー（持続可能性）を巡る課題について、適切な対応を行うべきである。」とされた。閣議決定による「日本再興戦略2016」においても、「ESG（環境、社会、ガバナンス）投資の促進といった視点にとどまらず、持続的な企業価値を生み出す企業経営・投資の在り方やそれを評価する方法について、長期的な経営戦略に基づき人的資本、知的資本、製造資本等への投資の最適化を促すガバナンスの仕組みや経営者の投資判断と投資家の評価の在り方、情報提供の在り方について検討を進め、投資の最適化等を促す政策対応について年度内に結論を出す。」と定められている。

　そのほかにも枚挙にいとまがないが、地球の総人口の増大と温暖化などの環境リスク、人権侵害の多発などといった社会問題に対して、地球規模で価値観が共有化されてきたといって良いと思われる。

　会社法、金商法の世界でいうと、上記のダブル・コードや経団連の企業行動憲章等の他、最近では、金融審議会ディスクロージャーワーキング・グループが、ESGを含む非財務情報の開示を求める方向にある。2016年の同グループの報告によれば、非財務情報には、ガバナンスや社会・環境に関する情報などが含まれるとされている。企業の側では、それらを含めて統合報告書の作成、開示が浸透しつつある。日経新聞によれば、すでに400社以上の会社が統合報告書を作成、開示しているという[2]。

　他方、最近の金融審議会を巡る動きを見ると、非財務情報の開示という方向性に加えて、もう一つの方向性が見られる。前掲ディスクロージャーワーキング・グループ報告書にもあるとおり、「対話」のための情報開示という視点である。MD＆A情報の開示や経営方針・計画に関する開示、経営者の指名の仕組みに関する開示など、投資家と企業・経営者が対話をすることを求めている。これは対話をすること自体に意味があるのではなく、対話を通じ

---

2) 日経新聞2018年2月23日。

て、会社の経営が改善され、個々の企業が成長するとともに、ひいては日本経済が順調に成長していくことを目指したものである[3]。たんなる企業価値の測定のための情報開示の枠を超えて、企業ひいては日本経済の成長といった目標を持ちつつあるのである。そこで想定されている投資家概念は、無色の投資家ではない。「市民」としての投資家である[4]。決して、金銭的利益だけを目当てにした顔の無い投資家が想定されているわけではない。何故ならば、持続可能な成長が求められているからである。

さらに、事業報告等による会社法開示と有報等による金商法開示の一体化が進み、まもなく一つの書類で両者をカバーすることも可能になる時代も見えてきた。このことは、意図せずとも、会社法と金商法の関係を大きく変え、公開会社法的理解を促進することになるのではないかと思われる。

このように持続可能性が世界の共通の価値観となり、また経済成長のために投資家と企業・経営者が協働していくことが求められる時代には、新しい企業モデルが必要なのではないかと思う。そこでは公開会社法法理の考え方に依拠するところが多いのではないかと思われる。

そこで本稿では、以下、開示制度の進展と公開会社法の関係に始まり、営利法人性や社団性の理解から会社の目的、取締役の義務の内容の再検討、新しい企業モデルの提示とそこにおける持続可能性の位置づけなどについて検討したいと思う。

II 開示制度の進展と公開会社法

1 開示の進展、一体化

日本の企業社会では、会社法に基づく計算書類・事業報告等の開示制度と、

[3) 同報告書も、「企業による情報開示を、持続的な成長及び中長期的な企業価値の向上に繋げるため」と述べている。また神田秀樹＝上村達男＝中村直人「座談会　金商法と会社法の将来――再び、公開会社法を巡って――」資料版商事法務408号（2018）21頁〔神田発言〕。

[4) 神田ほか・前掲注3）21、22頁〔神田、上村発言〕。

金商法に基づく有報等の開示制度が二本立てとなっている。両者は、所管官庁も異なり、法制度としては全く関係のないものとして位置づけられる。開示目的も違えば、開示内容、開示対象も異なるという説明がなされ続けてきた。しかし類似した開示を二重に実施させることは効率性の観点からも望ましくないし、技術的に不都合な点もある[5]。そこで従来からもなるべく負担を減らすため、種々の対策は採られてきた[6]。

　しかし平成27年6月30日「『日本再興戦略』改訂2015」では、両者の統合的開示の方向性が示され、平成27年10月23日金融審議会総会においては、「企業と投資家の建設的な対話を促進する観点も踏まえつつ、投資家が必要とする情報を効果的かつ効率的に提供するための情報開示のあり方等について幅広く検討を行うこと」との諮問が大臣からなされた。そして、金融審議会金融分科会ディスクロージャーワーキング・グループ（平成27年度）の平成28年4月18日報告では、制度開示の開示内容の整理・共通化・合理化や、非財務情報開示の充実、株主総会日程の見直しと事業報告等の提供の電子化などが示された。その後も、平成28年6月2日の「日本再興戦略2016」で企業の情報開示制度について言及され、平成29年1月27日の未来投資会議でも、「企業の情報開示の実効性・効率性の向上等」として、一体的開示や株主総会日程、非財務情報開示（長期投資の促進）が議論され、平成29年6月9日の「未来投資戦略2017」では、企業の情報の一体的開示や経営戦略・ガバナンス情報開示、株主総会手続やその電子化などが要請された。そして平成29年11月16日には再び大臣から諮問がなされ、ディスクロージャーワーキング・グループ（平成29年度）が現在行われているところである。

　この間、公認会計士協会は、平成29年8月22日には「事業報告等と有価証券報告書の一体的開示についての検討」を公表し、それに先立つ平成27年11月4日には「開示・監査制度の在り方に関する提言」を公表して、両開示制

---

[5]　弥永真生「開示一元化に向けた課題と考えられるアプローチ」神作裕之責任編集／公益財団法人資本市場研究会編『企業法制の将来展望―資本市場制度の改革への提言―2018年度版』（財形詳報社、2017）45頁以下。

[6]　その経緯は、金融審議会ディスクロージャーワーキング・グループ（平成27年度）平成27年11月10日第1回会合資料3「事務局説明資料」4頁を参照のこと。

度の一元化を提言している。

　そして内閣官房・金融庁・法務省・経済産業省は、平成29年12月28日「事業報告等と有価証券報告書の一体的開示のための取組について」を、また同日金融庁・法務省は「一体的開示をより行いやすくするための環境整備に向けた対応について」を公表して、両開示の一体的開示が可能になるよう詳細な対策を示した[7]。

2　一体化の説明をすれば公開会社法になる

(1)　事業報告等と有報

　この対策により、事業報告等と有報の間では、項目の調整が可能になり[8]、事業報告の独自の記載事項を有報に追加記載することで、一つの書類で両者を兼ねるものを作成することが可能になる。一体化である。残る実務の課題は、作成時期の違いであり、例えば3月末決算期の会社の場合、5月中旬頃の取締役会で事業報告等を承認し、株主総会招集通知に添付するため直ちに印刷工程に入る。それを総会日の3週間前程度の日（6月初旬頃）に株主に発送する。他方、有報は、事実上完成するのは6月初旬から中旬頃である会社が多いのではないかと思われる。そのため有報作成の時期まで事業報告の作成を遅らせることはできないし、逆に5月中旬時点で有報まで作成するのも困難なのである。そこで両者を一つの書類として同時に作成することは、実務的には困難である。しかし解決方法はいくつかあり、たとえば、総会関係資料の電子提供が実現し[9]、招集通知の印刷を5月中に開始しなくても良くなれば、6月初旬に有報と事業報告等を兼ねた書類を作成し、EDINET等で開示して提供するという方法が考えられる。また総会の開催時期を7月末日まで遅らせることを可能にすれば、6月中旬頃に両者を兼ねた書類を作成することで十分対応できる。

---

7) https://www.kantei.go.jp/jp/singi/keizaisaisei/
8) なお、法的にはすでに一体化は可能であったが、項目の違いなどから実務では対応しづらかったものである。
9) 現在法制審議会会社法部会で検討中である。中間試案参照。http://www.moj.go.jp/content/001252001.pdf

このようにして、事業報告等と有報が一体化したとき、それはなぜ一体化ができるのかという理由の説明を求められる。その際、「本来、会社法の開示制度と金商法の開示制度は別の法制度であり、相互に全く関係がないが、似たような書類を二重に作成するのは面倒だから便宜のために一体化しただけである」という意味のない説明をするであろうか。それはおそらくそうではない。「元々株式会社というのは株式を市場で売買することを想定して作られている仕組みであり、市場での取引のために投資家達に情報の開示をすることは当然の前提であり、金商法の開示制度も本来的に株式会社法の開示制度であるというべきだからである」という説明をするであろう。なぜならば、会社法と金商法という二本立ての開示制度をそれぞれ次元の異なるものとして用意しなければならないという積極的な理由は全く存在しないからである[10]。たとえば会社法の開示は、債権者も対象としている点が金商法と異なるといわれるが、しかし有報の開示情報があれば、それ以上に債権者にとって必要な情報が事業報告等にあるわけではなく、金商法開示で十分である。また会社法の開示情報は投資家ではなく株主に対する開示で、また目的も株価算定のための情報ではなく受託者責任に基づく報告・説明責任であるということもいわれるが、金商法の開示も、株主を含めた市場に対する報告・説明責任であり、むしろ市場が存在することを前提にしているのに会社法に適時開示の制度すらないことは不備であり、両者が異なるというよりは、金商法の開示制度がより進化・充実している（会社法の趣旨からしても）というべきである。

　そうすると、これは公開会社法の考え方となる。会社法開示と金商法開示が一体化すると、公開会社法の考え方となるのである。したがって、金融庁と法務省が共同で「一体的開示をより行いやすくするための環境整備に向けた対応について」（平成29年12月28日）を公表し、意図的、政策的に一体化を

---

10) 弥永・前掲注5）46頁。河村賢治「会社法と金融商品取引法の交錯」法学セミナー633号（2007）37頁も、「証券市場と一体となった株式会社の法インフラを統一的に整理していく作業は、日本経済の健全な発展にとって必要不可欠であると思われる。今後は要綱案を1つのモデルとして、公開会社論争をより活発化させていくことになろう。」としている。

図っていくことは、とても重要な意味を有する。元々証取法の制定時も、証取法の開示部分は会社法の特別法であるとされてその連続性が承認されていたが[11]、それに回帰するわけである。

　法制度として、会社法と金商法を一つの法律にまとめるというようなことは必要がない。金商法の中の開示制度は、本来的には会社法の一環であるということを認めて、たとえば有報提出会社については会社法固有の開示制度は適用せず、金商法の開示制度のみを適用するというような特例を設ければ良い（一体化がさらに進んで一元化。公認会計士協会はこれを要請しているし（前掲Ⅱ1の報告書）、経済界もこれが最も便宜であると思われる。）。会社法制定時に、商法の中の会社にかかる部分を切り出して別の法律にしたことは、商法会社法を民法の延長とする桎梏から解き放つことになった[12]。なお、公開会社法の要点は、市場制度は会社法の制度の一部であるということにある。公開会社法要綱案第11案は、ガバナンスやグループ会社法制についても論及しているが、その部分は公開会社法特有の提案ではない。公開会社法の要衝は、市場法との一体化のみであると思う。

3　最近の傾向と目指すところ

　開示に関する最近の傾向は、上記一体化の他は、非財務情報開示の充実と対話のための開示である。これは何を意味しているのか。非財務情報の中には、ESGのような情報もあれば、MD＆Aのような情報もある。

　これは一つには持続可能性が重要な情報になってきたということである。たとえば環境問題を例に挙げると、思い返せばこれまで地球環境を破壊してきたのは、多くは企業活動の結果であったように思われる。つまり企業・投資家が自己の利益の最大化を図ることにより、環境を破壊してきたのである。それを今、有報等の開示書類に記載させて、その投資家達にコントロールさ

---

11)　鈴木竹雄＝河本一郎『証券取引法』（有斐閣、1968）30頁、神崎克郎『証券取引法〔新版〕』22頁（青林書院、1987）等。

12)　松井秀征「商法典と会社法——わが国における商法典のあり方に関する考察・序論」岩原紳作＝山下友信＝神田秀樹編『会社・金融・法〔上巻〕』（商事法務、2013）27頁参照。

せるというのはどういう発想なのであろうか。もし、自己の金銭的な利益のみを追求する無色の投資家を前提とするならば、それはかえって誤ったコントロール下に企業を置くことになりかねない。逆に言うと、有報等にそのようなESGに関する情報を記載させ、投資家・資本市場によるコントロールの対象とするというのは、そこで前提とされている投資家像が、すでに無色の金銭的利益のみを追求する者ではない、ということである[13]。EやSにも配慮する、「市民」としての投資家を想定していると考えられる。

　またE、SとGを横に並べてESGとしている点も重要に思われる。ガバナンスは、当然株主価値の向上のために重要であると考えられており、それは株主・投資家の利益とも合致する。他方、EとSは、場合によっては、企業の利益を抑制する原因となることは否めない。これらを区別せず、三つを並列的に並べるということは、これからの企業・投資家は、持続可能性を抜きにしては存続していけないということであり、世界的な規模の合意として、持続可能性に配慮した経営が企業および社会にとっての長期的な利益になり、またそうすることが社会的な要求・規範でもあるということを意味していると思われる。三つの要素は、どれも今後の企業活動、企業の存続にとって欠くことができない要素ということで、同じ重要性を持つのである。だから並列しているのではないかと思う。

　さらに最近の特徴は「対話」のための情報開示という視点である。市場における情報開示は、もとは株式の価値評価のために必要な情報を提供し、投資家が売買の参考にするというものであった。しかし、MD & A情報等をもとに経営者と投資家が対話するのは何のためか。それはよりよい経営をし、企業価値を向上させるためである。そのために知恵を出し合うのである。経営者と投資家はそれぞれ立場が違うから、たとえば企業が利益を生まなくなった事業をいつまでも存続させていると、それは経済の成長を阻害する要因となる。それは経営者より、外部の投資家の方がよく分かるかも知れない。次世代のビジネス・モデルのためにどのような経営方針を立てるかということについても、両者の意見を戦わせる方がよりよい経営方針を生み出すかも

13）　神田ほか・前掲注３）21頁［神田発言］。

知れない。これは、資本市場が、個々の企業の成長を促し、ひいては日本経済の成長を促進するという視点を持っていることを意味する[14]。世の中の富は偏在し、格差や貧困等の問題もあるが、一国の経済が縮小を始めると、多くの場合その国民は幸福ではなくなるであろう。それは歴史が教えるところである。特に現状の日本を考えれば、巨額の公的債務が存在しているから、これでGDPが減少し始めたら、経済の発展は阻害される恐れがあろう。

　以上のように見てくると、持続可能性は共有された価値観であること、資本市場で想定される投資家は無色の投資家ではなく「市民」であること、資本市場と企業は一体となって企業価値を高め、経済成長を実現していくことを期待されていること、が最近の傾向であるということができる。

III　持続可能性と従来の学説

1　持続可能性と法的位置づけ

　持続可能性と会社法上の位置づけに関する学説は、従来からの社会的責任論に関する多くの学説[15]や、最近の環境に配慮した経営を認めるいくつかのコメント、社会的責任に関しては会社法ではなく特別の公法的規制によるべきものとする伝統的な学説などが参照される。

　かつての昭和56年改正前の議論では、企業の社会的責任に関する義務規定を商法に盛り込むかどうかが問題となり、そこでは何が社会的責任かが大きな議論となった。当時は、公害問題や、狂乱物価と買い占め・売り惜しみ、欠陥商品問題などの課題があったため、それらが義務の対象に含まれるかが

---

14)　神田教授は、金商法の目的は、投資者保護を図るとともに、証券市場（資本市場）の健全性を確保し、その発展を促すことであるとする。神田秀樹『会社法〔第20版〕』（弘文堂、2018）139頁。

15)　社会的責任論については、畠田公明『会社の目的と取締役の義務・責任──CSRをめぐる法的考察』（中央経済社、2014）3頁以下、神作裕之「ソフトローの「企業の社会的責任（CSR）」論への拡張？」中山信弘編集代表／神田秀樹編『ソフトロー研究叢書第2巻　市場取引とソフトロー』（有斐閣、2009）193頁以下、野田博「CSRと会社法」江頭憲治郎編『株式会社法大系』（有斐閣、2013）27頁以下など。

焦点となった。しかしこれらはあまりに種々雑多な事象が盛り込まれており、そのような状況下で一般的な義務規定を設ければ、様々な主張を招き、経済界が混乱することは必至であった[16]。そこで法務省の意見照会でも圧倒的多数が義務規定の導入に反対し、改正は見送られることとなった[17]。このときは、社会的責任というのは、どうすべきか法的な価値観が定まらない分野の問題であると理解され、その不明確性が指摘されたことと、義務規定創設の可否という問題設定であったことが特徴である。現在でも、当時同様、社会的責任は不明確であり、取締役の義務の内容や方向性に混乱をもたらすという反対論が見られる[18]。

他方、八幡製鉄事件を機に議論された社会的責任論は、会社の事業とは関係なく、町内会に寄付をしたり、慈善活動をしたり、メセナ活動等をすることが取締役の義務違反になるかどうかという問題であった。中でも特殊なのは、政治献金が可能かという問題であった。それらの問題について八幡製鉄事件最判[19]は、会社も社会的な実在であるからとして、「ある行為が一見定款所定の目的とかかわりがないものであるとしても、会社に、社会通念上、期待ないし要請されるものであるかぎり、その期待ないし要請にこたえることは、会社の当然になしうるところであるといわなければならない。そしてまた、会社にとっても、かかる社会的作用に属する活動をすることは、無益無用のことではなく、企業体としての円滑な発展を図るうえに相当の価値と効果を認めることができる」とした。この議論の特徴は、事業と関係のない寄付行為が中心であり、しかもその金額は些少なものだからこそ社会的実在論などで処理可能な範囲の問題であった（一応以下で、「社会的実在論」と呼ぶ）。

さらに株主の価値の最大化に反する行為をすることについては、原則とし

---

16) 竹内昭夫「企業の社会的責任に関する商法の一般規定の是非」『会社法の理論Ⅰ』（有斐閣、1984）127頁。

17) 稲葉威雄「会社法改正に関する各界意見の分析」元木伸＝稲葉威雄＝濱崎恭生『別冊商事法務51号　商法改正に関する各界意見の分析』（商事法務研究会、1981）20頁。

18) たとえば龍田節＝前田雅弘『会社法大要〔第2版〕』（有斐閣、2017）54頁。社会的責任を「法的義務として解釈しようとすれば、価値観の対立を反映して混乱が生じることになろう。」とする。

19) 最判昭和45年6月24日民集24巻6号625頁。

て取締役の義務に違反するものとし、もしそのような必要があれば、会社法の外で各種業法や個別規制法などによって規制すればよい、という主張も有力になされている[20]。これは株主価値最大化原則と抵触する価値観を会社法の中に導入すると、取締役の義務が曖昧になり、規律が緩むということを理由としている（一応以下で、「特別法説」と呼ぶ）。

他方で、社会的責任を果たす行為については、それが企業の長期的利益の観点からはプラスであるとしたり[21]、企業のレピュテーションの観点からプラスになるから可能であるといった主張もある（一応以下では「長期的利益説」と呼ぶ）。

さらに最近では、特に根拠は示していないものの、社会的な期待、要請がある場合、たとえば環境対策のために法的規制を超えた必要な支出をすることは、取締役の義務に違反しないなど述べるものがある[22]（一応以下では、「社会的期待説」と呼ぶ）[23]。

2　過去の議論と持続可能性に関する最近の問題との関係

持続可能性に配慮した事業を行うべきであるとした場合、それは法的にど

20）　川口恭弘「『株式会社の営利性と公益』に関する一考察」同志社法学55巻7号（2004）121頁は、「株式会社が社会の要請に反する行動をとらないようにする必要性は、特別の業法や行政規定等により、会社法の外から規制されるべきものといえる」とする。
21）　龍田＝前田・前掲注18）54頁等。
22）　田中亘『会社法』（東京大学出版会、2016）257頁、江頭憲治郎編『会社法コンメンタール1』（商事法務、2008）88頁［江頭］。野田・前掲注15）37頁は、事業に統合する形でCSRを実践する場合について取締役に広い裁量があるとし、長期的な利益を説明できない場合であっても、寄附の場合より裁量の幅が狭いことはないと述べるので、経営判断の裁量の問題と認識しているものと思われる。なお、北川哲雄ほか「座談会　ガバナンスの『実質化』と上場企業としての対応〔上〕」商事法務2155号（2018）22頁［神作発言］は、投資受託者の責任に関し、「こういった社会規範に従って行動していれば、たとえある程度パフォーマンスがそうでない場合に比べて劣っていても、スチュワードシップ責任には反しないと解釈する余地は十分にあると思います」とする。
23）　その他に、大杉謙一「会社は誰のものか──株主利益最大化と短期主義批判、会社の社会的責任（CSR）に関する覚書」落合誠一先生古稀記念『商事法の新しい礎石』（有斐閣、2014）35頁は、CSRはソフトローであるとする。

う位置づけられるか。

　まず過去の社会的責任規定導入可否論争の頃の社会的責任論との関係では、問題状況は全く異なっているといって良い。当時の課題はあまりに多様であり、社会的責任という用語の内容が全く曖昧に過ぎるという指摘はそのとおりであった。しかし本稿で検討する持続可能性に関しては、その内容はそれらの議論から比較すると明快である。このままでは地球の環境が破綻してしまうというものであり、具体的には国連の定めたSDGsやPRIなども存在する。またここでの問題設定は、そういう曖昧なものを義務化しようというのではなく、持続可能な経営をすることを取締役の義務の観点からも許容しようという視点である。したがって、かつての社会的責任論の議論は、ここでは参考にならない。

　また八幡製鉄事件最判のような社会的実在論は、たんに社会的な実在であるから、それなりのお付き合いをすることは可能だというに止まり、要するに事業とは関係なしに些少な寄付をすることを可能にするだけの議論であった。しかし持続可能性が問題となる場面では、たとえば、新しい発電所を設置しようとしたとき、最もコストが安く競争力がある石炭火力発電所を作れば最も儲かるものを、CO_2に配慮して不安定で損益を政策に依存している再生可能エネルギーや、あるいはLNG火力を建設しようとしたら、それは株主利益最大化原則に反するものとして取締役の義務違反になるかどうか、という問題である。事業自体の方法、ビジネス・モデルの選択の問題であり、その費用や損益に与える影響も甚大である。社会的実在論では対処できない。

　長期的利益説に関しては、前述の通り、世の中全体で見れば、持続可能性に配慮した経済活動をしていかないと地球環境は破綻し、当然企業も投資家も存立できなくなるのであるが、しかし個々の企業ごとに見れば、法律の範囲内で最も株主に有利な選択肢と、持続可能性に配慮した望ましい選択肢が同一であるとは限らない[24]。その点、すべてのケースを長期的利益説で説明することは、残念ながらある種の虚構といわざるを得ない。

　そこで特別法説であるが、この考え方は明確で、問題があれば、個別の立

24）　田中・前掲注22）257頁コラム 4 - 50参照。

法で規制すれば良いという割り切りである。これは株主価値最大化原則を貫徹し、曖昧な部分は一切残さないということで一つの考え方であるし、これまで日本ではそのような立法政策を採ってきたものと思われる。但し、この考え方の問題は、立法は常に後手に回るということである。また立法による規制は最低限の規制に止まるのが原則で、法律の基準より高い水準の環境保護策を採用することの正当性を説明しにくい。そもそもこの考え方は、会社法の内側には持続可能性などという要請は存在しないという前提に立っている。たんに株主価値最大化に邁進すれば良いのだという理解なのである。それらの意味で、課題に対して、柔軟に、普遍的・永続的に対応し、法の空域を埋めるような根本的な対応は困難だという弱点があると思われる[25]。

　最後の社会期待説は、まだその論拠が明確に論じられていないため、法的な根拠あるいは構成が不明で、その結果、どこまでが可能であるのか、取締役の義務の内容はどうなるのか、といったことが分からないのである。

　以上の次第で、従来の各説では、あまり満足した解決が得られていないのではないかと思う。そこで以下では、株主価値最大化原則の根拠である会社の営利性の議論から見直して、新しいモデルが可能かどうか検証する。

IV　営利性の解釈と株主価値最大化説

1　営利法人性と株主価値最大化説

　会社法下においては、会社の営利・社団性を定めた平成17年改正前商法52条のような規定は存在しない。しかし学説の多数は、会社は営利・社団法人であるとしている。その「営利」の意味内容は、会社が営利性のある事業を営み、かつ、社員である株主にその分配をすることとするのが多数説である[26]。営利法人性の根拠は[27]、まず第一に、会社法105条2項が、配当請求権および残余財産請求権のすべてを有しない株式の発行を禁止していることで

---

25)　水口剛『ESG投資　新しい資本主義のかたち』（日本経済新聞出版社、2017）38頁。
26)　神田・前掲注14）6頁は、法人の行う事業が収益事業であることを「営利性」、法人が社員にその利益の配分を行うことを「営利法人性」と明確に分けている。

ある。その結果、株式は、必ず配当または残余財産の分配請求権は有していることになり、同条は改正前の営利法人性を維持して定めたものだという。改正前は、営利性の意味について、利益配分説と収益事業説が存在したが[28]、本条の創設で利益配分説に立つことが明確化されたとする。第二に、会社法5条は、「会社がその事業としてする行為及びその事業のためにする行為は、商行為とする。」と定めているので、これが営利性の根拠規定であるとする。そのような条文上の根拠以外に、第三に、法政策として、会社の目的は株主利益の最大化にあり、それによって会社が成長することは、日本経済の発展に寄与し、適切であるという理由が上げられる[29]。第四に、この説を採った場合、会社法では、持分会社について、利益の配当も残余財産の分配もしないことが禁止されていないことが弱点となるが、持分会社について利益の配分をしないことは、会社の本質に反して違法・無効であると解すれば[30]良い、とする。以上は、収益事業を行い、かつ利益の配分を行うことを営利性とするものであり、ここでは「利益分配説」と呼ぶこととする。その結果、その意味の営利法人性が会社の本質であり、会社の取締役はその目的を達成すること、すなわち株主価値最大化を図る義務があるとする[31]。

　他方、法人の本質である営利性というのは、収益事業を行うことを指すとする説も有力に主張されている[32]（以下、「営利性説」と呼ぶ）。

　なお、会社法制定時の法務省の見解は、利益分配説であり、会社法によっ

---

27) 落合誠一「会社の営利性について」江頭憲治郎先生還暦記念『企業法の理論〔上巻〕』（商事法務、2007）21頁。

28) 営利性の改正前の議論については、畠田・前掲注15) 5頁以下、稲庭恒一「会社の営利性について―再考」永井和之＝中島弘雅＝南保勝美編『会社法学の省察』（中央経済社、2012) 27頁以下等参照。

29) なお、株主が残余財産帰属者であることをその根拠とするのが通例であるが、最近のオプション理論ではそれほど明確なことではない。得津晶「2つの残余権概念の相克」岩原ほか編・前掲注12) 111頁以下。

30) 神作裕之「会社法総則・擬似外国会社」ジュリスト1295号（2005）139頁。

31) 落合誠一「企業法の目的――株主利益最大化原則の検討」岩村正彦ほか編『岩波講座　現代の法7　企業と法』（岩波書店、1998) 3頁以下。

32) 山本爲三郎「株式会社とは何か」山本爲三郎編『新会社法の基本問題』（慶應義塾大学出版会、2006) 6頁等。

て、すなわち平成17年改正前商法52条の削除によって、従前の解釈を変えようとしたものではないとしている[33]。

このように営利法人性から株主価値最大化原則を導くのが現在の多数説であるが、これと持続可能性に配慮した経営をすることとは、相性が悪い。「株主価値」の「最大化」が取締役の義務であるとすると、個別法令で規制がある場合以外は、経営判断において、他の目的を考慮して株主価値が減じることを許容することは矛盾であり、株主の価値が最大化する選択肢を採用しなければ義務違反となるからである。両方を立てようとすれば、先の特別法説や、長期的利益説のような構成とならざるを得なくなる。

しかしそもそも「営利法人性」や「営利性」が法人の「本質」であり、その「最大化」が取締役の義務であると解さなければならないものだろうか。以下で、営利性の趣旨について検討する。

2 一般社団法人法と会社法

2005年に制定された会社法は、2006年に制定された「一般社団法人及び一般財団法人に関する法律」（以下「法人法」という）と整合性をとっている。

改正前は、日本の法人制度は民法が定めており、営利法人は商法会社法に委ね準則主義とし、公益法人は特許主義によって厳しく設立を抑制する制度となっていた。この当時、公益性と営利性は本来異なる概念であったが、ある意味では意図的に混同していた。当時は、会社は準則主義で設立可能であったため、実質的には公益事業を行う法人であるものが脱法的に会社として設立されるのではないかという懸念があり、そこで会社の「本質論」において、営利事業を行うことと、かつ、構成員にその利益の配分を行うことが会社の不可欠の要素であり、それを満たさないものは会社とは認めない、という姿勢がとられた[34]。

しかしその後の社会情勢の変化により、営利・非営利を問わず、広く法人の設立を準則主義により認めることで、国民の非営利活動を活発にし、それ

---

33) 相澤哲編著『一問一答　新・会社法〔改訂版〕』（商事法務、2009）23頁は、営利性は本質的なものとする。
34) 松本烝治「營利法人ノ觀念」法学協会雑誌28巻（1910）3号351頁・4号554頁。

によって社会の活性化や個人の自己実現に資することが適当であるということになり[35]、そこで法人法の制定により、広く法人の設立を認めるこことした。他方、税法上の特典などを伴う公益性については、別途公益認定制度を設けて、法人の設立とは別の制度とした。

このように、営利事業も非営利事業も、あるいはその中間的な形態や併存的な形態も、準則主義によって自由に法人を設立することができることになった。また社団と財団についてもその要件は明確にされ、法人法によって同等のルールが定められたので、ある目的のために社団の形態を採用することも可能であれば、財団の形態をとることも可能である。

このようにいろいろな目的、性格、事業の内容の法人が準則主義によって広く設立可能になると、会社法がカバーする範囲と法人法がカバーする範囲の境界を明確にすることが必要になる。そこで「報告書」では、営利法人との区別が必要になり、具体的には、社員の権利・義務として、①出資義務を負わないこと、②利益の分配請求権を持たないこと、③残余財産分配請求権を持たないこと、③法人財産に対する持分を有しないこと、という四つの指標を設けて、どれか一つでも該当するものは「営利性」があるものとして法人法の対象とはしないこととした。報告書に明記されているとおり、この四つの要件は、「営利法人との区別を明確化する」ためのものである[36]。

一方、会社法では、105条を定め、利益の分配請求権と残余財産の分配請求権のすべてを有しない株式は、会社法においては認めない（法人法の対象となる）こととした。まさにこれは上記四要件と表裏の関係にある[37]。

そうであるならば、会社法105条が、配当及び残余財産の全部を受け取らない株式を禁止しているのは、法人法との境界を定めているに過ぎない。法人制度全体としては上記のようにその目的、性格、行う事業内容等に関わらず、

---

35) 平成16年11月19日公益法人制度改革に関する有識者会議「報告書」。

36) 渋谷幸夫『公益社団法人・公益財団法人・一般社団法人・一般財団法人の機関と運営〔増補改訂版〕』（全国公益法人協会、2017）795頁も、定款で社員が剰余金または残余財産の分配を受ける権利を定めることを禁止したのは、「営利法人と区別がつかなくなるため」であるとする。

37) 前田重行「株式会社法における会社の営利性とその機能」前田庸先生喜寿記念『企業法の変遷』（有斐閣、2009）421頁。

広く法人の設立を認めることとなると、境界は、シームレスで、空隙や重複なく、しかも客観的に明確な指標により、定める必要がある。だから上記のような四要件となったのである。

この要件は、会社の本質は何かとか、非営利法人の本質は何か、という理論から演繹的に導かれたわけではない。政策的に引いた線である[38]。

改正前は、法人というのは、特定の類型のものについてそれぞれ法律を設け、株式会社はこういうもの、公益法人はこういうもの、という形で、類型ごとに法人設立を許諾し、その定義としてそれぞれの法人の本質を見極め、それを定めるという方式が採られていた。しかし法人法・会社法の制定により、原則いかなる目的、性質のものであっても準則主義により設立可能としたのであり、そこには大きな制度変更があった。そこでは類型ごとに本質を見極めるなどということは無用であり、法人法と会社法という二つの基本法の守備範囲を明確にすることだけが求められたのである。だから、会社法の105条も、その性格上、会社の本質を定めたものだということはできないのである。

また、公益法人の脱法的設立を防止するための解釈などは、必要がなくなった。そのために「営利性」の解釈をする必要もない。法人法の定める規制内容は、多く会社法に準じたものとなっており、規制として同等のものということができる。したがって、どちらがどちらに脱法的に利用されるという懸念はない。

また株式会社の制度は、長い経験と度重なる改正により、最も進んだ統治機構を持っており、その制度を社会的なインフラとして、他の法人制度にも活用（流用）していくことも、合理的なことである。最近では、地方自治体の第三セクターとして利用される例[39]や、教育・学校事業、医療・病院事業[40]、

---

38) 神作裕之「一般社団法人と会社——営利性と非営利性」ジュリスト1328号（2007）45頁は、「営利部門と非営利部門の活動領域の曖昧化と流動化にかんがみるならば、対外的経済活動により得た利益の配分の可否という形式・外形面に着目して営利法人と非営利法人を区別する方向をさらに徹底したことは、必然であったといえよう。」と述べている。

39) 第三セクターについては、稲庭・前掲注28）134頁、前田・前掲注37）422頁等。

各種慈善的事業などに利用されることもある。優れた株式会社の制度をそのような活動に利用することを禁圧する必要はない。

立案担当者によれば、平成17年改正前商法52条を削除したのは、そのような活動にも株式会社を利用できるようにするためであったという[41]。すなわち、改正前条文では、「営利を目的とする」と定められていたところ、会社法の法文で「目的」という場合には、それは事業内容のことを指しており、この条文が残っていたのでは会社は収益事業という意味での営利事業しかできないことになるのである。

つまり、いろいろな目的、性格の事業体が会社制度を利用することが想定されているのであって、必ずしも収益事業をしない会社もあれば、利益の配分をしない・または抑制している会社もあれば、利益配分以外の目的を有する会社も認めようということなのである。

以上のように、法人法と会社法の定める現在の「営利性」の基準は、政策的に定められた境界であり、「本質」論とは関係ない。そのことは以下の点からも肯定される。まず、会社法においては、持分会社において、前述のように配当と残余財産のすべての請求権も有さない持分が禁止されていない（621条2項、624条2項、666条）。もし利益分配が会社の本質であると考えているのであれば、これはその考えとは矛盾する。株式会社においては105条でその旨明記したのに、持分会社については忘れてしまったというようなことはあり得ない。株主価値最大化説は、困って、明文がないけれどもそのような持分は「本質」に反して無効であるとする解釈を提示している。しかし、これは105条が本質論ではなく、単なる政策的な境界であるから、実務界の需要等があれば柔軟に対処して良いということである。「本質論」からすればできないような例外的な線引きも、政策論だから可能なのである。

法人法においても、定款で社員に残余財産の分配をする旨定めることは禁止されているが（11条2項）、しかし清算法人が社員総会で社員に残余財産を

---

40) 学校、医療への利用については、たとえば、尾崎安央「学校法人のガバナンスに関する一考察」江頭憲治郎先生古稀記念『企業法の進路』（有斐閣、2017）343頁以下参照。

41) 江頭憲治郎＝門口正人編集代表『会社法大系第1巻　会社法制・会社概論・設立』（青林書院、2008）111頁［葉玉匡美］。

分配することは禁止されていない（239条2項）[42]。これも実務界の便宜のためにそうしているのである[43]。仮に分配しないことが一般社団法人の「本質」であるならば、このようなことは許されないはずである。それが認められているということは、先の「営利性」の基準は、政策的なものに過ぎず、本質論ではないことを示している。

さらに会社において、残余財産の分配は株主にするが、毎期の利益の全部を慈善団体に寄附する定款規定を設けることが可能かどうかという議論がなされている[44]。条文上は、禁止されていない。利益の配分が株式会社の本質であるとするならば、それを著しく制約するものは違法だという議論になる。しかし、上記の通り、株式会社という制度を、種々の社会的な活動にも利用できるようにしたと理解するならば、そのような定款規定を禁圧する必要まではない[45]。会社法の条文が禁止していないのは、本質論ではないからであると解される。

三つほど例を挙げたが、これらの事例からも、法人法と会社法は、本質論によって定義したのではなく、政策的な境界を設けたものであることが分かる。

そのほか、株主価値最大化説は、会社法5条を根拠としているが、同条は、営利法人性について定めているのではなく、事業活動の内容の営利性に関し、その行為に商行為法が適用されるといっているに過ぎない。非営利法人でも、収益活動をすればその範囲で商人となり得る。この規定をもって会社の本質が営利法人性にあると定めた根拠とすることはできない。

このように、会社法の中には「営利」という用語はすでになく、会社の本

---

42) 新公益法人制度研究会編著『一問一答　公益法人関連三法』（商事法務、2006）160頁、中田裕康「一般社団・財団法人法の概要」ジュリスト1328号（2007）7頁。

43) 渋谷・前掲注36）762頁参照。

44) 江頭編・前掲注22）87頁［江頭］、弥永真生『演習会社法〔第2版〕』（有斐閣、2010）1頁等。なお相澤哲＝石井裕介「株主総会以外の機関（上）」商事法務1744号（2005）102頁、前掲注37）参照。

45) すでにそのような会社が設立されているという。仮屋広郷「株主の権利と定款によるその制限」浜田道代＝岩原紳作編『会社法の争点』（有斐閣、2009））26頁。非営利型株式会社の事例。

質として営利法人性を定めた規定はない。なお、民法33条2項は、「学術、技芸、慈善、祭祀、宗教その他の公益を目的とする法人、営利事業を営むことを目的とする法人その他の法人の設立、組織、運営及び管理については、この法律その他の法律の定めるところによる。」としており、営利事業という用語がある。会社法はここにいう法律に含まれると解されている[46]。このことから会社は、営利法人性または営利性が本質であるという解釈を導くことができるかということが問題となるが、これは上述の通り、法人法と会社法はその守備範囲を定めたものと理解するならば、ここにいう「営利」の用語も、単にその境界のことを指しているに過ぎず、本質論を示しているわけではないことになる。そもそも用語としても、営利法人性の意味ではなく、収益事業の意味で使用されているようにも見受けられる。

このように解するならば、「会社法のもとでは会社の営利性は相対化されており、株式会社形態を用いて、公益的あるいは慈善的・利他的な目的を追求することもできる」[47]し、すべての会社について普遍的な本質が営利法人性であると解する必要もない[48]。

3 公開会社法と営利性

以上に述べたように、会社法の条文からは、営利法人性が会社の本質であると解する根拠は見当たらないことになる。むしろ種々の法人活動のために、進化した会社制度を利用できるようにしてきたのであって、すべての会社に共通の不可欠な要素としての「会社の本質」というものは想定できないと思われる。そうすると、営利法人性を根拠とする、株主価値最大化説にも、法的な根拠はないことになる。つまり、「会社の本質」であることを根拠に、一律に、すべての会社について、強行法規的に、株主価値最大化が目的であり、それが取締役の義務であるとする根拠はないということである。なお、

---

46) 我妻榮ほか『我妻・有泉コンメンタール民法——総則・物権・債権〔第5版〕』（日本評論社、2018）114頁。
47) 神作・前掲注30）140頁。
48) 前田・前掲注37）401頁は、「営利性が会社の基本的性質とはいえないものと解しうる余地が生じてきたものといえる。」と指摘している。

同説の、富の増大のための政策的な根拠については、以下で併せて検討する。

　それでは公開会社法理論からは、この点をどう考えることになるであろうか。公開会社法理論は、公開会社については、その株式が市場で取引されることを当然の前提として法制度が構築されていることを主張する。株式が市場で取引されるというのはどういうことか。それはその株式を保有することに価値期待（リターン）があるから、株式の引き受けもされるし、市場で売買もされるのである。

　株式会社制度の始まりといわれる西欧の東インド会社についても、リターンがあることからイギリス東インド会社の株式を引き受けて出資をする者が集められたし、一航海ごとの精算ではなく一定期間継続して存続しその期間中には配当することを予定されていたオランダ東インド会社では、株式の引き受け者は多く、また存続期間中に活発に株式の売買がなされた。売買価額は出資額の400％程度であったこともあるし、リターンは平均で20％前後であったらしいこともいわれている[49]。

　つまり、公開会社法理論からは、株式に対して配当がなされる（その期待がある）ことは必須である。そうでなければ、資金を集めることはできないし、市場で公正な価額形成をすることもできない。

　したがって、公開会社の場合には、一定のリターンが期待されることは必要なのであるが、しかし会社法では、公開会社ではなく、むしろ非公開会社を原則的モデルとして法文を作成している。実際、ほとんどの株式会社は、上場していない（有報提出会社ではない）。そのような会社では、リターンは必須ではない。また上述のように、株式会社制度を他の活動に利用（流用）するようなことも拡大しているが、彼らにとってリターンは必須ではない[50]。

　公開会社法においては、会社の目的は、そのミッションを達成することにあると考える[51]。投資家にリターンを与えることは本来的に必要であるが、目的はそれだけではないのである。一つでなければならない理由はない。

　さらに公開会社法が想定する資本市場は、市民を投資家像として想定する

---

49)　東インド会社については、浅田實『東インド会社　巨大商業資本の盛衰』（講談社、1989）、狩野孝蔵『オランダ東インド会社の歴史』（同文館、1988）、羽田正『東インド会社とアジアの海』（講談社、2017、原著は2007）などを参照。

ものである。無色の金銭的利益のみを追求する者たちではない。そこには単純な金銭獲得目的だけではない種々の要請がある。

　そうすると、公開会社法においては、株主に利益を分配することも一つの目的ではあるが、それ以外に会社のミッションを達成することや、市民社会からの要請に応えることも目的あるいは条件であるということになる[52]。つまり、会社の目的、言い換えれば行動規範は、複数存在しているということである。

　株主価値最大化説は、株主価値の最大化を図ることが会社の唯一の目的であると解する。それ以外の目的はない。だから「最大化」が目的になる。それ以外の目的のために、株主価値が最大化されないことは、取締役の義務違反になる。「最大化」というのは、唯一性を示している。両説は同様に投資家へのリターンは必要であると考えながらも、その点が、公開会社法理論とは異なる。

　なお、上記のように多様な株式会社制度の利用を認め、営利法人性を会社の本質と捉えないこととなると、会社の目的は、それぞれによって異なりうることになる。それは要するに強行法規ではないことを示す。これに対して株主価値最大化説は、それが会社の本質であるという立論であるから、それは強行法規であると解することになる。一方で、株主価値は私益であるから、その所有者が自由に処分可能であるということにもなる。

---

[50]　江頭教授は、上述した全額剰余金を寄附する定款の効力について、「当該定款の定めが原始定款または株主全員の同意を得た定款変更により設けられたか否か、会社が公開会社か否か等により、限界は異なると解すべきである」と述べている『株式会社法〔第7版〕』(有斐閣、2017) 25頁注(4)。これは公開会社か否かによって、会社の目的又はその強行法規性が異なりうることを示唆する。

[51]　上村達男「日本に公開会社法がなぜ必要なのか」上村達男編著『企業法制の現状と課題』(早稲田大学21世紀CEO叢書——企業社会の変容と法創造〔第4巻〕)(日本評論社、2009) 11頁は、「それぞれが有するミッションの最大実現を訴える存在であり、株主のために経営することを株主に対して訴えるわけではない。企業価値とは株主価値を意味するわけではなく、ミッションの最大実現が国民経済の健全な発展をもたらすという意味において『規範概念』でなければならない。」とする。

[52]　上村達男「公開会社法抜きの『株主との対話』とは？」Disclosure& IR　2017年5月号1頁以下。

他方で、公開会社法においては、会社にはミッションがあるとし、投資家として市民を想定して市場のルールその他その要請に応えることが必要であると考えているので、その部分は、株主を会社の所有者とみて株主の万能を論ずる株主価値最大化説とは異なる。

　そこで以下では、株主価値最大化説が株主主権論を主張する根拠である社団法人性について検討する。

V　社団法人性と公開会社法

1　社団と財団

　法制上の概念としては、法人は社団と財団に分けられる。法人法においても、両者が分けて規定されている。したがって、社団という概念は現在でも法制上存在している。しかし社団を「人の結合」と定義することには、すでに意味がなくなっている。会社や社団法人は、一人でも設立できるし、構成員が一人となったことは解散事由にもならない。わざわざそれを潜在的社団などと説明する必要もない。社団が何であるかを定義することによって、何らかの法的効果を導き出す必要はない。社団と財団の区別は、法人法によれば、社員というものを観念するかどうかにつきる[53]。どちらも準則主義で設立可能である。

　したがって、社団を「人の結合」であると定義すれば、会社は社団ではないということもできるし[54]、社団であるということに積極的な意味はなくなった[55]。

---

53)　江頭憲治郎「会社の社団性と法人性」前掲注45)『会社法の争点』9頁。
54)　神作裕之「一般社団法人と会社——営利性と非営利性」ジュリスト1328号（2007）36頁。
55)　森田章『上場会社法入門〔第2版〕』（有斐閣、2010）67頁、龍田＝前田・前掲注18)56頁は「抽象的に会社が社団かどうかを議論する意味は乏しい。」とし、神田・前掲注14)7頁は、社団性を論じる実益はないとする。

2 公開会社法理論における公開会社の社団性

このように社団であるということから、特段の法律効果が生じないことは一般的な理解となっている。

公開会社法理論においては、株主が会社の所有者であるとか、株主主権であるという考え方は採らない。社員の権限や権利を、私的な会社に対する所有権と同一視し、株主万能論を唱えたり、民法の私的自治原則に解消するようなことはしない。

株主は、株式の保有者であるというだけの位置づけである。その権利・権限や期待は、それに表象されているものだけである。むしろ保有者の個性とは切り離すのが公開会社法の仕組みである。市場において株式の取引をするためには、誰が株主であっても、なくても、株式の価値が変化してはならない。だから有限責任制度を採る。また市場で価格を共通化して円滑に取引可能にするため、均質で数量単位化された数量物として株式を設計する。その意味で、人からは切り離された、株式というモノとした。また資本市場においては、大量の株式が日々転々と流通しているのであり、投資家は財物としてその売買をしているのであって、それを人の結合であると評価するのは実態としても相当程度希薄であるといわざるを得ない。そこでむしろ財団的であるとされる[56]。

これは、法形式としてはあくまで社団であると称しても構わないが（社団も財団も多様な性質のものがありうるから）、その実質は人の結合ではなく、株主は株式を所有しているだけであって、そこに書かれた権利を超えて、株主が所有者であるなどという論理の飛躍はできない。かつて、財団論[57]が展開された時代は、非公開会社ではまだ社団性が残存しているからという理由で

---

[56] 上村達男『会社法改革』（岩波書店、2002）40頁、54頁、125頁。教授は「社団か財団かというような民法の既存の概念で一律に説明することはできない」「公開を果たすとモノの世界に展開する、従来とは本質を異にする集団に変化する」とする。

[57] 株式の本質に関するかつての議論については、北沢正啓「株式性質論の展開」北沢正啓『株式会社法研究』（有斐閣、1976）113頁や鈴木竹雄「共益権の本質——松田博士の所説に対する一批判」鈴木竹雄『商法研究Ⅲ　会社法(2)』（有斐閣、1971）3頁等参照。

財団論は否定されたが、公開会社法理論は、公開会社についての議論であるから、そのような批判は当たらない。社団といっても、その内容には相当程度の多様性があるのであって、一律に法的効果を導き出すことはできない。

　たとえば株主が株主総会で最終的な意思決定権を有しているといっても、それだけで会社の所有者であるということはできない。財団の評議員もほとんど同様の権限を有している。経済的にも、株主は残余財産の帰属者であるから株主に所有権がある、などということはいえない。上述の通り企業価値の向上・株式への配当は一つの目的ではあるが、それだけが会社の目的ではないのであって、残余財産の「最大化」が会社の目的ではないからである。政策的にいえば、むしろ株主は何ら義務を負担しておらず、株主権行使も自己の利益によって行使してよいとされているのであるから[58]、言い換えれば無責任当事者であって、市民からの要請等に応えることを念頭に置くならば、不適切な当事者である面もある。なお、株主の意思決定に関しても、不公正なものはその効力を認められないことが判例上も認められているし[59]、銀行法などでは、監督官庁の代表取締役の解任請求権限が認められているものもある。

　このように考えると、会社の社団性から、株主が会社の所有権者であるとか、株主主権であるという結論は導き出せないと考えられる。

---

[58] 最判昭和42年3月14日民集21巻2号378頁。但し、この点筆者は疑問を感じる面がある。ほとんど同じ権能を有する財団の評議員は、善管注意義務を負担している。もちろんこれは委任契約があるからであるが、彼らが財団のミッションや市民社会からの要請を踏まえて権限を行使すべきとされていることに比較して、株主となって利益配分を受ける可能性がある立場になると一切の義務を免れるというのは何故か。企業価値増大の面では自己の利益のために行動することは可能であるが、その他の法令遵守や市民的要請に応えるといった面の規範的要請は存在しているということも可能ではないか。

[59] たとえば最判昭和61年3月13日民集40巻2号229頁。平成17年改正前商法112条1項の「已ムコトヲ得ザル事由」の解釈において、多数派社員の不公正な業務執行で解散請求を認めた事例。

VI 公開会社法説による持続可能性

1 公開会社法と持続可能性

　以上のように考察してくると、営利法人性が会社の本質であるとはいえず、したがって、従来の多数説がいう株主価値最大化原則をとることはできない。全ての会社に普遍的な不可欠の要素としての「本質」は、広く会社という制度を利用するようになった時代においては、会社法上存在しないというべきである。また株主に対するリターンを目的の一つとするにしても、「最大化」原則は認められない。「最大化」というのは、それ以外の目的によって株主価値を減じることを排除するものであるからである。さらに会社が「社団」である、ということから、株主を会社の所有者と認めることもできない。

　公開会社法においては、会社にはミッションがあるとする。それは一般社団法人・財団法人も同様である。それぞれにはそれぞれの目的がある。その達成が会社の重要な目的である。また公開会社においては、資金を集め、事業を立ち上げるために投資家を募る必要があり、そのために一定のリターンを投資家に配分することは本来的[60]に不可欠である。したがって、一定の収益事業を行ってその利益を投資家に配分することは必要である。

　またそのようにして利益を上げ、それを分配するインセンティブが企業を勃興・成長させ、それがひいては日本経済の成長をもたらすという意味で、重要な要素である。その点、企業の成長のインセンティブとしては、投資家以外のステーク・ホルダーも存在しているという指摘があり得る。しかしたとえば従業員は、基本的には会社が倒産しないで雇用が継続されることは強く望むが、会社自体の利益の増大には、それほど強いインセンティブを持つわけではない（もちろん増益によって賃金が上昇するなどのメリットを期待することはある）。むしろ、経営の効率化によって現在自分が熟達している仕事が

60）　これはあくまでも全ての株式会社にとって「本質」であるという趣旨ではなく、公開会社にとっては、本来そうであった、という意味である。

なくなることは恐怖であり、経営の効率化、陳腐化した事業からの撤退などということには、強く反対して企業の成長を阻害するおそれがある。また取引先は、基本的には取引相手会社が倒産しなければ足りるのであって、それ以上に利益を上げることにインセンティブを持つものではない。そのように考えると、やはり会社の成長に一番大きなインセンティブを持つのは投資家であるから、それが一定の影響力を持つことは正当である。

また金商法においては、資本市場における投資家像について、無色の投資家ではなく、市民としての投資家像を想定する。公開会社法においても同様である。したがって、投資家の利益というのは、そのような市民としての顔を持つ投資家であって、そのような市民が広く共通した価値観を持っているのであれば、その利益を害することはできない。正に持続可能性に配慮した経営というのは、それに当たる。

また公開会社法理論は、公開会社は市場の存在を前提とした仕組みであると考える。そのため、資本市場のルールには従う必要がある。

したがって、以上をまとめれば、会社の目的はミッションの達成、市民投資家への相応のリターンとコントロール、市民投資家の要請に答える経営という複数の目的があり、またその事業活動に当たっては、資本市場のルールを尊重することが本来的に要請されるということになる。

2　持続可能性の位置づけ

このように目的が併存していると考えると、「株主価値最大化」が目的なのではなく、それぞれの要請にバランス良く配慮して経営をすべきことになる。また市民に共通の価値観となった社会的な要請に関しては、それを配慮することは取締役の義務となり得ることはあれ、それを配慮したことによって株主価値が減じたとしても、それだけで取締役の義務に違反するなどということにはならない。両方とも正当な会社の目的だからである。そこで持続可能性に配慮した経営を実行することも、取締役の義務に沿うこととなる[61]。

---

61) このように述べると、公法的な要素が私法に入りこむようにも見えるが、それでも良いのではないかと思う。吉村良一「民法学から見た公法と私法の交錯・協働」立命館法学312号（2007）230頁参照。

このような考え方に対しては、従来の説から推測するといくつかの批判が想定される。まず市民からの要請のような曖昧なものが会社の目的の一つとなると、取締役の義務が曖昧になり、取締役の放漫経営に繋がるというものである。

しかし、かつての社会的責任論は、およそ雑多な、個人個人によって異なる価値観の「社会的責任」一般を配慮する義務の規定について論じられていたのに対し、ここで想定しているのは「市民」としての価値観といえるほどに普遍化したものだけである。具体的には持続可能性だけである。したがって、取締役の義務の内容が野放図に曖昧になるなどということはない。持続可能性に配慮した経営を許容するという観点は、事業そのものの実施の仕方に関わるものであり、かつての社会的責任の議論で寄附の可否が問題となったような、事業に関係のない支出行為ではない。そのような事業に関係のないことに会社の資産を費消することには、各人の価値観が分かれるところであり、そのようなことを会社の資産を使用して行うべきかという疑問が生じうる。しかし持続可能性の問題は、事業の仕方として持続可能性に配慮した経営を行うというものであって、そのような疑念は生じない。

また複数の目的が併存しているという構成を採ると、それらの間で矛盾が生じた場合に、取締役の義務内容が画定できなくなるという批判も予想される。しかしながら、これはそれほど難しい問題ではない[62]。どの観点から見ても、著しく不合理でなければ良いということになるだけである。極端に株主の利益を害する経営や、逆に社会の持続可能性を全く無視した経営は、経営判断の原則に照らして著しく不合理と解されることになる。このように複数の要素を総合的に判断するというのは、現在の多くの役員責任に関する訴訟事件において、裁判所が同様に行っていることだとも言える。

このような構成を採ることの意味は、会社法の内部にそのような市民的要

[62) 他のステーク・ホルダーの利益を勘案することを求めたイギリスの2006年会社法については、大塚章男「イギリス2006年会社法における取締役の責任」国際商事法務42巻3号（2014）359頁、杉浦保友「イギリス新会社法の下での取締役によるステークホルダー利益考慮義務」松本恒雄＝杉浦保友編『EUスタディーズ4　企業の社会的責任』（勁草書房、2007）197頁以下など参照。

請を取り込んだモデルを構築できるということにある。従前は特別法説でそれほど困った事態にはなってこなかったと思われるが、今後10年後あるいは20年後には、資源・エネルギーの使用方法、廃棄物の廃棄方法、環境の維持、その他社会の持続可能性のために必要な要請は急速に拡大していくことになると思われる。その際に、個別の公法的規制を待たずに、会社法の内在的仕組みによって解決できることが、より社会に適合的な会社モデルなのではないかと思う[63]。

なお、従前のガバナンス論との差異を指摘すると、バーリ=ミーンズの所有と経営の分離論にしろ、エージェンシーコスト論にしろ、それらは株主と経営者の間の不一致を問題にするものであった。またステーク・ホルダー論は、個別関係者の誰のために会社を経営するかという議論であった。

しかし今問題なのは持続可能性であり、それは会社と社会の間の不一致の問題であり、また世の中全体の死活的な要請事項であって特に個別的な特定のステーク・ホルダーの利益を図る問題ではないということである。だから議論の内容も異なっており、経営者の報酬制度であるとか、従業員管理型経営モデルの是非などを議論するのではない。

Ⅶ 取締役の義務の在り方

最後に、このような企業モデルを採用した場合の取締役の義務の内容について検討しておく。

会社法の世界では、当然のように取締役の善管注意義務というものが語られているが、会社法には、委任の契約に従うという条項（330条）に基づく民法の善管注意義務の規定（民法644条）と、忠実義務の規定（355条）という抽

---

63) 上村達男「人間の学としての会社法学――開発の側の論理の見直し」楜澤能生編『持続可能社会への転換と法・法律学＝Law and Sustainability（早稲田大学比較法研究所叢書43）』(2016) 167頁は、「市民性を有する普通株主こそが全うな株主であることを承認することにより、実は株式会社法理経由で市民社会の論理に辿りつくことすら可能になるとも言えるのであり、そこをスタートラインとして持続可能社会法学のあり方を更に展開する展望が開けてくる。」と述べる。

象的な規定しか存在していない。また付言すると、このような善管注意義務の規定は、法人法にもあるし、協同組合法や相互会社法その他多数の法人組織に存在している。その内容は、それぞれの法人の性格、目的等によって変わってくるはずである[64]。

　取締役や各法人の役員の義務の内容を検討すると、まず①職務を執行するに際しては十分な注意を払う義務というものがある。十分な情報を収集したり、無謀・ずさんな意思決定をしないことなどである。これはいかなる法人の役員であっても同様に認められるものである。②に、法令や定款に違反しないことである。ここまでは全ての法人の役員に共通しているといって良いであろう[65]。その他、③自己・第三者の利益を図らないことという義務も認められよう。

　異なってくるのは、④その法人の目的の達成に向けて努力すべき義務である。その内容は、それぞれの法人の目的によって異なってくる。一般財団法人であれば、その設立の趣旨（ミッション）に忠実にそれを実現するための職務を執行すべきである。協同組合的な組織であれば、その組合の事業そのも法のによって構成員に便益を供与することが目的であり、収益を上げて利益の分配をすることが目的ではない。福岡高裁宮崎支部平成29年11月17日金商1532号14頁は、農協の理事の善管注意義務の事案であるが、「このような農協法の目的及び規定からすると、農協は、同じ立場にある者が任意に集まって組織された団体で、農協自体が利益を上げ、これを出資者に分配することを直接の目的とするものではなく……、その行う多様な事業そのものにより、

---

[64] 神作裕之「非営利団体のガバナンス——コーポレートガバナンス論との比較を中心に」NBL767号（2003）31頁。

[65] たとえば、大阪地判平成13年7月18日金商1145号36頁、日本生命事件「相互会社は、営利法人ではなく中間法人であるが、これは、保険事業から生じた利益を出資者に分配することを目的としていないことを意味するにすぎない。」として、株式会社と同様の義務の構成を認めている。また最判平成21年11月27日判時2067号136頁は、農協の事案であるが、株式会社の取締役と同様の判断基準によっていると思われる。その他、社会福祉法人の事案として、大阪地判昭和61年3月13日判時1211号93頁など。学説として、北秀昭「コンプライアンスの観点からみた非営利法人の役員の責任のあり方——『会社法制の現代化』や公益法人改革の動向を踏まえて」金法1724号（2004）48頁。

組合員に対して経済的な便益を与えようとするものであり、組合員自身が基本的にその運営を担い、出資口数にかかわらず平等に決定権を持つ組織であるということができる。……農協は、その行う事業によってその組合員及び会員のために最大の奉仕をすることを目的とするものとされている農協法……の趣旨に照らして、著しく不合理な判断をしたような場合には、理事としての善管注意義務に違反するものと解すべきである。」として、特殊性を認めている。

学説においては、得津教授[66]は、「相互会社の場合、社員には残余権者性がなく、……また非営利法人とされる……点から社員利益最大化原則の肯定に疑問が生じる。しかし、……相互会社に社員利益最大化原則が妥当しなくとも株式会社同様の社会的実在性が認められる以上、寄附のような社会的に有用な行為は相互会社の取締役も株式会社と同様に合理的な範囲であれば善管注意義務違反とはならないと解される。」。山下教授も相互会社について同様に述べている[67]。

このようにその法人の目的、性格等により、個別に役員の善管注意義務の内容は、確定されていく必要がある[68]。

公開会社法によれば、会社の目的は、そのミッションを達成することであり、また同時に投資家にも相応のリターンを提供することである。その両者が善管注意義務の内容となる。

また⑤持続可能性という市民共通の価値観に応じる責務については、会社のみならず、全ての市民、法人が答えるべき立場にあると思われる。株主価値最大化説を採らなければ、他の目的と併存することが可能であるから、この目的も認めることができる。前述の社会期待説は、株主価値最大化説を採りながらそれ以外の目的も認める根拠が不明確で、難点がある。併存することを認めれば、その内容は、善管注意義務によって認識することができるの

---

66) 得津晶「相互会社の政治献金による取締役の責任——住友生命事件」ジュリスト1292号（2005）172頁。
67) 竹内昭夫編『保険業法の在り方〔上巻〕』（有斐閣、1992）364頁〔山下友信〕。
68) その他、松元暢子『非営利法人の役員の信認義務——営利法人の役員の信認義務との比較考察』（商事法務、2014）にアメリカ法などの検討がなされている。

であって、持続可能性を配慮することもその中に含めることができるのである[69]。

Ⅷ 今後の進展

以上、公開会社法理論に基づく持続可能性社会における企業モデルを探索した。全く不十分な文章であるが、数十年後の将来に向けて何か意味を残せれば幸甚である。

[69) 社会期待説によっても同様の結論となり得るが、その理論的根拠を明確にしたいと考えるのは、そもそも持続可能性を会社の内在的要素とすべきだという理由以外に、裁判所は、公共性に配慮した経営に意外に冷淡であると思われるからである。銀行の公共性と判例の状況については、吉井敦子「取締役の善管注意義務と銀行の公共性」信託研究奨励金論集33号（2012）14頁以下。

上場会社法制と会社法制の連携

中東　正文

 I 序　　論
 II 会社法制への上場会社法制の組入れ
 III 会社法制の守備範囲
 IV 結　語

I　序　　論

　本稿は、上村達男教授が提案された「証券市場を使いこなす公開株式会社法の構想」[1]という視点から、平成17年会社法制定、平成26年会社法改正、そして次期改正が法制審議会会社法制（企業統治等関係）部会で検討されている現在の検討状況を踏まえつつ、上場会社法制と会社法制とがどれほど連携しつつあるかを検討することを目的とする。

　以下では、まず、会社法制に上場会社法制が取り入れられていく様子を概観するとともに、これまでの動きを検証する（II）。検討にあたっては、便宜上、「上場会社法制」と上村教授が提言される「公開株式会社法」とを同義に用いる。上村教授によれば、「公開株式会社法ないし公開株式会社法理として示される理論体系は、……いわば証券市場の存在を理論の中核に据えた株式会社法理を意味」しており[2]、現時点では、会社法制と証券法制を統合する形での「公開株式会社法」は制定されていない。他方で、金融商品一般の規

---

[1]　上村達男『会社法改革――公開株式会社法の構想』（岩波書店、2002）はじめにvi頁。
[2]　上村・前掲注1）115頁。

制を検討するものではないので、本稿では、証券法制ではなく、上場会社法制という用語を用いる。

　他方で、平成17年の会社法制定によって、有限会社法と監査特例法（株式会社の監査等に関する商法の特例に関する法律）が廃止されたことに象徴されるように、全ての一般事業会社が会社法によって規律されることになった。理論的には単一の法典で規整され美しくはなったが、公開株式会社法の構想という観点からは、株式市場の活用の有無を問わずに基礎となる会社法制を共有することになった。これによって、会社法改正を議論する際に、念頭に置かれる会社が論者によって様々になり、規整の整序が困難になった面もあるかもしれない。会社法制が公開株式会社に相応しい規律を組み込む上で、妨げとなっていたとも考えられ、この点について検討する（Ⅲ）。

　その上で、相通じる発想を有する近時の理論的な分析をも梃子にすることを通して、会社法制の将来につき、さらなる展望が期待しうることを述べる（Ⅳ）。なお、公開株式会社法の構想において、各種の開示規制の調和が重要になるが、本稿では実体的な規整を中心に扱うことにして、開示規制は基本的に検討の対象外とする。

Ⅱ　会社法制への上場会社法制の組入れ

1　社外取締役の選任の義務付けに関する議論

　平成26年会社法改正においては、社外取締役を置いていない場合の理由の開示に関して、「監査役会設置会社（公開会社であり、かつ、大会社であるものに限る。）であって金融商品取引法第24条第1項の規定によりその発行する株式について有価証券報告書を内閣総理大臣に提出しなければならないもの」という形で、上場会社を直接の対象とした規律付けが設けられた（会社法327条の2、会社法施行規則74条の2第1項2項3項・124条2項・3項）。すなわち、株主総会での理由の開示については、事業年度の末日において上記の要件を満たす会社が「社外取締役を置いていない場合には、取締役は、当該事業年度に関する定時株主総会において、社外取締役を置くことが相当でない

理由を説明しなければならない」こととされた（会社法327条の2）。

　大雑把に表現すると、上場会社に対して社外取締役の設置を促すものであるが、幾つか留意が必要な点がある。

　第一に、会社法327条の2は、上場会社であっても、すなわち証券市場を利用していても、会社法上の大会社でなければ規制の対象とはしていないことである[3]。そのような会社は、「証券市場を使いこなす」必要がないのかもしれないが、上場しており現にその株式が証券市場で流通しており、証券市場を活用する潜在的な可能性がある以上、規制対象外とすることは、公開株式会社法の構想という視点からは適切ではないかもしれない[4]。

　第二に、平成26年会社法改正においては、社外取締役の選任を義務付けることはしなかった。法制審議会会社法制部会において、重要な検討課題として取り上げられたが、賛否が激しく対立し、議論が重ねられたものの、社外取締役の選任を義務付けるとの合意には至らなかった[5]。義務付けに反対する意見の主な理由には、①社外取締役が会社の事業に精通するには限界があるため、取締役会の監督機能が高まるとは限らない、②社外取締役の選任を義務付けると、各会社の規模、業種等に適した柔軟な企業統治体制の構築を阻害するので、各会社の自由な選択に任せるべきであるといったものがあった[6]。

---

3) 東京証券取引所「東証上場会社における社外取締役の選任状況及び『社外取締役を置くことが相当でない理由』の傾向について」法制審議会会社法制（企業統治等関係）部会第15回会議（平成30年8月1日）参考資料48。法制審議会の部会資料等については、法務省のウェブから入手されたい。

　他方で、上場会社でなくても規制の対象となる場合もある。坂本三郎編著『一問一答　平成26年改正会社法〔第2版〕』（商事法務、2015）87頁参照。

4) 上村教授は、「本来株式会社は、未だ現実に証券市場を有していない場合においても、株式会社である以上は将来の公開を目指す存在であり、そもそも株式形態を利用するということは、大きな証券市場にも耐えうる株式会社法の構造に未公開の段階から慣れ親しみ、将来に備える覚悟を有する企業であることの表現である」とされる（上村・前掲注1）94頁）。

5) 坂本編著・前掲注3）81頁。

6) 坂本編著・前掲注3）82頁。

社外取締役の選任を義務付けず、「社外取締役を置くことが相当でない理由」の説明を求めることは、情報開示を通じて投資家の選択に任せるという意味でもある。このような姿勢について、上村教授は、より大きな文脈からではあるが、「社外取締役の採用状況、委員会制度の採用状況、内部統制の状況といったガバナンスの要石を情報開示に委ね、後は当事者による自由な選択、換言すると市場メカニズムに任せるといった考え方には全く賛成できない」とされ、「市場メカニズムを成り立たせるためにこそガバナンスの安定が必要なのであり、ガバナンス自体がバラバラでは証券市場での情報開示の比較可能性すら損なわれる」と説かれていた[7]。

平成26年改正会社法（平成26年6月27日法律第90号）においては、附則25条に検討条項（見直し条項）が置かれ[8]、次の改正に向けた法制審議会会社法制（企業統治等関係）部会でも、再び、社外取締役の義務付けの適否が議論されている。平成30年8月1日に開催された同部会では、「企業統治等に関する規律の見直しに関する論点の検討について」が議題とされ、「要綱案の作成に向けて更なる検討を要する個別論点として……社外取締役を置くことの義務付け……に関する論点について審議された」[9]。同部会で示された「部会資料24」においては、「監査役会設置会社（公開会社であり、かつ、大会社であるものに限る。）であって金融商品取引法第24条第1項の規定によりその発行する株式について有価証券報告書を内閣総理大臣に提出しなければならないものは、社外取締役を置かなければならないものとすることが考えられるが、どうか」[10]という義務付けに積極的な問いかけがなされた。同日の議論

---

7) 上村・前掲注1）199頁。同109頁も参照。
8) 附則25条は、「政府は、この法律の施行後2年を経過した場合において、社外取締役の選任状況その他の社会経済情勢の変化等を勘案し、企業統治に係る制度の在り方について検討を加え、必要があると認めるときは、その結果に基づいて、社外取締役を置くことの義務付け等所要の措置を講ずるものとする」と定めている。
9) 法務省「法制審議会会社法制（企業統治等関係）部会第15回会議（平成30年8月1日）開催」。
10) 法制審議会会社法制（企業統治等関係）部会第15回会議（平成30年8月1日）部会資料24「会社法制（企業統治等関係）の見直しに関する要綱案の作成に向けた個別論点の更なる検討(2)」4-5頁（以下「部会資料24」という。）。

も賛否が分かれたが、「部会資料24」の補足説明において、否定的な立場からの理由の一つとして、「社外取締役を置いていないことに関する評価については、投資家による議決権行使や市場における評価に委ねればよく、投資家の納得を得るために社外取締役を置くことを義務付ける必要はない」[11]ことが掲げられていることが注目される。

　上村教授の見解にも一理あるとも思われるが、コーポレート・ガバナンスのどこまでが会社法制で規律されるべき基本的な枠組みであるかは、簡単に割り切ることができるものではない線引きの問題でもある。さらに、現状においては、コーポレートガバナンス・コードなどのソフト・ローによる規律が実効的かつ柔軟に働いているとも思われ[12]、また実際にも、東京証券取引所上場会社が提出する「コーポレート・ガバナンスに関する報告書」の開示が投資家の議決権行使にも影響を与えているとも思われる。そうであるとすれば、上村教授の見解とは異なり、ガバナンスのあるべき姿について市場メカニズムが働いているとの評価も可能であろう。社外取締役の選任の義務付けの是非については、理論的な見地からも、政策的な見地からも、特定の結論が当然に導かれるものではないと考えられる。

2　金融商品取引法の規律を受ける場合の会社法の適用除外

　平成26年会社法改正前から、会社法においては金融商品取引法が援用されてきて、その限りにおいて、連携がなされてきた。連携のある場面には幾つかの類型があるが、開示の重複を避けるという趣旨から、金融商品取引法が会社法制に直結する企業金融（コーポレート・ファイナンス）に関する部分が中心である。

　第一に、資金調達の場面において、金融商品取引法上の開示がされていれば、会社法上の公示が免除される。例えば、募集株式の発行等について、募

11）　部会資料24・前掲注10）5頁。
12）　もっとも、上村教授は、東京証券取引所の独立役員制度などのルールについて、「『何となくガバナンス』が金融庁・東証の所管事項であるとは考えられない」と批判されている。上村達男「会社法と金融商品取引法」法制審議会会社法制部会第8回会議（平成22年12月22日）参考資料18（5頁）。

集事項の通知に代わる届出（会社法201条3項5項・240条2項4項、金商法4条1項〜3項）、募集株式の引受けの申込みに関する通知に代わる目論見書の交付（会社法203条1項4項、金商法2条10項）、募集株式の割当てに関する事項の通知に代わる届出（会社法206条の2第1項3項、金商法4条1項〜3項）である[13]。

　第二に、自己株式取得（re-finance）の場面において、投下資本回収の機会における株主間の平等が課題となるが[14]、会社が市場において行う取引、公開買付けの方法によって自己株式を取得する場合には、会社法制が株主の平等のために固有に設けた制度の適用が除外される（会社法165条1項）。市場での売却または公開買付けへの応募については、全ての株主に機会が平等に与えられているからである。

　第三に、会社法上の計算書類と金融商品取引法上の財務諸表との一体化にも関係し、財務諸表を有価証券報告書で提出して、公衆縦覧に供している株式会社は、会社法上の計算書類を公告する必要がない（個別計算書類につき会社法440条4項、連結計算書類につき同444条3項。金商法24条1項）。

---

[13]　新株予約権の発行については、募集新株予約権の引受けの申込みに関する通知に代わる目論見書の交付（会社法242条1項4項、金商法2条10項）、募集新株予約権の割当てに関する事項の通知に代わる届出（会社法244条の2第1項4項、金商法4条1項〜3項）。また、募集社債の申込みに関する通知に代わる目論見書の交付（会社法677条1項4項、金商法2条10項）。

　　なお、上村教授は、「これらの書類には、有価証券届出書（及び有価証券報告書）について言えば、開示情報として会社情報と募集情報とが併存する（金商5条1項2号・1号）。募集情報と会社情報とは切り離せないものであり、これら書類のうち会社法上の募集事項等に該当する部分のみが会社法の代替部分で、その他の部分は会社法とは無関係と言えるのであろうか。上場会社ないし有価証券報告書提出会社における発行開示と流通開示の統合とは、会社情報が流通市場開示によって相当程度満足な状況にあることを前提に発行開示のみをもって足りるとするのであるから、流通開示が相当の水準で達成されていることが前提になっている。こうした金商法上の制度の在り方と無関係に、情報開示会社において募集情報のみを会社情報から切り離して理解することは問題であろう」として、上場会社法制と会社法制との連携が不十分であると批判される。上村・前掲注12）3頁。

[14]　江頭憲治郎『株式会社法〔第7版〕』（有斐閣、2017）247頁参照。

第四に、株主総会の招集に関して、取締役は株主総会を招集する場合に、株主の数が1000人以上である場合には、「株主総会に出席しない株主が書面によって議決権を行使することができること」を定めなければならないが（会社法298条1項3号）、上場会社であって、株主の全部に対して金融商品取引法の規定に基づき株主総会の通知に際して委任状の用紙を交付することにより議決権の行使を第三者に代理させることを勧誘している場合には、書面による議決権の行使について定めることを要しない（会社法298条2項、会社法施行規則64条）。上場会社法制に従った委任状勧誘は（上場株式の議決権の代理行使の勧誘に関する内閣府令）、会社法上の書面による議決権行使と等価値であると理解されている。

　以上のように、上場会社法制（金融商品取引法）を遵守している場合に、会社法制の適用除外を認める形で、これまでも両者の連携が図られてきていた。

3　金融商品取引法違反の行為の会社法上の効力

　もっとも、これ以上の連携となると容易ではない。上村教授は、「従来より商法・会社法は株主を中心とする利害関係人間の私的な利益調整を行う法とされてきており、証取法は商法とは別個の取締法規とされてきたため、この両法の融合は会社法基礎理論の根幹に関わってくる」と説かれていた[15]。この点の難しさを露呈したのが、平成26年会社法改正で目指されていた金融商品取引法違反の行為の会社法上の効力に関する規定である。

　すなわち、法制審議会総会（平成24年9月7日開催）で承認された「会社法制の見直しに関する要綱」においては、「金融商品取引法上の規制に違反した者による議決権行使の差止請求」（第3部第1）として、「①株主は、他の株主が次に掲げる規制に違反した場合において、その違反する事実が重大であるときは、当該他の株主に対し、これにより取得した株式について議決権の行使をやめることを請求することができるものとする」とされており、公開買付規制について、義務的公開買付け（金商法27条の2第1項）、全部買付義務（同法27条の13第4項）、全部勧誘義務（同法27条の2第5項、金商法施行令8条5

---

15)　上村・前掲注1）62頁。

項3号）に違反した買付者に対して、議決権行使を差し止めるよう請求することができる制度の導入が図られていた[16]。

しかしながら、政府部内での検討過程において、金融商品取引法における公開買付規制の違反という要件と、会社法における議決権行使の差止めという法的効果の結び付きが十分とはいえないとの指摘があり、改正法においては制度の導入が見送られた[17]。この指摘によれば、「公開買付規制の違反があっても、他の株主が損害賠償請求等では回復し得ない具体的な不利益を直ちに受けるとは限らず、損害賠償請求等での金銭による回復を超えて、会社法上の株主の基本的権利である議決権の行使について差止請求を認めるほどの不利益はないのではないか」とされた[18]。

金融商品取引法における公開買付規制は、「公開買付けに関する開示」（第2章の2）に関するものであると位置付けられており、単に開示に関する規制なのであれば、上記のような指摘もありうるかもしれない。ところが、要綱で列挙された公開買付規制は会社の支配争奪を巡る実体的な規制であり、第三者割当てによる新株発行と差止めに関する規制と同様に、会社法制の一部として理解されるべきものである。要綱で示された差止制度に反対の指摘は、上村教授が懸念されていたように、金融商品取引法と会社法とを異質なものであることを不必要に強調して、両者の融合の端緒を踏みにじるものであったとの評価も可能であろう。

なお、流通市場と会社支配のあり方について、上村教授は株式会社の社団

---

16) なお、早稲田大学グローバルCOE≪企業法制と法創造≫総合研究所「公開会社法要綱案〔第11案〕」（2009年1月21日）の「2.15（金融商品取引法違反を構成する会社の行為の効力）」は、「公開会社法上、金融商品取引法違反を構成する会社の行為の効力は原則として無効とする。ただし、株券等が流通市場に流入して混在している場合、あるいはその可能性が大きな場合、その他金融商品取引法違反の公序性が弱い等の正当な理由がある場合には、有効とする。その場合における違法是正の手段は、別に検討する」としている。その理由は、「金融商品取引法違反を構成する会社の行為は、資本市場機能の確保という公序を害する行為という性格を有するため、原則として無効とすべきである」からとされる（同14頁、【コメント】）。
17) 坂本編著・前掲注3）378頁。
18) 坂本編著・前掲注3）378頁。

性との関係で説かれていることが参考になるとも思われる。すなわち、上村教授は、「大きな流通市場で株式を『買えた者』から成る集会を想定しても、それは東京ドームの観客ほどの一体感・連帯感もないヒトの集合体であり、社団というに値しない。……勝てば阪神ファンなら見知らぬヒトとでも肩を組んで『六甲颪』を歌うかもしれない。流通市場はそうした一体感すらない単なるモノの一時的な集合体であり、こうした集合体を会議体として構成し、重要な事項を決定させようとすること自体が土台無理である」とされる[19]。上村教授が説かれるように、株主には協調して合理的な意思決定を行うことを期待することができないが、上場会社法制（金融商品取引法の規制）に違反して流通市場から株式を取得して会社の支配を獲得することが許されるものではない。会社の支配争奪の場面で金融商品取引法に違反して支配を取得しようとする者を排除することができれば、阪神ファンでなくとも肩を組んで社歌を合唱するのではないか[20]。

III 会社法制の守備範囲

1 会社法制定による会社法制の一本化

　平成17年会社法制定によって、全ての種類の会社が会社法という一つの法典の規律を受けることになった。同法制定とともに、有限会社法が廃止され、有限会社は株式会社として存続するものとされ（会社法の施行に伴う関係法律の整備等に関する法律2条1項）、従前の規律は特例有限会社という形で会社

---

19) 上村・前掲注1) 124-125頁。
20) 武井一浩「交遊抄　阪神優勝と会社法」2018年7月2日付け日本経済新聞朝刊参照。武井弁護士によれば、江頭憲治郎教授は、阪神が約20年ぶりに優勝した際に「阪神優勝と会社法」という特別講演において、「今年の優勝のキーワードは監督。これは会社法にもある言葉で、会社法と阪神優勝とは案外関係がある」と講じられ、「監督の本質は、選手を育てることとダメなら外すこと。これは会社のガバナンスでも同じである」と話されたという。阪神ファンは監督の采配等に厳しく、監督に対する視線も厳しい。会社の支配争奪は、球団で言えば、監督を選任する権限の奪い合いであるから、ルールに反した支配争奪は肩を組んで撃退すべきものである。

法の特例として一定程度は維持された（同法3条以下）。また、株式会社の監査等に関する商法の特例に関する法律も廃止され、大会社に関する規律は会社法に取り込まれた（会社法2条6号ほか）。

　その結果、上場会社法制の一部が会社法に組み込まれるようになった。形式の問題だけなのであれば実際に問題を生じさせることは少ないであろう。もっとも、金融商品取引法の規制との区別が過度に強調されると、あるいは協調ないし連携が否定されると、平成26年会社法改正では実現しなかったように、公開買付規制のように金融商品取引法で規定された規律について会社法との連携が断ち切られるなど、具体的な問題として顕在化しうる（Ⅱ3）。

　他方で、会社法のなかでも、上場会社に固有の課題が含まれている。規制対象を、社外取締役の設置に関する開示のように明文で限定していき、規制の趣旨と適用範囲が明確になるのであれば、問題はないようにも思われる。ところが、次に見る取締役の解任の訴えのように、条文で書き分けられていないと、性格が異なる会社についての規律のあり方を整理して議論することが困難になる。このような状況が残るのであれば、上場会社法制を会社法制から分離独立させて、証券市場を駆使する会社とそうでない会社に対象を分けて、枠組みとなる会社法制を別立てで用意することも一案かもしれない。法形式としては、かつての監査特例法にならって、上場会社法制を会社法制の特例法とすることも考えられる。

2　役員解任の訴えの要件の規律の見直し

　平成26年会社法改正に向けた法制審議会会社法制部会（平成22年12月22日）では、「会社法制に関するその他の検討事項」として、「第2　役員解任の訴えに関する検討事項」が附議された（部会資料8）。部会資料の本文（注）では、「株主総会における解任議案の否決を役員解任の訴えの要件としている現行法の規律を見直すことについて、どのように考えるか」という問題提起がなされている。

　「部会資料8」の補足説明では、見直しを検討するにあたって考慮すべき点として、「株主総会における解任議案の否決を要件としている理由は、そのような制度趣旨のほか、国家機関である裁判所の介入を最後の手段とし、ま

ずは株主総会の自治の範囲内で適当な解決が図られることを期待するという観点から説明されることもあるが、これらを含め、株主総会における解任議案の否決を役員解任の訴えの要件とすることの意義や機能について、整理を要する。／他方、株主総会の開催には時間的・手続的なコストを伴うので、株主総会における解任議案の否決を役員解任の訴えの要件としている現行法の規律を見直すことの当否を検討する際には、このようなコストも考慮する必要がある」と説明されている。

　これを受けた部会の審議では[21]、現行法の規律を見直すことに反対の意見が多く、積極的に見直すべきという意見は強くなかった。とりわけ、制度を運用する裁判所の立場から、鹿子木康委員（東京地方裁判所判事・当時）の意見は説得力を有していたと思われる。すなわち、鹿子木委員は、「実際の機能からしますと、紛争がホットになっている時期があるんですね。解任の訴えを起こして、ないしはその保全処分を申し立てるということになったときに、ちょっと待ってくださいね、まずはこの手続を踏んできてください、ということをやっていると、そのうち収まってきて申立てには至らない、ということがございます。中小企業が確かに否決をするというのは、容易といえば容易なんでしょうけれども、手続的なワンクッションがあることによって、必ずしも生の紛争がそのまま持ち込まれるということにはなっていない。一つの抑止的な要件があることによって、自主的に解決可能な紛争は裁判外で解決され、裁判所での判断が必要な事件だけが持ち込まれる、という選別の役割を果たしているのではないかと思います」との意見が示された[22]。

　部会での議論においては、上村教授から、中小会社と大規模公開会社とで紛争が異なり、公開会社の場合には株主総会における解任議案の否決は不要であるとの見解が示された[23]。上村教授は、かねてから、「流動性の高いマー

---

21)　法制審議会会社法制部会第8回会議（平成22年12月22日）議事録PDF版26-29頁。
22)　法制審議会会社法制部会第8回会議（平成22年12月22日）議事録PDF版28頁〔鹿子木発言〕。また、鹿子木委員の意見については、同27-28頁も参照（中小規模の会社の相続争いの事件が多く、全人格的な争いが生のままで裁判所に持ち込まれる）。
23)　法制審議会会社法制部会第8回会議（平成22年12月22日）議事録PDF版28頁〔上村発言〕。

ケットの存在は『会議体としての』株主総会の意義を著しく低下させるが、こうした会議体の分解現象は個々の株主のガバナンス機能に対する期待を高めることになる」[24]として、「取締役解任の訴え……が、取締役の職務に関する『不正の行為又は法令定款に違反する重大な事実』の存在を要件としながら、株主総会での否決を求めていることは、少なくとも公開会社法における株主総会の意義に照らして不合理であり、この要件は直ちに外す必要がある」と説かれていた[25]。

また、岩原紳作教授（部会長）も、「大規模な公開会社の場合と閉鎖会社で、実際上の機能は違っているのかもしれません。大規模公開会社について言えば、この要件があるために、重大な不正行為等がある取締役に対して解任のアクションを起こそうとする株主にとってハードルが更に高くなっているという状態がいいのかということが問題になり得ましょう。……中小会社については、……冷却期間を置くという事実上の機能をどのように評価するか、ということでしょう」と整理された[26]。

他に優先されるべき検討事項があったからとも思われるが、その後の部会において、役員の解任の訴えの要件については取り上げられることはなかった。

ここで留意すべきであるのは、委員等の間では意見の厳しい違いが必ずしも表に出ている訳ではなく、むしろ中小会社と大規模公開会社とで実際の紛争の内実、したがって法的規律のあり方が違いうることが相当に共有されて

---

24) 上村・前掲注1）193頁。なお、会議体としての株主総会について、理論と現実との乖離を分析して、「多数決による意思決定を全体の意思決定と擬制するためには、情報開示と投票の容易さが制度として用意されれば足り、ここでも会議体としての総会は理論的な基礎を獲得できない。かりに、制度として会議体としての総会が存在していたとしても、それはあくまでも歴史的経緯によるものであり、何ら理論的な積極的基礎づけがあったのではない──つまり会議はあってもよいし、なくてもよい──ということになる」との見解がある。松井秀征『株主総会制度の基礎理論──なぜ株主総会は必要なのか』（有斐閣、2010）402頁。

25) 上村・前掲注1）193頁。

26) 法制審議会会社法制部会第8回会議（平成22年12月22日）議事録PDF版29頁〔岩原発言〕。

おり、にもかかわらず、2種類の規律を設けるという方向性の議論にはならなかったことである。

3　株主総会資料の電子提供制度

　平成30年2月14日の法制審議会会社法制（企業統治等関係）部会で取りまとめられた「会社法制（企業統治等関係）の見直しに関する中間試案」（以下、「中間試案」という。）では、多様な事項について意見照会がなされている。ここでは、株主総会資料の電子提供制度（第1部第1）に関する提案を取り上げ、上場会社法制と会社法制を区分するという発想が難しい現状を見いだすようにする。

　株主総会資料の電子提供制度とは、株主総会参考書類、計算書類、事業報告など、取締役が株主総会の招集の通知に際して会社が株主に対して提供しなければならない資料（株主総会参考書類等）の交付または提供に代えて、株主総会参考書類等に記載し、または記録すべき事項に係る情報を電磁的方法により株主が提供を受けることができる状態に置く措置（電子提供措置）を採ることを認めることである。この制度を導入するためには、定款で定める必要がある（中間試案第1部第1の1①）。そして、中間試案に基づく改正法の施行日において振替株式（社債、株式等の振替に関する法律128条1項に規定する振替株式）を発行している株式会社は、施行日を効力発生日とする定款の定めを設ける定款の変更の決議をしたものとみなすことが、中間試案では提案されていた（同③）。上場会社の株式は振替株式であることが求められているから、上場会社は電子提供制度の利用が義務付けられることになる[27]（同②参照）。

　パブリックコメント後の法制審議会会社法制（企業統治等関係）部会第11回会議（平成30年5月9日）においては、株主総会に関する規律の見直しについての個別論点について審議された。「部会資料19」（第1の1）では、上場会社への義務付けに関して、「電子提供制度を採用するかしないかは法律で一

---

27)　法務省民事局参事官室「会社法制（企業統治等関係）の見直しに関する中間試案の補足説明」（平成30年2月）3頁。

律に強制すべきでないという意見や、上場会社であっても、新興市場に上場している株式会社の場合には、電子提供制度の採用を強制しないこともあり得るという意見等の反対する意見があった。しかし、上場会社であれば、対応能力の面からしても義務付けしてよいという意見や、上場会社であれば、必ず電子提供制度を採用するものとすることが株主にとって分かりやすいという意見等の賛同する意見が多数であった」ことから、中間試案で照会された通りに、上場会社には電子提供制度を義務付けることが提案された[28]。

法制審議会会社法制（企業統治等関係）部会第14回会議（平成30年7月4日）においては、再び株主総会資料の電子提供制度に関して検討がなされ、直接の議論の対象は、振替株式の株主による書面交付請求の仕組みについて、「振替株式の株主が振替機関等を経由して書面交付請求をする具体的な仕組みとしては、株主が銘柄ごとに書面交付請求をすることを認める案と、これを認めず、株主は保有する全ての銘柄についてのみ書面交付請求をすることができるものとする案」であった[29]。もっとも、日本商工会議所の見解として、小林俊明委員からは、改めて全ての上場会社に電子提供制度を義務付けることについて反対である旨が示された[30]。

全体の方向としては、上場会社に特別な規律を課そうとするものであるが、これも経済界の理解を得るのは容易ではないことを窺い知ることができよう。

---

[28] 法制審議会会社法制（企業統治等関係）部会第11回会議（平成30年5月9日）部会資料19「株主総会に関する規律の見直しについての個別論点の検討」1頁。なお、「会社法制（企業統治等関係）の見直しに関する中間試案」に対して寄せられた意見の概要」（会社法制（企業統治等関係）部会資料18）6頁では、日本商工会議所のみが反対しており、上記部会第11回会議でも、小林俊明委員（鹿島建設株式会社法務部長）から、反対意見が述べられた（同議事録PDF版12頁〔小林発言〕）。

[29] 法制審議会会社法制（企業統治等関係）部会第14回会議（平成30年7月4日）部会資料23「会社法制（企業統治等関係）の見直しに関する要綱案の作成に向けた個別論点の更なる検討」（第1の1）（補足説明）3頁。

[30] 法制審議会会社法制（企業統治等関係）部会第14回会議（平成30年7月4日）議事録PDF版10頁〔小林発言〕。なお、第11回会議（平成30年5月9日）における議論につき、前掲注28）を参照。

さらには、電子提供制度の義務付けの対象とされるのは上場会社であることの理解が共有されているが、厳密には、振替株式を発行している会社は上場会社に限られるものではない。すなわち、証券保管振替機構が取り扱う株式等（機構取扱対象株式等）は、①金融商品取引所に上場されている株式または上場する予定の株式のうち規則で定める要件を満たすもの、②日本証券業協会によりフェニックス銘柄に指定されている株式であって規則で定める要件を満たすものなどに限定されている（株式等の振替に関する業務規程6条1号2号ほか）。

　上記①のうち、上場予定の株式については、規則で定める要件は、金融商品取引所による上場承認（または機構が別に定める金融商品取引所による上場申請の公表）が行われていることが要件とされており（株式等の振替に関する業務規程施行規則2条1項）、実質的には上場後の株式と異ならないであろうが、形式的には上場株式と振替株式の範囲には違いが生じうる[31]。

　他方で、上記②について、「フェニックス銘柄制度とは、日本証券業協会が取引所上場廃止銘柄を保有する投資家に対する換金の場および上場廃止会社の再生を援助できる仕組みとして、旧グリーンシート銘柄制度（2018年3月31日をもって廃止）から分離する形で、2008年3月からスタートさせた制度で」あり、金融商品取引法上の取引所金融商品市場とは異なった位置付けで運営されている[32]。ここでも、上場株式と振替株式の範囲に違いが生じる可能性があるが、平成28年6月30日から指定銘柄がないままになっている[33]。

---

[31]　上場を目指しているベンチャー企業についても、上場会社と同様に株主総会資料の電子提供を義務付けるべきか、本来的には一連の課題として検討すべきであるのかもしれない。とりわけ、ベンチャー法制において株主をプロまたは洗練された投資家に限るという手当てがなされていない現行法のもとでは、考慮を要する問題であろう（上村・前掲注1）286頁参照）。もっとも、ベンチャー企業のエクジットの方法は上場（IPO）に限られないし、上場を実際に目指しているのか否かは外形的に明らかではないため、仮に義務付けるにしても、義務付けの対象となる要件を定めることは困難であろう。

[32]　日本証券業協会「フェニックス銘柄制度」＜http://market.jsda.or.jp/shiraberu/phoenix/index.html＞。

[33]　同・前掲注32）。

4 会社法と「上場会社」

　現在の会社法において、上場会社が特例の対象となるのは、その会社の株式が証券市場で取引されているという意味での「上場会社」と一致するのであろうか。これまでに取り上げた上場会社法制と会社法制の連携の例を素材に確認してみることにしよう。

　まず、監査役会設置会社における社外取締役の選任に関しては、適用対象が「監査役会設置会社（公開会社であり、かつ、大会社であるものに限る。）であって金融商品取引法第24条第1項の規定によりその発行する株式について有価証券報告書を内閣総理大臣に提出しなければならないもの」（会社法327条の2）とされており、大会社でない上場会社には規律が適用されない（Ⅱ1）。

　企業金融に関して、すなわち、募集株式の発行等、自己株式取得、財務諸表による計算書類の代替など、金融商品取引法の規律を受ける場合の会社法の適用除外は、金融商品取引法上の概念が会社法に組み込まれており、適用除外となる会社と上場会社が多くの場合に一致していると考えられる（Ⅱ2）[34]。

　株主総会資料の電子提供制度の義務付けの対象として検討されているのは、振替株式を発行している株式会社である（Ⅲ3）。振替株式は、上場前の会社および上場廃止後の会社の株式を含む設計になっていることから、現に株式を上場している会社よりも広い範囲の会社が対象となる可能性がある。

　以上のように、会社法制の守備範囲については、上場会社を主な対象としつつも、上場会社を含まない形で規律を設ける場合もあれば、上場会社でない会社をも含む形で規律を設けようとしている場合もある。後者の場合については、上村教授が「潜在株主とは要は投資家を意味するのであり、公開株式会社法理はそうした投資家概念を公開株式会社法の基本概念に据えること

34）　財務諸表を有価証券報告書で提出して、公衆縦覧に供している会社は、基本的には上場会社であろうが、上場廃止後に継続開示義務が残っている会社、株式以外の証券について継続開示義務を負っている会社も、会社法の適用除外となっている。

になる」[35]と提言されていることと親和的であり、基本的な考え方として妥当であろう。とはいえ、とりわけベンチャー企業の上場前の状況を念頭に置くと、どのような状況が満たされれば上場会社法制の射程に入れるのかは必ずしも明確には定まらない[36]。この点が、上場会社法制と会社法制との連携を深める上で、さらには上場会社法制を会社法制から分離独立させるのであればそのためにも、整理されるべき課題であろう。

Ⅳ 結　語

　上村教授は、「所有者としての株主を強調することが株主を大事にしないことに通ずるという根源的なパラドックスを解く鍵は、株主とは証券市場で『買った』投資家であり、情報開示も会計も監査も、コーポレート・ガバナンスも、投資家というだけで十二分に要求されているとの認識なのである」と説かれる[37]。すなわち、「公開株式会社にあっては株主は株主以前に投資家として最大に尊重されるべきこと」を強調される[38]。

　この基本的な考え方は、「なぜ株主総会は必要なのか」を歴史的・理論的に検討された松井秀征教授の分析にも通じるものであるとも思われる。松井教授は、株式会社制度を支える理論として「所有の契機」が過度に強調されてきたことを問題としつつ、「明治32年商法は……所有の契機を政策的に利用する修正された絶対主義モデル」（強調は略）[39]であったと批判し、この絶対主義的モデルを打破する会社法制の変遷を描いた[40]。所有の契機が重視されなくなれば、証券市場を活用する上場会社の意思決定は、潜在的株主でもある投資家に対する情報開示が基礎となり、必要となれば投資家が株式を取得するなどして議決権の行使に影響力を行使するという仕組みが核となる。こ

---

35)　上村・前掲注1）101頁。
36)　前掲注31）を参照。
37)　上村・前掲注1）はじめにvii頁。
38)　上村・前掲注1）はじめにvi頁。
39)　松井・前掲注24）333頁。
40)　松井・前掲注24）327-365頁ほか。

の点に関連して、松井教授も、「多数決による意思決定を全体の意思決定と擬制するためには、情報開示と投票の容易さが制度として用意されれば足り、ここでも会議体としての総会は理論的な基礎を獲得できない」とされる[41]。

さらに、上村教授の立論は、近時の田中亘教授の分析とも親和的であり、上場会社のパラドックスを鍵として活用して、これを解こうと試みる点でも共通しており興味深い。田中教授によれば、「上場会社とは、企業に対する長期にわたる資本のコミットメントおよび長期志向に基づく企業経営を、個々の株主が、いつでも市場で株式を売却できるという意味で企業に対して最短のコミットメントしか行わない仕組みを通じて実現しているという、パラドクシカルな制度である」[42]。つまり、「単に、『最も長期のコミットメントを要する経営資源である資本が、いつでも市場で株式を売却できるという意味で企業に対して最短のコミットメントしかしない経済主体（株主）によって担われている』という点で逆説的である、というだけではない。『株主が、企業に対して最短のコミットメントしか要しない仕組みであるからこそ、企業の意思決定は、長期志向に基づくものになる』という点が、パラドクシカルであり、独創的な魅力を持っていると考える。投資家が、必要であればいつでも市場で株式を換金できる仕組みになっているからこそ、多くの投資家を株式市場に呼び込むことができ、その結果、流動的な株式市場が形成される」（強調は略）[43]。

上村教授が提言された公開会社法について、これらの松井教授と田中教授の理論的な分析をも梃子にして、上場会社法制として対象とされるべき株式会社の範囲、必要となる会社法制を超える規律、さらには立法形式などについても、上場会社法制と会社法制との連携という観点から一段と具体的な検討がなされていくことを期待したい。

---

41) 松井・前掲注24) 402頁。
42) 田中亘「上場会社のパラドックス——流動性が長期志向を生む仕組み」黒沼悦郎＝藤田友敬編『企業法の進路　江頭憲治郎先生古稀記念』（有斐閣、2017) 35頁。同族企業の仕組みを用いて長期志向を生む解決策について、同39-42頁を参照。
43) 田中・前掲注42) 44-45頁。

SDGs・ESG・SCS（SSCM）
——会社法学及び金融・資本市場法学と持続可能な社会の実現（序論）

河村　賢治

Ⅰ　はじめに
Ⅱ　SDGs
Ⅲ　ESG
Ⅳ　SCS（SSCM）
Ⅴ　おわりに

Ⅰ　はじめに

　最後の抱擁（A Final Embrace）という写真がある。2013年4月にバングラディシュで商業ビル（ラナ・プラザ）が倒壊し千人を超える死者が出たが、そこで亡くなった二人の男女を写した写真である。このビルには、グローバルに活動するブランドの縫製工場等が入っており、そこで働く多くの人々が犠牲となった。この大惨事から明らかになったのは、私たちが着ている服の中には、劣悪な労働環境のもと安価な賃金で働く人々の手によって製造されたものがあるという事実であり、この事件は、国・企業・市民に対し、グローバルなサプライチェーンに目を向けることの必要性を強く訴えるものとなった[1]。
　2018年2月、アメリカ・フロリダ州の高校で銃乱射事件が発生し、生徒や

---

1) 例えば、勝田智明「特集グローバル・サプライチェーンにおける労働の課題　政府の立場から」大原社会問題研究所雑誌702号（2017）4頁以下参照。

教職員ら17人の命が奪われた。WSJの記事[2]によると、アメリカでは、この事件をきっかけに多くの企業が銃規制について立場を表明しているという。さらに、銃規制に限らず、「企業の経営者は移民、同性愛者の権利、気候変動などありとあらゆる問題について態度を明確にすることがますます求められている。それを後押ししているのは、社会問題に関心を持つ若いデジタル世代の消費者や従業員だ」とのことであり[3]、この記事の最後は「事業と社会問題は切り離せない段階に来ていると思う」というペンジーズ社CEOの言葉で締めくくられている。

　本稿を執筆している2018年の夏、日本各地で記録的な猛暑が続いている。総務省消防庁の調べによれば、同年4月30日から7月29日までに熱中症により救急搬送された人数は全国で5万7,534人になり、そのうち初診時で死亡が確認された人数は125人に上ったという[4]。効果的な対策を世界レベルで講じなければ、今後も地球温暖化は進行することが予想されるが、世界には（日本にも）クーラー等を持つことができない貧困層が存在しており、このままではこうした層を中心に熱中症による死者数は増えていく可能性がある[5]。

　これらの例に限らず、私たちの世界は多くの社会的課題を抱えている。こうした社会的課題を解決し、持続可能な社会を実現するために、会社法学や

2）　Vanessa Fuhrmans and Rachel Feintzeig, CEOs Choose Sides on Gun Control at Their Own Risk, The Wall Street Journal (Feb. 28, 2018). この記事の日本語版「銃規制に賛成か否か　米企業CEOが背負うリスク　世論を二分する政治論争に関わるべきか否か」は、https://jp.wsj.com/articles/SB12346302927663484593304584074392445446618で入手可能。本稿で引用するのはこの日本語版である。

3）　Fuhrmans他・前掲注2）（日本語版）によると、「ウェーバー・シャンドウィックが2017年に実施した調査によると、ミレニアル世代（1980年代から1990年代に生まれた層）の約50％は、社会にとって重要なテーマについて企業のCEOは発言する責任があると答えた。対照的に、40歳代から50歳代前半になったジェネレーションＸでは、この割合は28％にとどまった」とのことである。

4）　総務省消防庁「熱中症による救急搬送人員数（7月23日〜7月29日速報値）」（2018年）に含まれる「都道府県別熱中症による救急搬送状況　平成30年4月30日〜7月29日（速報値）初診時における傷病程度（人）」参照。

金融・資本市場法学はどのような貢献ができるだろうか（会社法制や金融・資本市場法制において何か改善すべき点はあるだろうか）。本稿では、こうした問題を考える準備作業として、関連するいくつかの取り組みを概観してみたいと思う[6]。

---

5) この点については、Greg IP, Adding Up the Cost of Climate Change in Lost Lives, The Wall Street Journal（Aug. 1, 2018）も参照。この記事の日本語版「気候変動のコスト、人命に換算するとどうなる　暑さに慣れていない地域や貧困地域への影響大」は、https://jp.wsj.com/articles/SB11751308203394224420304584384361408353076?mod＝searchresults&page＝1&pos＝2で入手可能。なお、地球温暖化がもたらす悪影響は、熱中症の問題だけでないことはいうまでもない。

6) 持続可能社会法学としての会社法学のあり方（人間疎外をもたらす伝統的理論の全面的見直し）を検討した論文として、上村達男「人間の学としての会社法学――開発の側の論理の見直し」楜澤能生編『持続可能社会への転換と法・法律学』（成文堂、2016）153頁以下。ところで、商法（会社法）学の世界ではかねてより、企業の社会的責任（Corporate Social Responsibility:CSR）が大きなテーマの一つとして論じられてきた。例えば、昭和50年（1975年）6月に法務省民事局参事官室が「会社法改正に関する問題点」を出し、取締役に対し社会的責任に対応して行動すべき義務を課す一般規定を設けることの可否等について各界の意見を求めたところ、「業務執行取締役は、株主、債権者、従業員、消費者、地域住民の利益を考慮して、会社のため忠実にその職務を遂行する義務を負う」というような規定の新設を提案する意見もあったが（中村一彦「企業の社会的責任に関する一般的規定」法政理論9巻1号（1976）53頁以下。一般規定の新設に肯定的な見解は他にもあったが、これについては中村論文や後述する竹内論文等参照）、社会的責任の不明確さ・実効性に対する疑問・経営者の裁量権拡大のおそれなどを指摘する意見が優勢を占め（例えば、竹内昭夫「企業の社会的責任に関する商法の一般規定の是非」商事法務722号（1976）33頁以下）、上記のような一般規定は立法化されなかった（中村論文も竹内論文も個々の問題について具体的な規制を設けることには賛成であり、中村論文はこれに加えて一般規定を設けることにも賛成するのに対し、竹内論文は反対するという内容となっている）。企業の社会的責任という言葉の意味については様々な理解があり、例えば、「「社会的」という概念は、経済的概念と対立する「非経済的」概念であると認識することが必要である。……この非経済的責任は経済的責任以外の責任であるから、当然、道徳的責任、法律的責任などを含む」とする見解もあるし（中村一彦「取締役の社会的責任論の具体的適用――野村證券損失補塡事件を素材として」田中誠二先生追悼論文集『企業の社会的役割と商事法』（経済法令研究会、1995）257・258頁）、あるいは、企業の社会的責任とは、「遵守すべき法規制や慣習を超えて、基本的人権の尊重、環境保護、社会の発展、利害関係人の利益の適切な調整といった観点から、企業の持続的発展を支えるためになされる企業の自主的な取り組みである」と

II SDGs

(1) SDGsとは何か

2015年9月、国連サミットにおいて、17の持続可能な開発目標（Sustainable

理解する見解もある（秋山をね＝大崎貞和＝神作裕之＝野村修也「座談会　いまなぜCSRなのか」法律時報76巻12号（2004）5頁〔神作発言〕）。また、国際標準化機構（ISO）が2010年に発行した社会的責任に関する指針であるISO26000では、社会的責任は、「組織の決定及び活動（注1：活動には商品、サービス及びプロセスを含む）が社会及び環境に及ぼす影響に対して、次のような透明かつ倫理的な行動を通じて組織が担う責任：健康及び社会の繁栄を含む持続可能な開発に貢献し；ステークホルダーの期待を配慮し；関連法令を遵守及び国際行動規範に合致し；組織全体に統合され、組織の関係（注2：関係とは組織の影響力の範囲内の活動を意味する）の中で実践される行動」と定義されている（なお「持続可能な開発（sustainable development）」とは、「将来世代がそのニーズを満たす能力を損なうことなく現在のニーズを満たす開発」と定義されているが、この概念は国連に設置されたブルントラント委員会が1987年に公表した報告書の中で取り上げられている）。ところで、遠藤業鏡「CSR活動の類型整理と実証分析のサーベイ」RIETIポリシー・ディスカッション・ペーパー18-P-003（2018）は、企業の社会的責任を、①消極的CSR（法令遵守を通じてのみステークホルダーに配慮する考え方）、②戦略的CSR（企業に利潤をもたらしうるという観点からステークホルダーに配慮する考え方）、③公益志向CSR（社会的な正しさという観点からステークホルダーに配慮する考え方）に分けているが、近時では、社会問題や環境問題などの社会的課題の解決を、会社のビジネスチャンスあるいはリスク管理に関わるものとしてとらえる傾向が強まっていることからすると、②の考え方が広がっているということになろう。あるいは、現在必要なのは（そして現在広がっているのは）「CSR経営」から「サステナビリティ経営」（社会・環境の持続可能性に貢献する経営を自社の価値創造や競争力強化に結び付ける経営）へのリフレーミングであって、なんでもCSRという「箱」の中に詰め込もうとする考え方を戒める指摘もある（ピーターD.ビーダーセン「CSR経営からサステナビリティ経営へのシフトが加速」週刊東洋経済臨時増刊『CSR企業白書2018』（2018）56頁以下）。ともかく、CSRであれサステナビリティ経営であれ、これらは会社法の問題（例：会社の目的、株主や株主総会等の機関の位置付けと権限分配、取締役の義務・責任・人事・報酬、内部統制システム、情報開示等）と無関係ではありえない（この点については、神作裕之「ソフトローの「企業の社会的責任（CSR）」論への拡張？」中山信弘編集代表／神田秀樹編『市場取引とソフトロー』（有斐閣、2009）193頁以下も参照）。

Development Goals: SDGs）を含む「我々の世界を変革する：持続可能な開発のための2030アジェンダ」が採択された[7]。2030年までの国際目標として掲げられた17のSDGs（ゴール）は次のとおり[8]。①あらゆる場所のあらゆる形態の貧困を終わらせる、②飢餓を終わらせ、食料安全保障及び栄養改善を実現し、持続可能な農業を促進する、③あらゆる年齢のすべての人々の健康的な生活を確保し、福祉を促進する、④すべての人々への包摂的かつ公正な質の高い教育を提供し、生涯学習の機会を促進する、⑤ジェンダー平等を達成し、すべての女性及び女児の能力強化を行う、⑥すべての人々の水と衛生の利用可能性と持続可能な管理を確保する、⑦すべての人々の、安価かつ信頼できる持続可能な近代的エネルギーへのアクセスを確保する、⑧包摂的かつ持続可能な経済成長及びすべての人々の完全かつ生産的な雇用と働きがいのある人間らしい雇用（ディーセント・ワーク）を促進する、⑨強靱（レジリエント）なインフラ構築、包摂的かつ持続可能な産業化の促進及びイノベーションの推進を図る、⑩各国内及び各国間の不平等を是正する、⑪包摂的で安全かつ

---

[7] 2015年には気候変動に関する重要な国際合意もなされている。すなわち、2015年12月に国連気候変動枠組条約第21回締約国会議（COP21）で採択されたパリ協定である。パリ協定は、世界共通の目標として、産業革命前からの気温上昇を2℃より十分低く保つとともに、1.5℃に抑える努力を追求することなどを定めている。2018年8月3日に総理大臣官邸で開催された第1回「パリ協定に基づく成長戦略としての長期戦略策定に向けた懇談会」において、安倍晋三内閣総理大臣は、「もはや温暖化対策は、企業にとってコストではありません。競争力の源泉であります。環境問題への対応に積極的な企業に、世界中から資金が集まり、次なる成長と更なる対策が可能となる。正に環境と成長の好循環とも呼ぶべき変化が、この5年余りの間で、世界規模で、ものすごいスピードで進んでいます。この好循環をどんどん回転させることで、ビジネス主導の技術革新を促していく。これまで温暖化対策といえば、国が主導して義務的な対応を求めるものでしたが、こうした時代の変化を捉えた大きなパラダイム転換が求められています。我が国も日本企業の強みをいかしながら従来の延長線上にないイノベーションを創出し、我が国経済の力強い成長につなげていく発想が必要であります」と述べている（傍点は河村による。https://www.kantei.go.jp/jp/98_abe/actions/201808/03kondankai.html）。

[8] この邦訳は、外務省による仮訳「我々の世界を変革する：持続可能な開発のための2030アジェンダ」に基づく（https://www.mofa.go.jp/mofaj/gaiko/oda/sdgs/pdf/000101402.pdf）。

強靱（レジリエント）で持続可能な都市及び人間居住を実現する、⑫持続可能な生産消費形態を確保する、⑬気候変動及びその影響を軽減するための緊急対策を講じる、⑭持続可能な開発のために海洋・海洋資源を保全し、持続可能な形で利用する、⑮陸域生態系の保護、回復、持続可能な利用の推進、持続可能な森林の経営、砂漠化への対処、ならびに土地の劣化の阻止・回復及び生物多様性の損失を阻止する、⑯持続可能な開発のための平和で包摂的な社会を促進し、すべての人々に司法へのアクセスを提供し、あらゆるレベルにおいて効果的で説明責任のある包摂的な制度を構築する、⑰持続可能な開発のための実施手段を強化し、グローバル・パートナーシップを活性化する。17のゴールは以上であるが、それぞれのゴールについて、さらに具体的な複数のターゲットが掲げられている。例えば、上記⑧のゴールに関するターゲットの一つである8.7は、「強制労働を根絶し、現代の奴隷制、人身売買を終らせるための緊急かつ効果的な措置の実施、最悪の形態の児童労働の禁止及び撲滅を確保する。2025年までに児童兵士の募集と使用を含むあらゆる形態の児童労働を撲滅する」と定めており、また、上記⑫のゴールに関するターゲットの一つである12.6は、「特に大企業や多国籍企業などの企業に対し、持続可能な取り組みを導入し、持続可能性に関する情報を定期報告に盛り込むよう奨励する」と定めている。

　日本政府は、2016年5月に「持続可能な開発目標（SDGs）推進本部」（本部長：安倍晋三内閣総理大臣）を内閣に設置し、SDGsを推進するための様々な取り組みを実施しているが、SDGsの達成においては、企業も重要な役割を果たすことになる。例えば、持続可能な開発目標（SDGs）推進本部が2016年12月に決定した「持続可能な開発目標（SDGs）実施指針」においては、「SDGsの達成のためには、公的セクターのみならず、民間セクターが公的課題の解決に貢献することが決定的に重要であり、民間企業（個人事業者も含む）が有する資金や技術を社会課題の解決に効果的に役立てていくことはSDGsの達成に向けた鍵でもある。既に一部の民間企業がSDGsに社会貢献活動の一環として取り組むのみならず、SDGsを自らの本業に取り込み、ビジネスを通じて社会的課題の解決に貢献することに取り組んでおり、政府としてこうした動きを歓迎する。……中でも、ビジネスと人権の観点に基づく取組やESG投

資、社会貢献債等の民間セクターにおける持続可能性に配慮した取組は、環境、社会、ガバナンス、人権といった分野での公的課題の解決に民間セクターが積極的に関与する上で重要であるのみならず、こうした分野での取組を重視しつつあるグローバルな投資家の評価基準に対し、日本企業が遅れをとらずに国際的な市場における地位を維持するためにも極めて重要である。このための環境づくりに向けた政府の施策を進めるとともに、民間企業の取組を**後押しする**」とされている（傍点は河村による）[9]。

(2) SDGsと企業経営

企業がいかにしてSDGsを経営戦略と結び付け、**SDGsへの貢献を測定・管理していくか**についての指針を示しているのが、グローバル・レポーティング・イニシアチブ（GRI）、国連グローバル・コンパクト（UNGC）及び持続可能な開発のための世界経済人会議（WBCSD）が共同で開発した「SDG Compass」[10] である（したがってSDGsに関心がある企業はまずこれを読むとよ

---

9) 持続可能な開発目標（SDGs）推進本部「持続可能な開発目標（SDGs）実施指針（本文）」（2016年12月）8頁。

10) GRI, UNGC and WBCSD, SDG Compass-The guide for business action on the SDGs (2015). 日本語版である「SDG Compass-SDGsの企業行動指針」はhttp://www.ungcjn.org/sdgs/pdf/SDG_COMPASS_Jpn.pdfで入手可能。なお、国連グローバル・コンパクト（UNGC）は、「人権」・「労働」・「環境」・「腐敗防止」の4分野において10の原則を定めており、企業は署名を通じてこれに参加することができるところ、「160カ国の8,000社を超える企業が参加しており、世界最大の企業による持続可能性イニシアチブとなっている」という（SDG Compass日本語版29頁）。UNGCの10原則は次のとおり（グローバル・コンパクト・ネットワーク・ジャパン（GCNJ）のウェブ（http://www.ungcjn.org/gc/principles/index.html）に掲載された邦訳に基づく）。①企業は、国際的に宣言されている人権の保護を支持、尊重すべきである、②企業は、自らが人権侵害に加担しないよう確保すべきである、③企業は、結社の自由と団体交渉の実効的な承認を支持すべきである、④企業は、あらゆる形態の強制労働の撤廃を支持すべきである、⑤企業は、児童労働の実効的な廃止を支持すべきである、⑥企業は、雇用と職業における差別の撤廃を支持すべきである、⑦企業は、環境上の課題に対する予防原則的アプローチを支持すべきである、⑧企業は、環境に関するより大きな責任を率先して引き受けるべきである、⑨企業は、環境に優しい技術の開発と普及を奨励すべきである、⑩企業は、強要や贈収賄を含むあらゆる形態の腐敗の防止に取り組むべきである。

い)。具体的には、SDG Compassは、ステップ1（SDGsを理解する）、ステップ2（優先課題を決定する）、ステップ3（目標を設定する）、ステップ4（経営へ統合する）、ステップ5（報告とコミュニケーションを行う）という5つのステップを設け、それぞれのステップごとに企業がなすべきことなどを記している。例えば、ステップ2では、「バリューチェーンをマッピングし、影響領域を特定する」ことなどが挙げられている[11]（バリューチェーンとは、一般に、原材料の調達から製造を経て製品の販売等に至る経路（サプライチェーンともいう）において、価値が生み出されていく点に着目した概念である）。ステップ3では、「目標範囲を設定し、KPI（主要業績評価指標）を選択する」ことなどが挙げられている[12]。ステップ4では、「持続可能性に関する目標を企業に定着させる」ことなどが挙げられている（例えば、この点では「経営トップの主導が特に重要となる」ことのほか、「持続可能性を長期戦略に統合する上で取締役会が果たす役割が重要であるという認識が強まっている。取締役会は、持続可能性に関する目標を経営幹部の採用・報酬基準に組み込むなど、重要な役割を果たすことができる」などとされている）[13]。ステップ5では、「効果的な報告とコミュニケーションを行う」ことなどが挙げられている（例えば、「報告書では、マテリアリティ評価の視覚化にマトリックスを用いるのが効果的である。マトリックスでは、ステップ2で設定したような優先課題の分野を「企業の経済・環境・社会面の影響の重要度」と「ステークホルダーの評価・決定への影響」という座標軸の中に位置づける」などとされている）[14]。

実際にSDGsを経営に取り込む企業も増えつつあるが（日本企業の実態については後述参照）、とりわけ昨今の傾向として指摘されているのは、「特に海外

---

11)　GRI他・前掲注10）（日本語版）・12頁。
12)　GRI他・前掲注10）（日本語版）・17頁。
13)　GRI他・前掲注10）（日本語版）・22頁（ただし日本語版の訳に若干の修正を加えた）。実際に、中長期業績連動報酬の中にサステナビリティ評価を導入した日本企業の例を紹介するものとして、例えば、北川哲雄「CSRトップティア企業の投資家向け情報開示が進む」前掲注6）『CSR企業白書2018』72頁参照。
14)　GRI他・前掲注10）（日本語版）・27頁。マテリアリティ・マトリックスを提示する日本企業の例を紹介するものとして、北川・前掲注13）69～71頁参照。

企業の中では、持続可能性や気候変動対策を従来の社会貢献活動（CSR）として捉えるのではなく、利益を追求するためのビジネスチャンスとして認識し、自社の経営戦略や中期計画に取り入れ、中核的事業として実施していく、いわゆる「本業化」を図る企業が増えつつある」との指摘である（傍点は河村による）[15]。ここでいう「本業化」とは、ハーバード大学教授のマイケル・E・ポーターなどが提唱した社会的な価値と企業にとっての価値を両立させて、企業の事業活動を通じて社会的な課題を解決していくことを目指すCSV（Creating Shared Value：共通価値の創造）という経営理念に加え、企業の経営戦略に「持続可能性／SDGs」を統合（計画や戦略に取り入れ、中核的事業として実施）していくことをいうと定義されている[16]。また、SDGsをビジネスチャンスとして本業化できなくても、SDGsの無視や軽視が企業の評判を下げるリスクはある。こうしたリスクは、社会問題に関心の強い人々が消費者・従業員・投資者（受益者を含む）などとして増えてくると、ますます顕在化するといえる。その意味で、SDGsは、企業にとって事業の外にあり倫理的観点からのみ対応すればよいという話ではなく、ビジネスチャンスやリスク管理といった観点から事業に直結しうるものとして理解すべきものでもある。

　日本企業の実態について見てみると、例えば、グローバル・コンパクト・ネットワーク・ジャパン（GCNJ）と地球環境戦略研究機関（IGES）の報告書（2018年）によれば、GCNJ会員を対象とした調査を経年比較した結果、「SDGsへの取組みが確実に進んでいると見られる」が、それでも前述したSDG Compassのステップ１とステップ２にとどまる企業が計70％以上あり、「多くの企業がSDGsをどう経営に取り込むのかに苦慮している実態を示している」とのことである[17]。同報告書によれば、SDGsの取組みを進める上での課

---

15) グローバル・コンパクト・ネットワーク・ジャパン（GCNJ）・地球環境戦略研究機関（IGES）「動き出したSDGsとビジネス～日本企業の取組み現場から」（2017）１頁。

16) GCNJ他・前掲注15) １頁脚注２。なお、GCNJ・IGES「未来につなげるSDGsとビジネス～日本における企業の取組み現場から」（2018）７頁はさらに、「「SDGsの本業化」には、経営組織の中にサステナビリティとSDGsをしっかりと根付かせていく「組織」と、社会課題の解決に貢献していく「企業活動」の２つの側面があり、これらを考えていくことが求められる」としている。

題として、「社内での展開方法が未確定」、「社会的な認知度が高まっていない」、「中間管理職の理解度が低い」、「定量的な指標など評価方法がわからない」などの課題があげられている[18]。また、日欧企業に対するアンケート調査を比較分析した企業活力研究所の報告書（2017年）によれば、「日欧ともに、SDGsの社会的認知度の低さを課題に挙げる割合はそれほど変わらないが、経営陣のSDGsの定着度の違いにおいては日欧で大きく差がある。欧州企業の経営陣はSDGsをよりビジネスチャンスと捉えているが、日本企業においてはその傾向は低い。他方で、SDGsへの取り組みの課題として、日本企業はトップのコミットメントが弱いことをそれほど大きな課題として挙げておらず、むしろ社内での認知度が低いことや、取り組みが進んでいないなど、経営陣にあげる以前の問題が大きいと考えている。欧州では、EUの政策としてのCSR戦略の存在やESG分野に関しての投資コミュニティの関心の高さが、経営層の意識の高さに影響していると考えられる」ことのほか、「欧州では例えばNGO/NPO、財団等の社会的プレゼンスが高く、SDGsにおいても活発な動き」があることなどが示されている[19]（日本経済団体連合会もアンケート調査を行っているがこれについては後述する）。

(3) SDGsとハードロー・ソフトロー等

SDGs自体に法的拘束力はないものの、企業によるSDGsへの取り組みを後押し（場合によっては強制）する仕組みは様々な形で設けられている。この点、日本貿易振興機構（ジェトロ）の調査報告（2018年）によれば、SDGsに関連するサステナビリティ型のルール（この調査でいうルールとは、(a)法令・規制、(b)国際機関等による準公的な基準・規格、(c)自主的なルール・取り組み、のすべてを包含する非常に広い概念として使われている）のうち、海外展開する日本企業にとって影響や示唆が大きいと考えられるものは72件あるという[20]。72件のう

---

17) GCNJ他・前掲注16) 5〜6頁、16頁。
18) GCNJ他・前掲注16) 6頁。
19) 企業活力研究所「社会課題（SDGs等）解決に向けた取り組みと国際機関・政府・産業界の連携のあり方に関する調査研究報告書」（2017年3月）59頁。

ちの数例を挙げてみると、上記ルール分類の(a)に属するものとして、①非財務情報・多様性情報開示に関するEU指令（従業員500人超のEU域内上場会社等に対し当該企業の展開等を理解するのに必要な範囲で社会・環境等に関する非財務情報の開示を求めるもの。加盟国は国内法を通じて規制導入）、②カリフォルニア州サプライチェーン透明法（カリフォルニア州で事業を行う小売・製造業者のうち年間総収入1億米ドル以上の事業者に対しサプライチェーンにおける人身売買や強制労働を撲滅するための取組みに関する情報の開示を義務付け）、③英国現代奴隷法（後述参照）、④パリ協定（前掲注7）参照）、⑤米国紛争鉱物開示規則（ドッド・フランク法1502条及びSEC規則。紛争鉱物が武装勢力の資金源となっていることを踏まえ企業に情報開示等を義務付けたもの）[21]、⑥EU紛争鉱物規則（EU版の紛争鉱物規制）、(b)に属するものとして、①OECD多国籍企業行動指針（経済協力開発機構（OECD）が策定した多国籍企業の責任ある企業行動に関する指針）、②TCFDによる提言（金融安定理事会（FSB）により設置された気候関連財務情報開示タスクフォース（TCFD）が企業による財務報告において気候関連情報の開示を促す提言）、③PRI（責任投資原則。後述参照）、(c)に属するものとして、①GRIサステナビリティ・レポーティングスタンダード（企業等が経済・環境・社会に与える影響を一般に報告する際の基準。GRIという非営利団体が作成する基準であるが、前身のGRIガイドラインを含めて、企業がサステナビリティ報告を行う際のグローバルスタンダードになっており、影響力が大きい[22]）、②CDPによる取組み（CDPという非営利団体が、世界の主要企業に対し質問書を送付し、気候変動等に関する取組みに関する情報を収集し、集まった回答を分析・評価し、その結果を公開する取組み。CDPの報告書によると、2017年は6,200社を超える企業が

---

20) 日本貿易振興機構「企業のサステナビリティ戦略に影響を与えるビジネス・ルール形成――SDGsの17ゴールで整理したサステナビリティ型ルールのマッピング調査」（2018年6月）5～7頁。

21) これについては、河村賢治「会社・金融市場規制の影響分析にどう向き合うべきか」日本証券業協会第1期JSDAキャピタルマーケットフォーラム研究論文（2017）59頁以下も参照（http://www.jsda.or.jp/katsudou/kawamuraronbun.pdf）。

22) 日本企業にとっても非常に重要なスタンダードとなっていることについて、日本経済団体連合会「企業行動憲章に関するアンケート調査結果」（2018年7月17日）22頁参照。

CDPの開示プラットフォームを通じて情報を開示しているほか、この情報開示要請は800以上の機関投資家に代わって実施しているという[23]）、③SASBサステナビリティ会計基準（米国サステナビリティ会計基準審議会（SASB）によるサステナビリティに関する会計基準の策定。後ほど若干触れる）、④ICGNグローバルスチュワードシップ原則（国際コーポレートガバナンスネットワーク（ICGN）による投資家のスチュワードシップ責任・方針・プロセスに関するベストプラクティスの提示）、⑤IIRC統合報告フレームワーク（国際統合報告評議会（IIRC）による統合報告に関するフレームワークの提示）、⑥ビジネスと人権に関する国連指導原則（国連人権理事会で承認されたすべての国と企業が尊重すべき国際基準）などがある[24]。このジェトロの調査報告によれば、近年、SDGsと関連するサステナビリティ型のルール形成があらゆるレベルで増加しているのに対し、こうしたルール形成への理解・対応が遅れている日本企業は潜在的なリスクを抱えているほか、ルール策定に参画した企業や早期対応を公表することで取り組みがベンチマークとなった企業は競争上優位に立つことができることなどを指摘しているが[25]、いずれも重要な指摘であろう。

　日本国内における取組みの一例として、日本経済団体連合会（以下「経団連」）が、2017年11月に、「Society5.0の実現を通じたSDGsの達成を柱として」企業行動憲章を改定したことが挙げられる[26]。経団連は、この改定につき、「これまで同様、企業倫理や社会的責任には十分配慮しつつ、それらを超えて持続可能な社会の実現を牽引する役割を担うことを明示した、極めて重要な改定

---

23)　CDP「気候変動レポート2017：日本版」（2017）3頁。
24)　これらの内容については、日本貿易振興機構・前掲注20）34頁、51頁、52頁、80頁、93頁、95頁、49頁、76頁、98頁、73頁、77頁、99頁、100頁、101頁、103頁（この頁の順序は本稿本文で取り上げたルールの順序に対応している）のほか、例えば、井口譲二『財務・非財務情報の実効的な開示――ESG投資に対応した企業報告（別冊商事法務431号）』（2018）78頁以下や、国際人権NGOヒューマンライツ・ナウ「非財務情報（ESG）開示をめぐる国際的動向と提言――ビジネスと人権に関する国別行動計画（National Action Plans）への提案」（2018）24頁以下等参照。なお、企業報告のフレームワークや基準等の一貫性や比較可能性を求める声に応えて、関連8団体によるCorporate Reporting Dialogueという取組みがあることについて、井口・同書108頁以下参照。
25)　日本貿易振興機構・前掲注20）8頁。

であります」とし（傍点は河村による）[27]、「会員企業は、持続可能な社会の実現が企業の発展の基盤であることを認識し、広く社会に有用で新たな付加価値および雇用の創造、ESG（環境・社会・ガバナンス）に配慮した経営の推進により、社会的責任への取り組みを進める。また、自社のみならず、グループ企業、サプライチェーンに対しても行動変革を促すとともに、多様な組織との協働を通じて、Society5.0の実現、SDGsの達成に向けて行動する」ものとしている（傍点は河村による）[28]。それでは、実態はどうか。この点、2018年7月に経団連から公表された「企業行動憲章に関するアンケート調査結果」によると、「「持続可能な社会の実現」という考え方を、「経営理念」、「企業行動に関する規範・指針」に反映しているとの回答は8割で、「経営戦略」や「中長期経営計画」は6割前後となっている。さらなる進展のためには、理念を経営戦略や経営計画に落とし込む必要がある」とされているほか、「SDGsに取り組む上での課題として、社内への理解・浸透を挙げる企業が最も多く、全社的な取り組みとするには、ベスト・プラクティスの共有などが求められる」などとされている[29]。

　よく言われることではあろうが、企業がSDGsに関する取り組みを進めていく上では、まずは企業の経営陣・取締役会がSDGsを経営に取り込む意義を十分に理解し納得する（腹落ちする）必要がある。そうでないと、表面的に綺麗な言葉が並ぶだけの経営理念や経営戦略等になりかねない。経団連のみな

---

26) 日本経済団体連合会「企業行動憲章」（2017年11月8日）。「Society5.0」とは、狩猟社会、農耕社会、工業社会、情報社会に続く、人類社会発展の歴史における5番目の新しい社会のことである。また、改定された企業行動憲章には10の原則が掲げられているが、各原則の見出しは次のとおり。原則1（持続可能な経済成長と社会的課題の解決）、原則2（公正な事業慣行）、原則3（公正な情報開示、ステークホルダーとの建設的対話）、原則4（人権の尊重）、原則5（消費者・顧客との信頼関係）、原則6（働き方の改革、職場環境の充実）、原則7（環境問題への取り組み）、原則8（社会参画と発展への貢献）、原則9（危機管理の徹底）、原則10（経営トップの役割と本憲章の徹底）。

27) 日本経済団体連合会「お知らせ：「企業行動憲章」の改定について」（2017年11月8日）参照（http://www.keidanren.or.jp/announce/2017/1108.html）。

28) 経団連・前掲注26)。

29) 経団連・前掲注22) 12〜13頁。

らず関係諸機関によるSDGs理解促進の取り組みが引き続き重要である。また、次の点も気になるところである。すなわち、企業によるSDGs達成への取り組みを後押しするものとしては、前述した様々なレベルのルールのほかに、社会的課題の解決に強い関心を持つ人々が消費者・労働者・投資者（受益者を含む）などとして増えてくるといった要因がありうる（もちろん人々の意識とルールは相互に密接に関連するものである）。しかし、内閣府『平成26年版子ども・若者白書』に掲載された「特集　今を生きる若者の意識～国際比較から見えてくるもの」によると、日本・韓国・アメリカ・イギリス・ドイツ・フランス・スウェーデンの比較において、「「社会をよりよくするため、社会問題に関与したい」と思っている日本の若者の割合は4割強、同様に「私の参加により、変えてほしい社会現象が少し変えられるかもしれない」と思っている割合は約3割となっており、いずれも日本が最も低い」結果となっており、「社会問題への関与や自身の社会参加について、日本の若者の意識は諸外国と比べて、相対的に低い」と総括されている（ちなみに「社会をよりよくするため、社会問題に関与したい」と思っているドイツの若者の割合は7割強、「私の参加により、変えてほしい社会現象が少し変えられるかもしれない」と思っているドイツの若者の割合は約5割となっている）[30]。こうした日本国内の事情（諸外国との温度差）が、日本企業によるSDGs達成に向けた取り組みにマイナスに作用していないか気になるところであり、日本企業はもちろんのこと法制のあり方を考える者などは、こうした温度差に十二分に留意していく必要があるように思われる。

III　ESG

(1)　ESGとは何か

　ESGとは、環境（Environment）、社会（Social）、企業統治（Corporate Governance）の三要素を意味する言葉である。「E」「S」「G」の具体的内容の一例として、ESG指数の一つであるFTSE Blossom Japan Indexの場合であれば、「E」には

---

30)　内閣府『平成26年版子ども・若者白書』（2014）82頁。

気候変動、汚染と資源、生物多様性、水使用、サプライチェーン（環境）、「S」には顧客に対する責任、健康と安全、人権と地域社会、労働基準、サプライチェーン（社会）、「G」には腐敗防止、企業統治、リスクマネジメント、税の透明性が含まれている[31]。経営の意思決定・監督の仕組みである企業統治（G）を通じて環境問題（E）や社会問題（S）に取り組むという観点からは、ES through Gという捉え方がなされることもある[32]。

　ESGという言葉は、コフィー・アナン国連事務総長（当時）が機関投資家に策定に参加するよう呼びかけ、国連環境計画・金融イニシアティブ（UNEP FI）及び国連グローバル・コンパクト（UNGC）が事務局となって2006年に公表された「責任投資原則（Principle for Responsible Investment：PRI）」の中で登場した。PRIの6つの原則は次のとおり[33]。①私たちは投資分析と意思決定のプロセスにESG課題を組み込みます。②私たちは活動的な所有者となり、所有方針と所有習慣にESG問題を組入れます。③私たちは、投資対象の企業に対してESG課題についての適切な開示を求めます。④私たちは、資産運用業界において本原則が受け入れられ、実行に移されるよう働きかけを行います。⑤私たちは、本原則を実行する際の効果を高めるために、協働します。⑥私たちは、本原則の実行に関する活動状況や進捗状況に関して報告します。

　このようにESGは投資の側から発展してきたものであるが、ESG投資と前述した投資先企業におけるSDGsの取り組みは表裏の関係にあると説明されることがある[34]。また、2017年にPRIから公表された「責任投資に向けたブループリント」[35]は、今後10年間におけるPRIの活動の方向性を明らかにするものであるが、その中の一つに「SDGsが実現される世界を目指す」という

---

31) FTSE Russell「Methodology overview: FTSE Blossom Japan Index」（日本語版）参照（http://www.ftse.com/products/downloads/blossom-japan-overview-jp.pdf?_ga=2.92860253.1725421929.1533814392-532602526.1533373042）。
32) 経済産業省・持続的成長に向けた長期投資（ESG・無形資産投資）研究会「伊藤レポート2.0」（2017）28頁参照。
33) この6つの原則の邦訳は、PRIのウェブサイトからダウンロードできる日本語版の「責任投資原則」（https://www.unpri.org/download?ac=1541）に基づく。
34) 年金積立金管理運用独立行政法人（GPIF）によるESG投資とSDGsのつながりに関する説明参照（https://www.gpif.go.jp/investment/esg/#b）。

ものがあり、これに関連して、PRIのFiona Reynoldsマネージングディレクターは、「責任ある投資家の取り組みと実世界の持続可能な開発の間にあるつながりを強化するために、私たちの活動を国連の持続可能な開発目標（SDGs）に結び付け、署名機関も同様にできるようにします」と述べている。このようにESGとSDGsは密接に結びついている。

　アセットオーナー、インベストメントマネージャー、サービスプロバイダー（アセットオーナーやインベストメントマネージャーに商品やサービスを提供する組織）などは、PRIの署名機関となることによって、PRIにコミットしている旨を対外的に表明することができる。QUICK ESG研究所のまとめによれば、2018年6月22日時点における署名機関数は2,006機関となっており、そのうち日本の署名機関数はアセットオーナーが16、インベストメントマネージャーが36、サービスプロバイダーが10の合計62機関であり、署名機関数上位10か国中日本は10位であるという（1位のアメリカは合計371機関、2位のイギリスは合計298機関、3位のフランスは179機関）[36]。2015年9月には、世界最大級の機関投資家である日本の年金積立金管理運用独立行政法人（GPIF）がPRIの署名機関となり[37]、ESG投資に対する日本国内の関心が急速に高まった。日本サステナブル投資フォーラムの調査によると、2014年の世界のサステナブル投資総額は2,200兆円であるのに対し日本のそれは1兆円（欧州は1,297兆円、米国は791兆円）であったが、2016年の世界のサステナブル投資総額は2,755兆円であるのに対し日本のそれは57兆円（欧州は1,449兆円、米国は1,050兆円）に成長し、2017年の日本のサステナブル投資総額は136兆円（この段階では他国の最新数字を得られず）となったという[38]。日本における署名機関数・市場規模ともに拡大しているようであるが、欧米と比較するとさらに拡大する余地がありそうである。

---

35) PRI, A Blueprint for Responsible Investment（2017）. 日本語版（タイトルは「責任投資のビジョン」）はhttps://www.unpri.org/download?ac=2973で入手可能。本稿本文中の引用は日本語版に基づく。

36) 中村俊之（Quick ESG研究所）「国連責任投資原則（UNPRI）の署名機関2000社を超える～日本は62機関、世界第10位」（2018年6月25日）（https://www.esg.quick.co.jp/blog/899）。

アセットオーナーやインベストメントマネージャーが、PRIの6つの原則にコミットすることを宣言する書類には、次のような文章がある。「私たちは、機関投資家として、受益者の最善かつ長期的な利益のために行動する義務を負う。私たちは、この受認者としての役割（fiduciary role）において、（ある程度の会社間、業種間、地域間、資産クラス間及び時代毎の違いはあるものの）環境、社会及び企業統治（ESG）に関する諸問題が投資ポートフォリオのパフォーマンスに影響を与えうると考えている。私たちはまた、これらの原則を適用することで、投資家がより広範な社会の目的とよりよく連携できるかもしれないと認識している。したがって、[会社名]は、受認者としての責任（fiduciary responsibilities）と一致することを条件に、以下の原則を実践することを約束する」[39]（なおここでは受認者と訳したが一般には受託者という訳が使

---

37) この点、例えば、①GPIF「投資原則」では、「スチュワードシップ責任を果たすような様々な活動（ESG（環境・社会・ガバナンス）を考慮した取り組みを含む。）を通じて被保険者のために中長期的な投資収益の拡大を図る」、②GPIF「スチュワードシップ活動原則」では、「投資先企業におけるESG（環境・社会・ガバナンス）を適切に考慮することは、被保険者のために中長期的なリスク調整後のリターンの拡大を図るための基礎となる企業価値の向上や持続的成長に資するものであり、投資にESGの要素を考慮することの意義は大きいと考えられることから、運用受託機関は、セクターにおける重要性、企業の実情等を踏まえて、ESG課題に取り組むこと。運用受託機関は、重大なESG課題について積極的にエンゲージメントを行うこと。運用受託機関は、PRI（責任投資原則）への署名を行うこと」、③GPIF「議決権行使原則」では、「運用受託機関は、ESGを考慮することは中長期的な企業価値向上のために重要であると認識した上で適切に議決権行使すること」などとされている。また、GPIFの水野弘道理事・CIOは、「「ユニバーサル・オーナー」（広範な資産を持つ資金規模の大きい投資家）かつ「超長期投資家」（100年後を視野に入れた年金財政の一翼を担う）であるGPIFにとって、負の外部性（環境・社会問題等）を最小化し、市場全体が持続的かつ安定的（サステナブル）に成長することは不可欠」であるとされている（水野弘道「GPIFのESGへの取組」環境省・ESG金融懇談会第1回（2018年1月10日）資料5・4頁）。

38) 日本サステナブル投資フォーラム「日本サステナブル投資白書2017」（2018）3頁。なおここでいうサステナブル投資とは、①議決権行使・エンゲージメント、②ESGインテグレーション、③国際規範に基づくスクリーニング、④ネガティブ・スクリーニング、⑤ポジティブ（ベスト・イン・クラス）スクリーニング、⑥サステナビリティ・テーマ型投資、⑦インパクト・コミュニティ投資を含むものとして定義されている。

われている)。この文章から分かるように、ESGは投資パフォーマンスに影響を与えうる(そうであるがゆえに受認者責任ないし受託者責任の一環としてESGを考慮する)という理解がまずはあるのであって、PRIは投資パフォーマンスとは無関係に倫理的観点からESGを考慮しましょうという原則ではない。PRIは、その名のとおり責任投資(RI)の原則であって、社会的責任投資(Socially Responsible Investment：SRI)の原則ではない[40]。

(2) ESGと経済的パフォーマンス

ESGと企業の経済的パフォーマンス(ひいては投資の経済的パフォーマンス)

---

39) これは「ASSET OWNER SIGNATORY DECLARATION」及び「INVESTMENT MANAGER SIGNATORY DECLARATION」の中の文章であるが、いずれの書類もPRIのウェブサイトからダウンロードできる(https://www.unpri.org/signatories/become-a-signatory)。

40) なお、水口剛教授は、社会的責任投資(SRI)と責任ある投資(RI)の異同について、「第一世代のSRIは、資金の運用に倫理的な側面があることを指摘した。第二世代は単に非倫理的な行為を避けるだけでなく、より積極的に、投資が社会にインパクトを与え得ることを示した。第三世代になると、環境や社会の要素を考慮することが長期的には投資利益に関わり得ると考えた。……しかし……SRIはまだ一部の投資家による特定の投資手法にとどまっている。これに対して責任ある投資は、単に運用の一部に組み込む特定の投資手法ではなく、資産運用の全体に関わる投資の基本原則とならなければならない。それによって、市場メカニズムを通して持続可能な社会を実現できるような経済の仕組みをつくろうというのである。……このように、責任ある投資は、投資行動に関わる行為規範を表す概念であって、単なる投資商品や特定の投資手法としてのSRIとは一線を画す。だが、一方で、具体的な方法論の多くはSRIから引き継いでいる。したがって、いわゆるSRI商品を組み込むことも、責任ある投資を具体化する実践の一種と言い得るだろう。その意味では、SRIは責任ある投資の一部といってもいい」と説明されている(水口剛『責任ある投資——資金の流れで未来を変える』(岩波書店、2013) 67〜70頁)。水口教授はまた、「ESG要因を考慮する投資を広くESG投資と呼ぶとすれば、そこには、ESG要因がリスクやリターンにつながるが故の「当然のESG投資」と、それを超えたフューチャー・メーカーとしてのESG投資があることになる。後者は、「社会に対する責任を引き受ける」という意味で、真の「責任ある投資」といえるのではないか」とされ、今後はこうした意味での「一段上の責任ある投資へと進んでほしい」と述べておられる(水口剛『ESG投資—新しい資本主義のかたち』(日本経済新聞出版社、2017) 230頁)。

の関係に関する実証研究には様々なものがあるが、現時点での概ねの結論としては、両者の間に相関関係はありそうであるが、因果関係は明らかではないということであるように見受けられる。

例えば、こうした研究を網羅的に調査したGordon Clark教授らの研究（2015年）によれば、「29の研究のうち26（90％）の研究は、優れた持続可能活動は資本コスト低減効果を示すという関係を確認している」、「51の研究のうち45（88％）の研究は、持続可能性と業績との間に正の相関があることを明らかにしている」、「41の研究のうち33（80％）の研究は、良き持続可能性と金融市場における優れたパフォーマンスとの間に正の相関があることを明らかにしている」などとし、「会社の経営者及び投資家が持続可能性に関する検討を意思決定プロセスに組み込むことは、最善の経済的利益に適う」と結論付けている[41]。

みずほフィナンシャルグループ・リサーチ＆コンサルティングユニットのレポート（2018年）によると、「ESG高評価企業（MSCI（注１）、FTSE（注２）、MS-SRI（注３）の構成銘柄）と、それ以外の東証一部上場企業の間で、成長性、収益性、資本効率性やPBR等に差異があるか否かを、分散分析を用いて検証」した結果、「ESG高評価企業の方が、収益性やPBRの平均値が高く、財務指標の安定性も高いという分析結果となり、高い企業価値を実現している可能性も」あるとしつつ、「分散分析は因果関係までは検証できないため、ESGに積極的に取り組むことで収益性やPBRが上がったとまでは言えないことに留意が必要」であるとされている[42]。

ESGのうち一部の要素に着目した研究もある。例えば、2017年度証券アナリストジャーナル賞を受賞した山田徹氏らの論文（2017年）によれば、「日本経済新聞社が公表する「働きやすい会社」及び「人を活かす会社」ランキングを用いて、働きやすい会社の財務及び株式パフォーマンスを測定した」結果、「ランキング上位にある企業は、将来数年間にわたって収益性と株式リ

---

41) Gordon Clark, Andreas Feiner and Michael Viehs, From the Stockholder to the Stakeholder: How Sustainability Can Drive Financial Outperformance(2015)10頁、26頁、33頁、42頁等。

ターンが高い傾向があった。ポートフォリオ運用を行うことで、働きやすい会社は投資家にも統計的に有意な株式超過リターンをもたらすことが分かった」が、「将来の業績見通しに自信のある企業が従業員を厚遇するのか、働きやすさが高い業績につながるのかという因果関係は不明である」とされている[43]。

　こうした実証分析には引き続き注目していきたいが[44]、今後、ESGに関心のある人々が消費者・労働者・投資者（受益者を含む）などとして増加していくのだとすると、企業や機関投資家にとってESGに関する取り組みはますます重要になっていくと予想される。

(3)　ESG投資と資産運用機関の信認義務（受託者責任）

　ESG投資と資産運用機関の信認義務（fiduciary duty. 一般には受託者責任と訳されることが多い）の関係については、従来から議論が多い。

　一般論としていえば、ESGは、SDGsの場合と同じく、企業にとって事業の外にあり倫理的観点からのみ対応すればよいという話ではなく、ビジネスチャンスやリスク管理といった観点から事業やその結果としての損益に直結

---

42)　みずほフィナンシャルグループ・リサーチ＆コンサルティングユニット「ESGと企業経営について」Oneシンクタンクレポート2018年16号（2018年5月1日）5頁。なおMSCIとはMSCIジャパンESGセレクト・リーダーズ指数、FTSEとはFTSE Blossom Japan Index、MS-SRIとはモーニングスター社会的責任投資株価指数のことである。ちなみに、GPIFが2018年8月に公表した「平成29年度ESG活動報告」によると、GPIFが選定した3つのESG指数の2017年度の収益率はTOPIXを下回ったとのことであるが、「GPIFのESG投資については、①ESG投資の効果が発現するまでには長期間を要すること、②金融市場全体の持続可能性向上や底上げも志向していることから、特定期間にどれだけ投資収益が上がったのかという一般の投資評価とは異なる視点が必要となります」と説明されている（同活動報告19頁・31頁）。

43)　山田徹＝臼井健人＝後藤晋吾「働きやすい会社のパフォーマンス」証券アナリストジャーナル2017年11月号（2017）75頁、82頁。

44)　上村教授は、「本来のあるべき企業価値」とは「会社の目的ないしミッションの最大実現」であると主張されており（上村・前掲注6)・166頁）、私見もこれに賛同するものであるが、こうした意味での企業価値を測定し実証分析を行う研究が増加することも期待したい。

しうるものとして理解すべきものでもある（なおESGのGが後者の観点から重要であることにまず異論はないであろう）。そうであれば、受益者のために資産を運用する機関投資家が、ESGに関する企業の取り組みを投資判断の考慮事項に入れることは、「受益者の最善の利益を誠実に考慮しなければならない」という点を本質とする信認義務[45]に何ら反するものではないことになる。

　欧米の状況を概観してみると、例えば、イギリスの法制委員会が2014年に公表した報告書では、「環境、社会及び統治の要因が、財務的に重要（financially material）なものである場合には、受託者は、投資判断を行う際にこれらの要因を考慮に入れることができるのは明らかである」し、「受託者は、財務的に重要な要因を考慮すべきである」とする[46]。ただし、「ある特定の要因が一般に「ESG」又は「倫理的」要因に分類されるという事実は、当該要因が財務的に重要であるか否かの決め手になるわけではない」ことから、「ESG又は倫理的な要因が常に考慮されなければならないと述べることが有用であるとは思わない」とされているほか、非財務的要因（non-financial factors）については、「一般に、非財務的要因を考慮に入れることができるのは、(1)スキームの構成

---

[45] 信認義務の本質については、日本証券投資顧問業協会・投資顧問業者の注意義務研究会「投資顧問業者の注意義務について」（2001）参照。なお、2015年9月に公表されたPRI, UNEP FI, UNEP Inquiry and UNGC, Fiduciary Duty in the 21st Century(2015)（日本語版である「21世紀の受託者責任」はhttps://www.unpri.org/download?ac=2974で入手可能）は、Fiduciary Duty（日本語版の訳では受託者責任。ここでは日本語版の訳を利用する）とは何かという点について、「受託者責任（または、それと同等の義務）は、他人の資金を管理・運用する者が自らの利益ではなく受益者の利益のために行動することを保証するために存在する。最も重要な責任は、以下のものである。・忠実性：受託者は受益者の利益のために誠実に行動し、受益者間の利益相反に対して公平なバランスを取り、利益相反を避け、自らのあるいは第三者の利得のために行動してはならない。・慎重性：受託者は、相当の注意、スキル、配慮をもって行動し、「通常の慎重な者」が投資するように投資しなければならない」と説明した上で、「受託者責任の概念は柔軟に変化し固定的ではない。それは社会の変化、とりわけ、環境、経済、社会の調和の取れた持続可能な金融システムへの移行という必要に迫られて、進化し続けるだろう」というPaul Watchman教授の言葉を紹介している（日本語版11頁・13頁。傍点は河村による）。

[46] Law Commission, Fiduciary Duties of Investment Intermediaries(2014)113頁。

員が同じ関心を有していると受託者が考えるに足る十分な理由を有すること、及び、(2)当該判断がファンドに重大な財務的損害をもたらすリスクを伴うものでないこと、の二つの基準を満たす場合だけである」としている[47]。

アメリカの労働省（DOL）による、従業員退職所得保障法（ERISA）における信認義務の解釈を見てみると、まず、①1994年（民主党政権）の解釈通達[48]は、従業員退職年金プランにおいて投資リターンに加えて経済的利益を目的とする投資（economically targeted investment：ETI）が許されるかという点について、一般に「同等条件基準（all things being equal test）」と呼ばれる基準を採用し、従業員退職年金プランにおいて利用できる他の投資とリスクは同等だがリターンは下回る投資あるいはリターンは同等だがリスクは上回る投資は許されないが、そうでなければETIも許されうるとの考えを示したが、②2008年（共和党政権）の解釈通達[49]は、ETIを選択する際にはこれが本当に同等であるのか精査することを求めたほか、非経済的要因の検討は稀であるべきとの考えを示した。しかし、この2008年解釈通達は受認者がESG要因を検討することを過度に制約しているのではないかとの反省から、③2015年（民主党政権）の解釈通達[50]では、1994年解釈通達の内容が再び採用されたほか、ESGの問題は投資の経済的価値と直接的な関係を有する可能性があり、かかる場合にはESGの問題は受認者が付随的に検討する事項ではなく主たる分析の内容となる旨の説明がなされるに至った。もっとも、この2015年解釈通達等に関する問い合わせへの対応についての指針を示した④2018年（共和党政権）の活動現場支援通達[51]では、受認者はESG要因をあまり容易に経済的に関連するものとして取り扱ってはならないと釘を刺している。こうしたアメリカの状況について、ある法律事務所の解説は、民主党政権はESGを検討することについてもっと中立的な立場であったのに対し、共和党政権はESGの

---

47) Law Commission・前掲注46）113頁。
48) DOL, Interpretive Bulletin 94－01(1994).
49) DOL, Interpretive Bulletin 2008－01(2008).
50) DOL, Interpretive Bulletin 2015－01(2015). DOL, Interpretive Bulletin 2016－01(2016)も参照。
51) DOL, Field Assistance Bulletin No. 2018－01(2018).

検討は稀であるべきことを示唆しているとし、こうした状況を「規制のシーソー」と表現している[52]。

　近時の動向として注目すべきものに、欧州委員会が2018年3月に公表した「アクションプラン：持続可能な成長に向けた金融」[53]がある。このアクションプランは全部で10個のプランを示しているが、信認義務に関するものとしてアクション7がある。アクション7は、「機関投資家及び資産運用者の義務の明確化」として、「欧州委員会は、影響評価（impact assessment）の結果に服することを条件として、持続可能性の検討に関する機関投資家及び資産運用者の義務を明確化するための立法提案を2018年第2四半期までに行う。この提案が目指しているのは、(i)機関投資家及び資産運用者の投資意思決定プロセスに持続可能性に関する検討を統合することを明確に求めること、及び、(ii)機関投資家及び資産運用者がその投資判断の中に持続可能性に関する要因をどのように統合しているのか、とりわけこれらの者の持続可能性リスクに対する感応度（exposure）について、最終投資家に対する透明性を高めることにある」とされている[54]。この提案の背景には、機関投資家や資産運用者は信認義務を負っているが、持続可能性に関する要因を組織的に検討してはいないというのが現実であるようであり、どのように持続可能性に関する要因を検討しているかに関する顧客への開示も不十分であるという認識がある[55]。アクションプランにはその他にも興味深い内容が含まれているため[56]、今後の進捗状況を注視していきたいと思う（2018年5月にアクションプランの一部の内容に関する規制案が公表されている）。

---

52)　Groom Law Group, DOL and ESG Investing: Evolving Guidance(April 27, 2018). https://www.groom.com/wp-content/uploads/2018/04/DOL_and_ESG_Investing_Evolving_Guidance.pdfで入手可能。

53)　EC, Action Plan: Financing Sustainable Growth(2018). その他に、EU職域年金基金指令の改正（IORPⅡ）も興味深いが、これについては、福山圭一「EU職域年金基金指令の改正（IORPⅡ）について」Web Journal年金研究5号（2016）26頁以下、及び、同「補遺・EU職域年金基金指令の改正（IORPⅡ）の成立」Web Journal年金研究5号（2017）46頁参照。

54)　EC・前掲注53）8～9頁。

55)　EC・前掲注53）8頁。

(4) 日本におけるESG開示・対話推進の取り組み

　ESGに関する投資判断が適切に行われるためには、ESGに関する情報開示が適切に行われている必要がある。もとより、企業によるESG開示（あるいはSDGs開示）は、投資者だけでなく、消費者や労働者その他様々なステークホルダーにとっても重要なものである。

　経団連が会員に対して実施したアンケート調査の結果（2018年）のうち、ESG開示・対話に関する結果は次の①から⑦のとおり。①ESG情報などの開示理由について、「最も重視するものでは「投資家や格付・評価機関への対応のため」が多く、「企業価値・ブランド向上のため」、「持続可能な社会の実現のため」が続く。ESG情報は、主に投資家や格付・評価機関を対象としているものの、多様なステークホルダーとのコミュニケーション・ツールとなっている」、②ESG情報などの開示に関して参考にしているガイドライン等について、「「日本の省庁のガイドライン等」が最も多く、「GRIガイドラインまたはスタンダード」や「ISO26000」など国際的なCSRのフレームワークが続く」（この次に「国内外の証券取引所による指針等」が続く）、③ESG情報などの開示の形式について、「「ホームページへの掲載」が最も多く、「CSR報告書やサステナビリティ報告書に掲載」が続く」（この次に「統合レポートを発行」、「アニュアルレポートに掲載」が続く）、④企業価値向上のためのESG情報の開示について、「ESG情報の開示にあたり、企業価値の向上に資するために「経営戦略」、「中長期経営計画」、「重点課題（マテリアリティ）」と関連づけて説明しているとの回答がそれぞれ50〜60％となっている。「対応はできていない」

---

56) 例えば、アクション4は、「金融アドバイス提供時における持続可能性の組み込み」として、「欧州委員会は、影響評価の結果に服することを条件として、適合性（suitability）を評価する際に持続可能性に関する選好（sustainability preferences）が考慮されることを確保するために、第2次金融商品市場指令及び保険販売業務指令に関する委任法を2018年第2四半期までに改正する。これらの委任法に基づき、欧州委員会は、欧州証券市場機構（ESMA）に対し、適合性評価ガイドラインを2018年第4四半期までに更新し持続可能性選好規定（provisions on sustainability preferences）を設けるよう要請する」とされている（傍点は河村による）。これは、投資業者や保険販売業者が顧客に助言を提供する際に、顧客の持続可能性に関する好み（優先度）が十分に考慮されていないということを問題視したものである。EC・前掲注53）6〜7頁。

と回答する企業は12％である」、⑤各ステークホルダーとの建設的な対話に向けた取り組みについて、「従業員、株主・投資家では90％以上となっており、消費者・顧客、地域社会と続く。他方、NPO・NGOは46％にとどまっている」、⑥ESG投資・SDGsへの対応をテーマとする株主・投資家との対話について、「「IRミーティングでの説明」が最も多い。「ESGやSDGsに関する個別面談」や「株主総会での説明」が３割で、今後の強化が求められる」、⑦情報開示およびステークホルダーとの建設的な対話の取り組みを進める上での課題について、例えば「情報開示に関する課題」としては、「投資家や環境の変化による情報開示範囲の拡大、開示内容の複雑化」、「非財務情報の開示要請に関する国内と海外のギャップ」、「統合思考に基づく財務情報と非財務情報の開示が不十分」、「国内外に向けた効率的かつ効果的な情報発信が課題」などが挙げられている[57]。

　上記のアンケート調査結果③から分かるように、一般に、ESG情報（特にESであろう）の開示は、有価証券報告書などの法定開示ではなく、ホームページやサステナビリティ報告書などの任意開示によって行われている。もちろん、金融庁・金融審議会ディスクロージャーワーキング・グループ報告（2018年）にあるように、「有価証券報告書では、公益又は投資者保護のため必要かつ適当な事項を記載することが求められており、個別に記載が求められている事項のほか、ガバナンスや社会・環境問題に関する事項（いわゆるESG要素）が発行体の事業や業績に重要な影響を与える場合には、有価証券報告書の経営方針、経営環境及び対処すべき課題等、MD&A、事業等のリスクの項目において、それらの事項についての開示が求められる」ことになる[58]（金融商品取引法24条、企業内容等の開示に関する内閣府令15条・第３号様式等）。企業にとって悩ましいのは重要性に関する判断ではないかと思われるが、この点については、例えば、米国サステナビリティ会計基準審議会（SASB）の取り組みが参考になるかもしれない。SASB基準は、法定開示書類であるフォーム

---

57)　経団連・前掲注22) 21〜27頁。
58)　金融庁・金融審議会ディスクロージャーワーキング・グループ「報告―資本市場における好循環の実現に向けて―」（2018年６月28日）７頁脚注17。

10-K（年次報告書）等において、公開会社が重要な持続可能性要因（material sustainability factors）について開示を行う際に利用されることを目的とするものだからである[59]。

上記のアンケート調査結果②に「日本の省庁のガイドライン等」や「国内外の証券取引所による指針等」とあるが、ここでは国内のものを概観しておく。例えば、金融庁系のもの（金融庁の監督下にある金融商品取引所によるものを含む）として、コーポレートガバナンス・コード（2015年策定、2018年改訂）[60]は、「上場会社は、社会・環境問題をはじめとするサステナビリティー（持続可能性）を巡る課題について、適切な対応を行うべきである」（原則2－3）とするほか、「我が国の上場会社による情報開示は、計表等については、様式・作成要領などが詳細に定められており比較可能性に優れている一方で、会社の財政状態、経営戦略、リスク、ガバナンスや社会・環境問題に関する事項（いわゆるESG要素）などについて説明等を行ういわゆる非財務情報を巡っては、ひな型的な記述や具体性を欠く記述となっており付加価値に乏しい場合が少なくない、との指摘もある。取締役会は、こうした情報を含め、開示・提供される情報が可能な限り利用者にとって有益な記載となるよう積極的に関与を行う必要がある」（基本原則3の「考え方」より）などとしている。

同じく金融庁系のものとして、スチュワードシップ・コード（2014年策定、2017年改訂）[61]は、「機関投資家は、投資先企業の持続的成長に向けてスチュワードシップ責任を適切に果たすため、当該企業の状況を的確に把握すべき

---

59) SASB, SASB Conceptual Framework（2017）6頁、9頁等のほか、井口・前掲注24）89～92頁参照。

60) 東京証券取引所「コーポレートガバナンス・コード～会社の持続的な成長と中長期的な企業価値の向上のために～」（2018年6月1日）。本稿本文で取り上げる原則等以外にも持続可能性に関する原則等はあるが、本稿では主なものだけを取り上げている。なお、日本取引所グループは、2017年12月、持続可能な証券取引所イニシアチブ（Sustainable Stock Exchanges Initiative）に参加しており、ESG投資促進の取り組みが一段と進むものと考えられる。

61) 金融庁・スチュワードシップ・コードに関する有識者検討会「「責任ある機関投資家」の諸原則≪日本版スチュワードシップ・コード≫～投資と対話を通じて企業の持続的成長を促すために～」（2017年5月29日）。

である」(原則3)ところ、「把握する内容としては、例えば、投資先企業のガバナンス、企業戦略、業績、資本構造、事業におけるリスク・収益機会(社会・環境問題に関連するもの……を含む)及びそうしたリスク・収益機会への対応など、非財務面の事項を含む様々な事項が想定されるが、特にどのような事項に着目するかについては、機関投資家ごとに運用方針には違いがあり、また、投資先企業ごとに把握すべき事項の重要性も異なることから、機関投資家は、自らのスチュワードシップ責任に照らし、自ら判断を行うべきである」(指針3-3より)などとしている。

　金融庁はまた、上記両コードの附属文書としての位置付けを持つ「投資家と企業の対話ガイドライン」(2018年策定)[62]を公表している。このガイドラインは、上記両コードが求める持続的な成長と中長期的な企業価値の向上に向けた機関投資家と企業の対話において、重点的に議論することが期待される事項を取りまとめたものである。

　経済産業省系のものとして、「価値協創ガイダンス」(2017年策定)[63]がある。これは、企業と投資家が情報開示や対話を通じて互いの理解を深め、持続的な価値協創に向けた行動を促すことを目的として作成されたガイダンスである。例えば、価値協創ガイダンスの「3．持続可能性・成長性」の章においては、「07．特に長期的視野に立つ投資家が企業を評価する視点として、ESG(環境・社会・ガバナンス)要素の重要性が高まっている。そのような投資家はESGの個別要素を単独で評価するのではなく、企業のビジネスモデルの持続性や戦略の実現可能性にどのように影響を与えるのかを理解するための情報として捉えている。……09．したがって、企業は自社の中長期的な企業価値やビジネスモデルの持続性に影響を与える、あるいは事業の存続そのものに対するリスクとして、どのようなESGの社会・環境要素を特定しているか、その影響をどのように認識しているかを示すべきである。また、そのようなリスクへの対応や事業機会につなげるための取組について、戦略〔4．〕の中

---

62)　金融庁「投資家と企業の対話ガイドライン」(2018年6月1日)。
63)　経済産業省「価値協創のための統合的開示・対話ガイダンス—ESG・非財務情報と無形資産投資—(価値協創ガイダンス)」(2017年5月29日)。

で示すことも有益である」などとし、「4．戦略」の章において、「03．また、中長期的な価値向上の観点から特定した社会課題（ESG等）をどのように戦略に組み込みステークホルダーとの関係をどのように構築していくのかなど、ビジネスモデル〔2．〕及び持続可能性・成長性〔3．〕で示した内容を実現するための戦略を、長期の価値創造ストーリーの中で投資家に伝えるべきである」とするほか、「42．戦略においては、ESG等の要素をリスク・脅威としてのみならず、新たな事業を生み出し、また、ビジネスモデルを強化する機会としてどのように位置づけているか、そのためにどのような投資や資源配分を行っているのかを示すことも重要である。43．特にグローバルな事業活動を行う企業にとっては、「持続可能な開発目標（SDGs）」等で示される国際的な社会課題に対して、自社の企業価値の持続的向上がこれら課題の解決にもつながるという「共有価値の創造（CSV）」の観点を念頭に置くことも重要である」などとしている。

　環境省系のものとして、環境報告ガイドライン（1997年に環境報告書作成ガイドライン策定、以後数度の改定を経て、直近は2018年改定）[64]がある。環境報告は、環境報告書という形を取ることもあれば、有価証券報告書やサステナビリティ報告書等の中で行われることもある。環境報告ガイドラインによれば、「環境報告は、持続可能な社会への移行過程において、事業者が、短中長期にわたり、重要な環境課題にどのように取り組み、さらに、これからどのように取り組もうとしているのかを明確に伝えられるようにすることを目的としています。……そのため、単に過去の取組成果を示すだけでなく、ガバナンスやビジネスモデル等の組織体制や経営の方向性に関する情報等を具体

64）　環境省「環境報告ガイドライン2018年版」（2018年6月）。なお、2018年7月に公表された環境省・ESG金融懇談会「提言～ESG金融大国を目指して～」は、①直接金融市場におけるESG投資の加速化（具体的には、TCFDの提言を踏まえた情報開示の促進、環境情報の開示を促すためのインフラ整備（例：ESG対話プラットフォーム）、ESG要素（特に"E"）を考慮した金融商品の拡大（例：グリーンボンド）、機関投資家によるエンゲージメント等、資本市場関係主体による自己評価・開示（例：ESG投資方針やESG投資の実践状況の開示）など）、②間接金融によるESG融資の促進、③ESG金融リテラシーの向上や研究の推進等、④ESG金融大国の実現などに関する提言を行っている。

的かつ明確に記述して、将来志向的でダイナミックな状況を説明することが望まれます」とされている。2018年改定のポイントとしては、「国際的な規制・実務動向と整合的な環境報告の枠組み」としたことや「中規模以下の事業者も利用しやすいように、ガイドライン自体はコンパクトに構成」したことなどのほか、「環境報告をESG報告の枠組みで利用する投資家の情報ニーズに配慮し、従来型の環境マネジメント情報に加えて、事業者の組織体制の健全性（ガバナンス、リスクマネジメント等）や経営の方向性（長期ビジョン、戦略、ビジネスモデル）を示す、将来志向的な非財務情報を記載事項」にしたこと[65]、「「マテリアルバランス」全体を網羅的に報告するのではなく、事業者が「事業活動が直接的・間接的に環境に与える重要な影響」を自ら判断して、事業者が対応すべき重要な環境課題について報告を求めるように変更」したこと、「事業者が特定した重要な環境課題に関連する財務的影響を報告事項とし、環境会計（「環境会計ガイドライン2005年版」）の環境保全のためのコスト等を貨幣単位で定量的に認識・測定・伝達するという考え方」を取り込んだことなどが挙げられている。

　ここに紹介したのは代表的なものであるが、これだけでも様々なものがあることが分かるし、これに加えてグローバルなフレームワークやスタンダードなども存在する。この点、「ある意味では乱立気味ともいえる開示基準に対し、企業側の理解と対応が十分に進んでいない状況もある。更には国内における非財務情報開示に関する盛り上がりは先述の通り投資コミュニティを対象としたものであり、企業にとってその他にも存在するはずの重要なステークホルダーが開示の議論から置き去りにされている状況も見受けられる」といった指摘もある[66]。かかる指摘をした企業活力研究所は、「政府には

---

65)　なお、環境報告が「対象とするステークホルダーには、基本的に全てのステークホルダーが含まれます。ただし、とりわけ、持続可能な社会への移行に伴って、ESG報告に重大な関心を有するようになった投資家の視点に配慮して、ガバナンス、リスクマネジメントといった組織体制に関する情報や、長期ビジョン、戦略などの経営の方向性に関する情報を拡充しています」とされている（環境省・前掲注64）「ガイドライン」5頁）。
66)　企業活力研究所「新時代の非財務情報開示のあり方に関する調査研究報告書〜多様なステークホルダーとのより良い関係構築に向けて〜」（2018年3月）8頁。

ベストなバランスを伴ったルール作りが期待されるが……省庁横断での統合的な方針であることが必要である。省庁別に指針が乱立することは企業の縦割りを強化することになり、対応のための負荷も増大する。またグローバル基準との差異が追加的な負荷やダブルスタンダードとならないよう整合性をとっていくことも重要である。……政府が主体となって企業を巻き込みながらグローバルでの共通言語となる枠組み作りを主導することが求められる」などと提言しているが[67]、重要な指摘であろう。

Ⅳ　SCS（SSCM）

(1)　SCS（SSCM）とは何か

　会社法学及び金融・資本市場法学の世界では、基本的に、単体の企業や資本関係を通じた企業グループ、あるいは、株主・投資者と企業をつなぐインベストメントチェーンを主たる検討対象としてきたといえる。しかし、近時、持続可能性に関する議論の中で注目を集めているテーマの一つは、原材料の調達から製造そして商品の提供等に至る一連の流れ、すなわちサプライチェーンにおける持続可能性（Supply Chain Sustainability：SCS）あるいは持続可能なサプライチェーンマネジメント（Sustainable Supply Chain Management：SSCM）の問題である。こうした問題を企業の社会的責任（CSR）の観点からとらえ、「バイヤー（企業）が製品・資材・原料などを調達するにあたり、サプライヤーと協働して従来の品質・性能・価格・納入期間などに環境・労働環境・人権などのCSR要素を加えて、サプライチェーン全体でCSRを推進する活動」のことをCSR調達というが[68]、最近では、法制度を通じてこうした問題（特に労働を含めた人権面の問題）に取り組もうとする動きが進んでいることは特筆すべきであろう[69]。例えば、アメリカ・カリフォルニア州におけるサプライチェーン透明法、アメリカのドッド・フランク法1502条及び証券

---

67) 企業活力研究所・前掲注66) 73頁。
68) グローバル・コンパクト・ネットワーク・ジャパン・サプライチェーン分科会「CSR調達入門書―サプライチェーンへのCSR浸透―」（2016年3月22日）4頁。

取引委員会（SEC）による紛争鉱物規則、イギリスにおける現代奴隷法、フランスにおける企業注意義務法、EUにおける紛争鉱物規制などである（オーストラリアでも現代奴隷法が制定される予定である）。本稿では、これらのうち、イギリスの現代奴隷法を概観してみる。

(2) 2015年現代奴隷法

国際労働機関（ILO）と国際人権団体のウォーク・フリー財団（Walk Free Foundation）が国際移住機関（IOM）と協力して作成した「現代奴隷制の世界推計：強制労働と強制結婚」（2017年）という報告書がある[70]。この報告書は、強制労働と強制結婚という現代奴隷の2つの主要形態について世界の実態を調査したものであるが、これによると2016年時点において世界全体で4,030万人が現代奴隷制（2,490万人が強制労働、1,540万人が強制結婚）の被害者となっているという[71]。ここで強制労働とは「ある者が処罰の脅威の下に強要され、かつ、右の者が自ら任意に申し出たものではない一切の労務」をいう（1930年のILO強制労働条約（29号）2条1項）。強制労働の被害者2,490万人のうち、1,600万人は農業、建設、家事労働、製造業などの経済活動における強制労働の被害者、480万人は強制による性的搾取の被害者、410万人は国家当局が課す強制労働の被害者である[72]。強制労働の被害率が最も高いのはアジア太平

---

69) この背景には、「2011年に採択されたビジネスと人権に関する国連指導原則が、企業が人権尊重責任を負うことを確認したうえ、「人権デュー・ディリジェンス」……を要求していること」のほか、「サプライチェーンにおける人権侵害が各地で問題となり、サプライチェーンの管理を企業の自主的な取り組みだけに委ねるのは適切ではなく一定のルール化が必要であるという認識が広がっている」ことがあることを指摘するものとして、高橋大祐「ビジネスと人権をめぐる各国法規制の動向と国別行動計画の役割―調達・開示に関するルール形成を中心に」アジ研ワールド・トレンド263巻（2017）12頁。

70) ILO and Walk Free Foundation, Global Estimates of Modern Slavery(2017)．日本語版は https://www.ilo.org/tokyo/information/publications/WCMS_615274/lang--ja/index.htm で入手可能。

71) ILO他・前掲注70)（日本語版）5～6頁等。

72) ILO他・前掲注70)（日本語版）21頁。

洋地域であり、1,000人当たり4人がその被害者となっている[73]。「多くの場合、これら被害者が作り出した製品や、提供したサービスは外見上、合法的な商業経路に合流する。強制労働者は我々が食べる食料や、身に着ける衣料の一部を生産したり、我々の多くが生活し、働いているビルの掃除をしたりしているのである」[74]。

このように、奴隷問題は過去の話ではなく、現代の問題でもある。2014年に英国政府が公表した「現代奴隷に関する戦略」では、テリーザ・メイ内務大臣（当時。2016年7月より英国首相）が次のように述べている。「200年以上前に、英国下院は、奴隷取引を違法とする歴史的な法律を成立させた。しかし、悲しいことに、奴隷は世界中の町に都市に地方に今でもなお存在するというのが、今日の厳然たる事実である。そして、疑いなく、ここ英国にも奴隷は存在している。……私たちは、こうした犯罪に終止符を打ち、現代奴隷を撲滅しなければならない。それゆえ、私は……現代奴隷法案を提出したのである」[75]。こうして2015年3月、英国において2015年現代奴隷法（Modern Slavery Act 2015. 以下「現代奴隷法」という）が成立するに至った。

現代奴隷法が対象とする現代奴隷の形態は、①奴隷・隷属・強制労働（slavery, servitude and forced or compulsory labour）と、②人身売買（human trafficking）である（現代奴隷法1条・2条）。現代奴隷法は、①②の罪を犯した者に対し刑罰（最高刑は無期刑）を科すほか（同5条）、被害者支援策その他の措置を定めている。サプライチェーンとの関係で重要なのは、サプライチェーンの透明性について定めた現代奴隷法54条である。同条1項は、一定の営利団体に対し「奴隷及び人身売買に関する声明（slavery and human trafficking statement）」を年度ごとに作成することを義務付けている。この規制の対象となる営利団体とは、（その設立地がどこであれ）英国で事業又はその一部を行う法人又は組合のうち、商品又はサービスを提供するもので、（その子事業者の売上高も含めた）総売上高が3600万ポンド以上であるものをいう

---

73) ILO他・前掲注70)（日本語版）6頁等。
74) ILO他・前掲注70)（日本語版）5頁。
75) HM Government, Modern Slavery Strategy(2014) 5頁。

(同条2項・3項・12項・2015年現代奴隷法（サプライチェーンの透明性）に関する2015年規制（The Modern Slavery Act 2015（Transparency in Supply Chains）Regulations 2015））。日本企業であっても、英国で事業を行う企業は上記の要件を満たす可能性があり、現に「奴隷及び人身売買に関する声明」を作成・公表している日本企業は複数存在する（ウェブで検索すれば当該声明を見ることができる。また後述する「現代奴隷レジストリ」のウェブ（https://www.modernslaveryregistry.org）も参照されたい）。「奴隷及び人身売買に関する声明」には、当該団体がそのサプライチェーン及び自らの事業において奴隷及び人身売買を防ぐために当該年度に講じた措置（又は当該措置を講じなかったこと）を記載する（現代奴隷法54条4項）。より具体的には、次の情報を「奴隷及び人身売買に関する声明」に記載することができる：(a)当該団体の構造、事業及びサプライチェーン、(b)奴隷及び人身売買に関する方針、(c)事業及びサプライチェーンにおける奴隷及び人身売買に関するデュー・ディリジェンスのプロセス、(d)奴隷及び人身売買が生じるリスクのある事業及びサプライチェーンの内容と、当該リスクを評価・管理するために講じた措置、(e)適切と考えられる評価指標に照らして判断された、奴隷及び人身売買が事業及びサプライチェーンにおいて生じないよう確保することの有効性、(f)スタッフが受けることのできる奴隷及び人身売買に関する研修（同条5項）。こうした「奴隷及び人身売買に関する声明」を作成するのが会社の場合、当該声明は取締役会（又はこれに相当する運営機関）の承認を受けなければならず、取締役（又はこれに相当する者）の署名を受けなければならない（同条6項）。「奴隷及び人身売買に関する声明」は、当該団体のウェブサイトがある場合には、そのウェブサイトで公表しなければならず、そのホームページの目立つ場所に当該声明へのリンクを貼らなければならい（同条7項。ウェブサイトがない場合には当該声明の写しを請求者に提供しなければならない。同条8項）。国務大臣は本条に関する指針を発することができ（同条9項・10項）、実際に「サプライチェーンの透明性等　実務ガイド」[76]が公表されている。現代奴隷法54条の義務を怠る営利団体が存在する場合、国務大臣は、遵守命令を発するよう高等法院

---

76) Home Office, Transparency in Supply Chains etc. A Practical Guide.

に求めることができる(同条11項)。遵守命令を遵守しない団体は、法廷命令侮辱罪に問われ、無制限の罰金を科される可能性がある[77]。したがって、現代奴隷法54条違反によって直ちに当該罰則が科されるわけではないが、「本条の不遵守や、団体として措置を講じていない旨の声明は、当該団体の事業に対する評判を傷つけるかもしれない。ある企業が十分な措置を講じてないと消費者、投資者及びNGOが考える場合には、これらの者はエンゲージ行為を行いないし圧力をかけるであろう」[78] とされている。

ところで、英国では、小規模会社を除き会社の取締役は戦略報告書(strategic report)を作成しなければならない(2006年会社法(Companies Act 2006)414A条(1)(2)項)。戦略報告書は、取締役がどのようにして2006年会社法172条の義務を果たしているのかについて、社員(members of the company. 株主のことと考えればよい)に情報を提供すること、及び、社員がこれを評価するのを助けることを、目的とするものである(同法414C条(1)項)。2006年会社法172条は、取締役は「社員全体の利益のために」行為しなければならないことを基本としつつ、次の(a)から(f)の事項についても考慮することを義務付けている:「(a)意思決定により長期的に生じる可能性のある結果、(b)会社の従業員(employees)の利益、(c)会社と供給者、顧客及びその他の者との事業上の関係を育成する必要性、(d)会社の業務運営が地域社会及び環境に与える影響、(e)会社が事業活動の水準の高さに対する評判を維持する有用性、(f)社員間の取扱いについて公正に行為する必要性」(同条(1)項。この規定は「enlightened shareholder value」の現れであるといわれる)。こうした取締役の義務の履行状況を明らかにすべく、例えば上場会社の戦略報告書では、事業の状態等を理解するために必要な範囲で、環境・従業員・社会・地域社会・人権に関する情報などを記載することが求められている(2006年会社法414C条(7)項)。その結果、「会社法に従い、戦略報告書を作成しなければならない上場会社であって、奴隷及び人身売買に関する声明を作成することも求められる会社は、両方の要件を満たすことを確保すべきことになる。単一の合同報告(a joint

---

77) Home Office・前掲注76) 6頁。
78) Home Office・前掲注76) 6頁。

statement）も可能でありうるが、大多数の会社は二つの別々の報告を選択するであろうと思われる」[79]とされている（このあたりの実務については引き続き観察していく必要があろう）。

　このように志高く導入された英国の現代奴隷法、とりわけ本稿との関係ではサプライチェーンの透明性に関する法規制であるが、企業の遵守状況は芳しくないようである。例えば、2018年5月に公表された英国下院決算委員会の報告書によると、ビジネス・人権資料センター（Business and Human Rights Resource Centre：BHRRC）によって設けられた「現代奴隷レジストリ（Modern Slavery Registry）」には、2017年10月時点で約3,000の「奴隷及び人身売買に関する声明」（以下「声明」という）が登録されていたが、そもそも規制対象となっている企業数は9,000〜10,000と推計されているし、また、声明が作成される場合であっても現代奴隷法の要件を遵守していないことがよくあるという企業責任連合（Corporate Responsibility Coalition：CORE）による調査などが紹介されている[80]（BHRRCもCOREもNGOである）。英国下院決算委の当該報告書いわく、「サプライチェーンの透明性に関する企業の法令遵守に対する内務省（河村注：現代奴隷法の所管省）の不干渉主義（hands-off approach）は、機能していない。……内務省は、声明公表要件が適用される企業のリストを有しておらず、声明を作成している企業数も把握していない。内務省は、声明が法を遵守しているかを監視しておらず、遵守していない会社を罰するための権限を行使したこともない。……その代わりに、内務省は……NGOs、投資者及び消費者に、法令遵守の監視を依拠している。こうした不干渉主義は明らかに機能していない。なぜなら、声明を公表することを義務付けられている企業のうち実際にそうしていると推計されるのは30％にすぎず、法令遵守率は低いからである。声明を作成している企業の場合であっても、形式的な確認作業（tick-box exercise）のみとなっている恐れがある」[81]。そこで、当該報告書は、次のような勧告を行っている。「勧告：内務省は、サプライチェー

79）　Home Office・前掲注76）25頁。
80）　House of Commons Committee of Public Accounts, Reducing Modern Slavery(2018)10頁。
81）　House of Commons Committee of Public Accounts・前掲注80）5〜6頁。

ンの透明性に関する立法がより効果的なものとなるよう確保するための措置を直ちに講じるべきである。内務省は、法令遵守を積極的に管理及び監視することで、法令遵守率を引き上げる必要があるほか、内務省が進める取り組みや最新の法令遵守率の推計を示し、これがどのようにして透明性を高めているのかを明らかにする書面での報告を、2019年4月までに私たちに対して行うべきである。内務省は、サプライチェーンの透明性に関する制度を監視するのにNGOsに依拠するのではなく、これに関する法を遵守している企業と遵守していない企業のリストを自ら公表することを検討すべきである」[82]。

　国が構築した法制度の中でNGOが積極的に活動するという状況は興味深いものであったし、こうしたモデル自体が一般論として崩壊したわけではないと思うが、英国の現代奴隷法のこれまでの状況としては、NGOに頼りすぎてしまい、実効性が弱いということのようである。その後、内務省は、どのようにしてサプライチェーンの透明性に関する法令遵守を確保し声明の質を高めていくのかという点を含めて、現代奴隷法の見直しを行っていくことを明らかにしている[83]。今後の動向を注視したい。

　(3)　日本の状況

　ウォーク・フリー財団(ILOと共に前述した「現代奴隷の世界推計」を作成した団体である)が、2018年7月に公表した「国際奴隷指数2018」によると、現代奴隷の問題に積極的に取り組んでいる国（格付け上位3カ国。格付けは上位からＡ、ＢＢＢ、ＢＢ、Ｂ、ＣＣＣ、ＣＣ、Ｃ、Ｄとなっている）は、オランダ（格付けＡ）、アメリカ（格付けＢＢＢ）、イギリス（格付けＢＢＢ）であり、取り組んでいない国（格付け下位3カ国）は、北朝鮮（格付けＤ）、リビア（格付けＤ）、エリトリア（格付けＤ）であるところ、日本の格付けはＣＣＣとされている[84]。国内の人口1,000人あたりの現代奴隷数が多い国（最も多い国から3カ国）は、北朝鮮（104.6人）、エリトリア（93.0人）、ブルンジ（40.0人）であり、少ない

---

82)　House of Commons Committee of Public Accounts・前掲注80)　6頁。
83)　Home Office, Review of the Modern Slavery Act 2015: Terms of Reference(2018).
84)　Walk Free Foundation, The Global Slavery Index 2018(2018)192〜194頁。

国(最も少ない国から3カ国)は、日本(0.3人)、カナダ(0.5人)、台湾(0.5人)とされている[85]。G20構成国において、現代奴隷のリスクを有する商品の年間輸入額は3,540億米ドルと推計されているところ、そのうち最も輸入額が大きい国から5カ国は、アメリカ(1,440億米ドル)、日本(470億米ドル)、ドイツ(300億米ドル)、イギリス(180億米ドル)、フランス(160億米ドル)となっている[86]。ところが、この5か国の中では日本だけが、ビジネス上のサプライチェーンにおける現代奴隷リスクを最小化する措置に関する報告を企業に義務付けていない国のほうに分類されている(これに対し、アメリカにはカリフォルニア州サプライチェーン透明法、ドイツにはCSR指令実施法、イギリスには現代奴隷法、フランスには企業注意義務法などがあるとされている)[87]。

ソフトローを含めて見れば、例えば、日本取引所自主規制法人が2018年3月に策定した「上場会社における不祥事予防のプリンシプル」の「原則6」は、「サプライチェーンを展望した責任感」として、「業務委託先や仕入先・販売先などで問題が発生した場合においても、サプライチェーンにおける当事者としての役割を意識し、それに見合った責務を果たすよう努める」と定めており、これに関する不祥事事例として、「海外の製造委託先工場における過酷な労働環境について外部機関より指摘を受けるまで意識が薄かった結果、製品の製造過程における社会的問題が、当該企業のブランド価値を毀損」した例などが挙げられている[88]。もっとも、このプリンシプルにおける原則は「上場会社が自己規律を発揮していただく際の目安」であって、「仮に本プリンシプルの充足度が低い場合であっても、上場規則等の根拠なしに当法人が上場会社に対する不利益処分等を行うものではありません」とされており[89]、法的強制力としては相当に弱いものとなっている。

---

85) Walk Free Foundation・前掲注84) 178〜181頁。過労死問題等があることを踏まえれば、日本国内における労働環境の改善が極めて重要な課題であることに変わりはない。
86) Walk Free Foundation・前掲注84) iv。
87) Walk Free Foundation・前掲注84) 108、112〜114頁。
88) 日本取引所自主規制法人「「上場会社における不祥事予防のプリンシプル」の策定について」(2018年3月30日) 8頁。
89) 日本取引所自主規制法人・前掲注88) 1頁。

日本企業の実態として、経団連が会員に対して実施したアンケート調査の結果（2018年）を見てみると、「自社およびバリューチェーン（VC）における人権に関する課題に「十分対応している」との回答は半数に留まっている」ほか、「いわゆる人権デューディリジェンス……に関連する項目に取り組んでいる企業は、30％前後に留まっている。国際的に人権デューディリジェンスへの関心が高まる中、日本企業の国際競争力の強化のためにも、更なる取り組みが求められる」などとされている[90]。当該調査によれば、「人権を尊重する経営を実践する上での課題」の一つとして、「海外と日本の人権に関する考え方が大きく異なるため、社内での理解が得にくいことが指摘されており、経営幹部レベルにおける強い支持と実践が必要である」というものがあるが[91]、人権問題に関する諸外国との温度差は、法制度面における対応の差という形でも現れているのかもしれない。

V　おわりに

　本稿は、持続可能な社会を実現するために、会社法学や金融・資本市場法学はどのような貢献ができるだろうかという問題を考える準備作業として、関連するいくつかの取り組みを概観するものである。本稿で取り上げた様々な取り組みについては、会社法学や金融・資本市場法学の範疇を超えるものがあるとの指摘もあるかもしれないが、「木を見て森を見ず」とならないように、まずは全体像を把握することは有益であると思われるし、そもそも会社法学や金融・資本市場法学の範疇自体、時代とともに変化しうるのではない

---

90)　経団連・前掲注22）17頁、19頁。
91)　経団連・前掲注22）20頁。当該調査ではその他にもトレーサビリティの確保等の課題が挙げられているが、2018年3月17日のReutersの記事によると、米国務省とコカ・コーラ社は、サプライチェーンにおける強制労働問題に対処するための仕組みとして、ブロックチェーンを利用するプロジェクトを開始するとのことである（https://www.reuters.com/article/us-blockchain-coca-cola-labor/coca-cola-u-s-state-dept-to-use-blockchain-to-combat-forced-labor-idUSKCN1GS2PY）。こうした新しい技術の利用可能性について探求する試みも非常に重要であろう。

かという思いもある。

　持続可能な社会の実現に向けて現在世界で進められている様々な取り組みは、①市民社会における意識の変容（将来世代のために現役世代の私たちが行動しなければならないという思いの高まり）と、②持続可能性に関する見識を踏まえた市場経済の力の活用（社会的課題の解決をビジネスチャンスあるいはリスク管理の観点から経営に統合する動きや責任投資の増加）を基盤としつつ、③ハードローとソフトローのベストミックスを模索する動きであるということができよう（もとより①②③は相互に影響を与え合うものである）。日本の場合、①については、若者世代の社会参加意識は諸外国と比べて低いようであり、②については、個々の日本企業や機関投資家の中には優れた取り組みをしているところがあるとしても、全体としては欧米の企業や機関投資家が先行しているようであり、③については、本稿で取り上げた範囲で言えば、日本ではハードローで不足している部分がありそうであるし、省庁横断的な方針のもとでのガイドライン等作りの必要性もありそうである。また、ハードローであれソフトローであれ、ルールメイキングで世界をリードしていくことの重要性に対する意識が希薄であるように見える。今後は、これらの様々な課題に対して精力的に取り組んでいく必要があるが（例えば①については教育機関の役割も重要となろう）、会社法学及び金融・資本市場法学の観点からは、例えば、会社の目的、株主や株主総会等の機関の位置付けと権限分配、取締役の義務・責任・人事・報酬、内部統制システム、情報開示、資産運用機関の信認義務（受託者責任）、運用担当者の人事・報酬、運用報告、適合性原則（顧客のESG選好確認）などについて、総合学としての「持続可能社会法学」[92]の観点から再検討していく必要があるように思われる。これについては今後の検討課題としたい。

---

92)　上村・前掲注6）155〜157頁等参照。

# ゴルトシュミットとギールケが株式会社法に与えた影響について

高橋　英治

I　はじめに
II　レヴィン・ゴルトシュミットがドイツの株式会社立法に与えた影響について
III　オットー・フォン・ギールケがドイツと日本の株式会社法学に与えた影響について
IV　結論——ゴルトシュミットとギールケの株式会社法学の特徴

I　はじめに

　上村達男教授の業績の一つとして2002年に発表された「公開株式会社法」の構想[1]がある。これは日本のみならず世界の株式会社法の発展方向を大胆に予想したものであった。ドイツでも、上村教授に遅れること6年後の2008年、エアフルトにて、「上場会社および閉鎖会社のための特別の規制は必要であるのか？」というテーマのドイツ法律家会議経済法部会が開催された[2]。
　上村教授は、マックス・ウェーバーに精通し[3]、株式会社法に関する歴史的研究を重視する。本稿は、日本の会社法の母法であるドイツ法において「上

---

1)　上村達男『会社法改革——公開株式会社法の構想』（岩波書店、2002）149頁。
2)　Der ständige Deputation des Deutschen Juristentages (Hrsg.), Verhandlungen des 67. Deutschen Juristen Tages „Empfehlen sich besondere Regeln für börsennotiete und für geschlossene Gesellschaften?", Band 2/1 Sitzungsberichte (Referate und Beschlüsse) Teil N, München 2008.
3)　上村・前掲注1) 295頁参照。

場会社」という概念が生み出される以前の、ドイツの株式会社法学を対象とする。

19世紀におけるドイツ私法学の大家として、マックス・ウェーバーの師でもあったレヴィン・ゴルトシュミット[4]とオットー・フォン・ギールケが挙げられることは、衆目の一致するところである。しかし、両氏が、株式会社法に与えた影響については、これまで明らかになってはいなかった。近年、ドイツでは、ヴァイエの博士論文『レヴィン・ゴルトシュミット――ドイツにおける学者の生涯』[5]が公刊され、レヴィン・ゴルトシュミットのドイツの株式会社法改正に与えた影響のかなりの部分が明らかになりつつある。また、近時に、上村教授と親交の深い庄子良男博士が、オットー・フォン・ギールケのドイツ法学に対して与えた影響について検討している[6]。以下においては、これらの先行業績を基に、両氏のドイツの株式会社法および株式会社法学に与えた影響について明らかにしたいと思う。

II　レヴィン・ゴルトシュミットがドイツの株式会社立法に与えた影響について

1　論文「鉄道管理機構の損害賠償責任の契約による制限について」

1861年、ドイツ普通商法典（草案）422条以下が成立する以前においては、

---

[4]　レヴィン・ゴルトシュミットの評伝につき、服部榮三『商法学者ゴールドシュミット素描』同志社法学19号（1953）1頁以下参照。レヴィン・ゴルトシュミットは、マックス・ウェーバーの博士論文『南ヨーロッパの資料に基づく中世における商事会社について』を指導した。マックス・ウェーバーの博士論文が1889年に単行本として公刊された際、ウェーバーは、本書をレヴィン・ゴルトシュミットに捧げている（Max Weber, Zur Geschichte der Handelsgesellschaften im Mittelalter nach südeuropäischen Quellen, Stuttgart 1889）。

[5]　Weyhe, Levin Goldschmidt: Ein Gelehrtenleben in Deutschland, Berlin 1996.

[6]　庄子良男「ギールケに関する若干の重要文献の紹介」オットー・フォン・ギールケ著／庄子良男訳『ドイツ団体法論　第1巻第4分冊』（信山社、2015）468頁以下。

鉄道事業を行うに当たり不当に公衆に対して損害を与えた場合、鉄道管理機構は損害賠償責任を負うが、当該損害賠償責任を契約によって制限することができるか否かが、裁判実務上の争点になっていた。この問題に対するドイツの裁判例は統一した見解に至っていなかった[7]。レヴィン・ゴルトシュミットは、1858年、「鉄道管理機構の損害賠償責任の契約による制限について」[8]と題する論文において、悪意および重過失に対する責任を含めて、すべての損害賠償責任につき、現行法が契約による責任制限を認めていることとは明白であると説いた[9]。ただし、鉄道管理機構が貨物運送から損害賠償責任を負うか否かについては、ローマ法上の厳格なレセプツム[10]の原則から、あるいは、ドイツ普通法上のみにより判断することが許されるならば、労働賃貸契約（locatio conductio operis）の基本原則から、判断することができると説いた[11]。すなわち、ローマ法上の厳格なレセプツムの原則からすると、鉄道管理機構は、貨物を配送しなかった場合、あるいは、運送の際に貨物を破損させた場合、不可抗力であったことを証明しない限り、その使用人のすべての過失につき責任を負う。これに対し、ドイツ普通法の考え方に立つと、鉄道管理機構には自己責任の原則が働き、使用人が通常の注意義務を払った場合には損害賠償を免れる。ゴルトシュミットは、現在では、複数の路線を使った複数の列車による運送なども行われ、鉄道管理機構がドイツ普通法の見地から、より緩やかな損害賠償責任を負うにとどまるといった実務が確立

---

7) Vgl. Levin Goldschmidt, Ueber die vertragsmäßige Beschränkung der Ersatzpflicht der Eisenbahnverwaltungen, AcP 41(1858), 407.

8) Levin Goldschmidt, AcP 41(1858), 406-410.

9) Levin Goldschmidt, AcP 41(1858), 408.

10) 田邊光政教授は、ローマ法のレセプツム責任につき、「海上運送人、旅館および駅舎の主人は、その引き受けた物品を安全に保管して返還すべき義務を負い、返還できないときは無過失の損害賠償責任を負った」と説明する（田邊光政『商法総則・商行為法〔第4版〕』（新世紀、2016）284頁）。レセプツム責任につき、西原寛一『商行為法〔第3版〕』（有斐閣、1973）412頁、大隅健一郎『商行為法』（青林書院新社、1958）137頁、平出慶道『商行為法〔第3版〕』（青林書院、1989）15頁、森本滋編著『商行為法講義〔第3版〕』（成文堂、2009）152頁〔北村雅史〕参照。

11) Levin Goldschmidt, AcP 41(1858), 408.

していることに鑑みると、損害賠償責任の額を一定額に制限することも可能であるとすべきであると説いた[12]。ゴルトシュミットは、同じ結論をレセプツムの原則から導くこともできると説いた[13]。

鉄道事業が株式会社形態で行われている場合（1838年のプロイセンの「鉄道事業に関する法律」[14] 3条3文参照）、鉄道会社が運送契約の主体となり[15]、鉄道会社とその役員との間には「内部関係」すなわち任用関係が生じるが、この団体の内部関係法上の問題、すなわち、役員の任務懈怠から生じた会社に対する損害賠償責任を会社契約（定款）によって制限できるか否かについては、上記のゴルトシュミットの理論の射程には入らず、組織法上の法理によって解決されるべきものであった。しかし、ゴルトシュミットは、この組織法上の問題について、本論文では取り上げなかった。これは、ゴルトシュミットが、取引法を主たる関心の対象にしていたことを示している。

2　株式会社法改正

(1)　1870年ドイツ普通商法典改正

1857年1月15日、ニュルンベルクにドイツ同盟諸国からの委員がドイツ普通商法典の草案づくりの審議のため集まった[16]。そこでの議論の中心は、株式会社の設立について許可主義を採るべきか、という点にあった。ハンザ都市、特にブレーメンとハンブルクでは、既に実務上、許可主義は放棄されていた[17]。すなわち、1835年12月28日のハンブルクの命令では、定款を裁判所に提出し、かつ、公務員と受権者が公告するだけで、株式会社を設立できる

---

12)　Levin Goldschmidt, AcP 41(1858), 409.
13)　Levin Goldschmidt, AcP 41(1858), 410.
14)　Gesetz über die Eisenbahn=Unternehmungen, Gesetz No. 1947 vom 3. November 1838, Gesetz=Sammlung für die Königlichen Preußischen Saaten, No. 35, S. 505 ff. この法律は、Das Königreich Preußische Eisenbahngesetz vom 2. November 1838, Elberfeld 1838, S. 3 ff. においても収録されている。
15)　Kießling, Das preußische Eisenbahngesetz von 1838, in: Bayer/Habersack(Hrsg.), Aktienrecht im Wandel, Band 1, Entwicklung des Aktienrechts, Tübingen 2007, S. 157.
16)　Assmann, in: GroßkommAktG, 4. Aufl., Einl Rdnr. 71.
17)　Assmann, in: GroßkommAktG, 4. Aufl., Einl Rdnr. 96.

ものとしていた[18]。そこで、ハンザ都市の代表者は、株式会社設立に関する準則主義導入を主張したが[19]、プロイセン・オーストリアの同盟国の大半の代表者らは、許可主義を主張した[20]。このため、1861年ドイツ普通商法典[21]は、株式会社設立につき許可主義を採用した（1861年ドイツ普通商法典208条1項）[22]。ただし、1861年ドイツ普通商法典は、反対意見をも考慮して、邦（ラント）による許可が株式会社の設立に必要であるか否かを決定する権限を、邦の法律に委ねた（1861年ドイツ普通商法典249条1項、いわゆる救世主条項（salvatorischer Klausel））。

1861年ドイツ普通商法典の成立以降の改正に関する議論が、ゴルトシュミットの実践者としての活躍の舞台であった。1870年ドイツ普通商法典改正に際して、再度、最大の争点となったのが、株式会社の設立につき、許可主義を採用すべきか、それとも準則主義を採用すべきかであった。

ゴルトシュミットは、第8回ドイツ法律家会議において、1861年ドイツ普通商法典の下で、株式会社設立につき許可主義を採用している邦が、オーストリア、バイエルン、ヘッセン、ブラウンシュヴァイグ、メクレンブルク、チューリンゲン諸邦に限られていることを指摘した上で[23]、英国が1862年・1867年会社法により会社法に服するケルパーシャフトについて7人以上の発

---

18) このハンブルクでとられていた会社設立方式について、オットー・フォン・ギールケは、公示の原則（Prinzip der Publizität）と呼んだ。Otto von Gierke, Das Deutsche Genossenschaftsrecht, Erster Band, Berlin 1868, S. 1003, Fn. 94.
19) Pahlow, Aktienrecht und Aktiengesellschaft zwischen Revolution und Reichsgründung. Das Allgemeine Deutsche Handelsgesetz von 1861, in: Bayer/Habersack(Hrsg.), Aktienrecht im Wandel, Band 1, Entwicklung des Aktienrechts, S. 260.
20) Grossfeld, Die rechtspolitische Beurteilung der Aktiengesellschaft im 19. Jahrhundert, in: Coing/Wilhelm(Hrsg.), Wissenschaft und Kodifikation des Privatrechts im 19. Jahrhundert Ⅳ, Frankfurt a. M. 1979, S. 244. 議論の詳細につき、岩崎稜『戦後日本商法学史所感』（新青出版、1996）367頁参照。
21) 1861年ドイツ普通商法典の邦訳として、江村義行「普通ドイツ商法典（ADHGB）の株式会社規定の翻訳——1861年法及び1870年改正を中心に」慶應義塾大学大学院法学研究科論文集44号（2003）43頁以下。
22) 「株式会社は邦の許可によってのみ設立することができる」（1861年ドイツ普通商法典208条1項）。

起人が存在すれば自由に設立できるとしている点、および、フランスが1867年6月24日の法律で保険会社等の特別な会社を除き原則としてすべての社員有限責任の商事会社につき準則主義を採用したといった外国法の状況を参照し[24)]、「我々ドイツ人も総ての常識を働かせ、我々の思考を大胆に使って、我々自身を周囲の外国の模範に同化させることが望ましいと思うようになっている」[25)]と説き、10年前には株式会社に国家の許可が必要であるということが常識となっていたが、現在では、ヨーロッパにおいては準則主義の方が説得力を有するようになってきているとし、外国では自由に会社を設立できる現状に鑑みると、「我々も自身の固有の会社につき同じ有利な地位を与えるようにすることが合目的的である」[26)]として準則主義の導入を強く支持した。また、ゴルトシュミットは、許可主義の背後にある株式会社の良俗性について官吏による警察的監視を行わせる必要性を説く考えを一笑に付して、かかる考えは現在では説得力をもたないとし、許可主義においては、国家機関が恣意的な許可決定権限を有し、株式会社の許可を担当する官吏が収賄を受けるおそれがあるとして、許可主義こそが道徳的に問題であることを指摘した[27)]。ゴルトシュミットは、現在のドイツの法律家のコモンセンスは法人が国家の許可によって成立するというものであるが、自身の考えによると、私法上の社団が構成員の結合自体によって成立するというべきであり、この考えはドイツ普通法およびローマ法に合致すると説いた[28)]。このゴルトシュミットの報告は大きな意味をもった。第8回ドイツ法律家会議は、株式法改正問題を扱い、ゴルトシュミットが作成した動議に基づき[29)]、株式会社の許可強制の廃止要求案をほぼ全員一致で決議した[30)]。1870年改正ドイツ普通商

---

23) Referat Goldschmids: Das Schriftführer-Amt der ständigen Deputation(Hrsg.), Verhandlungen des Achten deutschen Juristentages, Zweiter Band, Berlin 1870, S. 44(以下„Referat Goldschmidts"と引用する).
24) Referat Goldschmids, S. 46.
25) Referat Goldschmids, S. 48 f.
26) Referat Goldschmids, S. 49 f.
27) Referat Goldschmids, S. 50.
28) Referat Goldschmids, S. 50 f.
29) Assmann, in: GroßkommAktG, 4. Aufl., Berlin 1992, Einl Rdnr. 79.

法典は、株式会社につき、従来原則として採用していた許可主義を廃棄し、準則主義を採用した（1861年ドイツ普通商法典208条1項削除）。

(2) 1884年ドイツ普通商法典改正

1870年から1873年まで、ドイツ経済はいわゆる「発起人時代（Gründerjahre）」と呼ばれる未曾有の好景気を迎えた。しかし、1873年からは、いわゆる「大不況（große Depression）」を迎え、ウィーンの取引所は崩壊し、設立手続さえ踏めば原則として株式会社を自由に設立できるとした株式会社法の規定が、不誠実で詐欺的な設立を助長したと批判された。1877年、ゲッチンゲン大学教授ルドルフ・フォン・イエーリングは、株式会社が詐欺的な方法で大衆の投資を吸引し、また、株式は投機的動機の下で取引されており、1873年の恐慌が示したように、株式会社は社会全体を破壊しかねない「悪の根源（Quelle des Uebels）」であると非難した[31]。そこで、ドイツ法上、再び株式会社法の改正がテーマとなった。ゴルトシュミットは、かかる詐欺的株式会社設立に対する対策として、株式会社の設立に関する許可主義を復活させるのではなく、株式会社の構造を維持したままで、株主保護と会社保護のための法律規定を強化することを提案した[32]。すなわち、ゴルトシュミットの提案は、株主と会社は取締役に対する監督を行うことにより、株式会社に対する信頼を確保し、もって私的利益だけでなく、公的利益にも資するというものであった[33]。1870年改正ドイツ普通商法典は、一方で、自己株式の取得および消却を禁止しておきながら（1870年改正ドイツ普通商法典215条3項）、他方で、資本金の払戻を認めていた（1870年改正ドイツ普通商法典248条）。そこで株式会社が、資本金の払戻を、自己株式の取得という方法によって行うことができるのか否かが争点となっていた。

---

30) von Kißling, Die Verhandlungen der ersten zehn deutschen Juristentage（1860 – 1872）, Berlin 1873, S. 83：岩崎・前掲注20) 369頁。

31) Rudorpf von Jhering, Der Zweck im Recht, Erster Band, 1. Aufl., Leipzig 1877, S. 226 ff.：228.

32) Gutachten 1873, S. 32 – 36, bei: Weyhe, a. a. O.（Fn. 5), S. 388.

33) Gutachten 1873, S. 33 f., bei: Weyhe, a. a. O.（Fn. 5), S. 388.

ゴルトシュミットは、1876年に「自己株式の買付および償却による株式会社の資本金の減少」[34]という論文をZHRに発表し、自己株式の取得禁止が理論的要請から導かれるものではなく、株式会社が自己株式の取得により株式の市場価格を操作することを防止するという合目的性の見地からの規制であることを明らかにした[35]。これを前提として、ゴルトシュミットは、株式償却のためなら自己株式を取得して資本を減少することができるとすべきであるが、1870年改正ドイツ普通商法典215条はこれを定めていない点で欠缺があるとし[36]、株主総会決議を経た上で株式消却のための自己株式取得が株式会社に認められるべきであるという立法論を展開した[37]。本稿が後に明らかにするように、この立法提案は1884年ドイツ普通商法典改正において採用された（1884年改正ドイツ普通商法典215 d 条 2 項 1 文）。

　1882年にライヒ内務省とライヒ司法省が共同で起草した草案[38]を基に、ドイツ普通商法典の再改正が議論された。ゴルトシュミットの立場は現代の株式会社法の議論を先取りしたかのような、斬新なものであった。すなわち、ゴルトシュミットは、1884年3月24日に開催された草案の審議のための第1回委員会会議において、株式会社設立における許可主義制度の再導入に警戒すべきであり[39]、安易な株式投資を防止するために株式の額面額を引き上げることも一案であるが、無記名株式の額面額を引き上げることにより、大衆の資本が外国に流れてしまう可能性があることをも考慮すべきであると説い

---

34) Levin Goldschmidt, Herabsetzung des Grundkapitals einer Aktiengesellschaft durch Ankauf und Amortisation eigener Aktien, Zeitschrift für das Gesammte Handelsrecht(ZHR) Bd. 21(1876), 1 – 11.
35) Levin Goldschmidt, ZHR Bd. 21(1876), 5.
36) Levin Goldschmidt, ZHR Bd. 21(1876), 9.
37) Levin Goldschmidt, ZHR Bd. 21(1876), 11.
38) Entwurf eines Gesetzes, betreffend die Kommanditgesellschaften auf Aktien und Aktiengesellschaften(Januar 1882), in: Schubert/Hommelhoff, Hundertjahre modernes Aktienrecht: Eine Sammlung von Texten und Quellen zur Aktienrechtsreform 1884 mit zwei Einführungen, ZGR-Sonderheft 4, Berlin 1985, S. 263 – 287.
39) Goldschmidt, in: Protokolle, 1. Sitzung. Verhandelt Berlin, den 24. März 1882, in: Schubert/Hommelhoff, a. a. O. (Fn. 38), S. 291.

た[40]。ゴルトシュミットは、大局的見地から、株式会社の設立に関する国家の監督を排除し、株式会社法改正に当たっては、世界レベルでの「会社法の競争」[41]を意識した改正がなされるべきことを示唆していた。

　ゴルトシュミットの関心は当時横行していた詐欺的株式会社設立に対する抜本的な対抗策を立案することにあった。1882年3月29日の第5回委員会会議において、ゴルトシュミットは、ドイツ普通商法典213e条として「商事裁判所が定めた宣誓または証書を提出するにつき、または、公募するにつき、不正な事実関係の説明や黙秘により悪しき方法で株式の引受人や後の株式取得者や株式会社債権者を害した者は、被害者に対し賠償責任を負う」という規定を新設することを提案した[42]。ゴルトシュミットは、1882年3月31日の第7回委員会会議においても、同じ提案を繰り返した。ゴルトシュミットによると、現行法によっても、詐欺的方法で株式の公募を行った会社は損害賠償責任を負うが、詐欺を行った者自身は責任を負わない点で、現行法は詐欺の被害を受けた個々の株主の保護において十分でない。そのため、ゴルトシュミットが提案するドイツ普通商法典213e条が必要なのである[43]。しかし、ゴルトシュミットの提案には若干の賛成者[44]はあったものの、現行法とは相容いれないとして多くの討論参加者は反対意見を表明した[45]。結果として、前記ゴルトシュミットのドイツ普通商法典213e条を新設する提案は、立法としては、実現しなかった。

　1884年7月18日、ドイツ普通商法典は改正された[46]。その改正法が成立する直前の1884年2月23日、ゴルトシュミットは「株式会社法の改正」という

---

40) Goldschmidt, in: Protokolle, 1. Sitzung. Verhandelt Berlin, den 24. März 1882, in: Schubert/ Hommelhoff, a. a. O.（Fn. 38）, S. 293 f.
41)　「会社法の競争」につき、ダニエル・チマー、高橋英治訳「ヨーロッパにおける会社法の競争」同志社法学59巻4号（2007）218頁。
42)　Schubert/ Hommelhoff, a. a. O.（Fn. 38）, S. 321.
43)　Schubert/ Hommelhoff, a. a. O.（Fn. 38）, S. 332.
44)　von Sichererは原則としてゴルトシュミットの提案に賛成した。Schubert/ Hommelhoff, a. a. O.（Fn. 38）, S. 332.
45)　Hagen, Koch, Russellらが強硬にゴルトシュミットの提案に反対した。Schubert/ Hommelhoff, a. a. O.（Fn. 38）, S. 332 f.

テーマでベルリンの法律家協会にて講演をした。その内容は世界的視野の中から1884年株式会社法改正を俯瞰するという巨視的なものであった。ゴルトシュミットは、最初に、1870年の株式会社法の最後の改正から14年が経過し、その間にイギリスを初めとしたヨーロッパ諸国は株式会社法改正に取り組んでおり、これらに遅れをとらないために、株式会社法の改正は必要であったと述べた[47]。また、ゴルトシュミットは、1884年株式会社法改正が、現行法の基礎を維持しつつ、適切な進歩の要素をこれに付け足すというものであったと説いた[48]。そしてゴルトシュミットは、1884年株式会社法改正が、1870年改正ドイツ普通商法典の自由な体系、すなわち株式会社の設立と機関構成において国家の監督を排除するということを基礎とすると説いた[49]。その上で、ゴルトシュミットは、改正法草案は、1884年改正ドイツ普通商法典249 a条に表れているように、株式取引において詐欺をなした者に対し、刑罰規定を設けることとしたと説明した[50]。

　1884年ドイツ普通商法典改正の柱は、①準則主義の修正、②会社の濫設防止、③株主・会社債権者の保護にあった。その具体的な内容としては、第一に、株式会社設立につき取締役および監査役会または検査役の検査を要求し（1884年改正ドイツ普通商法典209 h条）、かつ取締役および監査役会構成員の設立に関する責任を強化する（1884年改正ドイツ普通商法典249 a条）など、設立行為についての実質的審査のための規定を設けた。第二に、株主総会招集のための少数株主権の持株要件を資本金の10パーセントから5パーセントに低下させた（1884年改正ドイツ普通商法典237条1項1文）。第三に、資本増加の要

---

46)　1884年改正ドイツ普通商法典における株式会社法の規定の原文につき、Schubert/ Hommelhoff, a. a. O. (Fn. 38), S. 560 ff.;. Schubert/ Schmiedel/ Krampe (Hrsg.), Quellen zum Handelsgesetzbuch von 1897, Band 1 Gesetz und Entwürfe, Frankfurt a. M. 1986, S. 154 ff. 1884年改正ドイツ普通商法典における株式会社法の規定の邦訳として、江村義行「普通ドイツ商法典1884年改正における株式会社規定の翻訳」慶応義塾大学大学院法学研究科論文集45号（2004）86頁以下参照。
47)　Levin Goldschmidt, Die Reform des Aktiengesellschaftsrechts, ZHR 30(1885), 69 f.
48)　Levin Goldschmidt, ZHR 30(1885), 74 f.
49)　Levin Goldschmidt, ZHR 30(1885), 75.
50)　Levin Goldschmidt, ZHR 30(1885), 83.

件を株金全額払込後に制限し（1884年改正ドイツ普通商法典215 a 条）、資本増加の濫用を防止した。第四に、清算人の刑事責任を取締役等のそれと同一にした（1884年改正ドイツ普通商法典249 b 条）[51]。

自己株式取得禁止の原則と株式消却の必要性については、ゴルトシュミットの学説に従い、両者を両立させる規定が、1884年改正ドイツ普通商法典215 d 条として導入された。すなわち、本条は、株式会社は自己株式を取得すべきでない（soll）としつつ（1884年改正ドイツ普通商法典215 d 条 1 項 1 文）、資本金の減少および払戻に関する規定に従う限りにおいて株式の償却は可能であると規定した（1884年改正ドイツ普通商法典215 d 条 2 項 1 文）。自己株式取得の原則禁止とその例外を定めるドイツ型規制（株式法71条 1 項）の歴史上最初の型が、ここに形成された。

大隅健一郎博士は、1884年改正ドイツ普通商法典につき、「まことに同法は株式会社立法に本質的な進歩をもたらし、フランス法系に対立するドイツ法系をうち立てたものといえる」[52]と絶賛した。

ゴルトシュミットは、1892年の『商法の体系〔第 4 版〕』[53]という著作において、株式会社法についても言及した。ゴルトシュミットによると、株式の権利とは、株主の社員権（Mitgliedschaftsrecht）を指し、これは、「共同管理権（Mitverwaltungsrecht）」と「個別権（Einzelrecht）」に分類される[54]。「共同管理権」には会社法の少数株主権が含まれ、例えば、5 パーセントの資本金に参加している株主の行使できる株主総会招集権（1884年改正ドイツ商法典237条）

---

51) 大隅健一郎「株式法　序説」大隅健一郎＝八木弘＝大森忠夫、大隅健一郎補遺『独逸商法〔復刻版〕』（有斐閣、1991）5 頁以下参照。個々の内容については、大隅健一郎『新版株式会社法変遷論』（有斐閣、1987）67頁以下参照。Assmann, in: GroßkommAktG, 4. Aufl., Einl Rdnr. 94 ff. 株主保護を巡る当時の議論につき, Hofer, Das Aktiengesetz von 1884 – ein Lehrstück für prinzipielle Schutzkonzeption, in: Bayer/ Habersack(Hrsg.), Aktienrecht im Wandel, Band 1, Entwicklung des Aktienrechts, S. 260.

52) 大隅・前掲注51)『新版株式会社法変遷論』69頁。

53) Levin Goldschmidt, System des Handelsrechts mit Einschluss des Wechsel- See- und Versicherungsrechts im Grundriss, Stuttgart 1992（以下„Goldschmidt, System"と引用する）.

54) Goldschmidt, System, S. 134 f.

などがこれに当たる[55]。最も重要な「個別権」には利益配当請求権がある。同書においては、配当は会計上算出された純利益から出されなければならず、純利益から出されない配当は禁止されており、かかる違法配当の場合には、株式会社の機関の責任が生じうることが明確にされていた。

同書は、資本金の増減についても言及している。ゴルトシュミットによると、資本金額は不変であるのが原則であるが、株主総会の特別決議により増加できる。ゴルトシュミットは、資本増加は株式会社を部分的に新設する場合とも捉えることができ、資本増加が新株発行という形態を採る場合には、額面額より多い額で新株を引き受けることは許されるが、額面額より少ない額で新株を引き受けることは禁止されると説いた[56]。ゴルトシュミットは、資本減少は、株式の額面額の減少でも起こるが、株式消却あるいは株式併合というかたちでも行われるとし、資本減少は、株主総会の特別決議により行われると説明した。

本書は、多くの裁判例も引用しており、ゴルトシュミットの商法学者としての姿だけではなく、商法の実務家としての姿をもみてとれるものとなっていた。

III オットー・フォン・ギールケがドイツと日本の株式会社法学に与えた影響について

1 ケルパーシャフトとしての株式会社

オットー・フォン・ギールケは、ドイツ法史から「株式会社」の本質を追求し、株式会社が「ケルパーシャフト」であるという結論に達した。すなわち、株式会社が普及していた1868年、ギールケは、『ドイツ団体法論 第1巻』において、株式会社の本質をローマ法的な組合と社団に求めることを拒絶し、ドイツ法の本質を「ゲノッセンシャフト」という団体に認め、「組織法」の視

---

55) Goldschmidt, System, S. 136.
56) Goldschmidt, System, S. 138 f.

点からドイツ法の本質を明らかにしようとした。かかるギールケのアプローチはゴルトシュミットが「取引法」の観点からドイツ法たる「商法」の本質を解明しようとしたのと対照的であった。ギールケは、株式会社につき「ドイツ法的な（ゲノッセンシャフトの原則に従って設立された）ケルパーシャフト」[57]にほかならないと論じた。ギールケは、「ケルパーシャフト」を権利能力がある社団を指す語として用いた[58]。

かかるギールケの株式会社の法的位置づけは、若干の変容を経て、現在でも維持されている。すなわち、株式会社はケルパーシャフトであるという考えは、現代ドイツの株式会社本質論の中心を占める[59]。ただし、現代のドイツ株式会社法学上のケルパーシャフトという概念には、ギールケが強調した有機的生命体の一種としての要素は存在しない。現代のドイツ株式会社法学において、「ケルパーシャフト」は、人的会社との対照で資本会社の特徴を把握するために用いられる概念である。2016年、ハンブルク大学教授でありドイツ連邦議会議員（CDU）でもあるヘリベルト・ヒルテは、その著作『資本会社法論〔第8版〕』において、株式会社を含む資本会社はケルパーシャフトであるとして、次のように論じている[60]。ケルパーシャフトは、構成員や発起人とは独立した存在であり、構成員の自由な加入と退出が認められており、通常は多数の構成員を有する。ケルパーシャフトの機関では多数決原理が導入され、構成員でない者が機関を形成する（第三者機関制）。ケルパーシャフトの基本形態は「登記社団」であり、登記社団について定めるドイツ民法21条以下・55条以下が株式会社を含む資本会社の総則なのであり、ドイツ民法の組合の規定（ドイツ民法705条以下）は株式会社に対しては適用されない。

---

57) Otto Gierke, a. a. O.(Fn. 18), S. 1009. オットー・フォン・ギールケ・前掲注6）185頁。

58) Otto Gierke, Die Genossenschaftstheorie und die deutsche Rechtsprechung, Berlin 1887, S. 146. 庄子良男「第1分冊『訳者まえがき』の補遺」オットー・フォン・ギールケ・前掲注6）480頁。

59) Kübler/Assmann, Gesellschaftsrecht, 6. Aufl., Heidelberg 2006, S. 24 ff.; Raiser/Veil, Recht der Kapitalgesellschaften, 6. Aufl., München 2015, S. 8 f.; Windbichler, Gesellschaftsrecht, 24. Aufl., München 2017, S. 277.

60) Hirte, Kapitalgesellschaftsrecht, 8. Aufl., Köln 2016, S. 2.

2　ケルパーシャフトの「胎児」——「設立中の会社」の理論

　オットー・フォン・ギールケは、1887年、その著作『ゲノッセンシャフト理論とドイツの判例』において「成立したケルパーシャフトそれ自体の法が認められるならば、成立しつつあるケルパーシャフトそれ自体の法も否定することができないはずである。ケルパーシャフトの内的生活を規律づける法原則の固有の領域は、ケルパーシャフトの胎児としての生活状態にも及ぶ」[61]と説き、かかるケルパーシャフトとして、株式会社を念頭に置いた。

　株式会社を生命体として把握し、株式会社の成立前の存在を認めるというギールケの考えは、ドイツ法において、会社が登記により完全に成立する前の段階の「設立中の会社（Vorgesellschaft）」を認めるという判例・学説につながっていった[62]。現在のドイツ法において、「設立中の会社」を認めるという学説は、多数説・判例となっている[63]。

　ギールケの、株式会社を生命体として把握し、その「胎児」としての「設立中の会社」を認めるという考えは、日本法に直接的に影響を及ぼした。田中耕太郎博士は、オットー・フォン・ギールケ[64]の学説を引用しつつ、自然人の出生前に胎児の状態が存在することとの対比で、会社にも胎児の状態が存在するものとして、かかる状態を「設立中の会社」と呼び、設立中の会社を中心に、会社の設立関係を説明した[65]。田中耕太郎博士は、「設立中の会社」

---

61)　Otto Gierke, a. a. O.（Fn. 58），S. 135 f.
62)　ドイツ法における「設立中の会社」についての邦語文献として、小林量「ドイツにおける設立中の会社をめぐる法律関係についての議論の展開」川又良也先生還暦記念『商法・経済法の諸問題』（商事法務研究会、1994）89頁以下、服部育生「ドイツ会社法における設立中の会社」奥島孝康教授還暦記念『比較会社法研究』（成文堂、1999）361頁以下、丸山秀平「いわゆる『会社の前身（Vorgesellschaft）』について——権利義務移転に関する西ドイツ法の展開」田中誠二先生米寿記念『現代商事法の重要問題』（経済法令研究会、1984）18頁以下参照。
63)　高橋英治『ドイツ会社法概説』（有斐閣、2012）330頁参照。
64)　Otto Gierke, Deutsches Privatrecht, Bd. 1: Allgemeiner Teil und Personenrecht, Leipzig 1895, S. 486 ff.；Otto Gierke, a. a. O.（Fn. 58），S. 135 ff.
65)　田中耕太郎『合名会社社員責任論』（有斐閣、1919）376頁以下。

という概念を提唱した動機につき、後に「株式会社というような一つの組織体が誕生するのは一つの、また一回の行為だけで足りるものではないので、はじめ発起人が定款を作成し、それから株式の申込があり、それに対する割当てがあり、払込があり、創立総会が開かれ、……というようないろんな段階を経て会社が誕生するのであつて、それは恰も胎児が母体に宿つて段々成長していき、出生によつて完全な人格者となる過程と非常に似ておるので、従つて設立の過程に於ける発起人の地位を、会社の胎児の機関というふうに概念構成して、発起人の責任を基礎づけようとした」[66]と回顧している。そして同氏は、かかる方法を、「一種の社会学的なものの見かた。法人を生物学的、有機体的に見る観察方法。或いは、ローマ法的、個人主義的な私法理論でなくて、ゲルマン法的団体理論的な概念構成」[67]と位置づけている。田中耕太郎博士が日本法に初めて導入した「設立中の会社」の理論は、現在でも日本の下級審判例[68]・通説[69]において支持されている。

3　社員権の概念

ドイツ法における社員権論の創始者は、アキレス・ルノーであった。氏は、1863年の『株式会社法論〔第1版〕』において、株式に関する権利を「社員権（Mitgliedschaftsrecht）」と呼び、社員権を構成する個々の権利を個別に分離して譲渡等することが不可能であるという原則を提唱した[70]。ルノーは、1863年、株式が人格としての属性をも持っていると論じていた[71]。

オットー・フォン・ギールケは、ルノーの社員権論を受け継いだ。すなわち、ギールケは、1868年『ドイツ団体法論　第1巻』において、社員権は対

---

66)　田中耕太郎述『生きて来た道』（世界の日本社、1950）121頁。
67)　田中・前掲注66）122頁。
68)　東京高判昭和51年7月28日判時831号94頁、東京高判平成元年5月23日金法1252号24頁。
69)　江頭憲治郎『株式会社法〔第7版〕』（有斐閣、2017）107頁注2、神田秀樹『会社法〔第20版〕』58頁以下（弘文堂、2018）58頁以下。
70)　Renaud, Das Recht der Actiengesellschaften, 1. Aufl., Leipzig 1863, S. 72 f.
71)　Renaud, a. a. O. (Fn. 70), S. 74.

外的にのみ純粋な財産権であり、社団に対する関係においては「人の権利（Recht der Person）」であると説いた[72]。1887年、ギールケは、その著作『ゲノッセンシャフト理論とドイツの判例』において、人的会社を念頭に置いて業務執行権、違法行為差止権等の諸権利および会社の本質を変更する等の権利および義務は「すべて商法典により個々の社員の個々の社員に対するそれとしてそれ自体個々の社員に帰属する」[73]と説いた。

　ルノーとギールケの説は、現代ドイツ会社法学における社員権論（Mitgliedschaftslehre）として受け継がれている[74]。ルノーとギールケの説は、日本において「株式＝社員権」論として学説[75]および判例法にも大きな影響を与えた。最大判昭和45年7月15日民集24巻7号804頁は、「有限会社における社員の持分は、株式会社における株式と同様、社員が社員たる資格において会社に対して有する法律上の地位（いわゆる社員権）を意味」[76]すると判示した。

　現代の会社法学説において、「社員権」について言及するものは少なくなってきている。しかし、「社員権」という概念は、株主の地位を構成する個々の権利（議決権・剰余金配当請求権・株式買取請求権・株主代表訴訟提起権等）を本体である「社員権」から個別に分離して他の者に移転等することはできないということを示す点で、なお有益である。

---

72) Otto von Gierke, a. a. O.（Fn. 18）, S. 1022. オットー・フォン・ギールケ・前掲注6）196頁。
73) Otto Gierke, a. a. O.（Fn. 58）, S. 525.
74) Raiser/ Veil, a. a. O.（Fn. 59）, S. 101 ff.; Windbichler, a. a. O.（Fn. 59）, S. 279. 近時、ハンノ・メルクトは、「団体の社員権（Verbandsmitgliedschaft）」という統一的概念に対して、今日の団体の構成員の法的地位は多様であり、これを「団体の社員権」という統一的概念でまとめて観念することは不可能であると批判する（Merkt, Verbandsmitgliedschaft und Verbandsvielheit, in: Bruns（Hrsg.）, Tradition und Innovation im Recht, Tübingen 2017, S. 185 ff.）。
75) 大隅健一郎＝今井宏＝小林量『新会社法概説〔第2版〕』（有斐閣、2010）13頁、高橋英治『会社法概説〔第3版〕』67頁（中央経済社、2015）67頁。
76) 最大判昭和45年7月15日民集24巻7号804頁。

4　機関の概念

　機関（Organ）という言葉はオットー・フォン・ギールケらによって法律学に持ち込まれたものであるということが定説になっている[77]。H. J. ヴォルフは、国法学の立場から、1934年、「機関という言葉は、法律学というより、むしろ社会学上の意味を持つ概念であったが、オットー・フォン・ギールケとプロイスにより法律学に持ち込まれた」[78]と説いた[79]。

　ギールケは、1868年『ドイツ団体法論　第1巻』において、株式社団をゲノッセンシャフトにするのは株式社団の有機的組織体（Organisation）であると説き、株式社団が機関（Organ）を有することにより完成すると説き[80]、株式会社法学に機関という概念を氏の法人＝有機的組織体説の一部として持ち込んだ。ギールケの「機関論」は、次のようにまとめることができる[81]。①人が知覚できるのは団体の存在を示す事実だけで、団体そのものは知覚できない[82]、②団体は観念上に考えられたものではなく、事実において存在するものである、③団体の存在を示す事実は団体とは別のものではなく、団体の一部、すなわち団体の機関である。

　株式会社の行為の基礎は「機関」であり、株式会社は機関を通じて意思を決定し行為できるという理論の出発点として、ギールケは株式会社がゲノッ

---

77)　柳瀬良幹「ギールケの機関論」法学31巻1号（1967）3頁参照。
78)　Hans J. Wolf, Theorie der Vertretung : Stellvertretung, Organschaft und Repräsentation als soziale und juristische Vertretungsformen (Organschaft und Juristische Person: Untersuchung zur Rechtstheorie und zum öffentlichen Recht, Bd. 2), Berlin 1934, S. 224.
79)　ただし、株式会社法学において、1863年、アキレス・ルノーは、ドイツ法史上最初の本格的株式会社法の体系書『株式会社論〔第1版〕』において、株主総会が株式会社の最高の機関であると説いていた（Renaud, a. a. O. (Fn. 70), S. 279)。
80)　Otto Gierke, a. a. O. (Fn. 18), S. 1023.　オットー・フォン・ギールケ・前掲注6）198頁。
81)　柳瀬・前掲注77) 22頁参照。
82)　ギールケは、1887年の著作『ゲノッセンシャフト理論とドイツの判例』において、機関の背後に存在する人格は「見ることができない（unsichtbar）」と説いた（Otto Gierke, a. a. O. (Fn. 58), S. 617)。

センシャフト（ケルパーシャフト）であると説いた。このように、ギールケの議論の出発点には、それ自身生命体であるゲノッセンシャフト（ケルパーシャフト）観があり、これを基礎として株式会社の「機関」についての1861年ドイツ普通商法典の規制を解説した[83]。

Ⅳ　結論——ゴルトシュミットとギールケの株式会社法学の特徴

　レヴィン・ゴルトシュミットは『世界商法史論』[84]をその代表作としており、その商法学の方法は「歴史的方法」[85]と位置づけられている。ここからゴルトシュミットは、「過去」に生きた人という印象を与えるが、氏が最も重要視していたのは現在のドイツの立法および当時の裁判実務が抱える問題を適切に解決することであった。これは、ゴルトシュミットが、1870年から1875年まで、ライヒ上級商業裁判所の判事を務めた事実からも推察できる[86]。ゴルトシュミットは、当時のドイツの裁判実務および立法が直面している問題について、専門家の立場から意見を述べ、鑑定意見を書き、あるいは論文を発表して実務上あるいは立法上の問題に対して解決策を提示することに積極的であった[87]。ゴルトシュミットは何よりも「現在」を生きた法律家であっ

---

83) Otto Gierke, a. a. O. (Fn. 18), S. 1023 ff. ギールケが、法律に対する学説の優位性を前提として法律上の機関を論じるというスタイルを採った理由は、1861年ドイツ普通商法典はドイツ普通法の一部を実現したものにすぎず、ドイツ普通法を普遍的方法によって論じる学説は1861年普通ドイツ商法典に優位するという考えが基本にあったからであると推測される（村上淳一＝守矢健一＝ハンス・ペーター・マルチュケ『ドイツ法入門〔改訂第9版〕』（有斐閣、2018）193頁参照）。
84) Levin Goldschmidt, Universal Geschichte des Handelsrechts, Erster Band, 3. Aufl., Stuttgart 1891.
85) 服部榮三「ゴールドシュミットの商法学方法、特にその歴史的方法について」法協71巻4号（1954）333頁参照。
86) Weyhe, a. a. O. (Fn. 5), S. 97 ff.
87) これらの鑑定書の一部は、Levin Goldschmidt, Vermischte Schriften Erster Band, Berlin 1901およびLevin Goldschmidt, Vermischte Schriften Zweiter Band, Berlin 1901に収録されている。

た[88]。

　1868年に発刊されたゴルトシュミットの大著『商法ハンドブック　第1巻第1部』[89]は、第2編第1章の冒頭において商（Handel）を「本質的には変更のない状態で商品を媒介し（vermitteln）、かかる交換媒介を促進する業の全体」[90]であると定義した。その後、ゴルトシュミットは商の本質は媒介を出発点とすると説き[91]、商が、歴史的には、第一段階として、物々交換から出発し[92]、第二段階として、運送行為のような本来の意味での商を補助する業（Hülfsgeschäfte）に発展し[93]、第三段階として、製造業、賃借業やサービス業に発展してきたと説いた[94]。以上の論理展開から、ゴルトシュミットは、商法対象論として媒介説を説いたと商法学上位置づけられている[95]。かかるゴルトシュミットの商法論は、商法につき取引法を中心として把握するものであり、商法を企業を中心として把握しようとする商法＝企業法説[96]とは異なっていた。ゴルトシュミットは、『商法ハンドブック　第1巻第2部』[97]に「商品の理論（Die Lehre der Wahre）」という副題を付し、取引の対象である商品に関する法、すなわち、物権法や貨幣論を論じていることからしても、ゴ

---

88) ゴルトシュミットの現代のドイツ商法学に対する不朽の貢献として、1858年のZHRの創刊がある。ZHRの創刊にあたってのゴルトシュミットによる創刊の辞の邦訳として、ゴールドシュミット、服部榮三訳「ドイツ商法の学問的取扱及びこの雑誌の目的について」同志社法学18号（1953）105頁以下参照。
89) Levin Goldschmidt, Handbuch des Handelsrechts, Erster Band, Erste Abteilung, Erlangen 1864.
90) Levin Goldschmidt, a. a. O. (Fn. 89), S. 286.
91) Levin Goldschmidt, a. a. O. (Fn. 89), S. 299.
92) Levin Goldschmidt, a. a. O. (Fn. 89), S. 299.
93) Levin Goldschmidt, a. a. O. (Fn. 89), S. 302.
94) Levin Goldschmidt, a. a. O. (Fn. 89), S. 306 ff. なお、服部榮三「ゴールドシュミットの商法論(1)」同志社法学14号（1952）65頁以下参照。
95) 服部榮三「商法の対象」北沢正啓＝浜田道代編『商法の争点I』（有斐閣、1993）4頁、服部榮三『商法総則〔第3版〕』（青林書院新社、1983）6頁。
96) Karl Wieland, Handelsrecht, Erster Band, Das kaufmännische Unternehmen und die Handelsgesellschaften, München 1921, S. 144 ff.
97) Levin Goldschmidt, Handbuch des Handelsrechts, 1. Aufl., Erster Band, Zweite Abteilung, Erlangen 1868.

ルトシュミットがドイツ商法学に業績を残した主たるテーマは取引法であった。

オットー・フォン・ギールケの『ドイツ団体法論』の第1巻は、『ドイツ・ゲノッセンシャフト法史』という表題が付され、ゲノッセンシャフトの成立過程が示され、ギールケの歴史家としての面が発揮された傑作であった。フライブルク大学教授であるドイツ法制史家のフランク・L・シェーファーは、『ドイツ団体法論』につき、ドイツ法論を超えて、法律学の全分野および歴史学に対しても大きな影響を与えたと高く評価している[98]。

ゴルトシュミットとギールケはともにマクロ的に株式会社法をみたという点で一致する。両者に共通していたのはドイツ法に不朽の貢献をなした点であった。しかし、ゴルトシュミットは、「取引法」の巨人であったのに対し、ギールケは「組織法」の主要な創始者であった。また、ゴルトシュミットは、法制史家・商法学者という面をもっていたが、同時に、株式会社法の立案担当者としてあるいは裁判官として当時ドイツ法が抱えていた解釈上・実務上の問題を解決した「現在」を生きた実務家でもあった。

これに対して、ギールケは、「過去」と「未来」に生きた学者であった。すなわち、ギールケは、学者一筋の人生を貫き、その歴史研究を通じてドイツの将来の学問・判例に対して不朽の貢献をなし遂げた。

21世紀を迎えた現在においても、なお光を失わないゴルトシュミットとギールケの業績は、今日の日本の商法学・会社法学の学問としてのあり方に対しても示唆を与え続けている。

〔後記〕

山田泰輔氏は、本稿の草稿に目を通し、貴重な御助言を下さった。記して、感謝したい。

本稿は、平成30年度日本学術振興会科学研究費基盤研究（C）「日本・ドイツ・EUにおける会社法の継受と収斂の研究」（課題番号26380125）による研究成果の一部である。

---

98) Frank L. Schäfer, Juristische Germanistik, Frankfurt a. M. 2008, S. 496.

2　株主・株主権

株式会社の規制区分と取締役会・株主総会間の権限配分を巡る定款自治の射程

中村　信男

Ⅰ　はじめに
Ⅱ　平成29年最高裁決定の事案と判旨
Ⅲ　取締役会設置会社の代表取締役の選定・解職権限の株主総会への留保の可否
Ⅳ　代表取締役の選定・解職権限の株主総会への留保とその許容範囲
Ⅴ　結びに代えて

Ⅰ　はじめに

　取締役会を設置する株式会社は、会社法の下では、取締役会の設置を強制される会社（会社法327条1項1号〜4号）（以下これを説明の便宜から「取締役会強制設置会社」という。）と、取締役会の設置を義務付けられていないものの定款の定めに基づき任意にこれを設置する会社（会社法326条2項）（以下、これを説明の便宜上「取締役会任意設置会社」という。）に分かれる（以下では、両者を総称して「取締役会設置会社」という。）。株式会社の中でも上場会社を典型とする公開会社（会社法2条5号）は、前者に属する（会社法327条1項1号）。これに対し、中小同族会社に見られる公開会社でない株式会社（以下、「非公開会社」という。）は、定款の定めに基づいて監査役会、監査等委員会または指名委員会等を設置しない限り、取締役会の設置を法律上強制されておらず、その設置は定款自治に委ねられているところ、定款で取締役会を設置する例が現にある。これが、取締役会任意設置会社に当たる。

このように、わが国の会社法上は、取締役会が設置される株式会社といっても、取締役会が機関設計の要素の一つとされるものと、任意機関に過ぎないものとに分かれるが、いずれにせよ、取締役会を設置すると、指名委員会等設置会社の形態を選択しない限り、取締役（監査等委員会設置会社では監査等委員である取締役以外の取締役）の中から代表取締役を選定することが必要となり、会社法はこれを取締役会の権限事項として定めている（会社法362条3項、399条の13第3項）。けだし、取締役会が、代表取締役その他の業務執行取締役による会社業務執行に係る職務遂行の監督機能を担うからである（会社法362条2項2号、399条の13第1項2号）。それだけに、代表取締役その他の業務執行取締役の選定・解職権限が取締役会に帰属することは、業務執行者に対する取締役会の監督権限を支える基盤でもあり、代表取締役等の選定・解職は、取締役会の固有の権限の一つともいえるであろう。

　しかし、取締役会設置会社の中にも、上記の取締役会任意設置会社はもとより、取締役会強制設置会社であるものの定款に株式譲渡制限の定めを置いていないために会社法上は公開会社としての扱いを受ける事実上の非公開会社では、実際問題として、所有と経営が一致する現象が見られることが往々にしてある。そのため、従来、定款の定めにより取締役会の権限の一部を株主総会に留保することの可否とその範囲が議論されてきた。こうした問題の一つが、定款の定めを以てする代表取締役の選定・解職権限の株主総会への留保の可否であるところ、近時、非公開会社のうち取締役会任意設置会社において取締役会の代表取締役の選定・解職権限を株主総会に留保する定款規定の効力の有無が争点となった事案において、最決平成29年2月21日民集71巻2号195頁（以下、「平成29年最高裁決定」という。）[1] は、非公開会社における事案であることに言及して、当該定款規定の有効性を認める旨を判示した。この種の定款規定の有効性の如何は、取締役会の監督機能の確保との関係もあり、学説において有効説と無効説とが対立してきた重要論点であるだけに、最高裁判所が平成29年最高裁決定において有効説の立場に立つことを宣言したことは、理論的に極めて大きな意義を有している。

　その一方で、この事案は、代表取締役の選定を取締役会決議によるほか株主総会の決議によっても行うことができる旨が定款に定められたケースで

あったことに加え、平成29年最高裁決定が、非公開会社案件であることに言及していることに留意する必要がある。同決定は、代表取締役の選定を専ら株主総会の決議によってのみ行う旨の定款規定の有効性の如何や、公開会社での当該定款規定の利用の可否等については、判断を示していないからである。また、平成29年最高裁決定の射程と公開会社との関係が一つの問題となるところ、わが国の会社法における「公開会社」概念が、定款に発行される全部の株式の内容として株式譲渡制限の定め（会社法107条1項1号）を定めていない会社とされることとの関係で、上場会社のように所有と経営が分離している本来的に公開性の株式会社と、実態として同族的な株式会社とを共に含むものとなっている。このことから、平成29年最高裁決定が、会社法上は取締役会強制設置会社とされる公開会社にも及ぶのかどうかの問題について、少なくとも、公開会社を上場会社またはこれに準じるもの（以下、「上場会社等」という。）とそれ以外のもの（以下、「事実上の非公開会社」という。）に再区分[2]し、これを検討することも必要となろう。

そのためか、平成29年最高裁決定を前提とした場合、定款の定めを以て、①取締役会を設置しながら代表取締役の選定権限をもっぱら株主総会に専属させることができるのか、②代表取締役の選定のみならず解職の権限まで株主総会に留保することができるのか、③公開会社でも①または②の取扱いが会社法の下での解釈として可能かどうかは、同決定に関する先行研究において見解の一致を見ておらず、検討課題として残されている。

本稿では、平成29年最高裁決定を素材として概観し（Ⅱ）、代表取締役の選

---

1) 平成29年最高裁決定に関する先行研究として、弥永真生「判批」ジュリ1507号（2017）2頁、鳥山恭一「判批」法セミ749号（2017）95頁（以下「鳥山判批」と引用する。）、鳥山恭一「株式会社の機関構成にかかわる定款自治の範囲」金判1516号（2017）2頁（以下「鳥山コメント」と引用する。）、北村雅史「判批」法教442号（2017）126頁、中村信男「判批」新・判例解説Watch【2017年10月】（速報判例解説Vol.21）（2017）133頁、高橋聖子「判批」ひろば2017年9月号（2017）56頁、川島いづみ「判批」金判1531号（2018）2頁、松井智予「判批」論究ジュリ23号（2017）18頁、若林泰伸「判批」法教445号（2017）42頁、松中学「判批」民商153巻6号（2018）154頁、大杉謙一「判批」私法判例リマークス56号（2018）90頁、前田雅弘「判批」平成29年度重要判例解説（ジュリ1518号）（2018）104頁等がある。

定・解職権限を株主総会に留保する定款規定の効力について検討を加えた上で（Ⅲ）、当該定款規定の有効性をどの範囲で認めるべきかの問題について論及し（Ⅳ）、最後に、関連問題として、定款の定めによる取締役会と株主総会間の権限配分のあり方を巡る議論の対象である業務執行の決定権限の配分のあり方につき、株式会社の規制区分および業務執行に係る責任の所在との関連も交えて付言する（Ⅴ）。

Ⅱ 平成29年最高裁決定の事案と判旨

1 事案の概要

　非公開会社の株式会社Y_1（債務者・相手方）（以下、「Y_1会社」という。）は、定款の定めにより取締役会を設置しているところ、Y_1会社の代表取締役であったX（債権者・抗告人）は、平成27年9月30日に代表取締役を退任し、同年10月24日のY_1会社の臨時株主総会決議により取締役を解任された。Y_2（債務者・相手方）は、平成26年8月8日から平成27年1月14日に辞任するまでY_1会社の代表取締役であった者である。

　Y_1会社には、平成20年12月1日付けの平成20年定款、平成25年11月17日付けの平成25年定款および平成27年8月30日の臨時株主総会（以下、「本件臨時総会」という。）の決議により取締役の任期等につき変更された平成27年変更定款が存在する。このうち、平成20年定款と平成27年変更定款には、「代表取

---

2) わが国の会社法における公開会社を上場会社とそれ以外に再区分すべき必要性につき、中村信男「イギリス会社法における株式会社の規制区分の展開と特色」上村達男＝尾崎安央＝鳥山恭一＝黒沼悦郎＝福島洋尚編『企業法の現代的課題（正井章筰先生古稀記念論文集）』（成文堂、2015）417頁以下参照。また、わが国における公開会社法制のあり方を探る上では、上村達男「公開株式会社法の構想について（上）・（中）・（下）」商事法務1559号6頁以下・同1560号15頁以下・同1563号14頁以下（2000）、上村達男「会社区分の立法のあり方について」商事法務1569号（2000）16頁以下、上村達男「市場法からみた金融システム改革法」商事法務1637号（2002）9頁以下、上村達男「会社法制と資本市場」商事法務1940号（2011）7頁以下等の上村達男博士の一連の研究成果が極めて示唆に富む。

締役は、これを取締役会決議によって定めるものとするが、必要に応じ株主総会の決議によっても定めることができる」旨の定め（以下、「本件定め」という。）が置かれていた。一方、平成25年定款にその種の規定は存在しなかったが、本件臨時総会では本件定めに基づき、Y_2が取締役兼代表取締役に選任された。Y_2の取締役としての任期は、平成27年9月30日の定時株主総会（以下、本件臨時総会と合わせて「本件各総会」という。）の終結時までであり、同定時株主総会でY_2は本件定めに基づき取締役兼代表取締役に再度選任された。本件各総会にはA会社がY_1会社の唯一の株主として出席し、その旨の議事録の記載もある。

しかし、Xは、本件各総会当時Y_1会社の全株式を有する株主が、Y_1に対する貸金債権を被担保債権とする質権を実行しY_1会社の株券の交付を受けたB会社であるところ、①本件各総会の招集通知がB会社に対し発せられず、B会社が本件各総会に出席しなかったから、本件各総会の決議は不存在である、②本件各総会当時のY_1会社の有効な定款は平成25年定款であるから、Y_2を代表取締役に選任した本件各総会の決議は無効である、と主張し、Y_1会社・Y_2を相手に、Y_2の取締役兼代表取締役の職務執行停止と職務代行者選任の仮処分を申し立てた。

第一審の千葉地木更津支決平成28年1月13日民集71巻2号199頁は、本件各総会当時のY_1会社の株主がA会社であり、本件各総会当時のY_1会社の有効な定款が平成20年定款および平成27年変更定款であると認定して、Xの上記申立てを却下した。

Xは即時抗告したが、抗告審の東京高決平成28年3月10日民集71巻2号217頁がこれを棄却したため、Xが、本件定めは代表取締役に対する取締役会の監督権限を弱めるため無効である以上、本件定めに基づきY_2をY_1会社の代表取締役と定める本件各総会の決議は無効であると主張し、抗告棄却決定に対する許可抗告を行った。

これに対し、平成29年最高裁決定は、以下の通り判示し、Xの抗告を棄却した。

2 決定要旨

「取締役会を置くことを当然に義務付けられているものではない非公開会社（法327条1項1号参照）が、その判断に基づき取締役会を置いた場合、株主総会は、法に規定する事項及び定款で定めた事項に限り決議をすることができることとなるが（法295条2項）、法において、この定款で定める事項の内容を制限する明文の規定はない。そして、法は取締役会をもって代表取締役の職務執行を監督する機関と位置付けていると解されるが、取締役会設置会社である非公開会社において、取締役会の決議によるほか株主総会の決議によっても代表取締役を定めることができることとしても、代表取締役の選定及び解職に関する取締役会の権限（法362条2項3号）が否定されるものではなく、取締役会の監督権限の実効性を失わせるとはいえない。

以上によれば、取締役会設置会社である非公開会社における、取締役会の決議によるほか株主総会の決議によっても代表取締役を定めることができる旨の定款の定めは有効であると解するのが相当である。」

Ⅲ 取締役会設置会社の代表取締役の選定・解職権限の株主総会への留保の可否

1 平成29年最高裁決定の意義とその射程

周知のように、平成29年最高裁決定が扱った、代表取締役の選定・解職という取締役会の法定権限を定款の定めにより株主総会に留保することの可否という問題は、従来、株主総会の万能機関性を否定しその権限を法令・定款所定事項に限る旨を定めていた旧商法230条ノ10の解釈問題として学説上議論されてきた。会社法下でも、株主総会が非万能機関とされている取締役会設置会社（会社法295条2項）に同様の問題が当てはまるが、旧商法下でも会社法下でも当該問題を扱った裁判例はこれまで見当たらない。また、会社法上の非公開会社の機関設計の基本型（会社法326条1項）は旧有限会社法上の有限会社のそれと同様といえるが（有限会社法（会社法施行により廃止）25条）、

有限会社には定款の定めに基づく任意機関としての取締役会の制度は存在しなかったため、平成29年最高裁決定が扱った問題は旧有限会社法の下では生じることがなかった。

　これに対し、非公開会社は定款の定めにより取締役会を設置することができ（会社法326条2項）、その場合は、募集株式の発行等や募集新株予約権の発行等の点を除いて、公開会社と同様、取締役会設置会社としての規律の適用を受ける。そのため、取締役会任意設置会社の定款に代表取締役の選任を株主総会で（も）行う旨の定めを置くことが法的に許容されるかどうかの問題は、会社法の制定・施行後に生じた問題といえる。それだけに、平成29年最高裁決定は、この問題について初めて最高裁判所としての司法判断を示した裁判例として、また、代表取締役の選定・解職権限の株主総会への留保の可否につき最高裁判所として一定の範囲でこれを認める旨を判示した点で、理論的にみて重要な意義を有する[3]。

　その一方で、会社法の規律は、前述のように、旧商法下と異なり、取締役会設置会社自体が、公開会社と非公開会社の別に対応して、取締役会強制設置会社と取締役会任意設置会社に分かれるところ、第1に、平成29年最高裁決定は、非公開会社である取締役会任意設置会社について上記問題に対する司法判断を示していることに留意する必要がある。そのため、同様の解釈が取締役会強制設置会社である公開会社にも当てはまるのかどうかは、解釈問題として残されており、先行研究では、取締役会強制設置会社との関係で同決定は判断を示していないと評されている[4]。

　第2に、平成29年最高裁決定の事案は、代表取締役の選定権限を取締役会のほか株主総会にも留保する定款規定（以下、「権限重複型規定」という。）の有効性の有無が争点となっている。そのため、従来議論されてきた代表取締役の選定権限を株主総会のみに帰属させ取締役会の当該権限を制約する旨の定款規定（以下、「権限専属型規定」という。）も同様に、有効と解されるかについては、平成29年最高裁決定において判断が示されていないことに留意する必

---

3)　「平成29年最高裁決定コメント」金判1514号（2017）11頁左欄。
4)　鳥山判批・前掲注1）95頁、鳥山コメント・前掲注1）1頁、川島・前掲注1）5頁。

要がある。

　第3に、従来、定款の定めを以て、代表取締役の選定権限を株主総会に留保することの可否は、代表取締役の選定のみならず解職権限も併せ株主総会に専属させることの許否という形で議論されてきた経緯がある[5]。しかし、平成29年最高裁決定の事案は、認定事実だけを見ると、問題となったY₁会社の定款が、代表取締役の選定権限だけを取締役会と株主総会の双方に帰属させる一方で、代表取締役解職権限が依然として取締役会に留保されているようである。そのため、取締役会設置会社が、定款の定めを以て、代表取締役の選定・解職の双方の権限を株主総会のみに留保することの可否も、平成29年最高裁決定では扱われておらず、この点に関する判例の立場は依然、明らかではない。

　このように、平成29年最高裁決定は、定款の定めによる代表取締役の選定・解職権限の株主総会への留保の可否につき、非公開会社であって権限重複型規定であるという前提のもとこれを積極に解する立場に立つことを明らかにしたが、依然、解釈に委ねられた課題が残されているところ、これらの問題点は、従来の議論を踏まえるとともに、会社法が基調とする株式会社立法の区分という基本的考え方との整合性も勘案して、検討する必要がある。

2　平成17年改正前商法下での議論

　そこで、この問題に関する従来の学説の議論を顧みると、第1に、平成17年改正前商法下での議論としては、取締役会設置会社が定款の定めにより、代表取締役の選定権限を株主総会に留保することの可否につき、学説上これを積極に解する肯定説[6]と消極に解する否定説[7]とが対立していたことは周知の通りである。

　このうち、否定説は、主として大規模な公開性株式会社を念頭に置き、ほ

---

5)　上柳克郎他編『新版注釈会社法（5）』（有斐閣、1986）25〜27頁［江頭憲治郎］。
6)　西原寛一「株主總會の運營」田中耕太郎編『株式会社法講座第3巻』（有斐閣、1956）840頁、石井照久『会社法上巻（商法Ⅱ）』（勁草書房、1967）330頁、田中誠二『三全訂会社法詳論（上巻）』（勁草書房、1993）475頁、鈴木竹雄＝竹内昭夫『会社法〔第3版〕』（有斐閣、1994）228頁、上柳他編・前掲注5) 25〜26頁［江頭憲治郎］。

ぼ共通して、定款の定めにより代表取締役の選定権限を株主総会に留保することを認めると、その結果、代表取締役の解任（解職）権限も株主総会に帰属することになるため、代表取締役の職務執行に対する取締役会の監督機能（平成17年改正前商法260条1項）の裏付けを失わせ、取締役会の監督権限の実効性を損なうことを実質的な論拠としてきた[8]。否定説の提唱者の中でも特に、代表取締役を取締役会の派生機関と捉える論者は、その論理的帰結として、代表取締役の権限は取締役会の権限から由来するものと解されることから、論理的にも代表取締役の選任・解任は定款を以てしても奪うことのできない取締役会の固有権限であり、取締役会に専属すべきものと解されること、取締役会が業務執行の全権を有し、代表取締役は取締役会の業務執行権限を代理行使する復代理人的地位を有するものと捉えられることを、理論的な理由としていた[9]。

ちなみに、平成17年改正前商法下の登記実務も、この否定説に基づいていたと言われている[10]。現に、法務省民事局長通達昭和26年10月12日民事月報6巻11号132頁は、代表取締役の選定を「定款に取締役会の決議による旨を明示してある場合は勿論、何ら定めのない場合でも、総会の決議をもって代表取締役を選任することはできず、定款をもってしてもその旨を定めえない」としていた。

これに対し、肯定説は、主に所有と経営の一致する中小株式会社を念頭に

---

7) 野津務「代表取締役」田中（耕）編・前掲注5）1092頁、大森忠夫＝矢沢惇編『注釈会社法（4）』（有斐閣、1968）22頁［境一郎］・360頁［山口幸五郎］、上柳克郎他編『新版注釈会社法（6）』（有斐閣、1987）137～138頁・142頁［山口幸五郎］、大隅健一郎＝今井宏『会社法論中巻〔第3版〕』（有斐閣、1992）207頁、河本一郎『現代会社法〔新訂第9版〕』（商事法務、2004）388頁。

8) 野津・前掲注7）1092頁、大森＝矢沢・前掲注7）22頁［境一郎］・360頁［山口幸五郎］、大隅＝今井・前掲注7）209頁、河本・前掲注7）388頁。また、上柳他編・前掲注7）142頁［山口幸五郎］は、取締役会の監督権限が明文化された昭和56年改正商法の下では否定説は一層強い理由で支持されると主張していた。

9) 大森＝矢沢・前掲注7）357～358頁［山口幸五郎］。

10) 大森＝矢沢・前掲注7）360頁［山口幸五郎］、上柳他編・前掲注7）142～143頁［山口幸五郎］。

置いてか、①取締役会の代表取締役に対する指揮監督権は解任権を伴わなくても必ずしも無意義なものとならないこと[11]、②株主総会は取締役の解任権を有しているため、その意味で取締役解任の方法によって代表取締役に対する監督的地位を保有していること、③定款の定めを以て株主総会に代表取締役の選定権限を留保した場合に取締役会が代表取締役を解職できないこととなっても、その種の定款自治を選択した以上、やむを得ないと考えられること[12]、④当該定款の定めを置くと、株主総会が選任した代表取締役の解任権も株主総会に帰属することになるが、取締役会はこれによって代表取締役に対する命令監督権限を失うわけではないこと、取締役会は代表取締役の解任を議題として株主総会を招集することができること[13]を主たる論拠としていた。

3　会社法下での議論と登記実務の変更

第2に、会社法の下での議論を見ると、会社法は、取締役会を設置しない非公開会社（以下、「取締役会非設置会社」という。）について、株主総会を万能機関とした上で（会社法295条1項）、株主総会の決議により代表取締役を定めることができるものとする（会社法349条3項）のに対し、取締役会の設置を強制される公開会社（会社法327条1項1号）のみならず、定款の定めにより取締役会を任意設置する非公開会社（会社法326条2項）についても、株主総会の権限を法令・定款所定事項に限定し（会社法295条2項）、取締役会の決議により代表取締役を選定するものとして（会社法362条3項）、代表取締役の選定・解職を取締役会の職務として法定する（同条2項3号）。こうした規律を前提とすると、会社法は取締役会設置会社の共通の規律として代表取締役の選定・解職権限を取締役会の監督機能の具体的発現の一つと捉え、これを取締役会の固有権限として法定したものと解せなくもない[14]。そうであれば、

---

11)　西原・前掲注6）840頁、鈴木＝竹内・前掲注6）228頁（注2）、上柳他編・前掲注5）25〜26頁［江頭憲治郎］。
12)　石井・前掲注6）330頁。ほぼ同旨、田中（誠）・前掲注6）475頁。
13)　鈴木＝竹内・前掲注6）228頁（注2）、上柳他編・前掲注5）25〜26頁［江頭憲治郎］。
14)　「コメント」・前掲注3）10頁右欄。

取締役会の権限を維持する権限重複型規定はともかく、当該権限を奪うこととなる権限専属型規定は、会社法29条との関係で、その効力が否定される可能性がある。しかし、取締役会設置会社の株主総会の権限を定款により拡大することを認める会社法295条2項の「定款で定めた事項」に限定があるかどうかは、同条1項により当然には明らかにされていないことに加え、代表取締役の選定・解職を株主総会の権限とすることができるか否かの問題は会社法においても明文で解決されていないことから、旧商法下におけると同様の議論が解釈問題として引き継がれていることが指摘されている[15]。

そのため、平成17年改正前商法下での学説の対立は会社法下にも引き継がれており、依然、学説上は否定説と肯定説の対立が続いている。このうち、否定説は、平成17年改正前商法の下での否定説と同様の理由に加え[16]、会社法では株主総会で代表取締役を直接選任することのできる会社が取締役会非設置会社に限られていること（会社法349条3項）も論拠に挙げることで、取締役会設置会社における取締役会の代表取締役選定権限を定款の定めにより株主総会に留保することを疑問とする[17]。

しかし、会社法の下では、この問題について肯定説を唱える論者が多く、平成17年改正前商法の下での肯定説の論拠④と同様の理由から、取締役会設置会社一般の問題として代表取締役の選定・解職権限を株主総会に留保する定款の定めの効力を認める説が有力に提唱されている[18]。また、肯定説の中には、派生機関説からする否定説の理由づけを意識してか、代表取締役はあ

---

15) 前田雅弘「意思決定権限の分配と定款自治」淺木愼一＝小林量＝中東正文＝今井克典編『検証会社法（浜田道代先生還暦記念）』（信山社、2007）95～96頁。

16) 酒巻俊雄＝龍田節編『逐条解説会社法第4巻』（中央経済社、2008）35～36頁［前田重行］、江頭憲治郎＝中村直人編『論点体系会社法2』（第一法規、2012）405～406頁［松井秀征］。

17) 岩原紳作編『会社法コンメンタール7』（商事法務、2013）41～42頁［松井秀征］。

18) 江頭憲治郎『株式会社法〔第7版〕』（有斐閣、2017）318～319頁（注5）、落合誠一編『会社法コンメンタール8』（商事法務、2009）220頁［落合誠一］、前田庸『会社法入門〔第12版〕』（有斐閣、2009）349頁、宮島司『新会社法エッセンス〔第4版補正版〕』（弘文堂、2015）173頁、弥永真生『リーガルマインド会社法〔第14版〕』（有斐閣、2015）119頁。おそらく同旨、神田秀樹『会社法〔第20版〕』（弘文堂、2018）224頁。

くまで株式会社の代表機関であって取締役会の代表機関でないとする立場から、代表取締役の選定を株主総会において行うこととしても理論上の問題はないことも指摘する論者もある[19]。

ちなみに、会社法立案担当者は、会社法は株式会社と有限会社を一体化するに当たり、取締役会の設置の有無という基準で株式会社を区分し、取締役会非設置会社の株主総会には旧有限会社の社員総会と同様の権限を認める一方、取締役会設置会社の株主総会については従来の株主総会と同様の権限を認めることとしたとしつつ、会社法295条1項が株主総会の万能機関性を規定する一方、同条2項では取締役会設置会社の株主総会の万能機関性を否定するものの、取締役会設置会社と取締役会非設置会社における株主総会の権限の差異は絶対的なものではないこと、会社法は、代表取締役の選解任等の事項を含めて株式会社に関する一切の事項が株主総会の権限となり得ることを前提とし、取締役会設置会社において定款で株主総会の決議事項として留保することのできる事項について特に制限を設けていないこと、会社法では株式会社と有限会社とが統合されたことにより取締役会設置会社であっても、その実態は内部的には従来の有限会社に近く、対外的な関係を考慮して法定の「取締役会」を設けるに過ぎない場合もあると考えられることから、代表取締役に対する内部的な監督機能の一つである代表取締役の選定・解職を主として取締役会が行うのか、株主総会が行うのかも、各会社の実情に合わせて定款で定めることとして差し支えないとの考え方を示している[20]。

学説の上記対立状況に加え、会社法立案担当者からこうした考え方が示されたためか、会社法下では、平成17年改正前商法の下での登記実務が変更され、登記実務も、肯定説を基調とするものとなっている[21]。平成29年最高裁決定も、学説の上記の状況のほか会社法の基本的考え方とそれを踏まえた登記実務の変更を踏まえたものでもあろう。

---

19) 弥永・前掲注18) 119頁。
20) 相澤哲＝細川充「株主総会等」相澤哲編著『立案担当者による新・会社法の解説（別冊商事法務295号）』（商事法務、2006) 76頁。
21) 松井信憲『商業登記ハンドブック』（商事法務、2007) 382頁。

Ⅳ 代表取締役の選定・解職権限の株主総会への留保とその許容範囲

1 権限重複型規定と対象会社の範囲

これまで、代表取締役の選定・解職権限を定款の定めにより株主総会に留保することの可否を巡る学説上の議論は、基本的には、権限専属型規定を前提として展開されてきたといえるが、平成29年最高裁決定では、権限重複型規定の効力が争われた点に注意する必要がある。同決定は、その問題を権限専属型規定と権限重複型規定に分けて検討すべき必要性を示唆しているところ、権限重複型規定に関する限りは、肯定説および平成29年最高裁決定の立場に立っても、取締役会は代表取締役を必要に応じて解職することが可能であるから、その限りで否定説の懸念は払拭されていると言ってよい。

また、取締役会設置会社における取締役会の法定権限である代表取締役の選定・解職権限を定款の定めにより株主総会に留保することは、前述のように、会社法29条との関係で、「その他の事項でこの法律の規定に違反しない」かどうかが解釈問題となる。この点でも、権限重複型規定は、取締役会の権限を維持しながら株主総会にも代表取締役の選定・解職権限を留保するものであるため、会社法の関連規定の違反を回避し得る巧妙な定め方であり、会社法362条2項3号・29条との抵触も生じないと解される。平成29年最高裁決定が、当該事案において株主総会が代表取締役を選ぶ旨の定款規定の有効性を認めることができたもの、そのためであったともいえるであろう[22]。

もっとも、平成29年最高裁決定に関する先行研究の中には、この種の定款規定の下では、代表取締役の選定・解職について株主総会と取締役会に権限が重畳的に帰属するため、株主総会で選定した代表取締役を取締役会で解職したり、取締役会の選定した代表取締役を株主総会において解職したりする事態が生じる可能性があることから、代表取締役の任免という非常に重要な

---

22) 中村・前掲注1）135頁。

会社意思決定を迷走させ、会社経営に不確実性をもたらすことを問題視し、会社法上の公開会社のうち特に株式の流動性の高い一定の会社に関する限り、権限重複型規定の効力を否定すべきと指摘するものがある[23]。

これは傾聴に値する指摘であるが、にわかに同意することができない。会社法自体が、剰余金の配当等を決定する機関の特則について、会計監査人設置会社のうち当該特則の適用要件（会社法459条1項、会社法施行規則116条、会社計算規則155条）を充足するものは、定款の定めにより剰余金配当等の決定権限を取締役会に帰属させつつ株主総会にも当該権限を留保する余地を認めている上に（会社法459条3項・460条1項参照）、当該特則は基本的には、上記先行研究が念頭に置く株式の流動性の高い公開会社を想定して設けられたものと考えられるからである。また、代表取締役の任免に関する意思決定の混乱が生じたとしても、その事態は、株主総会がその意思決定と矛盾する意思決定を行った取締役を解任し、新たな取締役を選任すれば、早晩、解消することができるため、そのような事態発生を招来する可能性があることは、権限重複型規定の効力を否定すべき実質的根拠となり得ないであろう[24]。

したがって、これらの点を踏まえると、代表取締役の任免に係る定款の権限重複型規定は、上場会社等を含む公開会社一般についても、その有効性が認められて良いと解される[25]。

2　権限専属型規定と対象会社の範囲

では、権限専属型規定の有効性とその射程はどうか。この点は、権限重複型規定とは分けて考える必要がある。というのも、従来、学説における肯定説と否定説の論争は、この権限専属型規定の有効性を巡って展開されてきたが、肯定説が念頭に置くと考えられる株式会社像と、否定説の論者や肯定説に立ちつつ立法論として公開性の株式会社については定款の定めを以てして

23）　若林・前掲注1）46頁、大杉・前掲注1）93頁。おそらく、高橋・前掲注1）63〜64頁も同旨と思われる。
24）　前田・前掲注1）105頁。同旨、松中・前掲注1）166頁。
25）　中村・前掲注1）136頁。同旨、松中・前掲注1）164頁、前田・前掲注1）105頁。

も代表取締役の選定・解職権限を株主総会に留保することを認めるべきでないとしていた論者が前提としていた株式会社像が、必ずしも同一ではないからである。

このうち、肯定説は、会社法立案担当者の説明にある通り、取締役会任意設置会社や取締役会強制設置会社であるものの事実上の非公開会社である株式会社のように、取締役会を設置するものの内部関係において所有と経営の一致する同族・閉鎖的な会社を想定し、定款自治の問題として、取締役会を設置しながら、株主総会に代表取締役の選定・解職（選任・解任）権限を留保することを認めても良いとするのに対し、否定説は、上場会社に代表される公開性の株式会社における業務執行の適正確保の観点から、取締役会の機能を株主総会に移し、代表取締役等の業務執行者に対する監督機能の発動を非効率化することを問題視するものと考えられる。また、平成17年改正前商法の下で肯定説の立場からも、上場会社等の公開性の株式会社について、立法論として定款による株主総会の権限拡大に制限を設けるべきとの指摘が行われていたこと[26]は、決して看過されてはならない。

そうだとすれば、取締役会設置会社のうち、所有と経営が分離しagency問題が内在する上場会社等の公開性の株式会社では、株主数の多さはもちろん、広範かつ多数の利害関係人の存在に鑑み、会社業務執行に対する監督機能の発動は効率的かつ機動的になされる必要があると考えられることから、会社業務の監督機能の基盤の一つというべき代表取締役の任免権限を株主総会に専属させることは、機関権限の配分のあり方として問題がある上に、監督機能の発動の非効率化を招くおそれが大きく、適切といえないであろう。もっとも、こうした懸念に対しては、肯定説の論者の一部から、株主が分散し株主の合理的無関心が見られる公開性の株式会社では、取締役会の代表取締役解職提案が株主総会でそのまま可決されると考えられる上に、そもそもこの種の会社で権限専属型規定を設ける定款変更を取締役の側から提案することは想定し難いので、権限専属型規定の有効性を認めてもさほど弊害が生じないこと、取締役会設置会社における株主総会決議事項の範囲（会社法295条2

---

26) 上柳他編・前掲注5）26〜27頁［江頭憲治郎］。

項・309条5項）を踏まえると、株主総会の議題として代表取締役解職が提案されない限り、株主総会で代表取締役解職を行えないため、必要な代表取締役交替を実現する上で制約を伴うリスクがあるものの、そうしたリスクを織り込まずに株主総会で権限専属型規定を設ける定款変更を決議する可能性は理論的には考えられても、現実には非常に低いと考えられることを理由に、公開会社一般についても権限専属型規定の有効性を認めても良いとする指摘[27]がなされている。

　しかし、上場会社等を中心とする、株主が比較的多数であって流動的な公開性の株式会社では、コーポレート・ガバナンス体制の規律確保の問題として、会社の業務執行体制に問題があるときには迅速かつ効率的に所要の措置を講じることができる仕組みが用意されている必要があることから、その要請と矛盾する取扱いは、定款を以てしても定めることができないというべきであろう。こうした観点からは、代表取締役の選定・解職権限を株主総会に留保する旨の定款規定のうち、前述した権限専属型規定の効力を認めるとしても、その射程は、公開性の株式会社にまでは及ばないと解するべきであると考えられる[28]。

　これに対し、非公開会社が取締役会を設置する取締役会任意設置会社では権限専属型規定の効力をどのように解するべきか。平成29年最高裁決定は、取締役会を任意に設置する非公開会社に関しても、この種の定款規定の有効性について判断を示していない。この点につき、会社法立案担当者は、権限専属型規定の定款規定の効力を一般的に無効と解するようである[29]。しかし、会社法立案担当者の見解に対しては、代表取締役の選定・解職権限を株

---

27)　松中・前掲注１）166〜167頁。おそらく同旨、前田・前掲注１）105頁。
28)　中村・前掲注１）136頁、川島・前掲注１）６頁。これに対し、大杉・前掲注１）93頁は、非公開会社でも取締役会設置会社を選択したものには、権限専属型規定の定款規定の利用を認めるべきでないとの解釈を提唱する。
29)　相澤哲＝葉玉匡美＝郡谷大輔編著『論点解説　新・会社法』（商事法務、2006）262頁。同旨、揖斐潔「株主総会の権限」江頭憲治郎＝門口正人編集代表『会社法大系第３巻』（青林書院、2008）34〜35頁、鳥山判批・前掲注１）95頁、鳥山コメント・前掲注１）１頁。

主総会に留保することができるかどうかにつき会社法は明文の定めを置いていないことから、権限専属型規定の効力の有無は依然として解釈問題であるとの鋭い指摘が行われている[30]。非公開会社の内部関係については定款自治が比較的広範に認められて良いことを考えると、権限専属型規定の効力を非公開会社についても否定する解釈は、定款自治の範囲を狭く捉えすぎるものであり、賛成することができない。

したがって、権限専属型規定に関しては、公開会社と非公開会社とで解釈を区分し、後者の非公開会社に限りその有効性を認めるべきであろう[31]。ただ、ここで留意する必要があるのが、会社法に定める公開会社（会社法2条5号）の中には、実態において同族・閉鎖的な会社でありながら定款に発行する全部の株式の内容として当該株式の譲渡による取得につき会社の承認を要する旨の定めを置いていない（置くことを失念している）ものが現存することである。前述した事実上の非公開会社がこれである。この点を勘案すると、代表取締役の選定・解職権限を株主総会に専属的に留保する旨の定款規定の効力を認めて良い株式会社と、当該定款規定の効力を認めるべきでない株式会社との区分基準として、会社法上の公開会社・非公開会社の別によるものとし、会社法上の公開会社については一般的に権限専属型規定の定款規定の利用を認めないと解するのは、当該定款規定の利用に対する制約として広きに過ぎよう。

むしろ、旧商法下の否定説の論者および肯定説に立ちながら公開性の株式会社について立法論として定款による株主総会の権限拡大を制限すべきとする論者の指摘に鑑みると、権限専属型規定の定款規定の利用の可否を巡る解釈を差別化する際の株式会社の区分は、会社法上の公開会社・非公開会社の別ではなく、上場会社等およびその予備軍的な公開会社と、それ以外の非上場株式会社（事実上の非公開会社と法律上の非公開会社）との区別に依拠し、前

---

30) 前田・前掲注15) 95〜96頁。
31) 鳥山判批・前掲注1) 95頁および鳥山コメント・前掲注1) 1頁は、平成29年最高裁決定が、非公開会社であっても権限専属型規定の効力を認めない趣旨のものと解されると指摘する。傾聴に値するが、本文に述べた通り、同決定の射程を狭く解しすぎる憾みがあり、賛成することができない。

者について権限専属型規定の利用を認めないとする一方、後者について当該規定の有効性を認めることが、株式会社に係る法的規律の区分のあり方との関係でも、一考に値するといえるのではなかろうか[32]。

V 結びに代えて

1 代表取締役の選定・解職権限の配分と株式会社規制区分との関係

　本稿では、第1に、平成29年最高裁決定を素材として、代表取締役の選定・解職権限を株主総会に留保する定款規定の有効性を認めることのできる範囲を、権限重複型規定と権限専属型規定との別および公開会社あるいは公開性の株式会社とそれ以外の株式会社とに分けて解釈する解釈アプローチを示した。一つの試論（私論）に過ぎないため、本稿の示した考え方に対しては賛否両論あり得よう。

　しかし、その点はひとまず措き、当該定款規定の有効性が認められる株式会社の範囲として、取締役会設置会社のうち法律上の非公開会社に限るか事実上の非公開会社までを含めるかはともかく、権限専属型規定の効力を認める立場にあっては、取締役会の固有権限である代表取締役の選定・解職権限（会社法362条2項3号）を凍結して株主総会に専属させることが、定款記載事項の外延として会社法の規定に違反しないものを定款に記載・記録することができる旨を定める会社法29条に違反しないことの説明が必要であり、従来、この点は十分に検討されていないようである。

　この問題は実際には難問と思われるが、会社法29条・362条2項3号の解釈論としてやや明確性を欠く憾みがあるものの、本稿が権限専属型規定の有効性を認める非公開会社あるいは実質的な非公開会社では、所有と経営の一致が見られるため、所有と経営の分離を前提に取締役会の監督機能の実効性確保を図るべく代表取締役の選定・解職権限を取締役会の基本権限の一つとし

---

32) 中村・前掲注1）136頁。同旨、川島・前掲注1） 6頁。

て法定した会社法362条2項3号の趣旨に実質的には抵触しないと解釈することで、一応の説明ができると考えられるのではなかろうか。そうだとすれば、上記の非公開会社では、代表取締役の選定・解職権限についてもこれを定款の定めによる権限配分の選択に委ねて良いとする解釈は、会社法29条に違反せず、この点でも定款規定の効力が否定されることはないと考えられる。

2　業務執行権限の配分と株式会社の規制区分等との関係

第2に、株主総会と取締役会の権限配分については、業務執行者に対する監督機能を支える代表取締役の選定・解職権限の株主総会への留保の可否とともに、業務執行の決定権限（特に、一定の重要な業務執行の決定権限）を株主総会に留保することの当否も、従来から議論の的になってきた重要論点である。紙幅の関係で、以下に問題点を指摘するにとどめるが、この点についても、取締役会の重要業務執行決定権限を挙げて株主総会に留保し、取締役会の権限を凍結する権限専属型規定と、取締役会が重要業務執行を決定することを前提としつつ、株主総会において必要に応じて当該重要業務執行について決議を行うことができる旨の権限重複型規定に分けて検討する必要があるように思われる。会社法上も会計監査人設置会社であって所定の要件を満たす会社の特則として、剰余金配当につき権限重複型規定の余地を認めていることを勘案すると（会社法459条1項・460条1項参照）、（重要）業務執行の決定についても、権限重複型規定を定款に定めることは、取締役会任意設置会社だけでなく取締役会強制設置会社である公開会社でも認められて良さそうである。

　もっとも、そのような解釈を前提とすると、会社財産処分その他の経営事項に属する重要業務執行の内容について取締役会と株主総会の判断が矛盾して行われた場合は、取締役はどのように行動すれば良いかが一つの問題として残る。取締役は株主総会決議の遵守義務を負うため（会社法355条）、取締役会の決定よりも株主総会の判断が優先することとなりそうであるが、その場合も、取締役は善管注意義務・忠実義務の要請に従って対応することが必要である上に、多数派株主と少数派株主との利益相反が問題となるケース等では、取締役は株主共同の利益を考慮することを要し、無条件に株主総会の判

断に従うことを法律上の義務として強制されるものでないと解される。

一方、業務執行の決定を株主総会だけに専属させる権限専属型規定は、すべての業務執行の決定を取締役会から株主総会に移譲することとなる場合は、その面での取締役会の権限を完全に凍結させることになるだけに、当該定款規定の有効性の如何は、取締役会強制設置会社に関する限り、慎重な検討を必要とする。取締役会強制設置会社のうち上場会社等については、所有と経営の分離を前提とするコーポレート・ガバナンスの規律のあり方として、取締役会の意思決定機能を完全に制約することとなる権限専属型規定の利用は認めるべきでないと考えるが、業務執行の一部を株主総会に留保する権限専属型規定は、その種の株式会社でも認められて良いのではなかろうか。

これに対し、取締役会強制設置会社のうち事実上の非公開会社および取締役会任意設置会社については、代表取締役の選定・解職権限と同様、業務執行の決定に関する権限専属型規定の有効性を認めて良さそうである。しかし、そのような取扱いを行うのであれば、むしろ当該会社は、事実上の非公開会社については法律上の非公開会社となるための定款変更を行った上で取締役会を廃止すること、取締役会任意設置会社については定款を変更して取締役会非設置会社となることで、株主総会の権限を拡大すればよく、取締役会を維持しながら、業務執行の決定に関して取締役会の権限を完全に凍結する権限専属型規定の利用を許容する必要はないとの批判があり得る。しかも、この種の定款規定の利用を認めた場合、業務執行の決定に関与する株主（特に、多数派株主）は、株主総会の権限として業務執行に関与するものである以上、会社法上、当該決定の過程・内容が著しく不当なものであっても、会社または第三者に対し法的責任を問われることがなく、重大なモラルハザードを招来する。

もっとも、合同会社の業務執行社員と異なり、株主が業務執行に関与しながら会社・第三者に対する責任を課されないことは、株主総会の万能機関性が認められる取締役会非設置会社（会社法295条1項）についても同様に当てはまる。そのため、この問題は、取締役会任意設置会社や事実上の非公開会社が定款の定めにより業務執行の決定権限を株主総会に留保した場合に限られるものでないことに留意する必要があるが、いずれにせよ、会社法はこの

点で課題を残していると言える。株主総会が万能機関として会社の業務執行一般について決定を行う場合はもちろん、定款自治の一環として株主総会に業務執行の決定権限を留保し、これにより取締役会の権限を全部または一部凍結することを許す場合も、業務執行に関与する株主の業務執行者としての責任のあり方を改めて検討する必要が残されてはいないだろうか。この点については、イギリス会社法における取締役の実質概念による規律が参考になると考えられるが、比較法研究を加味したこの問題の検討は他日を期したい。

株主平等の原則および定款変更による属人的な定め
―― 東京地裁立川支部の2013（平成25）年9月25日の判決を契機にして

鳥山　恭一

はじめに
Ⅰ　「株主平等の原則」および会社法第109条第1項の規定
Ⅱ　定款変更による「属人的な定め」
おわりに

はじめに

　いわゆる「株主平等の原則」とは、株式会社において株主はその地位において平等に扱われることを要請する原則である。

　2005（平成17）年の現行の会社法が施行されるまでは、この「株主平等の原則」を直接に定める法令規定は存在しなかった。しかし、「株主平等の原則」を直接に定める法令規定が存在しなくても、株式会社において衡平の理念にもとづく実質的な「株主平等の原則」が存在すること（すなわち、株主の平等待遇が要請されること）については、およそ異論がなかったとおもわれる（後述するⅠの1を参照）。

　2005（平成17）年に制定された現行の会社法は、それまで存在した有限会社の会社形態を株式会社の会社形態に統合した。有限会社においては、定款のいわゆる「属人的な定め」が認められており、すなわち、社員に認められる社員総会における議決権（有39条1項但書）、利益配当請求権（有44条）および残余財産分配請求権（有73条）について、それらの権利を各社員に対して各社

員が有する出資口数に応じて認めることとはしない旨の「別段ノ定」(いわゆる「属人的な定め」) を定款におくことが認められていた。

2005 (平成17) 年の現行の会社法は、有限会社において認められていたそうした「株主 (社員) ごとに異なる取扱いを行う旨」の定款の定め (すなわち、「属人的な定め」) を「公開会社でない株式会社」において (例外的に) 認めたのであるが (会109条2項)、その前提としてまず (注12) を参照)、原則である「株主平等の原則」について、「株式会社は、株主を、その有する株式の内容及び数に応じて、平等に取り扱わなければならない」とする規定 (会109条1項) を定めた。

しかし、2005 (平成17) 年の現行の会社法が施行される以前からそれを定める法令規定をまたずに認められてきた衡平の理念にもとづく実質的な「株主平等の原則」(株主の平等待遇の要請) と、この現行の会社法の第109条第1項の規定との関係は明確ではない。

とりわけ、現行の会社法は、「公開会社でない株式会社」の定款にすでに「属人的な定め」がある場合については、その「属人的な定め」の対象である株主が有する株式をその定めの対象である権利について種類株式とみなして (会109条3項)、それらの株主の権利に配慮している (会322条を参照)。しかし、「公開会社でない株式会社」が定款変更によりあらたに「属人的な定め」を定款におく場合については、その場合にあらたに「属人的な定め」の対象になる株主の権利に配慮するための明文の規定はおかれていない。のちに (Ⅱの1において) みる東京地裁立川支部の2013 (平成25) 年9月25日の判決の事案では、その点が、すなわち、「公開会社でない株式会社」が定款変更によりあらたに「属人的な定め」を定款におく場合に、あらたに「属人的な定め」の対象になる株主の権利に配慮する必要がないのかどうかが争われた。

衡平の理念にもとづく実質的な「株主平等の原則」と会社法第109条第1項の規定との関係についての本稿の立場は (のちにⅠの2(2)においてみるように)、衡平の理念にもとづく実質的な「株主平等の原則」(株主の平等待遇の要請) それ自体は、法令規定の定めがそれに代わることができるものではなく、それゆえ、現行の会社法のもとでも、現行の会社法が施行される以前と変わることなく、衡平の理念にもとづく実質的な「株主平等の原則」は、それを

定める法令規定をまたずに存在する（すなわち、実質的な株主の平等待遇が要請される）と解するものである。それゆえ、現行の会社法の第109条第1項の規定は、衡平の理念にもとづく実質的な「株主平等の原則」そのものを定めるのではなく、衡平の理念にもとづく実質的な「株主平等の原則」から派生する具体的な要請のうちの一部（すなわち、法令規定が〔株式の内容または数の定めにより〕許容する不平等な待遇を除いて〔すなわち、「その有する株式の内容及び数に応じて」〕、株主は平等に扱われることを求める要請〔注7〕を参照〕）を明文により定めるものと解される。会社法第109条第2項の規定は、定款の「属人的な定め」について「前項（すなわち、第1項）の規定にかかわらず」と定めるのであるが、その文言も、同条第2項の規定が許容する定款の「属人的な定め」が、うえにみた内容の同条第1項の規定に対する例外（すなわち、法令規定が〔株式の内容または数の定め以外の定めにより〕許容する株主の不平等な待遇）であることを意味するのであり（注7）を参照）、衡平の理念にもとづく実質的な「株主平等の原則」に対する例外であることを意味するものではない。

　すなわち、現行の会社法の第109条各項の規定の根底（または背後）には、同条各項の規定に通底するものとして、衡平の理念にもとづく実質的な「株主平等の原則」がそれを定める法令規定をまたずに存在するのであり、会社法第109条各項の規定の解釈も、同条各項の規定の根底（または背後）に存在するそのような衡平の理念にもとづく実質的な「株主平等の原則」に照らして行なわれるべきである。したがって、同条第2項の規定が認める「属人的な定め」を定款にあらたにおくための定款変更の方法も、また、定款のその「属人的な定め」の内容も、いずれもそのような衡平の理念にもとづく実質的な「株主平等の原則」にしたがうものでなければならないと解される（注20）を参照）。

　以下では、そのような衡平の理念にもとづく実質的な「株主平等の原則」の内容およびその「株主平等の原則」と会社法第109条第1項の規定との関係を確認した後に（Ⅰ）、定款にあらたに「属人的な定め」をおくための定款変更の方法を検討したい（Ⅱ）。

I 「株主平等の原則」および会社法第109条第1項の規定

はじめにみたように、現行の会社法はその第109条第1項の規定において、「株式会社は、株主を、その有する株式の内容及び数に応じて、平等に取り扱わなければならない」と定めて、「株主平等の原則」にかかわる内容を定めている。以下では、「株主平等の原則」の根拠および内容を確認した後に（1）、その「株主平等の原則」とこの会社法第109条第1項の規定との関係を確認したい（2）。

1 「株主平等の原則」の根拠および内容

はじめにみたように、「株主平等の原則」[1]とは、株式会社において株主は

---

1) 「株主平等の原則」を対象にする研究として、松本烝治「資本の減少と株主平等の原則」新報37巻1号（1927）25頁以下、鈴木竹雄「株主平等の原則」法協48巻3号（1930）1頁以下（同『商法研究Ⅱ会社法(1)』〔有斐閣、1971〕233頁以下）、河村鐵也「株主平等待遇論」志林37巻3号（1935）18頁以下、高田源清「株主平等の原則の研究」研究論集（高岡高等商業学校）9巻3号（1936）27頁以下、八木弘「株主平等の原則と固有権」田中耕太郎編『株式会社法講座』2巻（1956）421頁以下（同『株式会社財団論』〔有斐閣、1963〕347頁以下）、中村一彦「株主平等原則の再検討」富山大学紀要経済学部論集13号（1958）35頁以下、山口幸五郎「株主平等の原則とその例外」星川長七編『法学演習講座 会社法』（1973）142頁以下、斉藤武「株主平等原則—『商法＝企業法』論の検討(1)—」立命104号（1973）361頁以下、出口正義「株主平等の原則の基礎理論(1)〜(3・完)」旭川大学紀要7号（1978）63頁以下、8号（1979）21頁以下、9号1頁以下（同『株主権の法理』〔文眞堂、1991〕129頁以下）、落合誠一「株主平等の原則」上柳克郎ほか編『会社法演習Ⅰ総論・株式会社（設立・株式）』（有斐閣、1983）207頁以下、落合誠一「株主平等の原則と株主優待制度」北沢正啓編『商法の争点〔第二版〕』（有斐閣、1983）58頁以下、上村達男「株主平等の原則」酒巻俊雄＝柿崎栄治編『基本問題セミナー 会社法』（一粒社、1985）96頁以下、上村達男「株主平等原則の理論的基礎」『民事法の諸問題Ⅳ』（専修大学法学研究所紀要11号）（1986）123頁以下、上村達男「株主平等原則」法教133号（1991）78頁以下（竹内昭夫編『特別講義商法 Ⅰ』〔有斐閣、1995〕13頁以下）、森本滋「株主平等原則と株式社員権論」商事1401号（1995）2頁以下、新山雄三「株式会社における『株主平等の原則』の法制度論的意義」奥島孝康ほか編『社団と証券の法

理(加藤勝郎先生・柿﨑榮治先生古稀記念)』(商事法務研究会、1999) 101頁以下。

買収防衛策またはブルドックソース事件との関係において直接に「株主平等の原則」を対象にする研究として、吉本健一「ポイズン・ピルと株主平等原則」阪法55巻3・4号(2005) 717頁以下、森本滋「株主平等原則と買収防衛策—ブルドックソース事件を素材として—」曹時60巻1号(2008) 1頁以下、浜田道代「差別的行使条件・差別的取得条項付新株予約権無償割当による買収防衛策と株主平等原則㈠㈡・完」民商139巻2号127頁以下、139巻3号302頁以下(2008)。

2005年の現行の会社法のもとにおける「株主平等の原則」を対象にする研究として、志谷匡史「新会社法と株主平等原則」企会57巻6号(2005) 81頁以下、末永敏和「株主平等の原則」森淳二朗＝上村達男編『会社法における主要論点の評価』(中央経済社、2006) 103頁以下、南保勝美「新会社法における株主平等原則の意義と機能」法論79巻2・3合併号(2007) 337頁以下、大杉謙一「新会社法における株主平等原則—株主優待制度・買収防衛策・長期株式保有の奨励策などを題材に—」新堂幸司＝山下友信編『会社法と商事法務』(商事法務、2008) 1頁以下、森本滋「会社法の下における株主平等原則」商事1825号(2008) 4頁以下、柳明昌「株主平等原則の現代的意義とその射程—わが国における議論の整理と分析—その1」西南40巻3・4合併号(2008) 217頁以下、村田敏一「会社法における株主平等原則(109条1項)の意義と解釈」立命316号(2008) 400頁以下、高橋英治「ドイツ法における株主平等原則」民商138巻2号(2008) 199頁以下、出口正義「株主の平等」江頭憲治郎＝門口正人編集代表『会社法体系 第2巻』(青林書院、2008) 27頁以下、松尾健一「種類株式と株主平等原則に関する一考察」同法60巻7号(2009) 1233頁以下、高橋英治「わが国会社法学の課題としての株主平等原則」商事1860号(2009) 4頁以下、木俣由美「株主平等の原則と株式平等の原則」川濱昇ほか編『企業法の課題と展望(森本滋先生還暦記念)』(商事法務、2009) 55頁以下、北村雅史「株主平等の原則」浜田道代＝岩原紳作編『会社法の争点』(有斐閣、2009) 46頁以下、森本滋「株主平等原則の理念的意義と現実的機能」民商141巻3号(2009) 291頁以下、高橋英治「日本法における株主平等原則の発展と課題」松本博之ほか編『法発展における法ドグマーティクの意義』(信山社、2011) 263頁以下(同『会社法の継受と収斂』〔有斐閣、2016〕75頁以下)、村田敏一「株主平等原則の謎—会社法109条1項の解釈論として」私法74号(2012) 280頁以下、出口正義「会社法109条1項(株主平等の原則)の規定の趣旨とその適用範囲に関する一考察」出口正義ほか編『企業法の現在(青竹正一先生古稀記念)』(信山社出版、2014) 197頁以下、吉田直「株主平等原則に関する時代背景的考察(幻想と考察) 前編・後編」青法58巻2号(2016) 1頁以下、58巻3号81頁以下、村田敏一「いわゆる株主の固有権と株主平等原則」立命367号(2016) 188頁以下、山下徹哉「株主平等の原則の機能と判断構造の検討㈠〜㈧」論叢169巻3号(2011) 1頁以下、170巻2号(2011) 1頁以下、172巻1号(2012) 1頁以下、174巻5号(2014) 33頁以下、175巻5号(2014) 1頁以下、178巻5号(2016) 1頁以下、180巻3号(2016) 23頁以下、181巻6号(2017) 19頁以下。

その地位において平等に扱われることを要請する原則である。そのような「株主平等の原則」（すなわち、株主の平等待遇の要請）[2]は、これまで一般に、株式会社という株主の団体（社団）における衡平の理念にもとづく原則（要請）であると解されてきた[3]。

注釈書として、酒巻俊雄＝龍田節編集代表『逐条解説会社法 第2巻 株式・1』（中央経済社、2008）103頁以下［森本滋］、山下友信編『会社法コンメンタール3―株式(1)』（商事法務、2013）136頁以下［上村達男］、奥島孝康ほか編『新基本法コンメンタール会社法1〔第2版〕』（日本評論社、2016）217頁以下［鳥山恭一］。

2) 株式会社において株主の平等待遇が要請されることは、たとえばすでに、岡野敬次郎『會社法講義案』（中央大学、1920）132頁が、つぎのように述べて指摘する。「凡ソ株主ハ其法律上ノ地位ニ上下優劣ノ差等ヲ許ササルヲ以テ本則トス之ヲ株主同權或ハ株主同等待遇ノ原則ト謂フ而シテ株式會社ハ純然タル資本團體ナルカ故ニ其事業ニ與ルノ程度ニ從ヒ株ヲ單位トシテ株主ノ權利義務ヲ定ムルノ標準トスルハ當然ノ事理ニシテ是レ即チ株主同權ノ原則ナリ特ニ同等或ハ平等ト均一トハ其意義ヲ異ニスト説明スルノ要ナク認メス而シテ此同權ノ原則ハ株式會社ニ一貫スル所ノ原則ニシテ定款ノ規定ヲ以テスルモ株主總會ノ決議ヲ以テスルモ之ヲ左右スルヲ許ササルナリ」。岡野敬次郎『會社法』（有斐閣、1929）320頁にも、同じ趣旨の説明がある。

ほかに、たとえば、片山義勝『株式會社法論』（1916年、中央大学）364頁ないし367頁、田中耕太郎『會社法概論』（岩波書店、1926）304頁ないし305頁、松本烝治『日本會社法論』（巖松堂、1929）103頁も、「株主平等の原則」の存在を指摘する。

3) 田中耕太郎「固有權の理論に就て―社員權否認論(四)―」法協46巻3号（1928）408頁以下、434頁（同『商法學 特殊問題上』〔春秋社、1955〕185頁以下、203頁ないし204頁）は、「株主平等の原則」の根拠について、つぎのように述べる。「株式會社法に於て此の原則（株主平等の原則）は法の理念の一である衡平（Billigkeit）と株式會社に於ける株主の社會學的性質との結合せるものと云はれ得る。株主は上に一言せる如く其の個性を脱ぎ捨てて全くziffermässigに會社事業に參與せるのみである。此の故に株主の會社に對し有する法律關係は其の有する株式の數に應し全然數學的に決定せらるのである。此の事實は法の理念たる衡平の支配を、株式會社法の範圍に於て他の社團に於けるよりも一層目に見ゆるやうに具體的ならしめ株主平等の原則の形を與えたのである。」

また、鈴木・前掲注1)「株主平等の原則」6頁（『商法研究Ⅱ会社法(1)』238頁）は、「斯くの如く團體員は平等の原則に依りて平等なる待遇を與えらるるに至るけれども、此れ後述の如く法の理念たる衡平に基く一般的なる法律上の原則（allgemeiner Rechtsgrundsatz）の反射的作用（Reflexwirkung）以外の何ものでもなく」と述べており、同15頁（245頁）でも、「私は平等の原則の基礎を此の如き現行法的のものではなく、法の理念たる、衡平（Billigkeit）に求め、而して其の利益共通関係に於ける發現なりと考へ

はじめにみたように、「株主平等の原則」は、現行の会社法が施行される以前から、それを定める法令規定をまたずに、株式会社において株主の平等待遇を要請するものとして認められてきた。

る」と述べている。
　その後も、たとえば、大隅健一郎＝今井宏『会社法論 上巻〔第3版〕』（有斐閣、1991）335頁は、「株主平等の原則」について、「社員が平等の待遇を受けるべきことは正義衡平の理念に基づく当然の要請である」と述べる。龍田節＝前田雅弘『会社法大要〔第2版〕』（有斐閣、2017）219頁は、「株主平等の原則」について、「平等はいわば自然法的な要請であり、理解しやすい観念である」とする。
　それに対して、上村・前掲注1）『基本問題セミナー 会社法』104頁、上村・前掲注1）『民事法の諸問題 Ⅳ』143頁、上村・前掲注1）法教133号81頁および83頁（『特別講義商法 Ⅰ』20頁および24頁）は、「株主平等原則は（衡平の理念という）高次の理念によって基礎付けられているにしては世俗的な例外があまりに多く、仔細に見るとさほど権威があるわけではないことに気付く」と述べて、「株主平等原則の意義を真に大切にしようと思うならば、軽々しく例外が認められる理念に拘泥すべきではなく、その政策的意図を明らかにしておくことが必要なように思われる」（同・前掲注1）法教133号79頁および80頁〔『特別講義商法 Ⅰ』16頁および17頁〕）としたうえで、「株主平等の原則」を、大株主による専横を排除するという目的をもつ政策的な原則であるととらえて、それはまた、株式という均一の取引客体の単位を基準とする株式平等を意味するものでもあると主張する。神田秀樹『会社法』（弘文堂、2001）53頁ないし54頁は、「従来、一般には、団体の構成員が平等な待遇を受けることは、正義・衡平の理念からすべての団体に共通の理念であり、これが株式会社においては、各株主はその有する株式の数に応じて平等の取扱いを受けるべきことという形で現れると解されてきたようであるが、そのような理念的な意味での平等取扱いの原則を論じることはあまり意味があるとは思われない。むしろ、株式会社における株主平等の原則は、もっと技術的な要請に基づいて認められるべきものではないかと考えられる」と述べて、「この原則（株主平等の原則）は、株式が株主の地位を均一の割合的な単位としたものであることを裏から表現したものであると解すべきである」と主張する。「米英には今でも株主平等原則はない」といわれることもある。ただし、「株主平等（または株主平等待遇）の原則」という表現がそこで用いられるかどうかは別にして、同等の地位にある者は同等に扱われることを求める要請は（その要請が別の理由による他の要請との関係においてどの程度に重視されるのかには差異があっても）、およそすべての地域において認められる要請であると考えられる。「株主平等の原則」の表現を（本稿が）あてるのは、この同等の地位にある者は同等に扱われることを求める要請が株主に作用する場面における要請である。

(1) 法令規定の立法の場面における「株主平等の原則」

株式会社における「株主平等の原則」(株主の平等待遇の要請)は、以上のように、それを定める法令規定をまたずに、すなわち、法令規定の立法の以前の段階において存在する衡平の理念にもとづく原則(要請)であると考えられてきた。

それゆえ、衡平の理念にもとづく実質的な「株主平等の原則」(株主の平等待遇の要請)は、まず、法令規定の立法の場面において、株主の平等待遇[4]を

---

4) ただし、会社において社員(または株主)は、その出資にもとづいて社員の地位(持分または株式)を有しており、そのために、社員間において配分割合が問題になる剰余金の配当および残余財産の分配について、衡平の理念にもとづく実質的な「平等待遇の要請」は、社員に均等にそれらに対する権利を認めることではなく、社員にその出資の割合に応じてそれらに対する権利を認めること(資本的な平等)を要請する(民674条1項、688条3項、会454条3項、504条3項、622条1項、666条)。株式会社においては、(社員〔株主〕に業務執行の権限は与えられず)会社の債務に対する社員(株主)の責任もその出資額に限定されており(会104条)、そのために、株主総会における株主の議決権についても資本的な平等が要請される(会308条1項)。そして、株式会社における社員(株主)の地位は、それを取引所取引の対象にするために均一の割合的な単位にされている(株式を均一の割合的な単位にすること〔株式の平等〕は、株式を取引所取引の対象にするための技術的な要請である)。そのために、株式会社において剰余金配当請求権、残余財産分配請求権および株主総会における議決権は、いずれも株主にその所有する株式数に応じて認められる(会308条1項、454条3項、504条3項)。「公開会社」である株式会社においては、そのことが強行規定により定められている(「公開会社でない株式会社」においては、それらの権利について定款の「属人的な定め」が認められる〔会109条2項〕)。

ただし、株主総会における株主の議決権は、以上のように株主にその所有する株式と同数の議決権が与えられて(一株一議決権の原則〔会308条1項〕)、その議決権による多数決(資本多数決)により総会決議は採択される。そのためにそこでは、株主の平等待遇(資本的平等)の要請はそれだけでは満たされない結果になる(すなわち、普通決議では議決権総数の過半数の議決権〔特別決議では議決権総数の3分の2の議決権〕を有する株主に100%の発言力が認められる結果になる)。その点について、河本一郎『現代会社法』(商事法務研究会、1972)31頁は、「企業の経済的意味での株主に経営に参加する権利すなわち議決権を与えながら、しかも大資本所有者の意思がとおるようにと、採用されたのが資本多数決の原理である」と指摘する。木内宣彦『会社法』(勁草書房、1983)150頁も参照。拙稿「フランス株式会社法における資本多数決原則の形成と展開——1株1議決権原則の再検討——」早法59巻1・2・3合併号(1984)81頁以下。

内容とする法令規定を原則として定めることを立法者に要請する。株主の不平等な待遇を許容する法令規定は、合理的な必要性がある場合に限定して例外的に設けることを、衡平の理念にもとづく実質的な「株主平等の原則」(株主の平等待遇の要請)は立法者に要請するのである。

「株主平等の原則」を否定する見解を主張すると評されること[5]がある論者も、この法令規定の立法の場面における「株主平等の原則」の作用(すなわち、株主の平等待遇の要請)について、つぎのように指摘する。「資本團體たる株式會社に於て其社員たる株主の權利義務が所有株式數に比例して平等たるべきことは正義衡平の觀念の要求する所であつて、茲に株式會社に關する立法を爲すに當つては株主平等の原則を基調とし、已むを得ざる便宜の場合に限って之に反する規定を爲すべきものである。即ち株主平等の原則は立法上の原則として存在の意義を有すべきは勿論である」[6]。

(2) 法令規定の適用の場面における「株主平等の原則」

つぎに、法令規定の適用の場面において、衡平の理念にもとづく実質的な「株主平等の原則」は、原則として(すなわち、つぎにみる衡平の理念に反しない不平等な待遇の第1の類型および第2の類型の場合を除いて)、以上の法令規定が許容する限度においてだけ株主の不平等な待遇は認められるのであり、そうした法令規定が許容する不平等な待遇を除いて株主はその株主の地位において平等に扱われることを要請する[7]。

ただし、「株主平等の原則」(株主の平等待遇の要請)は、以上のように衡平の理念にもとづく実質的な原則(要請)であり、それゆえ、株主を形式的に平等に扱うことをつねに画一的に要求するものではない。すなわち、株主の不平等な待遇であっても、その不平等な待遇が、「株主平等の原則」の根拠であ

---

[5] つぎの注6)に掲げる論者の見解は、「株主平等の原則」を否定する見解としてつぎの文献においてとり上げられている。落合・前掲注1)『商法の争点〔第二版〕』58頁、上村・前掲注1)『基本問題セミナー 会社法』101頁、上村・前掲注1)『民事法の諸問題 Ⅳ』137頁、上村・前掲注1)法教133号80頁(『特別講義商法 Ⅰ』18頁)、南保・前掲注1)338頁および341頁、村田・前掲注1)立命316号401頁および410頁以下、山下・前掲注1)論叢169巻3号11頁注2ほか。

る衡平の理念に反するものではなければ、その株主の不平等な待遇は（衡平の理念にもとづく実質的な）「株主平等の原則」にも違反しないと解される。

それゆえ、第1に、株主の不平等な待遇であっても、その不平等な待遇についてそれにより不利益をうける株主の個別のかつ明示の同意がある場合には、その株主の不平等な待遇は衡平の理念に反するものとみることはできず、それゆえ、「株主平等の原則」には違反しないと解される（衡平の理念に反しない不平等な待遇の第1の類型）。不平等な待遇についてそれにより不利益をうける株主の（個別のかつ明示の）同意があれば、その不平等の程度がどのようなものであっても、その内容が法令規定（たとえば、会社法第105条第2項の規定）に違反するものでないかぎり、株主の不平等な待遇は認められる。

したがって、株主の不平等な待遇は、その不平等な待遇についてそれによ

---

6) 松本烝治「株式會社に於ける定款規定自由の原則と其例外」『五十周年記念論文集 法律之部』（中央大学、1935）1頁以下、10頁（同『商法解釈の諸問題』〔有斐閣、1955〕211頁以下、217頁）。そこでは、それにつづけてつぎのように主張される。

「而して解釋論としても、正當の理由なくして所有株式數に比例する株主の權利義務を否定するは、正義衡平の觀念に反し、卽ち公序良俗に反するものであつて、定款規定を以て是の如き定を爲したるときは之を無效と解せざるを得ない。併し乍ら解釋論上は定款規定自由の大原則に對し如何なる場合に於ても株主平等ならざるべからずとする一般的の制限を存すべき理はなく、株主平等に反する定款規定が正義衡平の觀念に反するや否や、卽ち公序良俗に反するや否やを個個の場合に付き考察して其規定の效力を判定するに止まるべきである。會社の個個の株主總會の決議其他の行爲に付ても亦同様に解して誤ないと考へる。簡單直裁に之を言へば正義衡平の觀念卽ち公序良俗に反するや否やの標準以外に、株主平等の原則なるものを云爲するは無用の拘束であつて、却て個個の場合に於ける實際の便宜に反し、又は甚しきに至っては正義衡平自體に反する結果を招徠することなきことを保し難いのである。之を要するに株主平等の原則なるものは解釋上は寧ろ之を排斥すべきものである。」

すなわち、以上のように「株主平等の原則なるものは解釋上は寧ろ之を排斥すべきものである」と述べるのであるが、そこで主張される解釈論は（本文においてつぎに〔Ⅰの1(2)において〕みるのと同様に）、「株主平等に反する定款規定」は、それが衡平の理念（正義衡平の觀念すなわち公序良俗）に反するか否かを個々の場合について考察して、その規定の効力を判断すべきであるとするものである。その点について、江頭憲治郎『株式会社・有限会社法』（有斐閣、2001）47頁注2、森本・前掲注1）曹時60巻1号26頁ないし28頁、森本・前掲注1）民商141巻3号293頁を参照。

り不利益をうける株主の個別のかつ明示の同意を得るのでなければ、株主総会における多数決による決議によってもその不平等な待遇を決定することは、原則として（すなわち、つぎにみる衡平の理念に反しない不平等な待遇の第2の類型の場合を除いて）できない。その意味において、「株主平等の原則」は、多数派株主の濫用による総会決議から少数派株主の権利を確保する作用をはたす[8]。

第2に、その不平等な待遇についてそれにより不利益をうける株主の（個別のかつ明示の）同意がない株主の不平等な待遇であっても、[1] 不平等な待遇に合理的な理由にもとづく正当な目的があり、かつ、[2] 不平等な待遇の内容がその目的に照らして必要でありかつ相当なものである場合には、そのような株主の不平等な待遇は、やはり「株主平等の原則」の根拠である衡平の理念に反するものではないとみることができ、それゆえ、「株主平等の原則」には違反しないと解される（衡平の理念に反しない不平等な待遇の第2の類型）。

---

[7] 現行の会社法の第109条第1項の規定が、「株式会社は、株主を、その有する株式の内容及び数に応じて、平等に取り扱わなければならない」と定めるのは、のちに（Ⅰの2(2)において）みるように、この（法令規定の適用の）場面における「株主平等の原則」の作用のうち、法令規定が（株式の内容または数の定めにより）許容する不平等な待遇を除いて（すなわち、「その有する株式の内容及び数に応じて」）、株主の平等な待遇を求める作用を明文により定めるものと解される。そして、会社法第109条第2項の規定は、「公開会社でない株式会社」において、うえにみた内容の同条第1項の規定に対する例外として（すなわち、「前項の規定にかかわらず」）、株主の不平等な待遇を（株式の内容または数の定め以外の定めにより）許容する法令規定であると解される。

すなわち、会社法第109条第1項の規定は、（衡平の理念にもとづく実質的な「株主平等の原則」から派生する具体的な要請として）株主の平等待遇の要請を定めるにあたり、株式の内容（種類株式）または数（少数株主権、単元株）の定めにより株主の不平等な待遇を定めまたは許容する法令規定が存在することまでを考慮しているのであり、それに加えて、同条第2項の規定は、「公開会社でない株式会社」において、株式の内容または数の定め以外の定め（すなわち、「株主ごとに異なる取扱いを行う旨を定款で定めることができる」とする定め）により、株主の不平等な待遇を許容する法令規定であると解される。

[8] その点について、たとえば、鈴木竹雄＝竹内昭夫『会社法〔第三版〕』（有斐閣、1994）106頁は、「株主平等の原則」は「多数決の濫用から一般株主を守る作用を営む点に、その特色がある」と指摘する。

たとえば、株主が有する株式数に厳密に比例して行なわれるわけではない株主優待制度であっても、それが [1]（個人株主の増加および維持という）合理的な理由にもとづく正当な目的のために行なわれるものであり、かつ、その内容が [2] その目的に照らして必要でありかつ相当な内容のものであれば、そのような株主優待制度は、「株主平等の原則」の根拠である衡平の理念に反するものではなく、それゆえ「株主平等の原則」には違反しないと解される[9]。

敵対的な企業買収の場面において、買収者である株主を差別的に取り扱う内容を含む買収防衛策の適法性が（買収者による差止請求権〔会247条〕の行使により）争われた事案において、最高裁第二小法廷の2007（平成19）年8月7日の決定〔ブルドックソース事件〕[10]はつぎのように判示した。「特定の株主による経営支配権の取得に伴い、会社の存立、発展が阻害されるおそれが生ずるなど、会社の企業価値がき損され、会社の利益ひいては株主の共同の利益が害されることになるような場合には、その防止のために当該株主を差別的に取り扱ったとしても、当該取扱いが衡平の理念に反し、相当性を欠くものでない限り、これを直ちに同原則（株主平等の原則）の趣旨に反するものということはできない」。

このブルドックソース事件の最高裁決定の判示は、差別的な取扱いを内容とする買収防衛策であっても、[1]「特定の株主による経営支配権の取得に伴い、会社の存立、発展が阻害されるおそれが生ずるなど、会社の企業価値がき損され、会社の利益ひいては株主の共同の利益が害されること」の「防止」という合理的な理由にもとづく正当な目的があり、かつ、[2]「当該取扱いが衡平の理念に反し、相当性を欠くものでない」というように、その目的に照らしてその差別的な取扱いの内容に必要性および相当性がある場合には、株

---

9) その点について、拙稿「利益供与の規制と株主優待制度（高松高判平成2年4月11日）」判タ948号（1997）170頁以下、173頁。ただし、株主優待制度についてはさらに、現物配当の規制（会454条4項）にそれは抵触するのではないかという問題は残されている。

10) 最二小決2007（平成19）年8月7日民集61巻5号2215頁〔ブルドックソース事件〕。同決定については多数の文献が公表されており、そのうち、ブルドックソース事件との関係において直接に「株主平等の原則」を対象にする研究として、そのようなものとして注1）に掲げた文献を参照。

主の不平等な待遇を内容とする買収防衛策も「衡平の理念」に反するとはいえない（衡平の理念に反しない不平等な待遇の第2の類型）として、「株主平等の原則の趣旨に違反するものではなく、法令等に違反しない」と判断したとみることができる[11]。

2　現行の会社法における「株主平等の原則」

はじめにみたように、2005（平成17）年に制定された現行の会社法は、それまで存在した有限会社の会社形態を株式会社の会社形態に統合した。従前の有限会社においては、定款のいわゆる「属人的な定め」が認められており、社員総会における議決権（有39条1項但書）、利益配当請求権（有44条）および残余財産分配請求権（有73条）について、それらの権利を各社員に対して各社員が有する出資口数に応じて認めることとはしない旨の「別段ノ定」（すなわち、「属人的な定め」）を定款におくことが認められていた。

2005（平成17）年の現行の会社法は、有限会社において認められていた定款のそうした「属人的な定め」を、「公開会社でない株式会社」において（例外

---

11)　そのうえで、ブルドックソース事件の最高裁決定は、株主の差別的な取扱いの[1]目的の正当性について、「そして、特定の株主による経営支配権の取得に伴い、会社の企業価値がき損され、会社の利益ひいては株主の共同の利益が害されることになるか否かについては、最終的には、会社の利益の帰属主体である株主自身により判断されるべきものであるところ、株主総会の手続が適正を欠くものであったとか、判断の前提とされた事実が実際には存在しなかったり、虚偽であったなど、判断の正当性を失わせるような重大な瑕疵が存在しない限り、当該判断が尊重されるべきである」と判示した。
　以上のようにブルドックソース事件の最高裁決定は、株主の差別的な取扱いに[1]合理的な理由にもとづく正当な目的があるのかどうかという点については、裁判所がみずから実質的な判断をするのではなく、その判断を株主の判断に委ねている。そのように、（衡平の理念に反しない不平等な待遇の第2の類型の）[1]の要件についての実質的な判断を株主の判断に委ねることにより、ブルドックソース事件の最高裁決定は、その事案において出席株主の議決権の約88.7％（議決権総数の約83.4％）の賛成を得て株主総会において可決された買収防衛策を、株主の差別的な取扱いを内容とするものであっても「株主平等の原則」の趣旨に反するものではないと判断した。拙稿「差別的条件付き新株予約権無償割当ての適法性―ブルドックソース事件決定とピコイ事件決定の検討―」早法85巻3号（2010）853頁以下、881頁ないし883頁。

的に）認めたのであるが（会109条2項）、その前提としてまず[12]、原則である「株主平等の原則」について、「株式会社は、株主を、その有する株式の内容及び数に応じて、平等に取り扱わなければならない」とする規定（会109条1項）を定めている。

(1) 会社法第109条第1項の規定の立法による影響

ただし、すでに（Ⅰの1において）みたように、現行の会社法が施行される以前から、それを定める法令規定をまたずに、衡平の理念にもとづく実質的な「株主平等の原則」（株主の平等待遇の要請）が株式会社において存在すると認められてきた。そのために、そのように現行の会社法が施行される以前から存在すると認められてきた衡平の理念にもとづく実質的な「株主平等の原則」と、2005（平成17）年に制定された現行の会社法の第109条第1項の規定との関係が問題になる。

その点について、2005（平成17）年に現行の会社法が制定された当初は、つぎに掲げる論者の指摘が示すように、それまで存在すると認められてきた衡平の理念にもとづく実質的な「株主平等の原則」それ自体が、2005（平成17）年に制定された現行の会社法の第109条第1項の規定において定められたとみる理解が示されていた。

すなわち、すでに2006（平成18）年に、「新会社法は……、会社法規範をなるべく法文にすることを目指し、法文の文言による解釈を重視して、法の趣旨や規定の経緯、法の原理や条理に基づく解釈や、定款による法内容の補完の余地を排除しようとしている……。たとえば、新会社法105条・109条1項等は、従来は不文の会社法上の根本原理と解釈されていた株主の固有権や株主平等原則等を明文化することによって、当該原理自体を文言解釈によって変更したり限定する可能性を導いた」[13]と指摘されている。2008年にも同様

---

12) 会社法第109条第1項の規定について、「109条1項の規定は、同条2項の規定を置く関係上、株主平等原則を掲げることが不可欠であるとの法制的な指摘を受けて設けられたものです」と指摘されている。江頭憲治郎ほか「座談会『会社法』制定までの経緯と新会社法の読み方」商事1739号（2005）6頁以下、13頁［相澤哲発言］。

に、新会社法は、「一般原則の実定法規化」を推し進めており、会社法第109条第1項の規定も、「（株主平等の原則という）一般原則が実定法規に置き換えられた」[14]ものであると指摘されている。

そして、そのように「株主平等の原則」それ自体が会社法第109条第1項の規定により「明文化」または「実定法規化」されたとみることを前提にして、うえにみた2006年の指摘の論者が述べるように、「当該原理（株主平等の原則）自体を文言解釈によって変更したり限定する可能性」が指摘されていた。

とりわけ、2005（平成17）年の会社法の立案担当者自身が、会社法第109条第1項の規定について、同規定は、「具体的には、株式会社は株主をその有する株式の内容および数に応じて平等に取り扱うべきことを定め、これにより、異なる内容の種類株式については異なる取扱いができることを明確化するとともに、同じ内容の株式については株式数に応じて平等に取り扱うべきことを明らかにしている」[15]と説明した。さらに、会社法第109条第1項の規定との関係において、まず、「株主平等の原則の第1の意義は、株式の数に応じた取扱いが求められる点である」としたうえで、同条項は、「必ずしも比例的取扱いを義務づけるものではなく、株主の個性に着目することなく、株式の数に着目して合理的な取扱いをすることを要求する規定であると解するのが相当である」と会社法の立案担当者は説明しており、つぎに、「株主平等の原則の第2の意義は、株式の内容に応じた取扱いが求められる点である」としたうえで、会社法第109条第1項の規定は、「株主を『株式の内容』に応じて平等に取り扱うべき趣旨を規定しており、言い換えれば、株式の内容が異なる場合には、これを有する株主について異なる取扱いをすることを許容している。会社法においては、株式の内容を一定の範囲で変容することが許容されており（108条）、株式の内容が異なる種類の株式が存在している場合には、それに応じて異なる取扱いがされることは当然である」と説明している[16]。

13）岩原紳作「新会社法の意義と問題点」商事1775号（2006）4頁以下、11頁（同『商法論集Ⅰ　会社法論集』〔商事法務、2016〕25頁以下、37頁ないし38頁）の指摘による。
14）大杉・前掲注1）4頁の指摘による。
15）相澤哲編著『一問一答　新・会社法〔改訂版〕』（商事法務、2009）54頁ないし55頁の説明による。

学説においても、会社法第109条第1項の規定について、「今後は、異なる種類の株式相互間では株主平等の原則は妥当しないことを前提に解釈論が展開される可能性がある」[17]と指摘されていた。

(2) 「株主平等の原則」にもとづく会社法第109条各項の規定の解釈

しかし、すでに（Ⅰの1において）みたように、「株主平等の原則」（株主の平等待遇の要請）は、現行の会社法が施行される以前から、それを定める法令規定をまたずに、株式会社という株主の団体（社団）における衡平の理念にもとづく実質的な原則（要請）であると認められてきた。

そのような、法令規定の立法の以前の段階において、それを定める法令規定をまたずに認められてきた衡平の理念にもとづく実質的な原則（要請）それ自体は、それにかかわる内容をもつ法令規定が立法されることにより影響をうけるものではない。すなわち、法令規定の立法の以前の段階において認められる衡平の理念にもとづく実質的な「株主平等の原則」（株主の平等待遇の要請）それ自体は、法令規定（会109条1項）の定めがそれに代わることができるものではない。法令規定が定めることができるものは、法令規定の立法の以前の段階において認められる衡平の理念にもとづく実質的な「株主平等の原則」（株主の平等待遇の要請）そのものではなく、そのような「株主平等の原則」（株主の平等待遇の要請）から派生する具体的な要請の内容である[18]。

すなわち、会社法第109条第1項の規定は、法令規定の立法の以前の段階において認められる衡平の理念にもとづく実質的な「株主平等の原則」（株主の平等待遇の要請）そのものを「明文化」または「実定法規化」するものではない。衡平の理念にもとづく実質的な「株主平等の原則」（株主の平等待遇の要請）は、すでに（Ⅰの1(2)において）みたように法令規定の適用の場面において、法令規定が（株式の内容または数の定めにより）許容する不平等な待遇を除

---

16) 相澤哲ほか編著『論点解説 新・会社法』（商事法務、2006）107頁ないし108頁の説明による。
17) 野村修也「株式の多様化とその制約原理」商事1775号（2006）29頁以下、35頁注7の指摘による。

いて（すなわち、「その有する株式の内容及び数に応じて」）、株主は平等に扱われることを要請する。会社法第109条第1項の規定は、衡平の理念にもとづく実質的な「株主平等の原則」から派生するその具体的な要請を明文により定めるものと解される（注7）を参照）。

会社法第109条第2項の規定が、「前項の規定（すなわち、第1項）にかかわらず」と定めるのも、同条項の規定が、衡平の理念にもとづく実質的な「株主平等の原則」（株主の平等待遇の要請）に対する例外であることを示すのではなく、（「公開会社でない株式会社」において）同条項の規定が（株式の内容または数の定め以外の定めにより）許容する不平等な待遇（すなわち、定款の「属人的な定め」）が、うえにみた内容の同条第1項の規定に対する例外であることを示すものと解される（注7）を参照）。

以上のように、会社法第109条第1項の規定は、衡平の理念にもとづく実質的な「株主平等の原則」（株主の平等待遇の要請）そのものを「明文化」または「実定法規化」するものではなく、衡平の理念にもとづく実質的な「株主平等の原則」（株主の平等待遇の要請）から派生する具体的な要請を明文により定めるものと解される。衡平の理念にもとづく実質的な「株主平等の原則」（株主の平等待遇の要請）それ自体は、現行の会社法のもとでも、現行の会社法が施行される以前と変わることなく、法令規定の立法の以前の段階において、それを定める法令規定をまたずに存在すると解される。すなわち、会社法第109条各項の規定の根底（または背後）には、同条各項の規定に通底するもの

---

18) その点について、奥島孝康ほか編『新基本法コンメンタール 会社法1』（日本評論社、2010）203頁［鳥山恭一］。現行の会社法が施行される以前から存在すると認められてきた衡平の理念にもとづく実質的な「株主平等の原則」（株主の平等待遇の要請）は、現行の会社法のもとでも、会社法第109条第1項の規定とは別に存在するとみる理解をつぎの論者が示している。南保・前掲注1）346頁以下、木俣・前掲注1）81頁以下、北村・前掲注1）46頁、さらに、新山雄三「規制緩和とコーポレート・ガバナンスの行方」森淳二朗＝上村達男編『会社法における主要論点の評価』（中央経済社、2006）3頁以下、10頁、若林泰伸「平成改正と種類株式」稲葉威雄＝尾崎安央編『改正史から読み解く会社法の論点』（中央経済社、2008）195頁以下、206頁、稲葉威雄『会社法の解明』（中央経済社、2010）311頁。学説の整理について、山下・前掲注1）論叢180巻3号29頁ないし31頁。

として、衡平の理念にもとづく実質的な「株主平等の原則」（株主の平等待遇の要請）が（それを定める法令規定をまたずに）存在するのであり、それゆえ、会社法第109条各項の規定の解釈も、そのように同条各項の規定の根底（または背後）に存在する衡平の理念にもとづく実質的な「株主平等の原則」（株主の平等待遇の要請）に照らして行なわれるべきと解される。

それゆえ、第1に、会社法第109条第1項の規定は、「株式会社は、株主を、その有する株式の内容及び数に応じて、平等に取り扱わなければならない」と定めており、うえに（Ⅰの2(1)において）みたように、この規定は、「株式会社は株主をその有する株式の内容および数に応じて平等に取り扱うべきことを定め、これにより、異なる内容の種類株式については異なる取扱いができることを明確化する」（注15）を付した本文を参照）のであるが、そこに認められる「異なる取扱い」は、衡平の理念にもとづく実質的な「株主平等の原則」（株主の平等待遇の要請）に照らして、原則として（すなわち、不平等な待遇についてそれにより不利益をうける株主の〔個別のかつ明示の〕同意がある場合〔衡平の理念に反しない不平等な待遇の第1の類型〕、および、不平等な待遇が〔1〕合理的な理由にもとづく正当な目的を有しかつ〔2〕その目的に照らして必要かつ相当な内容のものである場合〔衡平の理念に反しない不平等な待遇の第2の類型〕を除いて）、法令規定が「株式の内容」として許容する不平等な待遇に限定されると解される。

すなわち、「種類株式発行会社」（会2条13号）における異なる種類の株式を有する株主の相互の間にも、衡平の理念にもとづく実質的な「株主平等の原則」（株主の平等待遇の要請）は存在するのであり、法令規定が明文の定めにより許容していない（種類株式の相互の間の）不平等な待遇[19]は、原則として（すなわち、衡平の理念に反しない不平等な待遇の第1の類型および第2の類型の場合

---

19) 種類株式の相互の間の異なる取扱いを認める法令規定は、衡平の理念にもとづく実質的な「株主平等の原則」（株主の平等待遇の要請）が、法令規定の立法の場面において（Ⅰの1(1)を参照）、株主の平等待遇を内容とする法令規定を定めることを立法者に求める要請に対する「例外」として立法者が定める法令規定である。それゆえ、その法令規定は限定的に解釈されるべきである。山下・前掲注1）論叢180巻3号53頁ないし54頁注573を参照。

を除いて）、認められないと解される。

　第2に、会社法第109条第2項の規定は、「公開会社でない株式会社」において、剰余金配当請求権、残余財産分配請求権および株主総会における議決権について定款の「属人的な定め」を許容する。同条第3項の規定は、その「属人的な定め」の対象である株主が有する株式を種類株式とみなして、それらの株主の権利に配慮している（会322条を参照）。ただし、定款変更によりあらたに「属人的な定め」を定款におく場合に、あらたに「属人的な定め」の対象になる株主の権利に配慮する明文の規定はおかれていない[20]。そのために、のちに（Ⅱの2において）みるように、定款変更によりあらたに「属人的な定め」を定款におく場合にも、やはり会社法第109条各項の規定の根底（または背後）に存在する衡平の理念にもとづく実質的な「株主平等の原則」（株主の平等待遇の要請）に照らして、その定款変更の方法は判断されるべきである。

Ⅱ　定款変更による「属人的な定め」

　現行の会社法における「公開会社でない株式会社」において、あらたに「属人的な定め」を定款におくための定款変更の総会決議の効力が争われたのが、東京地裁立川支部の2013（平成25）年9月25日の判決の事案である。以下では、その判決の内容をまず確認した後に（1）、あらたに「属人的な定め」を定款におくための定款変更の方法について検討したい（2）。

20）　そのように現行の会社法が、あらたに「属人的な定め」を定款におく場合に（それにより不利益をうける株主の権利に配慮する）固有の規定を定めていないことをもって、定款変更の総会決議（会309条4項）があればあらたに「属人的な定め」を定款におくことが（立法者により）許容されていると解すべきでないとすれば（解すべきでないことを、その場合の定款変更の総会決議をその事案において無効であると確認した〔つぎに（Ⅱの1において）みる〕東京地裁立川支部の2013〔平成25〕年9月25日の判決は示している）、その場合の定款変更の方法は（のちにⅡの2においてみるように）、衡平の理念にもとづく実質的な「株主平等の原則」に照らして判断されるべきと解される。

1　東京地裁立川支部の2013（平成25）年9月25日の判決

　この東京地裁立川支部の2013（平成25）年9月25日の判決[21]は、「公開会社でない株式会社」であるY社の2012（平成24）年9月4日の株主総会における定款変更の決議（以下「本件決議」）について、同社の株主Xが、本件決議が「株主平等の原則の趣旨に違反するものであることなど」を主張して、主位的に本件決議の無効の確認を求め、予備的に本件決議の取消しを求めた事案にかかわるものである。

(1)　判決の事案

　Y社は、建築工事等を目的にして1995年2月16日に設立された株式会社（設立当初は有限会社）であり、本件決議の当時のY社の発行済株式総数は6,915株であった。A_1はY社を設立するにあたり、仕事を通じて知り合ったXに対して出資を依頼し、XはY社の株式の33％を取得するとともに、Y社の取締役に就任した。その後、2008（平成20）年12月24日に、A_1はY社の代表取締役を退任し、A_1の弟A_2が本件決議の当時のY社の代表取締役であった。

　2009（平成21）年10月31日に、XはY社の取締役を退任し、2010（平成22）年7月31日に、Xの子B_1も同じくY社の取締役を退任した。2010（平成22）年10月5日に、B_1は、建築請負工事一式、内装工事一式、建築資材の販売およびリース業等を目的にする株式会社甲社を設立した。X、B_1およびB_2が、甲社の取締役に就任したのであるが、そのうちXは、2011（平成23）年7月10日に甲社の取締役を退任した。

　B_1は、甲社の設立に先立つ2010（平成22）年9月末頃に、Y社の執行役員、仕入先、関係者を招待して、甲社の設立を祝うパーティーを開催した。Xは

---

[21]　東京地立川支判2013（平成25）年9月25日金判1518号54頁。この判決について、洪邦桓・ジュリ1499号（2016）111頁以下、大塚和成・銀法817号（2017）69頁および銀法826号（2018）78頁、中村康江・ジュリ1518号（2018）94頁以下、拙稿・法セミ747号（2017）123頁。また、清水正博「非公開会社における属人的定めの限界に関する考察」中央学院28巻1・2号（2015）103頁以下、川島いづみ「非公開会社における属人的定めの効力」Monthly Report（税経システム研究所）93号（2016）41頁以下。

そのパーティーにおいて挨拶をした際に、出席者に対して、息子B_1が事業を始めるので息子のことをよろしく頼む旨、および、甲社が受注した工事について今後仕事をしてもらいたい旨の発言をした。

その後、甲社がホームページに掲載したリフォーム工事前後の写真および３Dプレゼンテーションページに、Y社が施工した物件の写真が含まれているとして、2011（平成23）年４月５日にY社は、公正取引委員会に対して排除措置命令の申立てを行なった。2012（平成24）年５月10日にA_2は、Y社の臨時取締役会において議長を務め、Y社において敵対的な株主が存在すると、経営の意思統一がはかられないばかりか、会社の存亡にかかわりかねない状況になるとして、Y社の現行の定款につぎのような株主総会の議決権および剰余金の配当に関する「株主ごとの異なる規定」を新設したい旨を説明し、取締役会の出席者の全員が異議なくそれを承認した。

（株主総会の議決権に関する株主ごとの異なる規定）
　第15条の２　本定款の他の規定に関わらず、株主A_2は株式１株につき220個の議決権を有する。株主A_1は株式１株につき100個の議決権を有する。株主S、同J並びに同Rは株式１株につき80個の議決権を有する。株主A_3、同A_4、同A_5、同C、同D、同E、同F、同G、同H、同I、同K、同L、同M、同N、同Q並びに同Tは株式１株につき50個の議決権を有する。その他のすべての株主は株式１株につき１個の議決権を有する。

（剰余金の配当に関する株主ごとの異なる規定）
　第34条の２　本定款の他の規定にかかわらず、当会社が剰余金の配当を行う場合は、株主X、同B_1、同B_3並びに同B_4に対し、その有する１株につき、その他の株主の１株につきする剰余金の配当額に100分の１の割合を乗じて得られる額の剰余金の配当をするものとする。
　２　剰余金の配当は、株主X、同B_1、同B_3並びに同B_4以外の株主についてはその有する株式数に応じた配当を受けるものとする。

その取締役会の議事録には、定款変更の「顚末」を説明するものとしてA_2が作成した書面が添付されていた。A_2はその書面において、Y社が直面し

ている問題点として、①B₁が甲社の設立にあたりY社が施工した物件の写真を甲社のホームページに掲載したこと、②Xが甲社の取締役となっていたこと（ただし、当時すでに退任している）、③XがA₂に対してY社があたかもこれまでに配当を行なってこなかったかのような記載をした動議書を送付したこと、④B₁がY社に関連する人材の引抜き行為を行なったこと、⑤XおよびB₁はY社の業務と類似する業務を行なっていること、⑥XがY社に対して法律にもとづかない要求をしたことなどを指摘したうえで、Y社からみるとXは敵対的株主ととれること、⑦Y社にとって重要な顧客の業者説明会にXは登録し、Y社のお客様として登録していることを指摘したうえで、株主としてあまり好ましく感じられないことなどを説明し、Y社にとって大株主であるXの一族がかなりの脅威であり、Y社の取締役および社員も不安を抱えており、甲社に対する防衛策を考える必要があること、防衛策として「属人的な定め」の制度を利用することなどの説明をしていた。

2012（平成24）年6月5日付けでY社は、うえの臨時取締役会において承認された内容の定款変更を行なうことを議題の1つとして、同月14日に臨時株主総会を招集する旨を株主に通知した。しかし、Xらは同月12日に、Y社に対して、Y社が計画している定款変更案はXらのみを著しく差別的かつ不利益に取り扱うものであり、「株主平等の原則」および衡平の理念に違反することなどを指摘したために、その臨時株主総会は流会になった。

2012（平成24）年8月27日付けでY社はあらためて、敵対的な株主が存在すると経営の意思統一がはかられず、会社の存亡にかかわりかねないとして、うえの定款変更を行なうことを議題とする臨時株主総会の招集を株主に通知し、同年9月4日に臨時株主総会が開催された。

本件決議の当時において、XはY社の株式1,010株（14.7％）を保有しており、Xの子B₁は424株（6.2％）、B₁の妻B₃は45株（0.7％）、B₄はB₁から譲り受けたY社株式100株（1.5％）を保有していた。それに対して、Y社の代表取締役であるA₂は、本件決議の当時においてY社の株式933株（13.6％）を保有しており、A₂の兄A₁はY社の株式3,542株（51.7％）を保有していた。

本件決議の当時におけるY社の発行済株式総数6,915株のうち自己株式67株を除いた6,848株は、合計27名の株主により保有されており[22]、Xら4名

（X、B_1、B_3およびB_4）を除いたY社の23名の株主の持株比率は合計76.9%であった。2012（平成24）年9月4日のY社の臨時株主総会において、うえの定款変更の本件決議は、Xら4名を除いたY社の23名の株主の賛成により成立した。

その定款変更により、Y社の株主総会において、Xが有する議決権の比率は14.7%から0.17%に低下し、B_1が有する議決権の比率は6.2%から0.07%、B_3が有する議決権の比率は0.7%から0.01%、B_4が有する議決権の比率は1.5%から0.02%にそれぞれ低下した。Xら4名の剰余金の配当をうける権利も、Xら4名以外の株主の100分の1という扱いになった。

そこでXは、本件決議は「株主平等の原則」の趣旨に違反することなどを主張して、主位的に本件決議の無効の確認を求め、予備的に本件決議の取消しを求めて訴えを提起した。

(2) 判決の判断

Xの提訴に対して、東京地裁立川支部の2013（平成25）年9月25日の判決は、まず、現行の会社法の第109条第1項の規定が定める「株主平等の原則」と、同条第2項の規定が定める「属人的な定め」の制度との関係について、つぎのように判示した。

> 「会社法109条1項は、株式会社は、株主をその有する株式の内容及び数に応じて平等に取り扱わなければならないという株主平等原則を定め、同条2項は、同条1項の規定にかかわらず、非公開会社は、同法105条1項各号に掲げる権利（剰余金の配当を受ける権利（同項1号）、残余財産の分配を受ける権利（同項2号）及び株主総会における議決権（同項3号））に関する事項について、株主ごとに異なる取扱いを行う旨を定款で定めることができるとし、属人的定めの制度について定めている。このような条文の文言及び位置関係に照らせば、属人的定めの制度は、株主平等原則の例外として置かれたものであり、同制度について同法109条1項が直接適用されることはないといわざるを得ない。

---

22) 本件決議の当時におけるY社の株主名簿に記載された株主構成は、「(別紙)株主名簿」として金判1518号64頁に掲載されている。

しかしながら、株主平等原則は、多数決の濫用や会社経営者による恣意的な権限行使から、個々の株主の利益を保護するため、株式会社に対し、株主をその有する株式の内容及び数に応じて平等に取り扱うことを義務付けるものであるところ、団体の構成員が平等の取扱いを受けるべきことは正義・衡平の理念を基礎として全ての団体に共通する原則であるから、株主平等原則の背後には一般的な正義・衡平の理念が存在するものというべきである。そして、属人的定めの制度は、その運用の仕方次第では非公開会社における無秩序状況をも招きかねないものであり、とりわけ、新たに株式を発行する場合と、既に発行されている株式の内容を変更する場合とでは、株主の置かれている利益状況は質的に異なること（前者の場面では、新株を引受ける者は差別的取扱いを前提に株式を取得するのに対し、後者の場面では、株式取得後に定款変更の特殊決議によって一方的な差別化が行われることになる。）を考慮すると、同制度を利用して行う定款変更であればおよそ如何なる内容のものであっても許されると解するのは相当でなく、株主ごとの異なる取扱いの内容の定め方については、上記理念に照らし、自ずと限界があるものというべきである。
　そうすると、属人的定めの制度についても株主平等原則の趣旨による規制が及ぶと解するのが相当であり、同制度を利用して行う定款変更が、具体的な強行規定に形式的に違反する場合はもとより、差別的取扱いが合理的な理由に基づかず、その目的において正当性を欠いているような場合や、特定の株主の基本的な権利を実質的に奪うものであるなど、当該株主に対する差別的取扱いが手段の必要性や相当性を欠くような場合には、そのような定款変更をする旨の株主総会決議は、株主平等原則の趣旨に違反するものとして無効になるというべきである。」

　以上のようにこの判決は、会社法第109条第2項の規定が定める「属人的な定め」の制度は、同条第1項の規定が定める「株主平等の原則」の例外にあたり、「属人的な定め」の制度に対して「株主平等の原則」が直接に適用されることはないのであるが、「属人的な定め」の制度にも、「株主平等の原則」の趣旨による規制は及ぶと判示した。そして、「属人的な定め」が、具体的な強行規定に形式的に違反する場合だけではなく、「属人的な定め」による差別的な取扱いが[1]合理的な理由にもとづく目的の正当性を欠く場合、または、[2]手段の必要性もしくは相当性を欠く場合には、そのような「属人的な定め」を定款にあらたにおくための定款変更の総会決議は、「株主平等の原則」

の趣旨に違反するものとして無効になるとこの判決は判示した。

そのうえで、この判決は、まず、[1]本件決議の目的の正当性について、Y社の株主がY社と同種同業の事業を行なう会社を設立したとしても、そのことをもって当該株主の株主としての基本的な権利を制限することは許されるものではなく、甲社がそのホームページに掲載した写真が仮にY社が施工した物件にかかわるものであったとしても、それは独占禁止法等の関係各法令による対応により是正をはかれば足りるのであり、そのことをもって当該株主の株主としての基本的な権利を制限することはやはり許されるものではなく、B_1が甲社の設立に先立ちパーティーを開催した行為自体をY社に対する営業妨害行為ととらえることはできず、B_1がY社の従業員の引抜きおよび顧客の奪取を行なったことを認めるに足りる証拠はなく、Y社がB_1を敵対的株主として位置づける理由として指摘するB_1の各行為は、いずれもB_1の株主としての基本的な権利を制限することを正当化する理由にはならないとした。また、Xは、Y社の会計帳簿の閲覧謄写、計算書類の閲覧および謄本交付ならびに取締役会議事録の閲覧謄写を目的にしてY社を債務者とする仮処分命令の申立てを行なったのであるが、これは、会社法上株主に認められる権利をXが行使したにすぎず、そのことをもってXの株主としての基本的な権利を制限することは認められない。むしろ、本件決議によりXらが有する議決権の比率が大きく減少する一方で、A_2およびA_1が有する議決権の比率は増加し、Y社の順調な増収が将来的にも見込まれる状況のなかで、Xらの剰余金の配当をうける権利がその余の23名の株主の100分の1になるという事情に照らせば、「本件決議は、XらをY社の経営から実質的に排除し、Xらの財産的犠牲の下に、A_2らによるY社の経営支配を盤石ならしめる目的で行われたものであるといわざるを得ない」と指摘して、「そうすると、本件決議は、その目的において正当性を欠いており、株主平等原則の趣旨に違反するものというべきである」とこの判決は判示した。

この判決はまた、[2]本件決議の手段の相当性について、本件決議によるXの議決権の比率および剰余金の配当をうける権利の大幅な減少を指摘したうえで、それに対する経済的な代償措置が講じられたことも窺われないと述べて、「そうすると、本件決議は、Xの基本的な権利を実質的に奪うものであ

り、Xに対する差別的取扱いが手段において相当性を欠いているものといわざるを得ず、この点においても、株主平等原則の趣旨に違反するものというべきである」と判示した。

そのようにして、この判決は、本件決議はその［1］目的の正当性および［2］手段の相当性が認められず、「株主平等の原則」の趣旨に著しく反するとした。この判決はさらに、「株主平等の原則」に対する違反の内容および程度に照らすと、本件決議は「多数決の濫用」により少数派株主であるXの株主としての基本的権利を実質的に奪うものであり、「公序良俗」にも違反すると判示して、そうして本件決議の無効をこの判決は確認した。

以上のように、東京地裁立川支部の2013（平成25）年9月25日のこの判決は、すでに（Ⅰの1(2)において）みたように、その不平等な待遇についてそれにより不利益をうける株主の（個別のかつ明示の）同意がない株主の不平等な待遇であっても、［1］不平等な待遇に合理的な理由にもとづく正当な目的があり、かつ、［2］不平等な待遇の内容がその目的に照らして必要でありかつ相当なものである場合には、そのような株主の不平等な待遇は「株主平等の原則」の根拠である衡平の理念に反するものではなく、「株主平等の原則」に違反しないと解されること（衡平の理念に反しない不平等な待遇の第2の類型）を前提にして、定款にあらたに「属人的な定め」をおくための定款変更の本件決議がうえの［1］および［2］の要件を満たすのかどうかを審査したものとみることができる。

2　「属人的な定め」を設ける定款変更

現行の会社法が施行される以前の有限会社法ははじめにみたように、社員に認められる社員総会における議決権（有39条1項但書）、利益配当請求権（有44条）および残余財産分配請求権（有73条）について、それらの権利を各社員に対して各社員が有する出資口数に応じて認めることとはしない旨の「別段ノ定」（いわゆる「属人的な定め」）を定款におくことを認めていた[23]。

ただし、そのような「属人的な定め」を定款におくには、原始定款にそれを定めるか、または、総社員の同意により定款を変更しなければならないと解するのが、有限会社法のもとにおける従来の通説であった[24]。しかし、「属

人的な定め」を定款におく場合に、総社員の同意（または原始定款にそれをおくこと）が必要であると解する根拠は明らかではない。実際、有限会社における定款の「属人的な定め」の新設または変更について、「社員の既存の持分内容の不利益変更（他の社員の既存の持分内容の有利変更）は、単なる定款変更の方法ではできず、不利益を受ける社員の同意がいると解すべきである」とする見解[25]が主張されるようになった。

すでに（Ⅰの1(2)において）みたように、株主の不平等な待遇であっても、その不平等な待遇についてそれにより不利益をうける株主の（個別のかつ明示の）同意があれば、そのような株主の不平等な待遇は、衡平の理念に反す

---

[23] 以上のように、有限会社の定款に「別段ノ定」をおくことは明文の規定により認められていた。しかし、有限会社法のもとにおいて、有限会社の定款の内容は、公序良俗、具体的な強行法規および有限会社の本質に反するものであってはならず、また、社員の基本的な権利を奪うものであってはならないと一般に解されていた。そのために、社員総会における議決権（有39条1項但書）、利益配当請求権（有44条）および残余財産分配請求権（有73条）について、有限会社法が明文の規定により認める定款の「別段ノ定」として、具体的にどのような定めが認められるのかについて学説の見解は一致していなかった。たとえば、社員総会における議決権について、特定の社員に出資1口につき複数の議決権を与える旨の定款の定めを有効なものと解するのが通説であった。しかし、定款による別段の定めは、合理性・妥当性・各社員への同等適用性が認められる範囲においてのみ許容されると解して、特定の社員に1個の持分につき複数の議決権を付与すること、および、特定の社員にその持分についての議決権を否定することを認める合理的な根拠はないとする見解もあった。上柳克郎ほか編集代表『新版注釈会社法14巻』（有斐閣、1990）307頁ないし308頁［菱田政宏］を参照。学説の状況について、川島いづみ「有限会社と定款」斉藤武＝森淳二朗＝上村達男編著『現代有限会社法の判例と理論』（晃洋書房、1994）116頁以下、117頁ないし121頁を参照。

[24] たとえば、前掲注23『新版注釈会社法 14巻』308頁［菱田政宏］および376頁［実方謙二］を参照。ただし、同書344頁［龍田節］は、利益配当請求権についての定款の別段の定め（有44条）について、出資口数の少ない社員にとくに不利な扱いをしないかぎり、通常の定款変更の方法により別段の定めを設けることも許されるのではないかと指摘する。同書554頁［中西正明］は、残余財産の分配について定款に別段の定め（有73条）をするには、それにより一部の社員の残余財産分配請求権が縮減されるかぎり、（通常の定款変更の手続きのほかに）それらの社員の同意を要すると解している。学説の状況について、川島・前掲注23）121頁ないし122頁を参照。

[25] 江頭・前掲注6）127頁が、そのような見解を述べる。

るものではなく、衡平の理念にもとづく実質的な「株主平等の原則」には違反しないと解される（衡平の理念に反しない不平等な待遇の第1の類型）。現行の会社法が「公開会社でない株式会社」において認める定款の「属人的な定め」（会109条2項）も、法令規定が（株式の内容または数の定め以外の定めにより）許容する株主の不平等な待遇である。それゆえ、第1に、そうした「属人的な定め」を会社の存続中に定款変更によりあらたに定款におく場合には、原則として（すなわち、つぎにみる衡平の理念に反しない不平等な待遇の第2の類型の場合を除いて）、定款変更の総会決議（会309条4項）のほかに、その定款変更により不利益をうける株主の（個別のかつ明示の）同意が必要であると解される（衡平の理念に反しない不平等な待遇の第1の類型）。「属人的な定め」についてそれにより不利益をうける株主の（個別のかつ明示の）同意があれば、その「属人的な定め」による株主の不平等な待遇は、その不平等の程度がどのようなものであっても、その内容が法令規定（たとえば、会社法第105条第2項の規定）に違反するものでないかぎり認められる。

ただし、第2に、その不平等な待遇についてそれにより不利益をうける株主の（個別のかつ明示の）同意がない株主の不平等な待遇であっても、[1] 不平等な待遇に合理的な理由にもとづく正当な目的があり、かつ、[2] 不平等な待遇の内容がその目的に照らして必要でありかつ相当なものである場合には、その株主の不平等な待遇はやはり、衡平の理念に反するものではなく、衡平の理念にもとづく実質的な「株主平等の原則」には違反しないと解される（衡平の理念に反しない不平等な待遇の第2の類型）。それゆえ、あらたに「属人的な定め」を定款におくことについて、その「属人的な定め」により不利益をうける株主の（個別のかつ明示の）同意がない場合であっても、その「属人的な定め」（による株主の不平等な待遇）に、[1] 合理的な理由にもとづく正当な目的があり、かつ、[2] 不平等な待遇の内容がその目的に照らして必要でありかつ相当なものである場合には、そのような「属人的な定め」を定款変更の総会決議（会309条4項）によりあらたに定款におくことが認められると解される。すでに（Ⅱの1において）みた東京地裁立川支部の2013（平成25）年9月25日の判決は、この場面において（すなわち、その「属人的な定め」についてそれにより不利益をうける株主の〔個別のかつ明示の〕同意がないことを前提

にして)、あらたに「属人的な定め」を定款におくための定款変更の総会決議の効力を審査したものと解される。

　定款変更の総会決議(会309条4項)によりあらたに「属人的な定め」を定款におく場合において、その「属人的な定め」についてそれにより不利益をうける株主の(個別のかつ明示の)同意がないときには、以上のように、まず、その「属人的な定め」(による株主の不平等な待遇)に、[1] 合理的な理由にもとづく正当な目的が認められることが必要である。そして、「属人的な定め」に [1] 合理的な理由にもとづく正当な目的がたとえ認められるとしても、つぎに、その「属人的な定め」による不平等な待遇の内容が [2] その目的に照らして必要でありかつ相当なものに限定されることが必要である。不平等な待遇の適用を時間的に制限することも、そこでは必要になると考えられる。それゆえ、その適用を時間的に制限しないでおかれる定款の「属人的な定め」が、うえの [1] の要件を満たすと認められるとしても、うえの [2] の要件も満たすと認められる場合はやはり限定的であると考えられる。その意味において、定款変更の総会決議(会309条4項)によりあらたに「属人的な定め」を定款におく場合には、やはり原則としては、その「属人的な定め」について、それにより不利益をうける株主の個別のかつ明示の同意を得る必要があると考えられる[26]。

---

26) その意味において、(Ⅱの1にみた)東京地裁立川支部の2013(平成25)年9月25日の判決の事案でも、まずは、その「属人的な定め」についてそれにより不利益をうける株主([第34条の2の定めについて] X、B_1、B_3およびB_4)の(個別のかつ明示の)同意がないことを理由にして、その「属人的な定め」をあらたに定款におくための定款変更の本件決議は無効であると確認されるべきであった(そのうえで、同判決が判示するように、本件決議には [1] 目的の正当性および [2] 手段の相当性が認められないことも指摘されるべきであった)と解される(拙稿・前掲注21) 123頁)。すなわちその事案は、「株主平等の原則」が(株主の不平等な待遇についてそれにより不利益をうける株主の〔個別のかつ明示の〕同意を要求することにより)、「多数決の濫用から一般株主を守る作用」(注8)を参照)をはたす場面であったと解される。

おわりに

これまでの検討を、最後にあらためて確認したい。

これまでみてきたように、株主の平等待遇を要請する「株主平等の原則」は、現行の会社法が施行される以前から、それを定める法令規定をまたずに、衡平の理念にもとづく実質的な原則（要請）として認められてきた。

(1) 現行の会社法における「株主平等の原則」

2005（平成17）年の現行の会社法は、その第109条第1項の規定において、「株式会社は、株主を、その有する株式の内容及び数に応じて、平等に取り扱わなければならない」と定めて、「株主平等の原則」にかかわる内容を規定した。しかし、「株主平等の原則」（株主の平等待遇の要請）は、現行の会社法が施行される以前から、それを定める法令規定をまたずに認められてきた衡平の理念にもとづく実質的な原則（要請）である。そうした衡平の理念にもとづく実質的な「株主平等の原則」（株主の平等待遇の要請）それ自体は、法令規定（会109条1項）の定めがそれに代わることができるものではない。

それゆえ、会社法第109条第1項の規定は、衡平の理念にもとづく実質的な「株主平等の原則」そのものを定めるのではなく、衡平の理念にもとづく実質的な「株主平等の原則」（株主の平等待遇の要請）から派生する具体的な要請のうち、法令規定の適用の場面において、法令規定が（株式の内容または数の定めにより）許容する不平等な待遇を除いて（すなわち、「その有する株式の内容及び数に応じて」）、株主はその株主の地位において平等に扱われることを求める要請を明文により定めるものと解される（注7）を参照）。会社法第109条第2項の規定は、定款の「属人的な定め」について「前項（すなわち、第1項）の規定にかかわらず」と定めるのであるが、その文言も、同条第2項の規定が許容する定款の「属人的な定め」が、うえにみた内容の同条第1項の規定に対する例外（すなわち、法令規定が〔株式の内容または数の定め以外の定めにより〕許容する株主の不平等な待遇）であることを意味するのであり（注7）を参照）、衡平の理念にもとづく実質的な「株主平等の原則」に対する例外である

ことを意味するのではない。

　すなわち、現行の会社法の第109条各項の規定の根底（または背後）には、同条各項の規定に通底するものとして、衡平の理念にもとづく実質的な「株主平等の原則」が、それを定める法令規定をまたずに、現行の会社法が施行される以前と変わることなく存在するのであり、会社法第109条各項の規定の解釈も、同条各項の規定の根底（または背後）に存在するそうした衡平の理念にもとづく実質的な「株主平等の原則」に照らして行なわれるべきと解される。したがって、同条第2項の規定が認める「属人的な定め」をあらたに定款におくための定款変更の方法も、また、定款のその「属人的な定め」の内容も、いずれもそのような衡平の理念にもとづく実質的な「株主平等の原則」にしたがうものでなければならない（注20）を参照）。

　ただし、すでに（Ⅰの1(2)において）みたように、「株主平等の原則」（株主の平等待遇の要請）は、衡平の理念にもとづく実質的な原則（要請）であり、それゆえ、株主を形式的に平等に扱うことをつねに画一的に要求するものではない。すなわち、株主の不平等な待遇であっても、その不平等な待遇が、「株主平等の原則」の根拠である衡平の理念に反するものでなければ、その株主の不平等な待遇は（衡平の理念にもとづく実質的な）「株主平等の原則」には違反しないと解される。

　それゆえ、第1に、株主の不平等な待遇であっても、その不平等な待遇についてそれにより不利益をうける株主の個別のかつ明示の同意がある場合には、その株主の不平等な待遇は、衡平の理念に反するものであるとみることはできず、「株主平等の原則」には違反しないと解される（衡平の理念に反しない不平等な待遇の第1の類型）。不平等な待遇についてそれにより不利益をうける株主の（個別のかつ明示の）同意があれば、その不平等の程度がどのようなものであっても、その内容が法令規定（たとえば、会社法第105条第2項の規定）に違反するものでないかぎり、株主の不平等な待遇は認められる。

　第2に、その不平等な待遇についてそれにより不利益をうける株主の（個別のかつ明示の）同意がない株主の不平等な待遇であっても、その不平等な待遇に、[1] 合理的な理由にもとづく正当な目的があり、かつ、[2] 不平等な待遇の内容がその目的に照らして必要でありかつ相当なものである場合に

は、そのような株主の不平等な待遇は、やはり「株主平等の原則」の根拠である衡平の理念に反するものではなく、それゆえ「株主平等の原則」には違反しないと解される（衡平の理念に反しない不平等な待遇の第 2 の類型）。

(2) 「属人的な定め」をあらたにおく定款変更の方法

定款の「属人的な定め」は、（「公開会社でない株式会社」において）法令規定（会109条 2 項）が（株式の内容または数の定め以外の定めにより）許容する株主の不平等な待遇である。現行の会社法は、定款にすでに「属人的な定め」がある場合には、その「属人的な定め」の対象である株主が有する株式を種類株式とみなして（会109条 3 項）、それらの株主の権利に配慮している（会322条を参照）。しかし、定款変更によりあらたに「属人的な定め」を定款におく場合には、あらたに「属人的な定め」の対象になる株主の権利に配慮する法令規定はおかれていない（注20）を参照）。それゆえ、定款にあらたに「属人的な定め」をおくための定款変更は、会社法第109条各項の規定の根底（または背後）に存在する衡平の理念にもとづく実質的な「株主平等の原則」（株主の平等待遇の要請）に照らして、うえの（「おわりに」の(1)の最後に掲げた） 2 つの場合（すなわち、衡平の理念に反しない不平等な待遇の第 1 の類型の場合および第 2 の類型の場合）のうちのいずれかの場合に認められると解される。

したがって、第 1 に、会社の存続中に定款変更によりあらたに「属人的な定め」を定款におく場合には、定款変更の総会決議（会309条 4 項）のほかに、原則として（すなわち、つぎにみる衡平の理念に反しない不平等な待遇の第 2 の類型の場合を除いて）、その「属人的な定め」についてそれにより不利益をうける株主の個別のかつ明示の同意が必要であると解される（衡平の理念に反しない不平等な待遇の第 1 の類型）。

定款の「属人的な定め」についてそれにより不利益をうける株主の（個別のかつ明示の）同意があれば、その「属人的な定め」による株主の不平等な待遇は、その不平等の程度がどのようなものであっても、その内容が法令規定（たとえば、会社法第105条第 2 項の規定）に違反するものでないかぎり認められる。

ただし、第 2 に、定款の「属人的な定め」についてそれにより不利益をうける株主の（個別のかつ明示の）同意がない場合であっても、その「属人的な

定め」（による株主の不平等な待遇）に、[1] 合理的な理由にもとづく正当な目的があり、かつ、[2] その不平等な待遇の内容がその目的に照らして必要でありかつ相当なものである場合には、そのような「属人的な定め」を定款変更の総会決議（会309条4項）によりあらたに定款におくことは認められる（衡平の理念に反しない不平等な待遇の第2の類型）。すでに（Ⅱの1において）みた東京地裁立川支部の2013（平成25）年9月25日の判決は、この場面において（すなわち、その「属人的な定め」についてそれにより不利益をうける株主の〔個別のかつ明示の〕同意がないことを前提にして）、あらたに「属人的な定め」を定款におくための定款変更の総会決議の効力を審査したものと解される。

定款変更の総会決議（会309条4項）によりあらたに「属人的な定め」を定款におく場合に、その「属人的な定め」についてそれにより不利益をうける株主の（個別のかつ明示の）同意がないときには、以上のように、その「属人的な定め」（による株主の不平等な待遇）に、[1] 合理的な理由にもとづく正当な目的があり、かつ、[2] その不平等な待遇の内容がその目的に照らして必要でありかつ相当なものに限定されることが必要である。その適用を時間的に制限しないでおかれる定款の「属人的な定め」が、[1] の要件を満たすと認められるとしても、[2] の要件も満たすと認められる場合は限定的であると考えられる。その意味において、定款変更の総会決議（会309条4項）によりあらたに「属人的な定め」を定款におく場合には、やはり原則としては、その「属人的な定め」について、それにより不利益をうける株主の個別のかつ明示の同意を得る必要があると考えられる。

会社持分の自由譲渡性と
社員有限責任

山本　真知子

はじめに
Ⅰ　会社持分の自由譲渡には社員の有限責任が必須の前提条件か
Ⅱ　会社持分の自由譲渡を促進するものは何か
おわりに

はじめに

　一般に株式の自由譲渡性は株主の有限責任と親和性が高いものと捉えられている。「会社法の教科書等では、『投資のリスクが限定できないと投資家は安心して投資することができない。広く投資家から出資を募り、巨大な資本の集積を可能にするには有限責任が不可欠である。』等といった説明を見かけることが多い。」とされる[1]。しかし、その意義するところは何か。本稿においては、2つの次元に区分して会社持分の自由譲渡性と社員の有限責任の関係について考察したい[2]。第一に、社員の有限責任は会社持分の自由譲渡

---

1) 藤田友敬「株主の有限責任と債権者保護(1)」法教262号（2002）82頁。例えば、龍田節＝前田雅弘『会社法大要〔第2版〕』（有斐閣、2017）59頁は、「株主有限責任の原則は、事業リスクの限定を可能にする。上例の株主（筆者注：1株1000円で500株を引き受けた者。）は、会社が事業に失敗したときも、500万円を失うことがリスクの最大限である。これ以上の損失を負担しなくてよいことが法律上保障されるので、見ず知らずの人も安心して出資し、大勢の人から資金を集めて大規模な事業ができる。」とする。
2) 本稿の対象は契約による債権に限定し、会社の不法行為による債権と社員の有限責任の問題は対象外とする。*Cf.* Henry Hansmann, Reinier Kraakman & Richard Squire, *Law and the Rise of the Firm*, 119 Harv. L. Rev. 1335, 1341 note 5 (2006).

性の必須の前提条件か、それとも譲渡の自由を促進するものにすぎないのか。第一の問いにおいて、必須の前提条件ではなく譲渡の自由を促進するものにすぎないとされた場合において、第二に、会社持分の譲渡の自由を促進するものは何か、有限責任に限られるのか。

なお、反対に、社員の責任を有限責任とするには持分の自由譲渡性が必要か、という問いも考えられる[3]。しかし、この点の検討は別稿に譲り、本稿の対象外とする。

I 会社持分の自由譲渡には社員の有限責任が必須の前提条件か

会社持分の自由譲渡のためには、社員の責任が有限であることが必要不可欠な前提条件であるのか。以下、アメリカにおける議論を踏まえて、検討する。

1 アメリカにおける議論

Hansmann, Kraakman & Squire（以下、HKSとする。）によれば、Easterbrook & Fischel（以下、EFとする。）やWoodward（以下。Wとする。）などの先人達は、「有限責任は株式の自由譲渡性の基礎（foundation）である。」との主張をしていたとされる[4]。HKSの解釈によると、EFやWは株式の自由譲渡性の「前提条件」として有限責任を挙げているようにも読める。

しかしながら、EFは、有限責任は、株式購入のコストを減少し、株式の自由な譲渡を促進（promoting）する、としている[5]。EFは有限責任が株式の自

---

3) 鈴木竹雄『新版会社法〔全訂第3版〕』（弘文堂、1991）27-28頁、107-108頁参照。

4) Hansmann, Kraakman & Squire, *supra* note 2, at 1350. Frank H. Easterbrook & Daniel R. Fischel, THE ECONOMIC STRUCTURE OF CORPORATE LAW 42(1991); Susan E. Woodward, *Limited Liability in the Theory of the Firm*, 141 J. INSTITUTIONAL & THEORETICAL ECON. 601(1985).

5) Frank H. Easterbrook & Daniel R. Fischel, *Limited Liability and the Corporation*, 52 U. CHI. L. REV. 89, 95(1985).

由な譲渡を促進するとするのみであり、その意味での「基礎」であるとするものではあるが、株式の自由譲渡のためには有限責任が必須の前提条件であるとするものではない。

また、Wは、有限責任は、公開会社において株式取引のコストを低くするものであると主張する[6]。Wは、Wの論稿以前において有限責任の普及はそれによるリスク回避を要因とするものであるとの説が主張されていたとする[7]。そして、Wは、このようなリスク回避論につき、大規模公開会社と小規模閉鎖会社を区別するべきであり、小規模閉鎖会社にはリスク回避論が当てはまるが、大規模公開会社にはリスク回避論は当てはまらないと主張する。すなわち、Wは、大規模公開会社においては、有限責任によって企業の債権が株主の富に依存しなくなることから、有限責任は情報のコストを低くし株式取引のコストを低くする役割を果たすものであるとする[8]。Wもまた、公開会社において株式の自由譲渡性が認められる状態において、有限責任が株式譲渡のコストを下げ、その結果譲渡を促進するという趣旨のことを述べているにすぎない。有限責任でないと株式が自由に譲渡できないとまではしていないと解されるのである。

要するに、EF、Wともに、有限責任でなければ株式を自由に譲渡することができない、とはしていない。いずれも、株主の有限責任が株式の自由譲渡の必須の前提条件であるとする趣旨ではなく、自由譲渡を促進するものであるとする。この点については、ここではその主張の内容を確認するにとどめ、その内容の検討は持分自由譲渡を促進するのは「主体の壁（entity shielding）」による資産隔離である[9]と主張するHKSの説とともに次節において行いたい。

HKSは[10]、歴史的にも無限責任の企業（の持分）が20世紀に至るまで公の市

---

6) Woodward, *supra* note 4, at 601.
7) *Id.* at 601. 挙げられているのは、以下の文献等である。H. G. Manne, *Our two Corporation Systems : Law and Economics*, 53 Va. L. Rev. 259. Richard A. Posner, *The Rights of Creditors of Affiliated Corporations*, 43 U. CHI. L. REV. 499.
8) Woodward, *supra* note 4, at 601-2.
9) Hansmann, Kraakman & Squire, *supra* note 2, at 1350.

場で取引されていたと指摘しているが[11]、その意味では、会社持分の自由譲渡性について社員の有限責任は必須の前提条件ではなかったようである。なお、歴史的検討の詳細は別稿に譲る。

2 日本の場合

アメリカにおける議論からは、会社持分の自由譲渡について社員の有限責任は必須の前提条件であるとはいえないと考えられるが、それは普遍的なことなのか。日本の会社法の規定はどうなっているのか。社員の責任が有限責任でなければ持分を自由に譲渡できないという構造になっているのであろうか。

確かに、合名会社の社員はその全部が無限責任社員であり（会社576条2項）、合名会社の社員は、他の社員の全員の承諾がなければ、その持分の全部または一部を他人に譲渡することができない（会社585条1項）。これに対して、株式会社においては、株主は有限責任しか負わない（会社104条）のであり、原則として株式の譲渡は自由である（会社127条）。これらの点のみを捉えて比較するならば、無限責任の社員の持分譲渡は制限され、有限責任の社員の持分譲渡は自由である、すなわち、社員の責任が有限であることが持分の自由譲渡の前提である、という結論に至るようにも思われる。

しかし、合名会社の社員の持分譲渡に他の社員全員の承諾が必要とされるのは、合名会社の社員の責任が無限である（有限責任という前提条件を充たさない）からであろうか。合名会社の社員は、全員が無限責任社員であり、定款に別段の定めがある場合を除き、合名会社の業務を執行する（会社590条1項）。譲渡に他の社員の承諾が必要であるとされるのは、無限責任社員であるからではなく、業務を執行する社員の交替であるが故に、他の業務執行社員の承諾が必要であるとは考えられないであろうか。ちなみに合資会社には無限責任社員と有限責任社員が存在するが（会社576条3項）、業務を執行しな

---

10) *Id*.

11) *Id.*(citing PHILLIP BLUMBERG, THE LAW OF CORPORATE GROUPS: SUBSTANTIVE LAW 41-42(1987)).

い有限責任社員は、業務を執行する社員の全員の承諾があるときは、その持分の全部または一部を他人に譲渡することができる（会社585条2項）。この場合も、譲渡の要件が緩和されるのは有限責任社員であるからのか、「業務執行をしない」ことによるのかは明らかではない。理論的解明を必要とする問題である[12]。

　合同会社の場合はどうか。持分会社である合同会社の社員はその全部が有限責任社員である（会社576条4項）が、社員は、原則として他の社員の全員の承諾がなければ、その持分の全部または一部を他人に譲渡することができない（会社585条1項）。株式会社においても、株式の譲渡は原則として自由であるが（会社127条）、定款の定めにより、会社が発行する全部の株式の内容として（会社107条1項1号・2項1号）、または、種類株式の内容として（会社108条1項4号・2項4号）、譲渡による当該株式の取得につき会社の承認を要する旨を定めることができる。当該株式を「譲渡制限株式」という（会社2条17号）が、社員の責任が有限であっても、持分の譲渡が会社法上制限されている場合およびまたは定款による制限が可能な場合があり、持分の自由譲渡性と有限責任とは不可分のものではないのである。

　もとより、持分会社および株式会社における譲渡「制限」とは、持分の売り手となる社員と買い手となり社員となろうとする者の間の譲渡を直接制限するものではなく、あくまでも他の社員の承諾または会社の承認を必要とするものである。株式会社の譲渡制限株式の制度は昭和41年改正により導入された制度であるが、その趣旨は会社の閉鎖性維持にあるとされる[13]。社員の責任が無限であるから譲渡は制限される、有限責任であるから譲渡は自由という論理的関係にはない。理論的には社員の責任が無限であったとしても持分譲渡を自由とすることは可能なのである。この点、「上場会社等の株主に有限責任を認める理由として、ほかに『株式市場の形成の容易化』もある。

---

12) 龍田＝前田・前掲注1）11頁は、業務を執行しない合資会社の有限責任社員の持分譲渡は業務執行社員の全員が承諾するだけでよいのは、「社員の交替や持分の変動によって他の社員が受ける影響、したがって関心の度合いが、業務を執行しない有限責任社員の場合は大きくないから」であるとする。

すなわち、無限責任の場合、会社債権者は事実上富裕な株主の責任しか追及しないであろうから、資産家か否かにより、同一会社の各株主の投資リスクひいては所有株式価値に差異が生じ、株式市場を有効に機能させられなくなる」とするものがある[14]。無限責任の場合、株式市場を有効に機能させられないとはしているが、譲渡そのものができないとはしていない。有限責任については、株式の自由譲渡性の必須の前提条件ではなく、自由譲渡性を促進する要素としているとの解釈が可能である。有限責任が自由譲渡性を促進するのはどのような理屈によるのかについては次節で検討することとするが、少なくとも事業リスクが限定されることによる安心感から出資がしやすく[15]、結果として自由譲渡が促進されるという点は否定できないであろう。

なお、以上においては、譲渡の制限として、他の社員の承諾または会社の承認が必要な場合を想定しているが、本来これが持分の自由譲渡性の制限であるのかについても検討を要すべきである。当事者間（会社持分の売り手と買い手）との間の譲渡に関して直接制限をかけている訳ではないからである。合名会社においては「持分の譲渡も可能であるが、全社員の同意が必要である」（会社585条1項）とされる[16]。そして、定款で別段の定めをすることもできる（同条4項）。譲渡制限の株式についても譲渡の承認がされない場合には指定買取人の指定等制度が設けられている（会社140条以下）。譲渡制限のあ

---

13) 昭和41年改正は、昭和41年改正前商法204条1項は、定款をもってしても株式の譲渡を制限することはできない旨が定められていた。昭和41年改正は、当時きわめて多く存在していた同族会社その他閉鎖的な会社において、「いままで会社に関係のなかつた者が会社の株主となり、会社の運営を阻害するようなことを防止する必要がある」ために、「定款をもつて株式の譲渡について取締役会の承認を要する旨をさえ定めることができるものとした」とされる（味村治「第一　株式の譲渡制限」『改正商法逐条解説』商事385号（1966）3頁、4頁）。閉鎖的な会社の閉鎖性のメルクマールは「門戸を鎖し第三者の會社への加入を排除せんとする社員の意思に求められるべき」であるとするものとして、酒巻俊雄「閉鎖的な会社──その特質と法規整」早稲田法学会誌10巻（1960）83頁、86-87頁。

14) 江頭憲治郎『株式会社法〔第7版〕』（有斐閣、2017）36頁、藤田・前掲注1）83頁。

15) 龍田＝前田・前掲注1）59頁。

16) 神田秀樹『会社法〔第20版〕』（弘文堂、2018）9頁。

る株式について譲渡が行われ、それにつき会社の承認がない場合でも、判例は、譲渡当事者間では譲渡は有効であると解している[17]。アメリカにおいても、譲渡が可能（transferable）か否かと取引が可能（tradable）か否かについては用語が使い分けられる場合があり、「株式が自由に譲渡可能（freely transferable）であっても、公開市場において制約なく取引することは認められず、むしろ仲間うちや現在の株主、または会社の承認を得て、ようやく取引が可能（tradable）になることもある。」とするものがある[18)・19)]。

II 会社持分の自由譲渡を促進するものは何か

1 アメリカにおける議論

社員の持分の譲渡は、社員の責任が無限であるか有限であるかに関わらず、「可能」である。しかし、譲渡が「可能であるか」の問いと、「譲渡が促進されているか」の問いは次元が異なる。以下においては、会社持分の自由譲渡を促進するのは(1)社員の有限責任（limited liability）であるとするEFの見解と、(2)「主体の壁（entity shielding）」による資産隔離であるとするHKSの見解、および(3)HKSからのEFの見解に対する批判を紹介し、(4)これらを検討したい。

(1) EFの見解——「有限責任（limited liability）」

上述したように、EFは、「有限責任（limited liability）」が会社持分の自由譲渡を促進するとする[20]。その理由は以下の通りである。

---

17) 最判昭和48・6・15民集27巻6号700頁。
18) REINER KRAAKMAN, JOHN ARMOUR, PAUL DAVIES, LUCA ENRIQUES, HENRY HANSMANN, GERARD HERTIG, KLAUS HOPT, HIDEKI KANDA, MARIANA PARGENDLER, WOLF-GEORG RINGE & EDWARD ROCK, THE ANATOMY OF CORPORATE LAW : A COMPARATIVE AND FUNCTIONAL APPROACH 10 (3rd ed. 2017). 初版の布井千博監訳『会社法の解剖学——比較法的＆機能的アプローチ』（レクシスネクシス・ジャパン、2009）11頁参照。
19) さらに進んで、市場適格性（marketable）という概念が想定しうるが、この点の検討は別稿で行うものとする。
20) Easterbrook & Fischel, *supra* note 5, at 95.

第一に、EFによると、有限責任によって株式が一つの価値で取引されることになり、株式購入のコストが減少する[21]。

「有限責任ルールのもとでは、株式の価値は、企業の資産によって産み出される収益の連続の現在価値によって決定される。他の投資者らが誰であるかのアイデンティティと資産状況は関係ない。株式は代替可能である。すなわち、株式は流動性のある市場において一つの価値で取引される。

無限責任ルールのもとでは、株式は代替可能とはならないであろう。その価格は将来のキャッシュ・フローの現在価値『及び』株主の富の結果であろう。代替性の欠如は株式の購入を妨げるであろう。無限責任のもとで株式のコントロール・ブロックの購入を欲する者は、個々の株主と個別に交渉し、各々に異なった価格を支払わねばならないかもしれない。

………有限責任は、大きなかたまり（ブロック）を追加料金を取られるリスクなしに購入することを可能にし、その結果有益な支配取引を容易にする[22]。」

第二に、「有限責任は、市場価格が企業の価値に関する付加的な情報を包含することを可能にする。」ことを挙げる[23]。

「無限責任の場合、株式は均一な商品ではなく、一つの市場価格を有することもないであろう。その結果、投資者らは『価格が適正か』を知るために企業の将来性の分析に際して多くのリソースを費やすことを要求される。しかし、全てが同じ条件で取引できれば、投資者らは、企業の展望に関する入手可能な情報が株価に反映されるまで取引することができる。ほとんどの投資者らは、調査にリソースを割く必要はない。すなわち、彼らは市場価格を与えられたものとして受け入れ、『公正な』価格で購入することができる[24]。」

第三に、有限責任は、より効率的な分散投資を可能にすることを理由とす

---

21) Id. at 95-96.
22) Id. なお、「支配の移転を容易にするルールはまた、マネージャーらをこのような取引がなされないように効率的に行動するように誘う。そしてそのことが、企業が買収されるか否かに関わらず、専門化のコストを減少させる」という。
23) Id. at 96.
24) Id.

る[25]。

「投資家は、分散した資産のポートフォリオを有することによってリスクを最小化できる。企業は、より低いコストで資本を集めることができる。なぜなら、投資者は、非分散持分による特別のリスクを負う必要がないからである。しかしながら、このことは、有限責任または何らかの適した代替物のルールのもとでのみ該当する。

無限責任のルールのもとでは、分散投資はリスクを減少させるよりもむしろ増加させるであろう。ある一つの企業が破産することになれば、投資者はその全ての富を失うかもしれない。従って、無限責任のもとにおける合理的な戦略は、所有する証券の数を最小化することになるであろう。その結果、投資者らは、分散投資によって避けられたかもしれないリスクに耐えることを強いられるであろう。そして、企業の資本集積のコストは上昇するであろう[26]。」

第四に、有限責任は、最適な投資決定を容易にするという[27]。

「投資者らが分散したポートフォリオを有すると、マネージャーらは、プラスの正味現在価値を伴う全てのプロジェクトに投資することによって、投資者らの富を最大化する。彼らは、投資者らを没落の危険に晒すことなしに（新製品の開発のような）高い分散のベンチャーを承認することができる。各投資者は、他の複数の企業の株式を保有することで、一つのプロジェクトの失敗に対してヘッジすることができる。

しかしながら、無限責任の世界では、マネージャーらは異なった行動を取るであろう。彼らは、プラスの正味価値のあるプロジェクトのいくつかを『リスクが高すぎる』として却下するであろう。投資者らはリスクを減少させる最善の方法であることを理由にマネージャーらがそうすることを望むであろう。当然これは社会的損失となるであろう。なぜなら、プラスの正味価値を有するプロジェクトは資本の有益な利用であるからである。

---

25) *Id.*
26) *Id*, at 96-97.
27) *Id*. at 97.

企業的なベンチャーのために資本を集めることを欲する者達と社会全体の双方が有限責任の恩恵を被る。持分に対する出資者らは、責任についての一つのルールのもとで他の一つのルールによるのと同様に上手く対処するであろう。全ての投資者らはリスクのない財務省短期証券とよりリスクの大きい投資の間で選択をしなければならない。持分出資に伴うリスクがより大きければ、投資者の支払いはより少なくなるであろう。投資者らは、持分の価値を、マージンにおいて、リスクを調整した株式と財務省短期証券のリターンが等しくなるまで下げる。責任のルールが知られている限り、投資者らはそれに応じて株式の値段をつける。

しかしながら、非効率的なルールの選択は、投資者らをリスクに晒すかもしれないプロジェクトへの投資に利用できる資金のプールを減少させるであろう。プラスの正味価値を有するプロジェクトへの資金の利用の増加が有限責任の真の利点である[28]。」

(2) HKSの見解——「主体の壁 (entity shielding)」による資産隔離

一方、HKSは、「主体の壁 (entity shielding)」が持分の自由譲渡性を促進するとする[29]。ここに、「主体の壁」とは、オーナーおよびオーナーの個人債権者から企業の資産を保護するルールであり[30]、Hansmann & Kraakman(以下、HKとする。)が「確定的な資産隔離 (affirmative asset partitioning)」と呼んでいたものである[31]。「主体の壁」によって事業主体の資産が隔離されることになる。「全ての近代の商業企業によって利用される主体 (entity) の形態は、主体の壁 (entity shielding) を示している。」とされる[32]。

HKSによれば、「主体の壁」は①「弱い主体の壁 (week entity shielding)」、②「強い主体の壁 (strong entity shielding)」の③「完全な主体の壁 (complete entitiy

---

28) *Id.*
29) Hansmann, Kraakman & Squire, *supra* note 2, at 1350.
30) *Id.* at 1337.
31) *Id.* at 1336. Henry Hansmann & Reinier Kraakman, *The Essential Role of Organizational Law*, 110 YALE L. J. 387, 393-95(2000).
32) Hansmann, Kraakman & Squire, *supra* note 2, at 1338.

shielding)」の3種類に分類される[33]。

① 「弱い主体の壁（week entity shielding）」

「弱い主体の壁（week entity shielding）」とは、企業資産につき、単に企業の債権者の請求に個人の債権者の請求に対する優先権を与えるものである[34]。このルールは、近代の一般パートナーシップ（general partnership）を性格づけるとされる[35]。

② 「強い主体の壁（strong entity shielding）」

「強い主体の壁（strong entity shielding）」とは、「弱い主体の壁（week entity shielding）」に債務の支払いに対する隔離のルールが加えられたものである[36]。債務の支払いに対する隔離とは、企業のオーナーおよび彼らの個人債権者に対して、企業の純資産に対する支払いの強制を制限することである[37]。企業のオーナーに対する制限と彼らの個人債務者に対する制限は概念的に区別される二つの特徴ではあるが、通常一組とされる[38]。近代の事業会社が「強い主体の壁（strong entity shielding）」のよく知られた例である[39]。すなわち、会社の資産について会社債権者に優先権を与えているだけではなく、それらはまたこれらの資産を債務の支払いに当てることを試みる株主またはその個人債権者から隔離されるのである[40]。

③ 「完全な主体の壁（complete entitiy shielding）」

「完全な主体の壁（complete entitiy shielding）」とは、企業の（受益的）オーナーらの債権者を含む、企業の債権者ではない債権者らは、誰も企業の資産に対しては何も請求できない仕組みをいう[41]。この特徴を有する一般的な現代の主体の例は、非営利会社と公益信託である。マネージャーらと受益者ら

---

33) *Id*. 1337-38.
34) *Id*.
35) *Id*.
36) *Id*. at 1338.
37) *Id*. Hansmann & Kraakman, *supra* note 31, at 403-04.
38) Hansmann, Kraakman & Squire, *supra* note 2, at 1338.
39) *Id*.
40) *Id*.
41) *Id*.

の個人債権者らは、組織の資産にいかなる請求をもできず、組織の資産は組織自身の名においてなされた債権契約の債務の引当てになるのみである[42]。

以上の3分類を前提に、上述したようにHKSは、「主体の壁（entity shielding）」が株式の自由譲渡性を「促進（promote）」するとしている[43]。

HKSによると、特に「強い主体の壁（strong entity shielding）」によると、自由譲渡性によって創出されるリスクを処理することができるという[44]。HKSによると、自由譲渡性によって、持分が個人として過剰な借り入れをしている個人の手元に最終的に至ることになり、そのようなオーナーまたはオーナーの個人的な債権者が事業主体の財産からの支払いを求めることによって企業のゴーイング・コンサーン・バリューを脅かすおそれが生じる[45]。しかし、「強い主体の壁（strong entity shielding）」によって企業のオーナーおよび彼らの個人債権者が企業の純資産に対する支払いを強制することを制限して資産を隔離すれば、持分の自由譲渡性によって生じるこのようなリスクを回避することができ、企業のゴーイング・コンサーン・バリューが維持されるとする[46]。このように、「強い主体の壁（strong entity shielding）」によって事業資産をオーナーまたはオーナーの個人債権者に対する支払いから隔離することによって、企業のゴーイング・コンサーン・バリューを維持するためにオーナーらが互いの個人的な取引をモニターする必要性が減少し[47]、その結果誰がオーナーになることができるかは重要ではなくなり[48]、ひいては持分の自由譲渡性が促進されるというのがHKSの主張である[49]。後述するように、HKSによると、有限責任によるのでは自由譲渡性によるリスクを処理し企業のゴーイング・コンサーン・バリューを維持することはできない。した

---

42) *Id.*
43) *Id.* at 1350.
44) *Id.*
45) *Id.*
46) *Id.*
47) *Id.*
48) *Id.*
49) *Id.*

がって、自由に取引できる持分は、有限責任を欠く場合はあるが、常に「強い主体の壁（strong entitiy shielding）」を有しており、このことは驚くべきことではないというのが彼らの主張である[50]。

そして、「弱い主体の壁（weak entity shielding）」でさえも、自由譲渡性が企業の債権者が企業のオーナーの個人的なファイナンスを査定するコストをより高くするものであることを考慮すれば、株式の市場性を一定限度促進するものであるとされている[51]。

HKSは、「主体の壁（entity shielding）」の存在することをもって「法的な主体（legal entity）」とし、この定義に従って個人と会社およびパートナーシップが「法的な主体（legal entity）」となりうるとする[52]。しかし、この場合の「法的な主体（legal entity）」とは、法律論でいう「法人格」とは異なった概念である[53]。前述したように一般パートナーシップは「弱い主体の壁（weak entity shielding）」を有するとされるが、法人格を有するものではないからである。ただし、HKSは、「主体の壁（entity shielding）」は特別な法律のルールを必要とするとして、要約すると以下のようにいう。「企業のオーナーらが、個別の契約によってオーナーの個人的な債権者らのオーナーに対する債権およびオーナーらの企業資産に対する債権を企業の債権者らの債権に劣後させることには高い取引コストがかかるであろう。また、オーナーの個人債権者に権利を放棄させることが個人的な借り入れコストを増加させ、それはオーナーが負担することになることから、オーナーはコストを免れるために自らの個人債権者には権利を放棄させないという機会主義的なインセンティブに直面するであろう。オーナー相互でそれをモニターすることは非常に困難である。したがって、オーナーの個人債権者の権利を彼らの個人的な同意なしに減じ、企業の資産を隔離する財産法の特別なルールとして『主体の法（entity law）』が必要である[54]。」。もっとも、必ずしも明確ではないが、「弱い主体の壁（weak

---

50) *Id.*

51) *Id.* at 1350 note 43.

52) *Id.* at 1337-38.

53) *Cf.* KRAAKMAN, ARMOUR, DAVIES, ENRIQUES, HANSMANN, HERTIG, HOPT, KANDA, PARGENDLER, RINGE & ROCK, *supra* note 18, at 8.

entity shielding)」を有するパートナーシップについてもオーナー個人の債権者を会社の債権者に劣後させるためには「主体の法（entity law）」が必要であり、パートナーシップもまた「法的主体（legal entity）」と考えなければならないとの趣旨であろう。HKSによると、「主体の壁（entity shielding）」を有することをもって「法的主体（legal entity）」と同義とすることにより、パートナーシップについての問題が解決されるという[55]。他方、近代の事業会社については「強い主体の壁（strong entity shielding）」を有し、「強い主体（strong entities）」であるとされている[56]。ここでいう「強い主体（strong entities）」とは、法律論でいうところの「法人格（legal personality）」を有する主体[57]と重なることになると思われる。「主体の壁（entity shielding）」による事業主体の資産隔離という目的のためには、「弱い主体の壁（weak entity shielding）」を有するパートナーシップについても「主体の法（entity law）」によって「法的主体（legal entity）」とすることが必要であり、事業会社については「主体の法（entity law）」によって強力な「法的主体（legal entity）」とされ、法人格があるのと同様の状態になるとの理解になる。

(3) HKSの立場からのEFの見解に対する批判

HKSは、以上のように持分の自由譲渡性を促進するのは「主体の壁（entity shielding）」、そのうち特に「強い主体の壁（strong entity shielding）」であるとする立場から、有限責任が持分の自由譲渡性を促進するとするEFの見解に対して批判を加えている[58]。その際、HKSは、「有限責任（limited liability）」という用語は使用せず、これと同意義のものとして、「完全なオーナーの壁（complete owner shielding）」という用語を使用している[59]。ここに「オーナーの壁（owner shielding）」とは、「主体の壁（entity shielding）」に対比される概念

---

54) Hansmann, Kraakman & Squire, *supra* note 2, at 1340-41.
55) *Id*. at 1338 note 8.
56) *Id*. at 1338, 1342.
57) *Cf*. *Id*. at 1338 note 8.
58) *Id*. at 1350.
59) *Id*. at 1340.

であり、企業債権者から企業のオーナーの個人的な資産を保護するルールである[60]。「オーナーの壁（owner shielding）」は、①「弱いオーナーの壁（weak owner shielding）」と②「完全なオーナーの壁（complete owner shielding）」に分類されている[61]。

① 「弱いオーナーの壁（weak owner shielding）」

「弱いオーナーの壁（weak owner shielding）」は、オーナー個人債権者のオーナーの個人資産への請求を企業債権者の請求に優先させるものである[62]。「弱いオーナーの壁（weak owner shielding）」は、1978年以前の2世紀間の合衆国の一般パートナーシップを特徴づけていたものであり、今日の英国のパートナーシップを特徴づけているものであるとされる[63]。

② 「完全なオーナーの壁（complete owner shielding）」

「完全なオーナーの壁（complete owner shielding）」は、企業債権者らの請求の対象を企業によって持たれている資産に制限し、企業の債権者らがオーナーの個人資産に請求することを禁じるものである[64]。近代の事業会社における社員の有限責任が「完全なオーナーの壁（complete owner shielding）」のよく知られた例であるとされる[65]。

以上のような前提のもと、HKSは、EFの見解に対して、有限責任は持分の自由譲渡性の目的にとって①不十分であり、②不必要であるとの批判を加えている[66]。

① 不十分であるとの批判

HKSは、前述したように「主体の壁（entity shielding）」が株式の自由譲渡性を「促進（promote）」するとしている[67]。そして、「強い主体の壁（strong entity

---

60) Id. at 1339.
61) Id. at 1339-40.
62) Id. at 1339.
63) Id.
64) Id. at 1334.
65) Id.
66) Id. at 1350. 厳密には、前述したように、EFが社員の有限責任を持分自由譲渡性の「基礎」とするとした点についての批判である。
67) Id.

shielding)」とは異なり、有限責任は、自由譲渡性によって創出されたリスク、すなわち、株式が過剰な個人的な借り入れによって企業のゴーイング・コンサーン・バリューを脅かすおそれのある個人の手元に最終的に至ることになるリスクに対処するものではない」とする[68]。したがって有限責任では不十分であるとされる。

② 不必要であるとの批判

HKSによれば、有限責任は、自由譲渡性という目的において必要ではないという[69]。割合的な（pro rata）の株主の責任でありさえすれば、株式の流動的な市場とは調和するからであるという[70]。明言はされていないが[71]、割合的な無限責任であれば株式の流動的な市場のために社員の責任が有限責任である必要はないとしていると思われる。この点、HKは、割合的な無限責任の場合には、割合的ではなく連帯的な無限責任の場合に比して証券市場にかかるコストが非常に低くなるとしている[72]。推測するに、HKSは、(i)連帯的な無限責任、(ii)割合的な無限責任、(iii)有限責任の三段階を想定し、(ii)割合的な無限責任の段階であれば、流動的な市場を維持するのに多大なコストがかか

---

68) Id.
69) Id.
70) Id.
71) Id.
72) Henry Hansmann & Reinier Kraakman, *Toward Unlimited Shareholder Liability for Corporate Torts*, 100 YALE L. J. 1879, 1903(1991). *See also* David Leebron, *Limited Liability, Tort Victims, and Creditors*, 91 COLUM. L. REV. 1565, 1574-84(1991). ただし、不法行為の場合に限って無限責任とするべきであるが、連帯的な無限責任ではなく、割合的な比例方式の無限責任制を導入することを提唱するものである（金本良嗣＝藤田友敬「6章 株主の有限責任と債権者保護」三輪芳朗＝神田秀樹＝柳川範之編『会社法の経済学』（東京大学出版会、1998）191頁、195頁、220-221頁参照）。HKによると、連帯的な無限責任は、パートナーシップに一般的なルールである（Hansmann & Kraakman, in this note, at 1893.）。これに対して、割合的な無限責任はカリフォルニア州において1849年から1931年まで存在していたとされる（Phillip Blumberg, *Limited Liability and Corporate Groups*, 11 J. CORP. L. 573, 597(1985-1986).) 前述したように、本稿は不法行為の場合は対象外とし、不法行為の場合に無限責任を導入するべきであるかの議論には立ち入らない。ただし、不法行為の場合ではなくても割合的な無限責任という概念自体は想定しうるため、これについては議論の対象としたい。

るわけではない、すなわち、持分の自由譲渡性を促進するのに(iii)有限責任の段階にまで至ることは必要ないとする趣旨であろう。

前述した「主体の壁 (entity shielding)」の場合とは異なり、「オーナーの壁 (owner shielding)」には特別の法律は必要ではないとされる[73]。要約すると「オーナーの壁 (owner shielding)」は、「多くの場合契約で実現することが可能である。企業のエージェントらがオーナーの個人債権者らと交渉することが可能であり、また、個人債権者らが権利を放棄することのコストは全てのオーナーらの間に広まるため、モラル・ハザードも比較的控えめなものになる。また、企業の名前に『有限 (limited)』の語句を入れることによって補強することもできる。」[74] というのである。

(4) 持分の自由譲渡性を促進するものは何か──社員の有限責任(「強いオーナーの壁 (strong owner shielding)」および「主体の壁 (entity shielding)」

上述したように、HKSの主張する「主体の壁 (entity shielding)」は、事業主体の資産をオーナーおよびオーナーの個人債権者から隔離するものである。これに対して、「社員の有限責任」とは、HKSのいう(「強いオーナーの壁 (strong owner shielding)」のことであり、事業の出資者であるオーナーの資産を出資先である事業主体の債権者から隔離するものである。両者は二つの反対の方向に向かって「壁 (shielding)」を作り、二つの壁によって事業主体の資産とオーナーの資産を区分し事業主体の資産を隔離するものであると理解することができる[75]。会社持分の自由譲渡性の促進という観点からすると、第一義的には、「主体の壁 (entity shielding)」によって事業主体の資産が隔離されることが重要であると思われる。事業主体の資産に対して、オーナーおよびオーナーの個人債権者が支払いを求めることができるとするならば、HKSのいうように事業主体のゴーイング・コンサーン・バリューを保つことが難しくなるからである。HKSの論ずる通り、「主体の壁 (entity shielding)」によっ

---

73) Hansmann, Kraakman & Squire, *supra* note 2, at 1341.
74) *Id.*

て資産の隔離がなされない状態においては、会社持分の自由譲渡性が促進されるとは言い難い。この意味では、HKSの見解に賛成したい。

しかしながら、「主体の壁（entity shielding）」が会社持分の自由譲渡性を促進するとすることが、社員の有限責任が会社持分の自由譲渡性を促進することを否定するわけではないと考える。前述したように、社員の有限責任と「主体の壁（entity shielding）」は、別方向を向いているが、どちらも事業主体の資産の範囲を明確にしようとするものである点で共通している。持分譲渡を促進するという観点からも、どちらか一つのみが促進するというような二者択一の関係にはなく、併存しうるものであると考える。

この点、上述したように、HKSは、株式の自由譲渡性を「促進（promote）」する「強い主体の壁（strong entity shielding）」[76]とは異なり、「有限責任は、自由譲渡性によって創出されたリスク、すなわち、株式が過剰な個人的な借り入れによって企業のゴーイング・コンサーン・バリューを脅かすおそれのある個人の手元に最終的に至ることになるリスクに対処するものではな」く、持分の自由譲渡性を促進するものとしては不十分であると批判している[77]。しかし、「強い主体の壁（strong entity shielding）」がない状態で有限責任のみが存在し得るのであればその批判が当たるのかもしれないが、「強い主体の壁（strong entity shielding）」が存在する状態で重ねて有限責任が存在する場合に、EFの挙げる、有限責任が持分の自由譲渡性を促進する要素、すなわち、①株式が一つの価値で取引されることにより株式購入コストを減少すること、②市場価格が企業の価値に関する付加的な情報を包含することを可能にするこ

---

75) ただし、上述したように、会社について対比されるのは「強い主体の壁（strong entity shielding）」と「完全なオーナーの壁（complete owner shielding）」であり、壁の「強さ」が異なっている。もっとも、オーナーから会社へは出資がなされているが、会社からオーナーへ出資がなされるわけではないため、壁の「強さ」が異なるのも当然であるのかもしれない。HKSは、「強いオーナーの壁（strong owner shielding）」という概念自体を想定していないようである。なお、上述したように、「完全な主体の壁（complete entity shielding）」を有するものとして、HKSは、非営利法人と公益信託を挙げているが、この点については本稿とは別に検討すべき課題である。

76) Hansmann, Kraakman & Squire, *supra* note 2 at 1350.

77) *Id*.

と、③より効率的な分散投資を可能にすること、④最適な投資決定を容易にすること、を否定できるものではない。

また、HKSは、上述したように、(ⅰ)連帯的な無限責任、(ⅱ)割合的な無限責任、(ⅲ)有限責任の三段階を想定していると考えられるが、(ⅱ)割合的な無限責任の段階であれば、流動的な市場を維持するのに多大なコストがかかるわけではない、すなわち、持分の自由譲渡性を促進するのに(ⅲ)有限責任の段階にまで至ることは必要ないとの趣旨の批判をしているにすぎない[78]。(ⅲ)の有限責任の段階が(ⅱ)の割合的な無限責任の段階よりも持分の自由譲渡性を促進しない、との批判ではない。

以上のように、持分の自由譲渡性を促進するものとして、EFは有限責任を、HKSは「主体の壁（entity shielding）」を、挙げている。HKSはEFの主張を不十分であり不必要としているが、二つは逆の方向で事業主体の資産の範囲を確定しようとする共通の目的を有するものであり、持分自由譲渡性の促進という点において併存しうるものであると考える。HKSは、企業に関するより優れた情報、より優れた会計、そしてバリュエーションの技術が持分市場を活性化し、小規模な企業においても株式の譲渡性の効率性を高めるとする[79]が、このことは、「主体の壁（entity shielding）」および有限責任に共通の当然の前提であるといえるのである。

---

78)　*Id.*

79)　*Id.* at 1398. ただし、この点に対しては、独英仏等においては、アメリカにおけるよりもかなり早くから中小会社に「強い主体の壁（strong entity shielding）」が与えられており、それはHKSが重要であるとする会計システムが発達するそれ以前から多くの事業によって採用されていたとの指摘がある（Naomi R. Lamoreaux & Jean-Laurent Rosenthal, *Entity Shielding and the Development of Business Forms: A Comparative Perspective*, 119 HARV. L. REV. F. 238, 239 (2006).）。HKSがその歴史的検討において古代ローマを除き独仏などヨーロッパに関する検討が十分でないことを批判する文脈での批判である。ただし、Lamoreaux & Rosenthalは、基本的にはHKSの「主体の壁（entity shielding）」についての主張に賛同している（at 245）。歴史的な検討については、今後の課題としたい。

2　日本の場合——持分の自由譲渡性を促進するものは何か

　以上、アメリカにおいては会社持分の自由譲渡性を促進するものとして、社員の有限責任であるとの主張と「強い主体の壁（strong entity shielding）」による事業主体の資産隔離であるとの主張がなされていることを紹介した。この議論は、日本の会社法に当てはまるのであろうか。

(1)　「主体の壁（entity shielding）」による事業主体の資産隔離と法人格

　アメリカの議論における「強い主体の壁（entity shielding）」と「法人格」とは次元の異なる概念である。しかしながら、原則的には法人格によって財産帰属の範囲が確定される以上、「強い主体の壁（strong entity shielding）」による事業主体の資産隔離と「法人格」による財産帰属の範囲は重なる。日本の会社（会社2条1号）は、法人であり（会社3条）、HKSのいうところの「強い主体の壁（strong entity shielding）」は備わっている。すなわち、会社の資産について会社債権者に優先権を与えているだけではなく、それらはまたこれらの資産を債務の支払いに当てることを試みる株主またはその個人債権者から隔離されている[80]。上述したようにHKSは、「主体の壁（entity shielding）」により事業主体の資産が隔離され、オーナーの個人債権者の状況などに関してその個性が重視されなくなるため持分の自由譲渡性が「促進（promote）」されるとしている[81]が、日本において会社形態を取る企業主体は、法人格を有し、それにより「強い主体の壁（strong entity shielding）」を有しており、事業資産が隔離され、オーナーの個性が重視されず、自由譲渡が促進される、という点においては変わりがない。

　アメリカにおいては、パートナーシップが法人格を有していないことから、資産の隔離をどのように行うかが問題となったのである。「主体の壁（entity shielding）」論も、HKSがいうようにパートナーシップの問題を解決するところにその意義があるともいえる[82]。しかし、日本においては、合名会社も会

---

80)　Hansmann, Kraakman & Squire, *supra* note 2, at 1338.
81)　*Id*. at 1350.

社であるとされているため（会社2条1号）、アメリカのパートナーシップのような理論的問題は生じない。

もっとも、日本の持分会社においては、退社（会社606条以下）、退社に伴う持分の払戻し（会社611条）が認められている。社員の持分を差し押さえた債権者が一定の条件のもと当該社員を退社させることもできるなど（会社609条）[83]、HSKの基準とは異なるが、法人財産の維持・隔離のための「壁」が「薄い」ことは確かである。退社した社員は、その登記前に生じた持分会社の債務について、責任を負うとはされている（会社612条）が、持分譲渡が制限される理由はここにも存すると考えられる。対照的に、原則として持分の払戻しが禁止されている株式会社[84]の場合には、この点からも譲渡が促進されることになろう。

(2) 出資のターゲットと「主体の壁（entity shielding）」または法人格の関係

トラッキングストック（特定事業連動株式）[85]の場合には、事業活動に対する出資の範囲と法人格の範囲は必ずしも一致しない。法人格を超えている場合もあれば、法人格の一部に留まる場合もある。これらのような場合であっても、出資のターゲットとなる事業の範囲が明確で、それを会計上の問題をクリアして開示することができれば、法人格を超えた主体による事業または法人の一部による事業をターゲットとして出資することも不可能ではない[86]。法人格もまた、出資のターゲットを明確にするために、法的主体の資

---

82) *Id.* at 1338 note 8.
83) 江頭憲治郎「企業の法人格」『会社法の基本問題』（有斐閣、2011）91頁、103頁以下参照。
84) 減資に際して一定の債権者保護手続を要求すること、利益配当の要件を限定していること等がその具体的な内容である。江頭・前掲注83）104頁、113頁（注46）。また、株主の債権者は社員の有する株式を差し押さえて競売することはできても、会社に対してその払戻しを請求することはできない。
85) 会社が有する特定の完全子会社・事業部門等の業績にのみ価値が連動するように設計された株式をいう。会社が完全子会社等に対する支配を維持しながら当該子会社等の価値を株式市場で顕在化させたいというニーズから発行されるものである。江頭・前掲注14）144頁。

産の隔離または事業の分離をするための一手段にすぎないことになる[87]。事業に関連する資産の隔離または事業の分離の範囲を明確にすることが可能であれば、法的主体を超えたターゲットへの出資が可能になる。そのような場合、法人格または「強い主体の壁（strong entity shielding）」によらずとも出資のターゲットに対応した持分の自由譲渡性を促進することが可能であると考える[88]。

(3) 社員の有限責任

日本においては株式会社の株主、合同会社の社員、合資会社の社員の一部が有限責任社員とされている。EFは、有限責任が持分の自由譲渡性を促進するとしている。その理由としては上述したように、①株式が一つの価値で取引されることによる株式購入コストの減少、②市場価格が企業の価値に関する付加的な情報を包含することを可能にすること、③より効率的な分散投資を可能にすること、④最適な投資決定を容易にすることが挙げられている。無限責任の場合に比べて有限責任の場合の方が①〜④を実現することが容易なことは否定し難い。このことは日本の会社、特に株式会社についても当てはまると思われる。日本においても、有限責任の長所は、「株式の同質性を保証することによって、多数の投資家が参加する株式市場を有効に機能させることであ」り、「無限責任のもとでは各出資者の直面するリスクは他の出資者の資産保有状況に依存し、株式市場の成立が困難になる。無限責任のルールのもとでは、会社が破産した際には、債権者は株主の個人資産に対してかかっていくことになるが、その際に、個人資産の小さい株主の債務負担能力は限られているので、個人資産の大きい投資家が相対的に大きな負担を強いられ

---

86) *Cf.* Hansmann, Kraakman & Squire, *supra* note 2, at 1398.
87) 「法人の法人格は財産の独立性確保を目的とする法技術であ」るとするものとして、上柳克郎「法人論研究序説」法学論叢90巻4・5・6号（1972）21頁、26頁がある。また、「社団に法人格を付与する（社団法人）とは、構成員と別個・独立の財産上の権利・義務主体を作ることであるともいえるが（法人の「分離原則」）、法人財産と構成員との独立・分離には、種々の程度・段階があり得る。」とするものもある（江頭・前掲注14）30頁）。
88) 親子会社などの問題を含め検討すべき課題としたい。

ることになる。したがって、大きな個人資産をもつ投資家は株式投資を避けることになり、個人資産の小さい投資家だけが投資する傾向が生まれる。株式市場の大きな役割は、分散投資によるリスク軽減を可能にし、広範囲の投資家からより多くの資金を集めることであるが、それが困難になってしまう。」とする[89]ものがある。これは、株主の有限責任が株式の自由譲渡性を「促進」し市場を有効にするというものであり、EFの議論によっている[90]。

株式会社の社員の責任は「間接」有限であるのに対し、持分会社である合同会社の社員および合資会社の有限責任社員の責任は「直接」有限であり、会社債権者に直接責任を負い、限度額を超える履行を拒否できるというだけである[91]。「オーナーの壁（owner shielding）」という観点からは、持分会社の場合、HKSの基準とは異なるが、前述したように、株式会社に比して「主体の壁（entity shielding）」はより「薄い」。したがって、持分会社の有限責任社員の持分譲渡が制限されていることは、業務執行権が付随することだけではなく、「主体の壁」の「薄さ」からも説明が可能となる[92]。

(4) 持分譲渡を促進するもの——特に「強い主体の壁」と社員の有限責任

前述したように、アメリカにおける議論として、「主体の壁（entity shielding）」、特に「強い主体の壁（strong entity shielding）」と社員の有限責任とは二つの別の方向で事業主体の資産を隔離するものであり、この二つは併存して持分の自由譲渡性を促進すると考える。この点は、日本においても当てはまるであろう[93]。

(5) 会社の経営権をともなわないこと等

前述したように、持分会社では社員が原則として業務執行権を有しており、

---

89) 金本＝藤田・前掲注72) 195頁。
90) 金本＝藤田・前掲注72) 195頁（注6）。
91) 龍田＝前田・前掲注1) 59頁。ただし、出資を全額履行済みの社員は、会社債権者から請求されても支払義務がないので、結果は株主の場合と同じである（同書・同頁）。
92) 前述したように、HKSは、連帯的な無限責任ではなく割合的な無限責任であれば有限責任ではなくても持分の自由譲渡性を促進するとしている。ただし、日本の合名会社または合資会社における無限責任社員は、会社の債務について連帯して責任を負うものであり、割合的な無限責任ではない。

その譲渡に「制限」がかかっている。株式会社の場合においても、譲渡制限株式の趣旨は、会社の経営に現株主の意に沿わない者を加えることを避けることにある。会社の経営権を有することが持分の自由譲渡性を阻害する要素であるともいえ[94]、逆にいうと、会社の経営権を有しないことが持分の譲渡を容易にするといえるであろう。

その他、持分の自由譲渡性を高める要素としては持分単位が細分化されていることなどが挙げられ、情報と会計、バリュエーションを前提とした「強い主体の壁（strong entity shielding）」による資産隔離および株主有限責任とあいまって、株式はパッケージとして自由譲渡性が高められた金融商品である。

おわりに

以上においては、会社持分の自由譲渡性に関し、第一に、社員の有限責任は会社持分の自由譲渡性の絶対的な前提条件ではないと考えられること、第二に、会社持分の自由譲渡性を促進するものとして、有限責任および「主体の壁（entity shielding）」による事業資産の隔離があるとの結論に至った。ただし、トラッキング・ストックや親子会社関係など法人格を超えた主体または法人の一部の主体が営む事業をターゲットとして出資がなされる場合についての検討や歴史的な検討は今後の課題としたい。また、本稿では、会社持分の自由譲渡性の前提及び促進するものという観点から考察したが、反対に、社員の責任を有限とするうえで、持分の自由譲渡性が必要かという点については将来の課題としたい。

---

93) 法的には企業財産（B）の構成員（A）からの独立過程は、二つの方向、すなわち、①BがAの容態から分離・遮断されることと、②物的有限責任の基礎が確立することによって達成されたとするものとして、江頭憲治郎『会社法人格否認の法理』（東京大学出版会、1980）135-136頁。
94) 支配株の場合には、同一・同質の単位ではあっても拘束されて動けない状態にあり、株式の流動性が否定されているとするものとして、上村達男『会社法改革――公開株式会社法の構想』（岩波書店、2002）145頁。

個別株主通知と株主名簿制度
——立法論的・解釈論的考察

岩原　紳作

　　序
Ⅰ　個別株主通知制度とその問題点
Ⅱ　個別株主通知制度の具体的な問題
Ⅲ　立　法　論
Ⅳ　解釈上、個別株主通知が不要と考えられる場合
　　結　　び

序

　平成21年1月5日にいわゆる株券電子化が実施され、上場会社の株式は、「社債、株式等の振替に関する法律」(以下、「振替法」と略す)に基づく振替株式となった (振替法128条1項)。振替機関が取り扱う株式等は振替機関の業務規程で定められるが (振替法11条1項1号)、証券保管振替機構の株式等の振替に関する業務規程6条は、上場株式等を取扱対象株式としている[1]。また、東京証券取引所有価証券上場規程205条(11)は、内国会社の株式上場の形式要件として、「当該銘柄が指定振替機関の振替業における取扱いの対象であること又は上場の時までに取扱いの対象となる見込みのあること」を挙げている[2]。このように上場会社の株式は振替株式であることを強制されている

---

1)　原則として、上場株式又は上場する予定の株式を対象とする (同規程6条(1))。その他、フェニックス銘柄、上場されている又は上場予定の新株予約権等も対象とされている (同規程同条(2)以下)。

が、上場廃止になって上場株式でなくなると振替株式ではなくなることになっている。このことから、上場廃止された会社の株主が個別株主通知をすることができなくなって、少数株主権等の行使ができなくなるという事例が続いている[3]。これ以外にも、個別株主通知の要件を充たせないために少数株主権等の行使ができない、あるいは権利行使がしにくくなっているという例が相次いでいる[4]。

このように株主の権利行使の障害になっている現在の個別株主通知制度は、果たして合理的な制度なのであろうか。改善する余地はないのであろうか。本稿は、株主名簿制度との関連でそのような問題を解決すべく、個別株主通知の制度を立法論的・解釈論的に再検討するものである。個別株主通知制度については数多くの解釈論に係る論文や判例評釈が書かれているが、立法論を論じるものは少ない。本稿が、個別株主通知に関する立法論及び解釈論が発展する糸口になれば幸いである。

---

2) また東京証券取引所の上場規程施行規則604条(6)は、株式の全部取得により上場を廃止する場合には、原則として「株式の取得がその効力を生ずる日の3日前（休業日を除外する）の日」を上場廃止日とする旨を定めている。

3) 後掲注25) 参照。但し、振替株式の対象外になれば、株券不発行会社の原則に戻って（会社法130条1項）、株主名簿の記載・記録に従って株主の地位を対抗できるのではないかという疑問がありうる（これを認める説として、例えば、吉本健一・判批・金判1373号（2011）2頁・5頁）。しかし判例はそのような扱いを認めていない。例えば、最決平成22・12・7民集64巻8号2003頁等。

4) 一般株主を中心とする多数の株主が株主提案権等の少数株主権等を共同で行使する場合には、従来は、参加する各株主が中心となる株主に委任状を交付すれば足りたが、振替株式の制度においては、委任状に加えて参加各株主がなす個別株主通知の手続を要することになり、不慣れな一般株主に個別株主通知を短期間で求めることが困難であると指摘されている（山本為三郎『株式譲渡と株主権行使』（慶應義塾大学法学研究会、2017）103頁注40））。このため平成21年改正振替法施行令40条は、個別株主通知の有効期間を2週間から4週間に伸長した（大野晃宏＝小松岳志「社債、株式等の振替に関する法律施行令の一部を改正する政令の解説」商事1861号（2009）14〜15頁）。

I　個別株主通知制度とその問題点

1　個別株主通知制度の概要と意義

　株券発行会社においては、株主の地位を会社に対抗する制度として、株主名簿の制度が設けられている。株式の譲受人は、株券を提示して株主名簿を書き換えると、株式の譲渡を株式会社に対抗できることになる（会社法130条2項）。しかしこれだけでは株主名簿を書き換えた時点において株式の譲渡を受けて株主になったことを会社に対抗できるだけであって、その後も別の名義に書き換えられるまで株主であり続けることまで、会社に対抗できることを意味しない[5]。しかし会社法126条1項が、「株式会社が株主に対してする通知又は催告は、株主名簿に記載し、又は記録した当該株主の住所……にあてて発すれば足りる。」と規定していること、及び会社法457条1項が、配当財産の交付の方法につき同様の定めを置いていること等から（後掲注7）参照）、株式の取得が株主名簿に記載又は記録され、その後、他の者による当該株式の取得が株主名簿に記載又は登録されていない、いわゆる株主名簿上の株主は、他の名義に書き換えられるまでは株主であり続けていると推定されていると考えられる（推定力又は資格授与力）。会社は、株主名簿上の株主が株式の所有を失って無権利者であることを証明しない限り[6]、株主名簿上の株主を株主として扱わなければならないが、他方、株主名簿上の株主を株主として扱えば、その者が株主ではなくなっていたとしても原則として免責されるというメリットもある（免責力）。例えば、その者に株主総会で議決権を行使させても、株主総会決議取消事由とはされないわけである。原則としてというのは、株主名簿上の株主が無権利者であるということを立証できる資

---

[5]　登記事項の積極的公示力と登記簿を閲覧すれば登記簿の記載上わかる事項を区別すべきことについて、大塚龍児「商業登記（および公告）の対抗力について」鴻常夫先生還暦記念『八十年代商事法の諸相』（有斐閣、1985）149頁・216頁参照。

[6]　最判昭和30・10・20民集9巻11号1657頁。

料がありながら、そのことにつき故意又は重過失によりその者に権利行使をさせてしまった場合は（手形法40条3項の意味での故意・重過失）、免責されないとされていたためである[7]。このように株主名簿の対抗力は、株主名簿の記載・記録に推定力を与えて、株主に権利行使の度に株券を会社に呈示する等の負担から免れさせる一方、会社にとっても、株主名簿上の株主に権利行使させることで免責されるメリットを与えるという広い意味を持つ合理的な制度と考えられていたのである[8]。

これに対し振替株式においては、株主の地位を会社に主張するための制度として、総株主通知制度と個別株主制度が設けられた。振替機関は、発行会社に基準日の株主を総株主通知しなければならない（振替法151条）。総株主通知が行われると自動的に株主名簿が書き換えられることになっており（振替法152条1項）、株主名簿上の株主になれば、株主の地位を会社に対抗することができる（会社法130条1項）。しかし基準日が設定される毎に総株主通知が行われ、それによって株主名簿の書換が行われ、対抗力が備わるのであるから、総株主通知に対抗力が認められているのと変わらず、総株主通知によって株主名簿を書き換えるというのは、株主名簿による対抗という形式を維持するための一種の擬制になっている[9]。総株主通知に基づく最新の株主名簿

---

7) 竹内昭夫『会社法の理論Ⅰ 総論・株式』（有斐閣、1984）204頁、山下友信編『会社法コンメンタール3』（商事法務、2013）326頁［伊藤靖史］等。株券の占有者の推定力（会社法131条）、振替株式の口座の記載・記録の推定力（振替法143条）に基づいて、株券発行会社や振替株式制度利用会社の株主名簿の免責力は認められるので、権利が推定されない者が株主名簿の書換を申請する、株券発行会社以外の会社の株式で振替機関が取り扱わないものには、株主名簿の免責力は認められないという説が有力である（江頭憲治郎『株式会社法〔第7版〕』（有斐閣、2017）211頁、酒巻俊雄＝龍田節編『逐条解説会社法 第2巻』（中央経済社、2008）257頁［北村雅史］）。しかし、このような場合も、株主名簿の名義書換には名義株主と株式取得者の共同請求等の慎重な手続が必要なこと（前田庸『会社法入門〔第13版〕』（有斐閣、2018）268頁）、会社法126条1項・457条1項がこのような場合にも適用されることからは、このような場合にも推定力や免責力が認められるべきではなかろうか。

8) 竹内・前掲注7）188～189頁・202～207頁。

9) 吉本健一「振替法における少数株主権等の意義と個別株主通知の効力」青竹正一先生古稀記念『企業法の現在』（信山社、2014）211頁・224頁。

も、特定の基準日の株主としての権利行使が終わればすぐに株主情報としての価値を失うのであり、その意味で株主名簿の名に値しないと言われる[10]。振替株式においては、会社法126条に基づく、株主名簿に記載又は記録された株主の住所に宛てた会社から全株主に対する通知又は催告の制度は利用できず（株主名簿の記載・記録の権利推定的効力）、通知や催告のたびごとに振替機関に総株主通知を請求するしかないとの指摘がある[11]。

　他方、振替法は、基準日株主に行使が認められる権利（会社法124条1項）以外の株主の権利を少数株主権等と呼んで（振替法147条4項括弧書）、少数株主権等については株主名簿の効力に関する会社法130条1項の規定を適用除外した（振替法154条1項）。そのような立法がなされた理由につき、法務省の担当者や判例・学説は、以下のような説明をしている[12]。即ち、総株主通知は、原則として年2回しか行われないものとされた（振替法151条・152条）。その結果、株主名簿への記載または記録を株式譲渡の株式会社その他の第三者に対する対抗要件として定める会社法130条1項を適用するとした場合、総株主通知がされる間に振替株式を取得した者は、本人の意思に関係なく、振替株式の譲渡につき対抗要件を具備することができず、一律に少数株主権等を

---

10)　吉本・前掲注9)　224頁。
11)　吉本・前掲注9)　224頁。
12)　始関正光「株券等不発行制度・電子公告制度の導入」別冊商事法務編集部編『株券不発行制度・電子公告制度』別冊商事法務286号（2005）93頁・98頁、大野晃宏＝小松岳志＝黒田裕＝米山朋宏「株券電子化開始後の解釈上の諸問題」商事1873号（2009）51頁・52頁、最決平成22・12・7前掲注3) 2008頁、山本・前掲注4) 83～84頁等。
　　振替法の立法（株券電子化）以前は、株券保管振替制度が採られていて、振替法における総株主通知に相当する原則年2回の実質株主通知の手続が設けられていたが、株券保管振替制度を利用して株式を期中で取得した者が、次回の実質株主通知より前に少数株主権等を行使したい場合には、同制度の利用をやめて、証券保管振替機構から預託株券の返還を受け、これを呈示して株主名簿の名義書換をすることが可能であった。ところが株券電子化以降は、株券が廃止されることから、そのような方法による少数株主権等の行使は不可能になることから、個別株主通知の制度が採用されたと、同制度の立案担当者は解説している（始関正光「平成の民事立法をめぐる解釈についての若干の考察」田原睦夫先生古稀・最高裁判事退官記念論文集『現代民事法の実務と理論（上巻）』（金融財政事情研究会、2013）886頁・898頁）。

行使することができないこととなってしまう。そこで振替法154条において、個別株主通知の制度を新たに創設し、少数株主権等の行使は、株主名簿の記載又は記録にかかわらず、振替口座簿上の記録に基づき行使することとした。即ち、個別株主通知は、振替により株式の譲渡を受けて株主になったが（振替法140条）、まだ基準日になっていないために総株主通知による株主名簿上の株主となっていない者が、株主権を行使できるようにするための制度だという説明である。

しかし、株式を譲り受けたが総株主通知がされる前である者に少数株主権等を行使することを認めるためであれば、会社法130条1項の適用を除外せずに、株主名簿上の株主でない者が個別株主通知を行えば、株主名簿上の株主に優先して株主の地位を会社に対抗できる旨だけを規定すればよいはずである。そうすれば総株主通知がなされた株主は、個別株主通知を行わなくても、会社に株主としての地位を対抗でき、少数株主権等を行使できたはずである。ところが振替法154条1項が、個別株主通知の対象となる少数株主権等について会社法130条1項を適用除外したために、総株主通知により既に株主名簿上の株主になっている者も、少数株主権等を行使するためには、改めて個別株主通知をしなければならないような条文の文言になってしまったのである。メディアエクスチェンジ事件に関する、最決平成22・12・7民集64巻8号2003頁は、総株主通知により株主名簿上の株主になっている者が、会社法172条の価格決定申立権を行使するためには、さらに個別株主通知を行わなければならないかが、まさに争われた事件であったが、最高裁は、会社法172条1項の価格決定申立権は少数株主権等に該当し、審理終結までの間に個別株主通知がされることを要するとして、個別株主通知が期間内に行われなかったことを理由に、株主名簿上の株主に価格決定の申立てを認めなかった[13]。

---

13) 振替法立法の要綱を審議した法制審議会会社法（株券の不発行等関係）部会の江頭憲治郎部会長も、要綱の解説でそのような考えをとっておられた（江頭憲治郎「株券不発行制度・電子公告制度の導入に関する要綱の解説〔上〕」商事1675号（2003）6頁・27頁）。

このような扱いは、株主による株主権の行使の度に、総株主通知又は個別株主通知により振替機関、口座管理機関における記録を確認して、振替口座簿により実体法上の株主として確認された者にのみ株主としての権利行使を認めるという、厳格な態度をとっていることになる。前述したように、株券発行会社における株主名簿制度では、株券を会社に提示して株主名簿を書き換えて株主名簿上の株主になった者は、たとえその後に株券を譲渡して株主でなくなっても、当該株券を譲り受けた者が当該株券を会社に提示して株主名簿を書き換えない限り、株主名簿の記載に基づいて株主権を行使できるのと大きく異なる。株主名簿上の株主が株式（株券）を譲渡して実体法上は株主ではなくなっている場合でも、会社は株主名簿上の株主に権利行使を認めていれば、真の株主に対する関係でも免責される（会社法126条・130条2項）[14]。尤も会社は、株主名簿上の株主による権利行使に対し、当該者が真の株主ではないことを証明して、その権利行使を拒むこともできる[15]。

これに対し総株主通知・個別株主通知制度は、通知時点において権利行使資格を有する真の株主であった者のみが株主権を行使できるという結果をもたらすもので、より正義に適うようにも考えられる。株主であることや、株式継続所有要件、少数株主権における持株要件は、少数株主権等を行使するための要件であり、これらの要件を充たしていることの証明責任は株主側にあると考えられる。しかるに株主名簿の推定力のために、実際には、株主名簿上の株主であること、株式継続所有期間以前から株主名簿上の株主であること、株主名簿上、少数株主権の持株要件を充たしていることさえ示せば、株主は少数株主権等を行使しえたのが、株券発行会社であった。それが振替株式の制度になって、振替口座簿の記載・記録からあらゆる時点における真の株主を捕捉することが可能になったことから、証明責任の原則に立ち返って、権利行使をしようとする株主に個別株主通知をさせることにより、確実にその者が少数株主権等の行使資格を有していることを立証させようというのが、振替法154条1項を起草した立案担当者の考え方であった。「振替に

---

14) 竹内・前掲注7) 203～206頁。
15) 最判昭和30・10・20前掲注6)。

よってその保有株式を処分してしまっている者が、そうであることが振替口座簿の記録上明らかであるにもかかわらず、前回の総株主通知の際に株式を保有していたというだけで少数株主権等を行使することができるとすることも不合理である。」と、立案担当者は154条1項の立法趣旨として記載している[16]。

2 現行個別株主通知制度への疑問

しかし権利行使者が真の権利者であることを、個別株主通知という形で厳密に証明することを要求する必要があるのだろうか。株券発行会社の場合は、一度株主名簿上の株主になれば、その者が、たとえ株式を譲渡したりして株主でなくなっていても、株式を取得した者が株券を提示して株主名簿を書き換えない限り、ずっと株主として扱われるのと比べれば、振替株式制度適用会社は、年に2回は総株主通知が行われて（振替法151条1項）、その度に真の株主が誰かが確認され、株主名簿も書き換えられるわけである。半年毎の総株主通知の間に株主でなくなっている可能性を塞ぐために、少数株主権等を行使しようとする株主に個別株主通知を行う負担を常に課さなければならないのであろうか。Ⅲで論じるように、個別株主通知を常に要求することは、権利を行使しようとする株主に、著しい負担となったり、対応が困難であったり、深刻な不利益を与えたりする可能性がある。

この点に関し振替法の立案担当者は、「株主名簿の名義書換後に当該株式を売却して再度買い戻すなどした者が、これを秘して少数株主権等を行使するという事態の発生を防止することも、個別株主通知制度の導入の趣旨の一つであったもので、この点を加えることが、同制度の導入に消極的であった発行会社側の理解を得るための条件となり」と述べている[17]。確かに最近は、

---

[16] 始関・前掲注12) 別冊商事法務286号93頁・98頁注(11)。証明責任に基づく考え方は、立案担当者であった始関正光判事の2018年8月24日のメールによる御教示による。このため株式継続所有要件のある少数株主権等を行使するためには、通知時点だけでなく、継続所有期間である、例えば過去6ヵ月以上、振替口座簿上の株主であったことが通知される（振替法154条3項1号・129条3項6号）。

[17] 始関・前掲注12)『現代民事法の実務と理論（上巻）』900頁。

高速取引等が行われて、短期間に株主が変わっている可能性が高まっていることは否定できないとしても、そこまで神経質に真に権利行使要件を充たす株主による権利行使かを、株主に個別株主通知をさせることにより証明させなければならないのであろうか。立案担当者が述べるように、立法に当たって経済界の承諾を得るために配慮したやむをえない事情があったのであろうが、株券発行会社の場合に比べて少数株主権等の行使を困難にした感は拭えない。

そもそも個別株主通知といえども、通知から4週間の少数株主権行使期間（振替法154条2項、振替法施行令40条）が経過する前に株主でなくなった者が権利行使することを防ぐことはできない。また法務省の担当者や[18]、判例・多数説は[19]、個別株主通知を権利行使要件ではなく対抗要件であり、審理終結までの間に個別株主通知がなされれば足りると解しているため[20]、少数株主権等が行使される時点では、会社としては誰が真の株主か判断できない可能性がある。このように個別株主通知の制度は、株主の権利行使資格確認のための制度としての有効性は限られている。そしてなによりも個別株主通知

---

18) 大野他・前掲注12）51～52頁。
19) 最決平成22・12・7前掲注3）、最決平成24・3・28民集66巻5号2344頁、髙橋康文編著『逐条解説 新社債・株式等振替法』（金融財政事情研究会、2006）348頁、江頭・前掲注7）200頁、浜口厚子「少数株主権等の行使に関する振替法上の問題」商事1897号（2010）34頁、仁科秀隆「メディアエクスチェンジ株式価格決定申立事件最高裁決定の検討」商事1929号（2011）4頁、有田浩規「株券電子化に伴う会社訴訟における留意事項について」判タ1346号（2011）66頁・69頁、西村欣也「少数株主権等の行使と個別株主通知の実施時期」判タ1387号（2013）36頁、吉本・前掲注9）213～214頁・217～218頁等。個別株主通知を対抗要件と解する理由としては、個別株主通知は会社が株主資格を有する者を確認する手段に過ぎないこと、株主名簿の対抗力を引き継いだ制度であること、等が挙げられる。しかし、権利行使要件とすると、株主が権利行使までに個別株主通知を行うことが時間的に厳しい場合がありうること、個別株主通知の必要性を知らなかったりして個別株主通知をしていなかった株主が訴訟の途中で気付いて個別株主通知を行うことができるようにする、といった配慮もあるものと思われる。
20) 権利行使要件とする見解として、山下友信他「座談会 株券不発行制度に関する論点と対応」前掲注12）別冊商事法務286号224頁［野村修也発言］。なお、対抗要件と解するだけでは個別株主通知が審理終結までの間になされれば足りるという結論は直接には導けないという指摘もある（山本・前掲注4）101頁）。

制度は、少数株主権等を行使しようとする株主にかなりの手間と時間をかけさせることになり、またメディアエクスチェンジ事件やACデコール事件のように、上場廃止されて振替株式でなくなったような場合は、個別株主通知のしようがなく、少数株主権等の行使ができなくなるという問題がある。そのようなコストを常に株主に負担させることが妥当か、立法論的には考え直してみる価値があるように思われる[21]。

振替株式における少数株主権等の行使と、株券発行会社における少数株主権等の行使の違いは、前者が少数権利等の行使に際して常に株主に個別株主通知を行う負担を負わせるのに対し、後者は、株主名簿上の株主であればそれだけで株主としての権利行使ができて、真の株主が別にいることを会社が証明した場合にのみ株主名簿上の株主の権利行使を会社が拒むことができるというように、株主名簿上の株主が真の株主でないことを証明する負担を会社が事実上負うことにある。

これに対しては、少数株主権等を行使している者が権利行使資格のある株主であるかが個別株主通知によって確認されないと、会社は権利行使資格のない者に権利行使をさせてしまうというリスクを負ってしまうという批判があるかもしれない。しかし株券発行会社においては、株主名簿上の株主に推定力を認め、真の株主か確実ではなくても権利行使を認めている。会社にとって多くの場合は、免責力が認められて、少数株主権等を権利行使の資格のない者に行使させたという責任が問われなければよいのであって、株主名簿上の株主に権利行使させて免責されれば、それでよいのではなかろうか。権利行使資格を常に確認する必要があるわけではない。もし会社が、権利行使者が真に権利行使資格を有しているかに疑念を抱き、その点を争いたいのであれば、会社が振替機関に振替口座簿の情報提供請求を行って、その真否の確認をすればよいだけである（振替法151条8項）[22]。それに会社が情報提

---

21) 例えば、前掲注4）に紹介したような不都合が株主による少数株主権等の行使に発生する。
22) なお、会社が振替機関に口座簿上の株主の確認を求める際には、口座管理機関によっては、費用請求を行わないところもあるが、300円からの30,000円の手数料を請求する口座管理機関が多いようである（株式会社証券保管振替機構による調査による）。

供請求によって権利行使者がその資格を有しているか確認し証明できる以上、個別株主通知を要求しなくても、実際には無権利者が権利行使をすることは余りありえないのではなかろうか。権利行使しようとしても無駄に終わるからである。そうであれば、常に個別株主通知をすることを要求せずとも無権利者による権利行使を防げるわけであり、常に個別株主通知を行う社会的コストを節約することができよう。

　この問題は要するに、最終的に権利行使資格の有無の調査の手間とコストを株主が負担するか（個別株主通知を常に要求するか）、会社が負担するか（情報提供請求を行うか）、という政策問題に帰着する。Ⅱで論じるような不利益が株主に発生すること、総株主通知によって少なくとも6ヵ月毎に振替口座簿の記載又は記録に従って株主名簿の記載又は記録も更新されていること、そして振替株式の発行会社は上場会社であって、権利行使者の資格を否定したければ、振替機関に情報提供請求を行うことがそれほどの負担とは考えられないこと等から、会社法130条1項の適用除外は廃止して、株主名簿の推定力を認める方がよいのではなかろうか。

Ⅱ　個別株主通知制度の具体的な問題

1　周知性

　Ⅰで論じたように、個別株主通知の制度は、少数株主権等を行使する株主に常に個別株主通知を行うという負担を課す制度になっている。ここから株主による少数株主権等の行使につき次のような問題が生じることになる。

　第一に、株主がこの制度を知らないために権利行使ができなくなる危険である。これは上場会社が一斉に振替株式の制度に移行した平成21年頃に特に問題になったところであり、判例もこの頃のものが多い。当時は、口座管理機関の現場もこの制度をよく知らず、対応が混乱した。例えば、個別株主通知に関するリーディング・ケースであるメディアエクスチェンジ事件では、会社法172条の価格決定申立てをした株主が、個別株主通知を行った方がよいというインターネット上の書き込みを見て、当該申立てをするのには個別

株主通知をしなければならないと聞き、個別株主通知の申立てをしたものの、通知がなされる前に会社が上場廃止になったために、申立資格が否定された[23]。

　これに対しては、この制度の運用が開始されてから10年近くが経った現在は、株主や口座管理機関等にこの制度が周知されているはずだから、そのような危険は少なく、考慮する必要がないという意見もあろう。しかし最近でも一般の株主が個別株主通知制度を知らない可能性は高い。現にごく最近の新株発行差止の仮処分事件においても、申立人たる大株主及び被申立人である大会社の双方に会社法に精通した弁護士がついているのにも拘わらず、事件の審理がかなり進んだ段階で初めて、被申立人の会社側が、申立人が個別株主通知を行っていないことを理由に申立ての却下を求めたが、裁判所は、申立人がこれから個別株主通知の申立てをしても間に合わないおそれが高いことなどを指摘して、手続上の信義則を理由に当該主張を認めなかった決定があった[24]。現在の最高裁判例を前提にすれば[25]、会社側が個別株主通知の欠缺の抗弁を出せば、裁判所がその抗弁を斥けるには信義則でも持ち出すほかないであろうが、信義則を持ち出してでも斥けなければならないような不当な抗弁を法が認めていること自体に問題があろう。

---

23) 最決平成22・12・7前掲注3) 2040頁。この他、東京地決平成21・11・13金判1337号31頁、同平成21・11・30金判1338号45頁（野田耕志・判批・ジュリ1416号（2011）98頁参照）、東京高決平成21・12・1金判1338号40頁、同平成22・1・20金判1337号24頁、同平成22・2・9金判1337号27頁等参照。

24) 東京地決平成29・7・18金判1532号41頁。募集株式等の発行差止めの仮処分は、少数株主権等の行使に当たり、個別株主通知が必要と解されてきたが（東京地決平成21・11・30金判1338号45頁）、募集株式の発行等の2週間前までに株主に対して募集事項の通知又は公告が行われることから（会社法201条3項・4項）、個別株主通知の具備に1週間ほどの日数を要するとすれば、払込期日までに個別株主通知が会社に到達することが困難な事態を生ずることも予想されると指摘されていた（川島いづみ「振替株式発行会社における株主権の行使——個別株主通知を中心に」永井和之他編『会社法学の省察』（中央経済社、2012）97頁・115頁）。

25) 最決平成22・12・7前掲注3)、同平成24・3・28前掲注19)。

2 効果の深刻さ

　第二に、個別株主通知がなされなかった場合の効果が、株主にとってあまりにも厳しいものであることである。メディアエクスチェンジ最高裁決定事件を例にとってみてみよう。

　被申立人Y株式会社は、東京証券取引所マザーズ市場に上場していた。申立人Xは、平成21年1月4日を基準日とする総株主通知により、Y社の383株の株主として通知された。申立外甲社は、Y社との合意に基づき、同年3月にY社の株式の公開買付を行い、Y社の発行済株式総数の83.24％の株式、7万9057株を取得した。同年3月31日を基準日とする株主総会を同年6月29日に開催し、同年3月31日を基準日とする総株主通知が同年4月3日に行われ、Xは383株の株式を有するものとされた。同株主総会においては、A種種類株式を創設し、普通株式を全部取得条項付普通株式に変更し、Y社は株主総会決議によりその全部を取得できることとすることが決議された。同年8月4日を基準日とする株主名簿上の全部取得条項付普通株主につき、株式取得対価としてA種種類株式1/16,000株を交付することとされた。Y社の普通株式を全部取得条項付株式に変更したうえ、これをY社が全部取得し、公開買付に応じなかった少数株主に対しては、対価として別の種類の株式の端株を交付することによって、少数株主をY社から締め出す、いわゆるスクイーズアウトを行うことにしたのである。

　これに対しXは、同年7月10日、会社法172条1項に基づき、裁判所に価格決定申立てを行った。その数日後に、Xは、インターネット上に個別株主通知を行った方がよいとの書き込みがあるのを見て、口座管理機関である申立外乙証券会社に電話をして、個別株主通知の実施を求めた。乙は、同年7月21日付で、Xに個別株主通知申出書用紙を送付し、Xはその頃これを受け取った。しかしXは、個別株主通知申出書の乙への郵送を遅らせ、マザーズ市場におけるY社株式の最終売買日である同年7月29日に乙に郵送した。Y社株式は、同年7月30日付で上場廃止になった。最終売買日の売買の決済日は同年8月3日であり、同日までY社株式は振替株式として取り扱われた。同年8月5日頃、乙の担当者はXに電話で、Y社株式は上場廃止になっているの

で個別株主通知ができないと連絡した。Y社は、同年8月4日を基準日とする総株主通知を同年8月7日に受けた。XはY社株式を買い増していたため、Y社株を420株有すると通知され、それに従って株主名簿の記録が変更された。

同年8月5日に全部取得条項付普通株式のY社による取得が実行され、Xの有する全部取得条項付普通株式420株もY社に移転し、XにはY社のA種種類株式420/16,000株が交付されることになった。しかし株数が1株に満たないため、会社法234条1項2号の規定により端株に代えて株式競売代金が交付されることになり、XはY社の株主の地位を失った。個別株主通知がないことを理由に価格決定申立てが認められないと、Xには株式競売代金が交付されるだけとなり、その額は極めて限られたものになったと推測される。競売される株式以外の株式を甲社が全部取得していて、会社の支配権を握っており、流通性もないY社の株式を、競売により取得しようという投資家は、甲社以外には実際上余り考えられず、甲社の意思次第でいくらでも安く買いたたかれることになるからである（本件ではいくらで競売されたか不明である）。

第一審決定は、振替制度の下では、株主名簿の名義書換が随時されるわけではなく、会社においては株主名簿によって誰が株主であるかを把握できるわけではないことを挙げて、振替法が個別株主通知の制度を新たに創設し、少数株主権等の行使は、株主名簿の記載又は記録にかかわらず、振替口座簿の記載又は記録に基づき行使することにした趣旨に照らせば、株主名簿に記載又は記録されている株主であっても、個別株主通知の制度において必要とされる手続を経なければ、会社が少数株主等の行使を認めた場合を除き、少数株主権等を行使することができないとして、申立てを却下した[26]。

しかし抗告審決定は、「総株主通知とは別に個別株主通知を受けることにより会社が受けるべき格別のメリットは認められず、価格決定申立前に個別株主通知を要求すると株券電子化会社における価格決定申立権の行使が通常の会社におけるよりも著しく株主に負担を課す結果となり、個別株主通知の制度設計自体もこれを価格決定申立権に適用するにはあまり合理性が認めら

---

26) 東京地決平成21・10・27民集64巻8号2034頁。

れないことを考慮すると、価格決定申立権は、基準日における株主であることが権利行使要件の一部を構成するものとして会社法124条1項に規定する権利に該当するか、少なくとも会社法124条1項に規定する権利に関する規定が類推適用されるものと解するのが相当である。」として、総株主通知により株主名簿上の株主であった申立人が、個別株主通知を期間内行わずに価格決定申立権を行使することを認めた。株主総会における質問権のように、本来は少数株主権と考えられるのにもかかわらず、基準日株主に与えられる株主総会における議決権から派生する権利と構成することにより、総株主通知により株主名簿上の株主になっていれば、個別株主通知をしなくても権利行使できると解釈されている例は多い。控告審決定は、そのような権利と同じように価格決定申立権についても、総株主通知により株主名簿上の株主になっていれば、個別株主通知なしに行使できるとしたわけである。控告審決定はまた、総株主通知により取得の基準日の株主であることが判明しているのに、個別株主通知が期間内に到達していないことの一事をもって株主の権利の行使を否定することは、会社にとって株主に対する信義に反する、等の信義則違反、権利濫用も理由に、株主の価格決定申立権の行使を認めている[27]。

ところが最高裁は、「価格決定申立権は、……基準日株主による一斉の権利行使を予定する会社法124条1項に規定する権利とは著しく異なるものであるから、社債等振替法154条1項、147条4項所定の「少数株主権等」に該当することは明らかである。……複数の総株主通知においてある者が各基準日の株主であると記載されていたということから、その者が上記各基準日の間も当該振替株式を継続的に保有していたことまで当然に推認されるものではないから、ある総株主通知と次の総株主通知との間に少数株主権等が行使されたからといって、これらの総株主通知をもって個別株主通知に代替させることは、社債等振替法のおよそ予定しないところというべきである。まして、これらの総株主通知をもって個別株主通知に代替させ得ることを理由とし

---

[27] 東京高決平成22・2・18民集64巻8号2036頁。弥永真生・判評・判時2081号（2010）195頁参照。

て、上記価格決定申立権が会社法124条1項に規定する権利又は同項に規定する権利に関する規定を類推適用すべき権利であると解する余地はない。……個別株主通知は、社債等振替法上、少数株主権等の行使の場面において株主名簿に代わるものとして位置付けられており（社債等振替法154条1項）、少数株主権等を行使する際に自己が株主であることを会社に対抗するための要件であると解される。そうすると、会社が裁判所における株式価格決定申立て事件の審理において申立人が株主であることを争った場合、その審理終結までの間に個別株主通知がされることを要し、かつ、これをもって足りる」と判示して、原決定を破棄し、Xの申立てを却下した[28]。

この決定の結果、Xは、A種種類株式1株を競売で売却した代金から端数の株式持分の分配を受けるだけになる。前述したように、甲社に買い叩かれて低い額になる可能性が高い。なお、本件の評釈の中には、本件全部取得条項付種類株式は、その全部抹消によって（振替法135条）振替株式ではなくなったのであるから、それ以後は株券発行会社でない一般の株式会社の原則通り、株主名簿の記載等によって対抗要件が決せられるはずであるとして（会社法130条1項）、Xは株主名簿の記載によりY社に対抗することができ、この事件においてXの価格決定申立ては認められるべきであったという批判がある[29]。個別株主通知を会社に対する対抗要件と位置付ける最高裁の考え方からは、価格決定申立手続中に振替株式発行会社ではなくなったY会社に対し、Xは、会社法130条1項に基づいて株主の地位を対抗できると考えるべきではなかろうか。

最高裁は、続くACデコール事件において、株主の地位が争われた時点において、振替機関の取扱いが廃止されていたときであっても、会社法117条2項

---

28) 最決平成22・12・7前掲注3)。
29) 吉本・前掲注3）5頁、仁科・前掲注19）5頁参照。松元暢子・判評・法協129巻9号 (2012) 2180頁・2196頁も、法定の申立期間満了前に振替機関の取扱いが廃止された場合には、株主名簿の記載・記録をもって会社に対抗しうるという考えを示唆する。しかし最決平成24・3・28前掲注19) の理由付けからは、法定の権利行使期間満了前に振替機関の取扱いが廃止された場合にも、株主名簿による対抗要件の具備を認めないと考える可能性は十分あると述べる。

に基づく価格決定の審理終結までの間に個別株主通知がされることを要するとした。次のような事件であった。

被申立人Y会社は、平成21年6月29日開催の株主総会及び普通株主による種類株主総会において、Y社の普通株式に全部取得条項を付す旨の定めを設ける定款変更を承認する決議を行ったが、Y社の株主である申立人X_1は、決議の前にY社に決議に反対する旨を通知し、会社法116条1項に基づきY社に株式買取請求を行った。しかしX_1・Y社間の協議が調わないとして、X_1は、同法117条2項に基づき買取価格の決定を申し立てた。また、申立人X_2は、上記株主総会の基準日時点でY社株式を貸し付けていたため、上記株主総会において議決権を行使できない株主であったとして（会社法116条2項1号ロ）、会社法116条1項に基づきY社に対し株式買取請求を行った。またX_1、X_2は、平成21年7月11日に、本件全部取得に反対する株主として、会社法172条1項に基づき、全部取得条項付種類株式の取得価格決定の申立てを行った。

原々決定は、X_1、X_2のY社に対する株式買取請求による買取りの効力が発生する前である8月4日に効力が発生する定款変更及び同日に行われた全部取得により、X_1、X_2の保有する普通株式に全部取得条項を付されるとともにY社に全部取得され、その対価としてそれぞれ1株に満たないA種種類株式の端数を交付されたこと、その後、同年9月3日にX_1、X_2らのA種種類株式の端数を含むA種種類株式1株は、Y社株式につき公開買付を行った申立外甲社に1億146万4948円で売却されたことから、X_1、X_2は、買取の対象であるY社の普通株式を有していないとして、X_1、X_2の申立てを却下した[30]。

原決定は、原々決定を引用したうえで、定款変更決議に反対する株主が会社法172条1項に基づく全部取得条項付種類株式の価格決定の申立てを行ったときは、当該株主はもはや同法116条1項に基づく株式買取請求をすることができないとして、抗告を棄却した[31]。

---

30) 徳島地決平成22・3・29民集66巻5号2358頁。
31) 高松高判平成22・12・8民集66巻5号2363頁。

最高裁は、「会社法116条1項所定の株式買取請求権は、……社債等振替法154条1項、147条4項所定の「少数株主権等」に該当することは明らかである。……振替株式について株式買取請求を受けた株式会社が、買取価格の決定の申立てに係る事件の審理において、同請求をした者が株主であることを争った場合には、その審理終結までの間に個別株主通知がされることを要するものと解される（最高裁平成22年（許）第9号同年12月7日第三小法廷決定・民集64巻8号2003頁参照）。上記の理は、振替株式について株式買取請求を受けた株式会社が同請求をした者が株主であることを争った時点で既に当該株式について振替機関の取扱いが廃止されていた場合であっても、異ならない。なぜならば、上記の場合であっても、同株式会社において個別株主通知以外の方法により同請求の権利行使要件の充足性を判断することは困難であるといえる一方、このように解しても、株式買取請求をする株主は、当該株式が上場廃止となって振替機関の取扱いが廃止されることを予測することができ、速やかに個別株主通知の申出をすれば足りることなどからすれば、同株主に過度の負担を課すことにはならないからである。」などと判示して、X_1、X_2の抗告を棄却した[32]。

しかし本件は、少なくとも株券電子化導入直後の平成21年に起きた事件であり、一般株主は、個別株主通知の必要性や、上場廃止になると個別株主通知を申し立てられなくなること等を知りえなかった可能性が高いことを考えると、最高裁が「速やかに個別株主通知の申出をすれば足りる」として、上場廃止の結果、個別株主通知を申し出られなくなったX_1、X_2が個別株主通知を行わないと株主としての地位を主張できないと判示したことは、X_1、X_2に余りにも酷だという印象を拭うことができない。A種種類株式1株を買い取ったのは、結局、Y社の発行済株式の86％を公開買付により取得した甲会社であり、甲会社の言い値で買取価格は決定され、その中からX_1、X_2は端数分の割合の売買価格を受け取れただけで、十分な対価を補償されたか疑問がある。解釈論としても、メディアエクスチェンジ事件同様、振替株式発行会社でなくなった後は、会社法130条1項による対抗を認めるべきであった

---

[32] 最決平成24・3・28 前掲注19）。

ように思われる。

3　個別株主通知に要する時間

　第三に、個別株主通知には時間がかかり、そのために少数株主権等を行使をする時間がなくなるおそれがあるという問題がある。日本で唯一の振替機関である株式会社証券保管振替機構は、株主が申出受付機関に対し個別株主通知の申出の取次請求を行ってから、同機構から発行会社に対し個別株主通知が行われるまでの日数は、標準ケースにおいて4営業日としている[33]。この4営業日目が少数株主権等の行使期限を超えることになったため、個別株主通知が間に合わなかったことが問題になった事件として、大阪地判平成24・2・8金判1396号56頁がある。次のような事件であった。

　原告株主Xは、株主名簿上、株主提案の6か月以上前から被告Y会社の発行済株式総数の100分の1以上を有する株主であったが、平成23年4月27日（水）に個別株主通知の申出を行った。そして同年5月2日（月）にY会社に株主提案を行った。訴外㈱証券保管振替機構（A）は、Yに対し5月9日（月）にXについての個別株主通知を行った。しかしYは、本件株主総会（平成23年6月29日）の8週間前の平成23年5月3日（火）の翌営業日である5月6日（金）までに個別株主通知がされている必要があるのに（会社法305条1項）、通知があったのはその翌営業日である5月9日（月）であったから、期間経過をもって株主提案権の行使は許されないなどとして、Xの提案を株主総会招集通知に記載することを拒んだ。そこでXがY社を被告に同株主総会の決議取消しを求めた。

---

33)　http://www.jasdec.com/download/ds/annai_kobetu.pdf；http://www.jasdec.com/download/ds/QA_kobetu.pdf、全国株懇連合会理事会決定「全株懇株式実務総覧の整備に伴う定款モデル等の改訂について」（平成23年4月8日）。このように日数がかかる大きな理由は、株主が複数の口座管理機関に口座を有している場合に、それを名寄せして株主の保有株式数を合算するのに時間がかかるためである。そこで一部の口座管理機関における保有株式の数のみを通知することを選択できる「一部通知」の制度が実施され、最短では、個別株主通知の申出の取次ぎの請求を受けた日の「翌営業日」に個別株主通知が行われるようになっている。

この事件においては、個別株主通知の申出を行ってから同通知がＹ会社に行われるまでに12日もかかっている。それでいて標準ケースで申出が行われてから通知が行われるまでに４営業日というＡの方針は守られている。そのようなことが起きたのは、個別株主通知の申出が丁度、４月末から５月の連休の時期になされたためであるが、多くの会社の株主総会が６月末に行われ、その８週間前までに株主提案の議案の要領を株主に通知するよう会社に請求しなければならないと定められているため（会社法305条１項）[34]、このようなことが発生する。

大阪地裁は、株主は、会社に対して個別株主通知がいつされるのかを個別株主通知の申出時点において正確に把握できないし、株主提案権の行使期限は法定されているから、個別株主通知がされた後に株主提案権の行使を要求するのは株主に酷であること、個別株主通知は権利行使要件ではなく対抗要件であることを理由に、個別株主通知は株主提案権の行使に先立ってされる必要があるとまではいえないとしながらも、株主総会の８週間前までには個別通知がなされなければならないとして、本件では株主総会の８週間前までになされていなかったことを理由に、当該株主総会決議取消請求を棄却した[35]。

この事件に現れているように、個別株主通知を要求すると、株主に不当な

---

[34] 平成30年２月に公表された法制審議会会社法制（企業統治等関係）部会「会社法制（企業統治等関係）の見直しに関する中間試案」第１部第２の後注（商事2160号（2018）11頁）においては、株主提案権の行使期限の見直し、即ち、会社への請求を８週間より前倒しをするという提案がされている。招集通知を早期に発送する上場会社においては、招集通知を印刷し封入する期間に加え、株主提案の適法性を検討し議案を作成することに一定の期間を要することが前倒しの理由に挙げられている（法務省民事局参事官室「会社法制（企業統治等関係）の見直しに関する中間試案の補足説明」商事2160号（2018）40頁）。個別株主通知が株主提案権の行使期限内に行わなければならないとすると、本文に述べたような個別株主通知に時間のかかる事情等を考慮すると、株主提案権を更に行使しにくくする提案であり、疑問がある。そもそも８週間前という現行規制に疑問を呈するものとして、王偉杰「振替制度下の株主提案権行使——株主提案権の行使期限と個別株主通知とを中心として」慶應大学法学政治学論究107号（2015）１頁・13頁以下参照。

不利益が生じることになる。この判決は、個別株主通知は権利行使要件ではなく対抗要件と解することによって、株主提案権行使の後から個別株主通知を行うことを認めながらも、会社が株主提案権の行使を認めるか否かを最終的に決断する時点である、株主総会招集通知の発送期限の株主総会の8週間前までには個別株主通知がY会社に届いていなければならないとして、Xの請求を棄却したわけである。実体法上、振替口座簿で株主と認められた者しか株主権の行使を認められず、それ以外の者に行使を認めると会社が責任を問われ、株主総会決議取消請求が認められることになりかねないことを恐れたのであろう。しかしその結果、Xとしては個別株主通知がなされるのに12日もかかることは想定できずに、思わざる形で株主提案権の行使が否定されることになったわけである。

　Ⅰで論じたように、振替株式について会社法130条1項の適用が否定されず、株主名簿上の株主としての推定力がXに認められれば、Y社もXに権利行使を認めさえすれば免責されることになり、株主総会決議取消請求訴訟の対象にはならなかったのであり、Y社の立場は不安定にはならなかったはずである。それを会社法130条1項の適用を除外して、個別株主通知で確認しないとY社には対抗できないとしたために、Xのような気の毒な事例が現れることになる。Xが最終の総株主通知により株主名簿上の株主とされた後にY社株式を売却して株主提案権を失ったような場合に、Y社がXの株主提案権の行使を拒否したいのであれば、Y社が振替機関に情報提供請求を行って、現時点における株主を通知してもらえばよい（振替法151条8項）。

　このように個別株主通知を要求すると時間的に不可能で酷な例として、株主総会における議案提案権（会社法304条）、質問権（会社法314条）が挙げられる。これらの権利は、株主総会の議事進行に応じて適宜行使されるものであり、その行使に一々個別株主通知を要求すれば、権利行使が不可能になることは明らかである。そこで学説は一致してこれらは基準日株主権から派生す

---

35)　同判決を支持するものとして、太子堂厚子「個別株主通知に関する諸問題——近時の判例を踏まえて」商事1995号（2013）51頁・54〜55頁。これに対し、王・前掲注34）10頁以下参照。

る不可分一体の権利であって、少数株主権等に該当しないと解し、個別株主通知は不要としている[36]。しかしこれらの権利が基準日株主権(会社法124条)そのものには該当しないことは文言上明らかである。このことは、基準日株主による一斉の権利行使が予定されていない権利が少数株主権等になるという振替法147条4項括弧書の定義が、実際には機能しないことを示していると言えよう[37]。

　また、株主が新株発行、新株予約権発行等を差止める仮処分を申請する場合も、新株発行等の公告から発行までの間に2週間しかなく(会社法201条3項・4項、240条2項・3項)、その間に差止の仮処分を得なければならないのに、個別株主通知の申請から通知がなされるために、少なくとも4営業日、下手をすると前掲・大阪地判平成24・2・8のように12日もかかるとすると、差止の仮処分のための個別株主通知が、実際上、新株発行、新株予約権発行等に間に合わなくなる恐れがある。東京地決平成29・7・18前掲注24)は、正にそのようなことが問題になった事件であった。

III　立法論

1　株主名簿の推定力

　IIで取り上げたように、メディアエクスチェンジ事件やACデコール事件等、全部取得条項付種類株式に関する価格決定申立権や株式買取請求権の事件は、発行会社が上場廃止となり、振替株式ではなくなって、個別株主通知ができないという、申立人株主に極めて酷な事件であったことから、個別株主通知なしに権利行使を認めようとする解釈論が唱えられた。例えば、基準

---

[36]　渡邉剛他「株券電子化を踏まえた総会運営」商事1863号（2009）26頁・31頁、浜口・前掲注19）35頁、橡川泰史「個別株主通知」岩原紳作＝小松岳志編『会社法施行5年理論と実務の現状と課題（ジュリスト増刊）』（有斐閣、2011）180頁・184頁、川島・前掲注24）102頁、吉本・前掲注9）213頁等。

[37]　吉本・前掲注9）213頁。別の少数株主権等の定義の試みとして、仁科・前掲注19）14頁注(10)参照。

日株主権から派生する権利は少数株主権等に含まれないという考え方から、全部取得条項付種類株式の会社による取得対価を争う価格決定申立権は、基準日株主権から派生する権利で少数株主権等に該当しないという見解が唱えられた[38]。しかしこれに対し、文言上、基準日株主権とは言えず少数株主権等に該当することを否定できないというのが最高裁判例である[39]。具体的妥当性を図れるように少数株主権等を整合的に説明しようとする説が色々唱えられているが[40]、解釈論的対応には無理があるように感じられる。前掲・最決平成22・12・7が、価格決定申立権を基準日株主権から派生する権利と解釈した原審決定を覆したことにそれは表れている[41]。実際上、前掲・最高裁決定が出た以上、それを解釈論で覆すことは困難である。

そこで検討されるべきは立法論である。まず第一に、Ⅰ2で論じたような株主と会社の間の利益考量によれば、またⅡで検討したような常に個別株主通知を要求した場合に株主が被る重大な不利益を考えると、総株主通知により既に株主名簿上の株主となっていた者は、個別株主通知を行わなくても、会社法130条1項（及び同法126条・457条）に基づき、株主としての地位を株式会社その他の第三者に対抗できると、立法的手当をすべきである。メディアエクスチェンジ事件の最高裁決定を始め、個別株主通知がなされていないこ

---

38) 東京高決平成22・2・18前掲注27) 2036頁・2045頁、吉本・注9) 214頁以下、鳥山恭一・判批・法セ665号（2010）119頁等。
39) 最決平成22・12・7前掲注3) 等。
40) 川島・前掲注24) 111頁は、行為者の株主資格や権利行使資格要件の充足の有無を会社が確認する必要のある場合であって、総株主通知によって会社が把握できないものを少数株主権等とするとされる。また、橡川・前掲注36) 187頁は、総株主通知に従って株主資格を確認しただけでは会社の免責が得られないような権利が少数株主権等に該当するとされる。吉本・前掲注9) 214頁は、少数株主権等とは、振替口座簿の記録と株主名簿の記載が一致しないために、株主名簿の記載によっては株主資格が確認できない権利をいうとされる。
41) 最決平成22・12・7前掲注3)、東京高決平成22・2・18前掲注27) 2036頁・2045頁。例えば、個別株主通知は、権利行使資格のある株主であることを会社に対して示す唯一の方法ではなく、会社に対して株主であることを主張する方法は必ずしもこれに限らないという解釈論が唱えられている（川島・前掲注24) 110頁。極めて魅力的な解釈論であるが、最高裁判例からは、受け入れられることは難しいように感じられる。

とを理由に少数株主権等の行使が認められなかった事件の多くは、少数株主権等を行使しようとした者は、総株主通知により株主名簿上の株主になっていたのであって、株主名簿上の株主が株主の地位を対抗できたら、少数株主権等の行使が認められたはずの事件であった。

具体的には、少数株主権等について会社法130条1項を適用除外するという現行振替法154条1項は廃止すべきである。その代わりに、「会社法第130条第1項の定めに拘わらず、本条第3項の通知により少数株主権等の行使資格を通知された者は、振替株式について少数株主権等を行使することができる。」というような規定を振替法154条1項に設けるべきである。この規定によれば、株主名簿上の株主と異なる者、あるいは株主名簿上の株主になる前の時点から株主になっていたことを主張する者が、個別株主通知を行えば、株主名簿上の株主の記載又は記録に代わって、個別株主通知の内容に従い、少数株主権等を行使することができる。しかし個別株主通知がなされなければ、株主名簿上の株主が少数株主権等を行使することができる。その限りで、総株主通知に基づく株主名簿の記載・記録に法的意義を与えるのである[42]。

以上のような立法が行われれば、株主総会の議場における株主の提案権（会社法304条）、株主の質問権（会社法314条）等、多くの学説により、基準日株主の権利（株主総会出席権）から派生する権利と位置付けられ、実際上も個別株

---

[42] 株券電子化を検討した法制審議会会社法（株券の不発行等関係）部会の中間試案においては、現行振替法154条1項となるA案の他に、継続保有期間の起算日を、個別株主通知が発行会社に到達した日と株主名簿の名義書換が行われた日のいずれか早い日とする一方で、発行会社には振替口座簿記録事項提供請求権を認めないというB案が、発行会社側の委員から提案された（始関・前掲注12）別冊商事法務286号98頁注(11)）。B案は、振替口座簿記録事項提供請求権に関する部分を除き、本稿の上記の立法論とほぼ同様の内容である。経済界も本稿に近い考えを持っていたことになる。これは発行会社にとっては、株主名簿上の株主又は個別株主通知を行った者に少数株主権等を行使させることによって、発行会社が免責されることが重要で、少数株主権等を行使している者が株主でなくなっていることは余り問題にしていなかったことを推測させる。なお、本稿がB案のような立法論ではなく、株主名簿の推定力を少数株主権等の行使につき定める立法を提案したのは、平成16年改正前との連続性や株券発行会社等とのバランス等を考慮したためである。

主通知を要求することに時間的無理があるような権利は、株主総会に出席できる者、即ち、株主総会の基準日に総株主通知によって株主名簿上の株主になっている者によって行使されることから、株主と推定される者によって権利行使されることになり、個別株主通知は不要ということになろう。

2 少数株主権等の範囲

　第二に、振替株式の制度を創設した平成16年振替法の改正は、少数株主権等を個別具体的に取り上げて、それぞれの場合に個別株主通知を要求することに問題がないか、法制審議会等において検討する時間がないまま立法がなされたことを、改正法の立案担当者自身が記している[43]。そこでⅡにおいて論じたように、少数株主権等の概念を再検討し、個別株主通知を要求することに問題がある場合は、少数株主権等に該当しない旨をきめ細かく規定すべきである。

　例えば、Ⅳにおいて論じるように、平成26年会社法改正の結果、株式買取請求権は解釈論としてもその行使に個別株主通知が必要でないと解すべきであるが、立法上もそれを明定することが望ましい。単元未満株式の買取請求権や買増請求権も同様である。会社法172条の株式取得価格決定申立権も、Ⅳに述べるような理由から、個別株主通知による株主であることの確認は不要とすべきである。尤も、これらも殆どの場合は、1に記したような株主名簿の推定力が認められれば、それによって株主資格を対抗できると考えられるが、株主名簿に推定力を認めても対抗できない場合としては、例えば次のような場合がありえよう。第一に、単元未満株式の買取請求の場合、株主総会決議等とは無関係に行われることから、株主名簿上の株主になっていない株主が買取請求をすることがありえよう。第二に、略式合併等の略式組織再編等が株主総会を省略して行われ、かつ株主への通知に代えて公告が行われたときは（会社法785条3項・4項）、総株主通知が行われず、株主名簿上の株主になっていない株主が株式買取請求権を行使する可能性がありえよう。

　この他、実務上、定款の閲覧・謄写請求（会社法31条2項）、計算書類の閲

---

[43]　始関・前掲注12)『現代民事法の実務と理論（上巻）』903頁。

覧・謄写請求（会社法442条2項）については、定款や計算書類はEDINET等を通じて一般に開示されているため、個別株主通知は不要と扱われている[44]。これらも明文でもって個別株主通知は不要と規定することが考えられる。

IV　解釈上、個別株主通知が不要と考えられる場合

1　株式買取請求

　少数株主権等の行使等により発行会社が当該株主の株式を取得する場合の中には、少数株主権等の行使に振替株式の振替申請等を必要とするものがある。振替口座簿上の株主でないと振替申請できないことから、その者が株主であることは明白であり、個別株主通知は必要ないと解すべきであろう。例えば、平成26年会社法等改正により、反対株主が株式買取請求権（会社法116条1項・117条2項）を行使する場合（例えば、前掲・最決平成24・3・28（ACデコール事件最高裁決定））、株式買取請求をしようとする株主は、振替株式の発行者の申請により開設される買取口座を振替先口座とする振替の申請をしなければならないとされた（平成26年改正振替法155条1項・3項）。当該株主が当該振替株式を市場で自由に売却できないようにして、事実上も、株式会社の承諾なく株式買取請求が撤回されることを防いだ改正であるが[45]、その結果、株式買取請求を行う株主は、当該振替株式を発行者の買取口座へ振替請求をしなければならないことから、振替口座簿上の株主しか買取請求をすることはできない。振替請求が実行されると、株主ではなくなって、個別株主通知の申立てもできなくなる。従って解釈論としても、株式買取請求権を行使する株主は、個別株主通知をする必要はないと解すべきである。株式買取請求権の行使に個別株主通知が必要とした前掲・最決平成24・3・28は、平

---

44)　茂木美樹「株主の権利行使――個別株主通知、単元未満株式の買取り・買増し等」商事1953号（2011）16頁。

45)　坂本三郎他「平成26年改正会社法の解説」坂本三郎編著『立案担当者による平成26年改正会社法の解説』別冊商事法務393号（2015）197頁。

成26年会社法改正により修正されたと解すべきである。平成26年会社法改正により、株券発行会社についても、株式買取請求権を行使するためには、株主名簿の記載・記録により株主資格を会社に対抗するのではなく、株券を会社に提出する必要があるとされている（改正会社法116条6項）。

2　単元未満株式の買取請求

　単元未満株式の買取請求（会社法192条）については、株券発行会社においては株券と引換えでないと株式の代金は支払われない（会社法193条7項）。株主名簿上の株主であっても、株券を提出しないと権利行使ができないわけであり、株主名簿の記載は問題にされない。同様に振替株式についても、単元未満株の買取請求や買増請求に関し、個別株主通知は不要と実務上取り扱われている[46]。これも振替口座簿上の株主でないとこれらの請求をすることができないため、個別株主通知によって株主であることを確認する必要がないからではなかろうか。

　このような実務の取扱いの理由としては、個別株主通知の対抗要件を具備していない買取請求権の行使を認めても、証券会社等を通じて行使がなされている以上、株主確認及び買取株式数の残高確認について発行会社に実質的なリスクが生じることがないと考えられること、個別株主通知は申出から通知がなされるまでに最短で4営業日を要することから、買取に要する4営業日を加えると8営業日となり、株券電子化前の買取日程より大幅に遅くなること、が挙げられている[47]。振替株式を会社に譲渡するためには口座管理機関である証券会社を介して買取請求を行うために、会社としても買取請求者が株主であることの確認が不要ということであろう。解釈論としても個別株

---

[46] 全株式懇話会・株式取扱規程モデル12条及び同条補足説明（全国株懇連合会編『全株懇株式実務総覧』（商事法務、2011）25頁、下山祐樹「株券電子化に対応した全株懇モデルの解説」商事1843号（2008）27頁、茂木・前掲注44）17頁、中川雅博「振替制度における『個別株主通知』の実務」阪大法学62巻3＝4号（2012）1109頁・1125頁、島田志帆「個別株主通知の実施時期」立命館法学350号（2013）260頁・272頁。

[47] 全国株懇連合会編『全株懇モデルⅠ——定款・株式取扱規程モデルの解説、自己株式の理論と実践』（商事法務、2016）117頁。

主通知は不要と考えてよいのではないか。

3 全部取得条項付種類株式の取得価格決定申立て

　前掲・最決平成22・12・7等の最高裁判例からは無理があるが、全部取得条項付種類株式の取得価格決定申立ても、単元未満株式の買取請求と同様に、個別株主通知がなくても申し立てられると解釈できる余地はあったのではなかろうか。

　全部取得条項付種類株式の取得価格決定申立ては、取得日の20日前の日から取得日の前日までの間に行われる。申立てを行った者が真の株主であることを個別株主通知で証明させることによって、裁判所や被申立会社が真の株主でない者による申立てに煩わされることを防ぐ意味がないとは言えない。1で論じたように、会社法130条1項の適用除外を廃止すれば、総株主通知によって株主名簿上の株主となっている者は、株主としての地位を会社に対抗できることになる。全部取得を決定する株主総会が取得日の直前に開かれ、その基準日が設定され、基準日時点の振替口座簿上の株主が、株主名簿上の株主となって、株主資格を会社に対抗できることになる。その基準日後に株主になるものは極めて例外的であることから、その者に個別株主通知を要求しても差し支えないようにも思われる。

　しかし、全部取得決議によって定められる取得日に、振替口座簿からの振替によって全部取得条項付種類株式の会社による取得がなされることから（会社法171条1項3号）、取得日において振替口座簿上の株主でない者は、結局、取得してもらえないわけで、真の株主でない者が価格決定の申立てを行うとも考え難い。万一、それでも真の株主でない者が価格決定を申し立てたとすれば、会社が振替機関に振替口座簿の情報提供を求めてその者が株主でないことを示すか（振替法151条8項）、全部取得の株主への通知から取得日までは20日程度であることから（会社法172条2項）、申立人が個別株主通知を行わない場合は、裁判所が取得日まで審理を延ばして、取得日に申立人が振替口座簿上の株主であったことを確認するといった対応も可能であろう。以上のようなことから、価格決定申立権の行使については、個別株主通知を必要的とまで解釈する必要はなかったのではなかろうか[48]。

結　び

　株券の電子化により導入された個別株主通知制度は、少数株主権等の行使に当たって一律に同通知を要求する制度として立法された。しかし、個々の少数株主権等の行使の場合に即して、個別株主通知が本当に必要であるか、それを要求される株主が対応できるか等について、十分な検討を行わずに、一律に個別株主通知を要求した。そのために、実質的には個別株主通知が必要でないと考えられたり、株主が個別株主通知に対応する時間的余裕や知識がなくて要求に応じることができない場合にも、個別株主通知が要求されるといった問題が生じている。これは少数株主権等が円滑に行使されることにより、法を確実に実現するという理念からは、望ましくないことである[49]。また社会的コストとしても、常に個別株主通知を要求するという負担をかけさせる必要があるか疑問がある場合もある。本稿が、個別株主通知制度をよりきめ細かく柔軟に改めるための立法論・解釈論の発展のきっかけになれば幸いである[50]。

---

48)　価格決定の申立てや反対株主の株式買取請求は、会社への反対の通知や総会での反対の議決権行使をともなう一連の手続であり、一連の手続を構成する各段階の権利行使について個別に「個別株主通知（又は総株主通知）」を要求する趣旨とは解されないとする説は（鳥山恭一・判批・法セ675号（2011）121頁）、本稿と問題意識を共通にするところがあると思われる。なお以上のような考え方は、株主総会の基準日後に株式を取得した株主も、会社法172条1項2号の株主として価格決定申立てができるとする下級審判例を前提としている（東京地決平成25・9・17金判1427号54頁）。
49)　田中英夫＝竹内昭夫『法の実現における私人の役割』（東京大学出版会、1987）7頁以下参照。
50)　本稿については、振替法の立案担当者であった始関正光判事に原稿を読んでいただき、多くの問題点の指摘をいただいた。始関判事の御指摘は極めて貴重であった。厚く御礼を申し上げる。しかし、本稿の文責は全て著者にあることは言うまでもない。

機関投資家の議決権行使基準の検討

黒沼　悦郎

Ⅰ　はじめに
Ⅱ　議決権行使基準の検討
Ⅲ　結びに代えて

Ⅰ　はじめに

1　本稿の目的

　日本版スチュワードシップ・コードを受け入れている機関投資家は、保有株式の議決権行使基準を定めて、これを公表することを求められている[1]。日本版スチュワードシップ・コードにおいて、機関投資家の議決権行使は、投資先企業の価値向上や持続的成長を促すことにより、受益者の中長期的なリターンの拡大を図ることを目的とすると位置づけられている[2]。ここにいう「投資先企業の持続的成長」や「中長期的なリターン」が真に受益者の利益になるかどうかはともかくとして、同コードを受け入れた機関投資家は、自らが定めた議決権行使基準が投資先企業の企業価値の向上に資すると考えているはずである。そこで、本稿は、機関投資家の議決権行使基準が企業価

---

1) スチュワードシップ・コードに関する有識者検討会「『責任ある機関投資家』の諸原則≪日本版スチュワードシップ・コード≫」(平成29年5月29日) 指針5－2、5－3。
2) 前掲注1)。

値の向上に資するものになっているかどうかを検討することを目的とする。

　企業価値の向上は会社法の目的ともいわれる[3]。取締役は企業価値を向上させる責務を負っており、企業価値を向上させるような施策を盛り込んだ議案を株主総会に提出すべきであるといえる。したがって、機関投資家の議決権行使基準の検討は、同時に、取締役の行為規範（取締役がどう行動すべきか）を、企業価値向上の観点から、株主総会の決議事項に関する範囲で検討することを意味する。これは、きわめて法的・規範的な作業である。もっとも、剰余金の配当のように、配当性向を何％にすれば企業価値が最も向上するかというような事項は、個別企業の状況によって当然に異なるし、一般論としても、経済分析や実証研究を待たなければ結論の出せない問題であろう。そこで、本稿は、会社法の制度趣旨や議案の解釈等、法的分析から解明できる範囲において、企業価値向上の観点から見てあるべき議決権行使基準（の一端）を示そうとするものである。

2　研究の方法

　検討に際して参考にするために、機関投資家の具体的な議決権行使基準を集め、分類する。議決権行使基準の収集は、機関投資家の議決権行使の全体的傾向を分析するためではなく、議決権行使基準のサンプルを得るために行ったので、網羅的ではなく、ランダムでもない。具体的には、積極的に議決権行使を行っていると考えられる信託銀行と資産運用会社（アセットマネジメント）から7社（A～G）を選び（以下、「運用者」と総称する）、2017年末時点の国内株式の議決権行使基準を調べ[4]、比較を可能にするために筆者の

---

[3]　ここにいう「企業価値」が「株主共同の利益」とか「株主価値」を意味すべきか、ステークホルダーの利益を含む企業価値を意味すべきかについては争いがあるものの、企業買収のように企業価値と株主価値が乖離する例外的場合を除いて、株主価値は企業価値に比例すると考えられるので、本稿では、両者を同一のものとして扱う。

[4]　筆者は、2017年よりニッセイアセットマネジメント株式会社の社外取締役を務めており、同社の議決権行使基準の見直しにも関与している。しかし、本稿で示した見解は同社の意見を反映するものではなく、また、本稿は公表されている情報のみに基づいて作成している。

責任で基準の内容を要約した[5]。後に示すように、7社の行使基準だけでも、その内容は多様であり、また、わが国の議決権行使基準のおおまかな傾向を反映しているように思われる。どの機関投資家も、利益相反のおそれの高い投資先企業については、議決権行使助言会社を用いている。議決権行使助言会社の行使基準は、機関投資家の投資先企業の一部にしか用いられないため、比較の対象としなかったが、検討の際には参照している。

以下では、議決権行使基準のうち重要なものを取り上げて、その内容（判断基準）を分類して示し、そのような内容が望ましいかどうかを論じる。2017年にスチュワードシップ・コードが改訂され、機関投資家は議決権行使の結果を、対象企業ごと、かつ議案ごとに公表するよう求められている。そこで、必要に応じ、2017年6月末総会における個別企業の議案への各機関投資家の投票状況を示し、検討の参考とした。なお、議決権行使基準について、「○○に賛成するもの」と記載しているのは、原則として賛成するという意味であり、各社ともに個別企業の事情に応じて例外的判断を許容している。本稿では、機関投資家が個別企業に応じた判断を行うことは当然として、どのような基準を設定することが一般的に望ましいかという観点から議論していることに留意されたい。

II 議決権行使基準の検討

1 会社の機関

(1) 機関設計

会社の機関設計の変更を目的とする提案については、①指名委員会等設置会社・監査等委員会設置会社への移行に賛成するもの（A・B・C・D）、②指名委員会等設置会社からの移行、監査等委員会設置会社から監査役設置会社

---

[5] したがって、IIで分析の対象とする行使基準は、サンプル対象会社の公表した基準と表現が異なる部分がある。そこで、サンプルとした行使基準はすべて公表されているものの、誤解を避けるため、本稿では会社名を伏して引用している。

への移行に反対するもの（D）があり、③基準を設けていないもの（E・F・G）もあった。

　①はモニタリングモデルが上場会社の企業価値向上に資すると考えており、②はそれをより強調するもの、③はどの機関設計が望ましいかは一概にいえないという考えに立つものといえる。日本の経営環境を考慮すると現状では③であろうが、機関投資家は、一般株主と同様に、株主としての地位以外に会社と利害関係を有しない株主であるから、そのような株主の利益を代弁する独立社外取締役の監督権限が発揮される①②の立場を取ることも理解できる。

(2) 取締役の数・任期

　取締役の総数については、20名または21名以上となる場合に、取締役全員の選任に反対するか、代表取締役の選任[6]に反対するものが多数であるが（5社）、基準を定めていないものも2社あった。

　取締役の人数が20名程度になると取締役会で実質的な審議を行うことは不可能だから、議案に反対する理由がある。そういった会社では社内者の経営会議で実質的な決定を行っているはずであるが、取締役会において十分な資料が提示されず、社外取締役が経営判断の原則による保護を受けられないといった不都合も生じる。

　任期については、取締役の任期を長期化する場合に反対する1社のほかは、基準を設けていなかった。任期の長期化は1年から2年へのパターンしかないから、基準を設けてもあまり意味はない。これに対し、長期在任の代表取締役の再任に反対する基準が見られなかったことは意外である（社外取締役については後述）。たしかに一律の再任制限を設けるのは適切でないが、代表取締役の長期在任は取締役会の監督機能が機能していない証左である場合もあるのだから、個別判断を行う契機となる基準を設けるべきである。

[6) 「代表取締役候補者である取締役の選任」の意味である（以下同じ）。

(3) 社外取締役の数

社外取締役の数については、①社外取締役が不在または1名の場合、取締役全員の選任に反対するもの（A）、②①の場合に代表取締役の選任に反対するもの（B・D・G）[7]、③①かつ直近3期のROE（株主資本利益率＝当期純利益／株主資本）の平均が8％未満の場合、直近3期以上在任した最高経営者の取締役再任に反対するもの（E）、④2名以上の独立社外取締役がいない場合、代表取締役の選任に反対するもの（C・G）、⑤社外取締役が不在の場合に取締役の再任に反対するもの（F）に分かれている。

③は、社外取締役が2名以上いなくても資本効率が良ければ良いという判断であろう。しかし、社外取締役の選任を求めるのは資本効率を上げるためではないから、目的と手段が適合していない。②③④の基準では、代表取締役が改選の時期に当たっていない場合には、取締役の選任議案に一切反対しないこととなり、効果が疑問である。⑤は、ガバナンスコードの要求よりも低い基準を用いるものである。

上場子会社について特則を設けている場合がある。すなわち、①親会社等を有する企業において、独立社外取締役が取締役総数の1/3以上選任されていない場合に、取締役の選任に反対するもの（A）、②上場子会社において親会社出身者を取締役に選任する場合、2名以上の独立社外取締役が選任されない場合は、親会社出身者の取締役選任に反対するもの（E）である。これらの基準は、親会社を有する企業では少数株主の利益の保護の必要性が高まることを理由とするものであり、妥当である。この反対理由を開示しているA社の報告によると、2017年5月6月総会で、①に該当する企業が90社あったという。

(4) 社外取締役の独立性等

7社とも、独立性の確保されていない社外取締役候補者の選任に反対している。ただし、独立性の基準としては、独自のものを制定している運用者（A・B・C・G）と取引所への独立役員の届出および招集通知の記載により判

---

7) ただし、B社は2018年4月1日以降、①の基準に移行した。

断する運用者（D・E・F）に分かれた。独立性の基準を論じる余裕はここではないが、対象企業の基準をそのまま用いるのは問題であろう[8]。

独立性のない社外取締役の選任に反対するということは、社外取締役である以上、独立性の基準も満たすべきだとの考え方に基づくのであろう。しかし、企業価値向上の観点からは、企業は各分野から有為な人材を取締役として招くことが要請されるのであり、独立性を欠く社外取締役を除いても十分な数の独立社外取締役がいて取締役会の監督権限に問題がないのであれば、当該独立性を欠く取締役の選任に反対する理由はない。このような考え方は、原則を外れる例外的判断において採用されているのかも知れないが、基準にも盛り込むべきように思われる。

社外取締役の在任期間が著しく長期の場合、その選任に反対するものがある（B）。在任期間が長期になると、社内取締役との間に癒着が生じるのを懸念するのであろう。しかし、社外取締役が非常勤であれば、在任期間が長期になっても当該会社への依存度は高くないであろうし[9]、在任期間が長期となり会社の事業に精通し、発言力を高めることは、社外取締役が機能を発揮するうえでプラスとなるだろう。前述のように、むしろ社内取締役の在任期間のほうが問題である。

2　業績の低迷

業績が3期連続で低迷している場合、3年以上在任した取締役・代表取締役の再任に反対するものがほとんどである。低迷の定義は各社異なり、営業利益または経常利益の赤字とROE（株主資本利益率）の相対評価を併用する運用者が多い。相対評価とは、東証一部企業の下位1/3未満、1/4未満、同一業種内で下位1/3未満、30％未満などがある。

企業の業績が低迷した場合に、その低迷に責任のある経営者の再任に反対するのは、機関投資家としては当然の行動である。業績の低迷を3期程度で

---

[8]　石田猛行「2018年ISS議決権行使助言方針」商事法務2159号（2018）23-24頁は、対象企業による独立性基準を用いることの問題点を指摘している。
[9]　社外取締役のジョブ・マーケットが確立すれば、いっそうそういえる。

判断する点に、中長期的な投資リターンをめざす機関投資家の姿勢が表れている。ただ、議決権行使結果の公表に際して、反対理由を開示しない機関投資家が多いため、取締役の選任に反対する理由が（対象企業には対話を通じて伝わっても）他の株主に伝わらないことは問題である。

3　不祥事

どの運用者も、法令違反や不祥事があり、それに責任があると判断される取締役の再任に反対している。もっとも、不祥事の定義を定めていない運用者も多かった（A・E・F・G）。

不祥事の定義が異なったり、存在しないため、各運用者が不祥事を理由に取締役の再任に反対している事例はまちまちである。反対の議決権行使について理由を開示している 3 社（A・B・G）についてみると、A が不祥事を理由に議案に反対した会社は、2017年 4 月～ 6 月総会で15社あり、B では同年 5 月 6 月総会で12社あったが、これらで共通している上場会社は 1 社しかなかった（当該上場会社については C・D も反対投票をしている）。G は 2 社について反対投票をしているが、A とは 1 社が重なり、B とは重なりがない[10]。A が反対投票をした15社についてみると、他の 6 運用者中、1 運用者でも反対投票があったのは 9 社に過ぎない。

法令違反等の不祥事があった企業について取締役の選任に反対するという基準は妥当であるが、このように不祥事の定義、あてはめ、責任の有無の判断は難しいものがある。不祥事が指摘された会社を個別にみると、細かい業法違反の指摘が明らかになった例がほとんどであり、2017年 6 月総会の上場会社では、経営を揺るがすような不祥事は見られなかった。

4　役員報酬

(1)　退職慰労金

退職慰労金の支給に原則反対するものがある（D）。勤務年数に比例して

---

[10]　G の不祥事認定企業数が少なかったのは、基準上、不祥事の影響が経常利益の30％以上のものに限定しているためと思われる。

金額が増える年功序列型の退職慰労金制度が合理的でないという理由によるのであろう。しかし、後述のように、使用人分の報酬（退職慰労金を含む）が別に定められている場合には合理的な場合もある。

　他の6社を見ると、不祥事や反社会的行為に責任を有する役員への支給に反対する点は共通しているが、3期連続赤字、3期連続ROEが5％未満、3期連続ROEが相対的に低い等の業績基準を採用しているもの（5社）とそうでないもの（F）がある。企業業績が良くない時期に退職慰労金を支払えないのは当然のようにも思われるが、業績基準を用いると退任者の期待を裏切り、したがって事前の観点では有能な新任者を採用できなくなるおそれがある。もっとも、使用人部分と切り離された退職慰労金であれば、その者は取締役として業績低迷に責任があるからやむを得ない（事前の観点への悪影響はない）ともいえる。

　6運用者中、社外取締役への支給に反対するものが6社、監査役への支給に反対するものが5社あった。これは、これらの者が会社の業績に貢献していないことを理由とするのではなく、もっぱら監査・監督の任に当たる者に退職慰労金を支給していると、退任の際にその支給が提案されないことをおそれて、監査・監督機能の発揮を期待できなくなる点に求められるべきである。つまり、退職慰労金が監査役・社外取締役に対する経営陣のコントロールの手段となることを防止するために、これらの者に退職慰労金を支払うべきではないのである。社内取締役への支給に賛成し、社内監査役への支給に反対するのは酷との見方もあるだろう[11]。しかし、監査役は使用人を兼務できないため、その報酬体系は社内取締役の報酬体系とは異なるはずであるから、会社としては監査役に退職慰労金を支給しない前提で報酬体系を設計すればすむ。

---

11)　退任監査役への退職慰労金支給が否決された例として、T&K TOKA社の議案9がある。同社では、監査等委員会設置会社への移行に伴う監査役4名（うち3名は社外）の退任について退職慰労金贈呈議案を提出したが、調査対象7運用者はすべて反対し（うち1社は個別判断か？）、議案は反対率51.47％により否決された。

(2) **株式報酬・ストックオプション**
① 設　　計

　コーポレートガバナンス・コードの影響で業績連動型報酬の比率を高める上場会社が増えている。業績連動型報酬の導入に対する各機関投資家の対応は細部に差異があるので、まず、以下に筆者の責任で要約したものを掲げる（付与対象者にかかる基準を除く）。

　Ａ：①付与後２年以上の据置期間がない場合、②行使が退職後に限定されていない場合、③累積希薄化率が５％以上、または年間の希薄化率が１％以上で付与期間が明確でない場合（「または」以下は株式報酬の場合）に反対する。

　Ｂ：①発行済株式数に対して５％超、希薄化する場合、②役員報酬枠として上程される場合について年間の希釈化率が１％超の場合、③行使価格が市場を下回る場合で、かつ行使条件がインセンティブ効果を高める設計（行使が退職後に限定されている、特定の業績目標達成を条件としている、付与後２年以上の据置期間がある等）となっていない場合、④未行使分の行使価格を引き下げる場合に反対する。

　Ｃ：①発行済株式総数に対して５％以上希薄化する場合、②行使価格やスキーム等の決定方法に問題がある場合に反対する。

　Ｄ：①発行済株式総数に対して５％以上希薄化する場合、②行使価格やスキーム等の決定方法に問題がある場合、③譲渡制限付株式報酬において、譲渡制限期間が３年未満の場合に反対する。

　Ｅ：①株主価値を大きく毀損する行為が認められる場合、または直近３期連続してROE５％未満の場合、②発行済株式総数の５％を超える希薄化を生じさせる場合、③譲渡制限付株式について、譲渡制限期間が３年未満の場合に反対する。

　Ｆ：①株式報酬・ストックオプションについて、発行済株式総数の10％を超える付与を行う場合、②株式報酬型で、１年間の発行上限株数が発行済株式総数の１％を超える場合に反対する。

　Ｇ：①発行済株式数に対し２％以上の希薄化をもたらす場合、②株式報酬型以外の新株予約権で、権利行使価格が市場価格を下回る場合、③取締役会の判断で未行使分の行使価格等の引下げが可能な場合、④付与対象者、付与

条件等の開示がなく発行の妥当性を判断できない場合に反対する。

　いずれの運用者も発行済株式総数に対する一定割合以上の希薄化をもたらす発行に反対している。しかし、業績連動型報酬が予定している報酬額を基準として有利発行に当たらないのであれば、希薄化率が高くても企業価値（株主価値）を毀損することはないはずである。それにもかかわらず、各運用者が希薄化率を基準に入れているのは、最近増加している報酬請求権を現物出資させたり、これと相殺するタイプの業績連動型報酬では、株主総会決議時には有利発行性を判断できず、実際にも有利発行に該当するような新株予約権・株式発行が行われていると懸念しているためではないかと思われる。機関投資家は、一般に、中長期の業績と連動する報酬を指向しており、そうであるならば、報酬を連動させる株価以外の業績指標、権利行使の据置期間、譲渡制限期間等も基準に入れるべきであろう。

　議決権行使結果の一例として、T&K TOKA（4636＝証券コード、以下同じ）の議案6（株式報酬型ストックオプション）について見ると、Aは行使条件基準に該当するとして反対し、Eも反対しているが、これらは付与後2年以上の据置期間がないことが反対の理由となっている模様である。もっとも、当該議案は退職後にのみ行使できるという条件を付しており、業績連動退職慰労金とでもいうべき性質のものであった。また、同社の議案7（譲渡制限株式による株式報酬）については、E・Fが反対しているが、理由は明らかでない。これらの議案は、会社法361条1項1号の金銭報酬としてその枠が株主総会決議の対象となっているものであり、これらの新しいタイプの業績連動型報酬に議決権行使基準がきめ細かに対応できていないのではないかと思われる。上記のように有利発行性を株主総会決議の時点で判断できないのであれば[12]、むしろ、固定報酬と業績連動報酬の割合の開示とその適否、業績連動型報酬の業績基準の開示とその適否等[13]を行使基準に盛り込むべきではない

---

12)　それはやむを得ないともいえる。
13)　T&A TOKAの議案7では、2018年3月期から2020年3月期までの業績条件をROE 5％以上、かつ連結当期純利益17億円以上としているが、2021年3月期以降については事業年度開始前に改定のうえ、適時適切に開示するとしている。

② 付与対象者

社外取締役、または監査役を付与対象者に含む業績連動型報酬に反対するものが多い（7社）。これに加えて、監査委員や監査等委員を付与対象者に含む議案に反対するものもある（3社）。

取締役会を構成する取締役や監査役は、株主のために取締役の業務執行を監督・監査するのだから、その利益は株主と一致すべきであり、株主の利益との一致を図る業績連動型報酬が望ましいとの考え方もあるであろう。しかし、監査役も社外取締役も業務執行の立場から離れて、業務執行の適法性や適切性を判断するのが主たる職務であり、業務執行に関する利害が業務執行取締役と一致していてはその役割を果たすことができない。また社外取締役は、業務執行の結果と報酬とを勘案して業務執行取締役の選解任を行うことが期待されていること[14]からも、そういえる。したがって、社外取締役や監査役には業績連動型報酬を付与すべきではない。監査委員や監査等委員は全員が社外取締役というわけではないが、業務監査を行うという職務に照らして、業績連動型報酬の付与対象者とすべきではないと考える[15]。

5　買収防衛策

(1)　行使基準

防衛策の導入・更新に関する議決権行使基準は、次に掲げるように運用者により多様となっている。

　A：①独立性基準を満たす社外取締役が取締役総数の過半数存在しない場

---

14)　この意味で、モニタリングモデルにおいては、取締役は業務執行の決定権限を有しないほうが望ましい。

15)　コーポレートガバナンス・コードは、経営陣の報酬を中長期的業績連動型報酬とすることを勧めているが（原則4−2、補充原則4−2①）、同原則では「経営陣」の語と「取締役」の語とを使い分けており、ここにいう経営陣には社外取締役や監査役を含まないものと思われる。経済産業省の「『攻めの経営』を促す役員報酬〜企業の持続的成長のためのインセンティブプラン導入の手引〜」（平成29年9月時点版）においても同様である。

合、②3期連続でROEがTOPIX全体の上位75％以上に位置していない場合、③株主意思確認型でない場合において、独立委員会に独立性に問題のある役員が含まれている場合、④有効期間が概ね3年以内でない場合、⑤取締役会または独立委員会での検討期間が無期限に延長できる場合には、反対する。ただし、対抗策なし型（新株発行が定められていない）は買収防衛策とみなさず、賛成する。

B：①中長期的な株主利益向上に資することについて十分な説明がない場合、②過去3期連続赤字の場合、③親会社等を有する上場会社の場合、④有効期間が3年超の場合、⑤株主総会決議による承認を経ない導入・更新の場合で取締役の任期2年の場合、⑥特別委員会勧告型で、独立性のある社外取締役が取締役総数の１/３未満の場合、または特別委員会に独立性に問題がある委員が含まれている場合、⑥株主意思確認総会型で、安定株主比率が40％以上の場合、⑦検討期間の上限が定められていない場合、⑧買収者への金銭補償を行う場合には、反対する。

C：①社外取締役の構成比率が１/３未満の場合、②導入・継続時に株主承認プロセスがなく、かつ取締役の任期2年の場合、③発動時において、大規模買付ルールの不遵守、高裁4類型[16]、強圧的二段階買収の場合を除き、独立した第三者が過半を占める特別委員会の勧告や株主意思確認総会の決議等によるチェックがない場合、④検討期間が無期限に延長されうる場合、⑤3期連続で東証一部上場銘柄のROE下位１/３未満の場合、⑤創業者等の経営者関係者が合計20％超を保有している場合には、反対する。

D：①社外取締役が複数名、かつ社外取締役の構成比率が１/３以上在任中であるか、または選任する議案が上程されていない場合、②買収防衛策の発動時において、大規模買付ルールの不遵守、高裁4類型、強圧的二段階買収の場合を除き、独立した第三者が過半数を占める特別委員会の勧告や株主意思確認総会の決議等によるチェック機能なく発動できる場合、③検討期間が無期限に延長されうる場合、④買収防衛策の見直し時期が3年超の場合、⑤

---

[16] 東京高決平成17・3・23判時1899号56頁が例示した、支配権維持目的の新株予約権発行が許される4類型を指す。

３期連続東証一部上場企業のROE下位１/３分未満である場合、⑥創業者等の経営者関係者が合計20％超保有している場合に反対する。

　E：買収防衛策の設定に反対する。ただし、独立性の高い社外取締役が取締役会の過半数を占め、長期的な株主価値の向上または株主価値の毀損の防止の観点から設計に問題ないと判断される場合を除く。

　F：①大規模買付ルールの不遵守、高裁４類型、強圧的二段階買収の場合を除き、株主意思を確認することなく発動される可能性がある場合、②株主意思確認型以外の場合であって、(a)第三者機関（独立委員会等）による判断がされる仕組みとなっており、かつその委員の過半数が独立性を満たしている、(b)取締役会の過半数が独立性を満たした社外取締役である、のいずれの要件も満たしていない場合[17]、③買収者の評価期間が90日（＋延長30日）を超える場合、④買収防衛策の有効期限が３年を超える場合、⑤独立性のある社外取締役が複数いない場合に反対する。

　G：買収防衛策の導入・更新に反対する。例外として、①独立性の高い社外取締役などを中心とした意思決定の仕組みが導入されており、②保有比率（トリガー）が20％以上、検討期間が現金対価の買収の場合60日以内、それ以外90日以内、延長１回といった防衛策発動の際の適切な基準の設定・開示が行われていることを前提に、(a)目的が中長期経営計画の達成に集中する等の理解できるものであり、一定期間のみの導入（時限的）にとどまると判断された場合、(b)新興企業で、まだ成熟したガバナンス体制が必要とされる段階でない等、防衛策導入の理由が理解できる場合、(c)毎年更新が行われる防衛策で、社内手続等の理由で、買収防衛策の廃止が間に合わない場合（１年に限り賛成）には、賛成する。

(2)　分析と評価

　運用者の多くは買収防衛策の導入・更新に基本的に反対であるが、例外的に賛成する条件には共通するものとそうでないものがある。まず、①取締役

---

[17]　第三者機関によるときは(a)を満たしていない場合、第三者機関によらないときは(b)を満たしていない場合の意味であろう。

会における社外取締役の構成比が1/3以上であることを条件とするものが多く（A・C・D・F）[18]、独立社外取締役が過半数を占めることを求めるものもある（E）。この割合は、運用者が一般の上場会社に求める独立社外取締役の割合に比して高い。買収防衛策の導入や継続に社外取締役を通じて株主の意思を反映させようとする趣旨に出たものと解され、妥当である。②3年に1回の見直し（継続のための株主総会決議）を求めるものも多い（A・B・D・F）。株主の意思をより頻繁に問うものであり、賛成できる。③創業者等の経営者関係者が合計20％超を保有しているような場合に、買収防衛策の導入に反対するものがある（C・D）。これは、20％超の安定株主がいれば買収防衛策は必要ないことを理由とするものではなく、このような場合には経営者関係者による支配権維持のインセンティブが高いので、買収防衛策が主として支配権を維持する目的で発動されるおそれが高いことを考慮したものであろう。株主意思確認型で安定株主比率が40％以上の場合に反対するもの（B）も、同趣旨であろう。④検討期間が長いもの（無期限延長を含む）に反対する（B・C・D・F・G）のは、防衛策の設計上、経営者が反対する買収を恣意的に妨害することができてしまうからである。

買収防衛策の発動に必ず株主総会の決議を要求するものはなく、⑤株主意思確認型でない場合には独立委員会の構成を問題としている（A・B・C・D・F・G）[19]。もっとも、買収防衛策の導入・更新時には、有事に独立性の高い委員会を構成する旨が謳われるのは当然のことであり、導入・更新時の承認だけでは、そのような委員会の構成を確保できないことにも注意すべきであろう[20]。ROE基準を併用し、ROEが下位の場合は他の条件を問わず反対するものがある（A・C・D）。会社の経営成績が悪いときには、企業買収による経営の規律付けが強く期待されることを反映したものであろう。

買収防衛策の更新議案に対する議決権行使結果の例として、ミネベアミツ

---

[18] Bの⑥については、特別委員会内の社外取締役の割合を指しているのか、取締役会内の割合を指しているのか判然としない。

[19] Eも独立委員会による防衛策の発動を排除していないものと思われる。

[20] もっとも、買収防衛策の更新の際には現在の独立委員会のメンバー表が参考資料として添付されることもある。

ミ（6479）の議案4を見てみよう。当該議案では、株券等保有割合が20％以上となる取得をしようとする大量買付者に対し、情報提供等を求めるとともに、社外者からなる独立委員会が情報等の受領から90日以内に判断を下し、株主意思確認総会を開催した後に、差別的行使条件を付した新株予約権の無償割当て（買収者に対する金銭的補償なし）を行うというタイプの買収防衛策の更新（旧プランを一部改訂したうえでの更新）を求めていた。議案4に対しA・Bが賛成し、C・D・E・F・Gが反対した。賛成のうちAは例外的判断を行ったようである。反対のうち、F・Gは2名以上の独立社外取締役の要件に、C・Dは1/3以上の社外取締役要件に、Eは過半数社外取締役の要件に、それぞれ抵触するためであったようである。このように、運用者が買収防衛策に反対するかどうかは、防衛策の内容に問題がないものである限り、事実上、社外取締役要件によって決定されているといえそうである。

　機関投資家が議決権行使基準を定めている買収防衛策は、いわゆる平時に導入される事前警告型の防衛策であり、有事の発動時における株主意思確認手続上の議決権行使ではない。事前警告型の防衛策を導入していなくても有事に一定の防衛策を実施することができることは、判例上了解されており[21]、事前警告型の防衛策を導入する意義は乏しくなっている[22]。他方、敵対的買収は企業価値と株主価値が乖離する場面の一つであり、対象会社の取締役はいずれの価値の最大化を目指すべきかという重要な問題があり、これを論じるには紙幅が足りない。そこで、ここでは、買収防衛策に対する議決権行使基準のあり方について私見を示すことは差し控えたい。

---

21)　最決平成19・8・7民集61巻5号2215頁。
22)　事前警告型の買収防衛策を定めておく意味は、買収者に経済的損失を与える防衛策を採用しやすくするという点のほか、買収手続を明示しておく点にあるであろう。しかし、会社の定めた手続に従ったとしても、防衛策を発動した取締役が常に免責されるわけではない。取締役の行為はあくまでも信任義務に従って判断されるからである。そのような観点から一瞥すると、各運用者が買収防衛策に付す条件のなかに、いわゆるマーケットチェック条項が入っていないことが気になる。

6　剰余金処分

(1)　過少配当基準

①ROEが低い企業において、②配当性向（配当／当期純利益）または総還元性向（(配当＋自社株式取得)／当期純利益）の低い剰余金配当議案に反対するものが多い。①の基準としては、ROE 5 ％未満、 8 ％未満、10％未満、ROEの相対順位 3 ／ 4 未満、 1 ／ 2 未満、 1 ／ 3 未満、またはこれらの組合せが用いられ、②の基準としては、配当性向30％未満、25％未満、総還元性向30％未満などが用いられている。ROEの水準によって総還元性向の基準を変えるものもある[23]。

各運用者がROEの低い企業にのみ過少配当基準を適用するのは、資本効率の悪い会社は株主還元を厚くすべきだとの考え方による。これには、①ROEが低いとは当該企業には良い投資機会（事業機会）が存在しないことを意味するから、無駄な資金をため込むことは企業価値を低下させるという意味と、②機関投資家の資金運用よりもROEが低いのであれば、当該企業に投資をするよりも利益を分配してもらい、自らが他の手段で運用した方が良いという意味が込められていると考えられる。①は企業価値に沿うもの、②は各機関投資家の運用基準に沿うものであり、当該企業の企業価値の向上に必要な配当性向であっても当該機関投資家からすると低すぎるため剰余金処分案に反対することがあり得る。ROEの相対基準は①と、絶対値基準は②と親和性があると思われ、企業価値の向上を基準として議決権行使基準を評価する立場からは相対基準が望ましいことになろう。

また、機関投資家が過少配当基準に該当する場合に剰余金処分案に反対すると、配当が少なすぎるというメッセージを送ることはできるが、もし大部分の機関投資家が反対票を投じ剰余金処分案が否決されると、配当が支払われないという、望んでいない結果を招来してしまうという問題もある。

---

23)　配当性向と総還元性向のいずれを用いるのが望ましいか、それぞれの望ましい水準は何かという点の検討は、筆者の能力を超えるので今回は行わなかった。

(2) その他の基準

　過剰配当については各運用者によって基準に大きな差はなく、3期連続赤字の企業が配当を行う場合、当期利益があっても配当性向が100％以上の場合に反対する例が多い。過剰配当に反対するのは事業資金が不足し、企業価値を毀損するからであるといえる。

　過剰配当のほかにキャッシュリッチ基準を置く次のような例がある。

　A：総資産に対するネットキャッシュ（現預金＋短期有価証券－借入金等）の比率が50％以上の企業において、ROEがTOPIXの上位3/4未満である場合、配当性向50％未満の剰余金処分案に反対する（同社の過少配当基準は配当性向30％未満）。

　B：（現預金＋長短期有価証券）／総資産が50％以上かつROEの過去3年平均および直近が8％未満に該当し、会社に資本政策等について説明を求めたが説明が不十分と判断する場合に反対する（過少配当基準：総還元性向30％未満）[24]。

　E：①株主資本比率50％超、ネット金融資産／総資産30％超、かつネット金融資産／総資産30％超の場合であり、かつ直近2期いずれかにおいてROEが10％未満の会社で、総還元性向50％未満の場合、②株主資本比率50％超、ネット金融資産／総資産30％超、かつネット金融資産／総資産30％超の場合であり、かつ直近2期連続してROEが10％以上の会社、資本収益率の高さを考慮しても総還元性向（株主還元率）に問題が認められる場合、③その他、株主還元が著しく不十分な場合に反対する（過少配当基準と兼用）。

　F：自己資本比率が75％以上、手元流動性が総資産の50％以上、手元流動性が売上高の2/3以上のいずれかに該当し、自己資本配当率（DOE）が2％未満、かつ、直近3期のうち2期以上のROEが同一業種内上位33％水準を上回り、かつ8％を上回る企業（例外あり）でない場合に反対する（過少配当基準と兼用）。

　G：自己資本比率50％以上、かつネット金融資産（現預金＋有価証券－有利子負債）／総資産が20％以上、かつネット金融資産／売上高30％以上の企業

---

[24] どのような剰余金処分案に反対するのかが不明である。

において、剰余金の50％以上を内部留保するため、総還元性向が50％未満となる場合に反対する（過少配当性向：25％未満）。

　キャッシュリッチ基準は、金融資産の割合の高い企業は余剰資金が多いとみなせるので、より多くを株主に配当すべきだ（より高い配当性向を求める）という考え方による。これにROE基準を併用するのは、金融資産が多くても現に利益を上げていれば過少配当基準の配当性向（総還元性向）で足りるとするのであろう。キャッシュリッチ基準を置かない運用者も、過少配当基準でカバーできると考えていると思われる。特別の資金需要のない限り、金融資産をため込む行為は経営者の保身に出たものと疑われ（フリーキャッシュフロー仮説）、企業価値を毀損すると考えられるから、キャッシュリッチ基準を設けたり、過少配当基準にキャッシュリッチ基準を併用したりすることには合理性がある。

7　資本政策

(1)　一　　般

　資本政策には多様な選択肢があるため、網羅的な議決権行使基準を作成することが難しい。そこで、①個別に判断するという基準のみを設けるもの（C・D・E・F）が多く見られた。個別規定では、②投資先企業が関連する一般財団法人に対する自己株式の拠出は、(a)希薄化割合が１％未満であること、(b)一般財団法人の活動が当該企業の企業価値向上に資すると判断されること、(c)拠出される株式にかかる議決権が不行使であること、(d)財団運営資金が寄付金ではなく株式配当であるべき適切な理由があること、のすべてを満たす場合以外は反対するもの（A）、③株式発行について目的・理由が不明確な場合、合併等の割当比率等につき第三者による算定根拠が示されていない場合に反対するもの（B）、④名目上の原資の場合、原則として賛成するもの（F）、⑤特定の者への有利発行（市場価格に対し90％程度未満の価格での発行）が企業価値毀損防止の観点から妥当でないと判断する場合、一般財団法人への有利な価格による自己株式拠出の場合に反対するもの（G）が見られた。

(2) 一般財団法人への自己株式の拠出

　上記②⑤のように、最近、一般財団法人への自己株式の拠出の事例が見られる。従業員持株会に代わる安定株主工作として用いられているのではないかと思われる[25]。戸田建設（1860）の議案4は、当社が設立した一般財団法人を受益者とする信託を設定し、発行済株式総数の0.77％に相当する自己株式を、払込金額の下限を1株1円とする第三者割当ての方法で処分することを、会社法200条の規定により取締役会へ授権する議案であった[26]。この議案についてはA・Fが賛成し、B・C・D・E・Gが反対した。基準を有しているAが賛成したのは議案の内容が上記の条件を満たしていたからであると思われる[27]。議案4への賛成率は72.27％であった[28]。

　大研医器（7775）では、代表取締役が代表理事を務める公益財団法人および一般財団法人への自己株式の拠出議案が株主総会に提出された。大研医器の発行済株式総数31,840,000株のところ、2号議案は、科学技術の振興を目的として平成26年に設立された公益財団法人に対し、拠出上限700,000株、払込金額の下限を1株1円とする第三者割当ての方法で自己株式を処分することの承認を求め、3号議案は、音楽等の文化・芸術等の振興を目的として新たに設立される一般財団法人に対し、拠出上限300,000株、払込金額の下限を1株1円とする第三者割当ての方法で自己株式を処分することの承認を求める

---

[25]　自己株式の拠出につき信託方式をとり、信託期間は議決権を行使しないこととしている例もあるが、議決権自体はあるので、支配権取得のための議決権数を増やす効果がある。

[26]　この議案の承認を条件として、25億円3,000,000株を上限とする自己株式の取得が取締役会で決議されている。

[27]　戸田建設の株主総会招集通知によると、当該一般財団法人は、若手技能者の採用や育成に資する活動を通じて建設産業全体の発展に寄与することを目的としており、その活動は戸田建設の持続的成長と中長期的な企業価値向上に資するとされている。また、信託期間は明記されていないが、信託期間中は信託に係る株式の議決権は行使しないものとされている。財団運営資金が寄付金でなく株式にかかる配当であるべき適切な理由は示されていないが、財団が信託の受益者として金銭の交付を受けることにより、寄付金との同等性が確保されているというべきであろうか。

[28]　平成29年6月30日提出の戸田建設臨時報告書による。

ものであった[29]。同社の招集通知によると、拠出される自己株式の議決権行使に関する制限はなく、一般財団法人に対する拠出は、当社および創業者の理念の実現に資し、CSRの観点からも当社の企業価値の向上につながると説明されている。議案2・3については運用者7社すべてが反対したが、それぞれ賛成率81.31％および81.10％で可決されている[30]。

このような事案の登場を受けてF社では、議決権行使結果の公表に際して、一般財団法人の活動支援に関する議案については、①財団設立の目的および内容、②ストックオプションの付与を含めた財団への割当株が発行済株式数に与える影響、③財団に割り当てられる株式の議決権が、企業および財団から独立した第三者に委託されているかの3点を勘案したことを明らかにし、議決権行使基準も、(a)財団の割当株が発行済株式総数の10％を超えていないか、(b)財団に割り当てられる株式の議決権が、企業および財団から独立した第三者に委託され、かつ当該第三者による行使が行われるものになっているか等を考慮して判断するものに改定した（2018年3月30日付）。

企業またはその関係者が設立した一般財団法人への自己株式の拠出は、買収防衛策や安定株主工作としての効果を期待して行われるおそれがある。そこで、割り当てられる株式の議決権行使が当該財団等によって行われないという行使基準が正当化される。

また、財団等の活動支援のために特に有利な価額で自己株式の拠出が行われるため、必ず株主の持分価値を希薄化することになる。議決権行使基準が希薄化割合を問題としているのは、議決権割合の低下ではなく、有利発行を前提として持分価値の希薄化の程度を測るためである。さらに、会社法が、特に有利な価額による募集株式の発行等を株主総会の決議事項としたのは、株主が不利益を甘受すれば認めてよいという趣旨ではなく、有利発行が企業価値を高めるかどうかを、企業価値が高まらない場合には持分価値の希薄化を受け、したがって最も大きな利害を有する株主に判断させる趣旨である。

---

29) これら議案の承認を条件として、9億円1,000,000株を上限とする自己株式取得が取締役会で決議されている。
30) 平成29年6月30日提出の大研医器臨時報告書による。

そうだとすれば、関係する財団等への支援が本当に当該企業の企業価値を高めるものであるかどうかが検討されなければならない。企業に期待される社会的責任の観点から寄付をするのであれば、なぜ当該企業に関連する財団等に寄付をしなければならないかが厳しく問われるべきであろう。このように財団等への募集株式の発行等の是非を判断するにはきめ細かな基準が必要であるが、機関投資家は膨大な数の議決権行使をしなければならず、個別判断を行う機会は限られているから、G社のように、一般財団法人への有利な価格による自己株式拠出に一律に反対するという基準も許されよう。

なお、上記の株主総会における運用者の議決権行使の例は、機関投資家の議決権行使によって企業価値を高めるという政策の限界を示しているともいえよう。

8 定款変更

各運用者はすべての定款変更について議決権行使基準を定めているわけではない。ここでは多くの運用者が定めを置いている基準の一部を取り上げる。

(1) 剰余金配当権限の取締役会授権

各運用者の行使基準は大きく分かれている。行使基準としては、①過半数の独立社外取締役がおり、剰余金処分案に賛成でき、従前からの資本政策が信頼でき、株主総会決議を排除しておらず、かつ、その他、企業価値向上に資する理由がある場合以外は反対するもの（G）、②株主総会決議を排除する場合、当期に配当性向30％未満かつ3期連続ROEがTOPIX全体の3/4水準未満、3期連続で無配、3期連続営業赤字で配当を実施する場合のいずれかに該当する場合に反対するもの（A）、③株主総会決議を排除する場合に反対するもの（B・F）、④株主総会決議を排除する場合でも、直近3期連続して配当性向30％以上または自社株取得を含む株主還元率が50％以上、直近5期程度の1株当たり配当金が増加傾向にあること、中間配当を実施していること、妥当な株主還元方針を公表していることのいずれかを満たしていれば賛成するもの（E）があり、他は行使基準を定めていない。

会社法上、剰余金配当権限を取締役会に授権する条件として、2名以上の社外監査役または社外取締役を求めている（会社法459条1項）。取締役会における配当議案の決議について独立した社外者によるチェックを求める趣旨である。①はこの要件を強化するものと理解できる。②のように、業績の悪い会社が配当権限を移行させるのに反対するのは、業績の悪化を攻撃されないようにすることを防ぐ意味があると思われるが、配当議案が株主総会決議にかからない場合、各運用者は剰余金配当の内容しだいで取締役の選任議案等に反対することとしているので、大きな差はない。③のように直近の配当性向や業績を基準として総会決議を排除する定款変更を認めてしまうと、業績等が悪化した場合に困るのではないだろうか。

　この提案の例を示そう。キューブシステムの議案2は、株主提案を排除しないものであり、A・B・C・D・Fが賛成した。Eが反対した理由は不明であり、Gが反対した理由は過半数の独立社外取締役がいないためと思われる。すでに剰余金の配当権限を留保なしに取締役会へ委譲した会社において、株主が株主総会権限の留保のための定款変更を求めたみずほフィナンシャルグループ（8411）の議案3について、B・C・D・G[31]が賛成し、A・E・Fが反対した。この株主提案への賛成率は43％であった[32]。賛成のうちC・Dは基準を有していないため個別判断を行ったと思われる。Bは、会社提案と同じ基準であれば賛成となり、理由として「株主価値向上に資すると考えることから賛成」と記載している。Aは会社提案と同じ基準なら賛成なので、例外的判断を行ったもの、Fは会社提案と同じ基準に従い反対したものと見られる。同じ提案を会社が行う場合と株主が行う場合とで行使基準を変えることは、当該提案が経営事項に関するものであれば適切なものであり得る。しかし、剰余金配当権限の株主総会留保の有無は経営事項とはいえないので（まさに株主総会が決定すべき権限分配の問題である）、会社提案と株主提案とで行使基準を変えることは適切でないだろう。

---

31)　このうちGの行使は助言会社の助言に従ったものである。
32)　平成29年6月28日提出のみずほフィナンシャルグループ臨時報告書による。

(2) 責任限定契約

①会計監査人との責任限定契約を可能にする定款変更に反対するもの（C・D・G）がある一方、②会計参与、監査役、会計監査人との責任限定契約に賛成するもの（B・F）がある。

①は、責任限定契約を認めると会計監査人が十分な注意を払わなくなることを理由とするものかも知れない。しかし、理論的には、責任限定契約を締結しても最低責任額がある限り会計監査人の注意水準は低下しない。また、会社からの損害賠償請求については大幅な過失相殺がなされると予想されるから、責任限定をしてもしなくても会社が回復できる損害額に大差がないといえる。責任限定契約の締結に反対する理由は、責任限定契約が、会社が会計監査人をコントロールする手段として用いられることに求められるべきであろう[33]。

9 株主提案議案にかかる議決権行使基準

(1) 一　般

株主提案議案にかかる議決権行使については、原則的基準として、会社提案議案に準じた判断を行うもの（A・G）と、企業価値の向上に資するか否かを基準に個別に判断するもの（B・C・D・E・F）がある。会社提案の場合に基準を設けているものについては前者により、それ以外については後者により判断するのが適切であるように思われる。

個別的基準として、①当該企業の経営方針と整合性を持たないもの（A）、②明らかに業務執行の範囲に属するもの（D・E）、③特定の社会的、政治的問題の解決を目的とするもの（A・C・E）に反対するとの個別基準を掲げる場合がある。他方、④コーポレートガバナンスに関する適切な情報開示の充実を求める議案については賛成するとするもの（D）もある。Eでは、⑤最高経営責任者が取締役会議長を務めることを禁止または排除するもの、⑥取締役でない相談役、顧問等の廃止を求めるもの、⑦役員報酬の個別開示を求めるもの、⑧企業価値の向上と持続的成長の観点から問題と見られる保有株

---

[33]　江頭憲治郎『株式会社法〔第7版〕』（有斐閣、2017）626頁（注26）。

式の売却を求めるもの、⑨政策保有株式に係る議決権行使方針の策定および開示または議決権行使結果の開示を求めるもの等に賛成するとの個別基準を設けており、注目される。これに対しFは、⑩取締役選任議案、監査役選任議案、⑪役員報酬の個別開示等に反対するとの個別基準を設けている。

⑤⑥および⑦⑪については(2)以下で、実例を示したうえで検討を行う。⑩は、いくら例外的判断を行う場合があるとはいえ、株主が役員選任提案を行うことは企業価値の向上に資することはないと表明するものであり、適切とはいえない。

(2) 取締役会議長と最高経営責任者の分離

取締役会の監督機能を高めるために取締役会議長と最高経営責任者を分離する株主提案がなされている。TAC（4319）の議案5は、取締役会の議長と最高経営責任者が兼任することを原則として禁止し（株主総会招集通知等に兼任の理由を開示し、指導的社外取締役を置く場合を除く）、取締役会議長は社外取締役がならなくてはならない旨の定款を置くことを提案するものであった。議案5にはC・Dが賛成し、A・B・E・F・Gが反対した。Eは上記⑤のように原則賛成の行使基準を定めているので、例外的判断をし、他は基準を設けていないので個別判断をしたものと思われる。

取締役会は会議体であるから、議事日程、とくにどのような議題をどのような順序でどれくらいの時間をかけて審議するかによって、議決の結果が異なったり、報告によって得られる情報の質・量に差が生じたりする場合がある。取締役会議長と最高経営責任者を分離する提案は、最高経営責任者による議事日程の支配を排除することにより、取締役会の監督機能を充実させることを狙ったものである。もっとも、取締役会における議事日程の支配の弊害がどの程度のものか、理論および実証研究の蓄積がない現在、この問題の検討は将来の課題としたい。他方、社外取締役が取締役会議長を兼任するとなると、業務に関する当該社外取締役の一定程度の知識・経験が必要となるし、経営者との間で綿密な打ち合わせ等も必要となるため、議長に相応しい人材を社外取締役に求めることができるかという点も問題となる。したがって、取締役会議長と最高経営責任者を分離することが一般的には望ましいと

しても、具体的には各社の事情に応じて判断するしかないであろう。

(3) 役員報酬の個別開示

　役員報酬の個別開示を求める株主提案も見られる。TAC (4319) の議案4については、C・D・Eが賛成し、A・B・F・Gが反対した。Cは上記「コーポレートガバナンスに関する適切な情報開示の充実を求める議案」に該当するとして賛成、Eは上記⑦の基準に従い賛成した。Fは上記⑪の基準に従い反対、他は、行使基準を定めていないので、個別判断によったものと思われる。

　企業価値向上の観点からは、理論的には、役員報酬の個別開示が望ましい。株主としては、会社の業績と役員の報酬を対比させて、企業価値向上のために現経営陣を支持するか否かを判断するからである。役員の報酬が低ければ会社の業績が向上しなくても仕方ないのであり、会社の経営成績だけを見て株主が役員選任議案に反対しても企業価値は向上しない[34]。役員に相応しい報酬を支払わなければ会社の業績向上は望めないのである。この見解に対しては、株主は役員報酬と会社の業績との相関関係をよく理解できないとの反論も考えられるが、そのような反論は、少なくとも機関投資家の議決権行使についてはあてはまらないであろう。

　他方、日本の企業文化において役員報酬の個別開示を行うと、企業実務が役員報酬を抑制する方向に動くことも予想される[35]。そうすると、役員報酬の個別開示が、企業が有能な経営者を迎え入れることを難しくするというデメリットばかり生じさせてしまい、企業価値の向上や株主の利益に反する可能性もある。もちろん、会社経営者は企業価値の向上を阻む企業文化（ないし日本社会）を率先して変えていくべきであるが、現状では、役員報酬の個別開示の是非は、このようなメリット・デメリットを勘案して総合的に判断す

---

34) その意味で、会社の業績低迷を理由として代表取締役等の再任に反対する議決権行使（前述本文2）は、考慮要素が不足しているといえる。
35) もちろん、反対に、役員報酬のレベルを国際水準まで引き上げる方向で実務が動くことも考えられる。

るしかないであろう。

(4) 相談役・顧問の廃止

武田薬品工業（4502）では、株主から、①原則として相談役・顧問は置かない、②新たに相談役・顧問を設置するときは株主総会の承認を要する、③相談役・顧問選任の際には株主総会の承認を要する旨の定款変更が提案された（議案4）。これに対し、7運用者中Eのみが行使基準⑥によって賛成し、他の6社は反対した。

経済産業省のコーポレート・ガバナンス・システム・ガイドラインは、社長・CEO経験者が会社に相談役・顧問として残る場合、会社経営についての責任を有さない相談役・顧問による現役の経営陣への不当な影響力の行使が生じているのではないかという懸念や、経営陣が社長・CEO経験者である相談役・顧問の意向をおもんばかって、事業ポートフォリオの見直しを躊躇する要因になりうるとの指摘があるとする[36]。そのうえで、ガイドラインは、こうした不当な影響力の行使は、基本的には、取締役会が機能することによって改善すべき問題であり、具体的には、例えば、社外者を中心とした指名・報酬委員会を設置し、社長・CEO選定、報酬決定に関するプロセスの透明化を図るとともに、社外取締役や社外者の委員に自ら果たすべき役割を認識させることが重要であると指摘している[37]。これを受けた政府の「未来投資戦略2017」に従い、東京証券取引所は、2017年8月、コーポレートガバナンスに関する報告書に任意の記載事項として「代表取締役社長等を退任した者の状況」を設け、記載例として、代表取締役社長等であった者が相談役や顧問に就任している場合に、その者の氏名、役職・地位、業務内容、勤務形態・条件（常勤・非常勤、報酬有無等）等を挙げている（2018年1月1日から適用）[38]。

会社が相談役・顧問等の制度を有することには、なんの問題もない。経産

---

[36] 経済産業省「コーポレート・ガバナンス・システムに関する実務指針（CGSガイドライン）」（2017年3月31日策定、2018年9月28日改訂）48頁。

[37] 経済産業省・前掲注36）49頁。

[38] 東京証券取引所「相談役・顧問等の開示に関する「コーポレート・ガバナンスに関する報告書」記載要領の改訂について」（2017年8月改訂版）。

省のガイドラインが示すように、会社経営についての責任を有さない相談役・顧問等が現役の経営陣に不当な影響力を行使しているとしたら、そのことが企業価値の観点から問題なのである。ただ、その問題は、同ガイドラインがいうように取締役会や社外取締役が機能することによって改善される[39]とは思われない。なぜなら、役員として株主に対し信任義務を負わない者が経営に関与すること自体が、一般的にいって、企業価値を毀損するといえるからであり、また、代表取締役等の経験者が相談役・顧問等に就任した場合、経営に及ぼす影響を否定しがたいからである。したがって、企業価値向上の観点から望ましい株主の議決権行使基準は、代表取締役等の経験者が相談役・顧問等に就任することを排除する仕組みを支持することであると考えられる。

Ⅲ　結びに代えて

　本稿は、機関投資家による議決権行使結果の個別開示が始まった初年度である2017年度における機関投資家の議決権行使基準を取り上げて、会社法の観点から検討を行った。本稿の検討対象とした議決権行使基準は網羅的なものではなく、検討の程度も基本的なものにとどまっている。

　各機関投資家は、2017年度の議決権行使結果の公表を経て、議決権行使基準の見直しを行っている。また、2018年6月には、コーポレートガバナンス・コードが改訂された。たとえば、改訂コードでは、「少なくとも3分の1以上の独立社外取締役を選任することが必要と考える上場会社は、……十分な人数の独立社外取締役を選任すべきである」としている[40]。これは、取引所が上場会社に3分の1以上の独立社外取締役の選任を求めるものではないが、

---

[39] 同ガイドラインは、不当な影響力の行使の問題は、現社長・CEOを指名したのが元社長・CEOであるという人事上のつながりが大きく作用していると考え、そのため、この問題を解決するうえで、次期社長・CEOの選定に社外者中心の指名委員会が関与する等、指名プロセスの改革が有効な対応策の一つと考えられるとする（前掲注36）49頁注43）が、効果の期待できない、迂遠な対応策ではないだろうか。

[40] 東京証券取引所「コーポレートガバナンス・コード」（2018年6月1日）原則4-8。

機関投資家が要求する独立社外取締役の割合を3分の1以上に引き上げる可能性はある。今後も機関投資家の議決権行使基準の動向に注目し、研究を重ねていきたいと考えている。

共通株主（common ownership）の競争問題
——コーポレートガバナンスと独占禁止法の共通課題として

川濵　昇

I　はじめに
II　予備的作業
III　共通株主問題の実証研究とそのインパクト
IV　共通株主による反競争効果——事例に基づく検討
V　機関投資家の競争問題と今後の展望
VI　結びに代えて

I　はじめに

　共通株主（common ownership）という言葉はわが国ではまだ聞き慣れないものと思われる。2014年から米国でその反トラスト法上の問題点が急に注目を浴びるようになった現象である。その後、この問題はEU加盟国を中心に各国の競争当局及び研究者の注目を浴びるようになった[1]。
　共通株主の問題とは広く捉えると、競争関係にある複数の会社の株式を同じ株主が保有することによって生じる競争問題である（広義の共通株主問題）。

---

1) OECDでも2017年12月6日にCommon ownership by institutional investors and its impact on competitionをテーマに競争政策ラウンドテーブルが開催された。提出された報告書等はhttp://www.oecd.org/competition/common-ownership-and-its-impact-on-competition.htmで見ることができる。なお、最終報告書は現段階では公表されていない。

特定の株主が複数の競争関係にある会社を支配するに至ればその競争法上の評価は容易である。問題となるのは複数の会社の少数持分にとどまる場合である。わが国の企業結合規制では、少数持分にすぎない共通株主が競争関係にある企業間に結合関係をもたらすケースということになろう（狭義の共通株主問題）。このタイプの株式保有が一定の取引分野における競争を実質的に制限することとなるとされた事例はつい最近まで見られなかった。もっとも、このような形態で競争が害されるケースがあることはⅡ4で見るとおり独占禁止法制定段階からよく知られていた。

米国で近時急速にアカデミズムのみならず社会的にもホットトピックとなってきた共通株主問題とは、従来なら影響力行使の水準にすら到達しない少数持分に関するものである。具体的には機関投資家の株式保有の問題である（最狭義の共通株主問題）。

米国では機関投資家とりわけ巨大ファンドの株式保有比率が近時一層の急上昇を見せていることはよく知られている。BlackRock, Vanguard, State Streetのビッグスリーの保有株式を合算すると、それだけでS&P500社の438社で最大オーナーになり得る[2]など、インデックスファンドの巨大化とともに機関投資家の占める比重は大きくなっている[3]。同じく、米国市場では急速に集中度が上昇し、それが企業利潤の向上の原因と見られるようになっている[4]。寡占化の進展による弊害と考えられるかもしれないが、それだけではない。同時に、巨大な機関投資家が高度寡占市場で競争関係にある株式を保有している例（共通株主）が見られるようになってきたのである。個々の機関投資家の保有比率は高々数％の水準にとどまるが、高度寡占市場で競争関係にある会社の株式を持つ主要な機関投資家の合計保有量が高水準となる例もしばしば見られる。たとえば4社寡占の市場でそれらの会社全てに投資

---

[2] Jan Fichtner, Eelke Heemskerk & Javier Garcia-Bernardo, "Hidden Power of the Big Three? Passive Index Funds, Re-Concentration of Corporate Ownership, and New Financial Risk", 19 Bus. & Pol. 298, 313 (2017).

[3] この点について最新の簡潔なまとめとして、Fiona M. Scott Morton & Herbert J. Hovenkamp, "Horizontal Shareholding and Antitrust Policy", 127 Yale L. J. 2026, 2028-29 (2018) 参照。

している有力機関投資家5社がその4社の株式を合計で30％以上保有しているような状況である。このような共通株主状況は高度寡占市場における競争の緩和をもたらさないだろうか。

これまでその危険性は意識されることがなかった。まず、各機関投資家の保有する株式比率からすると単独では影響力を持ちそうにない。また、複数の機関投資家が結託しているという証拠もない。そうだとすると企業結合規制の従来の枠組みでは反競争効果[5]は発生しないように思われる。

しかし、高度寡占市場の典型である航空市場において共通株主が顕著な反競争効果をもたらしているとする実証研究が現れた。それがAzar et al. (2014)[6]である。このワーキングペーパーは正式論文（Azar et al. (2018)[7]）となる前から大きな反響を呼んだ。従来考えられることもなかったタイプの反

---

4) 2016年公表の大統領経済諮問委員会報告書がこの問題を指摘している。Council of Economic Advisers Issue Brief, Benefits of Competition and Indicators of Market Power, Apr. 2016, at 4, https://www.whitehouse.gov/sites/default/files/page/files/20160414 cea_competition_issue_brief.pdf. The Economistの特集記事も参照。Too much of a good thing: Profits are too high. America needs a giant dose of competition, THE ECONOMIST, Mar. 26, 2016; The problem with profits: Big firms in the United States have never had it so good. Time for more competition, THE ECONOMIST, Mar. 26, 2016.

5) 競争法上の企業結合規制が要求している悪影響については法域毎に表現が異なっている。わが国では「一定の取引分野における競争を実質的に制限することとなる」である。これは一般に市場支配力の形成・維持・強化の蓋然性だとされている。いずれの法域もほぼこれと同じであるが、かき分けが煩瑣なので単に反競争効果と呼ぶ。なお、市場支配力の形成・維持・強化という表現についてもその三つの違いに拘る向きもあるかもしれないが、経済学的にいえば、企業結合が存在する状態とそのなかりせば状態とを比較して前者の市場支配力の期待値の方が有意に大きい場合と理解すれば足りる。

6) Jose Azar, Martin C. Schmalz & Isabel Tecu, "Anti-Competitive Effects of Common Ownership", (Ross School of Business Working Paper 1235, 22 Apr 2014), available at http://papers.ssrn.com/sol3/papers.cfm?abstract_id=2427345. なお、現在SSRNに掲載されているのは、査読を経た最終バージョンのマニュスクリプトである。

7) Jose Azar, Martin C. Schmalz & Isabel Tecu, "Anticompetitive Effects of Common Ownership", 73 J. FIN. 1513 (2018). なお、以下では本文同様 Azar et al. (2018) として引用する。その他の論文も本文で人名（年号）で引用した文献について初出段階でサイテーションを書き、同様の扱いとする。

競争効果がそれなりに説得力をもって実証されたことに加えて、機関投資家の株式保有が巨大化する現状などからその弊害が潜在的に巨大なものとなり得るからである。その後、実証研究は銀行分野にも広がり、それらの実証研究は、法学者による処方箋作りを促した。Ⅲ4で見るように、非常に有力な法学者たちが、積極的な反トラスト法運用や機関投資家の株式保有規制等を提唱するようになってきた。

　もちろん、この意外な実証研究についてはその実証の妥当性をめぐって多岐にわたる批判がなされてきた。特に具体的な法的介入の根拠とされただけに関係当事者の反発も強く、徹底的な批判的吟味の対象となった。また、それらの実証研究に依拠してどの程度まで新たな法介入が正当化されるのかについて、解釈論も含めて多様な議論が展開されている。反トラスト法の盲点を突く重要な問題提起と考える論者から、これを単なる仮象問題であってそれに基づく介入はコーポレートガバナンスの改善を阻害するという議論まで多岐にわたる。機関投資家の巨大化は米国だけの問題ではない。欧州においても機関投資家の巨大化がもたらすかもしれない負の側面として重要な問題と考えられている。わが国ではこの問題がほとんど語られていないが、同様の問題がわが国で起きないと断言できないし、またそこで議論されている競争法[8]の解釈論上の課題や政策論上の課題は、どの立場をとるにせよ議論するだけの価値はあるものと考えられる。

　本稿は最狭義の共通株主問題をめぐる米国の議論の紹介を中心とするものであるが、そのコアとなった実証研究の競争法上の意義を理解するには、市場集中度など共通株主問題の前提にある競争法の基本的な概念を確認する必要がある。以下、Ⅱではまずそのような予備的作業を行う。Ⅲではコアとなった実証研究及びそのインパクト等を紹介・検討する。Ⅳでは狭義の共通株主問題を扱う。Ⅲで見る実証研究は反競争効果の発生機序（Theory of harm）[9]を明示したものではない。最狭義の問題以前に、狭義の共通株主が

---

8) 独占禁止法に対応する諸外国の法は一般に競争法と呼ばれているが、本稿では、米国については反トラスト法、わが国の解釈論を展開するときは独占禁止法、特定の法域を前提としない場合などには一般的な名称として競争法を使用する。

どのような道筋で反競争効果をもたらすのかを検討した先例も実は乏しい。その例外的な事件を通じて狭義の共通株主が反競争効果ともたらす発生機序を考察するものである。Vでは実証研究を参考にどこまで競争法の介入が正当化されるかを検討する。特にⅣの検討を前提に機関投資家の共通株主がⅣで検討した機序で悪影響を持つための前提条件を検討し、現段階での関連実証研究の企業結合規制の含意を考察する。最後にⅥで今後の研究の方向性を展望する。

Ⅱ 予備的作業

はじめに

高度寡占市場で競合関係にある複数の会社の株式を多くの機関投資家が大量に保有することが競争への悪影響をもたらすかどうかという最狭義の共通株主問題は、Ⅰで紹介したようにそれを示す実証研究を切っ掛けに重視されるようになった。それ以降の論争を理解するには、この実証研究及びそれに依拠した見解の背景にある、米国反トラスト法における集中度の意義等の基本的な事実を確認しておく必要がある。以下本章では、これにかかわる反トラスト法・競争法の基本的な知識をまとめる。

1 集中問題への反トラスト法の対処

一連の実証研究及びそれを受け入れた法的介入の提案は、集中度が競争の程度に影響し、高度寡占市場では競争が低下する危険性があるということを前提としている。もちろん、高度寡占市場であると直ちに市場支配力が発生するということにはならない。また、かつて有力だった市場集中度と市場支

---

9) 問題となる慣行がどのようなメカニズムで反競争効果をもたらすのかということ。なお、反競争効果の立証としてメカニズムを明示せずに、特定事実の存在がそれをもたらしてきたという経験則で対応することもある。Ⅲで見る実証研究はそのような立場を示唆するものと理解する向きもある。

配力との間の単純で頑健な統計的関係の存在は今日では支持されていない[10]。後述するように、高度寡占市場における企業結合によって市場支配力がもたらされる危険性はあるが、それは何らかのTheory of harm（反競争効果の理論）によって説明されなければならないというのが基本的な立場と言って良い。ただし、米国では1963年のフィラデルフィア国法銀行事件最高裁判決[11]以来、高度集中市場で実質的なシェア増加があれば違法性が推定されるという判例法が確立され維持されている（「PNB推定則」と呼ばれる。）。ほとんどの事件で当局は反競争効果の理論を示して規制しているが、米国ではなお集中度が重視されていることも否定できない[12]。

2　HHIの意味

ところで集中度の目安として米国では1982年の司法省企業結合ガイドライン以降、HHI（ハーフィンダールハーシュマン指数）が採用されている。これは市場内の各企業のシェアの自乗の合計で算定される。今日ではわが国を含むほとんどの国が追随している。HHIは通常は百分率で算定され、0から10000までの数値となる。各国の企業結合ガイドラインではHHIと当該企業結合による増加分であるHHIデルタの二つでセーフハーバー基準が設定されている[13]。なお、米国ではセーフハーバーにとどまらない。たとえば2010年

---

10) 川濱昇「単独効果の理論的基礎——水平的企業結合規制の再検討」金井貴詞他編『経済法の現代的課題（舟田正之先生古稀祝賀）』（有斐閣、2017）261頁、268頁参照。
11) United States v. Phila. Nat'l Bank, 374 U. S. 321 (1963).
12) PNB推定則はいわゆるシカゴ学派から強く批判されているが、この事件の法廷意見の起草者は当時Brennenのロークラークだった Richard Posner である。なお、Posnerは協調効果の理論から法廷意見の骨格は今日でも有効であるとする。"Philadelphia National Bank at 50:An Interview with Judge Richard A. Posner", 80 Antitrust L. J. 205 (2015). なお、近時の企業結合規制の運用が実質的に緩和された結果、反競争的な企業結合が進展したという基本認識に基づいてPNB推定則の重要性と再構築を説く有力な議論も存在する。Carl Shapiro and Herbert Hovenkamp "Horizontal Mergers, Market Structure, and Burdens of Proof", 127 Yale L. J. 1996 (2018). いずれにせよ、この法理はEUやわが国には存在しない。
13) 川濱・前掲注10) 268-270頁参照。

ガイドラインではHHIが2500超でデルタが200超の場合については、競争制限効果が推定されるものとしている[14]。わが国やEUなど多くの法域では、HHIはもっぱらセーフハーバーとして用いられており、わが国の企業結合ガイドラインでは2500超であっても、デルタが150以下であればセーフハーバーに該当するとされる（第4の1(3)）。米国のような反競争効果を推定する水準は存在しない。HHIは、集中の分布状態が把握でき、企業規模格差を反映するという点で集中度の尺度として優れているとされる。さらに一定の仮定の下では寡占的協調の容易さも示すことも知られており、それらが採用の根拠とされていた[15]。

3　少数持分問題

共通株主問題が注目を浴びる前に、関連する問題である少数持分問題がEUで話題となった[16]。米国やわが国、ドイツ、イギリスでは株式保有が支配のレベルに至らない少数持分であっても規制対象になるのに対し、支配水準を要求しているEUの企業結合規制ではそれに対処できないという問題があったからである。株式保有の規制については、支配を要求する基準と影響力水準で足りるとする基準がある。少数持分規制は後者を基準とするものであるが、後者の影響力基準は株式保有による相手方への利害関係も含んでいる[17]。狭義の共通株主問題はこの少数持分問題のバリエーションと見ることも可能である。実際、後述するMHHIはこの文脈で提案された基準である。

---

14) U.S. Dep't of Justice & Fed. Trade Comm'n, Horizontal Merger Guidelines (2010) Section5. 3.
15) 川濱・前掲注10) 270頁注30参照。なお、規模格差は企業結合規制例の大部分を占める支配周辺企業モデルで意味を持つ。
16) それを受けたものとして、OECD(2008), Roundtable on Antitrust Issues Involving Minority Shareholding and Interlocking Directorates, DAF/ COMP(2008)30. http://oecdshare.oecd.org/daf/competition/COMP% 20Committee/ 2017/ 02_DECEMBER% 202017/ RT% 20on% 20Cross% 20Ownership/ Literature/ OECD_% 202008% 20RT% 20on%20Cross%20ownership%20and%20interlocking%20directorships. pdfを参照。その後の議論の全体像は、Panagiotis Fotis and Nikolaos Zevgolis, The Competitive Effects of Minority Shareholdings, (Hart Pub. 2016) が詳しい。

しかし、これまで少数持分で規制が行われていた事例は競争関係にある会社間での少数持分の取得がほとんどであった。この場合は株式保有が競争への悪影響をもたらす作用機序（Theory of harm）は明確に理解できる。なお、反トラスト法の規制例はかなりの持分が要求されている。確定的な数値基準はなく、25～30％当たりという論者もいるが、20％で問題があるという判例もある。しかし、10数％に達しない水準で影響力等（利害関係・情報取得[18]）が認められた例はない[19]。最狭義の共通株主の文脈では、この水準に達しない少数持分が問題となっている点に特色がある[20]。わが国の企業結合ガイドラインでは株式取得による結合関係の認定において10％以下または議決権保有比率4位以下の場合はセーフハーバーとされているが、これまでの事案では米国法とほぼ同様の水準が要求されている[21]。

4　共通株主問題の伝統的理解

　競争関係にある複数の会社の株式を取得することはしばしばありそうだし、寡占市場において複数の会社を傘下に収めるケースが反競争効果のおそれがあることは容易に想像できる。ただし、支配的な水準に至らない少数持分が問題になったケースはいずれも競争関係にある他の会社の株式を保有したケースである[22]。狭義の共通株主が問題となった事例はこれまでほとんどなかった。もっとも、このようなケースを想起すること自体はそれほど難し

---

17)　なお、両者に加えて株式保有を通じて競争上センシティブな情報を入手することに伴うインセンティブ変容も射程に入る。ただし、ある程度の影響力をもたらす持株水準でないとこのような情報入手はできないと考えられる。

18)　Horizontal Merger Guidelines（2010）supra note（14）Section13は情報問題は影響力にかかわらず発生するとしているが、現実の事案では株式を通じた業務関与など影響力を契機に情報が取得される場合を扱っている。前注17)も参照。

19)　少数持分に関する米国法の現状については、ABA Section of Antitrust Law, Mergers and Acquisitions:Understanding the Antitrust Issues（4th ed. 2015）313-340による。

20)　株主が結託すれば超える可能性はあるが、株主間の結託を仮定に入れていないことがポイントである。

21)　金井貴嗣他編著『独占禁止法〔第6版〕』（弘文堂、2018）197-200頁〔武田邦宣〕参照。

22)　株式保有者が当該事業を行う場合も含む。

くない。実際、わが国の独占禁止法は制定時(原始独占禁止法)にはこのタイプの悪影響を念頭に置いた規定があった。原始独占禁止法14条である。現行14条同様、これは会社以外の者による株式取得・保有を規制するものである。現行14条が典型的に悪影響を持ちそうなのは競争関係にある会社の株式を取得する場合であるが、原始独占禁止法14条は「相互に競争関係にある二以上の会社の株式を所有することにより、一定の取引分野における競争を実質的に制限すること」を規制していた。さらにそれらの会社の株式の10パーセント超を所有することとなる場合は、公正取引委員会の認可を必要とするものとしていた。制定段階の代表的な学説では、この規定は少数持分に過ぎなくとも、大口の株式を所有している「者を通じて、会社間の利害共通関係を生じ、ひいて競争の制限をもたらす危険が多い」ことへの対処を目的とする規定だとされていた[23]。

このように古典的にも知られてはいたものの、少数持分に過ぎない場合に「会社間の利害共通関係」がどのような形で発生するのかについての検討はその後のわが国では行われてこなかった。原始独占禁止法の規程は先の文献にもあるように米国の経験に照らしたものであったが[24]、米国でも競争関係にある複数の会社について少数持分を保有することで問題があるとされた事件はほとんど見当たらず、寡占市場での共通株主がどのような作用機序で競争を害するのかについての検討は米国でも見られなかった。

III 共通株主問題の実証研究とそのインパクト

1 実証研究のポイント

Iで見たように現在問題となっている共通株主は高度寡占市場で競争関係にある会社の株式を機関投資家が保有する最狭義のそれである。4社寡占市

---

23) 大隅健一郎=吉川大二郎『獨占禁止法註釋』(法律文化社、1947) 53頁。同書の実体規定部分は大隅博士による執筆である。
24) 大隅=吉川・前掲注23) 53頁。

場の企業全てに投資している大株主が個別には数パーセントに過ぎなくともたとえば上位5社合わせて30％に及べば競争緩和の問題はないのか。たとえば、これが10％の場合と30％であれば、市場構造は後者の方が非競争的なものといえるのではないか。

Azar et al.（2018）は航空市場で共通株主の存在がもたらす競争緩和を実証した初めての試みである。米国の航空路線毎の乗客数とチケット価格に関する2001年から2014年までのパネルデータに依拠して、共通株主が存在することによる「集中度」の変化が価格に与える影響を分析するものである。市場集中度が価格に与える影響、言い換えれば市場集中度が市場支配力に与える影響の問題は、Ⅱ1で見たように、方法論的批判はあるものの、実証研究（産業組織論）の長年にわたる研究テーマであった。ところで、共通株主が存在するときの集中度はどのように計測すれば良いのかが問題となる。彼らが選んだのは修正HHI（Modified HHI：以下、「MHHI」という。）である。これは一見するとHHIの単なる拡張のように見える。このような理解は法律家にしばしば見られるが、ミスリーディングなものである。MHHIがどのようなものであり、またなぜそれが採用されたのかをまず見ることにする。

2　修正HHI（MHHI）とは何か

(1)　背景理論──数量競争とHHI

MHHIはHHIを特定の理論枠組みから見ることによって提案されたものである。まず、HHIの特性を見ることにしよう。

Ⅱ2で見たように、HHIが採用された根拠は多岐にわたるが、採用時では規模格差の把握や協調行動の容易化とつながりがあることが重視されていた。ところで、ゲーム理論の基本的な素養がある者なら、数量競争[25]が行われている状況下での均衡（「クールノーナッシュ均衡」、なお、以下ではこのモデルを「クールノーモデル」と呼ぶ。）で実現されるプライスコストマージンとの関係がすぐ想起されよう。競争水準を超えた価格設定のレベルは（P（価格）

---

[25]　競争する各企業が相互に数量を決定し、それら数量の総計で市場価格を決定されることになる。柳川隆＝川濱昇編『競争の戦略と政策』（有斐閣、2006）130-135頁参照。

−MC（限界費用））／Pで表わされる（ラーナー指数と呼ばれる）。関連市場の弾力性の絶対値を ε とすると、この値は ε の逆数と一致する。HHIを百分率表示ではなく無名数化（シェアを比の値で表現すること）すると、ラーナー指数の市場加重平均（市場ラーナー指数）はHHI・（１／ε）となることはよく知られている[26]。これはHHIがそのまま市場支配力に直結することを示しているように見える。しかし、HHIが採用された段階ではほとんど言及されることはなかった。また、その後の各国のガイドラインなどでもこの事実に注目することはない。この理由は種々考えられるが、一つにはクールノーモデルが利用されることが極めて少ないからである。これはわが国で特に顕著である。クールノーモデルが妥当しそうな同質財市場でも基本的枠組みは支配周辺モデルであり、クールノーモデルが利用された例は見当たらない。欧米でもクールノーモデルを利用するのは合併シミュレーションを行う時ぐらいである。これはクールノーモデルでは市場支配力が強化されても企業結合当事会社にとって不利益になることが多いというよく知られた事実のせいと考えられる[27]。

(2) MHHI

寡占市場における少数持分の存在がどのような影響を与えるかは、誰がどのように株式を保有するかによってその理路は異なるが、基本的には、(1)で見た数量競争を行う企業が相互に利潤最大化を行ったとして整合的になるように均衡を求めるのと同様の分析を行うことになる。すなわち、株式保有によって変動した利潤動機等を組み込んで最適化行動をとる主体間のナッシュ均衡

---

26) 教科書レベルでの説明としては、Jean Tirole, Theory of Industrial Organization（MIT Pr. 1988）223又はLuis M. B. Cabral, Introduction to Industrial Organization 2d ed.（MIT Pr. 2017）266、Paul Belleflamme and Martin Peitz, Industrial Organization : Markets and Strategies2d ed.（Cambridge Univ. Pr. 2015）59参照。前二著では練習問題扱いであるほど初等的なものである。

27) 中川晶比兒「実証は理論と共に──合併規制における経済理論の役割」川濵昇他編『競争法の理論と課題──独占禁止法・知的財産法の最前線（根岸哲先生古稀祝賀）』（有斐閣、2013）343頁が当事会社のインセンティブとクールノーモデルの関係をサーベイしている。

を算出すれば良い[28]。これに共通株主の要素を組み込むのである。そのための枠組みとして用いられるのが、O'Brien and Salop（2000）[29]の論文である。

彼らは、この枠組みの下でクールノーモデルを前提に疑似集中度であるMHHIを提唱する（(4)を参照）。

市場に存在する企業をjとしてそのシェアをS_j、競争企業kのシェアをS_kで表す。各企業のjの株主をiとしたとき、β_{ij}を株主iの企業jの所有シェアとする。さらにγ_{ij}を株主iが企業jに行使する支配ウェートを表すものとする。これらをパラメーターに次の【式1】のようにMHHIが定義されている[30]。単純な計算からMHHIは【式2】のようにHHIとそれ以外の要素に区別される。【式2】の右辺の第2項はHHIからMHHIへの増分ということでMHHIデルタと呼ばれている。MHHIの経済学的意義については後述する。これらのパラメーターのほとんどは直観的に理解できるが、支配ウェートは直観的に明らかとは言いがたい。この点を敷衍する。

【式1】

$$MHHI = \sum_k \sum_j \left(\frac{\sum_i \gamma_{ij}\beta_{ik}}{\sum_i \gamma_{ij}\beta_{ij}} \right) S_k S_j$$

【式2】

$$MHHI = HHI + \sum_j \sum_{k \neq j} \left(\frac{\sum_i \gamma_{ij}\beta_{ik}}{\sum_i \gamma_{ij}\beta_{ij}} \right) S_k S_j$$

---

28) 一連の研究のプロトタイプとなった比較的簡単なケースに関する教科書レベルの説明として、柳川＝川濱・前掲注25）139-142頁参照。

29) Daniel P. O'Brien & Steven C. Salop, "Competitive Effects and Partial Ownership: Financial Interest and Corporate Control", 67 Antitrust L. J. 559(2000). この論文は共通株主を対象としたものではないが、その分析枠組みは直ちに共通株主にも適用可能である。

(3) 支配ウェート

各企業の経営者は、通常は当該企業の利潤を最大化するように行動すると想定される（株式価値最大化）。先述のクールノーモデルでも当然その前提で均衡が求められた。しかし、株主が異質の利害関係を持ち、それが経営者に対して独特の影響力を行使するとき、経営者は当該株主の利益を勘案して行動するかもしれない。もちろん、株主の利益は通常であれば当該会社の利潤最大化と一致する。しかし、共通株主の事例では株主は当該会社の利益とともに競争会社の利益も享受するのであり、個別の会社の利潤最大化それ自体ではなくなる[31]。それらの者が一定の影響力を持つ場合、経営者はその者の利益に一定の重み付けをつけたものを企業＝経営者の目的関数の中に含めることも想定できる。各株主に対するこの重み付けを示すのが支配ウェートである。法的な要請とは乖離しそうだが、事実としてそのような状況があることは否定できない[32]。

(4) MHHIの経済的意味

さてMHHIの経済学的意義だが、これは以下のような手順で導びかれる。通常のクールノーモデルでは各企業は単純に利潤最大化を目的に数量を決定するが、競争会社にも利害関係を有する株主の利益を支配ウェート分の重み付けたものを目的関数として最適化行動をとるという前提でナッシュ均衡を求める。この場合、先のパラメーターで均衡価格等が整理される。その均衡での価格をもとに市場ラーナー指数を求め式を整理すると、ε（市場需要の弾力性）の逆数に先のMHHIを掛け合わせたものとなる[33]。要するにこれだけ

---

30) O'Brien and Salop, supra note(29)at 597, 610-11及びAzar et al.(2018), supra note(7)at 1522を参照。なお、Azar et al. では支配ウェートは支配シェアとなっている。表現の問題だが、支配よりも影響力の方が実態に即しているように思われる。

31) 競争する複数の会社を支配している場合であれば、単純に共同利潤最大化が目的となるし、協調行動を行わせる場合も同じであるが、それに至らない場合の分析が主たる課題である。

32) 狭義の共通株主問題ではこの想定が議論の的だが、後述するようにこのような想定がリアリティを持つ事例はわが国の規制例に存在する。

33) これらの手順については、O'Brien and Salop, supra note(29)at 610-614を参照。

のことである。

ところでMHHIをHHIとMHHIデルタに分離できることを思い起こされたい。MHHIデルタは、クールノーモデルで想定される独占的マークアップ（市場ラーナー指数）にHHIが寄与する分を取り除いた、共通株主の存在が寄与した分を示すことになる。このように、クールノーモデルを前提とした場合に、MHHIデルタは共通株主の存在による競争緩和効果（競争インセンティブ低下効果）と理解することもできる。

支配ウェートの決定は実質子会社化等の完全支配のケースや全く影響力を持ちそうもないケースなどいわば自明に決定される場合を除くと難しい。機械的な手続きは存在しない。O'Brien and Salop (2000) は少数持分の事例の一つとして比例支配のケースを取り上げている[34]。このケースでは企業は持分の比率に応じて株主の利益を勘案することになる。Azar et al. (2018) はこれを採用する。

3　実証研究

Azar et al. (2018) は、米国の航空路線毎の乗客数とチケット価格に関する2001年から2014年までのパネルデータに依拠して、非説明変数を価格（の対数）とし、説明変数のキーとなるものとしてMHHIデルタを加え、固定効果パネル回帰分析[35]を行った。なお、MHHIデルタは前述したように理論的な根拠を持つ点が強調されているが、この実証研究は理論モデルの推定ではなく、あくまでMHHIを誘導型とした分析である[36]。結果として共通株主によってチケット価格が10％から12％上昇し、産出量も削減したことを示した。

2014年3月のワーキングペーパー公表直後からこの実証結果は厳しい批判的吟味に曝された。何よりも、集中度、価格の回帰分析は産業組織論ではおなじみであり、内生性問題など因果効果と言えるかどうかについてはおなじみの批判がある[37]。これらに対して、いくつものプラセボテストや頑健性チェックを行い、分布ラグ回帰、差分の差分、操作変数法などによって因果

---

34)　O'Brien and Salop, supra note (29) at 583-4.
35)　固定効果法については森田果『実証分析入門』（日本評論社、2014）211頁以下を参照。

推定を行っている[38]。もっとも、O'Brien & Waehrer（2017）からは、価格及びMHHIデルタの双方に相関する変数を十分に統制できてないのではないかという批判もあるし[39]、操作変数法の適切さについてはRock & Rubinfeld（2017）[40]からも批判されている。これらの批判はあるものの、この4年間の論議で、共通株主よって生じた競争緩和の程度が報告された水準に達しているかどうかはともかく、共通株主による競争緩和の存在については非常に有力な証拠と考えられている。

共通株主問題の実証研究で、定評ある査読誌に掲載されたのは今のところ

---

36) Azar et al.（2018）, supra note（7）at 1522. もっとも、MHHIは理論的な背景なしには捉えがたい数値であることは確かである。各路線でまずキャパシティ決定が重要な意味を持つという説明も航空市場での略奪的価格設定事件を知る者にはある程度の説得力を持つかもしれない。しかし、航空市場では差別化されたベルトラン競争の方がリアリティを持つという批判は当然考えられる。これは初期のバージョンに向けられた批判でもあった。2018年公表版ではベルトラン競争であっても結論は維持できる旨を示してはいる（Id. at 1546-9）が、理論から想像できるようにベルトランモデル（GUUPIの修正）ではMHHIほどの価格効果は説明できていない。主たる実証結果がMHHIの価格への影響であることが、この実証結果の解釈を容易ではないものとしている。なお、GUUPIについては邦語文献では久保研究「企業結合規制における新しい経済学的ツールの活用」経済セミナー698号（2017）39頁、40-41頁の説明が分かりやすい。わが国実務での利用例として、公正取引委員会「平成27年度における主要な企業結合事例について」（平成28年6月8日）「事例9」参照。

37) 川濵・前掲注10）261頁、267-8頁, 272-4頁参照。

38) Azar et al.（2018）, supra note（7）at 1531-1549参照。

39) Daniel P. O'Brien & Keith Waehrer, "The Competitive Effects of Common Ownership: We Know Less Than We Think", 81 Antitrust L. J. 729, 752-6（2017）.

40) Edward B. Rock & Daniel L. Rubinfeld, "Defusing the Antitrust Threat to Institutional Investor Involvement in Corporate Governance", NYU Law and Economics Research Paper No. 17-05. https://papers.ssrn.com/sol3/papers.cfm?abstract_id=2925855, at 10-14. 同論文はAntitrust L. J.（forthcoming）となっているが、本稿執筆段階では正式バージョンを参照することはできなかった。ここで引用したバージョンでは、公表されたAzar et al.（2018）では見られない旧バージョンへの批判と思われるものを含んでいる。したがって、Antitrust L. J. で公表されるバージョンとは内容が異なっている可能性もある。しかし、操作変数法への批判の部分はAzar et al.（2018）にも妥当するものであり、変更はないものと思われる。

航空市場の論文だけである。査読誌未掲載のものとしては、Azar et al. (2016)[41] 銀行市場の分析が有名である。共通株主に加えて銀行間の株式保有も存在していたケースでMHHIの拡張バージョンとなるGHHIなる指数[42]を用いている。預金サービスの手数料及び手数料回避のための最低預金水準の上昇がこれらの指数によって説明できるとされている。

4 インパクト

実証研究は二つの市場にとどまっているものの、これらの研究はすぐさま有力な研究者達によって、反トラスト法の介入を必要とするものと受け止められた。

まず、Elhauge（2016）[43]はこれら実証研究は隠れた問題を明らかにしたとして、反トラスト法による対応が必要だと主張した[44]。特に企業結合規制（クレイトン法7条）の運用において、MHHIが2500超かつMHHIデルタが200超となっている共通株式取得について司法省反トラスト局及び連邦取引委員会が審査すべきであるとし、機関投資家の共通株式取得であってもそれが反競争効果を持つ以上は規制は可能であるとする[45]。また、クレイトン法7条が適用を免除しているもっぱら投資目的となる株式取得はかような機関投資家の株式保有には当てはまらないとする[46]。

---

41) Jose Azar, Sahil Raina & Martin Schmalz, "Ultimate Ownership and Bank Competition" (July 23, 2016)(unpublished manuscript) [hereinafter Azar et al. (2016)], papers. ssrn. com/ sol3/ papers. cfm?abstract_id = 2710252.
42) Id. at 81-84. MHHIと同じく、クールノーモデルから導出される。
43) Einer Elhauge, "Horizontal Shareholding", 129 Harv. L. Rev. 1268(2016).
44) Elhauge(2016), supra note(43)は、これらの研究は反トラスト法の消極的運用が格差問題を激化させているという主張を裏付けるものであり（id. at 1291-1301）、また、企業経営者の報酬が個別企業の業績ではなく当該産業の業績にリンクしているというパズルに解答を与え（id. at 1278-1281）、企業の高利潤が高成長につながらないことを説明するものである（id. at 1281-1291）など多様な観点からAzarらの研究を評価し、共通株主問題への反トラスト法の対応の重要性を説く。
45) Id. at 1302-03.
46) Id. at 1305-09.

ついで、Posner at al.（2017）[47]は同じく共通株主のもつ潜在的な危険性への対処の必要性を認識しつつ、Elhauge（2016）の提案に従って反トラスト法を実際に執行するのは困難であるとして、高度寡占市場において純粋に受動的な対応をとるファンド以外の機関投資家等が複数の企業に対して1％超の株式保有を禁じる規制枠組みというドラスティックな提案を行う[48]。もちろん、この提案に対しては機関投資家による会社ガバナンスの改善を阻害するという批判がなされる[49]。

5　何が問題か？

(1)　機関投資家の利害と影響

Azar et al.（2018）は、集中度→価格型実証の一例ということもあってその発生機序が明確でないという問題はあるものの、機関投資家による共通株主現象というこれまで注目されなかったルートで反競争効果が生じうることをかなり説得的に示したことは確かである。寡占的市場で競争関係にある企業に対して並行的に株式を保有する緊密なネットワークが存在すると競争が緩和されるのではないかという懸念は我々の想像力を刺激する。これまでネットワークの緊密さを明示的に分析した例はなかったため、懸念にとどまった状況だったが、これに巨大な一石を投じるもであった。

Azar et al.（2018）は、MHHIを株主ネットワークの密度を反映した共通株主状況の尺度とし、それを誘導型の説明変数としたものとなっている[50]。内生性の問題はあるものの、MHHIを共通株主の存在がもたらす集中度対応物としたのである。MHHI算定のためあるいはその前提である基本モデルを利用するうえで重要なのは支配ウェートである。この論文では基本的には比例型支配を採用してこれを算出している。競争会社への利害関係が実質的であり、かつ当該会社への実質的な影響をもつ（この論文では0.5％が足りとされ

---

[47]　Eric A. Posner, Fiona Scott Morton & E. Glen Weyl, "A Proposal to Limit the Anti-Competitive Power of Institutional Investors", 81 Antitrust L. J. 669 (2017).

[48]　Id. at 708-710.

[49]　Rock & Rubinfeld (2017), supra note (40) at 38-39.

[50]　Azar et al. (2018), supra note (7) at 1546.

ている)なら、比例型支配のもとでその共通株主は当該会社の目的関数に影響を与えることになる。

　個々の機関投資家の保有比率はせいぜい数パーセントに過ぎない。米国では規制の閾値に達しないと考えられてきた水準である。わが国でも「結合関係」の認定に至らないものと考えられる。もちろん、機関投資家が結託して影響力を行使している事情があれば別であるが、それは別の問題である[51]。比例型支配と評価できる影響力の源泉はどこにあるのか。Azarらは無視できない議決権の存在、報酬スキームへの影響[52]、経営者とのコミュニケーションなど様々な影響力行使の手段を指摘し、いくつかのアネクドートにも言及している[53]。

　少数持分が影響水準に要求してきた持株比率を大きく下回っているのに影響力を持っていることの説明としてそれらが説得的か否かは異論の余地がある(V3参照)。他方、個別の機関投資家の保有比率は小さくとも利害関係を共通している株主が多数いれば、特に結託せずとも小さな影響力が累積して大きくなるという見方もあろう。いずれにせよ、支配ウェートの定め方は恣意的とのそしりを免れない。支配ウェートは本来、会社ガバナンスの状況によって変化するはずである。機関投資家の株式保有状況、会社の残存株主の分布状態と特性、さらに産業毎の特性を勘案しないと算定できないのではないか。このような帰結の前提として、MHHIの前提条件と共通株主者の同質性がある。似たような共通株主が比例型支配ウェートを通じて経営者の目的関数に影響する場合、それらの株主の累積シェアが意味を持つという結論はリアリティがあるかもしれない[54]。他方、共通株主間で競争者間の持分比率

---

[51]　その水準に達していれば単純に支配型影響力のケースとなり得る。
[52]　共通株主の比率が高ければ報酬が個別企業ではなく、産業水準と相関するという研究が参照されている。Miguel Anton, Florien Ederer, Mireira Gine & Martin C. Schmalz, Common Ownership, Competition, and Top Management Incentives, at Table 3, Panel A (Oct. 2017) (unpublished manuscript), papers. ssrn. com/ sol3/ papers. cfm?abstract_id = 2802332.
[53]　Azar et al. (2018), supra note (7) at 1552-58.
[54]　結託している場合、影響力はもっと大きいと考えられる。

に差異があると利害関係の一致は見出しにくいことになる。支配ウェートをどう定めるかが決定的だが、これはガバナンスの実態によって決定されるはずのものである。

(2) 集中推定則の問題として

Azar et al.(2018)の賛否をめぐる論争はMHHI(あるいはそのデルタ)を利用することを軸に展開されている。これは集中度と反競争効果との関係をめぐる実証研究の一例と理解されたためである。Ⅱ1やⅢ3で見たようにこれを因果効果というためにのハードルは高い。しかし、PNB推定則をもつ米国では高い集中度とデルタが重視されていることは今日でも否定しがたい。Azarらもその成果を高度寡占市場におけるMHHIデルタの示す価格効果が、ガイドラインが反競争効果を推定させる水準のHHIデルタの10倍であると要約している[55]。これはHHIデルタをクールノーモデルの示唆する価格効果を意味すると捉えての主張である。そのこと自体の当否は別にして、MHHIを共通株主状況の集中度とみることの是非も問題となる。

ある市場での外生的な集中度の変化が市場支配力の上昇につながっているという実証研究が、当該市場ないし類似市場での集中度の向上が発生機序の厳密な特定なしに反競争効果の証拠とされることはある[56]。信頼できる集中度→市場支配力の実証研究は発生機序の特定なしの推定則を許容するのではないか。Azar et al.(2018)が因果効果のレベルでの実証研究として十分なものであるとしても、これだけでもってMHHIの上昇が反競争効果をもたらすものだと推認することは妥当ではない。Azar et al.(2018)はその実証結果の外的妥当性が高いとしているものの、結局のところ支持する研究は非公表論文Azar et al.(2016)だけである[57]。

そもそも、HHIが高い市場での共通株主のネットワーク密度の尺度(集中度)としてMHHIは適切なのだろうか。Ⅱ2で述べたようにそもそもHHIが

---

55) Azar et al. (2018), supra note (7) at 1513, 1517. なお、前掲注36) も参照。
56) 川濵・前掲注10) 272-274頁参照。
57) Azar et al. (2018), supra note (7) at 1551.

採用された理由はクールノーモデルとの相性の良さによるのではない。経済理論との関係では、協調行動や支配周辺企業モデルとの関係が協調されてきた。これらの理論は企業結合規制においてクールノーモデルよりもはるかに一般的に利用されている[58]。これに対して、MHHIは協調行動と関係づけることは難しい。実際、Azarらは単独効果しか検討対象としていない。しかし単独効果であっても、MHHIは支配周辺企業モデルとも差別化されたベルトランモデルとも乖離したものである。

集中度による反競争効果の一般的な推定則のないわが国やEUのような立場からは、共通株主状況を疑似集中度問題として捉えるのではなく、高度寡占的状況でそれがどのような作用機序で競争を制限するかを見ることこそが肝心なのではないか。この問題を見る前に、機関投資家問題を離れて、共通株主状況でどのようにして反競争効果が発生するのか検討しておくのは有益であろう。次章でそれを検討する。

IV 共通株主による反競争効果——事例に基づく検討

1 狭義の共通株主による反競争効果の発生機序

Azar et al. (2018) では反競争効果は単独効果とされているが、その発生機序が十分に説明されていない。また、共通株主の悪影響のルートが会社経営陣とのコミュニケーションにあるのなら、協調行為の可能性が高いとも考えられる。もちろん、個別会社とのコミュケーションを通じて協調行動がもたらされるのなら米国ではシャーマン法1条違反ということになる。

これまで、競争関係にある複数の会社について少数持分を保有することで問題があるとされた事件はほとんどない[59]。II 4で言及した「会社間の利害

---

58) 川濵・前掲注10) 277-282頁参照。なお、わが国でクールノーモデルによる分析が用いられた例は公表された資料からは見当たらない。数量競争と考えれば単独効果を認定できた事例が見落とされていたのではないかという懸念がある。もっとも、協調効果のルーズな認定でこれを包摂してきたという議論も考えられないではないが、さらに検討を要する。

関係」がどのような形で発生するのかについての理論的検討はなかった。上記の協調行動を促す可能性はすぐ思いつくがそのような事例も見当たらない。いわんや、それ以外の発生機序を取り扱った事件はなかった。

しかし、狭義の共通株主問題と類似する事例で、共通株主の反競争効果を取り扱った事例が最近現れた。出光興産による昭和シェル石油の株式取得及びJXホールディングによる東燃ゼネラルの株式取得（公取委通知平成28年12月19日）事例[60]である。この事件で公取委が反競争効果の主たる発生機序としたのは協調行動によるものであるが、補足的経済分析としてAzar et al. (2018)の理論フレームと類似する分析も行われている。これを素材に共通株主による反競争効果の発生機序を考える。

2　事案の概要：協調行動の分析

本件は二つの統合が同時に行われたものである。複数の関連市場で検討が行われているが、ここで注目するのはLPガス元売業である。本件両統合により、【図1】（次頁）のように出資関係に変動が生じることが問題となったのである。両統合会社がそれぞれ、ジクシス、AE及びEG等（以下「LPガス元売4社」という。）との間で結合関係が形成されることになる。まず、LPガス元売4社間に協調的関係が生じるかが問題となった。

---

59) 狭義の共通株主問題を検討したとされるEUの事件として、Case M. 7932. Dow/DuPont, Comm'n Decision (Mar. 3, 2017), ec.europa.eu/competition/mergers/cases/decisions/m7932_13668_3.pdf（クリアランス決定）がある。ただし、もっぱら集中度分析の観点からの検討であり（決定のAnnex5　共通株式保有がシェアと集中度に与える影響の評価）、MHHIに言及しつつ、共通株主問題が存在する状況ではHHIだけでは過小評価となるとしたにとどまる。また、公表されているデータも限定的であり、株式保有状況も明らかでない。

60) 公正取引委員会「平成28年度における主要な企業結合事例について」（平成29年6月14日）「事例3」13頁。

【図1　出資関係図】

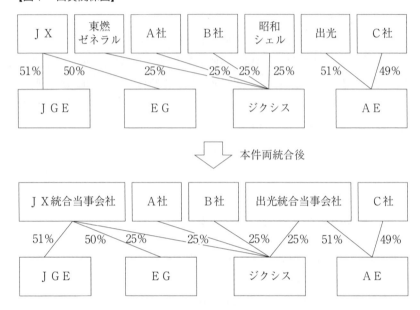

　ジクシスの役員等は、ジクシスの株主4社からの出向者のみで構成され、かつ、ジクシスに出向している役員等（以下「出向役員等」という。）は出向元の人事権に服しているため、ジクシスの利益とともに出向元の利益を図るインセンティブを持つ。そのため、本件両統合による出資関係の変動を通じて、出向役員等がジクシスと出向元である出光統合当事会社又はJX統合当事会社の双方との共通の利益を図るという状況が生じることから、LPガス元売4社が競争回避的な行動等の協調的行動を採るインセンティブ（以下「協調インセンティブ」という。）が生じると考えられた。また、本件両統合により、出光統合当事会社及びJX統合当事会社の双方が、ジクシスの事業活動全般に関与することが可能となり、共にジクシスの事業活動上の意思決定に重要な影響を及ぼし得ると考えられた。さらに、本件両統合による出資関係の変動により、ジクシスとAE、ジクシスとEG等の利害が共通化すること及びLPガス元売4社に協調インセンティブが生じることから、AE及びEG等が、相互にジクシスとの協調的行動を妨げることが期待できないと考えられた。これらに

加えて、LPガス元売業者が保有する卸売業者への販売価格等の情報がこれらの業務関与の結果としてLPガス元売4社で共有されるおそれが指摘されている。以上から、LPガス元売4社間で協調的関係が生じる蓋然性が高いと結論づけられたものである。

本事案では主要4社間において、当事会社の影響力及び利益の共通化による結合関係の強化に加えて、共通認識や報復の可能性といった協調効果の評価根拠となる事情が見られることから協調関係のみの議論をしたものと思われる。本件は結合当事会社グループと競争関係にあるジクシスに対する関与が協調的行動を招くことを考察したものであって、それほど難しい事件ではない。

3 単独効果の位置づけ：共通株主関係によるインセンティブの変容

ところで、一部の評釈は本件が協調効果のみを問題にし、単独効果を問題としないことを異例としている。これを異例とみること自身、よく分からないが、これまで公取委が両方を認定した例が多かったことは事実である。すなわち、単独でも悪影響あり（競争相手が競争的行動をとったとしても、その者の競争的牽制力だけでは市場支配力行使を抑制できず）[61]とした上で、一定の牽制力ある競争者が協調的な行動をとる可能性を指摘して両方を認定するというものである。この場合、つねに協調はより大きな市場支配力を含意するが、単独効果を抑止させる問題解消措置は多くの場合に協調効果も抑止すると考えられてきたようである。そのため、このようなタイプの事件では一般に協調効果に対する分析は十分ではない。協調効果が認められる事情があるときに、もっぱら協調効果が成立しにくい状況を作りだす措置の構築が問題解消措置となった場合に、単独効果が存在するなら不十分な措置ということになる。もちろん単独効果がないなら別である。

仮に本件で単独効果の評価を見るとすると、ジクシスと各当事会社グループとの結合関係によるジクシスのインセンティブの変容にともなう、ダイナ

---

61) 単独効果と協調効果の区別についての厳密な議論は、川濵・前掲注10) 277頁を参照。

ミックな協調効果とは異なった形でもたらされた悪影響を求める必要がある。これを定性的なスタイルで分析するのは容易ではない。この効果を検討したのが補足的経済分析である。

4 本件経済分析の概要と意義

経済分析では、本件統合についてのシミュレーションを行っている。具体的には本件関連市場では差別化されたベルトラン競争（価格競争）が行われているという前提で、需要曲線、各企業の費用などを推定し、統合前の状況と統合後の状況とを比較し、価格効果を見るものである。需要曲線の推定に利用された技法などは明らかにされているが、実証手順の細部は公取委の公表文からは明らかではない[62]。このような限界はあるもののシミュレーションの実態は明らかにされており、本稿の観点から興味深い。

差別化されたベルトランモデルでの合併シミュレーションでは通常は、複数の市場参加企業の意思決定が統合される。しかし、本件ではそのような意思決定の統合を簡単に見ることはできない。ここで観察されるのは共通株主の持ち株比率変動による、その利害関係と影響力の変化である。そこで、本件ではAzar et al.（2018）の分析の基礎にある基本モデル[63]を利用して接近を試みている。基本モデルは既にみたように、競争会社間で少数持分を有するに過ぎない株主が共通にいた場合、様々なチャネルで株主が自己の利益のため影響力を行使する結果、当該会社の目的関数が変容するというものである。目的関数の変容がもたらされるのは個々の会社に対する利害の程度と支配・影響力を通じてである。後者を示すパラメーターは支配ウェイトであるが、

---

62) 若井大輔＝宇野貴士＝田部井靖典「本件解説」公正取引797号（2017）57頁、61頁によると、米国の反トラスト法実務でよく利用されているPCAID（著名なAIDSモデル（A. Deaton and J. Muellbauer, "An Almost Ideal Demand System," 70 American Econ. Rev., 312, (1980)）の簡略版）が用いられたとのことである。
63) 基本モデルの特徴は、競争会社間で少数持分を有するに過ぎない株主が共通にいた場合、様々なチャネルで株主が影響力を行使する結果、当該会社の目的関数が変容するということを前提にしたものであった。本件経済分析では比例支配を仮定している。その上で、製品市場での競争を差別化されたベルトラン競争としてMerger Simulationが行われている。

これを厳密に確定するのはむつかしい。Ⅲの実証研究が比例支配型としたことは恣意的なようにも見える。

本件経済分析でも比例支配型を採用してシミュレーションを行ったもようである。しかし、本件においてはそれは妥当だと考えられる。本件のような4社ジョイントベンチャーの株式保有関係となっている場合、意思決定への影響は2で見たように明らかであり、比例型支配での分析は適合性が高いものと思われる。

共通株主により影響を受ける会社の意思決定に実際どのように影響を与えるのか、さらに競争する会社に対する利害関係はどうなっているのかは、本件においても重要なポイントである。しかし、この問題の検討後、MHHIを経ることは本件事実関係では何ら意味を持たない。あるいは、ベルトラン競争だからといってMHHIに替えてGUUPIの修正版を利用する[64]ことも、関係する4社の競争関係という困難な事情を抱える本件では意味をなさない。そもそも、GUPPIの修正版はMHHIと同様本格的な反競争効果を分析するためのスクリーニング作業であって競争制限効果それ自体とは区別されるものである。

シミュレーションの細部については異論もあり得ようが、反競争効果の発生機序を明確にした上で、共通株主の影響力を明示して単独効果の検討を行う本件での公正取引委員会の分析手法は、共通株主問題への適切な対応となっている。

V　機関投資家の競争問題と今後の展望

1　最狭義の株主問題

機関投資家による共通株主問題（最狭義の共通株主問題）は潜在的には大きな問題であるかもしれないが、それへの対処方法はどう考えれば良いのだろうか。

---

[64]　O'Brien and Salop, supra note(29)at 605-08. なお、前注36) も参照。

そもそも、全産業の株式に分散投資する巨大ファンドが個別市場で反競争的な影響力行使をすることはファイナンス理論の初歩からあり得ないという主張も見られる。しかし、Azar et al.(2018) は、彼らの主張通りの反競争効果を示せたとは言えないにせよ、「あり得ない」という主張にとってアノマリーとしか言えない現象の存在は示したものと考えられる。

高度寡占市場でどの程度の共通株主の存在が悪影響をもたらすのかという問題に対して、何らかの集中度と反競争効果との関係にかかる経験的事実によって接近しようというアプローチはⅢで見たように限界がある。我々にとって必要なのは狭義の共通株主がどのような形で悪影響を持ちうるのかというメカニズム・作用機序の理解である。すなわちTheory of harmの明示化ということになる。作用機序の理解のために、Ⅳで実例を見た。

協調効果と単独効果のそれぞれについて順次検討を進める。

2　協調効果について

Ⅳで見た例では、当該株式保有での意思決定への影響や情報共有のメカニズムが明確であり、協調効果をもたらす機序は非常に明瞭である[65]。しかし、機関投資家の株式保有がどのような道筋で協調効果をもたらすかについては、それほど単純な話ではない。すぐに思いつくであろうケース、すなわち機関投資家が競争関係にある複数の投資先と積極的にコミュニケーションし、その意思疎通の内容が当事者間の競争を回避させるものだというケースを考えよう。この場合、いわゆるハブアンドスポーク型のカルテルの事案として米国では投資家も含めてシャーマン法1条違反[66]になるだろうし、わが国でも投資先事業者が不当な取引制限となる可能性は高い[67]。

---

65) Ⅳの例は実質的に事業活動を行う者を含むマルチラテラルな株式保有であって、このような場合には受動的な株式保有であっても協調を促進することは理論的にも知られている。David Gilo, Yossi Moshe & Yossi Spiegel, "Partial Cross Ownership and Tacit Collusion", 37 RAND J. ECON. 81(2006) 参照。この論文は共通株主問題でしばしば言及されるが、本章で扱う最狭義の共通株主状況を対象としたものではない。
66)　渕川和彦「米国反トラスト法におけるハブ・アンド・スポークス型協調行動規制」注10) 前掲書155頁。

それではこのような可能性があることを理由に、機関投資家が共通株主になることを規制できるだろうか。上記積極的なコミュニケーションは株式保有に必然的に伴うものであろうか。これを規制するとなると、高度寡占市場における競争会社の株式をかなり低い水準でも共通株主として保有することを規制すべしというPosner et al. の推奨する政策につながるかもしれない[68](あるいはさらに低い閾値かもしれない)。たとえば少数持分に過ぎない株式保有であっても、それによって競争上センシティブな情報を取得する場合が規制対象なのだから、上記ケースも株式保有に伴う情報入手の一例と言える、もしくはそのように理解できるサブカテゴリーが存在するという主張もあり得る。情報取得によって競争回避等をもたらす危険性がある場合には日米ともに企業結合規制の対象となる。しかし、上記協調（カルテル）行動は株式保有に伴う情報共有によるものと言えるのだろうか。米国の企業結合ガイドラインは相手型の事業活動への影響とは別に情報取得自体が生じることを問題にしている。しかし、これまでの事業会社間の株式保有での規制例は株式保有に伴う事業活動の関与を伴った情報取得の例である。それ以外に株式保有を契機にした情報取得はリアリティを持たないからである。それゆえ、日米ともにかなりの持株比率を前提としているのである。それに加えて、機関投資家のコミュニケーションによる意思の連絡にはそれほど大きな持分は必要ないし、累積的な共通株主問題というわけでもなさそうである。

3　単独効果について

Ⅳの例で見たように、単独効果を確認するには、どのような理論が問題になるかとともに、共通株主の利害及び影響力を見る必要がある。共通株主となっている様々な機関投資家が競争者間の競争回避を望むようなインセンティブがあるのか、さらにそのようなインセンティブを持っているとしてその影響力をもたらすルートも必要となる。競争回避のインセンティブがあるか否かは、どのような単独効果が問題となっているのか、差別化されたベル

---

67)　ハブアンドスポーク型カルテルの先例として、新聞販路協定事件・東京高判昭和28・3・9高民集6巻9号435頁参照。

68)　なお、彼らの主たる論拠は単独効果の防止であって協調効果の説明は少ない。

トランカクールノーか支配周辺企業かを確認する必要がある[69]。その上で、共通株主たる機関投資家が競争を回避させるインセンティブと能力（影響力）を有するかを確認する必要がある。

　既に見てきたようにここでの捉え方は以下の通りである。ある会社の株主が競争相手の株主でもあるため当該会社の利益にはなっても競争相手に不利益となる競争戦略を望まないという状況であるため、そのような株主の利害関係を勘案して戦略決定したために反競争効果が発生するというものである。Ⅳで見た事例の経済分析は差別化されたベルトラン競争という状況下でこれを検討したものである。そこではインセンティブと影響力が明瞭に確定できたことが重要であった。

　これを機関投資家の文脈で見るとどうなるか。まずインセンティブを見よう。各機関投資家が各競争事業者に対して有する利害関係が乖離する可能性が指摘される。保有比率が異なっていれば競争回避のあり方に関する利害が同じではなくなる。また、関連市場での反競争効果によって不利益を被る企業に投資しておればそれも影響するはずである。狭義の共通株主問題を重要視する論者は、分散投資する機関投資家の多くは利害関係が同質的であり、競争関係にある事業者の競争緩和を志向するという基本認識であり、懐疑的な論者は異質性が高いと考えているようである。具体的な事案では競争緩和に向けた利害が概ね一致することが必要となろう。

　ついで問題となるのは機関投資家が上記の利害関係を会社の意思決定に反映させる回路である。機関投資家が選好する報酬スキームや経営陣とのコミュニケーション、議決権への配慮などが挙げられるが、これらは企業がおかれた具体的な状況を見ないと評価できない。少数持分に過ぎない機関投資家が企業の意思決定プロセスに影響するかどうかを見るには、他の株主も含めた企業の所有構造や株主投票制度の実態、産業の特性、上述した機関投資家が同質的に大きな集積を持つか等を確定しないと決定することができない。Ⅳの事例は影響力についての見通しがはっきりしていたから明晰な分析ができたのである。機関投資家の少数持分については同質的な利害関係を持

69）　川濱・前掲注10）参照。なお、競争の形態に応じてそれ以外のタイプもあり得る。

つ共通株主の累積が大きいケースという従来見ないパターンを見ることになる。機関投資家が結託していなくとも、そのような機関投資家の量が大きければ、いわば経営者が「忖度」[70]することで影響力を持つことになる[71]ということもあり得る。しかし、そのような影響力が実際存在するか否かは具体的に示す必要がある。現段階では同質的な機関投資家の合計量がどの程度であれば、どのような環境で影響力を持つのかについての知識を我々は持たない。そのため、寡占市場での最狭義の共通株主が従来の集中度に与える影響を定量的に見るための精密尺度を持てないでいる。定性的な証拠であっても良いから、そのような影響力が高度寡占市場における具体的な競争状況でどのような悪影響を与え得るかのTheory of harmを示すことが必要であろう。

VI 結びに代えて

狭義の共通株主問題は今のところまだ潜在的な問題であるように思われる。米国の有力な法学者達の提案が前提にするほどには、その問題が遍在している証拠はない。本稿で検討したように、MHHIは集中度の修正版として利用できそうもなく、最狭義の共通株主問題における集中度の適切なメトリックは現在のところ見当たらない。現段階の実証研究では新たな法的規制の枠組みを提唱できそうには思われないというのが暫定的な結論となる。

しかし、このことは最狭義の共通株主問題を無視して良いということをまったく意味しない。分散投資した機関投資家のガバナンスへの関与が公共の利益に反する可能性を示唆した一連の研究は重要である。また、その潜在的な危険性は大きい。他方、これまでの叙述から明らかなように、企業結合規制での局面に限定しても、それがどのような機序で競争に悪影響をもたら

---

70) この表現は森本滋教授からのご教示による。なお、あり得べき誤解は筆者のせいである。

71) この問題はわが国では株式保有の結合関係の問題とされてきたものであり、株式保有が反競争効果を持たらすための機序の問題である。なお、これを因果関係の問題とする議論もあるが因果関係のための機序を明確にした議論は見かけない。実証研究による経験則しか考えていないのであろうか。

すのかを示すことが重要であり[72]、決して容易なことではない。

ところで、共通株主問題の発生に懐疑的な論者は事実認識としてその存在に懐疑的というより、機関投資家のガバナンス改善を望ましいと考えているがゆえのこととも言える[73]。懐疑的な論者であっても、この問題の探求が必要であることに異論は少ないものと思われる[74]。この点では潜在的な危険性を強調する論者も同じである[75]。

共通株主問題が深刻かどうかは株式保有構造と市場の寡占化の状況、ガバナンスシステムなどに依存して決まる。

ところで、狭義の共通株主問題についての議論を見て、かつて似た問題が論じられていたと感じる読者も多いのではなかろうか。わが国では20世紀末頃まで、持ち合いと金融機関の株式保有を中心とした戦後の株式保有構造の下での企業支配・行動の特性が論じられてきた[76]。これに対応するものとして、金融機関や企業集団による株式保有の競争問題も長年論じられてきた[77]。ここで問題となる個々の株式保有は少数持分に過ぎず、類似の問題と言える。もっとも、後者の競争政策の問題は市場集中ではなく一般集中に焦点をおいていた。このため前者の問題とつながりはあるにせよ、厳密な分析はそもそも困難であった。また、前者の研究は企業の意思決定過程の具体的な局面に

---

72) 株式保有規制について、「結合関係」は不要で「因果関係」があれば良いという論者はひょっとする「経験的事実」だけで因果効果を認定するという議論を展開するかもしれないが、論者の主張内容が不明確なので詳述しない。

73) これがもたらす便益が大きいと信じるがゆえに、共通株主問題の存在の偽陽性コストを過大視するということである。

74) Noah Joshua Phillips "Taking Stock: Assessing Common Ownership"（Speech by FTC Commissioner June 1, 2018）14（https://www.ftc.gov/system/files/documents/public_statements/1382461/phillips_-_taking_stock_6-1-18_0.pdf）参照。

75) ドイツ独占委員会は機関投資家の共通株主問題の潜在的危険性を重視する立場からさらに実態調査をすべき旨を提言する（Monopolkommission, HauptgutachtenXXI（2016）S. 227-238）。

76) 数多い文献をサーベイするものとして、江頭憲治郎「日本の企業支配」芦部信喜他編『岩波講座基本法学7　企業』（岩波書店、1983）73頁を参照。

77) 企業集団を中心とするまとめとして、根岸哲「企業系列の法構造」根岸哲他『現代経済法講座4　企業系列と法』（三省堂、1990）3頁、54頁以下参照。

おいてどのような形で株主等が意思決定に参加しているか等の動態的分析が不足していると総括されている[78]。

かつての研究は制度学派的色彩が濃く、経済実態の激変もあり21世紀に入って関心が薄れたことは否めない。しかし、一方で株式所有構造の変化が意思決定に与える影響を見るために必要な実証分析の技法等が高度に発展し、他方で、競争法が市場集中分析の分析精度を高めた今日、ガバナンス問題[79]と競争問題とのインターフェイス領域を探求する機は熟したように思われる。かつてあれほど熱気を持って探求された課題に関して、ようやくその弊害の有無を観察できる時期が到来したのである。陳腐な結論であるが、諸外国での結論と同様、共通株主問題に関する実証研究への注力が望まれる。

＊本論文は科研費基盤研究(C)（課題番号　24530057）の成果の一部である。

---

78)　江頭・前掲注76）94頁。
79)　これに関するサーベイとして、Alex Edmans and Clifford G. Holderness, "Blockholders : A Survey of Theory and Evidence", in Benjamin Hermalin and Michael Weisbach ed., The Handbook of the Economics of Corporate Governace, Volume 1 (North-Holland, 2017) 541 を参照。

3　ガバナンス・内部統制・監査

多発する不祥事の予防と対応に関する公開会社の取り組み

久保利　英明

はじめに
第1　最近の不祥事の特徴
　Ⅰ　トップも知らない不祥事
　Ⅱ　2000年以降の公開会社の不祥事の一覧年表
　Ⅲ　近年発生した不祥事事案の検討
　Ⅳ　なぜ今になって、長年隠れていた不祥事が発覚しているのか
　Ⅴ　外部への告発を予防し、内部通報を活用するために何が必要か
　Ⅵ　データ偽装の真因は何か
第2　不祥事の対応と予防のポイント
　Ⅰ　公開会社は「不祥事対応のプリンシプル」を現実に発生した企業不祥事に際して守っているか
　Ⅱ　「不祥事対応のプリンシプル」に定める「第三者委員会」の理想と現状
　Ⅲ　「不祥事対応のプリンシプル」は現実の企業不祥事に際して守られているか
　Ⅳ　監査役・監査等委員会と内部監査組織と外部の会計監査人が連携する三様監査の有用性
　Ⅴ　「不祥事予防のプリンシプル」が意識されているか

はじめに

　近年公開会社や上場会社のグループ会社で多発する企業不祥事に対し公開会社は如何に取り組むべきかは焦眉の課題となっている。
　筆者が感じている素朴な疑問だけでも次のようなものが列挙される。
　①こうした不祥事を起こしてしまった場合に、公開会社が自らの自浄能力を発揮して、企業価値の再生を果たすにはどのような対応が可能なのであろ

うか。②そもそも不祥事を予防するにはどうしたら良いのだろうか。

　2010年に日本弁護士連合会弁護士業務改革委員会の検討チームが作成した「企業等不祥事における第三者委員会ガイドライン」(2010年7月15日、改訂2010年12月17日、以下、「第三者委員会ガイドライン」という)や2016年に日本取引所自主規制法人が発出した「上場会社における不祥事対応のプリンシプル」(2016年2月24日、以下、「不祥事対応のプリンシプル」という)は有用であるが、③不祥事を引き起こした公開会社は真摯にそうした対応を実行しているのだろうか。その対応としての第三者委員会の設置や調査活動の実態に迫る必要がある。さらには、④不祥事の予防としての内部通報制度の抜本的改革と内部統制システムの運用改善は如何に進化し、企業内の法務やコンプライアンス・セクションの充実やジェネラル・カウンセル制度の導入(ベン・W・ハイネマン・Jr.著／企業法務革命翻訳プロジェクト訳『企業法務革命──ジェネラル・カウンセルの挑戦──』(商事法務、2018)参照)は順調に進んでいるのであろうか。

　東証は、コーポレートガバナンス・コード(以下、「ＣＧコード」という)の遵守を有価証券上場規程に盛り込み、2018年6月1日から改訂された同コードも上場規程の対象となっている。これらのコードにコンプライするにせよ、コンプライせずエクスプレインするにせよ、会社である以上、誠実に対応する必要があるが、⑤その義務は果たされているのだろうか。

　さらに証券マーケットにおける新しい潮流とも言うべき、⑥ESG投資やSDGsなど投資対象選好規準の変化は今後も継続するのか、また公開会社の今後にどのような影響を与えるのであろうか。

　従前の持合は消えゆく運命にあり、⑦新たに登場してきた物言う株主、アクティビストたちは企業経営にどのような影響を与えるのだろうか。

　検討すべきテーマは多く、一つ一つのテーマは今までの会社のあり様を根底から変革するような重みを持って企業経営者に迫ってくる。

　⑧公開会社は「不祥事」やマーケットの評価という会社を崩壊させかねない巨大なリスクにどのように対応し、何を目指して経営をするのか、今、問い直されなければならない。

第1　最近の不祥事の特徴

I　トップも知らない不祥事

　トップも取締役会も知らない不祥事が続発しているがその真因はどこにあるのか。
　21世紀に入り、企業不祥事はメディアの関心を集め始めた。それ以前に比較して官僚や政治家のスキャンダルが小粒化するのに引き替え、企業スキャンダルは世上の関心を集め、TVの視聴率アップや新聞雑誌の売り上げに直結することから、一躍バラエティショーの主役に取り上げられる事態となった。
　2015年に不正会計が発覚した東芝に続き、2017年秋以降、神戸製鋼、三菱マテリアル、東レなどの素材メーカーのデータ改竄や、日産・スバルなど自動車メーカーの無資格検査事件の発覚が相次ぎ、日本企業への信頼が揺らいでいる。発覚したのは最近であるにしても、こうした不正が30年以上も継続し、常態化していたのにトップは知らなかった。その真因は何か、再発防止のために何をすべきだったのか、他山の石として学ぶ必要があるから以下詳論する。

II　2000年以降の公開会社の不祥事の一覧年表

2000年6月　雪印乳業集団食中毒事件
2000年7月　三菱自工リコール隠し
2002年1月　雪印食品牛肉偽装事件　取引先西宮冷蔵の告発
　　　3月　全農チキンフーズ　偽装鶏肉　不正競争防止法違反事件
　　　5月　ダスキン・ミスタードーナツ禁止添加物使用肉まん販売事件
2004年11月　三井物産　DPFデータ捏造事件　子会社副社長への内部告発
2005年4月　5期にわたるカネボウ粉飾決算発覚　産業再生機構の支援、上場廃止

9月	中央青山監査法人　監査不正事件　監査法人解散
2006年4月	公益通報者保護法施行
2006年12月	パロマ工業第三者委員会検証結果公表
2008年5月	NHK記者のインサイダー取引第三者委員会調査結果公表
2011年12月	オリンパスの粉飾決算事件第三者委員会報告書公表
2013年10月	阪急阪神ホテルズメニュー表示偽装事件
2013年12月	アクリフーズ農薬混入事件発生
2013年12月～2014年4月	外食産業のワタミ過労死事件、ゼンショー過酷労働事件発覚
2014年6月	ベネッセ顧客情報漏洩事件　3500万件の流出
2015年2月	東芝不正会計事件、7月、第三者委員会報告書公表
3月	東洋ゴム免震ゴム等偽装事件と社外調査チーム
10月	三井不動産傾斜マンション事件
2016年6月	神戸製鋼JIS法違反事件発生
2017年9月	日産の完成車無資格検査事件
10月	スバルの完成車無資格検査事件
10月	神戸製鋼データ改竄事件公表
11月	三菱マテリアル子会社品質検査データ改竄事件
11月	東レ子会社品質検査データ改竄事件
2018年2月	シチズン時計子会社の偽装・データ改竄事件
2月	JR西日本　川崎重工業の新幹線台車枠製造ミスに起因する重大インシデント公表
3月	神戸製鋼の品質偽装事件と外部調査委員会報告書非公表
4月	雪印種苗の品種偽装事件と第三者委員会報告書公表

Ⅲ　近年発生した不祥事事案の検討

1　東芝における不正会計事件

(1)　2014年12月頃に証券取引等監視委員会に東芝社員から内部通報（内部

告発）がなされたことで、金融庁が不適切会計処理の存在を知った。

(2) 2015年には監視委員会の調査が始まり、東芝は5月に突然、第三者委員会を設置すると発表した。

それ以降、決算発表は二度にわたって遅延し、6月に開催されるべき株主総会も9月に延期された。7月に第三者委員会の調査報告書が発表され同時に歴代2人の社長・会長経験者と現社長らが即日辞任した。第三者委員会調査によって過去7年間に税引き前利益を合わせて2248億円もかさ上げされていたことが明らかになった。

2015年9月15日には東京証券取引所は東芝を特別注意市場銘柄に指定した。2015年12月には金融庁が過去最高となる73億円の課徴金命令を発出している。

株価は2015年12月末、年初来安値の216円を付けた。さらに2016年2月には170円に低下した。2016年6月総会で室町社長は退任し、新社長に綱川氏が昇格した。歴代代表取締役社長らの刑事処分を巡って、東京地検特捜部と証券取引等監視委員会の間で綱引きが続いた。

2016年9月15日に東芝は特設注意市場銘柄の指定解除の申請を行ったが、自主規制法人による特設注意市場指定は2017年10月12日まで、2年以上解除されなかった。

第三者委員会報告書の提出によっても、株価は底値から反転せず、企業価値の回復がはかばかしくないのは、第三者委員会が独立性に欠け、真因が究明されず、調査スコープが監査法人の監査や、重要な子会社であるはずの海外子会社（ウエスチングハウス・WH）の監査を除外していたことが影響していると指摘されている。

2016年3月期の7100億円の損失見込額は、虎の子の東芝メディカルシステムおよび家電事業の売却により当期4700億円の純損失に収まった。しかし、別途WHで2500億円ののれんの減損が発生した。

(3) その後、致命的な事件が発生した。

WH社は2015年12月のS&W買収に絡んで、2016年12月27日に巨額ののれん減損計上を公表、損失金額は7000億を超えることとなった。そのため2017年2月14日予定の第三四半期決算発表は3月14日に延期され、それも公表でき

ずに4月11日に再延期された。そのため、3月15日には監理銘柄（審査中）となった。東芝は連結最終損益が国内製造業としては過去最大の1兆100億円の赤字となり、3月末時点の債務超過額は6200億円になるとの予想。「フラッシュメモリー」部門の分社化、売却にまで追い込まれた。WHトップの志賀重範氏は東芝会長を辞任、WHのロデリック氏も原子力カンパニー社長を退任。結局、WHを米国の再生型破産手続きにのせ、東芝は原発建設から撤退した。

(4) 打ち出の小槌と思われた「フラッシュメモリー」カード事業は「東芝メモリー」に分社して米国ファンドに売却し、「WH」も関連会社から切り離した。

メモリー売却と2017年10月の増資で債務超過は免れたが、今度はその増資を引き受けた株主の要請に応じて7000億円を投入して自己株式を購入する。東芝に中核事業として何が残るのだろうか。経営管理能力がなければ、創業140年の巨大企業も解体され、実体を失ってゆく。

2　神戸製鋼本体とその子会社グループ

(1) 過去の度重なる不祥事とデータ偽装事件

2006年5月には、グループ会社で、大気汚染防止法の基準値を超える窒素酸化物と硫黄酸化物を排出しながら、地元自治体に提出するデータを改竄するなどして隠蔽する不正が発覚した。さらに2008年6月には子会社で、日本工業規格（JIS）で定められた試験をせずに鋼材を出荷、2016年6月にはグループの神鋼鋼線ステンレス（大阪府泉佐野市）が、ばねの鋼材強度の試験値を改竄し、JISの認証機関からJIS認証を取り消された。神戸製鋼グループは何度となく企業価値の毀損を繰り返してきた。

(2) 今回の神戸製鋼アルミ・銅部品等強度偽装事件

① 神戸製鋼は2017年10月8日、自動車や航空機メーカーなど約200社に納入したアルミ板や銅製品について、工場の出荷段階で強度や寸法をチェックする検査証明書を書き換えるなどの不正が見つかったと発表した。後日、相手先は500社と訂正。不正が見つかったのは、同社が2016年9月～17年8

月に生産したアルミ製品（板、押し出し品）約1万9300トン、銅製品約2200トンなどで、出荷したアルミ・銅製品の約4％に当たると公表。2017年8月には社内の監査で検査証明書のデータ改竄、捏造の事実が発覚したが公表は2ヶ月遅れた。不正が見つかった国内4工場ではデータの改竄などが30年前から続いていたという。広報は、会見では現場とのコミュニケーション不全のため上層部には情報が伝わらなかったと主張した。

②　納入先は国内自動車メーカーのほか、電機メーカー、JR東海さらにはGM等海外メーカーなど多岐にわたる。神戸製鋼から原材料を購入するメーカー各社はアルミや銅製品の寸法、強度などを指定し、製造を委託した。契約上、神戸製鋼は納入前にメーカー側の要求を満たしているかをチェックし、検査証明書に正確なデータを記入して、適合した製品だけを納入する義務がある。ところが基準に合致しない数値の製品について、一方的な自らの判断によって適格品として納入し、正規代金の請求も行っていた。

③　記者会見において、副社長は「納期に間に合わせるため、担当者がついデータを書き換え、それが続いてしまったのではないか」「2016年の事件はJIS法違反のコンプライアンス違反だが、今回の事案は法令違反ではないからコンプライアンス違反とは言えない」と釈明した。コンプライアンスの基本を理解していなかったと言わざるを得ない。報道によると工場の管理職も不正を黙認しており、関与者は数十名に上ると言われる。不正は組織ぐるみだった可能性が高い。外部調査委員会を設置したが、1月に予定されていた報告書は2018年2月末からさらに3月6日へ延期された。しかも、その報告書は米国での訴訟手続のリスクを理由に開示されなかった。

④　銅管やアルミ製品について、JISの認証が取り消され、秦野工場のISO9001認証も取り消された。さらに米国司法省から罰則付き召喚状（サピーナ）が届き、様々な文書提出要求がなされている。2017年12月にはカナダで消費者からの損害賠償訴訟が提起され、クラスアクションが開始されるとの報道があり、米国でも民事訴訟が提起されるなど、民事刑事の両面にわたる拡大が懸念されている。

⑤　神戸製鋼はB to Bの取引であることを理由に、完成車両や消費者への影響について明言しなかった。しかし、素材の品質不良は最終製品の質に影

響するから、リコール（回収・無償修理）に発展する可能性もある。JR東海は東海道新幹線の車両「N700A」の台車に使っている製品の一部の強度について、同社の仕入れの基準として準用している日本工業規格（JIS）の基準を下回っていたことを明らかにした。

⑥　警視庁捜査二課は、2018年7月17日、法人としての神戸製鋼と工場の検査担当者ら4人を書類送検した。同月19日に東京地検特捜部は神戸製鋼を不正競争防止法（虚偽表示）違反の罪で起訴し、幹部職員4名を起訴猶予とした。起訴は立川簡裁になされ、家宅捜査から1ヶ月半で起訴に至るという異例のスピードとなった。

3　日産の完成車検査　無資格者印鑑偽装事件

(1)　完成車検査

2017年9月30日、日産自動車で国の規定に反して完成車を無資格者に検査させ、正規資格者の印鑑を冒用していた問題が発覚した。偽装があったのは、「完成検査」と呼ばれ、新車の出荷前にブレーキ性能や排ガス量などが基準を満たしているかを確認する検査である。

(2)　記者会見の失敗と社内へのメッセージ不徹底

記者発表では当初担当スタッフが会見したが、10月2日の本社での会見では西川社長が登場したものの、謝罪会見とは程遠く、軽い会釈程度しか頭を下げなかった。

リコールを116万台も行う羽目になった企業の社長会見とは思えないと批判された。

果たして社内でさえも些細なミスとして軽く受け止められ、その後も各工場で、正規資格者に依らない偽装検査が継続されていた。

国交省によれば、このような偽装がオートワークス京都を除く、日産・日産車体の国内の完成車5工場で行われていた。38年前から始まった無資格検査が常態化し、且つ、現場のみならず管理職も関与していた可能性が高い。しかも社長会見後に至っても検査に無資格者が関わり、印鑑の冒用をしていることが明らかとなり、この点も新たな報告徴求の対象となった。西川社長

の説明によると無資格者の検査関与の禁止命令は工場長から部長、課長、係長と伝わったが、課長と係長の間でコミュニケーションのギャップが大きかったという。

(3) **認証取消とリコール対象**
10月31日、日産の国内6工場のISO認証が取り消された。
このため、日産は販売済みの合計約120万台のリコール（無料の回収・修理）を国交省に届け出た。対象は計28車種（他社分を含めると38車種）で、国内販売の全車種に当たる。当期の公表利益見込は400億円の下方修正となった。
国交省は日産の新車検査態勢を対象に無期限の監視体制下に置くことを決定した。燃費不正の三菱自動車に対して取った3年間の監視対象よりも厳しい。
日産自動車は12月21日、生産事業を担当する松元史明副社長が12月31日付で退任すると明らかにした。完成車の無資格検査問題の責任を取っての更迭とみられる。

(4) **外部事務所による報告書の信頼性に疑問符**
11月17日に西村あさひ法律事務所より調査報告書が提出された。この調査報告書を格付け対象とした第三者委員会報告書格付け委員会では、実質調査期間がわずか19日と短いことや独立性・中立性・専門性に疑問符が付けられ評価は非常に低いものとされた。

(5) **2018年7月9日、完成車の排出ガスデータの改竄を公表**
無資格者による完成車検査が発覚した後も、完成車の1％についての抜き取り検査で、19車種、1171台について排出ガスや燃費データの改竄がなされていた。

(6) 日産は2018年9月26日、新車の出荷前に行う燃費・排ガスの検査データ改竄問題について、不正の原因や再発防止策などを盛り込んだ最終の調査報告書を国土交通省に提出した。不正の対象は34台増えて1205台に拡大した

ほか、新たに車両性能に関する検査で試験を実施していなかったり、測定値を書き換えたりするなどの不正が見つかった。報告書は不正が2000年代には常態化していたことも明らかにした。

新たな不正は生産台数の1％程度で実施する、抜き取り検査「精密車両測定検査」で見つかった。ブレーキ液残量警告灯を確認する試験が不実施だったのに加え、計11項目253台で不正が行われていたという。燃費・排ガスを巡る改竄も1171台から1205台に拡大。報告書は不正の原因として計画通りの生産出荷が優先されて完成検査が軽視されていたことやコンプライアンス（法令遵守）体制の不十分さなどを指摘した。

4　スバルの完成車検査　無資格者印鑑偽装事件

(1)　社内規定相互の矛盾

スバルでも2017年10月27日、日産と同様の事件が発覚し、吉永社長が公表した。同社長への報告は10月11日であったという。同社が国交省へ届け出ていた社内規程は「社内試験に合格した完成検査員が完成検査を行う」というものだった。一方、検査の運用を定めた業務規程では、「監督者の監視下では、知識と技能を100％身につけたと判断された従業員であれば、完成検査の業務に従事できる」と定めていた。この矛盾した二つの規程が併存したため、実際には、完成検査員の資格を取るために研修中の従業員さえも検査を行っていた。

(2)　長期間にわたる無資格検査

この矛盾した状態は30年以上まかり通っていた。完成検査の有資格者は会社全体で245人いるとして、同社は無資格検査の原因としての人員不足を否定する。11月9日、結果として12車種40万台のリコールを国交省に届出し、2018年3月期はリコール対策費用が250億円となり、純利益が22％減少した。吉永代表取締役・CEOは、2018年6月22日の株主総会をもって代表取締役・CEOを辞任。

(3) 外部事務所による報告書の信頼性

　同社では長島・大野・常松法律事務所が調査報告書を提出している。他社の外部委員会よりも、委員会の独立性、中立性を強調している。しかし、その設置や委員選定の過程は判然としない。現場たる製造品質管理部が強く、事務職たる品質保証部とのコミュニケーションに欠け、内部監査部門を含め、監査機能が弱体であったなど、表面的な原因は記載されているが、その真因には踏み込んでいない。

(4)　同社は2018年9月28日に燃費・排ガスの不正検査に関する最終調査報告書を提出した。無資格者による新車の検査が発覚した2017年10月以降、同社が「最終」と称して報告書を公表するのは今回で3度目となる。報告書は、安全検査を軽視する社内風土を明らかにした。燃費データなどの測定では、国が定めた速度などの基準に基づき試験を実施する。その試験中に検査員が居眠りして大幅に基準を逸脱したと見られるケースや一定に保たなければならない湿度を逸脱したり数値を書き換えたりしたケースもあった。

　不正の原因については、検査員の業務量の多さや他部署への「そんたく」などを挙げ、安全性の確認が後回しになっていた実態が浮かび上がった。

　スバルは再発防止策として、検査態勢や業務量の見直しなどを発表。老朽化した施設の整備など、今後5年間で1500億円の投資を実施する方針を説明した。

　しかし、2度にわたる社内調査では不正の全容を洗い出せず、結局、今回は外部の弁護士らに調査を委託した。

　ところが、この調査にもかかわらず排ガス・燃費データの改竄やブレーキ検査の不正などが2018年10月まで続いていたことが判明した。検査不正によるリコールは10月製造分までで53万台にのぼり費用は320億に膨らんでいる（2018年11月14日朝日新聞デジタル）。

　自動車メーカーによる燃費・排ガスの一連の不正では、国交省は2018年7月、日産・スバル以外の自動車メーカー23社に同様の不正がないか調査を求め、8月にスズキ、マツダ、ヤマハの3社で不正が発覚した。アウディ、フォルクスワーゲン、ボルボの輸入業者3社については9月28日に結果が公表さ

れ、アウディで不正が発覚した。

5　三菱マテリアルグループの検査データ改竄

(1)　子会社におけるデータ改竄

　三菱マテリアル（MMC）は、2017年11月23日夕、連結子会社の三菱電線工業（MCI）、三菱伸銅（MSC）の2社において検査記録データ書き換えなど不適切な行為により、顧客の規格値や社内仕様値を逸脱した製品を出荷したことが判明したと発表した。

　三菱電線では樹脂製シール材の品質不正を行っていたとされ、不適合品を出荷した可能性がある取引先においては自衛隊を中心とする航空機や艦船のエンジンに使用され対象会社は229社。三菱伸銅では自動車関連産業で使われる銅製品などで対象は29社と言われる。また、30日に至り、MMCの子会社の三菱アルミニウム（東京都港区）でも、静岡県の工場で製造した製品の検査データの改竄が報道された。

(2)　特別調査委員会の設置

　委員長には同社独立社外取締役の得能摩利子氏（フェラガモ社長兼CEO）が就任し、委員は渡辺博史社外取締役他が参加した特別調査委員会が設置された。子会社については別途個社の調査委員会を置き、渋谷卓司弁護士を中心とする西村あさひ法律事務所が外部弁護士事務所として起用された。最終報告書は2018年3月28日に公表された。

　神戸製鋼のケースでも見受けられたが、契約した性能を満たしていない製品を顧客の許可を得た上で納品できる「特別採用」と呼ぶ商慣行を悪用、無断納入していたという。しかし、そもそも「特別採用」の許諾をするのは取引の相手方である買い手である。売り手が勝手に許諾したいわゆる「トクサイ」は契約違反であり、コンプライアンス違反は明らかである。

(3)　子会社役員の関与

　MCIでは公表に先立って2017年3月初旬に社長の村田氏が問題を把握しながら、出荷停止は11月23日の公表まで行わず、親会社への報告もそれまで行

われていなかった。親会社の三菱マテリアルは三菱電線の村田社長を更迭させ、後任に親会社MMCの高柳執行役員を就任させた。

MSCでは10月18日に社内で問題を把握。各社の親会社たるMMCには同19日にそれぞれ報告していた。しかし、MMCからの公表は直ちにはなされなかった。

三菱アルミニウムのデータ改竄については当初公表されていなかったが、2018年2月に至り、子会社立花金属工業のほか、自動車部品を製造するダイヤメット（新潟市）とともに同社にも同様の疑惑が判明し、調査対象として追加された。同社でも製品の規格が顧客と約束した水準を満たしていなくても、不正指南書とも言うべき、顧客の了承なしに出荷できることを認める内容が記載された文書の存在が発覚している。

（4）親会社本体でもデータ偽装が発覚、社長辞任

2018年6月11日、MMCの竹内章社長が引責辞任すると発表した。2017年秋以降、子会社5社で品質データの改竄が相次いで発覚したのに加え、本社の直島製錬所（香川県直島町）でもJIS規格を逸脱した銅スラグ骨材を、規格内の製品として出荷していたことが6月8日に発覚し、JIS認証を取り消された。社内では2018年3月時点で明らかになっていたことも辞任理由と思われる。竹内氏は6月総会後に代表権のない取締役会長に就任。後任社長には同じコンプライアンス、法務の担当であった小野直樹副社長が就くことも問題視されている。

（5）子会社及び前社長の刑事訴追

三菱マテリアルのグループ各社による品質データ不正事件で、東京地検特捜部は2018年9月12日、三菱電線工業、ダイヤメット、三菱アルミニウムの3法人を不正競争防止法違反（虚偽表示）罪で起訴し、このうち2社については前社長2人も同法違反罪で在宅起訴した。

6 東レグループ子会社の検査データ改竄

(1) 経団連会長会社グループでの検査データ偽装と1年4ヶ月間非公表

東レは2017年11月28日、100％子会社である東レハイブリッドコード（THC）で、タイヤの形状を保持する補強材のタイヤコードや自動車のブレーキホースやベルトに用いられる補強材の産業用コードについて検査データの改竄があったと発表した。改竄は製造過程で子会社の品質保証室長が二代にわたり行っており、その数は149件に及ぶ。不正のあった製品はタイヤメーカーや自動車部品メーカーなど13社に出荷されたという。検査データの書き換えが始まったのは2008年4月で、問題が発覚するまで約10年間継続していた。

東レはこの問題を別の補助金の不正受給事件をきっかけに始まった自社のアンケート調査により2016年7月に発見した。すなわち品質保証室における検査成績表の数値の書き換えを指摘したアンケート回答を端緒として、2016年7月に把握したという。しかし、この事実を1年4ヶ月間発表しなかった。東レは経団連会長の榊原定征氏の出身母体であり、データ改竄は榊原氏の社長・会長時代を通じて行われていた。公表の1日前の11月27日には同氏が経団連会長として一連のデータ改竄事件を取り上げ「代表的な企業の不正は残念、製造業が深刻な事態になっている」と述べ、コンプライアンスを守り、企業統治を発揮することを強く求めていた。

(2) 有識者委員会による社内調査追認

THCでは鈴木社長が責任を取って退任した。同社では前・現社外監査役ら3人の弁護士による、会社の行った調査の検証・評価等を目的とする「有識者委員会」を設置した。しかし、2017年12月25日に提出された報告書は「この委員会は自ら調査をし、調査結果により問題を評価するものではない」と調査委員会であることを否定している。検証と言っても、社内調査の表面的な追認でしかなく、深度のある真因究明には至っていない。素材メーカーとして販売先との契約義務や最終消費者の安全確保義務を踏まえたコンプライアンスの視点はすっぽりと抜け落ちて、公表についても消極的な姿勢を示している。

(3) 公表理由は2チャンネルに真相を書き込まれたため

　東レはデータ改竄の事実を公表した理由として「インターネット掲示板上の書き込み」（日覺昭廣社長会見）と説明した。2チャンネルに書き込まれた内容は会社公表とほぼ同一であり、内部もしくは取引関係者しか知り得ない正確なものであった。神戸製鋼などでのデータ改竄問題が注目を集めなければ、対外公表に至らなかった可能性が高い。

(4) その後の追加アンケート

　2018年3月30日、東レは品質データを取り扱う社員・管理監督者9727名を対象にアンケートを行った結果、法令違反や安全性に影響のある事案はなく、公表すべき案件はない、と発表した。添付の委員会議事録によると、2017年11月28日に社長が追加調査を要すると判断した137件を含めて追加調査を行ったが同様の結論という。しかし、1万人近いアンケートの内容も結果も不明なうえ、安全性に影響がないと判断した根拠も公表されないため、信用が回復されたとは言い難い。

7　シチズン時計子会社の偽装・データ改竄事件

(1) シチズン電子の偽装・データ改竄

　シチズン時計は2018年2月9日、100％子会社で電子部品製造会社のシチズン電子（山梨県富士吉田市）が、家電製品やスマホのスイッチやセンサーなどの出荷にあたり、製造工場を偽って虚偽のラベルを用いて販売していたと発表した。中国製製品に国内工場のロット番号を付けた梱包ケースなどが発見された。また照明用発光ダイオード（LED）の劣化予測の試験結果を改竄していたことも明らかになった。シチズン時計は、子会社社長らを同日付で事実上解任した。

(2) 第三者委員会設置

　一連の不正行為は、シチズン時計が設置した第三者委員会（宗像紀夫委員長）が確認し、同日公表した報告書に盛り込んだ。責任を明確にするため、子会社の郷田義弘社長とLEDのデータ改竄に関わった取締役は、シチズン時計の

勧告を受けて同日付で退任。不正行為を容認していた子会社常務も取締役に降格された。

(3) 偽装行為・試験結果改竄

製造場所の偽装は2017年6月まで7年以上続き、不正出荷は少なくとも166種類、約13億3300万個に上った。中国製製品が混ざった梱包ケースに「Made in Japan」（日本製）のシールを貼って出荷していた問題も別途判明した。

LED試験では2012年4月から16年12月まで、米国の省エネ規格を満たすため、耐用年数などのデータを書き換えるなどして、虚偽のリポートを作成。北米の取引先などに提出していた。利益至上主義と親会社からの独立性が強すぎて、グループガバナンスが発揮されなかったと思われる。

(4) 第三者委員会報告書

堂々と「第三者委員会」を設置して真相究明に当たったことは評価される。ただし、要約版しか開示されず、氏名もイニシャルのみであって、隔靴掻痒の感がある。不適切行為と言いながら、不適正行為の用語も使われていて、行為の違法性などについての追及が甘い。委員の人選については日弁連のガイドラインに準拠していても、成果物は公共財としてはやや物足りない。

8　川崎重工業によるJR西日本新幹線台車枠製造ミス事件

(1) 重大インシデント

2017年12月に運行中の博多発東京行き新幹線「のぞみ34号」（N700系）の台車に破断寸前の亀裂が見つかった重大インシデントが発生した。2018年2月28日、JR西日本は川崎重工業が2007年に台車を製造した際、鋼材を削り過ぎたことにより強度に問題が生じ、「疲労破壊」が起きたのが原因と考えられるとする調査結果を発表した。

JR西日本の担当役員は「強度が保てないことは明白。設計図通りに作られていない」と指摘している。問題となった台車枠の厚さは最も薄い箇所で設計基準の7ミリより2.3ミリも薄い4.7ミリだった。また削り過ぎによって鋼

材の厚さが設計基準に満たないものが、本件のほかにJR西日本に100台、JR東海に46台あることも判明した。亀裂が見つかった台車枠は、厚さ8ミリの鋼材を折り曲げて作っていた。

(2) 禁止された製造作業の実施

川崎重工業は、その台車枠に車軸を介する「軸バネ座」という部品を溶接する際に、両方の部材の接着面が平らになるように台車枠の鋼材を削る作業を施していたというが、強度が不足する恐れがあるとして本来、禁止された作業だった。問題はそんな危険な作業をなぜ現場の独断で行ったのかである。真相は明らかにならず、欠陥車両を用いた運行は今も行われている。検査データ偽装とは別の意味で日本の製造業の力量に影を落としている。

謝罪記者会見した川重の金花芳則社長は月額報酬の5割を3カ月返上すると発表したが、真因の追及と、安全運行対策や再発防止策の即時実施と公表が求められる。

Ⅳ なぜ今になって、長年隠れていた不祥事が発覚しているのか

1 内部者による外部への告発・告知が拡大している

監督官庁(国交省、日産のケース)、証券取引等監視委員会(東芝のケース)、会計監査人、ミニコミ、2チャンネル(東レのケース)などのネット掲示板への告発、書き込みが頻発している。

2 なぜ、外部への告発が起きるか

(1) SNSの利用者が拡がり、いつでも誰でも自由に動画や情報発信ができる時代になった。消費者や従業員がテレビ局を持ったようなもの。ネット社会での炎上が先行して、マスメディアはそれを追いかける存在となった。

(Ex. 食品偽装や異物混入事件の発覚はほとんどが消費者のSNSや掲示板への書き込みによるものである。)

(2) 経営層と正社員（管理職）と非正規労働者（現場労働者）との給料較差が拡がり、かつ身分的にも固定化して共通の目的意識や共同体意識の共有が困難となっている。会社と従業員との一体感は崩壊し、コミュニケーション断絶が常態化している。

　（Ex. アクリフーズ非正規従業員による食品への農薬混入、日産・スバルにおける完成車検査偽装、ゼンショーの現場従業員の残業過多と、店長クラスの過酷労働）

(3) 利益確保のため納期短縮・コストカットの要求が強まり、非正規労働者が主体となった日本国内工場にそのしわ寄せがきて、品質管理力（QC：quality control）が低下した。かつては盛んであった職場でのQC運動も影を潜めた。

　（Ex. 東レ子会社では、計測機器の買い換えができず、不十分な機材で測定するためデータの信頼性が揺らいでいたことがデータ書き換えの原因と目されている。神戸製鋼では納期遵守が至上命題とされ、品質の確保よりも優先されたことから顧客の了承を得た上で規準を変更する正常な「特別採用」ではなく、工場が勝手に規準の合否を判定するイレギュラーな「トクサイ」が常態となった。）

(4) 過去の慣習に盲従する「前例踏襲」と「業界の横並び」と政府主導の「働き方改革」に見られるように「従業員軽視、利益第一主義」の経営が、若手社員に受け入れられなくなった。

　（Ex. 電通では本来トップ自らの自戒の言葉であった「鬼十則」を、社員手帳に載せて新入社員にまで要求した結果、過労死を招いた。）

(5) 最近15年間で弁護士が2万人から倍増し4万人へ。各種不祥事は集団訴訟事件となり被害者弁護団が結成され、被害者は、費用負担をさほど気にせず参加できるようになった。投資家はESGを重視し、SDGsに懸念のある企業の株価は低落することとなった。このため株主・投資家の批判は会社経営者に集中する。内部情報を知る従業員も外部への告発が正当な権利行使であるとの意識が強まった。

V 外部への告発を予防し、内部通報を活用するために何が必要か

1 わが国の内部通報制度の制度的欠陥

(1) 内部通報制度の重要性

　データ偽装により隠蔽された真実は、事故が起きて損害が顕在化するか、内部者が監督官庁やメディアに対し告発することによって、発覚することになる。データの偽装が一旦完了して、元データが破棄されてしまえば、改竄された数値しか残らない。そうなれば監査役も会計監査人も事後的に改竄を発見することは困難である。

　しかし、データ偽装や隠蔽が通報がされないことによる被害は、①思いがけず企業価値の著しい低下と株価低落を被る株主、②真相を知らないまま、会見に臨むため満足に対応できず、無能ぶりを攻められ、経営責任を追及され退任に追い込まれる経営陣、③事件の結果、業績が低下し、賃金等の減少や、甚だしいときは倒産により職を失う大勢の従業員、④使用商品のブランド価値を毀損されたユーザーにまで及ぶ（戦後最大の倒産といわれ約1兆5000億円の負債をかかえて民事再生手続に入ったタカタのケースを想起していただきたい）。

　特に偽装期間が10年単位の長期に及んだ場合は、その間に昇進した役員クラスまでが関与し、「会社ぐるみの偽装体質」として企業価値も信頼感も瓦解する。こうした事態を解決するのは内部通報の積極的活用しかない。

(2) 消費者庁ガイドラインの改正

　内部通報の根拠法は公益通報者保護法であり、所管の消費者庁は2016年12月9日、「改正ガイドライン」（「公益通報者保護法を踏まえた内部通報制度の整備・運用に関する民間事業者向けガイドライン」）を公表した（http://www.caa.go.jp/policies/policy/consumer_system/whisleblower_protection_system/research/study/review_meeting_001/pdf/review_meeting_001_180501_0002.pdf）。

法改正には至らなかったが、本ガイドラインは12年前のガイドラインから様変わりした。各社とも早急にこのガイドラインを参考に内部通報制度を改革しようとする動きが始まった。

ガイドラインの概要は以下の通りである。

①　内部通報の実効性を上げるためには、経営トップ（社長・CEO）が積極的に社内にメッセージを継続的に繰り返し、発することである。具体的には、

「内部通報制度を活用した適切な通報は……正当な職務行為であること」
「利益追求と企業倫理が衝突した場合には企業倫理を優先するべきこと」
「内部通報に関わる各種基本事項の遵守は企業の発展・存亡をも左右し得ること」

等のメッセージを継続的に発信することが必要とされている。

②　何人も通報者を探索してはならないことを明確にする。

③　通報窓口としては社外取締役や監査役へのルートなどを整備し、顧問弁護士が通報者と利益相反があり得る場合は、中立性・公正性に疑義のないそれ以外の者によるルートを設置する。

④　通報者等に関する正当な評価　経営トップ等からの感謝を伝えることにより、組織への貢献を正当に評価する。

　　（＊注　中原健夫＝結城大輔＝横瀬大輝『これからの内部通報システム』（金融財政事情研究会、2017）参照）

2　現行の内部通報制度の運用上の欠陥がもたらすダメージ

しかし、多くの企業の内部通報の運用実態は上記ガイドラインとはほど遠いものである。以下、最悪の事例を記述する。

(1)　匿名による通報であっても、通報の受け皿による犯人捜し（探索）が始まる。事実の確認よりも誰が通報したかに注目が集まってしまう。

(2)　通報窓口担当者は、兼務で多忙のため面倒だ、と事実調査もせずに通報事実を無視して握りつぶす。

(3)　現場の同僚も上司も、通報窓口による調査に対し「長年の慣行なのに余計なことをしてくれた」と、前例をたてに事実を否定し、調査協力をせず、知らぬ存ぜぬを貫く。

(4) 仮にトップまでに伝わったとしても、トップから通報者が感謝されることも、昇進や昇給の対象になることもない。それどころか、左遷までされる危険もある。現にオリンパスでは、通報者は閑職に追いやられて、最高裁まで訴訟して、勝訴しても現職復帰はかなわなかった。オリンパスのこの事例は大きく報道された。同社海外子会社では別件で内部通報者が配転される事実も報道されている。こうした風土はオリンパスのみではないと広く社会に受け止められて、内部通報の抑止効果が他社にも波及している気配がある。

(5) 「それなら、誰が内部通報などするものか。いっそ、確実な証拠を付けて監督官庁かメディアや証券取引等監視委員会など外部へ告発して会社に思い知らせてやれ」というムードが全社に蔓延している可能性がある。

(6) 不祥事の告発を受けたメディアから突然の取材を受けたり、監督官庁から呼び出されたりしたトップはあわてて、部下に聞くが誰も、何が起きたか知らない。「裸の王様」として、会見や事情聴取に引っ張り出されてまともな答弁もできずに立ち往生する。

(7) 内部からの告発により正確な情報を得た監督官庁は立ち入り検査をし、証拠を固める。トップは記者会見に追い込まれるが、広報もIR部も真相を知らないから、説明は要領を得ない。メディアは怒り狂い、追及し、憶測記事を書き、センセーショナルな報道をするから、連日、株価は下がる。

(8) トップは反論もできず、アカウンタビリティを発揮できず、経営者不適格として批判され、時として首を取られる羽目になる。

3 内部通報制度の改革・改善のきっかけ

(1) 「司法取引」制度の導入

内部通報を義務化し、奨励しなければ、2018年6月1日から導入された「司法取引」(刑事訴訟法第2編第4章)により、犯罪実行者の個人免責と引き替えに、法人が起訴されるケースが発生する危険が高まる。

司法取引とは「特定犯罪」について、弁護人の同意がある場合に検察官に対し被疑者・被告人が、共犯者等他人の刑事事件の解明に資する供述をし、証拠を提出するなどの捜査協力行為を行うことである。検察官は、その協力の見返りに、被疑者らに有利になるように、不起訴にしたり、軽い罪で起訴

したり、軽い求刑をするなどを内容とする「合意」をすることができることを言う。

現に「三菱日立パワーシステムズ」は、内部通報を受けて、事実を把握し、2018年7月14日、タイ国公務員への贈賄事件（不正競争防止法）違反で、司法取引を行った。検察は会社を免責にする一方、元取締役ら3人を起訴した。対象となる犯罪には会社法違反、金商法違反、独禁法違反、知財関連刑事犯、詐欺、背任、横領など会社に関わるほとんどの犯罪が対象となる。内部通報がなければ、法人は知らずに、元役員らの海外公務員に贈賄を行ったり、承認をしたりした者の司法取引により、法人が罰則を受けることになったかも知れない。

（本稿校正中に日産自動車のカルロス・ゴーン会長逮捕のニュースが流れた。「内部通報」「司法取引」と本稿で取り上げたキーワードが並ぶ。改めてこの事件は、とりあげたいが、石川五右衛門の「浜の真砂は尽きるとも……」がいつまでも繰り返されるのだろうか。）

(2) 内部通報の義務化

現在の各社が採用している内部通報制度は内部通報者に何らのメリットももたらさず、逆に通報することにより、報復人事や不利益を受けるリスクも大きい。さらに、多くの会社の行動規範やコンプライアンス憲章には従業員の通報義務は定められていない。これでは誰も通報しない。通報の義務化をしなければ、法人や組織のトップは従業員に司法取引で先手を打たれる危険がある。

(3) 通報者特定調査（探索）の禁止と罰則の制定

現状では、通報者は、
　ア）内部通報受領部署からは密告者呼ばわりされ、
　イ）仲間には恨まれ、警戒され、
　ウ）上司からは面倒を起こしたと疎まれ、
　エ）トップから感謝もされない。

まずは通報者特定調査を禁止し、誰が通報したか分からないようにするこ

とが先決となる。

(4) 執行部から完全に独立した顧問弁護士以外の弁護士や、社外役員による外部通報窓口兼調査組織の設置をする。

前記(3)の担保のためにも、また、通報事実が業務執行者に発覚しないように、通報窓口を少しでも業務執行者から遠ざけ、独立性が高く、人事や所属部署から秘密を守れるようにする必要がある。そのためには独立社外取締役や社外監査役もしくは人事権が監査役に属する監査室長などが相応しい。海外企業にはジェネラル・カウンセル、チーフリスクオフィサーと呼ばれる上級副社長クラスの経験豊富な弁護士が必ずいる。彼らは内部通報やマイナス情報のレポートラインに必ず入るが、わが国にはこうした存在はない。これは日本のコンプライアンスの致命的弱点である。以前は顧問弁護士を通報の受け皿にすることが一般的であったが、最近は顧問弁護士を会社側とみなし、完全独立者とはみなされなくなっている。内部通報受け皿としては顧問弁護士以外の外部弁護士や社外役員を選定するケースが増えている。

(5) 内部通報者にインセンティブを供与する（例えば「通報者にリニエンシー類似の制度」の採用）。

通報義務とセットで、その義務を履行した者にインセンティブを与えるのは効果的である。不祥事を知った従業員が通報義務に違反して通報しなかったことを理由に、何らかの不利益処分を課す一方、通報者は義務を履行した者として、不利益処分を免除するなどである。不祥事に関与したとする就業規則違反の懲戒処分などの不利益処分も免除や軽減の対象たり得る。貴重な内部通報を無視したり、握りつぶしたりなどと言うことも、企業防衛のための重要な手段を放棄し、株主の利益を損なう行為に他ならないから通報義務の対象となる。

(6) 内部通報は量も大切である。

内部通報無視の理由として、「重大な案件が少ない」とか「通報の数が少ない」ことなどが指摘される。しかし、内部通報は砂金取りのようなもので、

砂や砂利が混じることは前提である。従業員が安心してたくさんの通報を行えば、その中にきらりと光る砂金があるはずである。内部通報がないのは経営が正しく健全に行われている証明ではなく、経営者が内部情報保有者から信用されていないことの証拠である。内部通報の受け付け窓口や調査員は、ゲートキーパーとして重大な役割があり、専任を置いて、通報数を増加させることは有益である。

(7) 経営トップの主体的関与

内部通報者の恩恵を最も享受するのは経営トップである。

通報者は隠蔽と欺瞞の闇世界に光を当てて、トップに現場の実状を教えてくれる恩人と思うべきである。逆にその情報がなければ一番損をするのは社長である。事情も分からず記者会見に引きずり出されたり、首になったり、代表訴訟で損害賠償を負担させられたりするのは社長なのである。社長こそ通報者に感謝の念を抱くべきである。

内部通報者を犯人捜しの対象としたり、通報を密告と捉えて拒否感を示したりすることは、折角の宝物を瓦礫となす行為である。経営トップは内部通報を頼りとしてデータ偽装や不正の隠蔽を是正しなければならないのだから、通報者の行為を評価し、彼等を護る立場にある。

内部通報を密告呼ばわりし、通報者を会社の敵と思うようでは、トップとして不適格で、首を取られても、刑事事件に巻き込まれても、文句は言えない。

Ⅵ　データ偽装の真因は何か

1　データ偽装事件の3要素

コンプライアンス学において「不正の3要素」と言われるのが「動機」「機会」「正当化」である。不正の防止にはこの3要素を社内から排除する必要がある。

このことはデータ偽装に限らず、典型的な横領や背任などの会社を被害者

とする個人的刑事犯罪においても同様である。特に、中堅幹部や現場経理担当者による会社の財産を窃取、横領、詐取、盗用するような個人犯罪は各社でしばしば見受けられる。

データ偽装や欠陥製品の製造と同様に、会社への忠誠心が薄らぎ、安易に利得に走る中堅幹部社員に手を焼いている組織は私が知っているだけでも、確実に拡がっている。

このようなケースは明確な犯罪者なので、行為者は懲戒解雇されても当然である。しかし、彼らは自己正当化の意欲が強いため、地位保全の訴訟などに及ぶことも珍しくない。労働裁判においては裁判官が労働者に温情的なこともあり、行為の悪質性よりも、従業員の生活権に手厚い保護が与えられるケースもある。しかし、公開会社は安易な妥協をすべきではない。1人の違法行為を見逃せば、たがが外れて、総体として職場規律もコンプライアンスも維持できなくなる。

(1) 第1は「不正行為をする『動機』」である

特に、部門責任者の意欲や経営層の指示と組織の客観的能力との間に乖離がありすぎる場合には、正当な方法では指示を実現し得ないが故に、組織の面子や、責任者の自己保身からデータ偽装にはしる。これらが不正行為の「動機」である。

利益の上乗せや納期の厳守の命令などがこうした「動機」を発現させる。

トップが業績向上に熱意をもつことも、納期遵守を命じることも元来責められることではないが、トップの要求が現場の能力を超え、現場の実力からすれば到底、実現不可能な過大要求である場合は不正行為の「動機付け」となる。このことをトップは認識し、要求を相当性、合理性の観点から見直さなければならない。ましてや、トップと現場の相互コミュニケーションがなければ過大要求は不正会計やデータ偽装に直結する。

(2) 第2は「不正行為をする『機会』」の存在である

データ偽装行為は会社の本体から隔絶された、子会社や品質保証部などの比較的小さな部局においてしばしば発生する。あるいは権限を有する担当者

や中間管理職の単独行為によって簡単に実行できる場合も不正行為は発生しやすい。他の部門を巻き込まないで少人数間で秘匿すれば発覚する可能性は低い。さらに、データ偽装は重大で、不可逆的な事件が起きるまでは露呈しない。データ偽装が完了すれば表面的な異常点は消し去れるので、監査部門にも発見できなくなる。

こうした認識が広まればこれは現場が不正行為に手を染める「機会」となる。

例えば、マンション建設工事で、作業員が1人で杭打ちを担当した場合、杭が岩盤に到達していなくても、内部統制システムでチェックされなければ、マンションが傾くまで、杭打ちのデータ偽装は判明しない（傾斜マンション事件における杭打ちデータ偽装事件）。

また、検査データが少人数の品質保証セクションに独占される場合も、同様の「機会」が提供されることになる（東レ子会社における歴代品証室長の残業によるデータ改竄）。

不正を行わせないためにはデータ作業担当部局にこうした「機会」を与えてはならない。

(3) 第3は、「行為の『正当化』」である

不正行為者は不正行為を正当化しようと試みるものである。

杭が1本や2本くらい岩盤に届かなくても、マンションが傾くことはあるまい（被害はない）。打ち直せば費用がかかるし、工事も遅れる（コストアップをもたらし、工期も遅延する）。データ偽装により費用を節約できるなら、コストダウンに貢献し、工期の厳守にプラスになる。あるいは当社規準は過剰品質と言われるから少しくらい基準値を下回っても安全性に問題はないし、納期も遵守できる（神戸製鋼や三菱マテリアルの「トクサイ」や検査データ偽装事件はこうして正当化され続けた）。こうした正当化は、不正行為を実行するものの免罪符であり、隠蔽工作の動機にもなる。

しかし、「正当化」の誤った論理に絡め取られてはならない。検査データの改竄は何があっても許されないという厳格な品質管理と契約内容の変更は相手方の同意無しには許されないというインテグリティ（誠実性）が企業の信

用を守るのである。コストカットや収益至上主義がはびこる会社で不祥事が絶えないのは、こうしたエセ正当化の論理が社是となって社風にまで至っているからである。

(4) この不正の3要素が揃ったとき「データ偽装」は実行される

これら3要素の発現を防止することが、内部監査システムやコンプライアンス体制の整備の目的である。これらの体制が不備であればデータ偽装は避けられない。

公開企業が持続可能状態で成長を続けるためには一時的な収益向上よりも企業の信用こそ大切であるという哲学が会社のミッションとして位置づけられていなければならない。そのためには、社長・CEOが何回でも全社に対して周知させ続けなければならない。

2 「驕り」と「呪縛」がデータ偽装の真因である

データ偽装事件は粉飾決算や会計不正、検査データの偽装や規準違反の商品出荷、許認可違反の薬剤製造など、各社各様の様相を呈しながらも、「オリンパス」の粉飾決算も、「東芝」の不正会計も、「三菱自動車」の燃費偽装も、「化血研」の血液製剤製造偽装も、「東洋ゴム」の検査データ偽装も、神戸製鋼、日産、スバル、KYBも、その原因は皆、不正の3要素にある。

これらの事件の原因を分析すると「経営陣と現場担当者の驕り」と「過去から積み重ねられた違法行為の呪縛」が真因であると総括できる。

不正の3要素を抱え込み、長年、嘘に嘘を重ね、虚偽の数値を積み重ねて、数字の不整合を繰り返したのは、自社の不正を認められない誤ったプライドと、自分の任期さえ全うすれば後は知らないという利己主義の結果である。

一方で、1子会社、1工場を超えて長年にわたり全グループに浸透していった不正は、1部署で小手先の処理をするには大きくなりすぎている。現場担当者としては、全社的な影響を考えると、見て見ぬ振りをして、「見ざる聞かざる言わざる」の、「三猿」で、先延ばしを図るしかなくなる。結局、累積された先輩達の違法行為に呪縛されて、自らも違法行為を行うこととなり、違法行為は継続されていく。しかし、いつかは必ず発覚する。

例えば、過去5年間にわたる2000億円超の粉飾決算が発覚したカネボウ粉飾決算事件により会社は2005年上場廃止、トップは証取法違反で立件された。同年9月会計監査人だった「中央青山監査法人」の公認会計士も逮捕され、同法人は業務停止となり、後に解散に追い込まれた。この構図は現在の各事件と酷似している。名門企業の誇りと驕りから粉飾決算を繰り返し、損失を先送りして隠蔽する点で、東芝や、日産、神戸製鋼もこの轍を踏んだように見える。

　さらに、従業員ばかりか、現役の役員、社長とて、かつて現場担当者だった頃に関与した不正行為であれば、自ら是正はできない。三菱電線や神戸製鋼で、前社長や現職の執行役員が問われているのがこの呪縛問題である（最近の事例では2018年4月に雪印メグミルクの種苗部門をになう中核子会社「雪印種苗」の社長が課長時代から犯した品種偽装が第三者委員会により発覚し、社長を辞任した。）。

　結局、社長はデータ偽装をたとえ知ったとしても自己を含めて先輩経営者達の「呪縛」にかかっていれば是正できない。事実を知らなければ、偽装を認識できず、是正する意思も湧かない。しかし、そんな社長でも偽装が発覚した以上、責任だけは取らされることになる。

　社長を救済しようと思えば、事実を知らせ、呪縛から解放することが必要となる。そこで、社長を情報過疎から解き放ち、社長に不祥事を芽のうちに察知させ、「不正の3要素」とともに、機敏に除去する必要がある。それができる組織か否かが企業価値回復の自浄作用の有無を決する。

第2　不祥事の対応と予防のポイント

I　公開会社は「不祥事対応のプリンシプル」を現実に発生した企業不祥事に際して守っているか

　各社の不祥事の不祥事対応策としては、各社とも苦肉の策を講じているが、下記③以外は、到底高い評価は差し上げられない。

① 代表取締役や社内取締役が参加しての社内調査委員会の設置は自浄作用の発露とは言えないし、調査結果にも見るべきものはない。

② 外部調査委員会を設置しながら第三者委員会と称さないのは独立性と中立性を有さないからである。その実態も選定プロセスも明らかにせず、ただ、外部と称しても、調査結果の信頼性は獲得できない。

③ 第三者委員会の設置

独立性・中立性・専門性のある、公正な第三者のみによる委員会が日弁連ガイドラインに沿って調査し、完全開示された報告書だけが正当な第三者委員会報告書である。

④ 「名ばかり第三者委員会」の設置

東芝のケースに見られるように、そのスコープ範囲が第三者委員会によって決められず、また、委員について利益相反、利害関係の有無について正確で合理的な説明がなされていないものを言う。委員が独立性・中立性・専門性に欠け、スコープを会社が決めるようでは第三者委員会という形式を取ったからと言って、適切な第三者委員会とは認められない。

⑤ 名無しの居直り「調査委員会」

委員会名から「第三者」を外し、日弁連ガイドライン準拠を否定するこのタイプは、法律事務所がビジネスとして行う、いわばコンサル型調査委員会である。危機乗り切りのためにアドバイザーとして会社経営陣から委託を受け、オールステークホルダーのためではなく経営陣のために調査するとなれば、独立性も中立性も否定されざるを得ない。

⑥ 外部調査チームによる調査報告書

社内調査に協力する外部調査チームと言う立ち位置はいわばコンサル型調査委員会の1タイプである。こうした調査方法は第三者調査委員会の前段階として、予備調査としてあり得ないわけではないが、その調査をもって、第三者委員会の調査に代替することは不可能である。その調査内容が正当な第三者委員会に匹敵するものとして社会の信頼を勝ち得ることは無理と言わざるを得ない。インシデントにすぎない小規模の事案に用いるのが関の山である。

⑦ 報告書非公表

外部の調査委員による調査報告書は公表せず、会社が適当に加工して会社

名で公表するというのが神戸製鋼外部調査委員会の調査であった。

　これでは、外部委員の調査報告は会社によって、つまみ食いされて表現されるので、外部の報告書として評価するわけには行かない。非公表は第三者委員会の公共的・公益的性格に反し、公共財たる資格を持ち得ない。この問題点についてはⅢ2の後段で詳述する。

Ⅱ　「不祥事対応のプリンシプル」に定める「第三者委員会」の理想と現状

1　①事実調査、②真相究明、③再発防止、のために効果を発揮しているか

　「第三者委員会ガイドライン」では、上記の①②③を第三者委員会の目的と定めている。この視点から、このガイドラインの作成に関与した弁護士を中心に、2014年5月に、第三者委員会報告書格付け委員会を設立し、約3ヶ月に1回、対象報告書を選んで、その格付けを行ってきている（http://www.rating-tpcr.net/）。2018年11月で合計18ケースにのぼっている。

　その結果言えることは、まだまだ、理想的な第三者委員会報告書は希有であり、残念なことだが、特に注目される前掲第1、Ⅲの重大不祥事についてはまともな第三者委員会報告書はほとんど見受けられないのが現状である。

2　第三者委員会報告書に対する、格付け委員会、マーケットの評価

(1)　2018年2月6日「声明」（第三者委員会報告書格付け委員会・委員長は筆者）の要請
①　「不祥事対応のプリンシプル」に即した対応を
　同プリンシプルは「第三者委員会の設置が有力な選択肢となる」事案のメルクマールとして、内部統制の有効性や経営陣の信頼性に相当の疑義が生じている場合、当該企業の企業価値の毀損度合いが大きい場合、複雑な事案あるいは社会的影響が重大な事案である場合を掲げている。しかし、そのメル

クマールに反して、日産、スバルは第三者委員会を設置せず、東レの有識者委員会は自ら調査を実施していないとして、声明は第三者委員会の設置を求めた。

② 社外役員がリーダーシップをとり、公表した上で、再発防止に取り組む

プリンシプルは社外役員がリーダーシップを取って自浄作用の発揮に努めるよう推奨しているにも拘わらず、多くの会社でそのような行動が取られていないことを声明は批判した。

③ 「名ばかり第三者委員会」は第三者委員会ではない

プリンシプルが「第三者委員会という形式をもって、安易で不十分な調査に、客観性・中立性の装いを持たせるような事態を招かないよう」と注意喚起しているにも拘わらず、実態を伴わない名ばかり第三者委員会は企業価値を毀損する事態を招くと声明は警告した。

(2) 近年における第三者委員会報告書格付け委員会の格付け

① 極めて高い評価を得た報告書

雪印種苗が設置した第三者委員会が2018年4月26日付で公表した「種苗法違反等に関する調査報告書」は最高のA評価1名、次順位のB評価が8名と、今までで最高の評価を得た。残念なことに「雪印種苗の親会社である雪印メグミルクに対する調査が不十分である」という1点で、私はA評価にはしなかったが、委員の独立性と専門性、調査スコープの的確性、事実認定の説得力、原因分析の深度、再発防止提言の実効性などの諸点で、全ての委員が本調査報告書を高く評価しており、第三者委員会報告書のお手本という評価を与えている。

② 極めて低い評価がなされた報告書

神戸製鋼所が2018年3月6日付で公表した「当社グループにおける不適切行為に関する報告書」はD（合格だが最低レベル）評価が3名、F（不合格）評価が6名と、近来になく低い評価となった。

不合格とした理由は、外部調査委員会の調査報告書を非公表としたことであった。

・非公表としたことの理由の説明が不十分で、外部調査委員会の調査報告書の都合のよい部分だけを恣意的に利用しているのではないか
・外部調査委員会の調査報告書の非公表の理由として、弁護士秘匿特権を配慮しているとも受け取れるが本当にそうなのか
・独立性の高い第三者委員会と弁護士秘匿特権とは相容れないのではないか

等々の批判が相次ぎ、内容としても、役員の関与や経営責任、ガバナンスの問題について調査不足である、という点で概ね意見の一致を見た。

③ 格付けの採点に当たって各委員が共通に考慮する事項は何か

格付け委員会の評価は、個人の独立の判断に依っているが、委員長である筆者としては、以下の9項目を評価のメルクマールとし、大方の委員も概ね同様と思われる。従って、この点に配慮した第三者委員会報告書は高い評価を得ている。

a 委員構成の独立性、中立性、専門性
b 調査期間と調査体制の十分性
c 調査スコープの的確性、十分性
d 事実認定の正確性、深度、説得力
e 原因分析の深度、不祥事の本質への接近性、組織的要因への言及
f 再発防止提言の実効性、説得性
g 企業や組織等の社会的責任、役員の経営責任への適切な言及
h 調査報告書の社会的意義、公共財としての価値、普遍性
i 「日弁連ガイドライン」への準拠性

3 企業不祥事を防ぎ、再発を防止するためにCGコードなどに定められた社外役員のルール

(1) 内部通報の充実のための役割（CGコード：原則2-5、補充原則2-5①）
(2) 充実した内部統制システムの構築・運営のための役割（CGコード：原則4、原則4-3、補充原則4-3-②、原則4-4、補充原則4-4-①、原則4-13、補充原則4-13-①・②・③）

(3) 不祥事の調査委員会設置及び第三者委員会の構築、調査委員会の適正運用のための役割（次項Ⅲに詳述する「不祥事対応のプリンシプル」①・②・③・④）
(4) CEOや代表取締役とのコミュニケーションを通じて執行部を監督・リードする（「不祥事対応のプリンシプル」①独立役員を含め適格な者が率先して自浄作用の発揮に努める）

Ⅲ 「不祥事対応のプリンシプル」は現実の企業不祥事に際して守られているか

1　「不祥事対応のプリンシプル」は以下の通り、不祥事発生に際して企業が対応すべき施策を要請している。
① 不祥事の根本的な原因の解明が必要であり、表面的な現象や因果関係の列挙にとどまることなく、調査体制や社内体制についても独立役員を含め適格な者が率先して自浄作用の発揮に努めるものとされている。
② 内部統制の有効性や経営陣の信頼性に相当の疑義が生じている場合や、企業価値の毀損度合いが大きい、社会的な影響が大きい等の場合は、調査の客観性・中立性・専門性を確保するために、第三者委員会の設置が有力な選択肢となる。
③ ただし、第三者委員会という形式を取ったからと言って、安易で不十分な調査では、客観性・中立性に疑念が持たれる結果となるので、委員の選定プロセス、独立性・中立性・専門性に十分な配慮と留意が必要となる。独立性・中立性・専門性のない委員会ではその報告書は株主も社会も信用しない。第三者委員会を人選した主体と選定過程を明らかにしなければ価値は半減する。
④ 実効性の高い再発防止策の策定と迅速な実行が要求される。形式的な組織や規則の改訂等に止まらず、日々の業務運営に具体的に反映され、定着しているかの検証まで必要となる。
⑤ 不祥事に関する情報開示は把握の段階から再発防止策実施の段階に至るまで、迅速かつ的確に行うこととし、透明性の確保に努める。

2　こうした点からすれば、迅速な開示がない不祥事は隠蔽されたと理解されてもやむを得ない。東レや三菱マテリアル本体の不祥事に対する開示回避、遅延の行動はリスクを拡大させるマイナス効果をもたらしかねない。

神戸製鋼が、米国司法省からの刑事手続きが開始されたことから、外部委員会の調査報告書の公表を秘匿特権の喪失可能性を理由として非公表としたことは、独立・中立な第三者と主張していた外部調査委員会を、突然、刑事弁護人扱いするもので、法的にも経営判断としても、リスクマネジメントとしても合理的な説明になっていない。

結果的に、米国司法省のみならず、東京地検特捜部の捜査まで開始され、不正競争防止法違反で法人としての神戸製鋼は2018年7月19日に起訴された。報告書の開示に当たり、表記や証拠の引用に注意することはあり得ても、開示拒否は神戸製鋼の自浄作用への疑問符を強めただけであった。

Ⅳ　監査役・監査等委員会と内部監査組織と外部の会計監査人が連携する三様監査の有用性

第三者委員会の他にも、①外部の会計・監査の専門家たる公認会計士による会計監査、②コーポレートガバナンスを担い、企業や業界の事情に精通した独立性の高い監査役や取締役による監査等委員会、そして、③企業の現場を知る内部監査部門による内部統制機能という三様の監査体制を三様監査と称する。法の規定する連携は会社法397条1項・2項や金融商品取引法193条の3などにあるが、明示されている条文はわずかである。しかし、法文を離れて、ベストプラクティスとして、そのそれぞれが本来の目的も歴史も異なりながらも、それ故に密接なコミュニケーションを取ることで連携して株主やオールステークホルダーの利益のために機能させる効率的な監査が期待されている。

事案の重要性の如何や、金額、内容によっては、重装備となる第三者委員会ではなく、三様監査の活用によって、真因を究明し、再発防止策を構築することが可能である。

V 「不祥事予防のプリンシプル」が意識されているか

　不祥事の予防にあたっては「上場会社における不祥事予防のプリンシプル」（2018年3月30日、日本取引所自主規制法人　発出、以下「本プリンシプル」という）に記載された予防策は自己規律を発揮するための目安として有益である。
　日本取引所自主規制法人は2016年2月に「上場会社における不祥事対応のプリンシプル」を発出しているが、今や、「不祥事が稀な事象ではなくなった」として、「不祥事そのものを予防する取り組みの必要性が高まった」と本プリンシプルを2018年3月に発出した。本プリンシプルは以下の6つの各原則から成り、各原則につき丁寧な解説が付けられている。さらに具体的に、不祥事に繋がった問題事例が挙げられており、個社名こそ記載されていないが、企業のコンプライアンス担当者や弁護士であれば、容易に推測が可能なようにリアルな表現となっている。

原則1　実を伴った実態把握
　　　　――真実を認知し、前例踏襲や業界慣行にとらわれない企業活動（三菱自動車、日産、スバル、電通、自動車部品メーカー談合などが失敗例と考えられる）

原則2　使命感に裏付けられた職責の全う
　　　　――トップも管理職も現場も監督監査機関も全ての階層がぬかりなく使命を果たせる組織設計と人材配分（東芝、神戸製鋼、三菱自動車、東レ、日産、スバルなどが失敗例と考えられる）

原則3　双方向のコミュニケーション
　　　　――経営層・中間管理職・現場の双方向コミュニケーションにより、コンプライアンス意識の共有化を図ること（東芝、日産、スバル、三菱自工、東レグループなどが失敗例と考えられる）

原則4　不正の芽の察知と機敏な対処
　　　　――内部通報制度などにより早期に不正の芽を摘む。コンプラ疲れをしない改善サイクルを企業文化に（東芝、神戸製鋼、三菱マテリアル、オリンパス、三菱自動車、タカタ、化血研血液製剤事

件などが多くの企業に当てはまる失敗例と考えられる）
原則5　グループ全体を貫く経営管理／グループガバナンスの確立
　　　　——国内外の子会社群への権限委譲と取締役会や監査役会へのレポーティングラインの充実をセットで構築する（タカタ、三菱マテリアル、東レグループ、富士ゼロックス、LIXIグループ事件などが海外子会社を含めた失敗例と考えられる）
原則6　サプライチェーンを展望した責任感
　　　　——B to B（委託元・下請け）の先には必ずC（消費者）がいることを忘れない（傾斜マンション事件、ベネッセ委託業者からの顧客情報漏洩事件、ユニクロ海外サプライヤーの人権侵害事件、機械メーカーへの原材料供給元たる神戸製鋼事件などが失敗例と考えられる）

　結局、真実を尊ばず、自己の実力不足や危機と正面から向き合わない会社は不祥事を防げず、企業価値を大きく損ない、最悪の場合倒産に至る。独立した第三者委員会を作らず、第三者委員会の調査スコープに会社が介入し、報告書の公表もせず、クライシスマネジメントも後手に回り、次々と不祥事を繰り返すケースが後を絶たない。私見では東芝・神戸製鋼・三菱マテリアル子会社・東洋ゴム・タカタ・スバル・日産などが典型的な失敗例と考えられる。

コーポレート・ガバナンスの実状と発展

牛島　信

　Ⅰ　序
　Ⅱ　コーポレート・ガバナンスの現状
　Ⅲ　相次ぐ不祥事
　Ⅳ　日本のガバナンスの問題点及び改善策
　Ⅴ　結　語

Ⅰ　序

　バブル崩壊後約25年間。日本経済に対して、いや日本社会全体に対して、「何か」がなされなければならない。その間の世界のGDPの成長に比べての日本の低迷ぶり一つを取り上げても、その必要性は明らかなように見える。ただし、それが明らかだとしても、では何をなすべきかとなると具体的な答が明らかなわけではない。それどころか、そもそもその何かが存在するかどうかすらも不明である。現在の日本は歴史に前例を有していない状況にあるからだ。だから、我々は進むとすれば手探りで進むしかないのである。
　原因が分からなければ対策はあり得ない。私には失われた25年間の原因が一義的に明らかであるとは思えない。いろいろな議論があることは知っている。しかし、どの見解もなぜ約25年間、四半世紀もの時間が日本で失われてしまったのかを十分には説明していないように思われるのだ。
　なにはともあれ、4年前、アベノミクスが始まった。コーポレート・ガバナンス強化はアベノミクスの重要な部分である。
　アベノミクスの開始の後、2015年からおよそ2年間かけて、私は18名の優

れた経営者たちと対談し、その結果が『名経営者との対話　コーポレートガバナンスの実践と理論』（日経BP社、2017）という本になった。その「まえがき」で私はこう述べている。

「賽は投げられた」、だから「解釈ではなく変革が大事」、と。

アベノミクスがコーポレート・ガバナンスを重要課題として取り上げたとき、私は鷗外と脚気を思った。鷗外は今は文豪としてのみ記憶されているが、生涯を軍医として生き、陸軍省医務局長・軍医総監という最高位まで昇りつめた人である。だが軍医としては、日露戦争で約9万人の戦死者のうち約3万人の病死者の多くが脚気で死んでしまうという事態になすすべがなかった。脚気対策は脚気菌の発見に始まると考えたからである。もちろん脚気はビタミンB1の不足であって脚気菌などこの世に存在しない。鷗外のいた陸軍と違って海軍では麦飯が脚気に効果のあることを経験的に知っており、事実上脚気を克服していた。

アベノミクス開始以前において、コーポレート・ガバナンスが成長に貢献するという実証研究に決定的なものがあったわけではない。それでもアベノミクスは始められたのである。だから私にはコーポレート・ガバナンスは「麦飯」のように見える。とにかく始まったのである。

以下は、弁護士として、社外役員として、またコーポレート・ガバナンスにかかわるNPOの代表者として、コーポレート・ガバナンスの現場についての具体例を踏まえた中間報告である。常識論、実感論に過ぎないとの誹りは甘受したい。また個々の社外役員の方々のご努力を過小評価しているとのご批判もあるだろう。しかし、一部の現象について厳密に語ることは、全体として人々にコーポレート・ガバナンスの必要性を得心させ、その意欲を駆り立てることにつながりはしない。したがって、「能力も時間も絶望的に不足している」（上記弊書「まえがき」）、私は、自分で考えるしかあるまいと思い定め、そうしてきたのである[1]。

現在の私は、「麦飯」の将来について限りない希望と期待を抱いている。

1）　牛島信『名経営者との対話　コーポレートガバナンスの実践と理論』（日経BP社、2017）2頁。

II　コーポレート・ガバナンスの現状

1　コーポレート・ガバナンスの本質

　近年、安倍政権はコーポレート・ガバナンスの強化を政府の成長戦略の一環として位置づけ、多くの改革を矢継ぎ早に打ち出して来た。未だ途上である。コーポレートガバナンス・コードが策定されてから3年以上経過し、東京証券取引所（以下「東証」という。）一部上場会社のほとんどが独立社外取締役を選任するようになるなど、各企業においてコーポレート・ガバナンス体制の強化が進められている。

　では、コーポレート・ガバナンスはそもそもいったい何のためにあるのだろうか。

　会社が持続的に成長するためである。会社は全ステークホルダーのためにある。その意味で会社は社会の公器である。ジョンソン・アンド・ジョンソンの「我が信条」がその趣旨を明快に説く[2]。

　だが、株式会社では経営者の規律は株主がする。利益と株価を指標として切り取るのでなければ経営者は株主に対してなんとでも言い抜けができ、アカウンタビリティは存在し得ない。すなわち、この両者は企業価値の代理変数なのである。Enlightened Shareholder Value、啓発された株主価値を追求すべしということである。ここに、経営者の一応の説明責任が生ずる。それを問い、良い経営者を選任し、悪い経営者を解任する、これがコーポレート・ガバナンスの中核である。

　現在の株式会社制度は、社会全体の富を増やすために最も効果的な制度として存在している。ロバート・ライシュの「国の経済は居住する国民のために存在すべき」[3]との言葉もこの考えに繋がる。ちなみにグローバリズムが

---

[2]　同社は、我が信条（Our Credo）において、株主以前に顧客、従業員、地域社会に対して責任があるとして、株主以外のステークホルダーを重視する企業理念を明らかにしている。

云々されるが、完全なグローバリズムなぞ誰も念頭に置いていない。国境をなくして各人が好きな国に移民してよいという考えは実現可能ではないからである。株主が望むからといってトヨタが本社も工場もなにもかも海外に移転してしまうことになれば、日本にとって大きな国難になるだろう。

　富を増やすのは雇用のため、その最大化のためである。その他は付随的なことに過ぎない。もちろん株主にとっては株価が全てであり究極の目的である。しかし、それは社会全体から見れば途中経過に過ぎない。それを含む全体の仕組みが株式会社制度であり、人類の英知の精華なのである。

　雇用は経済だけの問題ではない。人はパンのみにて生きていないからである。人が人生に意味や生きがいを感じるのは、社会に役立っていると自覚するときである。会社は雇用を生み出す。雇用は、上記の自覚を通じて国民の一人一人に自尊心と幸福をもたらすのである。しかし、雇用は保護することができない。雇用の不合理な保護は排除されるのであり、倒産制度はその具体的現れである。旧ソ連の失敗は貴重な実験であった。雇用されていた者にとって退職した後の年金も大切であることは言うまでもない。そうであればこそ、現代では年金の原資を株式として運用する機関投資家が株価に大きな影響力を持っているのである。

　会社は経営者次第である。社長、CEO（最高経営責任者）が優れていれば、会社は発展し、社会の富を拡大発展させることができる。優れたリーダーはフォロワーの人生を大きく拓く。経営するとはそういうことである。雇用を維持・発展させることができるかどうかは経営者次第である。そういった観点からみれば、コーポレート・ガバナンスは、優れた経営者を選び出すための仕組みとして、国民のために極めて重要なのである。だから経営者の選解任という手段は、あくまで手段としてではあっても、とても重要なことなのである。

3）　ロバート・B・ライシュ『ロバート・ライシュ　格差と民主主義』（東洋経済新報社、2014）104頁。

2　アベノミクスによるコーポレート・ガバナンス改革の動向

(1)　政府による成長戦略の公表

　コーポレート・ガバナンスを我が国において決定的に重要なテーマにしたのは、安倍政権が2013年6月に公表した「日本再興戦略―JAPAN is BACK―」である。

　それまで、コーポレート・ガバナンスといえば、企業不祥事を防止するためのブレーキ機能に重きが置かれていた。安倍政権は、「成長戦略」の一環として「攻め」の会社経営を後押しし、「稼ぐ力」(中長期的な収益性・生産性)を高めるためとして、企業価値を向上させるためのアクセル機能を重視したが故に「コーポレートガバナンスの強化」を提言したのである[4]。

　この成長戦略に端を発して、我が国における各種改革が実行されることとなった。

(2)　日本版スチュワードシップ・コードの策定・改訂（2014年2月策定・公表・2017年5月改訂）

　日本版スチュワードシップ・コードは、前述の「日本再興戦略―JAPAN is BACK―」による提言を受け、そのわずか約8カ月後の2014年2月26日に策定・公表された[5]。会社法改正に4年を要したこととの比較は、アベノミクスの意気込みを雄弁に伝えている。

　日本版スチュワードシップ・コードは、「機関投資家が、投資先企業やその事業環境等に関する深い理解に基づく建設的な『目的を持った対話』(エンゲージメント)などを通じて、当該企業の企業価値の向上や持続的成長を促すことにより、『顧客・受益者』(最終受益者)の中長期的な投資リターンの拡大を図る責任」、すなわち、スチュワードシップ責任を果たすに当たり有用

---

[4]　「日本再興戦略―JAPAN is BACK―」(2013年6月14日) 28頁。
[5]　前掲注4)「日本再興戦略」12頁、日本版スチュワードシップ・コードに関する有識者検討会「『責任ある機関投資家の諸原則』≪日本版スチュワードシップ・コード≫〜投資と対話を通じて企業の持続的成長を促すために〜」(2014年2月26日) 1頁。

と考えられる7つの諸原則を定めるものであり、「プリンシプルベース・アプローチ」（原則主義）及び「コンプライ・オア・エクスプレイン」を採用している[6]。

さらに、2017年5月29日には、機関投資家から上場企業に対する働きかけの実効性を高めるべく[7]、日本版スチュワードシップ・コードの改訂版が策定・公表された。この改訂においては、賛成・反対の両論があったが、運用機関のガバナンスや利益相反管理、個別の投資先企業及び議案ごとの議決権行使結果の公表などが追加されている。

この日本版スチュワードシップ・コードは、法令とは異なり、法的拘束力を有する規範ではない。その趣旨に賛同してこれを受け入れる用意がある機関投資家に対し、任意にその旨を表明することを期待するにとどまるものであり、受け入れるか否かは機関投資家が任意に判断するものとなっている。しかし、2018年8月時点で合計233もの機関投資家が本コードの受入れを表明している[8]。

(3) 伊藤レポート（2014年8月6日公表）

2014年8月6日、経済産業省は、「持続的成長への競争力とインセンティブ～企業と投資家の望ましい関係構築～」プロジェクト「最終報告書」を公表した。いわゆる伊藤レポートである。企業が投資家との対話を通じて持続的成長に向けた資金を獲得し、企業価値を高めていくための課題を分析、提言するものである[9]。

その後も、経済産業省は、2017年10月26日に、「伊藤レポート2.0（「持続的成長に向けた長期投資（ESG・無形資産投資）研究会」報告書）」を公表し、企業が持続的な価値創造に向けた経営のあり方の見直し、そのビジネスモデ

---

[6] 日本版スチュワードシップ・コードに関する有識者検討会・前掲注5）3頁。
[7] 金融庁「スチュワードシップ・コードに関する有識者検討会（第1回）議事録」（2017年1月31日）〔神作裕之発言〕。
[8] 金融庁Webサイト（https://www.fsa.go.jp/singi/stewardship/list/20171225.html）。
[9] 経済産業省「伊藤レポート『持続的成長への競争力とインセンティブ～企業と投資家の望ましい関係構築～』プロジェクト『最終報告書』を公表します」（2014年8月6日）。

ルや戦略、ガバナンス等を投資家等と対話するための「ガイダンス（価値協創ガイダンス）」を提案している。

(4) 会社法改正（2014年6月成立、2015年5月1日施行）

2014年6月に成立していた改正会社法は2015年5月1日に施行された。この改正のうち最も注目されたのは、社外取締役の確保に関する規律であった。社外取締役を設置しない上場会社等は、定時株主総会で社外取締役を置くことが相当でない理由を説明しなければならないとしたこと等から[10]、社外取締役の選任を事実上強制するものといわれている[11]。

この社外取締役に関する改正は、2013年6月14日の「日本再興戦略—JAPAN is BACK—」において、「会社法を改正し、外部の視点から、社内のしがらみや利害関係に縛られず監督できる社外取締役の導入を促進する。」と提言されたことを受けたものであるが[12]、現在では、コーポレートガバナンス・コードが適用されている会社にとっては取り立てて議論する意味はない。

その後、2017年4月からは法制審議会の会社法制（企業統治等関係）部会において、さらなる会社法改正の審議が行われ、2018年2月14日、会社法制の見直しに関する中間試案が取りまとめられた[13]。なお、そのなかでは、現行法の規律を見直さないとする案との併記として、監査役設置会社で取締役の過半数が社外取締役である等の要件を満たした場合に重要な業務執行の決定を取締役に委任することができるとする案が挙げられていたが、途中で削除されている[14]。この事実は注目に値する。取締役の過半数を社外取締役、あるいは独立社外取締役とする動きが未だ決定的ではないことを示唆しているように思われるからである。

---

10) 会社法327条の2。
11) 会社法施行規則74条の2第1項・124条2項。
12) 前掲注4）「日本再興戦略」12頁及び28頁。
13) 法務省民事局参事官室「会社法制（企業統治等関係）の見直しに関する中間試案の補足説明」（2018年2月14日）1頁。
14) 法務省民事局参事官室・前掲注13）42頁ないし46頁。

(5) コーポレートガバナンス・コードの策定・改訂

ア　コーポレートガバナンス・コードの策定（2015年6月施行）

㋐　策定に至る経緯

2014年6月24日に閣議決定された「『日本再興戦略』改訂2014―未来への挑戦―」においては、「稼ぐ力」を高めるためのコーポレート・ガバナンス強化の一環として、コーポレートガバナンス・コードの策定が提言された[15]。この提言を受けて、2015年6月1日、証券取引所の上場規程の一部としてコーポレートガバナンス・コードが施行されるに至ったのである。

コーポレートガバナンス・コードは、コーポレート・ガバナンスに関する基本的な考え方を諸原則の形で取りまとめている。コーポレートガバナンス・コードに規定されたコーポレート・ガバナンスに関する企業側の責務が、スチュワードシップ・コードにおける機関投資家の責務とともに、コーポレート・ガバナンスにとっての「車の両輪」となり[16]、企業に持続的な企業価値向上のための自律的な対応を促し、企業、投資家ひいては経済全体に寄与することになる、と期待されているのである[17]。

㋑　コードの内容

コーポレートガバナンス・コードは、厳格な法規範でなく、ソフトローとして位置づけられ、「プリンシプルベース・アプローチ」と「コンプライ・オア・エクスプレイン」を採用している[18]。「コンプライ・オア・エクスプレイン」は、上場会社が、コーポレートガバナンス・コードの原則を実施するか、または、実施しない原則がある場合には、東証に提出するコーポレート・ガバナンス報告書に、実施しない理由を記載することを求めるものである。

コーポレートガバナンス・コードは、三層構造（当初は5つの基本原則、30の原則及び38の補充原則）による合計73の諸原則（その後の改訂により、現在では78の諸原則）から成っており、それぞれが「コンプライ・オア・エクスプレ

---

15)　「『日本再興戦略』改訂2014―未来への挑戦―」（2014年6月24日）30頁。
16)　日本版スチュワードシップ・コードに関する有識者検討会・前掲注5）2頁。
17)　前掲注15)「『日本再興戦略』改訂2014」30頁。
18)　株式会社東京証券取引所「コーポレートガバナンス・コード」（2015年6月1日）28頁及び29頁（資料編・序文第9項ないし12項）。

イン」の対象となっている。なかでも特筆すべきものとして、上場会社は、「資質を十分に備えた独立社外取締役を少なくとも2名以上選任すべき」とされていることが挙げられる（原則4－8）。上場会社（市場第一部及び同第二部）に独立社外取締役2名以上の選任を事実上義務づけたのである。そのうえで、上場会社に、「独立社外者のみを構成員とする会合」（補充原則4－8①）や「筆頭独立社外取締役」を決定することなどによる（補充原則4－8②）、独立社外取締役の活用を促したのである。

イ　コーポレートガバナンス・コードの改訂（2018年6月施行）
　2014年のスチュワードシップ・コード策定、2015年のコーポレートガバナンス・コードの策定がなされた後も、企業においては、経営陣による果断な経営判断が行われていないのではないかなどと指摘されていた[19]。
　このような指摘を受けて、コーポレート・ガバナンス改革をより実質的なものへと深化させるべく、2018年3月26日、金融庁及び東証により、「コーポレートガバナンス・コードの改訂と投資家と企業の対話ガイドラインの策定について」が公表され、同年6月1日から改訂コーポレート・ガバナンス・コードが施行された。
　この改訂により、経営を担うCEOの選解任に関する手続の確立[20]等が求められることとなった。

(6)　コーポレート・ガバナンス・システムに関する実務指針の策定とその改訂
　経済産業省は、2017年3月31日、コーポレート・ガバナンス・システムに関する実務指針（以下「CGSガイドライン」という。）を策定、公表した[21]。これは、2016年6月2日、「日本再興戦略2016―第4次産業革命に向けて―」に

---

[19]　スチュワードシップ・コード及びコーポレートガバナンス・コードのフォローアップ会議「コーポレートガバナンス・コードの改訂と投資家と企業の対話ガイドラインの策定について（全体版）」（2018年3月26日、2018年3月30日更新）1頁。
[20]　株式会社東京証券取引所「コーポレートガバナンス・コード」（2018年6月1日）16頁（補充原則4－3③）。

おいて、取締役会の役割・運用方法等に関する指針や具体的な事例集の策定が提言されたことを受けたものである[22]。なお、経済産業省は、従来からコーポレート・ガバナンスに関する議論を重ねてきており、伊藤レポートやCGSガイドライン以外にも、「コーポレート・システムに関する研究報告書」(2008年7月1日公表)、「社外役員等に関するガイドライン」(2014年6月30日公表)及び「コーポレート・ガバナンスの実践〜企業価値向上に向けたインセンティブと改革〜」(2015年7月24日公表)などを公表してきている。

　CGSガイドラインは、「コーポレートガバナンス・コードにより示された実効的なコーポレートガバナンスの実現に資する主要な原則を企業が実践するに当たって考えるべき内容をコーポレートガバナンス・コードと整合性を保ちつつ示すことでこれを補完するとともに、『稼ぐ力』を強化するために有意義と考えられる具体的な行動を取りまとめたもの」[23]とされており、取締役会の在り方、社外取締役の活用の在り方、経営陣の指名・報酬の在り方、経営陣のリーダーシップ強化の在り方などの検討事項を示している[24]。

　また、2018年9月28日には、CGSガイドラインの改訂が行われた。注目すべきは、社長・CEOの指名と後継者計画に関する記載について全面的な改訂が行われた点である。改訂されたCGSガイドラインでは、任意の指名委員会が後継者計画にプロセスの初期から関与し、また後継者計画の策定・運用に関する重要な事項を文書化するなどして、後継者計画・後継者指名の客観性と透明性を確保することなどを求めている[25]。

---

21) 経済産業省「コーポレート・ガバナンス・システムに関する実務指針(CGSガイドライン)」(2017年3月31日)表紙、本ガイドラインの位置づけ。
22) 「日本再興戦略2016―第4次産業革命に向けて―」(2016年6月2日) 146頁。
23) 経済産業省・前掲注21) 本ガイドラインの位置づけ。
24) 経済産業省・前掲注21) 8頁、19頁、23頁及び36頁。
25) 経済産業省「コーポレート・ガバナンス・システムに関する実務指針(CGSガイドライン) 改訂版」(2018年9月28日) 117頁、119頁。

3 コーポレート・ガバナンス改革に対する企業の対応

(1) コーポレートガバナンス・コード等の影響——独立社外取締役の増加と課題

　一連のコーポレート・ガバナンスにかかる改革に対する企業の対応として、象徴的なものは、独立社外取締役の劇的な増加である。

　東証一部においては、2018年7月時点で、1名以上の独立社外取締役を選任している会社が99.3％（2,099社中2,084社）、2名以上の独立社外取締役を選任している会社が91.3％（2,099社中1,916社）にのぼっている（下記**表1**参照）。また、独立社外取締役の増加も以下の**表2**のとおりであって、コーポレートガバナンス・コード施行前の2014年と比べて大きく増加している。2015年6月のコーポレートガバナンス・コードの施行が独立社外取締役の導入を事実上強制したのが上記の増加の主たる理由である。

表1　独立社外取締役の選任状況（2018年7月13日時点）[26]

独立社外取締役の数	東証一部 （2,099社）	全上場会社 （3,598社）
1名以上	99.3%（2,084社）	93.6%（3,367社）
2名以上	91.3%（1,916社）	71.8%（2,583社）
全取締役の3分の1以上	33.6%（706社）	28.2%（1,013社）
過半数	3.2%（67社）	2.7%（97社）

表2　独立社外取締役の増加状況（東証一部上場会社）[27]

	1名以上	2名以上	全取締役の 3分の1以上
2014年	61.4%	21.5%	6.4%
2018年	99.3%	91.3%	33.6%

---

26)　株式会社東京証券取引所「東証上場会社における独立社外取締役の選任状況、委員会の設置状況及び相談役・顧問等の開示状況」（2018年7月31日）5頁。

しかしながら、独立社外取締役が取締役の過半数選任されている企業は、2018年7月13日時点で、東証一部上場企業2,099社中わずか67社（3.2％）である。独立役員でない社外取締役を含めても、過半数選任している企業は東証一部上場企業2,099社中わずか103社（約4.9％）に過ぎない[28]。日本企業においては、内部昇進の取締役が過半数を占める企業が圧倒的に多い状況には変化が生じていないのである。

(2)　日本版スチュワードシップ・コードの影響

　日本版スチュワードシップ・コードの改訂においては個別の議決権行使結果の公表が最も注目された[29]。2017年12月21日の時点で、ほぼ全ての国内大手運用機関を含む70を超える機関が公表を実施している[30]。

　個別の議決権行使結果の公表が重要なのは、スチュワードシップ・コードにあるとおり、機関投資家が背後の受益者に対して責任を負っているという事実があればこそである。その意味では、どうすることがそうした受益者のためになるのかという方法論の一つとして積極的に捉えるべきであろう。もちろん方法は機関投資家によっていく通りもあって良い。いずれにしても、合理性があり株主の利益につながる株主提案については機関投資家が賛成せざるを得なくなるという現象が必然のものとなるということである。スチュワードシップ・コードは、機関投資家が自らの動きを縛るという意味で、結果的には中長期的な株主利益の増大を内容とするアクティビストファンドの提案を後押しする現象を導くのである。

　実際、アメリカでは、今日、新しいタイプのアクティビストファンドは経

---

27)　東京証券取引所・前掲注26）2頁及び3頁、株式会社東京証券取引所「東証上場会社における社外取締役の選任状況〈確報〉」（2014年7月25日）3頁。

28)　東京証券取引所・前掲注26）5頁。

29)　依馬直義「日本版スチュワードシップ・コード改訂は株主総会、議決権行使にどう影響したか〜2017年6月の株主総会を振り返って〜」（法と経済のジャーナル、2017年8月15日）。

30)　金融庁「スチュワードシップ・コード改訂への対応状況について」（2017年12月29日）6頁。

営者と同様にあるいはそれ以上に投資対象である会社の実体を理解している場合があると指摘されており、会社のガバナンスについて重要な役割を果たしているともいわれている。後述のとおり、日本もまたその後を追いかけることになる可能性は無視できないほど大きいのである。

(3) 企業の対応への有識者の評価

コーポレート・ガバナンス改革を受けた企業の対応に関する有識者の評価は必ずしも高くない。有識者の多くは、日本企業のガバナンスは、形は整いつつあるが実効が上がっていないと考えているようである。

例えば、大東建託株式会社社外取締役等を務め、コーポレート・ガバナンスに造詣の深い弁護士の山口利昭氏は、「このたびのガバナンス改革が『実質よりも形式』『仏作って魂入れず』に終わってしまっているのは、この現場への共感度が低く、頭ではわかっていても実行する気になれないという点に問題があるように思えてなりません。」と指摘する[31]。

また、元伊藤忠商事副会長の藤田純孝氏は、「ここ数年で上場会社の社外取締役は大幅に増え、外見的には統治改革が進んでいるようにみえる。だが依然、大企業経営者の意識は変わっていないのではないか。一斉に入社し、競争し、優秀な人が役員や社長になる。社長が他の取締役を選び、監査役を選び、後継者を選ぶ。『外部の意見を入れず社長が全てを決める』というのは日本企業独特のやり方で、時代遅れ。」と指摘する[32]。経営者の意識を改めなければ、統治改革は外形的なもので終わってしまうと考えているという意味で示唆に富んだ見解である。

要するに、いかに外形的・形式的にコーポレート・ガバナンス改革を進めようと、「仏作って魂入れず」で終わってしまっているというのが有識者の多くが考えていることなのではないだろうか。思えば、今は昔、監査役改革の

---

31) ビジネス法務の部屋「コーポレートガバナンス改革が置き去りにしていること―田中論文からの示唆」(2017年3月2日)。
32) 日本経済新聞朝刊「元経営トップ「独立取締役の会」提言　私のガバナンス改革」(2017年10月16日)。

たびごとにも同じことが言われてきたのである。同じ轍を踏んではならない。

4 小括——独立社外取締役の活用

　コーポレートガバナンス・コードは独立社外取締役に大きな力点の一つを置いている。既に述べたとおり、コーポレートガバナンス・コードは、上場会社は、「資質を十分に備えた独立社外取締役を少なくとも2名以上選任すべき」（原則4-8）と定めている上、「独立社外者のみを構成員とする会合」（補充原則4-8①）や「筆頭独立社外取締役」を決定することなどによる、経営陣との連絡・調整や監査役または監査役会との連携に係る体制整備（補充原則4-8②）など、独立社外取締役を活用するための具体的な施策についても言及している。

　しかし、コーポレートガバナンス・コードは、改訂の前後を問わず、モニタリングボードの前提ともいうべき独立社外取締役が取締役会の過半数であることを要求していない。コーポレート・ガバナンスの先進国といわれるアメリカでは、ニューヨーク証券取引所（以下「NYSE」という。）もNASDAQも、上場規則で取締役会の過半数を独立取締役とすることを求めている。また、NYSEは、監査委員会、報酬委員会及び指名委員会の設置を義務づけた上、3委員会の構成員は全員独立取締役でなければならないともしているのである。

　日本では、取締役の過半数を独立社外取締役とすることについては、経済界の反対などがあって実現されていないとされる。内部昇進経営者の多い日本では、社外の人物に人事権を完全に渡してしまうことへの抵抗が強いといわれているのである。また、独立社外取締役側においても、取締役、代表取締役の人事権を持つことに躊躇する人物が多いように思われる。

　しかも、前述のとおり会社法改正の中間試案においては、監査役設置会社であったとしても、取締役の過半数が社外取締役である等の要件を満たせば、重要な業務執行の決定を取締役に委任できるとする案が挙げられていたが、法制審議会会社法制（企業統治等関係）部会の部会資料「会社法制（企業統治等関係）の見直しに関する要綱案のたたき台について」においてこれが削

除されている事実がある。過半数とする案には強い抵抗があると見る他ない。監査等委員会設置会社では取締役の過半数が社外取締役である場合には、一定の重要な業務執行の決定を取締役に委任することができることとされているにもかかわらず、なのである。

　もっとも、実質を備えない独立社外取締役の人数を増やすことは有害ではあっても無益でしかない。実質を備えない独立社外取締役はCEOと事を構えようとしないどころか、逆にその意を迎える傾向があるからである。例えば本家のアメリカでも、リーマン・ブラザーズはその倒産時、取締役11名のうちCEO以外は全員が独立取締役であったが、当時のCEOであったリチャード・ファルド氏には9年間で620億円の高額報酬が支払われていた。この信じられないほどの高額報酬は、独立取締役が決定したのである。なんともCEOにとって都合の良い実態ではないか。単純にその轍を踏んではならない。

　また、例えば独立社外取締役が十分な情報を有しているかという一点をとっても、現在の日本の独立社外取締役が満足すべき状態にあるとは思えない。

　大切なことは、独立社外取締役の実質化である。すなわち独立社外取締役が、その主観において、自らが会社の重要な意思決定をしているという自覚を持ったうえで責任ある言動をする必要があるのである。一つには制度の問題であるが、より重要なのは社会の風土の問題である。有事に重要な役割を果たすことはもちろん、平時においても独立社外取締役がCEOの選解任において一定の関与をするのが当然であるという風土である。現在の日本は、当否はさておき、そのような風土にはないように思われる。ここではメディアの役割が大きいことを声を大にして指摘したい。司法に活躍が期待できない現状からはメディアが頼りなのである。現状は十分とは言い難い。例えば不祥事があったとき、メディアは往々にして社長の辞任に関心は持っても独立社外取締役にどのような責任があったのかを報じない。

　いずれにしても、経営に責任を持っている社長、CEOは独立社外取締役を過半数にすることを躊躇し、独立社外取締役は必要な言動をしないのが日本の多くの会社における現実である。

時間がかかるという単純なことではない。日本の会社が戦後73年間、そうやって動いてきたことを前提としてのガバナンス改革しか現実的ではないということである。理屈だけで世の中を動かすことはできない。

外国の制度の表面だけを移入することも現実的でない。後述するとおり、日本型ガバナンスが、アメリカ型のガバナンスとは別個のものとして、将来形として存在するようになるかもしれないからでもある。スフィンクスのように、無理に体をベッドにあわせる愚は犯すべきではないのである。

Ⅲ 相次ぐ不祥事

一連のコーポレート・ガバナンス改革を受けても、未だ日本のコーポレート・ガバナンスには問題があるように思える。そこで、近時、大きく取り上げられた株式会社東芝（以下「東芝」という。）における不祥事と株式会社神戸製鋼所（以下「神戸製鋼」という。）における不祥事を取り上げ、日本の会社におけるガバナンスの根本問題を検討してみることとしたい。

1 東芝における不祥事

(1) 事案の概要

東芝における不祥事は2段階に分かれる。2015年に発覚した不正会計の問題と2016年末に発覚した米国原発子会社の問題である。

前者は、2015年1月に、工事進行基準の適用にかかる会計処理等について過去7年間で約1,500億円の過年度利益の過大計上が発覚したというものである。この問題を原因として、東芝は、金融庁から73億7,350万円の課徴金が課されるなどしている（以下「不正会計問題」という。）。

後者は、東芝が、2016年12月、2006年に買収した米国原発子会社のウェスチングハウス（以下「WH」という。）について「数千億円規模の損失」を発表したことに関するものである[33]（以下「米国原発子会社問題」という。）。WHが買収したストーン・アンド・ウェブスター（以下「S&W」という。）の資産価値が当初の想定を大幅に下回った結果、減損処理を強いられ、東芝は、この問題によって最終的に7,316億円もの減損損失を強いられることとなったので

ある[34]・[35]。

(2) 不正会計問題に関するガバナンス上の問題点

　不正会計問題以前、東芝は、コーポレート・ガバナンスに関し「オールＡ」の優等生と評価されていた。例えば、東芝は2000年に任意の指名委員会・報酬委員会を設置し、2001年には社外取締役を3名選任したほか[36]、2003年の商法特例法の改正によって委員会等設置会社制度（現在の指名委員会等設置会社）が導入されると、直ちに委員会等設置会社へ移行するなどしたのである。

　しかし、不正会計問題によって、そのコーポレート・ガバナンス体制が実質を伴っていない形だけのものであることが明らかになった。例えば、指名委員である社外取締役として、経営経験を有しているわけではない学者や官僚OBなどを据えていた結果、社長経験者である取締役会長が人事権を掌握している状態であったといわれる。

　形だけでなく実質を伴ったコーポレート・ガバナンス体制が構築されていれば、早期の問題発見・対処が可能であったように思われるのである。

(3) 米国原発子会社問題に関するガバナンス上の問題点

　米国原発子会社問題が生じた直接の原因は、100％子会社であるWHが2015年に買収したS&Wの資産価値が当初の想定を大幅に下回ったこと、及びWHの事業が計画通りに行かなかったことによる減損処理にある。

　もっとも、不正会計問題が発覚した後であるにもかかわらず原発子会社問題が生じたのは、不正会計問題にかかる第三者委員会による調査の範囲から、当時既に懸念されていたWHの減損問題が外されたことも大きな原因となったように思われる[37]。不正会計問題を受けて設置された第三者委員会が、東芝の意向を確認した結果、最終的に、WHの減損問題は調査対象から外され

---

33)　株式会社東芝「CB&Iの米国子会社買収に伴うのれん及び損失計上の可能性について」（2016年12月27日）。
34)　株式会社東芝「第178期有価証券報告書」38頁。
35)　東芝・前掲注33)。
36)　株式会社東芝「調査報告書」（2015年7月20日）22頁。

たというのである。仮に不正会計問題発覚の際にWHの減損問題も調査対象となっていれば、S&Wの買収について歯止めが掛かった可能性が十分にあるように思われる。

　また、S&Wの買収後における取締役会、とりわけ独立社外取締役の行動も、米国原発子会社問題を深刻な問題としてしまった原因の一つのように思われる。この点は、東芝の取締役会の構成が不正会計問題を契機として大きく変わっていただけに見逃すことができない。

　すなわち、独立社外取締役のみで構成される指名委員会は、2016年6月、志賀氏において、同氏がWHの会長を務めていたときのWHの損失を東芝が過少計上していたことを見逃した疑いがあったにもかかわらず、原発が国策事業であるといった安易な理由によって、同氏を東芝の会長に就任させたといわれている。志賀氏は、原発子会社問題が発覚した後、当時のWH会長とともに、WHの幹部に対し、東芝に有利な会計処理とするように圧力をかけていたとされる[38]。当時の独立社外取締役が、問題意識を持って、主体的に然るべき対応を採っていれば、早期に問題を把握できた可能性はあったと思われる[39]。

　ただし、米国原発子会社問題については、著名な公認会計士を委員長とする独立社外取締役のみで構成される監査委員会が、開示をためらう経営陣を「一刻も早い公表を」と押し切り、経営陣がこの問題を把握した約2週間後の12月27日に、「影響額は依然未確定」のまま、損失の可能性を早期に発表させたという事実があるようである[40]。仮に影響額が確定するまで発表を遅らせていれば、会社の信用は失墜し、東芝が破綻した可能性も十分あり得たものと思われる。そのため、監査委員会の行動については、独立社外取締役が実

---

37) 日経ビジネスオンライン「スクープ東芝、室町社長にも送られた謀議メール」（2015年11月19日）。

38) 日経ビジネスオンライン「「東芝」で問われる東証の「上場廃止ルール」」（2017年2月17日）。

39) BUSINESS LAWYESR「第1回　2人の弁護士の目に映った東芝の姿」（2017年3月30日）。

40) 日本経済新聞朝刊「社外取締役は辞表を懐に」（2018年4月10日）。

質的に機能して東芝を救った好事例と言うことができる[41]。

2 神戸製鋼における不祥事

(1) 事案の概要

神戸製鋼のデータ改ざんの問題(以下「データ改ざん問題」という。)とは、神戸製鋼が、アルミ・銅製品・鉄鋼製品などで、社員が検査データを改ざんして出荷するなどしていたというものである。

(2) データ改ざん問題におけるガバナンス上の問題点

この問題は、管理職を含めて数十人が関与し、数十年以上前から続いていたことからすれば[42]、神戸製鋼におけるコンプライアンス意識の希薄さが当該問題の直接の原因のようである[43]。

しかし、データ改ざん問題が発覚した後の神戸製鋼の対応にも、重大なガバナンス上の問題があり、その結果、神戸製鋼の信用が著しく毀損されたように思われる。

まずは、公表についてである。

すなわち、公表が遅いこと[44]が問題であった。神戸製鋼においては、2017年8月末頃に、データ改ざん問題について経営陣への報告がなされたが、同社の対外的な公表は、1か月以上も後であった(10月8日)。神戸製鋼は、経営陣に対してデータ改ざん問題についての報告がなされた同年8月末ないしこれに近い時期に公表することは十分できたはずである。

また、公表の内容についても問題があったように思われる。

報道によれば、神戸製鋼の川崎社長は、最初の記者会見において鉄鋼部門の不正はないと述べていた。しかし、その記者会見よりも前に、神戸製鋼の取締役会では、鉄鋼部門の不正が話題となっていたようである[45]。川崎社長

---

41) 日本経済新聞朝刊・前掲注40)。
42) 日刊工業新聞「深層断面 なぜ減らぬ?企業の不祥事」(2017年10月11日)。
43) 日本経済新聞朝刊「経営陣の責任重い神鋼不正」(2018年3月9日)。
44) 東洋経済オンライン「久保利弁護士「神戸製鋼所はあまりに拙劣だ」」(2017年10月20日)。

は、この点についての隠蔽があったことを否定するが、少なくとも鉄鋼部門の不正について、記者会見の時点で認識している限りで説明すべきであったことは明らかであろう。

このような問題が生じた当時、神戸製鋼には5名の独立社外取締役がいた。しかし、報道による限り、発覚後の対応において、これら独立社外取締役が機能したようには思われない。むしろ、東芝と同様に、独立社外取締役が機能しなかったというガバナンス上の問題が、その不祥事を深刻化させたように思われる。神戸製鋼は、1年前の東芝の不祥事から何ら教訓を得ていなかったようである。

その後、神戸製鋼は2018年6月に社内10名、独立社外取締役5名の体制において、取締役会議長を独立社外取締役とした。独立社外取締役が取締役会の過半数ではないものの、その議長を独立社外取締役としたのである。コーポレート・ガバナンスの改善への意欲は大いに期待できそうである。さらには、神戸製鋼の取組みは、独立社外取締役を取締役会の過半数としないままでのコーポレート・ガバナンス改革の一環として、日本型のコーポレート・ガバナンスへの試みと言えるようにも思われる。大切なのは独立社外取締役の数ではなく、コーポレート・ガバナンスの本来の目的である会社の持続的成長に資するかどうかだからである。

ただし、これには大きな留保がつく。海外におけるグループ・ガバナンスの問題である。東芝はそれに失敗した。同じことが起きないようにすること、それは神戸製鋼に限られず、また独立社外取締役の数にかかわらず、日本の取締役会の大きな課題である。独立社外取締役としてもやるべきことを尽くさねばならない。殊に、独立社外取締役が過半数でない体制を選択した日本型のガバナンスではこの点の成否が将来の大きな試金石である。

---

45) 朝日新聞朝刊「否定から一点、不正発覚「隠蔽ではない」神鋼社長会見」(2017年10月13日)。

3　小　　括

　以上で紹介した東芝及び神戸製鋼の不祥事以外にも、日産自動車株式会社及び株式会社SUBARUの無資格試験問題、三菱マテリアル株式会社及び東レ株式会社などの品質データ改ざん問題などが立て続けに発覚し、さらにはスルガ銀行株式会社の融資問題が発覚するなど、不祥事が次々と明らかになっている。このように、次々と明らかになる不祥事には、ガバナンスの問題と捉えるべき面も多い。もちろん不祥事は日本だけではないし、取締役会の過半数が独立社外取締役であれば発生しないわけでもない。ここでは数の多少といった形式論に陥ることなく、独立社外取締役の実質を問う姿勢こそが大切である。

　近年、アメリカにおいて一部のアクティビストが変質し、会社経営に従前とは違った影響を持つようになっている現象がある。この現象が、日本にとって参考となる。彼らは、会社を徹底的に分析することのできる資金力を有し、その資金を投入して長期的利益の実現という観点に立脚したガバナンスの改善その他の具体的提案を経営者に対して行うのである。

　彼らは会社をして実行させる力を持っている。なぜなら彼らが頼りとするのは、会社の株の相当数を保有している、パッシブを含めた多数の機関投資家だからである。彼らは、かつてのアクティビストとは異なり、パッシブな機関投資家を含めた多くの株主の賛同を得ることができるような提案を練り上げる。分析結果等を記載した詳細なホワイト・ペーパーを公表し、場合によって業界事情に精通したビジネスパーソンを独立取締役として推薦するのである。

　機関投資家は、アクティビストの提案が自らの利益に合致する場合、アクティビストの提案に賛同せざるを得ない。前述のとおり、機関投資家は背後の年金受給者などの受益者のためのものだからである。その結果、アクティビストは勝利することになる。アクティビストと機関投資家のいわば幸福な同棲と呼ぶことができよう。

　このようなアクティビストと機関投資家の関係を背景として、アメリカでのアクティビストによる会社への働きかけは、100％近く、事実上のものも含

めて何らかの対応を会社に強いるものになったとすら言われている[46]。プロキシーファイトによるもの以外に、それに至る以前に、会社の経営陣がアクティビストの働きかけに対する対応を強いられている例が多数あるのである。

さらに特筆すべきは、独立取締役自身がアクティビスト化し始めているとすら言われていることである。アクティビストは、経営方針そのものに対して踏み込んで要求するような活動をするが、取締役会側には、そもそも外部から会社の経営方針に関する意見を持ち込まれるということ自体が自らが機能していない証拠であり、恥ずべきことなのであって、独立取締役こそが経営方針に対して踏み込んだ要求をすべきであるとの認識が広まっているというのである。

機関投資家について言えば、アクティビストとの同棲に満足して事足れりというわけには行かない。本当にアクティビストの提案が、一方で競争力を維持しながら、他方で全ステークホルダーを幸せにするものなのかどうかの判断は、最終的には機関投資家自身の責任なのだ。そもそも代理変数に頼るという発想で良いのかどうかも継続的にチェックを続けなくてはならない。もし自ら主体的に動くべき時が来たら動かなくてはならないのである。それは、未だどのようなものか分からないが、アクティビストの次の何者かの提案を受け入れるということである場合もあるだろう。株主が取締役を選ぶ力を持っている限り、機関投資家の力は絶大であり、したがって責任は継続する。

---

[46] 例えば、アクティビストの要求が全面的に認められ、アクティビストが提案する取締役全員が選任された例として、Starboard Value v. Darden Restaurantsがある（日本経済新聞「物言う株主M&Aの発火点に」（平成27年2月24日））。また、会社がアクティビストから提案された取締役候補者を一部を受け入れることで和解した例として、Starboard Value v. Yahooがある（日本経済新聞「米ヤフー、スターボード提案の4取締役受け受け入れ」（平成28年4月28日））。

Ⅳ　日本のガバナンスの問題点及び改善策

1　内部昇進型経営者の問題点と改善策

(1)　内部昇進型経営者について

　上記のとおり、現状においては、内部昇進型経営者が日本の経営者の多くを占めている。世界の上場企業上位2,500社を対象とする2016年度の調査結果によると、新任のCEOが外部から招聘された者である割合は、世界平均が18％であるのに対して、日本は3％である[47]。

　しかし、それは、理由があってのことである。すなわち、内部で昇進した者が経営者となることが長い間の現実の風土であり、それが従業員のロイヤルティを支えているのである。全てのステークホルダーが内部昇進型を前提として動いている。したがって、当面、取締役会の過半数は内部昇進の取締役であることが続くであろう。

　では、そうした日本型のコーポレート・ガバナンスに将来への積極的可能性を見いだすことができるだろうか。換言すれば、将来的に経営に責任を持つ立場になるだろうと考えている従業員たちのロイヤルティを保持等しながら、会社として長期的な成長ができるという考え方に積極的意義を見いだすことができるだろうか（下表（次頁）参照）。

---

[47]　Strategy＆「2016年世界の上場企業上位2,500社に対するCEO承継調査結果概要」（2017年5月16日）2頁。

内部昇進型経営者の効用	内部昇進型経営者の問題点
✓ 企業理念に基づき長期的視点に立った経営[48] ✓ 長期的視点の下、創造的な研究開発活動 ✓ 長期雇用による将来の昇進を期待した従業員の強いロイヤルティ[49]	✓ 経営監督が機能不全となるおそれ ✓ 自分を選んでくれた前任者の問題点を指摘できないおそれ、現任の代表者の評価を取締役会の一員としてできないおそれ（モニターできないおそれ） ✓ 社内の不正を隠ぺいしてしまう可能性

　会社は全ステークホルダーのために存在し、経営も全ステークホルダーのためになされなくてはならない。最近のイギリスのコーポレートガバナンス・コードの改訂において、従業員との対話を行うためのルールが定められたこともそれを象徴している[50]。しかし、社会全体にとっての価値、全ステークホルダーにとっての価値の代理変数としての株主の利益と株価を受け入れなければ、経営へのガバナンス、経営者のアカウンタビリティは実際の役に立たない。さらにESGも重要な時代に入っている[51]。グローバルなグループ・ガバナンスの問題もある。

---

48) 牛島・前掲注1）314頁。
49) 東洋経済オンライン「ダイバーシティ推進で大きく変わる日本型人事制度　第1回（全3回）」（2009年10月9日）。
50) イギリスのコーポレートガバナンス・コードは、2018年7月に改訂が発表され（2019年1月から適用）、当該改訂により従業員がステークホルダーとして明確に位置づけられた。具体的には、(1)従業員から取締役を選任、(2)正式な従業員諮問委員会の設置、(3)従業員担当の非業務執行取締役の任命の3つのうち1つ以上を実施することによって従業員との対話を行うことが求められている（Provisions 5.）。
51) 2006年に国連が提唱したPRI（責任投資原則）により、機関投資家は、ESGへの取り組みを考慮するよう求められている。実際に、ESG投資の規模は、2016年時点で、アメリカで1兆円程度、欧州では1兆円を超える規模となっている。我が国において、同年時点の投資規模は521億円程度であるものの、GPIFが日本株のESG指数を算定し、この指数に連動したパッシブ運用を開始するなどの動きが見られる（上野雄史「企業年金基金はESG投資にどう向き合えばよいのか？」（ニッセイ基礎研究所レポート、2018年8月3日））。

(2) 内部昇進型経営者に対する監督のあり方の変容

　内部昇進型経営者に対する監督のあり方は時代とともに変わってきた。

　内部昇進型経営者に対する監督は、1950年代からバブル崩壊までは、メインバンクが担っていた[52]。

　メインバンクは会社に対する融資や、株式の持ち合いを背景として、債権者・株主として会社のガバナンスに関与していた。また、有事には経営者を送り込み、経営再建に尽力したのである。

　しかし、バブル崩壊に伴い銀行との株式持ち合いが解消され、また、直接金融の比率が上昇したことによりメインバンクの重要性が減少した。監督の主体は、徐々に取締役会に移っていったのである。

　もっとも、前述のとおり、日本においては内部昇進型取締役が多数を占めており、その状況は直ぐには変わりそうにない。内部昇進型取締役であればこそ社長、CEOに対する具体的な牽制となり得る面があるといわれる。会社の実情を知る内部昇進型取締役だからこそ十分な牽制をなし得る一面も確かにあるだろう。だが、東芝や神戸製鋼などの例から明らかなとおり、内部昇進型取締役ではCEOの牽制とならなかった実例がいくつも存在することを忘れてはならない。

　日本の経営者は、これからも取締役会は内部昇進型取締役を中心とし、独立社外取締役は過半数でない方が良いと言うのであれば、株主利益と株価という「成績」を上げて見せなければならない。株主の立場からすれば、「『成績』を上げるのなら、内部昇進型経営者であるとしても問題はない。しかし、それは、その経営者が内部昇進型であるがゆえに『成績』を上げることができるということについて、実際に成績を上げてみせるか、または納得の行く説明をした場合に限る。」ということになろう。後者はアカウンタビリティの問題である。

　株主は経営者の説明を聴く耳を持っている。自ら経営しないからである。もし「成績」が目先では上がっていないとしても、経営者が長期的視点から

---

[52] 藤田勉『日本企業のためのコーポレートガバナンス講座』（東洋経済新報社、2015）36頁。

の経営をしているのであれば、それを説明する機会を持つことができる。建設的な対話であり、エンゲージメントである。アメリカにおけるアドビ社の例を見れば、その意義は明らかである。アドビ社は、そのソフトウェアに関する事業を、ライセンスモデルからサブスクリプションモデルとし、短期の業績を犠牲にした。しかし、短期の業績を犠牲にしたがゆえに長期的に成長することができ、株価を上げることができたのである。

「成績」を示すか納得の行く説明ができないのであれば、内部昇進型を変えるしかないことになる。そうした経営者の下では長期雇用制度による従業員のロイヤリティも軋み音を上げながら壊れてゆくこととなろう。そうなれば早急に内部昇進型を変えるべきであるという意見がさらに声を増す。日本型経営の未来は、日本の経営者自身があげる成績と将来の説明にかかっているのである。

いうまでもなく独立社外取締役には、たとえ独立社外取締役が取締役会の少数派に留まる場合であっても、内部昇進型経営者の監督者となることが期待されている。日本における取締役会の全会一致というやり方を前提にする限り、これはこれで大いに機能するであろう。

しかし、これは独立社外取締役が実質を持っていることが前提である。実質を伴わない独立社外取締役では、内部昇進型の取締役ほどの役割も果たせないどころか有害無益であろう。問題は数ではない。むしろ数だけを追えば、リチャード・ファルド氏の巨額報酬の例が日本にも現れることとなりかねないのである。

2 独立社外取締役の実質化

(1) 独立社外取締役の実質化の必要性

独立社外取締役の数は劇的に増加しているが、独立社外取締役がその役割を適切に果たしているか、実質的に機能しているかについては大いに疑義がある。例えば東芝、神戸製鋼における不祥事においては、独立社外取締役が機能していなかったことが大きな原因の一つであった。

独立社外取締役の実質化のためには、独立社外取締役が主体的に責任のある言動をとるようになることが重要である。「現在の経営者に経営を委ねる

ことの是非について判断する」[53]、すなわち解任権の行使は、独立社外取締役が過半数でない場合であっても、また監査役にあっても、実務的には十分可能である。日本の多くの会社は、事実上、取締役会での全会一致というやり方が採られている。また、独立社外取締役から社長退任論がでるときには内部昇進の取締役の少なくとも一部が同意見でないことも考えにくい。もちろん不適任である社長にもその取り巻きはいるであろう。だが、独立社外取締役の正論は取締役会を説得できると思われる。社内の反対派が少数の社外取締役と結束して独裁的な社長の解任をした例は昔からあったのである。最近ではセブン＆アイを同種の事例として指摘する向きもある。社長解任を巡っての社外監査役の善管注意義務が問題になった実例も存在している。

　もちろん、独立社外取締役が十分な情報を得ることは独立社外取締役が主体的に責任のある言動をとることの前提である。他にも、独立社外取締役の任期の問題がある。1年または2年ではいかにも短い。独立の名に値しない。せめて4年にすべきである。この点は前述の対談の際、冨山和彦氏と一致したところである[54]。これは、社外取締役の事実上の選任権が経営者にある現状と深く関わっている。独立性を補強するためには法律で任期を長くすることが大切なのである。最高裁判事の人事権が内閣にあることと10年毎の国民審査と同じ牽制の構造である。

　もっとも、誰が独立社外取締役を監督するのかという一大問題がある。

　アメリカにおいては、独立取締役は、訴訟を通じた規律を受けている[55]。日本はどうか。日米の司法制度・状況の相違からすれば、そこには決定的な違いがあるように思われる。アメリカでは司法制度の支えによる規律がしっかりとしており、独立取締役の実効性が司法の観点から担保されている[56]。これに対し、日本では、例えば株主代表訴訟をとってみてもその歴史が浅く、

---

53) 日本取締役協会「社外取締役・取締役会に期待される役割について（提言）」（2014年3月7日）2頁。
54) 牛島・前掲注1）154頁。
55) 藤田勉「コーポレートガバナンス改革と独立取締役」神作裕之＝小野傑＝今泉宣親編『コーポレートガバナンスと企業・産業の持続的成長』（商事法務、2018）210頁。
56) 藤田勉「独立取締役の効果と限界」月刊資本市場349号（2014）39頁。

株主が勝訴する例もまだ少ない。また勝訴するとしても極端な事例である傾向がある。

独立社外取締役も取締役であり、株主が選任・解任する。それは日米同じではあるが、訴訟の脅威が実質的に大きく異なるという意味では、日本では株主による監督が事実上存在せず、独立社外取締役について性善説に拠っているように思われる。

近い将来においてはその状況が変わるとは思われない。可能性を有しているのは、前述の機関投資家とアクティビストとの同棲ともいうべき現象である。アメリカと同じ現象が起こるのではないかということである。重要なのは、ここでは会社法の違い、訴訟・司法の違いが大きな影響を持っていないことである。

実は日本でも、機関投資家の力は大塚家具の事件の際に既に明らかになっていたといってよい。年金を原資とする機関投資家の台頭[57]は、程度の違いはあっても先進国に共通している。後は、アクティビストと機関投資家との同棲がいつ始まるかということなのであろう。アメリカのことは前述のとおりである。イギリスでは、株主総会議案への反対比率の高まりを受けて、反対票が20％を超えた場合には、株主への説明責任が課せられるようになった[58]。日本のコーポレートガバナンス・コードにも既に方向性を同じくする規定は存在する（補充原則1－1①）。動きは既に外資系のアクティビストにおいて始まっている。また、アクティビストに対し日本企業も（肯定的に）変わってきたと言われ始めてもいる[59]。

---

[57] 公的年金（GPIF、国家公務員共済組合連合会、地方公務員共済組合連合会、日本私立学校振興・共済事業団）、国民年金基金連合会および企業年金連合会による国内株式の運用資産額が東証における上場会社の時価総額に占める割合は約7.8％。

[58] 2018年7月に改訂が発表（2019年1月から適用）されたコーポレートガバナンス・コードによって、反対票が20％以上投じられた議案については、議決権行使結果を発表する際に、反対票が多くなった理由を理解する目的で株主の意見を聴取するためにどのような対応策を講じる予定であるかなどについて説明すること等が義務づけられた（Provisions 4.）。

[59] 朝日新聞朝刊「モノ言う海外株主、存在感　総会シーズン、経営陣と激しく対立も」（2018年6月21日）。

次に問題となるのは、独立社外取締役候補者の選任を誰がやるのかということだろう。今でも既に独立社外取締役が独立社外取締役候補者を選任すべきだという声は大きい。この場面では、たとえ経営者が良い成績を上げているとしても、独立社外取締役に実質があれば、株主との対話のなかで経営者が独立社外取締役候補者を事実上選任する現在の体制を維持することは難しいだろう。

　さらにその向こうには、独立社外取締役へのインセンティブ報酬の話が待っているかもしれない。現に、CGSガイドライン[60]は、社外取締役に対する自社株報酬等の可能性を示す。議論が盛んになることだけは間違いないだろう。

　そうはいってみても、独立社外取締役の候補者の選定においては、経営者（内部昇進取締役）の役割が大きいのが現状である。なるほど経営者が独立社外取締役を選ぶことには一定のメリットもある。私が『名経営者との対話』（前掲注1））で話した極めて先進的な経営者も自分が実質的に選任していると述べている。しかし、CEOの人脈のなかから独立社外取締役候補者が選任されるため、CEOに対する客観的な監督が困難になるなどといった問題があると述べた方もいたことが重要である。やはりCEOに対する客観的な監督のためには独立社外取締役が独立社外取締役候補者の選定に関わるべきなのである。

(2)　独立社外取締役の情報不足とその改善策

　前述のとおり、独立社外取締役がその役割を果たすためには十分な情報を得ることが必要なことについては異論がない。つまり現状では独立社外取締役は情報不足なのである。

　独立社外取締役が実質的に機能するためには、独立社外取締役がその役割を果たすために十分な情報を得ることが不可欠である。

　しかし、独立社外取締役は取締役会に至るまでの社内的な意思決定プロセスに関与していないため、適切な意思決定のための情報を十分に持ち合わせ

---

60)　経済産業省・前掲注25) 72頁。

ていない。また、経営計画の進捗状況や決議された重要議案のその後の経過についても知る機会が限られる。実際、独立社外取締役の多くは情報が不足していると感じているとのことである。

改善策としては次の方法がある。

第1に、独立社外取締役のみで会合を開くことである。これはコーポレートガバナンス・コード補充原則4-8①にも記されている。このような会合により、独立社外取締役間でコンセンサスを形成することで、取締役会での議論に対しより大きな影響力を持つことができるようになる[61]。

しかし、形式にとらわれることなく各社の実情に合わせた形で「独立した客観的な立場に基づく情報交換・認識共有」を実質的に確保することが肝心である。むしろ社内者も参加することで、実質的に情報収集を行うことができるともいえるのである[62]。

重要なのは、やはり独立社外取締役になる人たちの心構え、覚悟である。会社への責任感、と言ってもよい。結局は、個人の経験に基づく信念と会社についての情報の掛け算になる。繰り返しになるが、ここでアメリカとの相違が際立つ。独立社外取締役に対する制裁は日本では乏しい。訴訟の脅威が乏しいのである。株主代表訴訟は、極端な場合を除けば無力である。これでは日本は独立社外取締役については性善説に立っていると言われても仕方がないだろう。メディアに期待するしかないということになる。

第2に、独立社外取締役による情報収集が挙げられよう。コーポレートガバナンス・コード補充原則4-13①も、会社からの情報提供だけでなく、独立社外取締役自身による情報収集も必要であるとしている。コーポレートガバナンス・コード原則4-13では、取締役会などが、情報の円滑な提供が確保されているかどうかを確認すべきとされてもいるのである。

取締役会で交換される情報は限定されたものであり、ある種のバイアスがかかった情報であることがあるから、このような情報の偏りを是正するため

---

61) 油布志行ほか「『コーポレートガバナンス・コード原案』の解説［Ⅳ・完］」商事法務2065号（2015）48頁。
62) 油布志行ほか・前掲注61) 55頁（注48）。

に現場の管理職と直接交流することも有益であろう。常勤監査役と独立社外取締役が連携することによって、情報不足を補うことも重要である。

　第3に、取締役会事務局の設置である（コーポレートガバナンス・コード補充原則4－13③参照）。取締役会事務局を設置して、適時適切に正確な情報が取締役会に報告されるよう工夫すべきである。これは、事前の資料提供がしやすくなるのみならず、質問の窓口にもなる。取締役会事務局が、独立社外取締役の情報不足を補うための重要なサポート役となるのである。もちろん、独立社外取締役が、会社の状況を理解していないために適切な業務を行えないといったことがないように、取締役会事務局側からの必要な知識の積極的な提供や研修機会の紹介が求められることとなる。

V　結　語

　今後、日本のコーポレート・ガバナンスは、アメリカ型に「進歩」するのだろうか、それとも伝統を生かしながら日本型を創りあげるのだろうか。具体的には、10人の取締役のうち9人を独立取締役とする取締役会を目指すのか、内部昇進型取締役が過半数を占める取締役会が続くのかということである。

　私には、アメリカと日本における司法の役割の相違からすれば、アメリカ型に「進歩」することは現実的な実効性を欠くように思われる。

　既述のとおり、アメリカでは、独立取締役の実効性が司法の観点から担保されているのに対し、日本では異なる。独立社外取締役を実質化するにあたって、独立社外取締役自身の善意に頼る部分が大きいのである。

　そうであれば、経営者たちが内部昇進型取締役を中心とした取締役会が良いと言っているのであるから、例えば、経営者が、現在の主流である長期雇用を前提として従業員のロイヤルティを確保して行くことが会社のためになると考え、株主がその考えを受け入れている限りは、内部昇進型取締役を中心とした取締役会が続くことも選択肢の一つであろう。少なくとも現状では内部昇進型取締役中心の取締役会を海外の株主を含めて許容しているのである。1名以上の独立社外取締役を選任する際の経緯が参考になる。あの時に

は海外の株主は議決権を以て強要することを躊躇せず、日本企業の経営者側は一方的な受け入れを余儀なくされたのである。

　しかしながら、将来を見据えるならば、日本でも、アメリカで支持されているアクティビストと機関投資家の幸福な同棲が生まれ広がることが重要な契機となるのではないだろうか。株主は、その利益に合致すると思えば、内部昇進型であろうがモニタリング型であろうが、会社の長期的利益を達成することが期待できる取締役会と経営者を支持する。独立社外取締役の存在は当然としても、それが取締役会の過半数であるかどうかは一義的な意味を持たないということである。株主は聴く耳を持っているのであって、要は経営者の成績次第、説得力次第なのである。代理変数たる株主利益と株価に良いのであれば、内部昇進型取締役が過半数である体制が会社にとって良いのである。日本型ガバナンスあればこそ、と内部昇進型の経営者が「成績」とその向上の見込みに拠ることで株主への説得力を有することができるのであれば日本型ガバナンスは継続するだろう。時間はある。しかしそう長くはないかもしれない。

　忘れてはならないのは、会社は経営者次第だということである。独立社外取締役の数ではない。独立社外取締役は自ら富を創造しない。社長、CEOが優れていれば、会社は発展し、社会の富を拡大発展させることができるのであり、コーポレート・ガバナンスは、優れた経営者を選び出すための仕組みとして、国民のために極めて重要なのである。独立社外取締役はその数を含め一手段に過ぎない。

〔後記〕

　このささやかな論考を仕上げるについては、田村俊夫氏の講演録に教えられるところが大きかった(「コーポレートファイナンスの観点から見たコーポレートガバナンス」前掲書注55) 2頁)。一々引用を上げないが、実務一辺倒の私に素晴らしいコーポレート・ガバナンスの見取り図を与えてくれた。深く感謝申し上げたい。

　また、同じ事務所で働く川村宜志弁護士をリーダーとする集団(石田哲也、土屋佑貴、三嶽一樹、小坂光矢、尾島祥太、伊藤侑也、関口彰正、関根亮人

及び三田村壮平の各弁護士）らとの日々の切磋琢磨が右往左往する私の考えを磨く良い機会となった。私はウチのシンクタンクと呼んでいる。記して熱い感謝の思いを奉げたい。もちろん文責は専ら私にある。

取締役会の監督機能と取締役の監視義務・内部統制システム構築義務

藤田　友敬

I　はじめに
II　歴史的概観
III　取締役の監視義務
IV　内部統制システム構築義務
V　むすび

I　はじめに

　取締役会設置会社では、取締役会が代表取締役をはじめとする業務執行取締役の職務執行を監督する。取締役会の構成員である取締役は業務執行取締役の職務執行について監視義務を負い、また取締役（あるいは一部の取締役）には内部統制システム構築義務があるとされる。取締役会の監督機能、取締役の監視義務及び内部統制システム構築義務は、——現実の事案において具体的にどこまでのことを行わなくてはならないかについて判断が分かれることはあるとしても——、考え方としては揺るぎなく確立しているように思われる。しかし、一見問題なさそうに見えるこれらの概念の基礎は思いのほか頼りない面がある。たとえば取締役の監視義務と内部統制システム構築義務の関係はどう理解されるのかといった点は、論理的に十分整理されていないように思われる。代表的な会社法の体系書は、「取締役の善管注意義務違反は、他の取締役・使用人に対する監督（監視）義務違反を含む取締役の不作為（懈怠）につき問題となるケースが多い……。監督義務に関しては、ある程度

以上の規模の会社の代表取締役には、業務執行の一環として、会社の損害を防止する内部統制システムを整備する義務が存在する」と述べる[1]。結論に異論はないとしても、ここでは取締役の善管注意義務、監督（監視）義務、代表取締役の業務執行といったキーワード相互間の関係が明らかにされているとは言いがたい。本稿は、こういった疑問に答えることを目的とする。

まず取締役の監視義務、取締役会の監督機能及び内部統制システムに関する日本法の発展の歴史について概観する（Ⅱ）。そのことを通じて、実はこれらの相互関係が単純なものでないことが明らかにされる。続いて、昭和48年最判により確立した取締役の監視義務の内容について、特に、内部統制システムの存在をも念頭に置きながら、その内在的な理解を試みる（Ⅲ）。最後に内部統制システム構築義務について、その根拠と内容について検討する（Ⅳ）。監視義務との関係や内部統制システム構築義務の作成主体、経営判断原則の適用といった点も合わせて論じられる。最後に本稿の考察をまとめてむすびとする（Ⅴ）。

なお本稿では、主として大規模な取締役会設置会社（特に上場会社）を念頭に置くこととしたい。

Ⅱ　歴史的概観

まず本稿の考察の前提として、取締役会の監督機能、取締役の監視義務及び内部統制システムに関する日本法の発展について概観したい。

1　最判昭和48年5月22日と取締役の監視義務

(1)　最判昭和48年5月22日

取締役の監視義務に関する先例は、最判昭和48年5月22日民集27巻5号655頁である。この事件は、取締役会も株主総会も開催されていない小規模で閉鎖的な株式会社において、代表取締役が独断専行し、会社の本来の事業範囲を超えた資金集めのために融通手形を振り出したところ、その後会社が

---

1)　江頭憲治郎『株式会社法〔第7版〕』（有斐閣、2017）473-474頁。

倒産してしまったため、手形債権者が、当時の商法266条ノ3に基づき取締役の対第三者責任を追及したという事案であった。最高裁は、「株式会社の取締役会は会社の業務執行につき監査する地位にあるから、取締役会を構成する取締役は、会社に対し、取締役会に上程された事柄についてだけ監視するにとどまらず、代表取締役の業務執行一般につき、これを監視し、必要があれば、取締役会を自ら招集し、あるいは招集することを求め、取締役会を通じて業務執行が適正に行なわれるようにする職務を有するものと解すべきである」という一般論を述べ、取締役2名について責任を認めた原審の認定・判断は正当であるとした。同判決の一般論は、上記のような事案の特殊性にも関わらず、上場会社を含め株式会社一般――会社法制定後においては取締役会設置会社一般――に妥当する考え方と理解されている[2]。

(2) 最判昭和48年5月22日の意義

最判昭和48年の意義について、差し当たり次の3点を確認しておきたい。

①まず判旨は、取締役会の監督権限（業務監査権限[3]）から、その構成員である取締役の監視義務を導く。当時の商法には、「会社ノ業務執行ハ取締役会之ヲ決ス支店ノ設置、移転及廃止並ニ支配人ノ選任及解任亦同ジ」（昭和56年改正前商法260条）と規定されていただけであり、取締役会が取締役の職務執行を監督する旨の明文の規定はなかった。しかし取締役会の権限として、

---

[2] 神田秀樹『会社法〔第20版〕』（弘文堂、2018）231頁、田中亘『会社法』（東京大学出版会、2016）263-264頁等参照。

[3] 最判昭和48年は、「取締役会は会社の業務執行につき監査する地位にある」（傍点筆者）という表現を用いている。現在は条文上「監督」（会362条2項2号）という言葉が用いられていることがあり、取締役会が有する権限として業務監査という言葉を用いることはほとんどないが、判決当時は、このような表現が用いられることが多かった。昭和25年改正によって、取締役会制度が導入されることによって監査役は業務監査権限を失い、業務監査は取締役会、会計監査は監査役と整理されたためである（大濱信泉「取締役と取締役会」田中耕太郎編『株式会社法講座　第3巻』（有斐閣、1956）1057頁参照）。言葉遣いに過度に拘泥すべきではないが、取締役会の監督機能として当時どのようなことが想定されていたか、そしてそれが現在取締役会に期待されているそれとどのぐらい隔たっているかを象徴的に示しているように思われる。

代表取締役の選任権限があることから(同261条1項)、解釈として解任権限もあると考えられ、このことから取締役会の監督機能(業務監査権)も肯定されていた[4]。本判決は、このような解釈を前提に、取締役会の監督権限(業務監査権限)によって取締役の監視義務を基礎付けたことに意義がある[5]。

②次に、業務執行を行わない取締役は取締役会に参加することで会社経営に参加するため、取締役に監視義務を肯定するとしても、非業務執行取締役は取締役会上程事項だけについて監視すればよいと考える学説が有力であり[6]、下級審裁判例[7]もそのような立場のものが多かったところ、取締役の監視義務が、取締役会に上程された事柄にとどまらず、代表取締役の業務執行一般に及ぶとした。

取締役の監視義務に関する裁判例——とりわけ取締役の対第三者責任が問

---

[4] 大森忠夫=矢沢惇編『注釈会社法(4)』(有斐閣、1968) 337-338頁[堀口亘]、大濱・前掲注3) 1057頁。

[5] 田尾桃二「判批」『最高裁判所判例解説民事篇 昭和48年度』5頁。なお当時の学説上、監視義務を導く根拠は必ずしも一様ではなかった。善管注意義務ないし忠実義務を根拠とするものとして、倉澤康一郎「判批」法学研究34巻7号(1961) 80頁、鮫島真男『判例・通達中心 実用株式会社法Ⅱ』(財政経済弘報社、1961) 267頁等。取締役会の監督機能を根拠とするものとして、林善助「取締役の監視義務」商事法務172号(1960) 3頁、塩田親文=吉川義春『総合判例研究叢書 商法(11)』(有斐閣、1968) 66頁、本間輝雄「計算書類の不実表示と取締役・監査役の責任」商事法務360号(1965) 49頁等。

[6] 大阪谷公雄「取締役の責任」田中耕太郎編・前掲注3) 1121頁、谷川久「判批」ジュリスト209号(1960) 85頁、味村治「取締役の責任」商事法務研究会編『続 実務株式会社法六講』(商事法務研究会、1960) 235-236頁等。これに対して、取締役会上程事項以外にも監視義務が及ぶとしていた学説として、米津昭子「判批」財政経済弘報694号(1958) 9頁、鮫島・前掲注5) 267頁、龍田節「判批」法学論叢66巻3号(1959) 98頁、林・前掲注5) 3頁、矢沢淳「違法配当と取締役の責任」鈴木竹雄=大隅健一郎『商法演習Ⅰ〔改訂版〕』(有斐閣、1966) 167-168頁。

[7] 取締役会上程事項以外について監視義務を否定した裁判例として、東京地判昭和32年5月13日下民集8巻5号923頁、東京地判昭和33年11月28日下民集9巻11号2342頁、広島地判昭和36年8月30日下民集12巻8号2116頁、東京地判昭和39年7月30日判時394号78頁。肯定例としては、東京高判昭和38年5月6日東高民時報14巻5号118頁、東京高判昭和46年4月30日下民集22巻3・4号545頁(最判昭和48年5月22日の原審)等がある。

題となっている事件――では、この事件で問題となった会社のように、取締役会もきちんと開催されていない小規模閉鎖会社の例が多く[8]、監視義務の判旨を取締役会上程事項に限定すれば、非業務執行取締役は何もしなくてよいということになりかねない。そのような会社においては、取締役の地位・役割に応じた義務の分担という発想は後退しがちになる。しかし、取締役会がきちんと開催され、取締役会構成員の間で合理的な役割分担がなされている上場会社において、分担の職責を果たしていた非業務執行取締役が代表取締役の行った不適切な業務執行を見逃したといったタイプの事件では、昭和48年最判の一般論を文字通り維持できるかが問題となる。この点については後で別途検討する。

③最後に、昭和48年最判の述べる取締役の監視義務の対象は代表取締役の業務執行である。判旨の射程は、代表権はないが対内的な業務執行権を有する取締役の業務執行にも及ぶと考えられるが、たとえば代表取締役が部下である使用人の不正行為に目を光らせるといった義務は昭和48年最判のいう監視義務とは異なる。この点については、Ⅲ1において後述する。

2 取締役会の機能に関する伝統的モデルの確立

(1) 昭和49年・昭和56年商法改正

昭和48年最判の翌年の昭和49年商法改正において、再び監査役に業務監査権限が付与された[9]。しかし、この改正は昭和48年最判の認めた取締役会の業務監査権を否定するものではないと理解されており[10]、そのことは昭和56年商法改正により確認される。同改正により「取締役会ハ会社ノ業務執行ヲ決シ取締役ノ職務ノ執行ヲ監督ス」（260条1項）という明文の規定が設けられ、取締役会の監督権限が明記されたのである[11]。同時に、各取締役の取締役会招集権も明文で定められ[12]、取締役会構成員である各取締役が不当な

---

8) 名目的取締役の監視義務違反を認めた最判昭和55年3月18日判時971号101頁はその典型である。
9) 昭和49年改正商法274条1項は、「監査役ハ取締役ノ職務ノ執行ヲ監査ス」と規定する。
10) 加藤一昶＝黒木学『改正商法と計算規則の解説』（商事法務研究会、1975）14頁、居林次雄『改正商法詳解』（税務研究会出版局、1974）54-55頁。

職務執行を発見した場合に、取締役会を通じて防止・是正を図る手段が保障された。さらに昭和56年商法改正は、取締役会が形骸化していることに対する危惧感から、260条2項において取締役会の専決事項を追加した。すなわち従来規定されていた支店の設置・変更・廃止、支配人の選解任に加え、重要な財産の処分・譲受、多額の借財、その他の重要な業務執行が取締役会の専決事項として加えられた[13]。ある程度以上の重要性のある取引については、個別取引毎に具体的に取締役会で決定することが要求されることになったわけである[14]。

(2) 日本の株式会社の伝統的なガバナンス構造の特徴

このように昭和48年最判とその後の2度の商法改正を経て、現在のわれわれになじみ深い監査役設置会社の伝統的なガバナンス構造が完成した。その中心的な内容は次の通りである。

① 取締役会は業務執行の決定と取締役の職務の執行の監督の双方を行う。

② 重要な業務執行(単なる経営方針をのみならず具体的な取引内容の決定等も含む)は取締役会で決定しなくてはならない。

③ 取締役会に加えて、監査役にも業務監査権限がある。取締役会が業務執行に関する具体的な決定を行うことから、取締役会による監督にはどうしても自己監査の要素が出てくるため、業務執行の決定に関与しない監査役が別途業務監査を行う必要があるからである。業務執行について

---

11) なお昭和48年最判の用いていた業務を監査という表現はやめ、取締役の職務の執行の監督という現在でも用いられる表現に改められた。

12) 昭和56年改正商法259条2項・3項。

13) 竹内昭夫『改正会社法解説〔新版〕』(有斐閣、1983) 154-155頁。

14) 比較的最近まで、このような改正の趣旨に沿った解釈・運用がなされてきた(最判平成6年1月20日民集48巻1号1頁。取締役会の付議事項の実務については、商事法務編集部「取締役会の付議基準〔上〕〔下〕」商事法務1868号21頁、1869号25頁(2009)参照)。ただし近時、監査役設置会社を含め独立性の高い取締役会による業務執行の監督という観点が強調され、社外取締役の導入が進むようになるとともに、取締役会の付議事項についての見直しが進みつつある。

は取締役会と監査役の双方から監督・監査されることになる。

3　いわゆるモニタリング・モデルと取締役会の機能

(1)　モニタリング・モデルの誕生と普及

2で述べた伝統的なガバナンス構造モデルは、株式会社に論理必然的なものではない。むしろ判例・立法により日本における伝統的なガバナンス・モデルが確立したまさにその時代に、諸外国では、上場会社を中心とした大規模公開会社のコーポレート・ガバナンスは別の方向に向かっていた。日本法の取締役会制度は、昭和25年改正によってアメリカから導入されたものであるが、アメリカの取締役会制度は1960年代以降大きく変容し、業務執行の決定から業務執行者の監督へと役割が移っていくのである[15]。取締役会の監督機能を重視するモニタリング・モデルと呼ばれる考え方は、1990年代以降、コーポレート・ガバナンスの世界的な潮流となっていく[16]。その基本的な要素は、①大規模な上場会社の取締役会の一番重要な機能は業務執行者の監督であり、それ以外は基本的な事項——業務執行者の選定・解職、経営の基本方針等——の決定を行うだけである、業務執行に関する決定は大幅に役員（officer）に権限委譲する、②取締役会のモニタリングは業務執行者から独立性の高い取締役会で行わなくてはならず、このため取締役会は社外取締役を中心に構成される、③役員の業務執行の監督のために社外取締役から構成される監査役会が置かれ[17]、内部統制システムを使った監査が行われる、というものである。

---

15)　アメリカにおけるモニタリング・モデルの発展について、川濵昇「取締役会の監督機能」森本滋＝川濵昇＝前田雅弘『企業の健全性確保と取締役の責任』（有斐閣、1997）7頁以下参照。

16)　川濵・前掲注15）14頁以下。たとえば経済協力開発機構（OECD）「OECDコーポレート・ガバナンス原則」（最終改定2004年）では、モニタリング・モデルという言葉は用いられていないものの、「Ⅵ　取締役会の責任」において示されている取締役会の役割・構成についての考え方は、モニタリング・モデルと整合的なものである。

17)　取締役会は具体的な業務執行の決定にコミットしないので、取締役会の外に別途監査役のような監督機関を置かなくてはならないという発想はなく、監査委員会は取締役会の下部組織の位置付けである。

(2) 日本におけるモニタリング・モデルの受容

モニタリング・モデルを前提としたコーポレート・ガバナンスが世界的に志向されていった時代に、日本ではまったく別のモデルを前提に、監査役の権限強化を中心としたコーポレート・ガバナンスの改革が試みられた。度重なる商法改正においても、コーポレート・ガバナンスの強化は取り上げられたが、その内容は監査役（会）の権限等の強化であり[18]、次に述べる平成14年商法改正まで取締役会の性格・機能の見直しは行われなかった。また1990年代後半以降、自発的に取締役会の規模を縮小する改革が多くの企業で行われたが[19]、業務執行に関する決定を行う機関という伝統的な取締役会の性格・機能を変えるものではなかった。

しかし21世紀に入ると、ついに日本でもモニタリング・モデルを意識した法改正が行われる。まず平成14年（2002年）の商法改正により、日本版モニタリング・モデルとでも言うべき委員会等設置会社制度が導入された[20]。もっとも、委員会等設置会社（後に委員会設置会社、さらに指名委員会等設置会社と名前を変える）は、それ自体としてはあまり普及しなかったし、採用した会社でもモニタリング・モデルとはかなり異なる運営がなされていたようである[21]。そういう意味では、モニタリング・モデルの受容はなかなか進まなかったと言える。

その後、主要先進国と比べてわが国企業の収益力が一貫して低かったこと

---

[18] 平成5年商法改正（監査役の任期の伸長、大会社における監査役の員数の増加、社外監査役、監査役会制度の導入）、平成13年商法改正（監査役の取締役会への出席義務付け、監査役の任期延長、監査役の辞任に関する意見陳述権、社外監査役の増員等）参照。

[19] 新田敬祐「日本型企業取締役会の多元的進化——経営組織の構造はいかに分化したか」宮島英昭編『企業統治分析のフロンティア』（日本評論社、2008）17頁以下参照。

[20] 委員会等設置会社が、日本の実情に合わせた形でモニタリング・モデルを取り入れることを意図するものであったことにつき、始関正光「平成14年改正商法の解説〔V〕」商事法務1641号（2002）20頁参照。

[21] 委員会等設置会社形態を採用したにもかかわらず、従来、取締役会決議事項の執行役への委任はあまり行われておらず、業務執行決定機関としての役割を残すものがあった（商事法務編集部「委員会設置会社特有の事項・その他」商事法務1873号（2009）29-30頁に紹介されたアンケート調査結果を参照）。

を受け、企業の中長期的な収益性・生産性を向上することを目的としたガバナンス改革が志向されるようになる。社外取締役の導入を促す平成26年会社法改正（平成27年5月から施行）[22]、「スチュワードシップ・コード」の策定（平成26年2月）、コーポレートガバナンス・コードの策定（平成27年6月適用開始）等を受け、日本企業の取締役会のあり方は次第に変容しつつある。2018年8月1日時点で、全上場会社中、社外取締役を1名以上選任しているものの比率は97.7％、2名以上選任しているものの比率は79.9％に達している[23]。取締役会のあり方としても、意思決定機能より監督機能を重視し、それに適合する形で取締役会への上程事項を再検討する方向の指針が示されている[24]。日本企業のガバナンスの実体が本当に変化するかどうか予断を許さない面はあるものの、モニタリング・モデルの発想は、徐々にではあるが、わが国にも影響を与え始めてきている。

(3) モニタリング・モデルと取締役会の監視義務

モニタリング・モデルのもとでも取締役会には監督機能はあるが、その内容は監査役会設置会社のそれとは大きく異なることとになる。たとえば指名委員会等設置会社がモニタリング・モデルの考え方に忠実に設計されたとすれば[25]、取締役は原則として業務執行を行わず（会社法415条）、取締役会の権

---

22) 平成26年会社法改正により、監査等委員会設置会社が導入された。取締役会がその権限を業務執行者に委譲し監督に専念することを可能にし、社外取締役2名を含む監査等委員会が内部統制システムを用い業務執行を監査するというものである。利用実態にはさまざまなようであるが、取締役会の構成次第では、モニタリング・モデルを実現するためのツールとしても用いられる。ただし取締役会の独立性が保証されておらず、また指名委員会等設置会社とは異なり、指名委員会・報酬委員会が置かれないため、社外取締役によるコントロールが制度的には担保されていない。

23) 法制審議会会社法制（企業統治等関係）部会第15回会議（平成30年8月1日）参考資料48「東証上場会社における社外取締役の選任状況及び『社外取締役を置くことが相当でない理由』の傾向について」（株式会社東京証券取引所2018年8月1日）3頁、5頁。

24) コーポレート・ガバナンス・システムの在り方に関する研究会「コーポレート・ガバナンスの実践～企業価値向上に向けたインセンティブと改革～」（経済産業省、2015年7月24日）。

限は大幅に執行役に委任されることになる（会社法416条4項参照）。モニタリング・モデルのもとで取締役会の行う監督とは、業務執行者のパフォーマンスを評価し業務執行者の選定・解職を行うことであり、業務執行の適切さのチェックとの関係で取締役会が果たすべき役割は内部統制システム作成の基本方針を定めることである（内部統制システムを通じて監視を行うのは監査委員会構成員の役割となる）。個別の取引の内容について取締役会にかけて、その妥当性を監視するといったことは、モニタリング・モデルのもとで取締役会に本来期待される監督機能ではなく、取締役の監視義務の内容でもない。会社法は、指名委員会等設置会社の取締役会の権限に関して、監査役設置会社の取締役会（362条2項2号）とまったく同じ「（執行役等の）職務の執行の監督」（416条1項2号）という表現を用いるが、ガバナンスのあり方が大きく変わる以上、そこでいう「監督」の意味は伝統的な監査役設置会社のそれとは大きく異なり、またそれを受けて各取締役の監視義務の内容も変容することになる[26]。

4　内部統制システムの発展

(1)　内部統制システム構築義務

　日本においても株式会社のコーポレート・ガバナンスにおけるモニタリング・モデルが知られ始めた頃、取締役会の監督機能、取締役の監視義務と関係する、今ひとつの重要な進展があった。内部統制システム（リスク管理体制）構築義務が裁判例に現われたのである。大阪地判平成12年9月20日判時1721号3頁（大和銀行事件）は、「健全な会社経営を行うためには、目的とする事業の種類、性質等に応じて生じる各種のリスク、例えば、信用リスク、市場リ

---

25)　ただし現在の指名委員会等設置会社が、そういう設計にはなっている保証はない。本来のモニタリング・モデルに忠実に設計された場合、執行と監督は分離し取締役会の機能は大幅に監督に傾斜するはずであるが、実際には執行役が取締役を兼任することが多く、会社法416条4項に基づく執行役への権限委任もあまり行われていない。商事法務編集部・前掲注21) 29-30頁参照。

26)　藤田友敬「『社外取締役・取締役会に期待される役割——日本取締役協会の提言』を読んで」商事法務2038号（2014）7-8頁参照。

スク、流動性リスク、事務リスク、システムリスク等の状況を正確に把握し、適切に制御すること、すなわちリスク管理が欠かせず、会社が営む事業の規模、特性等に応じたリスク管理体制（いわゆる内部統制システム）を整備することを要する。そして、重要な業務執行については、取締役会が決定することを要するから（商法260条2項）、会社経営の根幹に係わるリスク管理体制の大綱については、取締役会で決定することを要し、業務執行を担当する代表取締役及び業務担当取締役は、大綱を踏まえ、担当する部門におけるリスク管理体制を具体的に決定するべき職務を負う。この意味において、取締役は、取締役会の構成員として、また、代表取締役又は業務担当取締役として、リスク管理体制を構築すべき義務を負い、さらに、代表取締役及び業務担当取締役がリスク管理体制を構築すべき義務を履行しているか否かを監視する義務を負うのであり、これもまた、取締役としての善管注意義務及び忠実義務の内容をなすものと言うべきである」と述べる（なお同判決は、「リスク管理体制（いわゆる内部統制システム）」と表現するが、以下では「内部統制システム」という語で統一する）。

平成14年商法改正により委員会等設置会社制度が導入された際、委員会等設置会社におけるガバナンスの実効性を確保するために、内部統制システムの整備にかかる決定を行うことが義務付けられた[27]。会社法制定時に、内部統制システムの整備に関する決定は、監査役設置会社においても取締役会の専決事項とされ[28]、大会社においては決定が義務付けられることになった[29]。

学説においては大和銀行事件以前にも内部統制システム構築義務に触れるものはあったが[30]、同事件以降、内部統制システム構築義務は判例[31]・学説[32]において広く受け入れられ、立法においても定着していく。しかし、I

---

27) 商法特例法21条の7第1項2号、商法施行規則193条1号〜6号。
28) 平成26年改正前会社法362条4項6号、会社法施行規則100条。
29) 平成26年改正前会社法362条5項。ただし、義務付けられるのは内部統制システムの整備に関して何らかの決定をすることであり、整備しないという内容の決定をすることも否定されているわけではない。その意味では、会社法は内部統制システム構築義務を直接規定しているわけではない（相澤哲ほか編著『論点解説　新・会社法』（商事法務、2006）334頁）。

で述べたとおり、伝統的な監視義務と内部統制システム構築義務はどういう関係にあるのかといった点は、十分に整理されないまま、裁判例や実務が積み重なっていったきらいがある。

(2) 内部統制システムの沿革

内部統制は、もともと監査論の世界で発達した考え方で、当初は、会計監査人の会計監査を行うために必要とした内部牽制システムであったが、アメリカではある時期から法的義務・責任との関係で言及されるようになっていった[33]。そういう意味での内部統制システムは、当初は従業員の不正をいかに探知し防止するかという観点から経営者が自発的に作るという性格であったが、やがてコーポレート・ガバナンスのメカニズムの一環として、経営者の不正を抑止するメカニズムとしての側面が強調されるようになる。1977年の海外不正支払い防止法[34]の制定とそれに伴う1934年証券取引所法の改正[35]により、内部統制システムの構築が法的義務として要求されることとなるが、やがて取締役会の下部組織である監査委員会の職務と関連付ける形

---

30) 神崎克郎「会社の法令遵守と取締役の責任」法曹時報34巻4号（1982）13-15頁、吉井敦子『破綻金融機関をめぐる責任法制』（多賀出版、1999）272頁、吉本健一「判批」商事法務1562号（2000）40頁。

31) 最近のものとして、たとえば、東京地判平成13年1月18日判時1758号143頁、東京地判平成16年5月20日判時1871号125頁、東京地判平成16年12月16日判時1888号3頁、大阪高判平成18年6月9日判タ1214号115頁参照。最判平成21年7月9日判時2055号147頁は、リスク管理体制が機能していなかったということはできず、不正行為を防止するためのリスク管理体制を構築すべき義務に違反した過失があるということはできないとして、代表取締役の責任は否定したものの、このような義務の存在自体は前提としているものと思われる。

32) 田中・前掲注2）267頁、江頭・前掲注1）473-474頁、神田・前掲注2）231頁。

33) アメリカにおける内部統制システムの発展について、笠原武朗「監視・監督義務違反に基づく取締役の会社に対する責任について(三)」法政研究70巻2号（2003）314-343頁、柿﨑環『内部統制の法的研究』（日本評論社、2005）第1編、柿﨑環「総論　内部統制の法的意義とその形成の経緯」大塚和成＝柿﨑環＝中村信男編著『内部統制システムの法的展開と実務対応』（青林書院、2015）6-24頁、伊勢田道仁『内部統制と会社役員の法的責任』（中央経済社、2018）37-59頁参照。

34) Foreign Corrupt Practice Act of 1977, 15 U.S.C. 78m, et seq.

で内部統制の構築が論じられるようになってゆく。

このような沿革に照らすと、内部統制システムと昭和48年最判によってわが国に定着した伝統的な取締役の監視義務との関係は、単純ではないことが分かる。まずアメリカにおける初期の位置付け、すなわち経営者が自分の配下の従業員が不正行為をするのを発見・抑止するメカニズムという意味での内部統制システムは、日本で昭和48年最判が確立した取締役の監視義務（代表取締役等の業務執行を取締役が監視する義務）とは別系統の話である。次に、業務執行者のコントロールという観点から内部統制システムが法制度に取り込まれるようになった時代におけるアメリカの取締役会は、すでにモニタリング・モデルを前提とするものとなっていた。そこでは、社外取締役中心の業務に関する具体的な決定は行わずに監督を主たる任務とする取締役会が置かれ、そのような取締役会の中に設けられた監査委員会が最高経営責任者（CEO）及びその配下の使用人の不正な業務執行を監督するメカニズムとして内部統制システムが発展していくことになる[36]。しかし、モニタリング・モデルを前提とした監視・監督は、昭和48年最判の想定する取締役会の監督機能（業務監査機能）を根拠に取締役会構成員である以上すべての取締役が等しく負うこととなる監視義務とはその背景も実質的な内容も異なる。

このように内部統制システムの沿革をたどると、昭和48年最判で確立した日本法の伝統的な取締役の監視義務と、内部統制システムとは、そのまま簡単に接合できるのかという疑問が出てくることになる。日本の伝統的なガバナンス・システム、とりわけ取締役の監視義務と内部統制システムの関係が明確に整理されてきていないことには、実は根の深い理由があるわけである。

---

35) 1934年法13条(b)(2)において、一定の内容の内部統制システム構築義務が明文で課された。

36) したがって日本において、まず委員会等設置会社において内部統制システムの整備に関する規制が導入されたのは、このことと整合的ではある。もっとも大阪地判平成12年9月20日は監査役会設置会社であったし、内部統制システムとモニタリング・モデルとの結びつきは、日本では当初からあまり強調されてこなかった面もある。

5 まとめ

　以上、取締役会の監督機能・取締役の監視義務、取締役会の果たすべき役割についての新たな考え方（モニタリング・モデルの導入）、内部統制システム構築義務が、各々独自に発展してきたことを概観した。その要点は次の通りである。

① 昭和48年最判によって確立した伝統的な取締役の監視義務は、昭和25年改正により監査役から取締役会に移された業務監査権限（監督権限）を根拠に導かれるものであり、代表取締役をはじめとする業務執行取締役による職務執行を対象とするものである。

② 社外取締役を中心とする独立性の高い取締役会が業務執行者を監督するというモニタリング・モデルが、わが国においても次第に存在感を強めてきている。モニタリング・モデルのもとでの取締役会の役割は、わが国の伝統的な取締役会とは大きく異なる。モニタリング・モデルにおいても取締役会による業務執行取締役の「監督」（モニタリング）は強調されるが、その内容は昭和48年最判が前提としている業務監査権限（監督権限）とは内容が異なる。

③ 内部統制システムは、アメリカにおいて当初は業務執行者が自分の配下の使用人の不適切な職務執行をしないように監視する道具として生まれたが、これは昭和48年最判の監視義務とは異なる系統の話である。また1970年代後半以降、内部統制システムは業務執行者に対する取締役会の監督という位置付けで法的な義務とされていくことになるが、その時代においてはアメリカの上場企業の取締役会はモニタリング・モデルへと変容してきており、独立性の高い取締役会のもとに設置された監査委員会との組み合わせで内部統制システムの機能強化が語られるようになる。そういう意味では、アメリカで発展した内部統制システムは、本来昭和48年最判の監視義務とは、元来直接の接点がないはずのものであった。

　現在、取締役の監視義務、取締役会の監督機能、内部統制システム構築義

務が、各々必ずしも論理的に整理されていないことは、各概念をめぐる以上のような発展の歴史を踏まえれば不思議ではない。以下では、これらを、現在の日本法の会社法の枠組みの中で、いかにして整合的に組み合わせて理解することができるかという観点から考えることとしたい。

III 取締役の監視義務

まず取締役の監視義務について、とりわけ内部統制システムとの関係を意識しつつ検討したい。

1 取締役会構成としての監視義務と業務執行者としての監視・監督義務

既に説明した通り、昭和48年最判以来確立している取締役の監視義務は、業務執行取締役の職務の執行を対象とするものである。したがって、たとえば代表取締役が配下の使用人による不正が行われていないか目を光らせるといった行為は、昭和48年判決のいう監視義務とは直接は関係なく[37]、むしろ代表取締役その他の業務執行取締役による業務執行に関する義務の一環として捉えられるべきである。すなわち代表取締役その他の業務執行取締役は、自らが適正に会社の業務を執行するように善管注意義務を尽くさなくてはならず（以下、「適正業務執行義務」と呼ぶ）、その内容として自分の配下の者の不適切な業務執行を防止するように監視・監督する義務を負うことになる[38]。

他方、代表取締役をはじめとする業務執行取締役も、取締役会の構成員として、他の業務執行取締役による職務執行について監視義務も負っている。代表取締役が業務を他の代表取締役に任せきりにして責任を問われた裁判例は少なくないが[39]、これらは取締役会構成員という資格で監視義務違反を問

---

[37] 昭和56年商法改正において、取締役会の監督権限が明記された際にも、その対象は取締役の業務執行であると規定されており（平成17年改正前商法260条1項）、代表取締役の使用人に対する監督はこれとは別系統の監督と捉えられていた。稲葉威雄『改正会社法』（金融財政事情研究会、1982）228頁参照。

われたものである。

　このように取締役会設置会社における代表取締役・業務執行取締役は[40]、2つの異なる監督・監視義務、すなわち、①適正業務執行義務の一環として配下の使用人等の不適正な業務執行がなされないように監督・監視する義務[41]と、②取締役会の構成員として、他の代表取締役や業務執行取締役の業務の執行を監視する義務とを負う[42]。これに対して非業務執行取締役は①の義務を負わず、②のみを負う。最判昭和48年にいう監視義務は、もっぱら後者に関するものである。

---

38) 東京高判平成7年5月17日判時1583号134頁は、代表取締役について、「(会社の) 業務全般について善管注意義務、忠実義務を負うものであり」、特に「経営方針の決定や経営資金の調達などの面でその経営に積極的に関与していた」ことから、取引相手を誤信させるような取引がなされたことについて、監視、監督義務違反を認めた。この判示は、抽象的・一般的に読む限り、本文で述べた適正業務執行義務を表現したもののように読める。しかし、この事件で問題となったのは、会社の現実の経営を行っていた他の代表取締役の不当な職務執行であり、判示も「場合によっては取締役会を開いて［代表取締役を］解任する等して、［当該代表取締役の］悪意又は重大な過失に基づく任務懈怠を防止すべき監視、監督義務を負っていた」と続けている。したがって、事案としては、むしろ昭和48年最判にいう取締役会の監督機能に由来する監視義務が問題とされるべきものであった。適正業務執行義務と監視義務 (昭和48年最判の述べる意味での) とが概念的に区別されていない一例というべきである。
39) たとえば最判昭和44年11月26日民集23巻11号2150頁。
40) 取締役会非設置会社では取締役会が存在していない以上、昭和48年最判のような論理から取締役の監視義務を導くことはできない。取締役会非設置会社の取締役の監視義務は、各取締役の負う適正業務執行義務から導かれるのであろう (江頭・前掲注1) 405頁。なお山本爲三郎「有限会社の取締役の監視義務について」法学研究60巻12号 (1987) 121頁参照 (ただし会社法制定以前の有限会社取締役に関する議論である))。
41) なお従業員の不正行為が直ちに取締役の監視義務の対象にならないとしても、間接的には監視義務と関係してくることはある。代表取締役をはじめとする業務執行取締役が部下の不正行為を放置している場合には、代表取締役や業務執行取締役が適正に業務執行をしていないと評価される可能性があり、取締役はそのような代表取締役・業務執行取締役の不適正な業務執行について監視義務違反を問われうる。

2 取締役会の監督機能と取締役の監視義務の範囲

(1) 昭和48年最判と取締役会上程事項以外に関する監視義務

　昭和48年最判は、取締役の監視義務の対象は取締役会に上程された事柄に限られないと述べた。これを文字通り受け止めると、たとえば上場会社の社外取締役であっても、常に業務執行取締役の業務執行について監視しなくてはならないことになりそうである。しかし近時の下級審裁判例の中には、監視義務の範囲について、意識的に昭和48年最判の射程を限定しようとするものが見られる。たとえば東京地判平成19年5月23日金判1268号22頁は、わざわざ昭和48年判決を引用した上で、次のように述べる[43]。

　「証券市場において上場されている公開会社等、ある程度の規模の会社においては、会社の事業活動が広範囲にわたり、取締役の担当業務も専門化されていることから、取締役が、自己の担当以外の分野において、代表取締役や当該担当取締役の個別具体的な職務執行の状況について監視を及ぼすこと

---

[42] 酒巻俊雄＝龍田節『逐条解説会社法　第4巻』(中央経済社、2008) 250頁［藤原俊雄］は、「取締役会設置会社における代表取締役の監視義務は、平取締役の場合と同じように取締役会の構成員であることから導き出すこともできなくはないが、会社の業務全般につき職務を全うすべき善管注意義務があることを根拠とすることもできなくはない」とする。このような視点は、本稿にいう適正業務執行義務についてはそのまま妥当する。ただし、本文で述べた通り、これと代表取締役等が取締役会構成員として負う監視義務とは併存しうる。

[43] 同様の判示は、東京地判平成16年12月16日判時1888号3頁 (ヤクルト株主代表訴訟事件第1審判決) にも見られる。なおヤクルト株主代表訴訟事件控訴審判決 (東京高判平成20年5月21日判タ1281号274頁) では、第1審判決のような昭和48年最判を正面から修正するような表現は落とされている。しかし、同判決は無謀なデリバティブ取引が行われた事案において、会社の業務執行を全般的に統括する責務を負う代表取締役や個別取引報告書を確認し事後チェックの任務を負う経理担当の取締役以外の取締役の監視義務に関して、「相応のリスク管理体制に基づいて職務執行に対する監視が行われている以上、特に担当取締役の職務執行が違法であることを疑わせる特段の事情が存在しない限り、担当取締役の職務執行が適法であると信頼することには正当性が認められるのであり、このような特段の事情のない限り、監視義務を内容とする善管注意義務違反に問われることはないというべきである」としており、当該会社のリスク管理体制を反映した監視義務のあり方という発想が反映した判旨になっている。

は事実上不可能であり、違法な職務執行が行われていたことのみをもって、各取締役に監視義務違反があったとすることは、いわば結果責任を強いるものであり、本来の委任契約の債務の内容にも反するものであって相当ではない。そこで、このような取締役の監視義務の履行を実効あらしめ、かつ、その範囲を適正化する観点から、個々の取締役の職務執行を監督すべき取締役会が、個々の取締役の違法な職務執行をチェックしこれを是正する基本的な体制を構築すべき職責を有しており、これを前提に、会社の業務執行に関する全般的な監督権限を有する代表取締役と当該業務執行を担当する取締役が、その職務として、内部管理体制を構築し、かつ、そのような管理体制に基づき、個々の取締役の違法な職務執行を監督監視すべき一次的な職責を担っていると解すべきであり、その他の取締役については、取締役会において上程された事項ないし別途知り得た事項に限って、監督監視すべき義務を負うと解すべきである。」(傍点筆者)。

大規模な上場会社等においては、取締役会メンバー、とりわけ社外取締役が自ら代表取締役をはじめとする業務執行取締役の職務執行を監視することは期待できず、内部統制システムが合理的に構築され実効的に機能しているかぎり、監視義務違反を問われるべきではないということは、多くの学説も賛成する[44]。問題は、昭和48年最判との関係をどう理論的に整理するかである。

(2) 昭和48年最判の射程の再検討

東京地判平成19年5月23日は、昭和48年最判の射程を限定する理由として、「ある程度の規模の会社においては、会社の事業活動が広範囲にわたり、取締役の担当業務も専門化されていることから、取締役が、自己の担当以外の分野において、代表取締役や当該担当取締役の個別具体的な職務執行の状況に

---

[44] 佐藤丈文「会社法の内部統制システムと実務上の課題」岩原紳作=小松岳志編『会社法施行5年　理論と実務の現状と課題（ジュリスト増刊）』（有斐閣、2011）50-51頁、田中・前掲注2）264頁。

ついて監視を及ぼすことは事実上不可能」であることを強調する。この事実認識に共感する法律家は少なくないであろうが、事実上難しいからというだけでは理論的な説明にはならない。むしろ、昭和48年最判の射程の限定は、取締役の能力の限界とか大規模な会社の実態からではなく、次の観点から行われるべきである。

　昭和48年最判は、各取締役の監視義務を取締役会の監督機能から導く。しかし取締役会が監督機能を果たす方法（取締役会による監督機能の行使方法）については、会社毎にいろいろやり方があり得るし、取締役会が監督の仕方について合理的な方法を具体的に定めた場合に、すべての取締役がそれと無関係に各自独立に代表取締役等の職務執行を監視せよということを昭和48年判決が命じていると解する必要はない。昭和48年最判の事案では、実際には取締役会が開かれておらず、こういう場合に各取締役の監視すべき事項は取締役会上程事項に限定されるとしてしまうと、取締役はおよそ一切何もしなくてよくなってしまうため、取締役会上程に限らず代表取締役等の職務執行に監視義務を及ぼすということは理解できる。しかし、取締役会が定期的に開催され、取締役会がどのような形で監督機能を果たすかにつき合理性を備えた決定[45]を具体的に行っている場合（内部統制システムを整備し、原則としてそれにより代表取締役等の職務執行を監視することとすることもこれに含まれる）には[46]、裁判所がこれを尊重し、その裏面として各取締役が取締役会の定めた役割分担に沿って業務執行取締役の職務執行を監視することを許容すべきである。このことは昭和48年最判の射程外の問題というべきである。

---

45)　後述の通り、どのような形で監督するかという点についての取締役会の判断には裁量が認められる。後述Ⅳ3参照。

46)　このような観点からは、東京地判平成19年5月23日のように、たとえ会社が上場されていたり、大規模であったりしたとしても、それだけから非業務執行取締役の監視義務が制限されるわけではなく、取締役会が合理的な業務執行の監督方法を定めていたか否かが決め手となるべきである。

Ⅳ 内部統制システム構築義務

1 問題の所在

取締役が会社の事業内容や規模に応じて、適切にリスクを管理できるような体制を構築する義務(内部統制システム構築義務)は、前述の通り大阪地判平成12年9月20日によってはじめて言及されたが、現在では裁判例において確立している[47]。しかし、内部統制システム構築義務が厳密にはどこから導かれ、伝統的な監視義務とどういう関係にあるかといったことは十分説明されていない。また内部統制システム構築義務には経営判断原則が適用される[48]とか、内部統制システムは代表取締役等一部の者だけが負う[49]とかいったことが説かれているが、内部統制システム構築義務の根拠の曖昧さとあいまって十分な説明がなされないことが多い。そこで以下これらの点について考えたい。

2 内部統制システム構築義務の根拠

(1) 内部統制システム構築義務の根拠

内部統制システム構築義務の根拠については、善管注意義務の内容として求められるとする見解がある[50]。ただ善管注意義務というのは元来注意の水準を表す概念であり[51]、ここから直ちに特定の内容の義務が出てくるわけではない。取締役の行うべき特定の職務内容と組み合わせて、はじめて具体的

---

47) 前掲注31)で引用した裁判例参照。
48) 佐藤・前掲注44) 49頁。
49) 江頭・前掲注1) 473-474頁。逆に内部統制システムの構築・実施に対する権限が取締役会にあるとするものとして、伊勢田・前掲注33) 65頁。
50) 中村直人『判例に見る会社法の内部統制の水準』(商事法務、2011) 23頁、49-50頁参照。田中・前掲注2) 265頁、落合誠一編『会社法コンメンタール8』(商事法務、2009) 219頁[落合誠一]。
51) 「善良な管理者の注意」(たとえば民法644条)は、「自己の財産に対するのと同一の注意」(たとえば民法659条)と対比し、より高度の水準の注意を指す。

な内容の義務が導かれることになるのであり、具体的な職務内容と無関係に、内部統制システム構築義務の根拠として善管注意義務を裸で持ち出すべきではない。他方、内部統制システム構築義務を、取締役会の監督機能、取締役の監視義務から導かれるとする立場もある[52]。しかし取締役の監視義務との関係については立ち入って考える必要がある（少なくとも内部統制システム構築義務が監視義務から導かれるとするのは正しくない[53]）。そこで以下節を改めて検討することにしたい。

(2) 内部統制システム構築義務を基礎付ける2つの視点

内部統制システム構築義務の根拠を考える際には、次の2つの異なった視点があり得る。

① 適正業務執行義務

Ⅲ1で述べた通り、代表取締役をはじめとする業務執行取締役は適正に業務執行を行うべく善管注意義務を尽さなくてはならず（適正業務執行義務）、まずそこから内部統制システムを構築する義務が導かれる[54]。使用人の不正をおよそ探知できないような体制で業務執行を行うことは、代表取締役をはじめとする業務執行取締役の適正業務執行義務に反することになる。このことはアメリカにおける内部統制システムの発達の歴史において、もともと経営者が従業員の不正をいかに探知し防止するかという観点から自発的に作っていたものであったということとも符合する。このような観点から導かれる内部統制システム構築義務は、取締役の監視義務――昭和48年判決の意味での――とは関係のない別系統の義務であり、これを負うのは、代表取締役をはじめとする業務執行取締役に限られる。

---

52) 神崎・前掲注30) 13-15頁、岩原紳作「大和銀行代表訴訟事件一審判決と代表訴訟制度改正問題〔上〕」商事法務1576号（2000）14頁。
53) 中村・前掲注50) 46-49頁参照。
54) 業務執行の一環として、会社の損害を防止する内部統制システムを整備する義務が存在するという説明（江頭・前掲注1) 473-474頁）が、この点を指しているとすれば、その限りでは正しい。ただいわゆる内部統制システム構築義務は、これと異なる側面も有する。

② 取締役会の監督機能

　内部統制システムは、代表取締役をはじめとする業務執行取締役の適正業務執行義務の履行手段としての側面だけでなく、取締役会が業務執行取締役の職務の執行を監督するためのツールとしての側面もある。前述の通り、アメリカにおける内部統制システムの発達の歴史においても、ある時期以降は、コーポレート・ガバナンスの重要な構成要素と位置づけられるようになっていった。このような取締役会が業務執行取締役の職務の執行を監督するためのツールとしての側面は、取締役の監視義務とも関連してくる。しかし、その場合も内部統制システムの根拠が取締役の監視義務から導かれるというとらえ方は正確ではない。

　取締役会は、どのような形でその監督権限を行使するかについて決定することになるが、内部統制システムを構築するか否か、構築する場合の基本方針等はその一環である。そして一定の内容の内部統制システムを構築すべきだと決定したとすれば、代表取締役その他関係する業務執行取締役はこれに従って内部統制システムを構築する義務を負うことになる[55]。したがって、取締役会の監督権限は、取締役の監視義務の根拠であると同時に内部統制システム構築義務の根拠でもあり、取締役の監視義務から内部統制システム構築義務がでてくるという関係ではない[56]。

　内部統制システム構築義務の根拠を考える視点が2つあるからといって、2種類の異なる内容の内部統制システムを別々に構築しなくてはならないということではない。ただいずれの視点を重視するかによって、内部統制システムの設計に差異が出てきうる。①の視点からは、内部統制システムは代表取締役の指揮下に置くべきであるのに対して、②の視点からは、監督機関の

---

[55]　神田・前掲注2) 231-232頁は、この側面を内部統制システム（リスク管理体制）構築義務と呼ぶ（「リスク管理体制……は取締役会で決定する。したがって、取締役会の決定に基づいて、代表取締役等の業務執行権限を有する取締役は、リスク管理体制を構築して運用する義務を負」う）。

[56]　比喩的に言えば、監視義務と内部統制システム構築義務は親子の関係ではなくて、兄弟の関係にある。

指揮下に置く方が本来は自然である[57]。この点も含め、どのような形で内部統制システムを具体的に構築するかについては、後述の通り取締役会の裁量が認められる。

(3) 補論：いわゆる信頼の原則

内部統制システムと関連して、信頼の原則（信頼の権利）という考え方が説かれることがある[58]。内部統制システムが適切に構築され実効的に運用されている場合には、各取締役は、他の取締役または使用人が担当する業務については、その内容につき疑念を差し挟むべき特段の事情のない限り、適正に行われていると信頼することが許され、原則として監視義務を尽くしているとされると説かれる[59]。必ずしも区別されないまま語られることが多いが、信頼の原則は、内部統制システム構築義務の根拠に関して(1)(2)で述べた点に

---

[57] 監査役（会）設置会社では、内部統制システムを監査役（会）の指揮下に置くことは、監査役の兼職禁止との関係で認められないという立場もある（片木晴彦「監査役と監査委員会」民商法雑誌126巻4＝5号（2002）561頁、野村修也「経営管理機構のあり方と取締役会改革」法律時報74巻10号（2002）22頁。反対、前田雅弘「経営管理機構の改革」商事法務1671号（2003）31頁）。これに対して指名委員会等設置会社や監査等委員会設置会社では、内部統制システムを監査委員会・監査等委員会の指揮監督下に置くことも可能である。ただし、実際にそのような仕組みがとられているとは限らない（江頭憲治郎「日本の公開会社における取締役の義務――特に監督について」商事法務1693号（2004）8頁）。

なお笠原武朗「監視・監督義務違反に基づく取締役の会社に対する責任について(四)」法政研究70巻3号（2003）573-577頁は、内部統制システムについて最終的な責任を負うのは誰であるべきかという問題を、取締役会と代表取締役の関係をめぐる独立機関説、派生機関説と関連付けて論じている。

[58] 信頼の原則という言葉は多義的であり、より一般的な考え方として、取締役が業務執行（たとえば経営上の決定）を行う際の情報収集・調査等をどこまで独自に行わなくてはならないかという点に関して、専門家や他の取締役・使用人等からの情報を信頼することを許容する原則という意味で用いられることがある（江頭・前掲注1）471頁注(2)、神田・前掲注2）260頁）。以下では、もっぱら取締役の監視義務との関係で、内部統制システムにどこまで依存しうるかという局面に限定してこの言葉を用いることにする。

[59] 岩原・前掲注52）14頁、落合編・前掲注50）228頁［落合誠一］、森本滋編『取締役会の法と実務』（商事法務、2015）283頁［錦野裕宗］、田中・前掲注2）264頁。

対応する、論理的には異なった側面がある。

信頼の原則の第1の意味は、代表取締役等をはじめとする業務執行取締役が、内部統制システムがきちんと機能していることを前提に、部下から上がってくる報告や情報を信用して業務執行することが許される、またそういう情報に依拠して行った経営判断について義務違反は問われないということである。この意味での信頼の原則は、代表取締役等の適正業務執行義務との関係で問題となる。

これに対して、一定の内容の内部統制システムが構築され、それを通じて代表取締役をはじめとする業務執行取締役の職務執行を監督する体制が確立していれば、取締役がこれを信頼し自ら監視をしなかったとしても、直ちに監視義務を問われないという意味で信頼の原則が用いられる場合もある。これは取締役会がどのような形でその監督機能を果たすかということは、会社毎に決めるべきことであり、そしてその決定内容が合理的である限り、各取締役は、それを前提に行うべきことを行えば義務を尽くしていると評価されるという話である（前述Ⅲ2参照）[60]。こちらでは取締役会の監督機能と取締役の監視義務の関係・内容が問題となっている。

3　内部統制システムの構築に関する取締役会決定と構築作業

内部統制システムの構築については、取締役会設置会社では、①内部統制システムを構築するか否か[61]、作るとしてどういう方針で作るかに関する取

---

[60] こちらの側面について信頼の原則という言葉を用いるべきか否かについては疑問もある。Ⅲ2で述べた通り、取締役会が監督機能の行使方法について合理的な決定を行った場合には、各取締役は決められた役割分担を超えた監視を行う義務はないということが本質であり（そして、こう考えることは昭和48年最判の考え方に反しない）、業務執行者への信頼だとか、与えられた情報に依拠することの可否といった問題ではないように思われるからである。

[61] 会社法362条5項が「362条4項6号に掲げる事項を決定しなければならない」という場合、その決定内容としては、「当社としてはわざわざそのようなシステムを整備しない」という決定をすることも可能であるとされる。もちろんそのような判断をしたことの妥当性については後で問われる可能性がある。

締役会の判断と、②それを前提に代表取締役や関連する部署の取締役が行う構築作業との2つの段階がある[62]。これらを区別しないまま、漠然と「監視義務はすべての取締役が負うのに対して内部統制システム構築義務を負うのは一部の取締役である」とか、「内部統制システム構築義務には経営判断の原則が適用される」といったことを述べることは混乱を招く原因となる。

まず内部統制システムの構築にかかる取締役会の判断については[63]、それ以外の取締役会決議事項と同様、すべての取締役が責任を負うことになる[64]。この判断には経営判断の原則が適用される。会社の業務のうちどういうリスクを重視するか、どれだけのリソースをかけるかとかいった点については、当然一定の裁量があるはずだからある[65]。

次に取締役会決定に基づいて代表取締役あるいは関連する部署の取締役が、業務執行行為として内部統制システムを構築することになる[66]。内部統制システム構築義務を負うのは一部の取締役だけであるという表現は[67]、この部分を指しているのであろう。取締役会決議が抽象的な方針である場合、具体的な構築の内容はかなりの程度これらの取締役の判断に委ねられるが、ここにも経営判断原則が適用される[68]。

取締役会で定めた方針に沿って適切な内部統制システムが構築されている

---

62) このうち①（内部統制システムの構築に関して取締役会に適切な内容の判断をさせるように努める取締役会構成員の義務）を内部統制システム構築義務と呼ぶかどうかは用語法の問題である（前述の大和銀行事件は両方を含めているように読める）。以下の叙述では、内部統制システム構築義務とは取締役会の決定を受け適切にシステムの構築を行う義務だと狭義に捉えておく。

63) これは取締役会設置会社においては、取締役会の専決事項であり（会362条4項6号）、大会社・監査等委員会設置会社・指名委員会等設置会社においては、決定が義務付けられている（会362条5項、399条の13第2項、416条2項）。なお、これらの規定が置かれる以前も、「重要ナル業務執行」（平成17年改正前商法260条2項）として、決定することが要求されるとする裁判例があった（大阪地判平成12年9月20日判時1721号3頁）。

64) もちろん取締役会決議に際して、一部の取締役に対して必要な情報が隠されていたりしたとか、細かな事情によっては責任が否定されることもあるであろうが、それは取締役会決議に基づいて行うその他の業務執行についてもあてはまる。

65) 佐藤・前掲注44) 48-49頁、田中・前掲注2) 268頁、大杉謙一「役員の責任」江頭憲治郎編『株式会社法大系』（有斐閣、2013) 329頁。

かという点については、各取締役に監視義務がある。これは取締役会決議に基づいて代表取締役等の業務執行が行われる場合に、これに対して監視義務があるのは、その他の取締役会決議事項についてと同様である[69]。これに対して、取締役会の決定それ自体に問題があり、それに従い、必要な内部統制システムを構築されなかったり、不十分な内部統制システムが構築されたりした場合の代表取締役等の責任は、具体的な構築行為に関する責任ではなくて、取締役会構成員として適切な内容の内部統制システム構築方針を定めなかったことに関する責任であろう[70]。

4 まとめ

内部統制システムの構築義務の根拠に関しては、①業務執行取締役の適正業務執行義務に由来する側面と、②取締役会の監督機能に由来する側面がある。また内部統制システムの構築に関しては、取締役会による決定が要求されているため、内部統制システムの構築については、(a)取締役会による決定

---

66) 取締役会が何も内部統制システムについて何も決定しなかったらどうなるか。会社法制定後は、大会社は必ず取締役会ではこの問題をとりあげなくてはならないとなっているので、そういうケースは多くないが、会社法制定以前の事件では、取締役会が明示的な決定をしていない状態での、代表取締役等の内部統制システム構築義務違反が問われているものが少なくない。仮に取締役会が何も決定しなかったとしても業務執行取締役には何も責任が生じないわけではない。代表取締役をはじめとする業務執行取締役は適正に業務執行を行う義務は、取締役会決議とは無関係に存在するし、それに基づいて業務執行取締役が適切なシステムを構築すべきであったのにそれをしなかったという責任を負わされる余地は残っている。

67) 江頭・前掲注1) 473-474頁、神田・前掲注2) 231-232頁等。

68) 実際にはあまり考えられないであろうが、取締役会決議に明らかに反するシステムを作った場合には、たとえば代表取締役が取締役会の定めた限度額を超えて貸し付けをした場合と同じ扱いになり、経営判断原則によって救済される余地はない。

69) ただし通常の業務執行行為については、内部統制システムの存在を前提に、基本的にはそれを通じて監視義務を果たすのに対して、内部統制システムの構築の監視は内部統制システムを前提にすることができないという違いはある。

70) これを内部統制システム構築義務と呼ぶかどうかは言葉の問題であるが、混乱を避けるという意味では、内部統制システムの構築にかかる取締役会決議についての責任と呼んだ方がよいように思われる。

と、(b)(a)を受けた代表取締役等による構築という二段階があり、各々について異なった性格の責任を発生させる可能性がある。

V　むすび

　取締役会の監督機能、取締役の監視義務及び内部統制システムは、現在の株式会社のコーポレート・ガバナンスの中核をなす要素である。しかし、わが国においては、これらの論理関係が整理されないまま独自に発展し続けてきたきらいがある。既に述べた通り、伝統的な取締役の監視義務と内部統制システム構築義務の関係は、かなり複雑である。また、取締役会の役割が大きく変貌しつつあり、取締役会のあり方をいわゆるモニタリング・モデルの影響が現れつつある現在、それと整合的な形で取締役の監視義務及び内部統制システム構築義務を基礎付ける作業が必要である。本稿がそのような作業の前提を提供できれば幸いである。

米国における改訂版ERMが及ぼす取締役会の監督機能への影響
——資本市場法的視点から

柿﨑　環

I　はじめに
II　米国州会社法判例における取締役への監督責任追及の機能不全
III　連邦規制に基づくコーポレート・ガバナンスへの介入と補完
IV　改訂版ERM公表の経緯と概要
V　むすびに代えて——リスクマネジメント体制の確保に向けて

I　はじめに

　米国における近年の州会社法判例の動向をみると、企業不祥事をめぐる取締役の監督責任を、事後的な民事責任の追及によって認めることが極めて難しくなっている。他方、企業不祥事を防止するため、事実上、公開会社に求められる法令遵守体制の整備は、次第にその内容を深化させているように思われる。取締役会には企業の法令遵守体制の整備に対する監督義務を認めていながら州会社法判例法上の民事責任は問われないというギャップは、何故生じるのだろうか。また、最近では、法令遵守体制の整備は、広い意味でのリスク管理体制の一環として捉えられており、取締役会によるリスク管理体制の整備に対する監督のあり方が問われている。2017年にCOSOから公表された改訂版ERM[1]も、企業のリスクマネジメントのあり方にフォーカスしたフレームワークであるが、ここでは、今後の企業のリスクマネジメントについて、望ましい組織文化に支えられた企業ミッションを実現するため、戦略

的なリスクマネジメントをパフォーマンスと関連付けることで、株主だけでなく、ステークホルダーの利益を含めた企業価値全体の向上を目指すことが強調されている。そのために、取締役会の果たすリスクマネジメントに対する監督義務が改訂版ERMの20原則の最初に掲げられている。こうした民間の取組みは、取締役会の監督機能への影響という視点からみれば、連邦証券規制と州会社法制を含む米国の企業法制全体の構造的な課題に対する解決策を模索する過程から生じたものと位置付けることもできる。本稿では、かかる改訂版ERMが、米国における取締役会の監督機能に与えた影響とその資本市場的な意義を、州会社法および連邦証券規制の関係性を踏まえて紐解いてみたい。

II 米国州会社法判例における取締役への監督責任追及の機能不全

1 デラウェア州会社法の問題状況──取締役の責任免除規定と誠実義務

　米国の取締役の信認義務（fiduciary duty）は、伝統的には不法行為のネグリジェンスから導かれる注意義務（duty of care）と忠実義務（duty of loyalty）から構成されており、取締役会の意思決定に際しては、利害関係をもたない独立した取締役が、誠実に行動し、合理的な意思決定プロセスを踏んでいれば経営判断原則（business judgment rule）が適用され、たとえ過失（negligence）があっても、裁判所は判断を控え、取締役の責任は問われないとされていた[2]。ところが、1985年のSmith v. Van Gorkom事件判決において、会社の売却にあたり、十分な情報を入手しないで拙速な決定をした取締役の行動には「重大

---

1) COSO, Enterprise Risk Management-Integrating with Strategy and Performance (2017)、邦語訳については、一般社団法人日本内部監査協会＝八田進二＝橋本尚＝堀江正之＝神林比洋雄監訳『COSO全社的リスクマネジメント　戦略およびパフォーマンスとの統合』（同文舘出版、2018）を参照。
2) カーティス・J・ミルハウプト編『米国会社法』（有斐閣、2009）65頁。

な過失(gross negligence)」があるため、経営判断原則の適用はなく取締役の責任を認める判決がなされた[3]。この判決の背景には、当時の米国において、取締役会にモニタリング・モデルを採用し監督機能の強化を求めるコーポレート・ガバナンス改革の推進が影響しているものと考えられる。そのため、従来の事実認定であれば単なる過失とされ、免責されたであろう事実を厳格に評価し、「重大な過失」を認定したのではないかとの批判もあるが、取締役の意思決定プロセスにおける適切な情報入手の意義をより高めた点では評価できる。しかし、この判決は大きな衝撃をもって受け止められ、翌1986年には、デラウェア州一般会社法102条(b)(7)が改定され、たとえ重大な過失であっても免責を可能とする選択的定款条項の導入が認められた。そのため論理的には、デラウェア州会社法上の注意義務違反による取締役責任は、重大な過失があっても経営判断原則の適用があることになり、取締役の監督義務に対する損害賠償請求の追及により、取締役の過失ある行動を抑止する途は、事実上途絶えたといえる[4]。もっとも、同規定は、あくまで取締役の注意義務違反による経営判断原則の適用を阻止したものであり、忠実義務違反には適

---

[3] Smith v. Van Gorkom, 488 A. 2d. 858(Del. 1985). この判例に関する邦文の先行業績として、神崎克郎「会社の売却と取締役の注意義務」商事法務1164号(1988)36頁、近藤光男『会社経営者の過失』(弘文堂、1989)33頁以下、伊勢田道仁『取締役会制度の現代的課題』(大阪府立大学経済学部、1994)86頁以下、吉川義春「取締役の義務と責任に関する外国判例の研究(4)―米国判例(2)―」立命館法学237号(1994)252頁、近藤光男『経営判断と取締役の責任――「経営判断の法則」適用の検討』(中央経済社、1994)41頁以下、神崎克郎「会社の売却と取締役の注意義務」岸田雅雄=近藤光男=黒沼悦郎編著『アメリカ商事判例研究』(商事法務研究会、2001)102-107頁、野田博「コーポレートガバナンスにおける法の役割」柴田和史=野田博編著『会社法の現代的課題』(法政大学現代法研究所、2004)85頁以下、宮本航平「取締役の経営判断に関する注意義務違反の責任(1)」法学新報115巻5・6号(2008)71頁以下。

[4] 当時の米国の責任制限立法について言及した邦語文献として、近藤・前掲注3)『会社経営者の過失』93頁以下、同「責任制限と責任保険―米国における関に保険危機をめぐって―」『取締役の損害賠償責任』(中央経済社、1996)186頁以下、北村雅史「米国における取締役責任制限法について」法雑38巻3・4号(1992)597頁、柳明昌「アメリカ法における取締役の責任制限・責任免除」東北法学59巻2号(1995)103頁、畠田公明『コーポレート・ガバナンスにおける取締役の責任制度』(法律文化社、2002)244頁以下を参照。

用がない。さらにいえば、忠実義務違反でなくとも「不誠実」でなされた場合には責任免除が受けられないため、「重大な過失」とは異なる「不誠実」性とは何かが、以降の判例では争点となっていく[5]。

　こうした問題状況を突破する１つの契機となった判例が、取締役の監視義務の一環として法令遵守体制の整備義務を初めて明確に示した1996年のCaremark事件である[6]。それまでは、1963年のGraham判決により「取締役は、従業員の違法行為の存在を疑うべき理由がない限り、違法行為を発見するためのシステムを構築し運用するべき義務はない」とされていた。即ち、Red flagがない状況では、取締役に法令遵守体制の整備義務は認められていなかったところ、デラウェア州衡平法裁判所は、Caremark事件において、従業員による不正の疑惑の有無を問わず、「取締役が会社情報を合理的に入手すべき義務を果たすには、その前提として、合理的な情報収集・報告システムが組織内に存在することが必要」と判示した[7]。ただし、取締役の責任の認定については「取締役会が継続的または組織的に監視を怠っていた場合（たとえば、合理的な情報伝達システムの存在の確認を甚だしく怠った場合など）に限って、取締役の責任追及に必要な誠実性を欠く行為に該当する」として、原告に極めて厳しい立証責任を課す立場をとり、結果的に、同判決では取締役の責任は認められていない。

　もっとも、このCaremark事件判決のなかで示された「誠実性の欠如」という要件の判断基準が明確ではなかったため、その後に続く幾つかの判決では、その解釈が争われていく。2003年Abbott事件では、「取締役が法令違反の事

---

5) *See* Sarah Helene Duggin & Stephen M. Goldman, *Restoring Trust in Corporate Directors: The Disney standard and The "New" good Faith*, 56 Am. U. L. Rev. 211, 236－52(2006).

6) In re Caremark Int'l Inc. Deriv. Litig., 698 A. 2d 959(Del. Ch. 1996), *available at* 1996 Del. Ch. LEXIS 125. この判例に関する邦文の紹介としては、伊勢田道仁「従業員の違法行為と取締役の監視義務」商事法務1526号（1999）44頁以下、釜田薫子「内部統制システムに関する米国取締役の義務・責任―改正連邦量刑ガイドラインと判例法を参考に―」月刊監査役504号別冊附録『内部統制システムの新潮流と課題』(2005) 36頁以下。

7) Graham v. Allis-Chalmers Mfg. Co., 188 A. 2d 125(Del. 1963). *See* Stephen M. Bainbridge and Star Lopez and Benjamin Oklan, *The Convergence of Good Faith and Oversight*, 55 UCLA L. Rev. 559, 578－581(2008).

実を知りながら、長期間にわたり、組織全体として是正措置をとらない状態にあったことから、意図的な任務懈怠が認められ、「誠実性の欠如」がある」として、Caremark判決の基準をおおむね踏襲し原告の請求を認容した[8]。これに対して、Guttman v. Jen-Hsun Huang事件判決（2003年）では、Caremark事件判決は注意義務ではなく忠実義務の範疇での取締役の責任を追及した事案であることを明らかにしたうえで、原告が「取締役が自らの職責を果たしていないという事実を自覚していることを証明」した場合に責任が生じるとして、「誠実性の欠如」の内容を具体化しようとした。一方で、Disney事件判決（2006年）のように、注意義務、忠実義務以外に、誠実義務（duty of good faith）を信認義務の第3の範疇の取締役の義務とすることで、経営判断原則の適用を回避し、取締役が不作為により監督義務違反を犯した責任を不当に免れることのないようにする判例も現れた[9]。この事案は、CEOに対する巨額の退職手当の支給に際して、実質的には機能していない報酬委員会の同意のみで決定したという事実に対して取締役らの監督責任を追及した代表訴訟であったが、原審のデラウェア州衡平法裁判所では、「会社の重要な意思決定に関して『われわれはリスクには関知しない』という取締役の態度は、意識的かつ意図的にその職務を無視したといえること、即ち、十分な情報を入手せず会

---

[8] In re Abbott Laboratories Derivative Shareholders Litigation, 325 F. 3d 795 (7th Cir. 2003) *available at* 2003 U. S. App. LEXIS 5998.

[9] In re The Walt Disney Co. Derivative Litigation, 825 A. 2d 275, 278 (Del. Ch. 2003). この判例を紹介する邦語文献については、石田宣孝「会社訴訟と取締役の利害関係―ウォルトディズニー事件をめぐって」酒巻俊雄先生古稀記念『21世紀の企業法制』（商事法務、2003）64頁以下、野田・前掲注3）89頁以下、川口恭弘「経営判断原則と取締役の誠実義務」商事法務1730号（2005）31頁、メルビン・A・アイゼンバーグ（翻訳：松尾健一）「アメリカの取締役の責任」同志社大学日本会社法制研究センター編『日本会社法制への提言』（商事法務、2008）227頁以下。なお、その後の最高裁においても、当該衡平法裁判所の見解が支持されており、結果的に役員の責任は認められていない。In re The Walt Disney Co. Derivative Litigation, 906 A. 2d 27 (2006), *available at* 2006 Del. LEXIS 307. こうしたデラウェア州の信認義務の内容の変化については、海外情報「デラウェアにおける取締役の信認義務の変化」商事法務1797号（2007）42頁以下、正木義久＝野崎竜一「日米フィデューシャリー義務の変容と比較―昨年のデラウェア州判決にみる新しい考え方と日本の新会社法・信託法」商事法務1804号（2007）33頁を参照。

社にとって重要な意思決定を行ったことを自ら了解していたと評価されるため、こうした行為は経営判断原則の保護の範囲外にある」とした。デラウェア州最高裁判所も原審の判断を支持したうえで、「悪意もしくは意図的に自らの責任を無視する取締役の行為は誠実な行為とはいえない」として、これが誠実義務違反を構成する場合にはデラウェア州一般会社法102条(b)(7)の保護は受けないことを明らかにしている。こうした判例は、2002年SOX法制定による取締役の監視責任の強化の影響を受けたものと評価されている[10]。ところが、Disney事件判決後、誠実義務とは、忠実義務の範疇のなかで下位の置かれる付随的義務にすぎないとするStone判決が示された[11]。本件は、デラウェア州の銀行が、連邦銀行機密法及び資金洗浄防止法違反のために科された巨額の罰金等に対して、同社の取締役が経営上の重大な不正問題を見逃し、適切な監督体制の整備を行わなかったことを理由に株主から代表訴訟を提起された事件である。同裁判所は、デラウェア州一般会社法102条(b)(7)に基づく定款でも免責されない「誠実性」の義務違反とは、信認義務のなかの独立した第3の義務ではなく、あくまで忠実義務の付随的要素であると判示した。その結果、信認義務は、伝統的な注意義務と忠実義務から構成され、忠実義務の範疇には、取締役と会社の間に利益相反関係のない場合も包含することが確認されたことになる。忠実義務の範疇を広げれば、誠実義務を信認義務の第3の義務としなくとも、同法102条(b)(7)の免責の適用外とすることができるため、実質的な「誠実性」概念がもつ機能に変更を加える必要はない。ある論者によれば、伝統的な信認義務の構成要素を変更することにデラウェア州最高裁が躊躇したともいわれている[12]。またStone判決では、Caremark判決が示した取締役の監視責任を問う基準を踏襲しつつ、原告に必

---

10) Peri Nielsen & Claudia Main, *Company Liability after the Sarbanes-Oxley Act*, Insights, Volume 18, Number 10, 1, at 8(2004).

11) Stone v. Ritter, 911 A. 2d 362 (Del. 2006), *available at* 2006 Del. LEXIS 597. この判例の邦文紹介については、大川俊「取締役の誠実性と内部統制システム」法律論叢80巻4・5号(2008) 213頁以下。

12) Mark J. Loewenstein, *The Diverging Meaning of Good Faith*, 34 Del. J. Corp. L. 433, 443-444(2009).

要な立証とは「取締役が継続的または組織的に監視義務を怠っていたこと」すなわち、内部統制がまったくないか、内部統制があってもそれが合理的に機能していなかった場合には「誠実性」に反するとしたが、Stone事件では一定の内部統制は存在していたので、それが合理的に機能していなかったとは認められず、取締役の責任は問われていない。

　その後、Stone判決で確立された取締役の監督義務の判断基準は他の判例にも踏襲されたが、これに対して、Citigroup事件では、サブプライムローン市場への参入により巨額の損失を会社に与えた取締役に対する株主代表訴訟において、企業の事業リスク管理体制の不備に対する取締役の監督責任が問えるかが争点になった[13]。これまでの判例では、おもに不正リスクに対する法令遵守体制への監督責任が問われていたが、この事案では、事業リスクマネジメントに対する取締役会の監督責任が問題とされた。デラウェア州衡平法裁判所では、詐欺や法令遵守体制の整備に対する任務懈怠の場合とはちがい、事業リスクのマネジメントには、広く取締役の裁量が認められるとして、いわゆる経営判断原則の適用によって取締役に保護を与える方向で解釈されている。

2　取締役の任務懈怠責任と州会社法上の限界

　以上、取締役の法令遵守義務を含む監視義務を巡って、デラウェア州一般会社法上の判例の変遷を概観してきた。Caremark判決が、初めて、取締役会には法令遵守体制に対する監督義務があることを明らかにしたが、その責任の認定については、いずれの判例においても「誠実性の欠如」が要求された。そのため、たとえ忠実義務の範疇にあって同法102条の免責規定の適用を受

---

13)　In re Citigroup Inc Shareholder Derivative Litigation, 964 A. 2d 106 (Del. Ch. 2009). この判例についての詳細な分析は、南健悟「リスク管理と取締役の責任―アメリカにおけるAIG事件とCitigroup事件の比較」小樽商科大学商学討究61巻2・3号（2010）232-234頁、行澤一人「事業リスクに対する取締役の監視義務―内部統制システムにおける事業リスク管理体制とコンプライアンス（法令遵守）体制を区別することの意義―」正井章筰先生古稀祝賀『企業法の現代的課題』（成文堂、2015）543-545頁、伊勢田道仁『内部統制と会社役員の法的責任』（中央経済社、2018）56-59頁等を参照。

けないとしても、原告がこれを立証していくことは極めて困難であり、事実上、取締役には経営判断原則の適用による保護が与えられているといわざるをえない[14]。したがって、取締役の監督義務の懈怠責任を、デラウェア州一般会社法上の民事責任の追及という事後的救済によって抑止していくアプローチは、今日では、有効に機能しているとは言い難い状況にある[15]。

もとより、連邦会社法を持たない米国では、各州会社法の内容およびその解釈自体も、それを準拠法として選ぶ選択権のある企業の役員らに対して、過度な制約を課すことを嫌う傾向にある。この点は、19世紀後半から各州が法人税確保のために「どん底に向けた競争（Race to the Bottom）」といわれる各州会社法間の規制緩和競争を繰り広げた法改正の歴史が如実に物語っており、今日においても、取締役の不作為による監督責任を判例上も認めることは極めて難しい。なぜなら、それは連邦規制より各州法の自治的権限を憲法上尊重するという米国特有の法構造的な要因によるところが大きいからである。だからこそ、米国の州会社法における取締役の監視義務のあり方については、連邦証券規制との補完関係において捉えていかなければその本質を見誤ることになる。事実、次章でみるように、米国では、資本市場の規制監督主体であるSECや連邦司法省が、州会社法上の判例ならば監督責任の認定を躊躇するレベルの法令遵守体制に対しても、積極的なエンフォースメントを行うことにより、結果として州会社法判例が要求してきたレベルをはるかに凌駕するリスク管理体制の整備を企業に対して要求しており、事後的な民事責任の追及による取締役の監視義務違反の抑止効とは異なるアプローチで取締役の任務懈怠に対して牽制を加えている。

---

14) *See* Hill & McDonnell, *Reconsidering Board Oversight Duties After the Financial Crisis*, 3 Ill. L. Rev. 859(2013).
15) 飯田秀総「取締役の監視義務の損害賠償責任による動機付けの問題点」民商146巻1号（2012）33頁参照。

III 連邦規制に基づくコーポレート・ガバナンスへの介入と補完

1 司法省によるコンプライアンス・プログラムの活用と訴追延期合意等

　では、連邦規制レベルにおける法令遵守体制の整備に向けた各規制主体のアプローチとは、どのようなものであったか。米国において、法令遵守体制の整備が企業に普及し始めたのは1950年代に遡る。反トラスト法違反に対する高額の罰金刑が科された事件を契機に、反トラスト法違反を防止するための法令遵守体制が当初は注目されたが、近年では、連邦法を含む一般的な法令遵守に対応する体制の整備が求められるようになっている[16]。こうした成果をあげるため、法的要請として最も功を奏した取組みは、1984年の包括的犯罪規制法に基づいて1987年に策定された連邦量刑ガイドライン（United State Sentencing Guideline）の展開であるといえよう。

　一般的に、アメリカの連邦規制に違反する企業犯罪には高額の罰金刑が科されるが、裁判所がその量刑を判断するにあたり、一定のレベルのコンプライアンス・プログラムを備えていた企業には、量刑上の減軽を認める基準を示した連邦量刑ガイドラインが活用されている。ここでのコンプライアンス・プログラムとは、当初、企業が法令違反の予防や防止のため社内審査などの体制を整備し、実施するための自主的な取組みを指していた。もっとも1991年に当時の連邦量刑ガイドラインに組織犯罪に対する部分が追加された後、同ガイドラインのいく度かの改定によって、企業に求められるコンプライアンス・プログラムの内容が、「違法行為の防止・予防」（2004年）から「違法行為の早期発見・報告・是正プロセスの強化」（2010年）を目的とするもの

---

16) Pitt & Groskaufmanis, *Minimizing Corporate Civil and Criminal Liability: A Second Look at Corporate Codes of Conduct,* 78 Geo. L. Rev. 1559, 1580(1990). 伊勢田・前掲注13) 47頁参照。

へと変化していった[17]。具体的には、①時宜を得た自主的報告、②徹底した捜査協力、③是正措置、の要件が充たされていなければ、有効なコンプライアンス・プログラムを導入したものとして評価されず、量刑減軽の恩恵には与れないことになる。これにより、企業に対しては、将来の訴訟リスクに備え、企業内の情報ラインの透明化を図り、不正発見時の迅速な対応と改善を確保するコンプライアンス体制の整備が促されていったとみることができる。また、過去の不正を発見するだけでなく、不正リスクに早期に対応するべく精緻化していったコンプライアンス・プログラムの内容は、次第に、単に法令遵守対応のみならず、広く企業のリスクマネジメントに貢献するメカニズムを要求するものとなっていった[18]。

さらに司法省は1990年代から、一種の司法取引的な訴追手法である訴追延期合意（Deferred Prosecution Agreement）や訴追免除合意（Non-Prosecution Agreement）を採用し[19]、2005年には後述する海外腐敗行為防止法（Foreign Corrupt Practices Act、以下「FCPA」という）違反に対する訴追にも利用され、このなかで、以下に述べるように量刑ガイドラインが定めるコンプライアンス・プログラムの整備を訴追対象企業に対して要求していった。その手法とは、訴追対象企業に対して、司法省との間の合意項目を一定期間（通常2年から3年）遵守させることを条件に、訴追を延期する合意を行うものである。その合意項目の内容には、関連捜査への継続的な協力義務、量刑ガイドラインが定めるコンプライアンス・プログラムの遵守と、場合によっては独立した企業法令遵守監視者（Independent Corporate Compliance Monitor）の受け入れ、あるいは自主的監査・自主的報告等が要求される。訴追対象企業が合意条件を破った場合には、訴追延期は取り消され、制裁金が追加される。また、訴追免除合意とは、訴追延期合意の場合よりも徹底した調査協力が行われ、よ

---

17) 詳細は、柿﨑環「米国FCPA法執行にみるコンプライアンス・プログラムの資本市場法的意義」証券経営研究会編『資本市場の変貌と証券ビジネス』（日本証券経済研究所、2015）184-188頁参照。

18) 釜田・前掲注6）39-44頁参照。

19) 木目田裕＝山田将之「企業のコンプライアンス体制の確立と米国の訴追延期合意—Deferred Prosecution Agreement」商事法務1801号（2007）43-54頁参照。

り高度なコンプライアンス・プログラムの導入がなされ、それが有効に継続しているものと司法省に評価された場合に、司法省との間で結ばれる合意であるが、訴追延期合意の場合とは異なり、裁判所に起訴状の提出もされない。しかし、その場合も個人に対する責任の追及は別に行われ、近年では、むしろ適切な法令遵守体制を整えて、捜査協力も十二分に行っている訴追対象企業は免責され、個人責任の追及が強化されている。

　こうした司法省による量刑ガイドラインのコンプライアンス・プログラムを活用した司法取引的法運用の手法は、SECの法執行においても取り入れられ、SECは司法省と協調して連邦規制レベルでの民事・刑事のエンフォースメントのメカニズムを発展させていく。2015年には司法省とSECが共同所管でFCPAの法執行に対するガイダンスを公表しており、そのなかでコンプライアンス・プログラムの整備の重要性を説いている[20]。続く2016年に、司法省はFCPAの法執行に際して考慮すべき事項をパイロット・プラグラムとして公表しており[21]、2017年にはこれに修正を加えたうえで継続して適用する旨を公表している[22]。ここでも強調されているのは、FCPA違反の企業において、①自主的な申告、②徹底した調査協力、③迅速な是正措置が認められれば、利益の吐出し、没収、補償は別として、刑事訴追は行われないという原則である。ただし、そうした要件が揃っていても、①企業の上級役員による不正行為への関与、②企業が不正により相当額の利益を得ていた事実、③不正行為の蔓延の程度、④不正行為にかかわった企業の常習性、以上の要素がある場合には、有罪答弁、訴追延期合意や訴追免除合意などの手法によって解決が求められるべきであるとする。その場合には、量刑ガイドラインに基づいて罰金やその他の制裁金を支払うことになる。司法省は、この継続版

---

20)　The Criminal Division of the U. S. Department of Justice and the Enforcement Division of the U. S. Securities and Exchange Commission, A Resource Guide to the FCPA U. S. Foreign Corrupt Practices Act(2012).

21)　U. S. Department of Justice Criminal Division, The Fraud Section's Foreign Corrupt Practices Act Enforcement Plan and Guidance(April 5, 2016).

22)　DOJ, Corporate Enforcement Policy(USAM 9-47. 120)*available at*, https://www.justice.gov/criminal-fraud/file/838416/download

のパイロット・プログラムに従って、積極的にFCPA違反の法執行を域外にも適用しているのが現状である[23]。

2　SECによる法執行の展開

　一方、米国の資本市場の規制監督主体であるSECは、1934年の設立当初から公正な資本市場の機能を維持するため、企業の適正な情報開示の確保に注力しており、そのために企業ガバナンスに直接介入する法執行のあり方を模索し続けていた。もっとも、アメリカでは、企業ガバナンスについては、前述したように州会社法の専属管轄事項であり、SECによる企業ガバナンスへの口出しは、越権行為であるとの批判が当初から向けられていた[24]。この批判を払拭するために法執行の明確な根拠を求めてSECは、1977年に制定されたFCPAのなかに内部統制構築義務の規定を導入するように積極的に関与した[25]。FCPAは、その名のとおり外国公務員への賄賂行為の防止を主目的として制定されたものであったが、その実質的な機能は、贈賄に伴う簿外債務を許容する歪んだ内部統制システムの是正を狙ったものであった。そのため、FCPAは、当初の目的を超えて、SEC登録会社一般に、内部統制構築を促すSECの法執行を通じて企業ガバナンスへの関与の度合いを深める契機を与えたものと評価できる[26]。もっとも、FCPA制定に伴い内部統制構築義務を定めた34年法13条(b)(2)は、SEC登録会社に対して、内部統制の有効性を法的に確保するメカニズムまで準備していなかったため、法執行が十分に功を奏するまでには至らず、内部統制の実効性を確保するには、エンロン事件後のSOX法の制定を待たなければならなかった。2002年に成立したSOX法では、SEC登録会社には1977年FCPAに基づき内部統制が構築されていることを前

---

23) 塚本宏達＝佐藤恭平「パイロットプログラム施行後のFCPA法執行の実情―米国司法省の思惑と企業に与える影響」NO&T U. S. Law Update 第35号（2017）。

24) Malley, R. J. *Far-Reaching Equitable Remedies Under Securities Act and the Growth of Federal Corporate Law,* 17 Wm. & Mary L. Resv. 47, 52-59(1975).

25) FCPA制定の経緯とその意義については柿﨑環『内部統制の法的研究』（日本評論社、2005）30頁以下参照。

26) Wallace Timmeny, *An Overview of the FCPA,* 9 SYR. J. INT. L & COM. 235, 236 (1982).

提に、財務報告に係る内部統制の有効性を経営者に評価させ（SOX法302条）、さらにそれに対して監査人による内部統制監査を要求する（SOX法404条）フルセットの内部統制規制が、SEC登録会社に課されることとなった。ここでの「財務報告に係る内部統制」は、1992年に公表されたCOSOによる「内部統制の統合的フレームワーク」に基づいて構築・運用されることが想定されている[27]。こうしたSOX法の影響が取締役の監督責任を潜在的に高める効果をデラウェア州衡平法裁判所の判断にも及ぼしているとする論者もいる[28]。

一方、SECはFCPA違反に対する法執行についても、多様なエンフォースメント手法を取り入れていった。もともと、FCPAの制定当時、SECの法執行は、FCPAに基づき導入された34年法13条(b)(2)の内部統制規定違反に対して、もっぱら裁判所に差止命令（injunction）を求めていたが、そこでは同意審決とそれに伴う付随的救済（ancillary remedy）の内容として、監査委員会の構成員に社外取締役を増加するなどのガバナンス体制の充実に加えて、一定レベルのコンプライアンス体制の整備を要求した[29]。しかし、長期化のおそれがある差止訴訟は、資本市場における違法状態を除去する手段としては適当ではないという理由から、SECは1990年証券法執行救済・低額株改革法（Securities Enforcement Remedies and Penny Stock Reform Act）の制定により、行政処分として排除措置命令（cease and desist order）を行う権限を取得し、さらなる権限強化を図った。

もっとも、SECの法執行として最も効果が期待される民事制裁金の賦課権限については、依然として一般のSEC登録会社に対しては民事裁判による必要があった。そのため、SECは一層の権限の強化を求め、2010年金融改革法（Dodd-Frank Act、以下「DF法」という）制定に基づき、これまでブローカー・

---

[27] Management's Reports on Internal Control Over Financial Reporting and Certification of Disclosure in Exchange Act Periodic Reports, Exchange Act Release No. 47986(June 5, 2003)at 43-44.

[28] Peri Nielsen & Claudia Main, *Company Liability after the Sarbanes-Oxley Act*, Insights, Volume18, Number 10, 1(2004)at 8.

[29] 黒沼悦郎『アメリカ証券取引法〔第2版〕』（弘文堂、2004）215頁。柿﨑・前掲注25) 64-74頁以下。

ディーラー等に対象を限定されていた行政手続による民事制裁金の賦課を一般のSEC登録会社に対しても行う権限を手に入れた（DF法929P条）。この影響は甚大で、その後のSECによるFCPA違反に対する法執行手法にも大きな変化をもたらした。というのも、SECもまた、司法省の訴追延期合意や訴追免除合意という法執行手法を取り入れていたが、DF法が制定された2010年以降は、企業内で不正が発覚した場合、企業がSECの調査に協力せず、社内の是正措置が不十分であったときには、利益の吐き出しにとどまらず、高額の民事制裁金を裁判によらずに課すことが可能となり、他方で、十分なコンプライアンス・プログラムを整備し、徹底した調査協力に応じた企業との間では、同意審決や訴追延期合意を行っている。SECのこうした法執行のアプローチは、資本市場に影響を及ぼし投資家を害するおそれのある原因を早期に除外するため、SECの法執行に対して早い段階から調査協力を求める「法執行協力プログラム」の実施の一環として位置付けられている[30]。

3 連邦証券規制におけるリスク情報の開示に向けた取組み

(1) 米国の連邦証券規制における将来情報の開示規制

以上みてきたように、将来のリスク情報や企業のリスクマネジメントに対する関心が、今日ますます高まってきている。とりわけ、2008年金融危機後は、金融会社のみならず、一般の事業会社の取締役会が不正リスクへの対応を含めたリスクマネジメントに対する監督を適切に行っているかという点が、投資家や企業を取り巻くステークホルダーにとって重大な関心事となってきている。州会社法判例にみる取締役の監督責任の事後的な追及は、事実上機能不全に陥っているとしても、SECや司法省の法執行により、SEC登録会社は、巨額の課徴金や制裁金を支払う場合があることに鑑みると、投資者にとっては、投資先企業が、将来的にそうした事態に陥るリスクがないこと

---

30) *See* Report of Investigation Pursuant to Section 21(a) of the Securities Exchange Act of 1934 and Commission Statement on the Relationship of Cooperation to Agency Enforcement Decisions, Exchange Act Release No. 44969 (Oct. 23, 2001) ("Seaboard Report"), *available at*, http://www.sec.gov/litigation/investreport/34-44969.htm.

を知ることこそが、投資者の適切な投資判断に必要とされるのではないだろうか。

では、その連邦証券規制に基づくリスク情報の開示には、どのような対応がとられているだろう。もともと米国の連邦証券規制では、事実や客観的に検証可能なデータである「ハード情報」に限って、強制的な開示が求められていた。これに対して、計画や見通し、将来予測のような情報が含まれる「ソフト情報」の開示には、1970年代半ばまでは、SECや裁判所は、消極的あるいは禁止する態度をとってきた[31]。その主たる原因は、洗練されていない投資家が、実現可能性が疑問視されるような情報を過度に重視することへの懸念にある。他方で、証券市場にソフト情報がもたらされることによって、洗練された投資家であれば、自らの投資判断に影響を及ぼす情報を総合的により賢く評価できることに気が付いていく。とくに1970年代から80年代にM&Aが盛況であった時代には、資本市場に対するソフト情報の開示に対し、より一層、焦点が当てられていった。こうした将来情報の開示について、最も重要な制度は、統合開示制度(Integrated Disclosure System)の採用であったといえるが[32]、SECは、1979年に連邦証券法規則175(同時に連邦証券取引所規則3b-bも)を採択し、発行会社による財務計画などをソフト情報の開示として奨励し、そのための責任免除規定であるセーフハーバーも導入した[33]。また、SECは、将来情報の重要性を軽視しているとの批判を受けて、Regulation S-KのItem303を採択し、そのなかに、「財務状況および業績に対する経営者による討議と分析(Management's Discussion and Analysis of Financial Condition and Results of Operations、以下「MD&A」という)」を定めて、将来情報の開示を促した[34]。さらに1995年の証券民事訴訟改革法によって、将来情報に対する私訴権の行使による責任追及から免責するセーフハーバーを認めたために、将来

---

31) *See*, e. g., Gerstle v. Gamble-Skogmo, Inc., 478 F. 2d 1281, 1294(2s Cir. 1973); Securities Act Release No. 5180(1971).

32) Marc I. Steinberg, Understanding securities Law 7th edition(2018), at 153.

33) Advisory Committee on Corporate Disclosure to the Securities and Exchange Commission, Report to the House Committee on Interstate and Foreign Commerce, 95th Cong., 1st Session,(Committee Print 1977)Securities Act Release No. 6084(Jun. 25, 1979).

情報は、より一層、開示しやすい状況になってきたといえる。

(2) MD&Aの展開と限界

このように米国における将来情報の開示は、四半期および年次報告におけるMD&Aの項目を中心に行われてきた[35]。MD&Aは、当初、投資家が、経営者の目を通して企業をみることができるように、企業の過去の財務情報に関して、経営者による記述の説明を要求したものであり、過去の財務情報の背後にある諸状況を投資家に提示する意義があった。もっとも、過去の情報の説明を求めるMD&Aは、同時に一定の将来情報を示すものでもあった。事実、SECは、「MD&Aの目的の1つは、企業の収益やキャッシュフローの質や将来の変動可能性についての情報を提供するものであり、その結果、投資家は、過去のパフォーマンスが将来のパフォーマンスの指針となる可能性を確かめることができる」と指摘している[36]。したがって、MD&Aに開示が求められる将来情報の類型とは、企業の財務状況や業務成績に重大な影響を合理的な程度に与える可能性のある重要な傾向や不確実性に関する情報であるともいえる[37]。言い換えれば、経営者が、傾向や将来的な事象や状況が、将来、報告される結果や財務状況を著しく変えることになると合理的な程度に予測できるのであれば、それを開示する義務を負うことになる。投資家は予測される将来のキャッシュフローにより現在価値を測るため、現時点で、経営者は、過去の結果が将来予測されるパフォーマンスを示すものではないことを知っているなら、投資家に伝える義務を負うと説明することもできる[38]。もっとも、MD&Aが求める情報とは、あくまで過去情報にフォーカスしてお

---

34) 尾崎安央「アメリカ連邦証券法規制におけるMD&A制度の生成—経営者による財務状況と経営成果に関する討議・分析情報の開示」早法77巻3号（2002）25頁以下参照。

35) Steinberg *supra* note 32, at 351.

36) Commission Guidance Regarding Management's Discussion and Analysis of Financial Condition and Results of Operations, Release No. 34−48960(Dec. 19, 2003).

37) 17 C. F. R0 § 229. 303(a), Instruction 3(2013).

38) Tim Koller et al., Valuation: Measuring and Managing the Value of Companies 56(4th ed. 2005).

り、開示される情報は、期待される戦略ではなく、また選択された戦略計画の実施により見積られる歳入やキャッシュフローのような推測や不確実な将来情報を求めているのではない。さらにいえば、MD&Aは、ダウンサイドだけではなく、アップサイドのリスクに関する開示も求めているように解釈できるにもかかわらず、SECが示す開示指針では、ダウンサイドのリスク開示のみにフォーカスしている[39]。

また、連邦証券法では、MD&A以外にも、市場リスクに関する定性および定量情報に関しても、レギュレーションS-KのItem 305において開示が要求されている。ここでの市場リスクとは、市場の広範な要因（たとえば商品価格や利率）によって定まる資産の価格が変化するリスクのことである[40]。さらに、現在では、すべてのSEC登録会社は、主要なリスク要素と考えられるものをSECへの定期的報告書に記載しなければならない[41]。

もっとも、こうしたソフト情報に関しては、たとえセーフハーバーにより責任追及のおそれはないとしても、企業に対して投資者の投資判断の指針となる将来情報の積極的な開示を促すことは難しい。なぜなら、こうした将来情報の開示は、企業秘密や、競争戦略上の優位性を損うおそれを常に伴うからである。一方で、将来情報については、投資証券の将来のキャッシュフローを予測するうえで、極めて有用な情報であることに異論はないが、そうした情報分析の正確性を担保する体制整備を促す開示も不十分のままであったことが問題であった[42]。

---

39) Management's Discussion and Analysis of Financial Condition and Results of Operations; Certain Investment Company Disclosures, Exchange Act Release No. 34‐26831, 43 SEC Docket 1330, 1333(May 18, 1989). たとえば1989年のSECのMD&Aに関する解釈通牒では、SECは、開示が求められるおびただしい数の具体例を挙げたが、それらはすべて、ダウンサイドのリスクにかかわるものであった。

40) Zachary J. Gubler, *The Financial Innovation Process: Theory and Application,* 36 Del. J. Corp. L. 55, 62(2011).

41) SECは、2005年12月1日以降に有効になるItem 503(c)of Regulation S-Kにリスク要素開示の規則を定め、その開示様式としてItem 1A of the 10-Kを設けている。

42) *See* Nadelle Grossman, *Out of the Shadows : Requiring Strategic Management Disclosure,* 116 W. Va. L. Rev. 197, 227(2013).

(3) リスクマネジメント体制の確保に向けた開示体制

　もともと、連邦証券規制では、将来情報の開示と同様に、リスクマネジメント体制の整備に関する情報の開示にはあまり熱心とはいえなかった[43]。ところが、2008年金融危機を契機に、その重要性が指摘され、SECは、企業におけるリスクマネジメントのプロセスを取締役会が監視する役割を定め、これを開示するようSEC登録会社に求める規則を可決した[44]。SECによれば「取締役会が、リスクマネジメントのプロセスへの監督に関わっていることを示す開示は、投資者にとって重要な情報提供となる。というのは、それが、企業に降りかかる重要なリスクに対処する際の、取締役会の役割および、取締役会と上級役員間の関係をいかに企業が理解しているかを示す情報だからである。もっとも、この開示要求は、取締役会によるリスクマネジメントの監督機能に関する記述に関して、取締役会全体、独立したリスク委員会または監査委員会を通じて実施するなどの一定の柔軟性を認めている。また日々のリスクマネジメントを監視する責任者が取締役会やその委員会に対する報告方法についても検討する必要がある」とする[45]。ただし、この規則改正では、金融危機に際して批判の多かった役員の報酬規制や役員の資質等に関する開示を要求するにとどまっていた。

　その後、2016年4月13日、SECは、コンセプト・リリースとして「Business and Financial Disclosure Required by Regulation S-K」を公表した[46]。このリリースは、SECが進める連邦証券規制上の開示項目の見直しと改善の一環として公表されたものであり、多くの検討項目が含まれているが、ここでは、

---

43) 自主規制機関であるNYSEでも、取締役会のリスクマネジメントに対する監督を促す動きがある。NYSEの企業統治規則によれば、リスクマネジメントの指針を討議するという観点から監査委員会の義務と責任について社内規程を定めるよう求めている。*See*, NYSE Manual, § 303A. 07(b)(iii)(D).

44) 17 C. F. R. § 229. 407(2013).

45) Steven A. Ramirez, *Diversity and Ethics : Toward on Objective Business Compliance Function*, 49 Loy. U. Chi. L. J. 581, Proxy Disclosure Enhancements, 74 Fed. Reg. at 68, 345.

46) Business and Financial Disclosure Required by Regulation S-K, Exchange Act Release No. 77599, *available at* https://www.sec.gov/rules/concept/2016/33-10064.pdf

「リスク要素」の開示を中心にみていく。もともとItem 503(c)は、1980年改正の統合報告システムの一部として導入され、レギュレーションS-Kのサブパーツ500のなかの募集関連開示項目に含まれていたが、2005年には、リスク要素の開示義務項目は、年次報告書およびフォーム10の有価証券届出書に記載されることとなり、現在のRegulation S-KのItem 503(c)では、SEC登録会社の証券の投資を投機的または危険なものとする最も重要な要素を開示すること、かつ、その討議は、正確かつ理論的になされることが求められている。ここで示された5つのリスク要素とは、①企業の業績記録がないこと、②近年において収益性の高い事業がないこと、③財務上のポジション、④事業および計画された事業、⑤当該企業の証券を売買するマーケットがないことである。

これらの証券法に規定された5つの要素は、SECが1964年にリスク要素に関する最初のガイダンスを公表して以来、変更されていなかったが、上記のコンセプト・リリースでは、SECは、リスク要素の開示を改善する方法に焦点を当て、企業に重要な追加的開示が必要であるかについて、パブリックコメントを通じて尋ねている。たとえば、①企業がいかにリスクに取り組んでいるかについての議論を、各リスク要素に加えるか、②各リスク要素において発生する可能性およびパフォーマンスへの影響を議論したか、そのリスク評価を記載するか、③企業にとって重要なリスクとなる特定の事実や諸状況を開示してもよいか、④経営者が認識する当該リスクの順位付けをリスク要因の指標とするか、⑤最重要な10のリスク要素を特定し開示するか（ただし、開示する全リスク要素の数には制限は設けない）。こうした内容が、議論の俎上に載せられてきているのである。もっとも、その後、コンセプト・リリースを受けて、2017年10月にSECから規則改正の草案が公表されたが、今回の規則改正は、長文化あるいは複雑化しすぎて読解が困難といわれる開示文書の簡素化を図ることに主眼が置かれているようである[47]。

---

47) FAST Act Modernization and Simplification of Regulation S-K, Exchange Act Release No. 81851 (Oct. 11, 2017).

Ⅳ 改訂版ERM公表の経緯と概要

1 ERM改訂とその背景

　以上のように連邦証券規制上のリスク情報開示のあり方について様々な課題が示されるなか、2017年9月6日、COSOが2004年に公表していた「全社的リスクマネジメント―統合的フレームワーク（ERM）」を改訂した「全社的リスクマネジメント―戦略およびパフォーマンスとの統合（Enterprise Risk Management-Integrating with Strategy and Performance）」が公表された[48]。このフレームワークの主要な内容は、以下で述べるように、5つの構成要素とこれを説明する20の原則から成っている。改訂版ERMの草案は、2016年6月14日に公表されていたものの、その後の寄せられたコメントに対して約1年かけて相当丁寧な見直しを行い、公開草案時から多く点で変更が行われている。この修正の主眼は、用語の統一と表現の簡素化にあるとされるが、最終的には、改訂版ERMが取締役および上級役員層に対して訴求するように、あらゆる見直しを行ったとされる。もともと、最初に公表された2004年版ERMは、1992年に公表されたCOSOの内部統制フレームワークの第2構成要素である「リスク評価」の内容をさらに精緻化する趣旨であったとされるが、これが、当初想定していたように米国企業に普及したとは言い難かった。これには幾つかの原因が考えられる。2004年時点での米国上場会社は、ちょうどSOX法対応に注力せざるを得ない時期にあたり、ERMがCOSOの内部統制フレームワークの発展版として捉えられ、多くの企業で内部監査部門が主導する保証活動の一環として導入しようとした。そのため、ビジネスの推進・管理の改善として捉えられず、経営トップや取締役会の課題として把握されづらかったという経緯がある[49]。

---

48) 邦語訳については、日本内部監査協会ほか・前掲注1）を参照。
49) Betty Simkins and Steven A. Ramirez, *Enterprise-Wide Risk Management and Corporate Governance*, 39 Loy. U. Chi. L. J. 571, 584-86 (2008).

もともと、前述したように2002年SOX法において導入された「財務報告に係る内部統制」規定の運用についても、SECは、企業が内部統制を画一的な対応で構築・運用することを嫌って、あえて有効性評価のための指針を示さなかった。そのためSOX法に基づく新しい監督機関である公開会社会計監視委員会（Public Company Accounting Oversight Board、以下「PCAOB」という）によって、外部監査人向けのSOX法404条(b)の対応基準である監査基準2号が公表されると、経営者はこれに従って内部統制の構築等を行ったため、このことが内部統制の過重な構築・整備コスト負担をもたらした一因といわれている[50]。加えて、この監査基準2号はかなり詳細な規定であり、基準上はリスクベース・アプローチの監査を推奨するものの、将来的な訴訟リスク回避のため監査人の対応は保守的なものとならざるをえず、勢い内部統制の監査費用が増大したとされる[51]。こうした不幸な出発をしたSOX法上の内部統制制度であったため、この延長線上の概念として捉えられた2004年公表のERMについても、全社的な業務統制手続の一環としての技術的側面が重視されてしまい、当初のERMが、最も強調したかった経営トップが主導するリスクマネジメントの意義について十分に理解されたとはいえなかった。その後、さらに株式時価総額7500万ドル未満の小規模の公開会社に対しては、SOX法404条適用の費用対効果を疑問視する声が高まり、2006年の小規模公開会社諮問委員会報告では、小規模公開会社に対する404条適用免除の提言が示された[52]。もっとも、この時点では、この提言を受け入れると、米国の上場株式会社の約80％がSOX法の適用を受けないということになり、法規範の浸透性と公正性への配慮から、適用免除の道ではなく小規模会社向けの内部統制

---

50) Management's Report on Internal Control over Financial Reporting, Exchange Act Release No. 54976(Dec. 20, 2006)at 6, *available at* 2006 SEC LEXIS 3004.

51) *Id*. at 11.

52) Small Public Companies Advisory Committee, Final Report of the Advisory Committee on Smaller Public Companies to the United States Securities Exchange Commission(April 23, 2006). この報告書に関しては、町田祥弘「アメリカにおける内部統制報告制度の見直し―SECガイダンスとPCAOB監査基準の改訂について」月刊監査研究392号（2007）56頁以下参照。

を合理的に運用できる基準の策定が模索された。これに応える形で、COSOが2006年に小規模公開会社向けの評価基準を提示し、さらにSECも、2007年に小規模公開会社向けの評価ガイダンスを公表している[53]。しかしながら、これらは、ともに小規模な事業体に対して内部統制整備の手続的軽減を意図しつつも、むしろ経営層に対して内部統制の本質であるリスクマネジメントの重要性を説いたものであったが、いずれも導入当初の誤解を払拭するには至らず、SOX法制定から10年後の2012年に成立したJOBS法（Jumpstart Out Business Startups Act）により、新興成長企業に対してはIPO後の最長5年間は、SOX法404条による内部統制監査を免除する規定が置かれることとなった（JOBS法103条）。

しかしながら、2008年に世界的規模で起こった金融危機の衝撃は、あらためて不正リスクのみならず、広く企業を取り巻くあらゆるリスクに対応できる「実効性のあるリスク管理」を取締役会および最高経営責任者にとっての重要課題として考え直す契機を与えたといわれる[54]。即ち、取締役会および経営層がリスクマネジメントに十分に関与する必要性、オープンかつ透明性のある組織文化、長期と短期の利益追求のバランスをとるための補完構造、そして経営トップレベルでのクライシスマネジメントの重要性が叫ばれるようになった[55]。他方で、前述したようにSECおよび司法省が、FCPA法執行にあたり多様な手法を駆使することにより推進してきたコンプライアンス・プログラムの普及についても、自律的・自発的に不正リスクを発見し対処するためのインセンティブは、量刑や課徴金の減免という恩恵だけでは不十分であり、結局のところ「やらされ感」のあるお仕着せのコンプライアンス体制

---

53) Sarbanes-Oxley Act Section 404 Guide for Small Business, *available at* http://www.sec.gov/info/smallbus/404guide.shtml; COSO, Internal Control over Financial Reporting—Guidance for Smaller Public Companies, *available at*, http://www.coso.org/publications.htm.

54) Miller, *Oversight Liability for Risk-Management Failures at Financial Firms*, 84 S. Cal. L. Rev. 47, 87-102 (2010).

55) Eric J. Pan, *Rethinking the Board's Duty to Monitor: A Critical Assessment of the Delaware Doctrine*, 38 Fla. St. U. L. Rev. 209, 216-17 (2011).

の整備を促したところで、十分に機能するものではないとの批判もあった[56]。

　そうしてみると、望ましい組織文化に支えられた、企業の戦略と事業目標の達成にフォーカスするリスクマネジメントを提唱した本フレームワークが、この時点で改訂されたことの意義は小さくない。もとより、こうしたリスクマネジメントへの対応は、2013年に20年ぶりに公表された改訂版COSOでは当初の3つの目的のうちの一つである「財務報告の信頼性確保」を、財務報告のみならず、非財務報告の重要性にもフォーカスするなどの変更を加えた際にも強調してきたが、2013年改訂版でも、いわゆるCOSOキューブ・モデルが示す内部統制の基本的発想は当初のままであり、制定当時に掛け違えたアプローチの誤解を解くには至っていない。そのため、改訂版ERMでは、COSOの内部統制とは一線を画する別概念として、とくに経営者層および取締役会が経営課題に対処するための戦略策定と企業における中長期的パフォーマンスの向上に貢献することに焦点を絞ることにより、真に実効的なリスクマネジメントの普及を図ろうとしている。

2　改訂版ERMの変更点とその内容

　では、2004年版ERMと改訂版ERMの主要な違いはどこにあるのだろう[57]。「全社的リスクマネジメント─統合的枠組み（Enterprise Risk Management；ERM）」（2004年）において、ERMは以下のように定義されていた。「ERMとは、事業体の取締役会、経営者、その他すべての者によって遂行され、事業体の戦略策定に適用され、事業体全体にわたって適用され、事業目的の達成に関する合理的な保証を与えるため、事業体に影響を及ぼす発生可能な事象を識別し、事業体のリスク選好に応じてリスクの管理が実施できるように設計された、一つのプロセスである。」この定義からも読み取れるように、基本的には、COSOの内部統制の統合的フレームワークの5つの構成要素のうち、第2要素である「リスク評価」について、事業目的達成に向けた事業体の戦

---

56)　Todd Haugh, *The Criminalization of Compliance*, 92 Notre Dame L. Rev. 1215, 40 (2017).
57)　日本内部監査協会ほか・前掲注1) 298頁。

略的策定のために活用できるさらに精緻化されたリスクマネジメントを狙ったものとされていた。しかし、これに対して、2017年改訂版ERMでは「ERMは、組織が価値を創造し、維持し、および実現する過程において、リスクを管理するために依拠する、戦略策定ならびにパフォーマンスと統合されたカルチャー、能力、実務」とされ、強調点を明確にした極めて簡潔な定義に変更されている。すなわち、リスクと企業価値を端的に結び付け、これをERM推進の原動力としており、戦略とパフォーマンスを企業の組織文化やこれに支えられるガバナンスとの統合を図っている。

また改訂版ERMは、2013年改訂版COSOフレームワークに倣い、5つの構成要素とこれを具体的に説明する20の原則から構成されているが、COSOキューブが示すCOSOフレームワークの図式をあえて採用せず、5つの構成要素を示した2つのテープがDNAの螺旋構造のように絡み合って発展していく様子を示した新たなモデル図を採用している。従来のCOSOキューブでは、それぞれの構成要素が分断された階層になって示されていたため、3つの内部統制の目的と各構成要素が連動して機能するイメージが視覚的にも捉えづらかったが、改訂版ERMでは、その点を払拭し、各構成要素が連携し相互補完的に機能するという意味で統合された形での運用にフォーカスしている。こうした視点から企業のERMを全体として評価し、内外のステークホルダーに対して報告する場面でも活用することが期待されている[58]。

また、改訂版ERMの図のなかでは、第1の構成要素である「ガバナンスとカルチャー」、およびこれを支える第5の要素である「情報、伝達および報告」が、絡み合う一方のテープのなかに隣り合わせに配置され密接に結びついた概念として、ERM全体の基盤を支える機能を果たすことが示されている。これに対して、第2「戦略と目標設定」、第3「パフォーマンス」、第4「レビューと修正」の要素は、もう一方のテープのなかにまとめて描かれていることからわかるように、リスクマネジメントの実質として、相互に密接に連携する

---

58) 日本内部監査協会ほか・前掲注1) 75頁。*See also* Enterprise Risk Management-Integrated Framework, The Committee of Sponsoring Organizations of the Treadway Commission September 2004 "Executive Summary".

関係にあることが示されている。これらの3つの要素はCOSO内部統制フレームワークの第2要素である「リスク評価」の手法をさらに精緻化させたものであると同時に、そのアプローチは企業価値の向上に資する戦略と目標設定を重要視している。

とくに改訂版ERMは、リスクの定義を見直して、「目的達成を阻害する影響を及ぼす事象が生ずる可能性」という将来のマイナス影響を与える事象のみにフォーカスした従来の定義から「事象が発生し、戦略と事業目的の達成に影響を及ぼす可能性」と変更することで、企業のダウンサイドのリスクとアップサイドのリスクの双方を取り込むリスク評価が可能となった。これによって、企業のリスク選好の判断において、どこまでのリスクがとれるかの判断を容易に行うことができるようになり、企業価値を向上させる戦略的なリスクマネジメントの前提条件を整えたものとして評価できる。また、ERMを組織業務全体に統合させ、パフォーマンスの管理に結びつけたことで、企業価値を創造、実現、維持する視点を強調し、企業の意思決定にかかわるERMとの明確な関連付けを行っている。改訂版ERMにおいて取締役会がこれを監督する責務があることを明示している点は、本稿の目的との関係では留意しなければならない。

3　改訂版ERMの5つの構成要素

では、具体的な改訂版ERMの構成要素とその原則について、とくに取締役会による監督機能に影響を及ぼす要素とは何かという視点から概要をみていこう。

第1の構成要素は、「ガバナンスとカルチャー」である。ガバナンスとカルチャーは、ともにERMの他のすべての構成要素の基礎となるものであり、とくにガバナンスについては、取締役会の役割として、戦略的なERMを監督し、経営者による戦略と事業目的の達成を支援することを挙げている。こうした監督責任を確立する事業体の気風を醸成することの重要性を指摘しつつ、組織風土は、組織の意思決定に反映されるため、事業体にとって企業のコアバリューにコミットする望ましい組織風土をいかに醸成するかがERM全体にとって重要な鍵になると考えられている。

第2の構成要素である「戦略と目標設定」については、改訂版ERMでは、戦略と事業目標の策定プロセスを通じて、事業体の戦略計画に統合される点に焦点を当てている。組織は、およそ事業を取り巻く環境を理解することで、内外の要因とそれらがリスクに及ぼす影響を認識でき、これを前提に、戦略策定に応じてどの程度のリスクを取れるかという、リスク選好を設定する。事業環境の分析には、リスクプロファイル（想定リスクに対する複合的視点）に対する事業環境が及ぼす潜在的影響を検討する必要がある。また、事業目標を立てることで、戦略の実行が可能となり、事業体の日常活動とその優先順位を定めることができる。

　第3の構成要素である「パフォーマンス」は、今回の改訂版ERMにおいて初めて採用された要素である。改訂版ERMの草案段階では、この構成要素は「実行段階のリスク」として把握されており、実際にどのようにリスクを特定し、その重要性を評価し、優先順位をつけるのか、そしてそのリスクに対する対応策を選ぶかという一連のリスクマネジメントを精緻化することにフォーカスしていたが、改訂版では、そうしたリスク特定や評価自体が事業体の戦略や事業目的の達成をいかに支援することができるかに焦点が当たっている。一連のリスクマネジメントが、事業体の価値を増加させ、また価値の下落を最小化し、パフォーマンスに影響を与えることになるため、その変化の動向を監視し、かつリスク全体に対するポート・フォーリオの視点を策定することが求められている。

　第4の構成要素は「レビューと修正」である。これについては、従来のCOSOの構成要素の「モニタリング」に相当するものであると考えられ、現に、改訂版ERM草案では「ERMの実効性のモニタリング」という構成要素として挙げられていたが、改訂版では、あくまでERM活動の実践とそれが及ぼしたパフォーマンスへの影響をレビューすることにフォーカスしている。その際には、事業体の戦略や事業目標に重大な影響を与える変化を認識し評価して、事業体の長期的な価値の向上、さらに将来、大きな変化に直面した場合にでも価値を向上させ続けることができるERMであるかという視点から検討し、改善を追求するものである。

　第5の構成要素には「情報、伝達および報告」が挙げられている。改訂版

ERMでは、伝達を「事業体全体を通じて情報を収集し、共有する継続的反復的なプロセス」であるとしたうえで、経営者が、ERMをサポートするためには、内外にある情報源から関連情報を入手し、分析し、利用することが重要であること、その方法としてテクノロジーの活用が見逃せないことを原則18のなかで指摘している。COSOフレームワークにおいても、「情報と伝達」が構成要素の1つになっているが、改訂版ERMでは、この構成要素に「報告」が追加されている点にも注目すべきである。改訂版ERMの概念図において、第一の構成要素である「ガバナンス・カルチャー」と、第5の構成要素である「情報と伝達」が、同一のテープに合わせて描かれているが、これは、ガバナンスの中心となる取締役会が、企業のリスクマネジメントに対する監督機能を発揮するためには、その前提となる情報収集が不可欠であることの表れである。また、取締役会と経営者との間の情報伝達には、公式・非公式の手段が含まれるが、経営者から取締役会への報告が、戦略、事業目的、リスク、パフォーマンスの関連付けに焦点を当てている点に注意が必要である。とくに原則20では、「リスク、カルチャーおよびパフォーマンスを複数の階層、および全社において報告する」ことの重要性が示されており、現場レベルから報告されるリスク情報や組織文化についての変化の兆しを認識し、またリスク対応の成果がパフォーマンスにどのように反映されているかをマネジメントの上層レベルが認識することは、過去情報と潜在的早期警戒情報を関連付ける手助けになるとする。さらにこうしたリスク、カルチャー、パフォーマンスに関する報告の利用者には、社内外のステークホルダーが想定されており、その利用者の役割の重要性と関連性が原則19において指摘されている。

　以上のように改訂版ERMは、これまで連邦規制に基づく規制当局の法執行によるコンプライアンス・プログラムの整備の推進では限界があった望ましい組織文化の醸成について、適切なリスクマネジメントを行うことでパフォーマンスを向上させ、企業ミッションを実現し、企業価値を高めるという経営者層の企業家マインドに訴求するアプローチを志向している。今後、改訂版ERMが、連邦証券規制の下で、さらにリスクマネジメント体制構築「プロセス」の開示を促すアプローチの一環として機能することが期待される。

V　むすびに代えて——リスクマネジメント体制の確保に向けて

　上場会社の取締役会が担うリスクマネジメント体制の確保に向けた米国企業法制の取組みは、現在、1つの分岐点にあるように思われる。前述したように、連邦会社法をもたない連邦国家である米国では、州会社法と連邦規制との間のガバナンス問題の隘路を、連邦レベルでの多様な規制手段や柔軟な法執行による克服を目指しつつも、COSOに代表される民間レベルでの内部統制概念の深化や、ERMなどのフレームワーク策定等の取組みによって、開示内容を充実させていかざるをえない憾みがある。

　これまでみてきたようにSECや司法省などの連邦規制当局による企業の不正リスク防止、ひいてはリスク管理体制の向上に向けた取組みは、州会社法判例による取締役に対する責任追及の機能不全を補って余りある役割を果たしている。とくに度重なる連邦量刑ガイドラインの改正により、訴追企業に整備が要求されるコンプライアンス・プログラムの内容が次第に変化し、単なる不正発見のためだけでなく不正リスクに対しても早期に対処し迅速な是正措置を可能とする、広い意味でのリスクマネジメント体制の整備が要求されるようになった。SECが、これをFCPAの内部統制規定違反に対する法執行の際に付随的救済の一部として活用したことは、FCPA制定に関与したSECの当初の意図から十分に理解できる。こうした不正リスクに対応できるリスクマネジメントが企業内部に定着していけば、資本市場において不正リスクが顕在化する前に、企業自ら不正リスクを除去することで健全な資本市場機能の確保が期待できるからである。

　さらに、SOX法の制定時には、連邦証券規制がそれまで州会社法の専属管轄となっていたコーポレート・ガバナンス事項への関与を正面から担っていく。1977年にFCPAに基づき導入された内部統制構築義務に加え、SOX法では経営者による内部統制の有効性の評価と外部監査人による内部統制監査というフルセットの内部統制規定や、監査委員会における独立取締役の導入等のSEC登録会社に対するガバナンス改善に向けた直接的な規定の整備が連邦

証券規制のなかに盛り込まれていった。もっとも、SOX法に基づき有効性の評価が要求された「財務報告に係る内部統制」が依拠しているのは、厳密にいえば、1992年のCOSO内部統制フレームワークではない。もとより、SECは、資本市場の規制監督機関として、資本市場に適正な財務情報が開示され、投資家の投資判断に貢献する資本市場の公正な価格形成機能の確保をその使命としている以上、COSO内部統制の目的の1つである「財務報告の信頼性」を強調してはいたものの、同時にSOX法302条の「開示統制・手続」の整備も企業に要請していたのであるから、単に財務報告に係る内部統制のみだけでなく、非財務情報も含むあらゆるリスクに対するコントロールの体制整備を求める兆しが既にあったといえる[59]。

一方で、連邦証券規制に基づく情報開示規制の展開をみても、企業にリスク情報そのものの開示を求めるには限界があった。もとより、連邦証券規制における将来情報の開示は、過去の財務情報が、将来の投資判断を決めるうえでミスリードとなることが予想されるような事象がある場合に、これを回避するため求められたものであった。MD&Aにおける開示も、当初は投資家の財務情報に対する理解を助けるため、また経営者による企業の財務評価を伝えることで、将来の投資判断に繋げる必要性から求められ、そのなかで将来情報の開示が要求されてきた経緯がある。もっとも、将来情報の開示の性質上、たとえ責任についてセーフハーバーが認められたとしても、企業秘密の露呈やその競争優位性の喪失等の懸念から、思うように連邦証券規制上の情報開示制度の範疇には取り込めないという限界が指摘されていた。

しかし、2008年金融危機を経て、投資家は、将来キャッシュフローによる企業の現在価値を把握するうえで、過去の財務情報のみならず、ガバナンス体制の開示を始めとする、リスク情報の信頼性に一定の合理性を与えるリスクマネジメント体制の整備状況など非財務情報の重要性に焦点を当てている。というのも、現代企業のビジネスモデルの盛衰期間は著しく短縮されており、ビジネス環境が絶え間なく変化している状況においては、企業が、将

---

59) 柿﨑・前掲注25) 372頁以下、梅村悠「内部統制に関する情報開示制度の意義と正確性の確保」上智法学論集53巻3号 (2010) 101頁参照。

来のリスクをどのように評価し、戦略をたて、それを実践しているかという体制整備にかかわる十分な情報こそが、投資家にとって投資判断を行う上での重要情報となるからである。

　もっとも、近年においては、上述したコンプライアンス・プログラムをSECや司法省の法執行の一部として企業に強制しても、自律的に不正リスクや業務リスクに真摯に対処できる充分な組織文化の醸成までには至らないという壁につきあたっている。即ち、企業にコンプライアンス・プログラムの導入を求めても、それが企業価値の創造という経営インセンティブに繋がる仕組みを伴っていなければ、結局、形骸化していくおそれは否めない。外部的強制によって自律的対応を求める仕組みの矛盾は、依然として解決されない悩ましい課題なのである。そのため、これに対応できる企業内の体制整備を促進させる効果的なアプローチを模索する取組みが本格化している。

　こうした閉塞状況において、2017年に公表された改訂版ERMの取組みが、1つの解決策の糸口を与える可能性は高い。改訂版ERMは、リスクマネジメント体制の整備に対する監督を取締役会の重要な機能の一部とすることを改めて明示することで、2004年当初のERM、ひいては1992年に最初に導入されたCOSO内部統制フレームワークにおいても指摘されていたリスク評価の重要性を、経営層に訴求する形で改めて問い直す取組みと評価することもできる。改訂版ERMが強調したかったことは、リスクマネジメントの整備には、どうしても組織文化の醸成という経営者マインドの領域に踏み込まざるを得ず、望ましい組織文化が支える企業ミッションの実現を通じた企業価値の向上をリスクマネジメントと結びつける概念としてERMを整理し直す必要があったという点である。

　もとより、ERMの概念は、SOX法が焦点をあてた「財務報告」のリスクのみに対応するものではなく、2004年版の当初から、持続可能な企業の発展に貢献できる内部統制の進化系として企図されたものであった。そのためERMの構成要素において求められるガバナンスとは、企業の目的を「株主価値の最大化」とする従来の米国型ガバナンスを排して、株主を含めたステークホルダー間の適正な利益分配をもたらすガバナンスを模索することで、持続可能な企業の発展に貢献しようとしている。今後の取締役会では、こうし

た持続可能な企業発展を志向する経営に対する監督機能に最も重点を置いて取り組むことが期待される。

　1963年のGraham判決において、法令遵守体制の構築義務は、違法行為の兆候がなければ認められないとした判決から、Caremark判決まで20年あまりの歳月が必要であったが、その間、連邦規制レベルでの多様な取組みの影響を受けて「取締役の本来行うべき職務の内容が変化している」との指摘がある[60]。今後、現状の「財務報告に係る内部統制」の有効性の評価についても、改訂版ERMのリスクマネジメントを通じたリスク評価が要求され、取締役に求められる監視義務のレベルが、州会社法判例において変化する可能性は否定できない。また、リスク情報の開示についても、少なくとも、リスクマネジメントのプロセスが改訂版ERMに依拠しているかを示すようなアプローチは検討に値するだろう。

　これに対して我が国は、一国に１つの会社法をもつ法制であるものの、資本市場を活用する公開会社に求められるガバナンスのあり方を金商法と切り離して検討する傾向がある。米国の場合、逆説的にみれば、連邦証券規制と州会社法の間のガバナンス領域における管轄問題を逆手にとって、資本市場の公正な価格形成機能を確保するために公開会社のガバナンス体制を充実させるという発想が容易になったともいえる。しかし、グローバルな資本市場が支える企業社会の変化の激しさに対処しなければならない企業のガバナンスには、過去の財務情報の真実性を確保するだけでなく、将来情報としてのリスクをコントロールする機能が備わっていることが不可欠の要請となりつつある。このことは、グローバルに展開する資本市場からの影響を受ける日本の公開会社の取締役会にも当然に当てはまる喫緊の課題であるといえる。

---

60) Larry Cate Backer, *The Sarbanes-Oxley Act : Federalizing Norms for Officer, Lawyer, and Accountant Behavior*, 76 ST. John's L. Rev. 897(2002), Lyman P. Q. Johnson & Mark A. Sides, *Corporate Governance and The Sarbanes-Oxley Act : The Sarbanes-Oxley Act and Fiduciary Duties*, 30 Wm. Mitchell. L. Rev. 1149(2004).

会社法監査と金融商品取引法監査

弥永　真生

I　本稿の検討課題
II　現在の会社法監査の特異性
III　欠格事由
IV　監査人の独立性の確保
V　株主総会の位置づけ
VI　監査の規範
VII　子会社調査権など
VIII　監査報告書
IX　法令違反事実等の報告・通知
X　非財務情報に対する監査上の対応
XI　監査スケジュール
XII　おわりに

I　本稿の検討課題

　証券取引法の下での公認会計士または監査法人による監査では不十分であるという問題意識を背景として、昭和49年に株式会社の監査等に関する商法の特例に関する法律（昭和49年法律第22号）（以下、「商法特例法」という）が制定され、会計監査人監査が導入されて以来、有価証券報告書提出会社であり、かつ、会計監査人設置会社である株式会社は、商法特例法［昭和56年改正後は、さらに大会社の監査報告書に関する規則（昭和57年法務省令第26号）］（現在は、会社法および会社計算規則）に基づく会計監査人監査と証券取引法および財務諸表等の監査証明に関する省令（昭和32年大蔵省令第12号）（現在は、金融商品取引法および財務諸表等の監査証明に関する内閣府令（以下、「監査証明府

令」という））に基づく公認会計士または監査法人による監査とを受けるという二重構造になっている。

　この結果、会計監査人設置会社である有価証券報告書提出会社にとって、不必要なコストが発生し、また、監査人にとっても必ずしも必要ではない監査手続等の重複が生じているのではないかという懸念がある。また、後発事象の取扱いについて、比較制度的にはみられない、会計的には不適切な実務が容認されているという問題も観察される。すなわち、会計理論的には、後発事象は2つに分類される。すなわち、決算日後に発生した会計事象ではあるが、その実質的な原因が決算日現在において既に存在しており、決算日現在の状況に関連する会計上の判断ないし見積りをする上で、追加的またはより客観的な証拠を提供するものとして考慮しなければならない会計事象は、それが重要である限り、財務諸表の修正を行うことが必要となる（修正後発事象）のに対し、決算日後において発生し、当該事業年度の財務諸表には影響を及ぼさないが、翌事業年度以降の財務諸表に影響を及ぼす会計事象はそれが重要である限り財務諸表に注記すべき後発事象（開示後発事象）とされる[1]。それにもかかわらず、日本公認会計士協会監査・保証実務委員会報告第76号「後発事象に関する監査上の取扱い」では、「修正後発事象が会社法監査における会計監査人の監査報告書日後に発生した場合には、金融商品取引法に基づいて作成される財務諸表においては、計算書類との単一性を重視する立場から当該修正後発事象は開示後発事象に準じて取り扱うものとする。」(4.(2)①b.(a))、「計算書類の会計監査人の監査報告書日から連結計算書類の会計監査人の監査報告書日までに発生した修正後発事象は、本来連結計算書類を修正すべきものと考えられるが、計算書類との単一性を重視する立場から、開示後発事象に準じて取り扱うこととする。」(4.(2)②a.) などとされ、（少なくともほとんどの）実務はこれによっている。

　このような問題に対して、公開会社法の必要性を説かれる上村達男教授が中心となって、改訂・補正された「公開会社法要綱案」（第11案）（2007年10月17日。2010年1月10日補正）は、公開会社を「金融商品取引法第24条第1項の

---

[1] 企業会計審議会「後発事象の監査に関する解釈指針」（1983年2月14日）参照。

規定により有価証券報告書を内閣総理大臣に提出しなければならない会社をいう。」と定義したうえで（1.01）、「公開会社の会計監査は、金融商品取引法の定めるところによる。」とし（2.04）、「監査人が作成する監査報告の記載事項は、金融商品取引法上の定める監査証明（報告）制度を基礎に、会社法上の（現行）会計監査人報告記載事項との調整を図るものとする。」（2.05）という提案を行っている。また、「公認会計士又は監査法人の選任及び解任は、委員会設置会社にあっては監査委員会が、監査役設置会社にあっては監査役会が行う。」とし（3.12）、「公認会計士・監査法人は、その職務を行うに際して取締役又は執行役の職務遂行に関し、不正の行為又は法令若しくは定款に違反する重大な事実があることを発見したときは、そのことを監査役会又は監査委員会に報告しなければならない。」（3.13）、「監査役会又は監査委員会は、いつでも、公認会計士・監査法人に対して監査に関する報告を求めることができる。」（3.15）とすることも提案されている。

そこで、本稿では、有価証券報告書提出会社について、会社法監査と金融商品取引法監査とを統合する[2] アプローチと統合にあたって解決すべき課題とを概観することとする。

II　現在の会社法監査の特異性

わが国の会社法の下では、少なくとも公開会社においては、会計監査を含む業務監査は、監査役、監査役会、監査等委員会または監査委員会の任務の1つである（会社法381条1項、390条2項1号、399条の2第3項1号、404条2項

---

[2]　なお、証券取引法監査（の性質）と商法特例法監査（の性質）とは実質的に同じであると解する見解もあったが（志谷匡史「会計監査人の民事責任」税経通信55巻13号（2000）161頁、岸田雅雄『会計会社法』（中央経済社、1996）144頁。また、別府三郎「監査報告書の記載事項」蓮井良憲先生・今井宏先生古稀記念『企業監査とリスク管理の法構造』（法律文化社、1994）102頁、矢沢惇『企業会計法講義〔改訂版〕』（有斐閣、1973）37頁）、異なるという見解も有力であった（倉澤康一郎「監査機構」『現代企業法講座3　企業運営』（東京大学出版会、1985）348-349頁。また、鳥羽至英『監査基準の基礎〔第2版〕』（白桃書房、1994）135頁）。

1号。会社計算規則122条、123条、127条1号、128条2項1号、128条の2第1項1号、129条1項1号)。しかし、比較法的には、監査委員会または日本の監査役、監査役会もしくは監査等委員会に相当する会社の機関が会計監査を行い、監査報告書を作成することが要求されている例はきわめて少ない[3]。また、外部の独立した、会計および会計監査に係る専門的知識・経験を有する者（以下、外部監査人）による監査である会計監査人監査の方法および結果の相当性を監査委員会または日本の監査役、監査役会もしくは監査等委員会に相当する会社の機関が判断するという仕組みになっているという国は、さらに少ない[4]。

ところで、「公開会社法要綱案」は、「公開会社の会計監査は、公認会計士または監査法人のみが行うこととし、監査役または監査委員会はこれを行わないこととする。」こと（2.04（会計監査）に対するコメント3)、および、「監査役ないし監査委員会の役割は、公認会計士（監査法人）による会計監査の実施状況を評価し、それを支える内部統制・内部監査、さらには取締役会制度のあり方等のいわゆる統制環境の状況を評価し、公認会計士（監査法人）の選任・解任等を行うところにあり、会計監査報告主体としては性格づけない。」こと（2.05（公認会計士・監査法人の監査報告）に対するコメント2)を提案している。

たしかに、諸外国の制度を踏まえるならば、公認会計士または監査法人による会計監査がなされている場合には、監査役、監査役会、監査等委員会または監査委員会は会計監査を行わないということも立法論として十分に成り立つ——そして、このようなことが検討に値する[5]——ことはたしかである。しかし、「公開会社法要綱案」にいう「公開会社」すなわち有価証券報告書提出会社についてのみ、そのようにすべきである、または、そのようにしてよ

---

[3] 片木晴彦「株式会社監査体系と会計監査人の役割」広島法学12巻2号（1998）1頁以下。

[4] なお、本稿では、会社法という表現を、会社法という名称の法律ではなく、会社の組織・運営を規律する法律を意味するものとして用いる。したがって、会社の組織・運営を規律する規定が市民法典あるいは商法典という名称の法典などに含まれている場合にも「会社法」と表現する。

いという根拠は示されていないし、——筆者の乏しい知識と思考力では——説得力のある根拠は思いつかないところである。とりわけ、ある会社が有価証券報告書提出会社となると、監査役、監査役会、監査等委員会または監査委員会は会計監査を行わなくなり、有価証券報告書提出会社でなくなると、監査役、監査役会、監査等委員会または監査委員会「も」会計監査を行うことになるということの合理性は説明しにくいのみならず[6]、実務的にも穏当ではないのではないかという懸念が残る。

III 欠格事由

金融商品取引法193条の2第1項は、「金融商品取引所に上場されている有価証券の発行会社その他の者で政令で定めるもの……が、この法律の規定により提出する貸借対照表、損益計算書その他の財務計算に関する書類で内閣府令で定めるもの（……財務計算に関する書類……）には、その者と特別の利害関係のない公認会計士又は監査法人の監査証明を受けなければならない。」と定め、同条4項は、「特別の利害関係とは、公認会計士又は監査法人が財務計算に関する書類を提出する者及び内部統制報告書を提出する者との間に有する公認会計士法第24条……、第24条の2……、第24条の3……、第34条の11第1項又は第34条の11の2第1項若しくは第2項に規定する関係及び公認会計士又は監査法人がその者に対し株主若しくは出資者として有する関係又はその者の事業若しくは財産経理に関して有する関係で、内閣総理大臣が公益又は投資者保護のため必要かつ適当であると認めて内閣府令で定めるものをいう。」と定めている。そして、同条4項の委任に基づき監査証明府

---

[5] 会計監査人設置会社においては、監査役、監査役会、監査等委員会または監査委員会がみずから会計監査を行う実益はないし、また、会計監査人の方が監査役等より会計および会計監査の知見および経験を有しているのが通常なのだから、会計監査人の監査の方法および結果の相当性について意見を述べる必要はない、あるいは適当ではないという考え方であると推測される。

[6] 有価証券報告書提出会社についてこそ、重層的な安全装置が必要であり、また、そのためのコストをかけさせてよいのではないかという見方が可能だからである。

令 2 条に定め（公認会計士法施行令を参照している規定が多い）が設けられているほか、公認会計士法の委任に基づき公認会計士法施行令 7 条および15条などに、公認会計士法または公認会計士法施行令の委任に基づき公認会計士法施行規則に、それぞれ、関連する定めが設けられている。

他方、会社法337条 3 項は、①公認会計士法の規定により、計算書類について監査をすることができない者、②株式会社の子会社もしくはその取締役、会計参与、監査役もしくは執行役から[7]公認会計士もしくは監査法人の業務以外の業務により継続的な報酬を受けている者またはその配偶者、および、③監査法人でその社員の半数以上が②に該当する者であるものは、会計監査人となることができないとしている[8]。

このように、金融商品取引法と会社法とでは、公認会計士法の規定により監査をすることができない者が金融商品取引法上の監査人または会計監査人となることができない点では共通するものの、その他の欠格事由については、差異が存在する。このような差異が合理的なものであるかどうかはともかく、会社法337条 3 項 2 号および 3 号に相当する欠格事由は、法令の改正がない限り、金融商品取引法上は適用されないので、「公認会計士・監査法人が、会社その他の者と特別の利害関係のない者でなければならない、といった金融商品取引法上の規律（証取法193条の 2 第 1 項・ 2 項）はそのままこの法律上の意義を有することになる（会計監査人の独立性に関する規定――会社法337条 3 項も不要となる）」（「公開会社法要綱案」2.04（会計監査）に対するコメント 2 ）と単純に割り切って、「公開会社において、……会計監査とは、金融商品取引法193条の 2 が定める公認会計士・監査法人による金融商品取引法監査を意

---

[7] 公認会計士法施行令 7 条 1 項 6 号は、「公認会計士又はその配偶者が、被監査会社等から税理士業務……その他〔公認会計士――引用者〕法第 2 条第 1 項及び第 2 項の業務以外の業務により継続的な報酬を受けている場合」を定めているが、「被監査会社等」とは「当該財務書類につき監査又は証明を受けようとする会社その他の者」（同施行令 7 条 1 項 1 号）をいうから、会社法337条 3 項 2 号に比べると範囲は狭い。

[8] ②および③のような欠格事由が定められた背景には、公認会計士と税理士との間の職域問題があった。詳細については、たとえば、弥永真生『監査人の外観的独立性』（商事法務、2002）95頁参照。

味し、これが、基本的に公開会社法の下での外部監査制度として認識される」こととすること（「公開会社法要綱案」2.04（会計監査）に対するコメント1）には障壁があると考えられる。

IV　監査人の独立性の確保

　会社法は、株主総会に提出する会計監査人の選任および解任ならびに会計監査人を再任しないことに関する議案の内容の決定は監査役、監査役会、監査等委員会または監査委員会の職務とされている（344条、399条の2第3項2号、404条2項2号）。そして、会計監査人の任期は、選任後1年以内に終了する事業年度のうち最終のものに関する定時株主総会の終結の時までとされているものの（338条1項）、会計監査人は、同条1項の定時株主総会において別段の決議がされなかったときは、当該定時株主総会において再任されたものとみなすとされている（338条2項）。したがって、解任または不再任の議案が提出されない限り、再任されたものとみなされるわけである。

　これらによって、取締役や執行役が会計監査人の解任または不再任の議案を株主総会に提出することはできないことになり、会計監査人の経営者（取締役や執行役）からの独立性が担保されることを会社法は期待している。また、取締役は、会計監査人または一時会計監査人の職務を行うべき者の報酬等を定める場合には、監査役（監査役が2人以上ある場合には、その過半数。監査役会設置会社では監査役会、監査等委員会設置会社では監査等委員会、指名委員会等設置会社では監査委員会）の同意を得なければならないものと定められている（会社法399条）。これにより、十分な監査が行われることを確保するのみならず、監査人の独立性を担保しようとしている。もっとも、監査役、監査等委員または監査委員が取締役・執行役から精神的に独立していなければ、これらの仕組みによって会計監査人の独立性を十分に担保することはできないので、会計監査人は、会計監査人の選任、解任もしくは不再任または辞任について、株主総会に出席して意見を述べることができ、会計監査人を辞任し、または株主総会の決議によらずに（会社法340条1項の規定により）解任された者は、辞任後または解任後最初に招集される株主総会に出席して、辞任

した旨およびその理由または解任についての意見を述べることができるものとされている（会社法345条5項・1項・2項）[9]。また、監査役、監査役会、監査等委員会または監査委員会が会計監査人を解任したときは、監査役（監査役が2人以上ある場合には、監査役の互選によって定めた監査役、監査役会設置会社では監査役会が選定した監査役、監査等委員会設置会社では監査等委員会が選定した監査等委員、指名委員会等設置会社では監査委員会が選定した監査委員会の委員）は、その旨および解任の理由を解任後最初に招集される株主総会に報告しなければならないとされ（会社法340条2項から6項）、監査役等による解任の正当さが株主総会による監視にさらされるようになっている。

これに対して、金融商品取引法と会社法の守備範囲のすみ分けを図るためか、金融商品取引法は、監査人の独立性を担保するための手当て（任期、選任、解任、報酬など）を全く施していない。もっとも、たとえば、東京証券取引所の有価証券上場規程438条が、「上場内国株券の発行者は、当該発行者の会計監査人を、有価証券報告書又は四半期報告書に記載される財務諸表等又は四半期財務諸表等の監査証明等を行う公認会計士等として選任するものとする。」と定めていることにより、会社法上、会計監査人の地位を保障することが金融商品取引法上の監査人の地位を保障することにつながっている。

「公開会社法要綱案」では、「公開会社において、情報開示制度は金融商品取引法上の情報開示制度により、会計制度も金融商品取引法上の財務諸表制度等による以上、ここで会計監査とは、金融商品取引法193条の2が定める公認会計士・監査法人による金融商品取引法監査を意味し、これが、基本的に公開会社法の下での外部監査制度として認識される。したがって、公開会社における会計監査の担い手は、公認会計士または監査法人であり、これを会計監査人という会社法上の用語に翻訳する必要はない。」と指摘されているが（2.04（会計監査）に対するコメント1）、会計監査人という会社法上の概念

---

[9] なお、取締役は、会計監査人を辞任し、または会社法340条1項の規定により解任された者に、辞任後または解任後最初に招集される株主総会を招集する旨および会社法298条第1項第1号に掲げる事項を通知しなければならない（会社法345条5項・3項）とされており、会計監査人を辞任し、または会社法340条1項の規定により解任された者に、意見陳述の機会を保障している。

を用いることによって、――金融商品取引法が用意していない――監査人の精神的独立性を担保するための仕組みを会社法は用意しているという点を見逃してはならないと思われる。

たしかに、「公開会社法要綱案」でも、「公認会計士又は監査法人の選任及び解任は、委員会設置会社にあっては監査委員会が、監査役設置会社にあっては監査役会が行う。」としており、これは、現在の会社法の規律に近いとみることもできるが(3.12(公認会計士・監査法人の選任及び解任))、コメント2では、「公認会計士または監査法人の任期については、監査契約およびローテーション制によることとするが、これに関する金融商品取引法の扱いを踏まえて、監査委員会ないし監査役会がその判断を行う。」としており、現在の会社法338条1項および2項の規律の下に比べ、監査人の立場が不安定なものとなるおそれがある[10]。監査役、監査等委員または監査委員の経営者からの独立性が不十分である場合やそもそも監査役等自体が会社の計算(財務報告)の信頼性確保に消極的である場合に備えた安全策が提示されていない(株主総会の場にさらされることなく、解任・不再任を行うことができる)という点が気になる[11]。

V 株主総会の位置づけ

Ⅳでみたように、会計監査人の独立性の確保に株主総会が一定の役割を果たすことが期待されているが、会社法の下では、株主総会には、株主が会計監査人から情報提供を受ける場としての意義も認められる[12]。すなわち、計算関係書類が法令または定款に適合するかどうか[13]について会計監査人が監査役(監査役会設置会社においては監査役会または監査役、監査等委員会設置会社においては監査等委員会または監査等委員、指名委員会等設置会社においては監査委員会またはその委員)と意見を異にするときは、会計監査人(会計監査人が監査法人である場合には、その職務を行うべき社員)は、定時株主総会に出席して

---

10) しかし、「公開会社法要綱案」では、このような提言を行っている根拠は明らかにされていない。

意見を述べることができる(会社法398条1項3項・4項・5項)。また、定時株主総会において会計監査人の出席を求める決議があったときは、会計監査人(会計監査人が監査法人である場合には、その職務を行うべき社員)は、定時株主総会に出席して意見を述べなければならない(会社法398条2項)。

他方、金融商品取引法の下では、公認会計士または監査法人と投資者(株主等)との間の(双方向的)コミュニケーションの仕組みは用意されていない。そうだとすれば、「公開会社法要綱案」のように「公開会社の会計監査は、金

---

11) なお、金融商品取引法の下では、開示により、不適切な監査人の交代を思いとどまらせようとしていると推測される。すなわち、監査公認会計士等の異動が提出会社の業務執行を決定する機関により決定された場合または監査公認会計士等の異動があった場合(臨時報告書を既に提出した場合を除く)には臨時報告書を提出しなければならないが、監査公認会計士等であった者が監査公認会計士等でなくなる場合には、(1)異動監査公認会計士等が直近において監査公認会計士等となった年月日、(2)異動監査公認会計士等が作成した監査報告書等(提出会社が直近3年間に提出した財務計算に関する書類に係る監査報告書、中間監査報告書、四半期レビュー報告書、内部統制報告書に係る内部統制監査報告書)において、除外事項を付した限定付適正意見/結論、不適正意見/否定的結論、意見または結論の表明をしない旨およびその理由の記載がある場合には、その旨およびその内容、(3)異動の決定または異動に至った理由および経緯、(4)(3)の理由および経緯に対する監査報告書等の記載事項に係る異動監査公認会計士等の意見、および、(5)異動監査公認会計士等が(4)の意見を表明しない場合には、その旨およびその理由(提出会社が異動監査公認会計士等に対し、(4)の意見の表明を求めるために講じた措置の内容を含む)を記載しなければならない(企業内容等の開示に関する内閣府令19条2項9号の4ハ)。また、有価証券報告書等に、直近2連結会計年度において監査公認会計士等の異動があった場合には、その旨を記載し、当該異動について臨時報告書を提出した場合には、当該臨時報告書に記載した事項(上記(2)から(5)についてはその概要)も記載することが求められている(有価証券報告書等の様式の「経理の状況」に関する記載上の注意)。

12) 大隅健一郎=今井宏『会社法論〔第3版〕中巻』(有斐閣、1992)340-341頁、味村治=加藤一昶『改正商法及び監査特例法等の解説』(法曹会、1977)273頁参照。

13) 法令・定款適合性と適正性との関係については議論があるが、たとえば、川島いづみ「398条」酒巻俊雄=龍田節編集代表『逐条解説会社法 第5巻』(中央経済社、2011)186頁、山田純子「398条」岩原紳作編『会社法コンメンタール9』(商事法務、2014)36-37頁、久保大作「398条」江頭憲治郎=中村直人編『論点体系 会社法3』(第一法規、2012)342-343頁など参照。

融商品取引法の定めるところによる。」(2.04) としたのでは、――金融商品取引法で公認会計士または監査法人の株主総会への出席義務や意見陳述義務または報告もしくは意見陳述の権限を定めることは不自然であることも考慮すると――株主が会計監査人から情報提供を受ける機会を奪うことになるが、それを正当化できる根拠は見当たらないように思われる。

VI 監査の規範

金融商品取引法に基づく監査については、金融商品取引法193条の2第5項が「監査証明は、内閣府令で定める基準及び手続によつて、これを行わなければならない。」と定め、これをうけて、監査証明府令が「監査報告書、中間監査報告書又は四半期レビュー報告書は、一般に公正妥当と認められる監査に関する基準及び慣行に従つて実施された監査、中間監査又は四半期レビューの結果に基いて作成されなければならない。」と定めており（同府令3条2項）、金融庁組織令24条1項に規定する企業会計審議会により公表された監査基準、中間監査基準、監査に関する品質管理基準、四半期レビュー基準および監査における不正リスク対応基準が、ここでいう「一般に公正妥当と認められる監査に関する基準」に該当するものとされている（同府令3条3項）[14]。ただし、監査における不正リスク対応基準は、監査証明を受けようとする者がその発行する有価証券が上場有価証券または店頭登録有価証券に該当することにより有価証券報告書を提出しなければならない会社またはその発行する有価証券はその発行する有価証券が上場有価証券または店頭登録有価証券に該当しないが有価証券報告書を提出しなければならない会社（最

---

14) このリストは限定列挙ではなく、監査証明府令3条3項1号から5号までに掲げられた企業会計審議会が公表した基準のみならず、日本公認会計士協会が公表した実務指針（監査基準委員会報告書など）も「一般に公正妥当と認められる監査に関する基準」に該当しうると解されている。「監査基準とこれを具体化した日本公認会計士協会の指針により、我が国における一般に公正妥当と認められる監査の基準の体系とすることが適切と判断した。」（企業会計審議会「監査基準の改訂について」（平成14年1月25日）前文、二、2）。

終事業年度に係る貸借対照表に資本金として計上した額が5億円未満または最終事業年度に係る損益計算書による売上高（事業収益および営業収益その他これに準ずるものを含む）の額もしくは直近3年間に終了した各事業年度に係る損益計算書による売上高の額の合計額を3で除して得た額のうちいずれか大きい方の額が10億円未満であり、かつ、最終事業年度に係る貸借対照表の負債の部に計上した額の合計額が200億円未満である会社を除く。）のいずれかに該当する者であるときに限り、適用されるものとされており（同府令3条4項）、適用される場合に限り、「一般に公正妥当と認められる監査に関する基準」に該当するものとされている。

　他方、会社法上の会計監査人による監査については、どのような監査の規範に従うべきかは、会社法においても会社計算規則においても明示されておらず、解釈に委ねられている。企業会計審議会「監査基準の改訂について」（平成14年1月25日）の前文二の3では、「改訂基準における監査の目的が示す枠組み及びこれから引き出されたそれぞれの基準は、証券取引法に基づく監査のみならず、株式会社の監査等に関する商法の特例に関する法律に基づく監査など、財務諸表の種類や意見として表明すべき事項を異にする監査も含め、公認会計士監査のすべてに共通するものである。」と述べられているが、企業会計審議会の位置づけからすれば、――きわめて有力な解釈であるものの――これのみを根拠に、金融商品取引法上の「一般に公正妥当と認められる監査に関する基準及び慣行」に従って、会計監査人監査を実施することを会社法が要求していると直ちに解釈することができるわけではない[15]。もっとも、日本公認会計士協会が公表している監査報告書のひな型[16]に沿って、会計監査人は会計監査報告を作成しているのが通例であるところ、そこに含まれる文例には[17]「我が国において一般に公正妥当と認められる監査の基準に準拠して監査を行った。」という一文が含まれているため、現実には、金融商品取引法の下での「一般に公正妥当と認められる監査に関する基準」に従って、会計監査人監査も行われていると考えられるし[18]、「一般に公正妥当と認められる監査に関する基準」に従わない監査を行うことは会計監査人の任務懈怠と評価されることになるのはやむを得ない（禁反言）[19]。会社法は、金融商品取引法の下での監査と異なる基準によって会計監査人監査をすることを

要求しておらず、金融商品取引法の下で規範性が認められていることに鑑みると、被監査会社と会計監査人との間で金融商品取引法の下での「一般に公正妥当と認められる監査に関する基準」に従って監査を行う旨合意した場合に、それを会社法上、認めないという理由はないであろう[20]。

---

15) もっとも、たとえば、森本教授は、「会計監査人の任務懈怠の有無は、会計に関する職業的専門家として通常実施すべき監査手続を行っていたかどうか、得られた監査証拠に基づいて通常の専門家として合理的な意見形成を行ったか否かによって判断される。」と述べられている(森本滋「423条」前掲注13)『会社法コンメンタール9』277頁)。また、松井秀樹「会計監査人の権限と責任」江頭憲治郎＝門口正人編集代表『会社法大系 第3巻』(青林書院、2008) 323頁は、「会社法の会計監査において会計監査人の任務懈怠の判断にあたっても重要な判断基準となると考えられる。」と述べる。また、近藤光男「会計監査人の会社に対する責任」判例評論395号(1992) 180頁は、「有限会社における任意監査であるからといって」、監査基準・監査報告準則のような「監査に関する一般的な原則があてはまらないことにはならないと考えられる。」とし、末永敏和「監査役監査と外部監査」前掲注2)『企業監査とリスク管理の法構造』7頁は、「監査基準や監査準則は……会計監査人による大会社の監査の基準としても妥当すると考えられている。」と指摘する。さらに、かつて、証券取引法監査の場合には、おおむね監査実施準則に基づく監査を行えば、過失がないことを立証できると解されていたが(渡辺豊樹ほか『改正証券取引法の解説』(商事法務研究会、1971) 69頁、河本一郎＝神崎克郎『問答式改正証券取引法の解説』(中央経済社、1971) 111-112頁、土肥東一郎「投資者保護と公認会計士の社会的責任」企業会計23巻6号(1971) 32頁など)、龍田教授は、「商法監査においてもとくに違った監査手続が要求されるわけではなく、ほぼ同様に解してよかろう。」と指摘されていた(龍田節「商特10条」上柳克郎＝鴻常夫＝竹内昭夫編『新版注釈会社法(6)』(有斐閣、1987) 578頁)。なお、日本公認会計士協会監査委員会「商法監査の監査手続について」(1975年4月)は、「商法監査における監査手続も……監査基準・監査実施準則に準拠して実施すべきものと思料する。」と、一歩踏み込んだ見解を示していた(これに対しては、たとえば、安達巧『会計基準の法的位置づけ』(税務経理協会、2004) 84-85頁が批判を強く加えている)。

16) 日本公認会計士協会監査・保証実務委員会実務指針第85号「監査報告書の文例」。また、別府・前掲注2) 102頁、河村博文「会計監査人の監査報告書」蓮井良憲先生還暦記念『改正会社法の研究』(法律文化社、1984) 461頁以下、北村信彦「会計監査人の監査報告書」税経通信41巻10号(1986) 213頁以下、倉澤康一郎「監査報告書と決算の確定」企業会計39巻7号(1987) 118-119頁、広瀬義州「監査報告書における意見表明の意味」商事法務1277号(1992) 2頁以下なども参照。

17) 平成28年2月26日改正後のものでは、会社法監査に係る文例7または文例8。

このように考えると、監査実施の基準との関係では、金融商品取引法上の監査報告書と会計監査報告との統合に障壁はないというべきであろう。

VII　子会社調査権など

会社法は、会計監査人は、いつでも、会計帳簿またはこれに関する資料が書面をもって作成されているときは、当該書面、会計帳簿またはこれに関する資料が電磁的記録をもって作成されているときは、当該電磁的記録に記録された事項を法務省令で定める方法により表示したものの閲覧および謄写をし、または取締役（指名委員会等設置会社の場合はさらに執行役）および会計参与ならびに支配人その他の使用人に対し、会計に関する報告を求めることができると定める（396条2項・6項）。また、会計監査人は、その職務を行うため必要があるときは、会計監査人設置会社の子会社に対して会計に関する報告を求め、または会計監査人設置会社もしくはその子会社の業務および財産の状況の調査をすることができるとされている（396条3項）。

これに対して、金融商品取引法は、監査人である公認会計士または監査法

---

18) 任意監査についてであるが、龍田教授は、「特別の合意が（黙示的にせよ）ない場合には、監査基準・準則に盛られた監査手続による監査の依頼があり、監査人はそれを引き受けたと考えるほかない。」とされ（龍田節「有限会社の任意監査人の責任」商事法務1249号（1991）58頁）、倉澤教授も「特約のないかぎり、公認会計士として行わなければならない『監査』のスタンダードにもとづいて監査」をすることが依頼の趣旨であると考えられるとされる（倉澤康一郎「監査人に対する社会的期待とその責任」監査役291号（1991）8頁）。

19) なお、会計監査人であった監査法人に対する、債務不履行に基づく損害賠償請求が認容された大阪地判平成20年4月18日金判1294号10頁では、『監査基準』に言及し、「通常実施すべき監査手続」が行われていないことが根拠とされている。

20) また、監査証明府令3条3項5号では、「監査における不正リスク対応基準」は一定の会社については「一般に公正妥当と認められる監査に関する基準」に該当しないとされているが、これは、社会的影響度が相対的に低い会社の負担軽減を狙いとするものであり、――会社法上も金融商品取引法上も――監査人と被監査会社との合意により、「監査における不正リスク対応基準」に従った監査を行うことを約することは妨げられないと解すべきであろう。

人にそのような権限を認めておらず、監査人は被監査会社との監査契約に基づいて、被監査会社の会計帳簿資料の閲覧・謄写を行い、被監査会社の取締役(指名委員会等設置会社の場合はさらに執行役)および会計参与ならびに支配人その他の使用人に対し、会計に関する報告を求め、被監査会社の業務および財産の状況を調査することになる。そして、やはり、監査契約に基づいて、被監査会社の子会社に対して会計に関する報告を求め、またはその業務および財産の状況の調査をするにつき、被監査会社に協力を求めることができるにとどまる。すなわち、金融商品取引法の下では、監査人は被監査会社の子会社に対して報告請求権や業務財産調査権を有するわけではなく、あくまで、お願いするだけという立場にあり、被監査会社が子会社に対して、監査人の依頼に応えるよう働きかけるというレベルにとどまる。

このように考えると、「公開会社法要綱案」のように「公開会社の会計監査は、金融商品取引法の定めるところによる。」(2.04)とするよりは、会計監査人制度を軸とした方が自然な仕組みであるということができそうである。なぜなら、金融商品取引法の定めによって、有価証券報告書提出会社の子会社に何らかの義務を課すことが可能なのか、監査人の被監査会社およびその役職員に対する権限を定めることができるのかという難問があるからである[21]。金融商品取引法が市場法であり、私人間の権利義務関係を定める私法ではないと位置づけられるのであれば、このような定めを金融商品取引法に置くことは場違いということになろう。

VIII 監査報告書

金融商品取引法の下での監査報告書の記載事項は、金融商品取引法193条の2による委任に基づき、企業会計審議会『監査基準』などを踏まえて、監査証明府令が規定している。たとえば、監査報告書には、作成の年月日のほか、監査の対象[22]、経営者の責任[23]、監査を実施した公認会計士または監査

---

21) 「公開会社法要綱案」は公認会計士または監査法人の子会社に対する報告徴求または業務財産調査についてはふれていない。

法人の責任[24]、監査の対象となった財務諸表等が、一般に公正妥当と認められる企業会計の基準に準拠して、当該財務諸表等に係る事業年度（連結財務諸表の場合には、連結会計年度）の財政状態、経営成績及びキャッシュ・フローの状況を全ての重要な点において適正に表示しているかどうかについての意見、追記情報[25]、ならびに、公認会計士法25条2項（公認会計士法16条の2第6項および34条の12第3項において準用する場合を含む）[26] の規定により明示すべき利害関係を記載しなければならないものとされている（監査証明府令4条1項1号）。そして、意見を表明する場合には、①無限定適正意見（監査の対象となった財務諸表等が、一般に公正妥当と認められる企業会計の基準に準拠して、当該財務諸表等に係る事業年度の財政状態、経営成績及びキャッシュ・フローの状況を全ての重要な点において適正に表示していると認められる旨）、②除外事

---

22) 監査の対象となった財務諸表等の範囲について記載する（監査証明府令4条3項）。
23) 財務諸表等の作成責任は経営者にあること、および、財務諸表等に重要な虚偽の表示がないように内部統制を整備および運用する責任は経営者にあることについて記載する（監査証明府令4条4項）。
24) 監査を実施した公認会計士または監査法人の責任は独立の立場から財務諸表等に対する意見を表明することにあること、監査が一般に公正妥当と認められる監査の基準に準拠して行われた旨、監査の基準は監査を実施した公認会計士または監査法人に財務諸表等に重要な虚偽の表示がないかどうかの合理的な保証を得ることを求めていること、監査は財務諸表項目に関する監査証拠を得るための手続を含むこと、監査は経営者が採用した会計方針およびその適用方法ならびに経営者によって行われた見積りの評価も含め全体として財務諸表等の表示を検討していること、監査手続の選択および適用は監査を実施した公認会計士または監査法人の判断によること、財務諸表監査の目的は、内部統制の有効性について意見を表明するためのものではないこと、および、監査の結果として入手した監査証拠が意見表明の基礎を与える十分かつ適切なものであることについて記載する（監査証明府令4条5項）。
25) 継続企業の前提に関する注記（財務諸表等規則8条の27または連結財務諸表規則15条の22の規定による注記）に係る事項および会計方針の変更、重要な偶発事象、重要な後発事象等で、監査を実施した公認会計士または監査法人が強調し、または説明することが適当と判断した事項について区分して記載する（監査証明府令4条7項）。
26) 「公認会計士は、会社その他の者の財務書類について証明をする場合には、当該会社その他の者と利害関係を有するか否か、及び利害関係を有するときはその内容その他の内閣府令で定める事項を証明書に明示しなければならない。」。

項を付した限定付適正意見（監査の対象となった財務諸表等が、除外事項を除き一般に公正妥当と認められる企業会計の基準に準拠して、当該財務諸表等に係る事業年度の財政状態、経営成績及びキャッシュ・フローの状況を全ての重要な点において適正に表示していると認められる旨並びに除外事項及び当該除外事項が当該財務諸表等に与えている影響又は実施できなかつた重要な監査手続及び当該事実が影響する事項）または③不適正意見（監査の対象となった財務諸表等が不適正である旨及びその理由）のいずれかを記載するものとされている（監査証明府令4条6項）。

　これに対して、会社法上の会計監査報告には、会計監査人の監査の方法およびその内容、計算関係書類が当該株式会社の財産および損益の状況を全ての重要な点において適正に表示しているかどうかについての意見があるときは、その意見、意見がないときはその旨およびその理由、追記情報、ならびに会計監査報告を作成した日を記載すれば足りることとされている（会社計算規則126条1項）。そして、無限定適正意見であるときは、「監査の対象となった計算関係書類が一般に公正妥当と認められる企業会計の慣行に準拠して、当該計算関係書類に係る期間の財産及び損益の状況を全ての重要な点において適正に表示していると認められる旨」、除外事項を付した限定付適正意見であるときは、「監査の対象となった計算関係書類が除外事項を除き一般に公正妥当と認められる企業会計の慣行に準拠して、当該計算関係書類に係る期間の財産及び損益の状況を全ての重要な点において適正に表示していると認められる旨並びに除外事項」、不適正意見であるときは、「監査の対象となった計算関係書類が不適正である旨及びその理由」を記載すべきこととされている（会社計算規則126条1項2号イからハ）。なお、継続企業の前提に関する注記に係る事項、会計方針の変更、重要な偶発事象、重要な後発事象その他の事項のうち、会計監査人の判断に関して説明を付す必要がある事項または計算関係書類の内容のうち強調する必要がある事項を追記情報とするとされている（会社計算規則126条2項）。

　これらの要求事項を比較すると、監査証明府令で要求されている事項を含む監査報告書は会社計算規則が定める会計監査報告に関する要求事項を満たしており[27]、他方、会計監査報告には、会社法126条に規定された事項以外の

事項も記載できると解されているから[28]、金融商品取引法上の監査報告書をもって会社法上の会計監査報告とすることができる。したがって、この点では、金融商品取引法上の監査報告書と会計監査報告との統合に障壁はない。

IX　法令違反事実等の報告・通知

　会社法の下で、会計監査人は、その職務を行うに際して取締役（指名委員会等設置会社においては執行役または取締役）の職務の執行に関し不正の行為又は法令若しくは定款に違反する重大な事実があることを発見したときは、遅滞なく、これを監査役（監査役会設置会社においては監査役会、監査等委員会設置会社においては監査等委員会、指名委員会等設置会社においては監査委員会）に報告しなければならない（会社法397条1項・3項・4項・5項）。ここでいう「不正の行為又は法令若しくは定款に違反する重大な事実」は、会計に係るものに限られない[29]。また、監査役（監査等委員会設置会社においては監査等委員会が選定した監査等委員、指名委員会等設置会社においては監査委員会が選定した監査委員会の委員）は、その職務を行うため必要があるときは、会計監査人に対し、その監査に関する報告を求めることができる（会社法397条2項・4項・5項）。

---

27)　会社計算規則126条1項2号括弧書きが「当該意見が次のイからハまでに掲げる意見である場合にあっては」と規定していることから（このような規定が設けられた趣旨については、相澤哲＝和久友子「新会社法関連法務省令の解説(8)　計算書類の監査・提供・公告、計算の計数に関する事項」商事法務1766号（2006）65頁参照）、会計監査報告には、無限定適正意見、除外事項を付した限定付適正意見または不適正意見以外の意見を記載することができると解するのが自然である。川島・前掲注13）172頁参照。

28)　たとえば、企業会計審議会監査部会「監査基準の改訂について」（2018年7月5日）では、監査上の主要な検討事項（いわゆるKAM）を会社法監査との関連で記載することを求めないことが前提とされているが（「コメントの概要及びコメントに対する考え方」〈https://www.fsa.go.jp/news/30/sonota/20180706/2.pdf〉19頁、監査部会第42回会議議事録〈https://www.fsa.go.jp/singi/singi_kigyou/gijiroku/kansa/20180424.html〉）、会計監査報告にKAMを記載することは会計監査人の自由であると解されている（監査部会第41回会議議事録〈https://www.fsa.go.jp/singi/singi_kigyou/gijiroku/kansa/20180126.html〉［竹林幹事発言］参照）。

他方、金融商品取引法193条の3第1項は、公認会計士または監査法人が被監査会社における「法令に違反する事実その他の財務計算に関する書類の適正性の確保に影響を及ぼすおそれがある事実」を「発見したときは、当該事実の内容及び当該事実に係る法令違反の是正その他の適切な措置をとるべき旨を、遅滞なく、内閣府令で定めるところにより」その被監査会社に「書面で通知しなければならない。」と定めている。

　そして、同条第2項は、この通知を行った公認会計士または監査法人は、その通知を行った日から政令で定める期間[30]が経過した日の後もなお法令違反等事実が、被監査会社の財務計算に関する書類の適正性の確保に重大な影響を及ぼすおそれがあり、かつ、通知を受けた被監査会社が、その事実に係る法令違反の是正その他の適切な措置をとらないと認め、かつ、財務計算に関する書類の適正性の確保に重大な影響を防止するために必要があると認めるときは、内閣府令で定めるところにより、その事項に関する意見を内閣総理大臣に申し出なければならないものとしている。この場合には、その公認会計士または監査法人は、あらかじめ、内閣総理大臣に申出をする旨をその被監査会社に書面で通知しなければならず、また、申出を行った公認会計士または監査法人は、その被監査会社に対してその申出を行った旨およびその内容を書面で通知しなければならない（金融商品取引法193条の3第2項後段・第3項）。この規定をうけて定められた監査証明府令7条は、監査証明を行うにあたり被監査会社における法令違反等事実を発見した公認会計士または監

---

29) 味村治＝加藤一昶『改正商法及び監査特例法等の解説』（法曹会、1977）262頁、龍田節「商特8条」前掲注15）『新版注釈会社法(6)』569頁。もっとも、不正行為等の発見は会計監査人の職務ではなく、また、不正行為等への対処は監査役等や取締役会の職務であって、会計監査人の本来の職務ではないと解されてきた（味村治＝田辺明ほか『新商法と企業会計』（財経詳報社、1974）83頁、竹内昭夫「274条」前掲『新版注釈会社法(6)』446頁）。

30) これをうけて、金融商品取引法施行令36条は、政令で定める期間は、通知を行った日（通知日）から通知日後最初に到来する有価証券報告書の提出期限の6週間前の日または通知日から起算して2週間を経過した日のいずれか遅い日（当該日が当該提出期限以後の日である場合は、当該提出期限の前日）と四半期報告書または半期報告書の提出期限の前日のいずれかの日までの間の日とすると定めている。

査法人は、当該事実の内容および当該事実に係る法令違反の是正その他の適切な措置をとるべき旨を記載した書面により、原則として、その被監査会社の「監査役又は監事その他これらに準ずる者」に通知しなければならないものと定めている[31]。これは、監査役等が、取締役の不正行為や法令・定款に違反する事実や著しく不当な事実があると認めるときは、取締役（取締役会）に報告する義務を負う立場にあることに照らし[32]、法令違反等事実について監査役等に対する通知が確実になされることが必要と考えられたことによるものである。

両者を比較してみると、金融商品取引法193条の3第1項では、「法令に違反する事実その他の財務計算に関する書類の適正性の確保に影響を及ぼすおそれがある事実」（圏点——引用者）とされているので、会社法397条1項とは異なり、金融商品取引法上は、財務計算に関する書類の適正性の確保に影響を及ぼすおそれがないような「法令に違反する事実」の通知義務は定められていない[33]。また、金融商品取引法では、監査役、監査等委員会が選定した監査等委員または監査委員会が選定した監査委員会の委員の監査人に対する報告請求権などは定められていない。

「公開会社法要綱案」においては、会社法397条に倣って、「公認会計士・監査法人は、その職務を行うに際して取締役又は執行役の職務遂行に関し、

---

[31] もっとも、「当該事実に係る法令違反の是正その他の適切な措置」をとることについて他に適切な者がある場合には、その者に対して通知しなければならない（監査証明府令7条括弧書き）。

[32] 通知を受けた監査役等がどのように対応すべきかという点については、会社法上、「取締役の職務の執行に関し不正の行為又は法令若しくは定款に違反する重大な事実」の報告を受けた場合とおおむねパラレルに考えることができよう。すなわち、監査役としては通知において指摘された事実の存否を確かめる必要がある。そして、そのような事実が存在すると認めたときには、業務執行権を有する取締役など適切なマネジメント層に対して、その事実を伝え、適切な措置をとることを要望し、それがなされるかどうかをモニターする必要がある。また、その法令違反等が取締役によってなされているときや適切な措置の要望が無視されたときには、違法行為差止請求権を行使したり、取締役会の招集を請求しまたは自ら招集することも必要でありうる。

[33] 砂田太士「397条」前掲注13)『会社法コンメンタール9』23頁。

不正の行為又は法令若しくは定款に違反する重大な事実があることを発見したときは、そのことを監査役会又は監査委員会に報告しなければならない。」とすること（3.13）、および、「監査役会又は監査委員会は、いつでも、公認会計士・監査法人に対して監査に関する報告を求めることができる。」とすること（3.15）[34] が提案されているが、かりに、財務計算に関する書類の適正性の確保に影響を及ぼすおそれがないような「法令に違反する事実」の通知を受けた被監査会社が、その事実に係る法令違反の是正その他の適切な措置をとらないときに内閣総理大臣に申し出ることとすると、会社法の基本的な位置づけや省庁間の所管との関係で難問が生ずるかもしれない。

X　非財務情報に対する監査上の対応

国際監査基準720（2015年改訂前）を踏まえた日本公認会計士協会監査基準委員会報告書720「監査した財務諸表が含まれる開示書類におけるその他の記載内容に関連する監査人の責任」は、「個々の業務の状況において別に要求される事項がない限り、その他の記載内容は監査意見の対象ではなく、監査人は、その他の記載内容が適切に記載されているかどうかを判断する特定の責任を有していない。しかしながら、監査した財務諸表とその他の記載内容との重要な相違によって、監査した財務諸表の信頼性が損なわれることがあるため、監査人は、その他の記載内容を通読する。」と定めている（1項）。ここで、「その他の記載内容」には、「経営者による事業報告、財務概要又は財務ハイライト、従業員の状況、設備投資計画など」が含まれるとされ（A3項）、

---

[34]　コメントにおいて、「公開会社の公認会計士・監査法人は監査役または監査委員会によって選任され、会計監査の評価を行うのも監査役・監査委員会であるから、監査役・監査委員会は、一般的に、公認会計士・監査法人に対して監査に関する報告請求権を有するものとすべきである。会社法は、監査役・監査委員会は現行の会計監査人に対して、『その職務を行うために必要がある時』に報告請求権を有するが（会社397条2項）、これをより一般的な報告請求権として位置づけたものである。」（圏点——引用者）と説明されているが、「その職務を行うために必要がある時」でない時に報告請求できるとすることのベネフィットは明らかではないように思われる。

「『監査した財務諸表が含まれる開示書類』は、株主（又は同様の利害関係者）に発行又は開示される、監査した財務諸表及び監査報告書が含まれる年次報告書（又は同様の書類）を表す。さらに、本報告書は、有価証券届出書等、監査した財務諸表が含まれるその他の開示書類にも状況に応じて適用されることがある。」とされている（2項）。そして、監査した財務諸表に修正が必要であるが、経営者が修正することに同意しない場合、監査人は、監査報告書において除外事項付意見を表明しなければならない（8項）、その他の記載内容に修正が必要であるが、経営者が修正することに同意しない場合、監査人は、監査役等に当該事項を報告するとともに、①監査報告書にその他の事項区分を設け、重要な相違について記載する、②監査報告書を発行しない、または、③可能な場合、監査契約を解除する、のいずれかを行わなければならないとされている（9項）[35]。

これを背景として、『監査基準』は、追加情報として「監査した財務諸表を含む開示書類における当該財務諸表の表示とその他の記載内容との重要な相違」を挙げているが（第四　報告基準、七、(4)）[36]、監査証明府令は、これを例示していない。

他方、会社法の下では、計算書類等の監査と事業報告等の監査とは別個に規定されており、事業報告およびその附属明細書は会計監査人の監査の対象とはされていない[37]。立案担当者によれば、事業報告を会計監査人の監査の対象から除くために、平成17年会社法およびそれに基づく法務省令では、事業報告を計算書類ではないと整理したと説明されている[38]。このように、会社法の下では、計算書類およびその附属明細書の監査と事業報告およびその

---

[35] また、監査人は、重要な相違を識別するためにその他の記載内容を通読する際に、明らかな事実の重要な虚偽記載に気付いた場合、経営者と当該事項について協議しなければならず（13項）、そのような協議を行った結果、明らかな事実の重要な虚偽記載が存在すると判断する場合、企業の顧問弁護士等の適切な第三者と相談することを経営者に要請し、経営者が受けた助言について考慮しなければならないとされ（14項）、経営者がそれを修正又は訂正することに同意しない場合、監査役等にその他の記載内容に関する監査人の懸念を知らせるとともに、適切な措置を講じなければならない（15項）とされている。

附属明細書の監査とを分けて規定されているため、事業報告と計算書類との首尾一貫性については、会計監査人監査の範囲外であるという解釈が自然である[39]。

36) なお、国際監査基準720の2015年改訂により、その他の記載内容に対する手続が強化されている。すなわち、監査人には、その他の記載内容を通読し、その他の記載内容と財務諸表および監査人が監査の過程で得た知識の間に重要な相違があるかどうか考慮すること、その他の記載内容の重要な虚偽記載の兆候について留意することが求められることとなった。そして、監査報告書に「その他の記載内容」区分を設け、その他の記載内容に対する経営者の責任、監査報告書日前に入手したその他の記載内容の明示、監査意見の対象にはその他の記載内容は含まれておらず、その他の記載内容に対していかなる形式の保証の結論も表明しない旨を記載するとともに、その他の記載内容に対する監査人の責任監査報告書日の前に入手したその他の記載内容について特に報告すべき事項はない旨または未修正の重要な虚偽記載がある場合にはその内容を記載すべきこととされた。このような監査報告書の記載の追加は、企業会計審議会監査部会において検討されたが（「「監査報告書の透明化」についての主な論点(2)」〈https://www.fsa.go.jp/singi/singi_kigyou/siryou/kansa/20180126/20180126/1.pdf〉）、「監査基準の改訂について（公開草案）」（2018年5月8日）では取り上げられないこととされた（第42回会議議事録〈https://www.fsa.go.jp/singi/singi_kigyou/gijiroku/kansa/20180424.html〉）。

37) もっとも、財務情報が事業報告に含まれていないわけではない。すなわち、公開会社の事業報告には、「直前三事業年度（当該事業年度の末日において三事業年度が終了していない株式会社にあっては、成立後の各事業年度）の財産及び損益の状況」（会社法施行規則120条1項6号）を含めなければならないとされている。そして、この事項について、会社法施行規則120条3項は、「当該事業年度における過年度事項（当該事業年度より前の事業年度に係る貸借対照表、損益計算書又は株主資本等変動計算書に表示すべき事項をいう。）が会計方針の変更その他の正当な理由により当該事業年度より前の事業年度に係る定時株主総会において承認又は報告をしたものと異なっているときは、修正後の過年度事項を反映した事項とすることを妨げない」と定めていることからすれば、事業報告の監査にあたって、会計に係るチェックが必要となる。なお、平成23年法務省令第6号により、「当該事業年度に係る計算書類（その附属明細書を含む……）の監査をする時における過年度事項……が会計方針の変更その他の正当な理由により当該事業年度より前の事業年度に係る定時株主総会において承認又は報告をしたものと異なるものに修正されている場合において、当該事業年度に係る計算書類が当該修正後の過年度事項を前提として作成されているときは、会計監査人は、当該修正に係る事項をも、監査しなければならない。臨時計算書類及び連結計算書類についても、同様とする。」と定めていた会社計算規則126条3項が削除された。

そこで、事業報告と計算書類との首尾一貫性が欠けている場合には、せいぜい、そのような首尾一貫性が黙示的に会社法、会社計算規則および会社法施行規則において要求されていると解して、「法令」に従っていないという意見を監査役、監査役会、監査等委員会または監査委員会が表明することになると会社法上は考えられるし[40]、事業報告等に含まれる重要な虚偽記載は監査役等の監査の対象であり、会計監査人の与り知るところではない（会計監査人と監査役等との間の権限分配）という解釈が自然であるということになろう。したがって、現在の会社法における会計監査人の監査の範囲を前提とする限り、金融商品取引法上の監査報告書と会計監査報告との統合にあたって、「その他の記載内容」についての監査人の任務をめぐっては慎重な考慮が必要であるというべきであろう[41]。

なお、会社法施行規則118条2号によれば、会社法348条3項4号、362条4項6号、399条の13第1項1号ロおよびハならびに416条1項1号ロおよびホに規定する体制（いわゆる内部統制体制）の整備についての決定または決議があるときは、その決定または決議の内容の概要は事業報告の内容とされている。財務報告に係る内部統制体制も含まれるから、──立法論としてはともかく──文言解釈としては、財務報告に係る内部統制体制であっても会計監査人による（意見表明の対象とはならないという意味において）監査の対象とな

---

38) 相澤哲＝岩崎友彦「新会社法の解説(10) 株式会社の計算等」商事法務1746号（2005）29頁、相澤哲＝郡谷大輔「新会社法関係法務省令の解説(4) 事業報告（上）」商事法務1762号（2006）4頁。
39) そもそも、会社法の下では、計算書類・連結計算書類と事業報告は同一の開示書類に含まれると評価すべきなのかという問題があり、同一の開示書類に含まれないと解すると、監査基準委員会報告書720の対象外ということができる。
40) たとえば、ドイツ、フランス、イギリスなどでは、会社法上、外部監査人の監査報告において、取締役報告書・状況報告書と計算書類との首尾一貫性について意見を述べることが要求されている。ヨーロッパ諸国における状況の詳細については、弥永真生『会計監査人論』（同文舘出版、2015）230頁参照。
41) なお、「公開会社法要綱案」の3.13の（注）では、「公認会計士・監査法人が業務監査について、現行法の定める範囲を超えて一定範囲で役割と責任を負うべきか否かについては、なお検討する。」とされているが、そのような問題意識がどのようなことから生じたのかは明らかにされていない。

らないということになりそうである[42]。

　すなわち、金融商品取引法上の内部統制報告書の作成は取締役または執行役の職務執行であるから、監査役、監査役会、監査等委員会または監査委員会（以下、本節では、監査役等）の監査の対象となり、その監査の結果は監査役等の監査報告に反映されるべきこととなる（会社法施行規則129条1項3号、130条2項2号、130条の2第1項2号、131条1項2号）[43]。また、「会社における財務報告が法令等に従って適正に作成されるための体制」（財務計算に関する書類その他の情報の適正性を確保するための体制に関する内閣府令3条参照）である財務報告に係る内部統制は、会社法に定める取締役または執行役の「職務の執行が法令及び定款に適合することを確保するための体制」に含まれると解するのが自然であり[44]、内部統制報告書の記載が適切になされているかどうかとは別に、「取締役の職務の執行が法令及び定款に適合することを確保するための体制」についての取締役会の決議または取締役の決定が相当であるか否かについて、監査報告において、意見を述べることになる（会社法施行規則129条1項5号など）。また、監査役等には、財務報告に係る内部統制の整備等に係る取締役の職務執行に善管注意義務に違反する重大な事実が認められるか否かなどについて、監査報告において監査意見を述べることが求められると解される（会社法施行規則129条1項3号、130条2項2号、130条の2第1項2号、131条1項2号）。他方、金融商品取引法上の監査人の内部統制監査報告書および財務報告に係る内部統制の整備等に係る取締役・執行役の職務執行は会計監査人の監査の対象には含まれないということになる[45]。

---

42)　神田秀樹「新会社法と内部統制のあり方」商事法務1766号（2006）39頁参照。

43)　「当該株式会社の取締役（当該事業年度中に当該株式会社が指名委員会等設置会社であった場合にあっては、執行役を含む。）の職務の遂行に関し、不正の行為又は法令若しくは定款に違反する重大な事実があったときは、その事実」を監査役監査報告には記載しなければならないが、内部統制報告書の虚偽記載は「法令に違反する重大な事実」にあたりうる。

44)　詳細については、たとえば、柿崎環「内部統制──資本市場法と会社法の交錯」上村達男編『企業法制の現状と課題』（日本評論社、2009）167頁以下、青木浩子「会社法と金融商品取引法に基づく内部統制システムの整備」浜田道代＝岩原紳作編『会社法の争点』（有斐閣、2009）152頁以下など参照。

このように考えると、金融商品取引法の下での監査人を会社法上の会計監査人と当然にみなすことには障壁があるということになりそうである。

XI　監査スケジュール

金融商品取引法は、有価証券報告書の提出義務を負う内国会社は、事業年度ごとに、原則として、当該事業年度経過後3月以内に、有価証券報告書を内閣総理大臣に提出しなければならないと定めている（24条）。

他方、会社法の下では、株主総会を招集するには、取締役は、株主総会の日の2週間（書面または電磁的方法により議決権を行使できる旨を定めたときを除き、公開会社でない株式会社では、1週間（その株式会社が取締役会設置会社以外の株式会社である場合に、これを下回る期間を定款で定めた場合にあっては、その期間））前までに、株主に対してその通知を発しなければならないとされている（299条1項）。そして、取締役会設置会社においては、取締役は、定時株主総会の招集の通知に際して、法務省令で定めるところにより、株主に対し、取締役会の承認を受けた計算書類および事業報告（監査役設置会社では監査役の監査報告、監査等委員会設置会社では監査等委員会の監査報告、指名委員会等設置会社では監査等委員会の監査報告、会計監査人設置会社では会計監査報告を含

45）　なお、かつて、継続企業の前提との関係で、経営計画の合理性の検討が必要となる以上、それは、業務監査マターであり、機関権限分配の観点から、商法に基づく監査を行う会計監査人としては、継続企業の前提に関する監査はなしえないという見解が示されたことがあった（宮島司「会計監査人による『継続企業の前提』に関する監査」税経通信57巻3号（2002）45頁以下）。しかし、会社法の委任を受けて定められている会社計算規則5条（資産の評価）の規定は継続企業の前提がみたされることを——少なくとも黙示的に——前提としており、継続企業の前提がみたされるかどうかについて検討することなく、会計監査人は意見表明することはできないはずである。なお、ドイツ商法典252条1項2号は「事実上又は法律上の状態に反しない限り、評価に際しては企業活動の継続を前提としなければならない。」と明示的に定めており、ドイツにおいて、とりわけ、年度決算書の調製や任意監査に係る経済監査士や税理士の責任が追及される際には、企業継続の見通しとの関連での義務違反が争われることが多い（最近の裁判例として、BGH, Urteil vom 26. Januar 2017, Az. IX ZR 285/ 14）。

む）を提供しなければならないとされている（437条）。しかし、定時株主総会を開催すべき時期については、何の定めも置かれていない。

ところが、事業年度の末日から3か月以内に定時株主総会を開催することが実務慣行であるようであり、これを前提とすると、会計監査報告の発行日と金融商品取引法に基づく有価証券報告書に含まれる公認会計士または監査法人の監査報告書の発行日を一致させることは難しいと、従来、考えられてきたようである。

しかし、これに対しては、事業年度の末日後3か月以上経過した日時を定時株主総会の開催時期として選定することが直截な対応策である。現在の会社法は、事業年度の末日後3か月以内に定時株主総会を開催することを要求しておらず、会社の自治にゆだねているからである[46]。また、事業年度の末日から3か月以内に定時株主総会を開催するというスケジュールであっても、会計監査報告を紙ベースではなく、かりに、電子的に提供すれば足りるということになれば[47]、印刷、封入、発送などの時間が不要となり、会計監査報告も定時株主総会の2週間前あるいはそのわずか前に発行されれば十分ということになり、その発行日を有価証券報告書に含まれる監査報告書の発行日と一致させることができるかもしれない。かりにそうだとしても、定時株主総会の後に、有価証券報告書を提出するというのが会社の経営者の自然な意識だとすれば、会社法上の計算書類等および監査報告を金融商品取引法上受け容れるという方が自然であるということになるように思われる。

XII おわりに

本稿における検討を踏まえると、「公開会社法要綱案」（第11案）で示された会社法監査と金融商品取引法監査との統合の必要性という問題意識は的を射

---

46) 浜田道代「新会社法の下における基準日の運用問題——従来の慣行は合理的か（上）（下）」商事法務1772号（2006）4頁以下、1773号（2006）13頁以下、田中亘「定時株主総会はなぜ六月開催なのか」江頭憲治郎先生還暦記念『企業法の理論〔上巻〕』（商事法務、2007）415頁以下など参照。

ており、その実現に向けた立法論的解決が必要である。他方、「公開会社の会計監査は、金融商品取引法の定めるところによる。」(2.04)とする提案には、残念ながら、法制度間の整合性を確保するという観点から不自然さが残るのみならず[48]、制度構築上の難点があるように思われる。

　むしろ、会社法上の会計監査報告を一定の条件の下で、金融商品取引法上の監査報告書として認めるという方が自然であると考えられる。比較法的にも、会社法上の開示規制（そして、公認会計士等の監査を受ける義務）が存在し

---

[47]　平成30年2月28日に公表された『会社法制（企業統治等関係）の見直しに関する中間試案』第1部、第1では、「①株式会社は、株主総会参考書類、議決権行使書面、会社法第437条の計算書類及び事業報告並びに同法第444条第6項の連結計算書類（以下「株主総会参考書類等」という。）の交付又は提供に代えて、株主総会参考書類等に記載し、又は記録すべき事項に係る情報を電磁的方法により株主が提供を受けることができる状態に置く措置……を採る旨を定款で定めることができるものとする。」こと、および、「②振替機関……は、①による定款の定めがある株式会社の株式でなければ、取り扱うことができないものとする」ことが提案されていた（法制審議会会社法制（企業統治等関係）部会第17回会議（平成30年10月24日）に提出された「会社法制（企業統治等関係）の見直しに関する要綱案（仮案）」第1部、第1でも維持されている。ただし、会計監査報告は電子提供制度の対象ではないようである）。そして、法務省民事局参事官室『会社法制（企業統治等関係）の見直しに関する中間試案の補足説明』第1部、第1では、株主総会参考書類、計算書類および事業報告など、取締役が株主総会の招集の通知に際して株主に対して提供しなければならない資料（株主総会資料）を「インターネットを利用する方法によって提供することができるようになれば、株式会社は、印刷や郵送のために生ずる費用を削減することができるようになり、印刷や郵送が不要となることに伴い、株主に対し、従来よりも早期に充実した内容の株主総会資料を提供することができるようになることなども期待することができると指摘されている。取り分け、部会においては、株主総会資料の提供と株主総会の日の間隔が短く、株主が株主総会資料の内容を十分に検討する期間が確保されていないという問題が現在の実務には存在し、このような問題の改善のためにも、株主総会資料の提供においてインターネットを活用すべきであるという指摘がされている。そこで、試案第一においては、インターネットを利用する方法による株主総会資料の提供を促進するため、取締役が、株主総会資料を自社のホームページ等のウェブサイトに掲載し、株主に対して当該ウェブサイトのアドレス等を書面により通知した場合には、株主の個別の承諾を得ていないときであっても、取締役は、株主に対して株主総会資料を適法に提供したものとする制度（以下「電子提供制度」という。）を新たに設けるものとしている。」と説明されていた。

ないアメリカ合衆国はともかく、会社法が計算書類等の作成および公開義務を株主(社員)の有限責任が認められる会社に課している国々(典型的にはヨーロッパ諸国)では、ほとんどの場合、年度計算書類(連結計算書類を含む)につき監査を受ける義務は会社法にのみ定められているのであって、日本の金融商品取引法に相当する法令によって規律されてはいない。これは、ほとんどのヨーロッパ諸国の証券規制法令は、外部監査人の選任・解任・報酬等に係るルールを定めるという役割を担っておらず、他方で、会社法がそれらを定めるものと整理されていることによると推測されるところ、日本の金融商品取引法も会社の機関ないしガバナンス組織の在り方を直接規律しないという点で、会社法(平成17年までは、商法および商法特例法)とのすみ分けがなされてきたとみることができる[49]。

---

48) たしかに、会社法は、金融商品取引法上の開示をもって会社法が要求する通知・公告に代えることを認める(201条5項、203条4項、206条の2第3項、240条4項、242条4項、244条の2第4項、677条4項。とりわけ、決算公告についての440条4項および819条4項)など、金融商品取引法上の規律を前提とした規定を有しているが(連結計算書類作成義務を負う会社の範囲を画する444条3項)、これは、会社の機関について、有価証券報告書提出会社について特例を認めるものではない(327条の2も、「事業年度の末日において監査役会設置会社(公開会社であり、かつ、大会社であるものに限る。)であって金融商品取引法第24条第1項の規定によりその発行する株式について有価証券報告書を内閣総理大臣に提出しなければならないものが社外取締役を置いていない場合には、取締役は、当該事業年度に関する定時株主総会において、社外取締役を置くことが相当でない理由を説明しなければならない。」と説明義務を定めるにすぎない)。

49) 商法(現在では会社法)と証券取引法(現在では金融商品取引法)とは「それぞれ規制目的を異にする別個の性格の法律である」という立場(宮島司「商法は何処に」JICPAジャーナル13巻10号(2001)18頁以下)を形式論的に貫けば(前掲注2)も参照)、少なくとも、金融商品取引法に基づく公認会計士監査をもって、会社法に基づく会計監査人監査を代替できる、あるいは前者が後者に優先するとすることには慎重であるべきこととなろう。

4 企業情報の開示

有価証券報告書の復権

神田　秀樹

　　Ⅰ　はじめに
　　Ⅱ　金融審議会のディスクロージャーワーキング・グループの報告
　　Ⅲ　情報開示の時期の問題
　　Ⅳ　関連する事項
　　Ⅴ　結びに代えて

Ⅰ　はじめに

　金融商品取引法が上場企業等の一定の企業（以下「上場会社等」という）に毎年その作成と開示を要求する有価証券報告書は、金融商品取引法に基づく有価証券の発行会社の企業内容等に係る情報開示書類のうちでもっとも基本的な書類である（本稿では電子データの場合を含めて書類という用語を用いる）。その一方で、有価証券報告書の提出を要求される株式会社は、会社法に基づいて、毎年、事業報告および計算書類（以下「事業報告等」という）を作成して会計監査人の監査を経て定時株主総会に報告等をすることが求められ、また、上場企業は、証券取引所の規則に基づく適時開示制度のもとで、決算短信の作成と開示、そしてコーポレート・ガバナンス報告書の作成と開示が求められる。以上は法律や取引所の規則に基づくいわゆる制度開示であるが、このほかにも、実際には、上場会社等の多くは、自主的に、統合報告書などのディスクロージャー誌その他のIR資料などを公表しており[1]、また英文でアニュアルレポートを公表している上場企業も少なくない。

　上場会社等の情報開示制度は、近年、金融審議会のディスクロージャーワー

キング・グループにおける検討などを経て、改正を重ねている。筆者には、近年の流れは、ひとことでいえば、有価証券報告書の復権と呼ぶことができるように思える。そこで、本稿では、近年の有価証券報告書制度に関する制度改正を概観しながら、このことを述べてみたい。

II　金融審議会のディスクロージャーワーキング・グループの報告

　近年の金融審議会のディスクロージャーワーキング・グループの報告として、2016年4月18日の報告[2]（以下「2016年WG報告」という）と2018年6月28日の報告[3]（以下「2018年WG報告」という）とがある。
　2016年WG報告では、上場会社等に関する情報開示の内容や開示の日程・手続のあり方、非財務情報の開示の充実等について提言がされた。本稿の問題関心との関係では、とくに、決算短信・事業報告等・有価証券報告書における開示内容の整理・共通化・合理化と、非財務情報（記述情報ともいう）の開示の充実とが、重要である。
　前者については、2016年WG報告では「開示内容について、企業と株主・投資者との建設的な対話を充実させていく観点から、全体として、より適時に、より分かりやすく、より効果的・効率的な開示が行われるよう、開示に係る自由度を向上させるため、㋐各開示書類の間で、それぞれの目的・役割を踏まえて、記載内容を整理し、㋑事業報告等と有価証券報告書について、同種の開示項目及び内容となっているものについては記載を共通化できるようにし、㋒各開示書類について、記載内容が重複していたり、過重であるものは

---

1)　なお、銀行が作成・公表するディスクロージャー誌（統合報告書と呼ぶことも多い）は、銀行法21条および52条の29に基づいて作成・公表が要求される「業務及び財産の状況に関する説明書類」である。
2)　　金融審議会「ディスクロージャーワーキング・グループ報告―建設的な対話の促進に向けて―」（2016年4月18日）。
3)　　金融審議会「ディスクロージャーワーキング・グループ報告―資本市場における好循環の実現に向けて―」（2018年6月28日）。

合理化するとともに、これらの取組みに併せて、対話に資する企業情報の開示の充実を図ることが適当であると考えられる」とされた[4]。その後、決算短信については、その簡素化が行われ[5]、また、金融庁と法務省は、2017年12月に、有価証券報告書と事業報告等の記載内容の共通化や一体化をより行いやすくするため、「一体的開示をより行いやすくするための環境整備に向けた対応について」を公表した[6]。これを踏まえ、金融庁は、2018年1月に、有価証券報告書における大株主やストックオプションの記載について、事業報告等との共通化の観点から内閣府令を改正し[7]、法務省は、2018年3月に、事業報告等における大株主の記載について法務省令を改正し[8]、財務会計基準機構は、2018年3月に、記載内容の共通化を行う場合の「ひな型」を公表している[9]。

後者（非財務情報の開示）については、2016年WG報告では「ステークホルダーのニーズに応じて企業の創意工夫を生かした開示を行っていく観点から、任意開示の形で充実させていくことが考えられる。……なお、非財務情報の内容によっては、制度上、開示を義務付けるべきものが出てくることも考えられるため、開示を義務化すべき情報についての考え方を整理しておくことも重要である」とされたが[10]、2018年1月の内閣府令の改正により、経

---

4) 前掲注2) 4-5頁。
5) 東京証券取引所「決算短信・四半期決算短信の様式に関する自由度の向上のための有価証券上場規程の一部改正について」（2017年2月10日）参照。改正後の制度は2017年3月31日から施行されている。なお、東京証券取引所「提出された意見とそれに対する考え方」（2017年2月10日）も参照。
6) 金融庁＝法務省「一体的開示をより行いやすくするための環境整備に向けた対応について」（2017年12月28日）。
7) 企業内容等の開示に関する内閣府令等の一部を改正する内閣府令（2018年内閣府令3号）（2018年1月26日公布・施行）。
8) 会社法施行規則及び会社計算規則の一部を改正する省令（2018年法務省令5号）（2018年3月26日公布・施行）。
9) 公益財団法人財務会計基準機構「有価証券報告書の開示に関する事項―『一体的開示をより行いやすくするための環境整備に向けた対応について』を踏まえた取組―」（2018年3月30日）。
10) 前掲注2) 13頁。

営者による財政状態・経営成績およびキャッシュ・フローの状況の分析（いわゆるMD&A）について、㋐経営成績等に重要な影響を与えた要因についての経営者視点による認識および分析と㋑経営者が経営方針・経営戦略等の中長期的な目標に照らして経営成績等をどのように分析・評価しているかの記載が求められることとなった[11]。そして、その後のディスクロージャーワーキング・グループでの審議を経て、2018年WG報告において、さらなる具体的な充実策が提言された。

2018年WG報告では、「記述情報は、企業の財務状況とその変化、事業の結果を理解するために必要な情報であり、①投資家が経営者の視点から企業を理解するための情報を提供し、②財務情報全体を分析するための文脈を提供するとともに、③企業収益やキャッシュ・フローの性質やそれらを生み出す基盤についての情報提供を通じ将来の業績の確度を判断する上で重要とされている。このため、投資判断に必要と考えられる記述情報が、有価証券報告書において、適切に開示されることが重要である」とされた[12]。そして、経営戦略・ビジネスモデル、MD&A、リスク情報、その他（人的情報等・重要な契約・分かりやすい開示）およびコーポレートガバナンスに関する情報について、具体的な開示内容の改善が提言されている[13]。

Ⅲ　情報開示の時期の問題

以上に概観した近時の制度開示の流れは、有価証券報告書における情報開示の内容を非財務情報（記述情報）を中心として充実させ、制度開示の書類である決算短信・事業報告等・有価証券報告書の3つについて開示内容の整理・共通化・合理化を進めるけれども、これらのなかでもっとも開示内容が詳細である有価証券報告書の内容は一層改善する（情報を増やす）というものである。

---

11)　前掲注7)。
12)　前掲注3) 2頁。
13)　前掲注3) 2頁以下。2018年WG報告については、黒沼悦郎「ディスクロージャーワーキング・グループ報告について─有価証券報告書の情報拡充を中心に─」資料版商事法務413号（2018）6頁以下を参照。

こうした有価証券報告書重視の流れは、有価証券報告書が金融商品取引法に基づく有価証券の発行会社の企業内容等に係る情報開示書類のうちのもっとも基本的なものであることにかんがみると、合理的な流れであると思われるが、有価証券報告書は、決算短信・事業報告等と同様、毎年１回、一定の時期に情報開示をするものであるから、情報の新鮮さという観点からすると、情報開示の時期ということが重要となる。

　この点を３月決算の会社についてみると、一般的な実務は、決算短信が５月下旬、事業報告等（計算書類について会計監査人の監査を経たもの）が６月中旬、有価証券報告書（財務諸表等について監査人の監査証明を受けたもの）が６月末に開示される[14]。これらの会社の定時株主総会は多くは６月下旬に開催されており、定時株主総会の日よりも後の日に有価証券報告書を提出する会社が多い。このような現行の実務のもとでは、情報が世の中に出る時期という点からすれば、有価証券報告書が一番遅く、決算短信が一番早い。このため、有価証券報告書での開示を重視すると、（決算短信や事業報告等で開示されない情報についての）情報開示の時期は遅くなる。したがって、有価証券報告書を重視する考え方からは、有価証券報告書の提出時期を早めることが課題となる。この点については、監査の時間ということもあるので、大幅に早めることはできないにしても[15]、2016年WG報告・2018年WG報告とも、早期開示（とくに定時株主総会前の提出）が望ましいとしている[16]。有価証券報告書の株主総会前提出については、2009年６月の金融審議会金融分科会のス

---

[14] 有価証券報告書の提出時期は、原則として事業年度経過後３か月以内とされている（金融商品取引法24条１項）。

[15] 金融審議会の「ディスクロージャーワーキング・グループ（2015年度）」第２回における関根愛子委員の提出資料によれば、2015年３月期決算の上場会社の約４割が、速報である決算短信発表日以前に確報である計算書類に係る会計監査人の監査報告書を提出しており、また、会計監査人の監査報告書の日付の平均は決算日後44日程度となっている。金融庁のウェブサイトにおける同２回会議の資料を参照。関連して、日本公認会計士協会「開示・監査制度の在り方に関する提言―会社法と金融商品取引法における開示・監査制度の一元化に向けての考察―」（2015年11月４日）参照。

[16] 前掲注２）11-12頁、前掲注３）20-21頁。

タディグループの報告[17]を踏まえた内閣府令の改正[18]により制度上可能となっているが、2016年12月期から2017年11月期までの決算企業である約3,600社のうち、22社が定時株主総会前に有価証券報告書を提出していると報告されている[19]。

IV 関連する事項

　有価証券報告書制度といっても、他の関連する制度や実務と密接に関係するので、有価証券報告書制度は単独で孤立して存在する制度ではない。そこで、以上に概観した有価証券報告書制度の改善に関する近年の流れについて、関連する諸事項を簡単に羅列してみたい。有価証券報告書を重視する考え方を進めていくうえでは、こうした関連することがらと合わせて検討を行う必要がある。

　まず第1に、有価証券報告書による情報開示は「定期開示」である。年1回決められた時期に開示をする。そこで、一般論としては、頻度、すなわち事業年度のうちで何回定期開示を求めるべきかが問題となる。現在の制度では、半期開示および四半期開示が求められているので、有価証券報告書は、これらの開示と補完関係が生じる。この点については、有価証券報告書を重視する考え方に立つと、半期開示および四半期開示は簡素化するという方向が考えられる。また、一定時期での開示だと、開示がされた後に投資者の投資判断に重要な影響を及ぼすべき重要な情報が生じた場合に、不都合が生じうる。現在の制度では、臨時報告書制度等がこれを補うこととされている。こうした制度は維持する必要がある。

　第2に、有価証券報告書による情報開示は「公衆縦覧」型の情報開示制度である。内閣総理大臣に提出された有価証券報告書は公衆の縦覧に供される

---

17)　金融審議会金融分科会「我が国金融・資本市場の国際化に関するスタディグループ報告—上場会社等のコーポレート・ガバナンスの強化に向けて—」(2009年6月17日)。
18)　連結財務諸表の用語、様式及び作成方法に関する規則等の一部を改正する内閣府令（2009年内閣府令73号）(2009年12月11日公布・施行)。
19)　前掲注3) 20頁参照。

（金融商品取引法25条）。これとは別に個別の情報開示制度があり、情報の開示という点では、両者は補完関係に立つ。近年の重要な個別の開示制度として、2017年の金融商品取引法改正で導入されたいわゆる「フェア・ディスクロージャー・ルール」（金融商品取引法27条の36から27条の38まで）（2018年4月1日施行）がある。このような個別の情報開示に係る制度は、主として上述した有価証券報告書による情報開示の対象とならない重要な情報に関する規律として整理するか、あるいは次に述べるインサイダー取引規制に関連する重要事実に関する規律として整理するかという課題があるが、フェア・ディスクロージャー・ルールは主として後者の機能を担っていると考えられる[20]。

　第3に、有価証券報告書による情報開示は強制開示制度である。開示しないという選択肢は認められない。この点で、インサイダー取引規制（金融商品取引法166条・167条）は、「重要事実」について、少なくとも原理的には「disclose or abstain」ルール（情報を開示するか、そうでなければ取引をしない）であるのと異なる。有価証券報告書における開示事項については「always disclose」ルールである。両者の関係についても、よく整理する必要がある。企業秘密に関する情報など「always disclose」ルールになじまない情報がある以上、一定の範囲で「disclose or abstain」ルールは維持していかざるをえない。

　第4に、プリンシプルとルールということでいえば、有価証券報告書による情報開示はルールである。このため、プリンシプル・ベースの規範との協働と役割分担をよく考える必要がある。この点について、証券取引所のコーポレートガバナンス・コード[21]が上場企業に要求する行動規範は、その多くはプリンシプルとされており（一部例外もある）、また、原則として「コンプライ・オア・エクスプレイン」規範とされている。なお、このコードにおける

---

20) フェア・ディスクロージャー・ルールについては、齋藤馨＝田原泰雅監修『逐条解説2017年金融商品取引法改正』（商事法務、2018）31頁以下・61頁以下を参照。なお、飯田秀総「フェア・ディスクロージャー・ルールの法的検討〔上〕〔下〕」商事法務2179号4頁・2180号4頁（2018）も参照。
21) 東京証券取引所「コーポレートガバナンス・コード」（2015年6月1日施行、2018年6月1日一部改訂施行）。

規範は取引所の上場規則で要求されるものであるので[22]、コンプライもエクスプレインもしないと規則違反となり、エンフォースメント制度にもよるが、いわゆるソフトローであるとはいえない。有価証券報告書を含めた金融商品取引法における開示制度については、実際問題としては、金融庁の「企業内容等の開示に関する留意事項について」（企業内容等開示ガイドライン）（本稿執筆時点での最新版は2018年1月）が重要であるが、これは、「あくまで法令等の適用に当たり、留意すべき事項（制定・発出時点において最適と考えられる法令等の解釈・運用の基準）及び審査・処分の基準・目安等を示したものであり、個別の事情に応じて、法令等の範囲内においてこれと異なる取扱いとすることを妨げるものではない」とされている（同ガイドライン1－1－1）。上述した2018年WG報告は、開示ガイドラインのほかに、「開示内容について具体的に定めるルールを整備するとともに、ルールへの形式的な対応にとどまらない開示の充実に向けた企業の取組みを促すため、開示内容や開示への取組み方についての実務上のベストプラクティス等から導き出される望ましい開示の考え方・内容・取り組み方をまとめたプリンシプルベースのガイダンスを策定すべきである」と述べており[23]、新しい試みである。本稿では立ち入ることができないが、有価証券報告書を含めた金融商品取引法における開示制度に係るエンフォースメントについては、民事責任その他の制度を含めて検討する必要がある。有価証券報告書を重視する考え方にたつと、有価証券報告書による情報開示に係るエンフォースメントの強化ということが重要な課題となる。

　第5に、有価証券報告書制度に関係するその他の事項として、その英文発信という課題[24]、監査人による監査の改善という課題[25]、IFRS（国際会計基

---

22) 東京証券取引所「有価証券上場規程」436条の3。なお同445条の3。
23) 前掲注3）9頁参照。
24) 前掲注3）26頁参照。
25) 前掲注3）17-19頁参照。また、監査法人のガバナンス・コードに関する有識者検討会「監査法人の組織的な運営に関する原則―監査法人のガバナンス・コード―」（2017年3月31日）、企業会計審議会「監査基準の改訂に関する意見書」（2018年7月5日）なども参照。

準・国際財務報告基準)の任意適用(単体財務諸表を含めて)という課題[26]等がある。有価証券報告書を重視する考え方に立つと、英文発信については有価証券報告書そのものの英文化をできるかぎり推進すべきことになる。また、監査人による監査の改善やIFRSの任意適用という課題は、有価証券報告書によって開示される情報の質を高めるものとして重要な課題となる。

　第6に、関係しうる会社法の制度に係る課題として、事業報告等の株主総会提供書類の電子化という課題があり、法制審議会の会社法制(企業統治等関係)部会において審議がされている[27]。詳細は省略するが、金融商品取引法のもとで有価証券報告書の電子化はすでに行われているのであるから、有価証券報告書を重視する考え方に立つと、将来、事業報告等の株主総会提供書類の電子化が会社法において制度化された場合には、理想としては、事業報告等の開示に合わせて有価証券報告書の開示がされることが望ましい。少なくとも、有価証券報告書の定時株主総会前の開示が望ましい。また、会社法との関係では、現在の実務では、有価証券報告書を取締役会に付議していない会社が少なくないようである。経済産業省が2017年末から2018年1月にかけて実施した企業アンケート調査によれば、923社中、決議事項として付議している会社が46％、報告事項として付議している会社が24％、付議していない会社が30％と報告されている[28]。有価証券報告書を重視する考え方に立つと、有価証券報告書の提出時期の問題にも関係するが、一般論としては、少なくともその概要は取締役会に付議することが望ましいように思われる。

　第7に、本稿では立ち入ることができないが、そもそも有価証券報告書制度の目的は何かという問題がある。上記の2016年WG報告と2018年WG報告は、近年の証券市場の状況等を踏まえて、企業と投資家との対話ということを重視しているが[29]、何を重視するかということは有価証券報告書制度のあり方に影響を及ぼす。有価証券報告書を重視する考え方に立つと、こうした

---

26)　前掲注2)14-15頁参照。
27)　法務省のウェブサイトを参照。
28)　経済産業省・CGS研究会第2期第3回配布資料「CGSガイドラインのフォローアップについて」(2018年2月22日)69頁。

情報開示の目的論からくる国の政策は、有価証券報告書による情報開示に反映されることが重要であるということになる。

V　結びに代えて

　有価証券報告書の内容を一層充実させるとともに、定時株主総会前の提出を奨励する。これが上場会社等の情報開示制度の近年の流れである。論理的には別の選択肢もありうる。たとえば、開示時期が早い決算短信の内容を増やすという選択肢もありえないではない。また、有価証券報告書は詳細すぎて読む人がほとんどいないとの指摘もある[30]。にもかかわらず、制度上は、有価証券報告書こそが上場会社等の情報開示制度の一番の基本書類である。したがって、近年の流れは妥当なものであると筆者は思う。有価証券報告書の復権とでも呼ぶべき時代が到来しつつあるといえる。

---

29)　前掲注2) 2頁、前掲注3) 2頁。なお、企業と投資家との対話を通じた企業価値の向上ということは、日本での近年の政策とされている。金融庁「『責任ある機関投資家』の諸原則――日本版スチュワードシップ・コード」(2014年2月26日制定、2017年5月29日一部改訂)、金融庁「投資家と企業の対話ガイドライン」(2018年6月1日確定・施行)参照。

30)　金融審議会のディスクロージャーワーキング・グループ(2017年度)の議事録を参照。

事業報告等と有価証券報告書の一体的開示をめぐる一考察

尾崎　安央

はじめに
Ⅰ　一体的開示の必要性
Ⅱ　一体的開示のために検討を要すること
Ⅲ　確報と速報
Ⅳ　一体化後の会社法会計規制の在り方
おわりに

はじめに

　2017年12月28日、内閣官房・金融庁・法務省・経済産業省は、連名で、「事業報告等と有価証券報告書の一体的開示のための取組について」と題する文書(以下、「取組」)[1]を公表した。これには、本文のほかに、「別添」として金融庁と法務省の連名の「一体的開示をより行いやすくするための環境整備に向けた対応について」という文書(以下、「環境整備」)と、「参考資料」[2]が付されている。これら文書等は、「未来投資戦略2017」(平成29年6月9日閣議決定)において「2019年前半を目途とした、国際的に見て最も効果的かつ効率的な開示の実現」に向けて事業報告等と有価証券報告書の一体的開示をより容易とするため「関係省庁」が「共同して制度・省庁横断的な検討」を行うこととされたことに応えるものと考えられる[3]。

---

1) https://www.kantei.go.jp/jp/singi/keizaisaisei/pdf/torikumi_hontai.pdf
2) https://www.kantei.go.jp/jp/singi/keizaisaisei/pdf/torikumi_siryou.pdf

会社法と金融商品取引法（以下、「金商法」）が交錯する典型例として、会社法上の事業報告と計算書類（上記文書等では、「事業報告等」とされており、本稿においても同様とする）と金商法上の有価証券報告書の「二本立て」がつとに批判の対象となっていた。企業実務からは、その「重複感」が指摘され、諸外国の法制度との比較などを背景に、その「是正」の必要性が広く唱えられていた[4]。ようやく両者の調整がなされ、いわば一体的開示に向けて関係省庁が動き出したということなのであろう[5]。しかし、会社法の事業報告等については、たとえばその適用範囲が金商法の適用を受けない会社にも及んでいることからすれば、両者の一体化の実現には、なお、いくつかの前提問題をクリアしておく必要があると考えられる。特に、会社法の観点からすれば、会社法独自の目的を有する事業報告等の制度趣旨や法的意義等を改めて検討し、その実体法的影響をも考えておかなければならないであろう[6]。

---

3) 「取組」・前掲注1) 1～4頁参照。「環境整備」（前掲注2)）では「平成29年度中を目途として速やかに以下の対応を行う」とされて15項目が示されている。2018年に公表された「未来投資戦略2018」（2018年6月15日）（https://www.kantei.go.jp/jp/singi/keizaisaisei/pdf/miraitousi2018_zentai.pdf）も基本的には同じである（131頁）。なお、金融審議会ディスクロージャーワーキング・グループ「報告—建設的な対話の促進に向けて—」（2016年4月18日。以下、「ワーキング」）（https://www.fsa.go.jp/singi/singi_kinyu/tosin/20160418-1/01.pdf）参照。財務会計基準機構（ASBJ）も、この「環境整備」の公表を受けて、2018年3月30日に、「有価証券報告書の開示に関する事項―『一体的開示をより行いやすくするための環境整備に向けた対応について』を踏まえた取組」（https://www.asb.or.jp/jp/other/web_seminar/kaiji_20180330.html）を公表している。
4) たとえば、早稲田大学グローバルCOE≪企業法制と法創造≫総合研究所「公開会社法要綱案（第11案）」（2007年、2010年補正）第2章（金商法上の財務諸表制度や会計監査制度をもって公開会社の基本的な制度とする枠組みの提唱）。これに対し、企業会計審議会「国際会計基準（IFRS）への対応のあり方に関する当面の方針」（2013年6月19日）五（「会社法の要求水準に統一することを基本とする」）参照。
5) スクランブル「事業報告等と有報の一体的開示の先にあるもの」商事2164号（2018）46頁。
6) スクランブル・前掲注5) 46頁。

I 一体的開示の必要性

　企業情報の開示という点では、会社法上の事業報告等と金商法上の有価証券報告書は同一の目的を有する。しかし、上述したように、開示情報に関する「二本立て」、さらには開示制度とは直接に結びつくものではないが、法人税会計を含めての企業会計法制に関する「トライアングル体制」のゆえに、各期末に作成される企業情報の内容には基本的にほとんど差がなく、会計監査人の監査報告と金商法上の公認会計士・監査法人の監査証明（監査報告書）もほぼ同様の内容であるにもかかわらず、多くの会社で、事業報告等と有価証券報告書が作成され、さらには法人税の確定申告に関する書類が別々に作成されているのが実状といえる。その重複感への批判はもっともであると考えられる[7]。

　提供される企業財務情報に対するアクセスの面からみれば、会社法上の事業報告等は、本店や支店に備え置かれ、利害関係者の閲覧・謄写対象である（会社442条3項参照）。しかし、有価証券報告書は公衆の縦覧に供される（金商25条）。有価証券報告書提出会社の財務情報を必要とする者は、会社法上の閲覧・謄写請求でも、有価証券報告書の縦覧でも、大差がないが、情報の質や量、EDINETを通じての情報アクセスの容易さ（金商27条の30の2以下）なども加味して考えると[8]、「二本立て」を維持するよりも、いずれの点でも優れる有価証券報告書を中心として、両制度を一体化する方向性は、是認されてよいであろう[9]。

---

[7]　上場会社は、決算期にはさらに、金融商品取引所の自主ルールである「適時開示」制度の一環である「決算短信」を作成しなければならない（東京証券取引所上場規程404条）。実務的には、定時株主総会後に、会社が作成した、一般に「アニュアル・レポート」と称するものを通じて情報提供がなされることが多い。これは「開示文書」というよりも、「広報文書」的性格を有するものと考えられるが、その構成や内容の自由度が高いことから、各企業は個性を発揮すべく工夫をし、それゆえ投資判断や「対話の促進」にとって有意義であるとの意見もある。しかし、その作成につき厳格な手続や第三者による検証を経ておらず、ネガティブな情報が含まれないおそれがある点で、法定開示書類とは異質のものである。

もっとも、有価証券報告書の提供時期が問題となりうる。従前は、定時株主総会終了後になってはじめてアクセスできる状況にあった。すなわち、有価証券報告書の提出に際して、定時株主総会を経て確定した事業報告等を添付しなければならなかったのである。しかし、2009（平成21）年の内閣府令（企業開示府令）の改正により、現在では、定時株主総会提出予定のもので足りる（開示府令17条1号ロ括弧書き）。その限りでは、有価証券報告書の開示時期を事業報告等とあまり変わらないものとすることには、制度上の制約はない[10]。現在では、企業実務が有価証券報告書の早期開示をするかどうかの運用の問題となっている。有価証券報告書が定時株主総会前に提供されるのであれば、それを参考に定時株主総会において株主は自らの議決権行使の判断をすることが可能となるなど、メリットは大きい。しかし、早期開示を実現することの負担は決して小さくないともいわれる。

---

8) 取締役会設置会社では、事業報告等は、定時株主総会の招集通知（会社299条）に添付されて、事前に議決権株主に送付される（会社437条）。事業報告等のアクセスについてのメリットとされる。しかし、電子媒体での情報提供が進めば、紙媒体で情報が郵送されてくることのメリットはさほど大きくないともいえる。

9) 一体化の方法として、①制度の違いを前提に、「みなし」規定による処理、②制度の違いを前提に技術的な調整を行う、③制度的統一を行う（書類としての一本化を行う）が考えられる。①は特に何もしないに等しい。要するに、「有価証券報告書を以て会社法上の事業報告等とする（またはみなす）」で、事足りるが、制度間の違いなどを全く考慮しない取扱いである。②は「取組」・「環境整備」はこの作業を行っているともいえようが、まだまだ解決すべき調整課題があるように思われる。②と③は相反するものではなく、たとえば短期的に②を進め、中期的には③を模索することも可能であろう。財務諸表をもって会社法上の計算書類とすればよいとの提唱（早稲田大学グローバルCOE・前掲注4）参照）は③を志向するものと考えられる。その方向性には一応の合理性があると考えられる。なぜなら、米国をはじめ諸外国では、決算関係書類が1種でよいとする例が少なくないからである。企業情報開示の国際水準を意識するならば、日本のこれまでの実務を見直す時期が来ているのかもしれない。上述した「未来投資戦略2017」などが「国際的に見て最も効果的かつ効率的な開示の実現」といっていることも、そのような意味と捉えることができる。

Ⅱ　一体的開示のために検討を要すること

「取組」は、「当面、類似・関連する項目について、可能な範囲で共通化を図る」とする[11]。要するに、会社法と金商法の二本立てに対して直接手を加えることなく、両者の記載内容の調整により一体化を実現しようとするものと理解することができる（ハーモナイゼーション）。法務省と金融庁は、事業報告等については経団連のひな型を[12]、有価証券報告書については財務会計基準機構の「作成要領」[13]などを参考に、議論を行ってきたようである。その成果が、「環境整備」における15項目の検討対象である。各項目には、「企業からの指摘事項」と、これに対する「対応」が明示されているが、それらを見る限り、調整が比較的容易なものが列挙されているように見える[14]。

---

10)　もっとも、有価証券報告書の定時株主総会前開示はさほど進んでいない。たとえば、公益社団法人日本監査役協会「役員等の構成の変化などに関する第18回インターネット・アンケート集計結果（監査役（会）設置会社版）」（2018年4月27日）月刊監査役683号別冊付録（2018年。以下、「監査役（会）版アンケート」）51頁によれば、「定時総会の終了前に提出した会社の割合は0.3％で、前回とほぼ同様である。株主総会終了後に提出する会社が大半を占めている状況に変わりはない」とされる。なお、定時株主総会前に提出している上場会社は5社（前年は8社）、そのうち1日から5日前に提出している会社は2社（前年は3社）、11日以上前に提出している会社は1社（前年1社）である。極めて少ない。監査等委員会設置会社では422社が総会後、総会前はわずか4社である（同「役員等の構成の変化などに関する第18回インターネット・アンケート集計結果（監査等委員会設置会社版）」（2018年4月27日）月刊監査役683号別冊付録（2018年。以下、「監査等委員会版アンケート」）52頁）。指名委員会等設置会社も同様であり、36社が総会後、総会前は1社のみである（同「役員等の構成の変化などに関する第18回インターネット・アンケート集計結果（指名委員会等設置会社版）」（2018年4月27日）月刊監査役683号別冊付録（2018年。以下、「指名委員会等設置会社アンケート」）34頁）。

11)　「取組」・前掲注1）2頁。

12)　最新のものとして、一般社団法人日本経済団体連合会「会社法施行規則及び会社計算規則による株式会社の各種書類のひな型（改訂版）」（2016年3月9日）（http://www.keidanren.or.jp/policy/2016/017.html）参照。

13)　最新のものとして、公益財団法人財務会計基準機構「有価証券報告書の作成要領（平成29年3月期提出用）」参照。

むしろ調整が難しい事項の調整に向けた検討が重要であり、必要なことであろう。そして、その調整困難な理由が事業報告等と有価証券報告書の制度趣旨の違いに由来するものであるときは、いずれに近づけて調整すべきか、というシンプルな問題でさえ[15]、適切な理論的な解を得ることは難しい。その意味では、安易に形式的な統一化を図ればよいというものではない。特に、一体的開示後の会社法における実体法的な影響や効果について考えておく必要があると考えられるのである。

III 確報と速報

1 事業報告等、有価証券報告書、決算短信

　決算情報の提供媒体の主要なものとして、現在、会社法に準拠する事業報告等、金商法に準拠する有価証券報告書のほかに、取引所規則に準拠する決算短信がある。この3つの制度の趣旨について、前述した金融庁のディスクロージャーワーキング・グループは、次のように整理している[16]。

　①事業報告等は、「所有と経営の分離により会社の財務状況等を一般に知ることが困難である株主に対して、会社の会計や事業活動の経過及び成果を報告し、議決権等の権利行使をする際の重要な判断材料を提供するとともに、

---

14) 技術的には、現行制度においても、有価証券報告書の作成に関して、開示府令第三号様式記載上の注意(1)aによれば、「各記載項目に関連する事項を追加して記載できる」ことから、事業報告等に記載すべき事項またはその内容を有価証券報告書に漏れなく記載することで、会社法の要請をも充たす有価証券報告書を作成することができる（財務基準会計機構・前掲注3）1頁）。また会社法の側でも、事業報告等に足りない部分を有価証券報告書の内容から追加記載させればよいともいえる。しかし、通常の実務はそうしていない。「取組」・前掲注1）2頁によれば、「類似項目に関する両制度間の規定ぶりの相違やひな型の相違等が理由」であるとされる。実質よりも形式が重視されるということなのであろうか。
15) 実務的には、有価証券報告書を作成するだけで、会社法上の事業報告等が作成されたとする（あるいは「みなす」）ことが、最も安価で容易な調整方法であろうと思われる。
16) 「ワーキング」・前掲注3）4頁。

原則として会社財産が唯一の引き当てとなる会社債権者に対して、会社の財務状況等を正しく判断できるようにするための情報を提供し、もって株主及び会社債権者の保護に資するもの」である。

②有価証券報告書は、「投資者の投資判断に必要かつ重要な情報を提供することで、金融商品取引等の公正を確保し、有価証券の流通を円滑にするほか、資本市場の機能の十全な発揮による金融商品等の公正な価格形成等を図り、もって投資者保護に資するもの」である。

③決算短信は「重要な会社情報を投資者に対して迅速かつ公平に提供することで、健全な証券市場の形成に寄与し、もって投資者保護に資するもの」である。

このディスクロージャーワーキング・グループの整理には特に異論はないであろう。しかし、①の事業報告等がいわゆる「確報」であるのに対して、③の決算短信はいわゆる「速報」という点で、その性格に大きな違いがある。この点は指摘しておかなければならないであろう。すなわち、①の事業報告等は、法的な「確報」という基本的属性（信頼性）を確保するために、会社法が定める厳格な決算手続を遵守しなければならないのである。特に計算書類については法定機関の承認（定時株主総会の承認決議を原則とし、会計監査人設置会社では一定の条件を充たす場合に取締役会の承認）を経て「確定」しなければならない（会社438条2項、439条）。逆に、③の決算短信はその速報性が重視され、もとよりその作成や確定などに関する法令上の規定はない。決算短信は、あくまでも自主ルール（金融商品取引所規則）上の制度である。このように考えると、②の有価証券報告書の情報は、「速報」でもなく、厳格な手続を経た「確報」でもない中間的な、しかも法定書類といわざるをえない。むしろ、その信頼性の基礎はどこにあるのかを検討する必要がある。その点が会社法上の事業報告等に代替しうるものかどうかにとって重要となるといえるからである。

2　有価証券報告書の「確報」性とその信頼性の基礎

有価証券報告書は、金商法上、取締役会の承認は要件とされていない。実務上も、上述した日本監査役協会のアンケート調査[17]によると、回答した監

査役(会)設置会社である上場会社1500社中、有価証券報告書を取締役会の決議事項としている会社は889社(59.3%)、報告事項が286社(19.1%)、そして決議事項あるいは報告事項として付議していない会社が325社(21.7%)である。取締役会に何らかのかたちで付議されている会社とそうでない会社はおよそ4対1の割合である。監査等委員会でも、ほぼ同様の傾向がみられ[18]、回答した上場会社426社中、有価証券報告書を取締役会の決議事項としている上場会社は249社(58.5%)、報告事項が73社(17.1%)、そして決議事項・報告事項いずれでも付議していない会社が104社(24.4%)である。およそ3対1の割合である。これに対して、指名委員会等設置会社では、回答数が37社と少ないが、決議事項として付議している会社が10社(27.0%)、報告事項としている会社が12社(32.4%)であるのに対して、全く付議していない会社が15社(40.5%)である[19]。およそ2対1の割合である。以上のように、法定監査機関構造による違いはあるが、決議事項と報告事項を合わせれば、取締役会に何らかの関与をさせている会社が過半数である。各社が、有価証券報告書の「重要性」を勘案して、自主的に取締役会に何らかの関与をさせているということである。しかし、付議していない会社の割合も決して小さくない。

有価証券報告書については、金商法上、法定監査機関(監査役(会)・監査委員会・監査等委員会)による監査も要求されていない。しかし、上記アンケート調査によると、監査を受けている会社が多い。たとえば、監査役(会)設置会社の場合は、回答した上場会社1500社中、監査している会社が1040社(69.3%)である。もっとも、監査をしていない会社も460社(30.7%)と決して少なくない[20]。監査等委員会の場合は、回答した上場会社426社中、監査等委員会が監査しているのが291社(68.3%)、監査していないのが135社(31.7%)であり、監査役(会)設置会社とほぼ同様の傾向を示している[21]。指名委員会等設置会社でも監査については同様であり、回答した上場会社37社中、監

---

17) 日本監査役協会「監査役(会)設置会社版アンケート」・前掲注10)51頁。
18) 日本監査役協会「監査等委員会設置会社版アンケート」・前掲注10)52頁。
19) 日本監査役協会「指名委員会等設置会社版アンケート」・前掲注10)33頁。
20) 日本監査役協会「監査役(会)設置会社版アンケート」・前掲注10)52頁。
21) 日本監査役協会「監査等委員会設置会社版アンケート」・前掲注10)53頁。

査委員会が監査している会社が24社（64.9％）、監査していない会社が13社（35.1％）である[22]。法律上の要請はないが、有価証券報告書も、およそ7：3の割合で法定監査を受けているといえる。

　たしかに、取締役会の決議や法定監査機関の監査を受けている会社が多い。とはいえ、それらを経ていない会社も少なくない。会社法上の事業報告等と比較すると、有価証券報告書の、いわば「確定」のための手続が履践されていない。法的義務でない以上、当然のことともいえるが、その信頼性の基礎について、会社法上の事業報告等とは異なっているのである。

　そこで、かりに有価証券報告書を会社法上の制度として活用するとして、会社法における事業報告等に対する法定手続と同様の手続を要するのかどうかが問題となるであろう。一体化の意義を、有価証券報告書をもって会社法上の事業報告等に「代替させる」というレベルにまで議論を進めるとすれば[23]、この点は必須の検討課題となるであろう。会社法上の計算書類との対比からすれば、有価証券報告書にも会社法と同等の決算手続を要求し、それにより「確報」としての性格を与える必要があるとも考えられるからである。しかし、それを金商法に求めることが妥当かどうか。金商法は会社法ではなく、機関決定という要素を含んでいない。したがって、有価証券報告書に関する「決算手続」を設けることの是非は、立法論として、1つの論点となるであろう[24]。

　もっとも、現在の有価証券報告書の確報性の保障は、その行政文書としての性格（内閣総理大臣に提出される書類）に求めることができるかもしれない。虚偽開示の場合に、民事責任、刑罰や課徴金制度が用意され、サブシステムとしての公認会計士・監査法人による監査証明制度や内部統制に関する規律も設けられていることをもって、確報としての保障は十分であるとすること

---

22) 日本監査役協会「指名委員会等設置会社版アンケート」・前掲注10) 34頁。
23) たとえば、早稲田大学グローバルCOE提案は、有価証券報告書にこのような代替させようとするもの（「会社法の特例」）と理解できよう（早稲田大学グローバルCOE・前掲注4) 1.01)。
24) 「確定手続」は会社法事項であると考えるとすれば、金商法ではなく、特別法としての「公開株式会社法」というアイディアは考えられてよいのかもしれない。

もできるように思われる。

　しかし、上述したように、有価証券報告書については、なんら会社の「機関決定」を経ることも求められていない。このことは看過できない点である。類例として、法人税の確定申告書があるが、これは税務署に提出する書類であるから機関決定は要らないという理屈が通るかどうかである。たしかに公文書であるだけに真実である可能性は高いが、公的機関をもって真実性・信頼性を保障していると考えられる文書を、会社法上の制度として用いることができるのかどうかは、なお検討を要しよう。

　現行法上、有価証券報告書と法人税の確定申告については、いずれも、会社法上の確定決算とリンクさせた制度設計（添付書類あるいは「基づいて」）がなされていることは注目されてよい。なぜなら、それら文書が「機関決定」されたものではないからこそ、機関決定された書類を添付あるいはそれに基づくことが要求されていると考えられるからである。有価証券報告書を事業報告等に代替させるには、その「機関決定」の手続を（どこかの法律に明文で）組み込む必要があるようにも思われる[25]。

3　有価証券報告書と決算短信

　金融商品取引所の規則に従って作成・公表される決算短信は、その速報性が重視され、事前の機関決定等の手続、特に公認会計士・監査法人による会計監査は必要とされていない。しかし、実務では、機関決定や監査がなされているようである。

　上述した日本監査役協会のアンケートによれば、回答した上場会社である監査役（会）設置会社1507社のうち1497社（99.3%）が決算短信を作成している。作成していない会社は10社（0.7%）にすぎない[26]。そして、その取締役会付議状況をみれば、1497社中、決議事項としている会社が実に1258社

---

[25]　会社法上の決算公告における有価証券報告書の活用は、会社法上の決算公告制度の適用除外という位置づけである（会社440条4項（「適用しない」））。情報の質と量において有価証券報告書の方が優れるからという政策判断である。しかし、それは、会社法上の制度の「代替」ではない。

[26]　日本監査役協会「監査役（会）設置会社版アンケート」・前掲注10) 49頁。

（84.0％）、報告事項として付議している会社が192社（12.8％）であって、付議されていない会社はわずかに47社（3.1％）である[27]。監査等委員会設置会社も同様であり、回答した上場会社426社のすべてが決算短信を作成し、370社（86.9％）が決議事項として、43社（10.1％）が報告事項として取締役会に付議している。付議されていない会社はこの場合もわずかに13社（3.1％）である[28]。また指名委員会等設置会社でも、回答した上場会社38社のうち37社（97.4％）が決算短信を作成している。作成していない会社は1社（2.6％）にすぎない。そして、20社（54.1％）が決議事項として、14社（37.8％）が報告事項として付議し、付議されていない会社が3社（8.1％）となっている[29]。

　法定監査機関の監査についても、監査役（会）設置会社では1497社中、999社（66.7％）が[30]、監査等委員会設置会社では426社中、279社（65.5％）が[31]、監査をしていると回答している。もっとも、指名委員会等設置会社では37社中、16社（43.2％）が監査をしているのに対して、21社（56.8％）が監査をしていない[32]。数が少ないのでその意味を理解することは難しいが、それでも、付議の有無の数と割合は拮抗している。

　この数値と割合を見て驚くことは、金商法により作成・提出が義務付けられている有価証券報告書よりも決算短信の方が、それが作成される限りでは、多くの会社で取締役会に付議され、かつ監査されているという事実である[33]。「速報」提供の制度でありながら、速報性を確保するために、監査の面で特にそれを不要とする取扱いが取引所から奨励されているにもかかわらず[34]、相当に「重い」制度設計・制度運用がなされている。

　決算短信の記載事項に、近時、増加傾向がみられる。それにより、決算短信と有価証券報告書の記載事項との「重複」が増えている[35]。たしかに流通市場開示の在り方として、速報の重要性は否定できない。株価は刻々変化す

---

27) 日本監査役協会「監査役（会）設置会社版アンケート」・前掲注10) 49頁。
28) 日本監査役協会「監査等委員会設置会社版アンケート」・前掲注10) 50頁。
29) 日本監査役協会「指名委員会等設置会社版アンケート」・前掲注10) 32頁。
30) 日本監査役協会「監査役（会）設置会社版アンケート」・前掲注10) 50頁。
31) 日本監査役協会「監査等委員会設置会社版アンケート」・前掲注10) 51頁。
32) 日本監査役協会「指名委員会等設置会社版アンケート」・前掲注10) 32頁。

るものだからである。むしろタイムリーな情報を十分に盛り込んだ株価を形成することこそが重要である。そのような観点からすると、決算短信により提供される情報の充実は、必然であり、望ましいことである。しかし、反面、決算短信で既報となっているものを再び有価証券報告書で記載しなければならない「重複感」も増すことになる。かりに重厚になってきた決算短信との関係を意識して、有価証券報告書の内容が緩和(たとえば参照方式や組み込み

---

33) 監査役(会)設置会社について、アンケートのコメントでは有価証券報告書の取締役会付議状況は「決算短信の比率には及ばない」と述べられている(日本監査役協会「監査役(会)設置会社版アンケート」・前掲注10)51頁(問12-2))。また監査に関して、日本監査役協会「監査役(会)設置会社版アンケート」・前掲注10)53頁は、監査役(会)設置会社における決算短信と有価証券報告書の監査状況をクロス集計しており、それによれば、上場会社については、①決算短信も有価証券報告書も監査する会社が一番多く、1496社中876社(58.6%)を占め、②有価証券報告書は監査するが決算短信は監査しない会社が162社(10.8%)であるのに対して、③決算短信は監査するが有価証券報告書は監査しない会社が123社(8.2%)もあることは興味深い。ちなみに、④ともに監査しない会社は335社で22.4%である。監査等委員会についても同様のクロス集計を行っており、上場会社で両方を監査する会社が239社(56.1%)と、一番多い(日本監査役協会「監査等委員会設置会社版アンケート」・前掲注10)54頁)。

　決算短信に関する監査では、取締役会決議などの承認プロセスの監査が中心的になされているようである(複数回答の集計である。日本監査役協会「監査役(会)設置会社版アンケート」・前掲注10)50頁、同「監査等委員会設置会社版アンケート」・前掲注10)52頁)。なお、指名委員会等設置会社では財務情報の監査が中心であったとの回答が一番多いが(12社(75.0%))、取締役会決議などの承認プロセスの監査も9社(56.3%)と数においてはほとんど差がない(同「指名委員会等設置会社版アンケート」・前掲(注10)33頁)。

　なお、欧米では、日本における通常の順番である、決算短信→事業報告等→有価証券報告書→税務申告というのとは異なり、年次報告書や株主総会資料が提供される前に「アーニングリリース」が提供されている(ワーキング・前掲注3)2頁)。

34) 「……決算短信等の意義は法定開示に対する速報にあるということを踏まえて、監査等の終了を待たずに、『決算の内容が定まった』と判断した時点での早期の開示を行うよう、改めてお願いします」(東京証券取引所「決算短信・四半期決算短信作成要領等」(2018年8月)5頁)。

35) 定性情報として、経営成績・財政状態に関する分析、継続企業の前提に関する重要事象等、定量情報として、翌事業年度の売上高・営業利益・経常利益・当期純利益の予想値等である。

方式のようなものが採用されるなど）されるとすれば、有価証券報告書と事業報告等との一体化策には、決算短信まで射程に加えて検討しなければならなくなるであろう。しかし、決算短信は、あくまでも金融商品取引所の制度であり、法律上の制度ではない。

Ⅳ 一体化後の会社法会計規制の在り方

1 一体化の意義

　法務省や金融庁の作業（「取組」）は、前述したように、事業報告等の制度と有価証券報告書の制度をそのまま維持することを前提に、記載内容の共通化を図ろうとするものと考えられる。たとえば、「主要な事業内容」（会社則120条１項１号）と「事業の内容」（開示府令第三号様式記載上の注意(7)）について、グループ企業の「事業の内容」や「事業における位置付け」を示すために有価証券報告書に「事業系統図」の記載が認められないのかなどの「指摘」が企業側からあるとして、そのような「系統図以外の図や表等の形式により、企業の実態に応じて投資家に対してより分かりやすく示すことが可能であることを明確化する法令解釈の公表を行う」との「対応」が示されている[36]。「対応」では「法令解釈の公表を行う」とか「ひな型で対応する」などの対応策が示される例が多いが、その趣旨は、要するにそのような対応で足りるということであり、その対応がなされた後でも、両法の適用会社は、２つの法定書類を作らなければならないことに変わりがない[37]。しかし、会社法あるいは金商法が、それぞれの独自の法目的から、事業報告等や有価証券報告書

---

36)　「環境整備」・前掲注２）(2)。
37)　財務会計基準機構・前掲注３）も、開示ガイドラインとの関係について、「有価証券報告書においては、提出会社又は関係会社の事業における位置付け等について、その状況を事業系統図等によって示すことが求められていますが、企業の実態に応じて投資者に対してより分かりやすく示す観点から、例えば、バリューチェーンにおける提出会社及び関係会社の位置付けを示す図や表など、事業系統図以外の形式による記載を行うこともできると考えられます」とする（Ⅱ２）。

の記載事項や記載内容に差が生じる改正を行ったとすれば、この種の調整作業は将来も繰り返しなされる必要があるであろうし、その調整が困難な状況に立ち至る可能性もなくはない。その意味では、一体的開示の問題は、2つの書類の実質的統合にまで議論を進めて検討しておく必要があるように思われる。

そこで、以下では、会社法上の事業報告等と金商法上の有価証券報告書の「完全一体化」を図った（代替まで認める）場合に、実体法としての影響、特に会社法会計規制の在り方を中心に、思いつくままに論点を適示し、それぞれについて若干の検討を行うこととしたい。

2 計算書類の作成準則

会社法上の株式会社には、非上場の中小会社が含まれ、有価証券報告書の作成義務がない会社も少なくなく、また非会計監査人設置会社も多数存在する。第一に、この点が会社法上の事業報告等と金商法上の有価証券報告書との実質的統合の障害になるように思われる。

中小企業会計について、それが、国際化が進展中の会計基準とは異質のものであるとの指摘は、以前から根強い[38]。特に、現在の企業会計基準の潮流が「将来志向」であり、見積りなどの仮定的要素を多分に含んでいる点が中小企業にとって過負担であり、そのような情報作成の必要性が乏しいのではないかとされてきた[39]。たしかに、国際財務報告基準（IFRS）は、上場会社を対象とした投資家やアナリストのニーズに応えて、将来志向の、予測を中心とした経理体系を志向していることは明らかである[40]。日本の上場企業においても、近時、国際会計基準採用社数が増加しつつあるとの報に鑑みれば[41]、

---

38) たとえば武田隆二編著『中小会社の会計』（中央経済社、2003）所収の諸論文参照。
39) 最近の収益認識基準のように、会計基準の制定・改訂が従前の企業実務（中小企業を含む）に大きな影響を与えるであろうものが少なくないように思われる。
40) 渡邉泉「会計学者の責任——歴史からのメッセージ会計学の誕生」産業経理78巻2号（2018）7頁（「公正価値測定に基づく資産負債アプローチは、……投機家たちの要求する企業価値情報を提供するのに適応した新たな手法として登場する」）、同9頁（「包括利益は、……投機家や投資アナリストの要求に応えるための利益である」）参照。

会社法上の計算書類が担ってきた諸目的[42]について、特に計算書類と財務諸表の統一化後、上場企業とそうでない企業の間における、会社法会計規制の意義・在り方等をめぐって再検討する必要が高まることが予想される。会社法における株式会社会計法規制は、開示だけでなく[43]、実体法的にも、ある意味で二元化することは避けられない[44]。

3 連単分離

2010年3月期以降、金商法上の財務情報開示制度は連結情報を中心としたものとなっている。それは任意適用とはされているが、グループ会社を有する場合、連結を採用する上場会社は増加傾向にある。証券市場に提供されるべき情報は、証券発行体の経済的実態（企業集団）にふさわしいものでなければならないという観点からすれば、それは合理的であり、連結重視の財務情報開示の実務は望ましいと考えられる[45]。中小企業であっても、親子関係のような企業集団を形成するならば、連結情報は必要となるであろう。連結情報は、会社法の企業結合法制として不可欠のものといわざるをえない。その点では統合に支障はない。しかし、問題は、この場合も、連結情報の作成準則等が国際化しつつあることにある。

会社法上の計算書類制度や法人税法は、単体、すなわち法人格を単位とし

---

41) 日本経済新聞2018年4月14日朝刊2頁参照（見出しは「200社に迫る」「トヨタ・ソニー導入検討」である）。
42) 江頭憲治郎『株式会社法〔第7版〕』（有斐閣、2017）599頁は、①分配可能額算定目的、②情報提供目的を挙げる。私見では、これに加えて③裁判上の利用目的があると考える（会社434条・443条参照）。また④受託者責任目的ないし説明責任目的を挙げる見解もある（岩崎勇「分配可能額計算の到達点と問題点」経済学研究（九州大学経済学会）77巻5・6号（2011）127頁）。④については後に検討する責任解除効とも関連する指摘である。
43) 有価証券報告書提出会社については、現在も、決算公告は不要である（会社440条4項）。
44) その二元性を分かりやすくするための立法論としては、会社法の中で特別の章（有価証券報告書提出会社の特則）を設けるか、あるいは公開株式会社法という特別法を制定するかなどの選択肢がありうるであろう。
45) 内部統制についても、企業集団を対象とした議論が進んでいる。

た体系である。たしかに会社法上も連結情報を提供可能あるいは提供強制される仕組みになっているが（会社444条）、連結情報は基本的に単体情報を理解する補助手段という位置付けにとどまっている[46]。これまで、金商法における連結財務情報の作成準則をめぐっては、「連単先行」[47]から「連単分離」[48]へ動いてきた。その中で、会計基準の国際化、端的にいえば国際財務報告基準（IFRS）の単体への適用の可否の議論はある意味で先送りされてきたといえる。しかし、現実問題としてみれば、IFRSを採用する上場会社では、企業集団を形成する限り、グループ全体でのIFRS対応が重要な課題とならざるをえないはずである。たとえば連結子会社が日本基準、親会社はIFRS基準というとき、これを連結するには所定の修正作業を必要とする。その作業は相当の手間となる可能性もある。このような事態を避けようとするならば、子会社等もIFRSに従った方が便利であるという判断が働く可能性が高い[49]。連結財務諸表をIFRSに従って作成するとき、親会社はもとより、連結子会社等の作成準則もIFRSに準拠するのが現実的であろうかと想像する。連単分離でも、子会社等については企業会計の国際化の現実は避けられないと考えられるのである。

　その現実は、単体を前提としてきた会社法会計や税法会計の実体法としての在り方の再考を迫るものとなりうる。連結会計の国際化は、単に開示規制

---

[46] 会社法上の連結計算書類は、会社に保管を義務付ける書類に含まれない（会社442条）。もっとも、連結配当規制適用会社（会社計算2条3項51号）では、分配可能額算定において実体法的意義を有する場合がある（会社461条2項6号、会社計算158条4号）。

[47] 企業会計審議会「我が国における国際会計基準の取扱いに関する意見書（中間報告）」（2009年6月30日）（https://www.fsa.go.jp/news/20/20090630-4/01.pdf）参照。

[48] 企業会計審議会「国際会計基準（IFRS）への対応のあり方についてのこれまでの議論（中間的論点整理）」（2012年7月2日）（https://www.fsa.go.jp/inter/etc/20120702-1/01.pdf）参照。

[49] ちなみに、「連結財務諸表に関する会計基準」（企業会計基準22号）17項では、「同一環境下で行われた同一の性質の取引等について、親会社及び子会社が採用する会計方針は、原則として統一する」としている。基本的に、統一した方が、たとえば比較可能性を確保する点でも優れているといえ、当該結合企業にとっても連結上便利であると考えられているのであろう。

の問題にとどまらないのである。

4　剰余金配当規制との関係

　会計基準の国際化は、会社法の分配規制に影響を与えうる。なぜなら、現行会社法では、「分配可能額」は、会社法上の「剰余金」（会社446条）を出発点として算出され（会社461条2項1号）、会社法上の「剰余金」は、企業会計が考える「剰余金」を基礎としているからである[50]。しかし、有価証券報告書提出会社がたとえば米国基準や「指定国際会計基準」（IFRS）に従うとき、それが連結の問題だとしても、そこに含まれる個別貸借対照表もまたこれら基準により「剰余金」の額が算定されるであろうことは前述した。その数値が伝統的な日本基準によった場合と異なることはありうることである。近時の会計基準の創設・改訂の方向性を見る限り、将来的には、IFRSの影響下に新たな会計基準が設定・改訂されれば、「剰余金」の額に変動が生じる可能性は高い。特に新基準による会計処理が「分配可能額」を増加させる効果を伴うときには、その増加額の会計学的な意味の説明と理解が重要となるであろう。それを用いて法的意味の説明・解明がなされ、法的対応が検討されることになるからである[51]。

　しかし、そのような会計学的な理論的説明・証明は、必ずしも容易ではないであろう。なぜなら、最近の企業会計基準の設定に関する「結論の背景」の説明をみれば、IFRSのインパクトが強調されるのが通常であり[52]、国際的なコンバージョンや国際的な動向を「踏まえた」対応がなされたとの説明が一般的になされているからである[53]。それはある意味で政策判断の表明であ

---

50)　岩崎・前掲注42) 138頁（「……一般に公正妥当な会計慣行に従って計算される最終事業年度末日の（貸借対照表上の）剰余金額に、末日後のその変動額を加味して計算した……」）参照。

51)　このことは、新基準によって減額効果が生じる場合でも同様であろう。

52)　財務規1条3項5号、連結財務規1条3項5号からは、財務会計基準機構は国際的な動向を踏まえた検討が求められているから仕方がないともいえる。

53)　たとえば「収益認識に関する会計基準」（企業会計基準29号、2018年3月30日）92項、100項参照。

り、そこには「理論的な説明」、少なくとも会社法の対応方法を示唆する理論的説明は乏しいように感じられるのである[54]。将来、新たな会計基準がIFRSとの関係で創設され、分配財源としての明確性を欠くようなものが増えてくるならば[55]、もとより、法務省令（会社計算規則）による調整は可能であり（会社461条2項6号）、その重要性がますます大きくなるが[56]、法務省令の「負担」が増していくことは疑いない。当然のこととして、企業会計からの理論的説明が省令改訂作業を支えることとなるが、それだけに、会計学からの説明の内容は、実体法的な影響（たとえば分配可能財源としての適格性など）の面からの疑問に答えられるものとなっている必要がある[57]。

ちなみに、EUでは、2002年「IAS適用指令」以後、周知のように、IFRSを前提とした配当規制の在り方をめぐり議論がなされてきた[58]。しかし、結論としては、現状維持となっている。難問なのであろう。この点で、支払能力基準（solvency test）が議論されたことは注目される[59]。貸借対照表剰余金に不確実要素や資金的裏付けが確実でない予測要素が多分に含まれたとしても、支払能力基準があれば、過剰なキャッシュ・アウトフローへの抑止が働き、ある意味で対応できるとも考えられる。将来、日本法においても、従来の貸借対照表剰余金基準に加えて、重畳的基準として、あるいは選択的基準として、支払能力基準の導入が考えられてよいのかもしれない[60]。

---

54) たとえば、「収益認識に関する会計基準」・前掲注53) 99項(4)参照。その説明には、従来の日本基準や会計慣行と違うことへの配慮・実務への影響が考慮されたことが示されている。まさに政策的配慮である。

55) 渡邉・前掲注40) 9頁、日本経済新聞・前掲注41)。前掲注53)「収益認識に関する会計基準」もまた見積りの要素が少なくない。従来の処理方法との差額（増額または減額）をどのように考えるかは、ますます法律問題になってくるといえよう。

56) 現行制度でも、時価会計の導入等にともない、たとえば評価・換算差額等は、会社法上の「剰余金」の概念に含まれないものとして処理されており（会社446条1号）、その他有価証券評価差額金と土地再評価差額金については、マイナスのときに分配可能額を減少させるものとして調整されている（会社461条2項6号、会社計算158条2号3号）。なお、大蔵省・法務省「商法と企業会計の調整に関する研究会報告書」（1998年6月16日）Ⅰ3（「まず、会計処理方法としての適否の観点から資産評価規定を検討し、その上で、配当規制の観点からの問題の有無を検討していくことが適当であると考えられる」）参照。

5　会計監査報告

　旧商法特例法上の会計監査人の監査報告書は、①「会計帳簿に記載すべき事項の記載なく若しくは不実の記載あるとき又は貸借対照表若しくは損益計算書の記載が会計帳簿の記載と合致せざるときは其の旨」、②「貸借対照表及び損益計算書が法令及び定款に従い会社の財産及び損益の状況を正しく示したるものなるときは其の旨」、③「貸借対照表又は損益計算書が法令又は定款

57）　たとえば「のれん」の減損会計化問題に関連して、IFRS基準のように定期的償却をしないとするならば、利益計算等に影響が出ることが指摘されるが、それが実体法的にどのような意味があるのかが、会社法では重要なのである。この点で、ASBJはのれんの処理について、IFRSの「修正基準」とした理由のところで、「のれんは、投資原価の一部であり、企業結合後の成果に対応させて費用計上すべきものであるため、償却すべき資産と考えている」と述べるにとどまる（企業会計基準委員会「『修正国際会計基準（国際会計基準と企業会計基準委員会による修正会計基準によって構成される会計基準）』の公表にあたって」（2015年6月30日）Ⅷ（27項）（https://www.asb.or.jp/jp/wp-content/uploads/20150630_01.pdf））。法的な疑問、たとえば指定国際会計基準によれば費用計上せず当期利益の額に変動が生じることについて、それが法的にどのような意味を持ちうるか（たとえば課税の問題など）について、十分に理論的な説明がなされる必要があるのである。上記の説明は、「費用計上すべきだから」といっているにすぎないようにも読める。会計パラダイムの問題でもあろうが、会社法として考えると、取得原価主義との距離感をどうするのかが重要となっているように感じられる。

58）　たとえば、Report of the High Level Group of Company Experts on a Modern Regulatory Framework for Company Law in Europe(Nov. 4, 2002), Ch. 9 at 78 *seq.* では、貸借対照表基準（balance sheet test）を改めることの可否等の問題提起がなされた。

59）　たとえば、Jonathan Richford, *Legal Approaches to Restricting Distributions to Shareholders: Balance Sheet Tests and Solvency Tests*, 7 EBOR 135（2006）; Wolfgang Schön, *Balance Sheet Tests or Solvency Tests- or Both?*, 7 EBOR 181（2006） など参照。

60）　*See* KPMG, Feasibility Study on an alternative to the capital maintenance regime established by the Second Directive 77/91/EEC if 13 December 1976 and an examination of the impact on profit distribution of the new EU accounting regime（Jan. 2008）（http://ec.europa.eu/internal_market/company/docs/capital/feasbility/study_en.pdf.）。現行会社法465条は、配当金支払後の決算時の資本欠損を問題としており、EU指令（17条2項参照）と発想において共通性がある。しかし、それは、会社に配当後の支払能力（solvency）の維持を求めているものではない。

に違反し会社の財産及び損益の状況を正しく示さざるものなるときは其の旨」、④「貸借対照表又は損益計算書の作成に関する会計方針の変更が相当なるや否や及び其の理由」、⑤「営業報告書が法令及び定款に従い会社の状況を正しく示したるものなるや否や」（会計に関する部分に限る）、⑥「利益の処分又は損失の処理に関する議案が法令及び定款に適合するや否や」、⑦「第281条第1項の附属明細書に記載すべき事項の記載なく又は不実の記載若しくは会計帳簿、貸借対照表、損益計算書若しくは営業報告書の記載と合致せざる記載あるときは其の旨」（会計に関する部分に限る）、⑧「監査のため必要なる調査を為すこと能わざりしときは其の旨及び理由」が記載事項であった（旧商特13条2項2号）。これは監査役の監査報告書の記載事項（2005（平成17）年改正前商281条ノ3第2項）の一部と重なるものであり、要するに、会計監査人も、個々の計算書類が適法に作成されているかどうかを詳細に監査し、報告しなければならなかったのである。監査役は、当該会計監査人に対して、会計監査の監査報告書につき説明を求めることができるとも規定され（旧商特13条3項）、会計監査人の監査報告に不相当なところがあると判断するときは、自ら会計監査をすることになっていた[61]。

これに対して、会社法においては、会計監査人の監査報告書（会計監査報告）の内容は、金商法上の監査証明と同様に、いわゆる総合意見だけに改められた。その意味では、会社法と金商法の一体化は既になされているともいえるが、会社法上の会計監査人制度と金商法上のいわゆる監査人監査とが同等のものかどうかは、会社法制定当時に慎重な検討を要する問題であったとも考えられる。会計監査人は、ある意味で会社の機関に準じた扱いを受けており、会計監査人設置会社の統治構造の一部をなしている。金商法のように、第三者的意見表明をするだけの制度ではなく、たとえば承認特則規定（会社439条）や分配特則規定（会社459条）などにも関わるのである。

ところで、最近の国際監査基準の動向と日本の会計監査の変化の中に[62]、監査報告書の透明化の提唱がある[63]。監査報告書の長文化問題ともいわれる

---

61) 旧商特14条3項1号（「会計監査人の監査の方法又は結果を相当でないと認めたときは、その旨及び理由並びに監査役の監査の方法の概要又は結果」）。

が[64]、その趣旨について、たとえばイギリスの例が取り上げられ、「財務諸表の適正性についての表明に加え、監査人が着目した虚偽表示リスクなどを監査報告書に記載する制度が導入されている」と説明されている。監査人が着目した監査リスクについて監査報告書を通じて明らかにすることが重視されているということである。EUにおける重点監査事項・重点監査報告事項（KAM（Key Audit Matters））も同様の趣旨であり、議論の中でそれらに言及されることが多い[65]。会計監査報告（会社法上の制度）を会社法制定前のような内容にすべきかどうかは議論の余地があろうが、少なくとも、会計監査報告における会計監査人の説明責任の履行の在り方は、会社法上の会計監査の在り方にとって重要な問題であり、それは金商法監査において「監査人」に期待されるものとは違った側面があると考えられるのである。くり返し述べるが、会計監査人は、会社法上、会計監査人設置会社の準役員であり、会社法上のコーポレートガバナンスの構造に組み込まれているのである。会計監査報告もそのことを認識し、たとえば株主が、会社法上の会計監査人の説明責任（会社法上の任務）が尽されているかどうかを判断できる内容になっているかどうかの観点から、改めて検討する必要があるように思われる。

---

62) 「『会計監査の在り方に関する懇談会』提言―会計監査の信頼性確保のために」（2016年3月8日。以下「提言」）。

63) 「提言」・前掲注62) Ⅱ(2)②。

64) 日本公認会計士協会「監査報告書の長文化（透明化）」（2018年4月）、金融庁「『監査報告書の透明化』について」（2017年6月26日）参照。

65) 国際会計士連盟（IFAC）国際監査及び保証基準審議会（IAASB）の国際監査基準（IAS）701号「独立監査人の監査報告書における監査上の主要な事項のコミュニケーション」（2015年1月）（原文につき、https://www.ifac.org/publications-resources/reporting-audited-financial-statements-new-and-revised-auditor-reporting-stan参照）。EUでは、財務諸表の重要な虚偽表示リスクのうち最も重要と評価されたものをKAMという。これは会社とのコミュニケーションを経て監査人が選定し、KAMとした理由やこれに対する監査人の対応、そして財務諸表上の参照個所があれば、それらが監査報告書に記載される。意見不表明の場合はKAMの記載が禁じられる。米国でCAM（Critical Audit Matters）と呼ばれるものと同趣旨であると考えられる。経団連・監査役協会・証券アナリスト協会・公認会計士協会・金融庁の「意見交換会」（2017年6月）でも監査報告書の透明化をめぐる議論は肯定的に捉えられている。「提言」・前掲注62) Ⅱ(2)③。

6　定時株主総会制度と計算書類等

　会社法上、定時株主総会は、計算書類の確定にとって重要なものである。原則として、定時株主総会の承認決議をもって計算書類は確定し、承認特則規定の適用がある会計監査人設置会社の場合には監査済み計算書類に対する取締役会の承認により確定する。いずれにしても、計算書類の確定には、会社の「機関決定」が必要である。これに対して、事業報告は、定時株主総会においては報告事項として処理されるが、定時株主総会に提供される法定書類の1つであり（会社438条1項）、総会での株主との質疑はこの事業報告事項についてもなされているのが通常である。

　事業報告等は取締役が受託者責任を果たしたことについての説明文書であり、定時株主総会は役員らの信任の場である。そのことを明らかにしていたのが、1981（昭和56）年の商法改正により廃止された責任解除効である。すなわち、「定時総会ニ於テ前条第1項ノ承認ヲ為シタル後2年内ニ別段ノ決議ナキトキハ会社ハ取締役又ハ監査役ニ対シテ其ノ責任ヲ解除シタルモノト看做ス但シ取締役又ハ監査役ニ不正ノ行為アリタルトキハ此ノ限ニ在ラズ」というものである（1981（昭和56）年改正前商284条）。この責任解除効は、1899年（明治32）年商法改正（新商法）により設けられたものであり、立法当初は、上記の2年内の問責に関する部分がなく、定時株主総会での計算書類（営業報告書が含まれていた）の承認に伴う効果と理解され、取締役と監査役の実質的な責任の軽減を定めたものと説明されていた[66]。しかし、1938（昭和13）年改正により、2年内の問責可能性を認めたことから、責任解除効を定時株主総会での承認決議の効果とみるのか、それとも責任の除斥期間とみるのかの対立が生じた[67]。制度趣旨が変わったか否かはともかくも、責任解除効が定時株主総会での計算書類の承認が出発点となる点は変わりがない。逆に、1981（昭和56）年改正により、同条が削除されたことにより、原型に戻り、定時株主総会での承認があれば直ちに責任解除効があるとの解釈の可能性もあると

66）　上柳克郎ほか編『新版注釈会社法(8)』（有斐閣、1987）91頁［倉沢康一郎］。
67）　上柳ほか・前掲注66）91-94頁［倉沢］参照。

の見解も示されている[68]。

このように、事業報告等は、取締役の受託者責任の説明文書、いわば顛末報告書という性格を持つものであり、その内容は、取締役らが信認義務を果たしているかどうかを示すものであることが、その制度の本質からの要請であると解される。それらが定時株主総会前に株主に提供されて、総会での審議に臨むというのが理念型である。会社法においても、基本的には、そのように制度設計がなされている。

一方、有価証券報告書は、内閣総理大臣に提出される行政文書・公文書である。たしかに近時、株主が有価証券報告書の情報を定時株主総会で利用できるようにすべきではないかという主張が有力であり、早期開示が徐々にではあるが進行しているともいわれるが[69]、本来、有価証券報告書は定時株主総会とは直接的には無関係な書類である。

有価証券報告書の趣旨は、投資者に情報を提供することであり、投資者が求める情報に対応する形で、開示内容自体が変化してきた。このように、有価証券報告書は、その本質において事業報告等とは制度趣旨を異にし、定時株主総会との関係では、あくまでも参考資料として活用することが可能であるということにすぎない。そこで、かりに有価証券報告書を事業報告等に代替させることにするのであれば、前述したように、その内容において、受託者責任を尽くした経営を行ったことを明らかにする内容が強調されるべきこととなるであろう[70]。

7　営業報告書と事業報告

定時株主総会が取締役の顛末報告の場という捉え方からすれば、事業報告

---

68)　上柳ほか・前掲注66) 94頁［倉沢］。この問題を考えるには、そもそも定時株主総会制度とは何かという観点からの検討が必要であろう。
69)　実数から見れば、むしろ遅々として進んでいないという方が正確かもしれない。前掲注10) 参照。
70)　現行の二本立ての制度のもとでも、実務上、主として有価証券報告書やコーポレートガバナンス報告書などの金商法関係の書類の作成に集中し、そのダイジェストという形で事業報告等を作成することも一案である。

はその説明を主として記述的に行う文書である。会社法制定前は営業報告書と呼ばれ、監査役の監査対象であった（2005（平成17）年改正前商281条1項3号・4項）。事業報告はその後継と考えられる[71]。

事業報告が定時株主総会における報告事項であることからすれば、その記載内容を通じて定時株主総会に向けて株主に何を報告・伝達しようとしているのかが問題となる。

1982（昭和57）年の計算書類規則の改正により、それまで記載内容が必ずしも明白ではなかった営業報告書に記載すべき事項が明示された（旧計算規45条1項）。会社の現況（主要な事業内容など）、当該年度の営業の経過と成果、企業結合の状況、過去3年間の営業成績と財産状況の推移と説明、対処すべき課題、役員、大株主（上位7名以上）情報、メインバンク情報、後発事象であり、その後の改正で、自己株式情報などが追加され、大会社の特例などが定められた（2005（平成17）年改正前商則103条〜105条参照）。これが基本的に現行法（法務省令・会社法施行規則）にも受け継がれている（会社則118条以下）。

営業報告書は、1981（昭和56）年商法改正前は、定時株主総会の承認対象であった（1981（昭和56）年商法改正前商283条1項）。同改正法により報告事項とされ、承認決議は不要となった（同改正商283条1項）。当時の立案担当者によれば、「会社の状況を示す事実を記載するものであって、その内容が正確である限り、これを総会が承認しないといってもはじまらない。……営業報告書を承認し、または承認しないことによる法律効果は、何もない」とされ、「営業報告書の承認の唯一の法律効果は、……取締役・監査役の責任の解除であったが、同条は削除された」とされる[72]。会社法の規律は、これを受け継いでいる。しかし、事業報告のコーポレートガバナンス上の意義を考えるとき、この「純粋な報告文書」[73]が少なくとも法定の決算書類とされ、定時株主総会での報告事項とされていることは、注目される必要がある。

---

71) かつて営業報告書は計算書類の1つとされていたが（2005（平成17）年改正前商281条1項3号）、会社法では計算書類ではない。また、会社法では、事業報告は、会計監査人の監査対象ではない（会社436条2項2号）。

72) 稲葉威雄『改正会社法』（金融財政事情研究会、1982）346頁。

73) 稲葉・前掲注72) 346頁。

基本的な顛末報告書類である計算書類との関係でも、第一に、事業報告（営業報告書）は、承認対象となる計算書類で提供される財務情報に対して、財務情報の補足説明書類であるとともに非財務情報を提供する媒体である。この点では、有価証券報告書の記載内容を工夫すれば、このような事業報告の法的機能を代替させることは可能であろうが、「株主の委託を受けて株式会社の経営の任にあたる取締役が、（財務諸表だけでは理解しにくい）その経営の受託責任の遂行の状況を明らかにするための」[74] 事業報告（営業報告書）としての機能を果たすものかどうかとの観点から、記載内容等を検討しなければならないであろう。

第二に、営業報告書もまた、上述した取締役の顛末報告とそれに伴う責任解除、さらには定時株主総会が役員改選の場であることと関係のある書類である。営業報告書は、当初の制度趣旨からは、責任解除まで認められる定時株主総会での承認決議を充実させる補完的役割を担い、また役員改選議案に係る議決権行使の参考情報としても機能することが期待されていたと考えられる。たしかに現行法では責任解除効はないが、役員の、特に再任については、事業報告情報が重要な補足となることは考えられることである。有価証券報告書にそのような定時株主総会での機能を期待するならば、そのような観点から記載内容等を検討すべきあろう[75]。

第三に、事業報告（営業報告書）は、非財務情報の提供媒体として、内部統制や買収防衛策等が記載事項に加えられ、それらが監査役ら法定監査機関の監査対象とされている。監査役らの法定監査機関は、それらに対して不相当意見を表明する場合がありえ、必要があるときには、そのような意見表明をするのが監査役らの職務となっている。このように考えると、事業報告につ

---

74) 稲葉・前掲注72) 298-299頁。フランスでは「会社の業務執行およびその進行状況に関し、株主が事情を知って意思を決定し、かつ調査に基づく判断をくだすことができるようにするためという営業報告書の目的を明らかにしている」とされる（同299頁）。

75) 稲葉・前掲注72) 299頁は、「営業報告書の記載事項については、その基本的な性格をふまえ、有価証券報告書……の記載内容との調整をも考える必要がある」とされ、その基本的性格の踏襲の重要性を示唆される。また開示の相手が投資家としての株主というより、会社の実質的所有者としての株主と債権者であるともされている。

いては、コーポレートガバナンスに関する情報提供だけではなく、会社法上、それに対する監査体制が制度化されている点は注目すべきである。さらに特定完全子会社や関連当事者間取引などの情報も含まれる点で、事業報告と事業報告監査は、利益相反のおそれがあるものについての透明性を高める機能も担っていると考えられる。

このように考えると、有価証券報告書を事業報告に代替させるとすれば、ますます有価証券報告書に対する法定監査機関の監査と定時株主総会との関係強化を意識する必要があるように思われる[76]。

おわりに

事業報告等と有価証券報告書の一体的開示の議論は、主として上場会社を想定したものである。そして、金商法は投資者に必要十分な良質の情報を適時に提供することを使命としており、その中には財務情報だけでなく、非財務情報を含みうる。法定開示以外にも、金融商品取引所の規程や発行会社自身の積極的情報提供もなされているのが現状である。金商法が要求する開示内容がさらに充実していくことは容易に想像でき、その結果、会社法開示との距離感が広がることは、ある意味でやむをえないことかもしれない。しかし、会社法が適用される株式会社には、上場会社とそうでない会社、あるいは閉鎖的株式会社などがあることも忘れてはならない。事業報告等（事業報告と計算書類）の作成義務、さらにそれらに対する監査役らの監査という会社法の制度には、独自の意義がある。そのことを踏まえれば、事業報告等を有

---

76) 監査役ら法定監査機関は、事業報告に係る監査報告において、事業報告が①法令・定款に従って会社の状況を正しく示しているかどうかについての意見を述べるほか、②取締役の職務遂行の違法等があるときは意見表明が求められ、③買収防衛策等の内容が相当でないときの意見表明や、④利益相反情報への対応、内部統制に対する意見表明といった事項にまで職務が及ぶ。事業報告に代替する有価証券報告書であれば、監査内容も同等にすべきであろう。なお、⑤監査のための必要な調査ができなかったときはその旨を記述できるとされるが、この記述は、監査役が任務を適切に遂行しようとしていたことの弁明にもなる。

価証券報告書によって代替させるためにはさらに慎重な検討を必要とすると考えられる。当面は、二本立ての制度を前提としたハーモナイゼーションが模索されてよいであろうが、将来的には、上場会社とそうでない会社に対する会社法の規律が異なってくることが予想され、会社区分立法の必要性が高まることも考えられるところである。その際、会社法独自の法目的が何かを改めて検証する必要があるであろう。

非財務情報の開示と開示規制
―― イギリスにおける非財務情報に
関する開示法制の進展

川島　いづみ

I　はじめに――非財務情報の開示を取り巻く状況
II　イギリスにおける非財務情報の開示法制
III　むすびに代えて

I　はじめに――非財務情報の開示を取り巻く状況

　近年、非財務情報の開示を取り巻く状況には、顕著な変化がみられる。ここ数年、財務情報とともに経営戦略やESG情報（環境・社会・ガバナンス情報）などを広くとりまとめた、いわゆる統合報告書を公表する上場会社が増加している[1]。ESG投資は世界の運用資産の3割に迫るとの報道もある[2]。2015年のコーポレートガバナンス・コード（以下「CGコード」という。）導入により、コーポレートガバナンス報告書（以下「CG報告書」という。）の開示が上場規則によって求められているが、CG報告書の開示については、他の媒体の記載を参照する方式も認められることから、利用しにくいとの声も聞かれる[3]。

---

1) 2017年末までの発行社数は、400社を超える見通しと報道されていた（2017年10月26日付日本経済新聞）。もっとも、名ばかりの「統合報告書」も少なくないといわれている。国際統合報告評議会（International Integrated Reporting Council: IIRC）の国際統合報告フレームワークについて、たとえば、宝印刷総合ディスクロージャー研究所編『統合報告書による情報開示の新潮流』（同文舘出版、2014）3頁以下［森洋一］。
2) 2017年10月18日付日本経済新聞。

「コーポレートガバナンスの状況等」は有価証券報告書の記載事項でもあり、社外取締役の独立性基準など役員指名に関する方針等は株主総会招集通知に記載されることも多い。さらに、グローバルに事業を展開する企業は、欧米のいわゆる「人権監視法」に対応するため、人権デュー・ディリジェンスの実施状況等をホームページで開示している[4]。

　非財務情報の開示に関連して、経済産業省は、統合報告書の導入企業の拡大を目指して「価値協創のための総合的開示・対話ガイダンス」(2017・5・29) により非財務情報の開示に関する手引きをまとめている。また、金融審議会の「ディスクロージャーワーキング・グループ報告書—資本市場における好循環の実現に向けて—」(2018・6・28)（以下「DWG報告書」という。）においては、「財務情報」と「記述情報」の充実として、経営戦略・ビジネスモデル、MD&A、リスク情報、ガバナンスに関する情報等の開示充実が重要であり、適切な開示実務の積上げを図る取組が求められるとし、また「その他のガバナンス情報の充実と提供」として、有価証券報告書とCG報告書の開示情報の充実・整理が取り上げられている。DWG報告書おいても言及されている、事業報告等と有価証券報告書の一体的開示については、法的な対応にも急速な進展がみられる。内閣府は、2017年6月公表の「未来投資戦略2017—Society 5.0の実現に向けた改革—」(2017・6・9) において、企業による情報開示の質の向上のために進めるべき総合的な検討・取組の1つとして、事業報告等と有価証券報告書の一体的開示を可能とするための検討を掲げ、これを受けて日本公認会計士協会は、同年8月、開示・監査制度一元化検討プロジェクトチームによる報告「事業報告等と有価証券報告書の一体的開示についての検討」(2017・8・22) を公表した。この報告では、一体的開示とは、事業報告等と有価証券報告書の記載内容をできる限り共通化し、相互利

---

3) 参照先が多数あって内容を把握しにくい、該当箇所を探すのに労力を要し利用者への配慮に欠ける、との意見について、古庄修「コーポレート・ガバナンス報告書と統合報告の開示構造」ディスクロージャー& IR 2号 (2017) 169頁。
4) ANA、ファーストリテイリング、花王などの「人権監視法」に対応する動きや、人権デュー・ディリジェンスの実施については、日本経済新聞でも報じられている (2017年4月3日付日本経済新聞)。

用により、実質的に一体化して作成・開示すること、さらに両者の開示時点を合わせることにより一体の書類として開示すること、とされている[5]。2017年末には、内閣官房・金融庁・法務省・経済産業省の連名で「事業報告等と有価証券報告書の一体的開示のための取組について」が、その別添として、金融庁・法務省連名の「一体的開示をより行いやすくするための環境整備に向けた対応について」とともに公表された。これらの提言等を受けて、2018年1月26日には、非財務情報の開示充実や開示内容の共通化・合理化を図るために、企業内容の開示に関する内閣府令（以下「開示府令」という。）が改正され、同年3月26日には、会社法施行規則も改正されている[6]。

　こうした取組はきわめて有用であると考えられるし、評価すべきものではあるが、たとえば、イギリスやEUの現状と比べると、周回遅れのものであるという印象を否めないように思われる。DWG報告書では、SECの規則やガイダンスと並んで、イギリスの戦略報告書（strategic report）と財務報告評議会（Financial Reporting Council: FRC）のガイダンスがたびたび言及されている。イギリスでは、2013年に会社法における非財務情報の開示の枠組みが見直されて、新たな非財務情報の開示書類として戦略報告書が導入されたが、加えて2016年末の法改正により、上場会社等は戦略報告書に非財務情報説明書（non-financial information statement）を挿入するものとされた。後者は、2014年のEU指令を国内法化するための法改正によるものである。さらに2018年には、2016年以来進めてきたコーポレートガバナンス改革（Corporate Governance Reform）の検討を、コーポレートガバナンス・コード（以下「UKCGコード」という。）の改訂や会社法改正のための規則制定に落とし込む作業が完了し、2006年会社法172条1項について、戦略報告書や取締役報告書（directors' report）においてより踏み込んだ情報開示が求められる等の法改正

---

[5]　これに対して、同報告では、会社法と金融商品取引法により要求される法定開示書類を一本化することは「一元化」と呼び、一体的開示の議論は一元化を段階的に進めるための工程と位置づけられている（同報告4頁）。

[6]　解説として、大谷潤ほか「企業内容等の開示に関する内閣府令等改正の解説」商事法務2163号（2018）4頁以下、福永宏ほか「会社法施行規則及び会社計算規則の一部を改正する省令の解説」商事法務2164号（2018）4頁以下。

が行われようとしている。会社法以外の分野でも、たとえば、前述の人権監視法に当たる現代奴隷法（Modern Slavery Act 2015, c. 30）が2015年に制定されて、イギリスで事業を行いまたは商品・サービスを提供する所定の法人・パートナーシップには、奴隷的状況等に関する方針、そのデュー・ディリジェンス、防止措置の効果等の開示が義務づけられた。これらの非財務情報の開示が、すべて会社法の情報開示に関する枠組みに収斂されているところに、イギリス会社法における非財務情報の開示規制の特徴がある。

以下、イギリス会社法における非財務情報の開示、特に戦略報告書による開示について、上場会社等を適用対象とする規制を中心に、近時の法改正について検討し、関係する限りでEU指令も併せて概観することとする。そして、わが国の上場会社における非財務情報の開示について、本来的な意味における公開会社法制の観点から、今後の方向性について、若干の検討を行ってみることにする。なお、イギリス会社法における取締役の報酬規制と取締役報酬報告書については、本稿では立ち入らない。

II　イギリスにおける非財務情報の開示法制

1　近年における法改正の経緯

(1)　非財務情報の開示フレームワークの見直し

イギリスの2006年会社法（以下、丸括弧内の引用では2006年会社法を「英会社」という。）は、取締役の株主に対する報告書である取締役報告書の作成に加えて、取締役の報酬規制の観点から、上場会社等[7]（quoted company）については、取締役の報酬に関する情報を、取締役報酬報告書として取締役報告書とは別に作成することを求めている。取締役報告書は、取締役が株主に宛てて作成する、イギリス会社法上の伝統的な記述情報の開示書類である。上場会

---

[7]　上場会社等とは、イギリスで設立された会社であって、欧州経済領域（EEA）参加国の規制市場上場会社、NYSEまたはナスダックに上場または登録されている会社を意味する（英会社385条）。ロンドンのAIMに上場する会社は含まれない。

社等は、わが国の金融商品取引法に当たる金融サービス市場法（the Financial Services and Market Act 2000: FSMA）に基づき、上場所轄機関（UK Listing Authority）を兼務する金融行為監督機構（Financial Conduct Authority: FCA）の開示・透明性規則（Disclosure and Transparency Rules: DTR）等により、年次財務報告書（annual financial report）や経営者報告書（management report）等の作成を義務づけられているが、FSMAやその関係法令上、わが国の有価証券報告書に相当する開示書類は存在せず、会社法の下で作成される年次計算書類や取締役報告書等が、FSMAにより上場会社等に要求される年次財務報告や経営者報告書の基本的な内容を兼ねることになる。このようにして、イギリス法においては、「事業報告等と有価証券報告書の一体的開示」が、1986年金融サービス法（FSMAの前法）制定前から、実務的には一貫して行われている。

　近年、非財務情報の重要性の高まりと開示実態に対する不満等を背景として、会社法の所轄官庁であるBIS省（Department for Business, Innovation and Skill. 現在は改組によりDepartment for Business, Energy and Industrial Strategy: BEIS省）は、非財務情報の開示フレームワークを見直す作業を進め、2013年制定の規則（the Companies Act 2006（Strategic Report and Directors' Report）Regulations 2013, SI 2013/ 1970. 以下「2013年規則」という。）により、会社法上の非財務情報の開示書類を、戦略報告書、取締役報告書および取締役報酬報告書に改める会社法改正を行った。見直し作業の段階では、従来の取締役報告書と取締役報酬報告書を廃止し、これらに代えて、戦略報告書と年次取締役ステイトメントを導入して、戦略報告書を、会社の戦略・リスク・ビジネスモデルの簡潔な説明や、基本的な財務情報を添えた環境・社会に関する基本的な情報とともに提供し、目下のチャレンジと事業の将来性に関する分析を含めて、会社にとって重要性のある広範な事項を統合し、財務情報その他の情報源から抽出した高レベルの情報で補完した開示書類とすることが構想されていた[8]。これは、戦略報告書を統合報告書として機能する開示書類とする試みであったということもできる。

　この構想は、オンライン開示に関する技術的な問題もあって結局撤回され、前述の2013年規則の制定に至った。とはいえ、2013年規則による改正により、開示事項の重複を整理し、取締役報告書の記載事項の一部を戦略報告書に移

すとともに、上場会社等については、戦略とビジネスモデル、人権、ダイバーシティに関する情報等を開示情報に追加し、また取締役報告書の記載事項の中で、戦略上重要な情報は戦略報告書に記載できることとするなど、これまでの問題点への対処が相当程度図られた。さらに、株主の同意を条件に、株主への送付書類を戦略報告書に所定の補足書類を加えたものに代替できるとするなど、戦略報告書に統合報告書としての性格を付与することに、かなりの程度成功しているということができる[9]。

FRCは、戦略報告書導入後の2014年6月に戦略報告書ガイダンスを公表し、戦略報告書に対する理解の浸透と普及に努めている。

(2) 非財務情報説明書の導入

2016年12月には、計算書類および非財務情報の報告に関する規則（the Companies, Partnerships and Groups (Accounts and Non-Financial Reporting) Regulations 2016, SI 2016/1245. 以下「2016年規則」という。）により、会社法の関連規定が改正されて、欧州経済領域（EEA）内の規制市場に株式等を上場する会社（規制市場上場会社）ほか所定の会社の戦略報告書には、「非財務情報説明書（non-financial information statement）」を含めること等が求められている。この改正は、EUの2014年の非財務・多様性情報開示指令（Directive 2014/95/EU of the European Parliament and of the Council of 22 October 2014 amending Directive 2013/34/EU as regards disclosure of non-financial and diversity information by certain large undertakings and groups. [2014] OJ 2014 L 330/1. 以下「2014年指令」という。）を履行し、国内法化するために行われたものである。以下、この2014年指令について、若干詳しく紹介する[10]。

---

8) FRC, Louder than Words: Principles and actions for making corporate reports less complex and more relevant (2009); BIS, Corporate Law and Governance : The Future of Narrative Reporting—A Consultation, URN 10/1057 (2010); BIS, The Future of Narrative Reporting : Consulting on a new reporting framework, URN 11/945 (2011).

9) 見直しの経緯等については、宝印刷総合ディスクロージャー研究所編・前掲注1）245頁以下［川島いづみ］。

1) 非財務情報の開示に関するEU指令の沿革

　情報開示に関するEU指令の内容は、かつては、財務情報（会計情報）に関するものが中心であった。しかしながら、欧州委員会は2003年に会社法の現代化とコーポレートガバナンスに関するアクションプラン（COM（2003）284 final）を採択し、2006年には、コーポレートガバナンス・コードによる規制、すなわちコードの遵守か、遵守しないときはその説明を求める規制（comply or explain）を採用することとし、年次報告書またはコーポレートガバナンス説明書（corporate governance statement）においてコードの遵守状況等を開示するよう求める規制が、EU指令（Directive 2006/46/EC）により導入されることになった。

　さらに、世界的な金融危機を契機に、社会的で持続可能な成長に価値を置く経済モデルへの移行がより重視されるようになると、EU指令のレベルにおいても、CSRに関わる非財務情報の開示に関心が向けられるようになった。2013年のEU指令（Directive 2013/34/EU）は、加盟国に対して、コーポレートガバナンス説明書と経営者報告書において、環境や従業員に関する情報を含む一定の非財務情報の開示を要求した。しかしながら、開示の質に関する基準を欠き、具体的な開示内容の問題は加盟国任せであったために、比較可能性に問題があること等が指摘されていた[11]。この2013年のEU指令の改正版が、前述の2014年指令である。EUの2014年指令は、加盟国に対して、その内容が2017事業年度の開示情報に適用されるよう国内法を改正することを義務づけており、この指令に対応する法改正の一部が、前述の2016年規則によるイギリス会社法の改正である。

　2014年指令の特徴は、企業の社会的責任（CSR）に関する開示規制を設けるに当たり、「報告または説明（report or explain）」アプローチを採用したことである。すなわち、CSRの所定の事項に関する方針等の報告、または、そうし

---

10) 髙橋大祐「ESG関連リスクの管理・開示のあり方〔上〕」商事法務2146号（2017）70-71頁は、ESGをめぐる関連規制の動向としてEUの2014年指令（非財務情報開示指令）に言及している。

11) P. Iglesias-Rodríguez, the Disclosure of Corporate Social Responsibility in the EU after Directive 2014/95, (2016) 37 Co. Law. 319, at p. 319.

た方針を遂行していないときはその理由を、非財務情報説明書において明確かつ合理的に説明しなければならない（Where the undertaking does not pursue policies in relation to one or more of those matters, the non-financial statement shall provide a clear and reasoned explanation for not doing so.）、とされている。EUは、コーポレートガバナンス・コードに関する「遵守または説明（comply or explain）」に続いて、CSRの履行を促すための非財務情報の開示においても、類似の規制手法を採用したということができ、注目される。

  2) 開示情報・開示義務者

 2014年指令により追加された開示事項は2つに大別できる。まず、第1は、一定の非財務情報を報告すべきとするものであり、これを経営者報告書に含めるものとされるが、これらの情報を独立の報告書とすることも認められている。一定の非財務情報とは、具体的には、6つのCSRに関する事項、すなわち、1）環境、2）社会、3）従業員、4）人権の尊重、5）腐敗防止、および、6）賄賂防止のそれぞれについて、次の①～⑤の5項目の記載が求められている。5項目とは、①ビジネスモデル、②方針（policy）、③方針の結果、④主なリスク、および、⑤非財務的KPIである。②方針には、実施したデュー・ディリジェンスのプロセスを含めて記載しなければならない。たとえば、4）人権の尊重について、サプライチェーンや下請企業（subcontracting chain）についての人権デュー・ディリジェンスをどのように実施しているか、といったことの説明が求められる[12]。非財務情報説明書の作成義務者は、「公益事業体（public interest entities）」とされる。具体的には、規制市場上場会社、および、金融・保険業者であって平均従業員数が500名を超えるものとされている。個別企業には、個別非財務情報説明書の作成が求められるほか、企業グループの親企業には、グループ全体に関する連結非財務情報説明書の作成が義務づけられる。

 第2は、ダイバーシティについての情報開示である。規制市場上場会社は、コーポレートガバナンス説明書において、当該会社の管理・経営・監督にお

---

12) 2017年には、EU委員会が開示指針（European Commission, Guidelines on non-financial reporting, 2017/C215/01）を公表している。

けるダイバーシティについて、方針の目的、履行状況、およびその結果を、報告することが義務づけられる。いずれについても、方針を採用していないときは、その理由の説明が求められている。

3）　作成責任と信頼性の確保

EUの2014年指令は、非財務情報の開示に関する取締役等の責任を、非財務情報説明書まで拡大している（2014年指令による2013年指令33条の改正）。しかしながら、監査（auditing）については、法定会計監査役（statutory auditor）の役割である、経営者報告書が国内法に従って作成されているかについての意見表明と、重大な不実記載の有無の確認義務（2013年指令34条）から、非財務情報説明書を除外しており、この点では依然として限定的なものにとどまっている。そのため、加盟国が、開示情報の質の保証（assurance）を求める制度を有するか否かにより、開示の信頼性について加盟国間の差が拡大するとの指摘がなされている[13]。また、グループ非財務情報説明書については、親会社の意向により会計監査役が任意の保証を実施するとしても、子会社の協力が必要である点で、やはり限界があることも指摘されている[14]。

(3)　コーポレートガバナンス改革のための開示規制の見直し

1）　見直しの経緯

イギリスでは、従来も上場会社等の役員の高額報酬に対して根強い批判があったが、2016年には、大規模非上場会社であるBHS（British Home Stores）の破綻により経営者による会社私物化の実態が明らかとなった。また、2017年にはロンドン西部の高層公営住宅で発生した火災が、貧富の格差問題を改めて顕在化させた。経済的・社会的な格差は、Brexitの背景の1つであるとも

---

[13]　Iglesias-Rodríguez, supra note 11, at p. 325. たとえば、フランス会社法L. 225-102-1条は、取締役会・業務執行役員の報告書に記載すべき会社および環境の情報を独立第三者機関による検査の対象としている（条文訳につき、加藤徹ほか訳「翻訳　フランス会社法(6)」法と政治65巻4号（2015）390-393頁参照）。

[14]　D. G. Szabó & K. E. Sørensen, Non-financial reporting, CSR frameworks and groups of undertakings: application and consequences, (2017)17 Journal of Corporate Law Studies 137, at p. 156.

いわれている。こうした状況を受けて、イギリス政府はコーポレートガバナンス改革に着手し、BEIS省は、2016年11月、コーポレートガバナンス改革のための緑書を公表して各界の意見を求め、その結果を受けて、2017年8月末、政府の改革案を取り纏めた[15]。政府の改革案には、UKCGコードの改訂を求める内容も含まれていた。

　2)　UKCGコードの改訂

　これを受けて、UKCGコードの策定主体であるFRCは、2017年末にUKCGコードの改訂案を公表し[16]、2018年7月に、2018年改訂UKCGコード（以下「2018コード」という。）を導入した。2018コードは、2019年1月1日以降に開始する事業年度から適用されるものとされている。従来、UKCGコードは、5章構成（Section A：リーダーシップ、Section B：有効性、Section C：説明責任、Section D：報酬、Section E：株主との関係）をとり、各章に、主原則（Main Principle）、補助原則（Supporting Principles）およびコード規程（Code Provisions）が置かれて、コード規程には主原則・補助原則を実現するためのより具体的な内容が定められていた。そして、上場規則により、ロンドン証券取引所のメイン市場に上場する上場会社は、UKCGコードの原則をいかに適用しているか、および、コード規程について、遵守している場合はその旨、また遵守していない場合は不遵守の理由を、年次財務報告書において開示することが求められている。これに対して、2018コードは、既に定着した原則やコード規程の内容はガイダンス等に移すこととして、より簡潔な構成をとっている。通し記号・通し番号の原則A〜R（Principle A〜Principle R）と規程1〜41（Provision 1〜Provision 41）が、5つの項目（1　取締役会のリーダーシップと会社の目的、2　責任の分担、3　構成、サクセッションおよび評価、4　監査、リスクおよび内部統制、5　報酬）に順に振り分けられた構成である。FRCは、併せて、「取

---

15)　川島いづみ「英国のコーポレートガバナンス改革案」ディスクロージャー& IR 4号（2018）110頁、中村信男「英国会社法におけるステークホルダー利益の取扱いと会社法制改革構想の行方」徳本穰ほか編『会社法の到達点と展望　森淳二朗先生退職記念論文集』（法律文化社、2018）373頁以下、上田亮子「英国コーポレートガバナンス・コード改訂と日本への示唆」月刊資本市場395号（2018）24頁。

16)　FRC, Proposed Revisions to the UK Corporate Governance Code (December 2017).

締役会の有効性に関するガイダンス（the Guidance on Board Effectiveness）」も公表している。従来のような、コード規程の遵守状況の開示よりも、むしろ原則の適用にフォーカスしているとの説明もみられる。

　FRCによれば、主要な変更点として、ステークホルダーとの関係では、取締役会は、年次報告書において、株主以外の主要なステークホルダーの利益と会社法172条に定める事項が、取締役会における議論と決定においてどのように考慮されているかを開示すべきとされるとともに、労働者選出取締役、労働者諮問パネルまたは非業務執行労働者担当取締役のいずれかによって、労働者との関わり合いを有効に保つべきであるとされていること（規程5）、企業文化について、取締役会は、会社の目的・価値・戦略を確立し、それらと結びついた企業文化を創造するとともに、全取締役が望ましい企業文化を促進しなければならないとされること（原則B）、サクセッションと多様性については、取締役会の刷新とサクセッション・プランの遂行が強調されており（原則J・原則K）、また、指名委員会は年次報告書において、取締役会評価者の名称等ならびに評価者と取締役会および個々の取締役との間の契約の詳細を開示すべきとされること（規程21）等をあげることができ、役員報酬については、報酬委員会は労働者の報酬水準および関連する方針を考慮に入れるべきこと（規程33）が強調され、また、形式的な計算による業績連動報酬は排すべきとされたこと（規程37）が重要であると説明されている[17]。

　2018コードの原則Aでは、取締役会の役割は、株主のために価値を生み出し、より広く社会に貢献して、会社の長期的に持続可能な成功を促進すること（to promote the long-term sustainable success of the company, generating value for shareholders and contributing to wider society）であるとされており、2006年会社法172条の枠から若干踏み出しているように受け止められなくもない[18]。

　3）　会社法および関連規則の改正

　他方、BEIS省は、2018年6月、2006年会社法の一部改正および関連規則の改正を内容とする、2018年会社（各種報告）規則（the Companies（Miscellaneous

---

17)　FRC, A UK Corporate Governance Code that is fit for the future. https://www.frc.org.uk/news/july-2018/a-uk-corporate-governance-code-that-is-fit-for-the-future/

Reporting) Regulations 2018) 案（以下「2018年規則案」という。）を、2018年規則案のQ&A[19]とともに公表している。2018年規則は、議会の承認を得なければ発効しないものであるが（施行は一部を除き2019年1月1日の予定）、BEIS省は、法令改正に対応するための十分な時間を会社およびステークホルダーに提供することの重要性を認識して、2018年規則案の実務的な解説として上記Q&Aを公表するとしている。2018年規則案の名称にも現れているように、イギリス政府は今回のコーポレートガバナンス改革を、UKCGコードの改訂と協働しつつ、開示規制の改正によって実現しようとするものである。

　2018年規則案には、次のような非財務情報の開示に関する規定（案）が定められている。第1に、戦略報告書における開示について、大会社[20]は、戦略報告書に、取締役が後述する会社法172条1項(a)号ないし(f)号に定める事項をどのように考慮したかの説明を記載しなければならないこと、第2に、取締役報告書における開示について、大会社は、供給業者、顧客その他の者との事業上の関係を育成する必要性をどのように考慮したか、および、その考慮の結果の概要を、また、イギリスにおける従業員数が250名を超える会社は、労働者との繋がりや、労働者の利益に対する考慮をどのように払っているか等の概要を、それぞれ取締役報告書に記載しなければならないこと、巨大企業である私会社および公開会社は、上場会社ではない場合であっても、コーポレートガバナンス・コードに関する説明を取締役報告書に記載しなければならないこと、第3に、取締役報酬報告書における開示について、イギ

---

18) たとえばICSAは、コードと2006年会社法172条との結び付き強化には賛成するものの、原則Aは混乱を生じさせるとして、コードは制定法上の要件と結びついているべきであるとの見解を示している（News Digest, Corporate Governance Code needs to be more closely aligned with the Companies Act, says ICSA, (2018) 39 Co. Law. 220, at p. 220）。他にも、Irene-Marie Esser et al., Proposed revisions to the UK Corporate Governance Code: a step forward in recognising a company's responsibilities towards wider stakeholders? (2018) 39 Co. Law. 254, at pp. 255-256.

19) BEIS, Corporate Governance-The Companies (Miscellaneous Reporting) Regulations 2018—Q & A (June 2018).

20) 中規模会社の基準からして、大会社とは、①売上高£3600万超、②資産総額£1800万超、③従業員数250名超のうち、いずれか2以上を充たす会社となる（英会社465条）。

リスにおける従業員数が250名を超える上場会社等は、CEOのペイ・レシオとこれを補完する所定の情報を記載しなければならないこと、またすべての上場会社等は、取締役の報酬に関する方針、将来の株価上昇が業務執行者報酬に与える影響等を記載しなければならないこと等である。これらのうち、戦略報告書および取締役報告書に関する改正内容については、若干詳しく後述する。

FRCは、2018年7月には戦略報告書ガイダンスを改訂し、戦略報告書の記載内容等について2018コードや2018年規則案を織り込んだガイダンス[21]を示している。ちなみに、今回の戦略報告書ガイダンスの改訂案は、2017年8月に公表・意見聴取されたが、意見聴取の結果はおおむね良好なものであった[22]。

2 戦略報告書

(1) 位置づけと作成義務

イギリス会社法は、本来の意味での公開会社法としての性質を併有する会社法であり、上場会社等における非財務情報の開示媒体として、現行法は、戦略報告書、取締役報告書および取締役報酬報告書の作成を義務づけている。厳密にいえば、企業グループ（企業集団）には、グループ戦略報告書、グループ取締役報告書の作成が義務づけられる。そして、2006年会社法は、戦略報告書の目的を、会社の株主に情報を提供し、取締役が会社法172条の義務をいかに果たしているかについて、株主の評価を助けることであると定めている（英会社414C条1項）。戦略報告書は、取締役報告書と同様に、取締役会による承認の対象とされ、取締役会に代わって取締役または会社秘書役が署名しなければならない（同414D条1項）。ちなみに、公開会社では、計算書類および取締役報告書（大会社・中規模会社であれば、加えて戦略報告書）の株主総会への提出が義務づけられている（同437条）。

---

21) FRC, Guidance on the Strategic Report (July 2018).
22) FRC, Feedback Statement: Amendments to Guidance on the Strategic Report, Non-financial reporting (2018).

会社法172条は、会社の成功を促進すべき取締役の義務（duty to promote the success of the company）を定める規定である。同条１項(a)号ないし(f)号によれば、取締役は、全体としての株主の利益のために、会社の成功を促進すると誠実に考える方法で行為しなければならず、その際に、(a)意思決定により長期的に生ずると思われる結果、(b)会社の従業員の利益、(c)供給業者、顧客およびその他の者との事業上の関係を育成する必要性、(d)地域社会および環境に対する会社の活動の影響、(e)事業上の行為について高レベルの評価を維持することの望ましさ、ならびに、(f)会社の株主間において公正に行為することの必要性、を考慮しなければならないとされている。同条は、このようにステークホルダーの利益を考慮することを取締役に義務づける点で、著名な条項であり、"enlightened shareholder value"と呼ばれて、「啓発的株主価値」、「啓蒙的株主価値」等と和訳されている。

戦略報告書の作成は、小会社[23]を除く株式会社に義務づけられており、記載事項は、さらに、上場会社等を対象とするものとそれ以外とで区分されている。加えて、EUの2014年指令に対応するため、2016年規則により、戦略報告書には、非財務情報説明書（グループ戦略報告書の作成義務者については、グループ非財務情報説明書）を挿入することが義務づけられた。非財務情報説明書の作成は、規制市場上場会社、銀行および保険会社に義務づけられているが、これらに該当しても、小会社・中規模会社は不適用、所定の平均従業員数500名以下（企業グループについては、グループ全体の従業員数により判断）の会社も対象から除外される。また、2018年規則案により、大会社に対しては、172条に関する記載事項が追加されている。

(2) 戦略報告書の記載事項

はじめに、2016年規則による改正前の戦略報告書の記載事項をみておこう。従来から、上場会社等の場合、以下の事項を記載するものとされている（英会社414Ｃ条２項〜12項）。まず、(a)会社事業の公正なレビュー（a fair review of

---

23) 小会社の基準は、①売上高£1020万以下、②資産総額£510万以下、③従業員数50名以下のうち、いずれか２つ以上を充たすことである（英会社382条３項）。

the company's business）と、(b)会社が直面する主要なリスクと不確実性に関する記述が求められるが、(a)のレビューは、事業の規模と複雑さに応じて、事業年度を通じた事業の展開と実績、および年度末の事業の状況に関するバランスのとれた総括的な分析でなければならないとされる。次に、事業の展開、実績および状況を理解するために必要な限りで、(c)財務上の主な実績指標（KPI）による分析、および、(d)適切な場合には、環境・従業員に関する情報を含む、その他のKPIによる分析を記載する。第3に、上場会社の場合には、事業の展開、実績および状況を理解するために必要な限りで、ⓐ事業の将来的な展開、実績および状況に影響すると思われる主な潮流・要因、ⓑ ⅰ）環境に関する事項（会社事業が環境に及ぼす影響を含む）、ⅱ）従業員、ⅲ）社会、地域社会および人権問題に関する情報（これらの事項に関する会社の方針とその方針の有効性に関する情報を含む）、ⓒ会社の戦略に関する記述、ⓓ会社のビジネスモデルに関する記述、ⓔ事業年度末における取締役・上級管理職・従業員の性別毎の人数、である。

　また、戦略報告書には、取締役報告書の記載事項のうち、戦略的に重要な事項を記載できるものとされ、また適切な場合には、計算書類に含まれる金額の追加的な説明を記載しなければならない、とされている。ちなみに、取締役報告書の記載事項として、温室効果ガスの排出量や障害者雇用に関する情報の記載が求められているが、上場会社等であれば、これらを環境や従業員に関する事項として戦略報告書の記載にまとめることができる。

　以上に加えて、2016年規則により挿入された414CB条により、戦略報告書には、非財務情報説明書を含めることが求められている。その記載事項は、会社の展開、業績および状況、ならびに、その活動の影響を理解するために必要な限りで、ⅰ）会社事業の環境への影響を含む環境に関する事項、ⅱ）従業員、ⅲ）社会的事項、ⅳ）人権の尊重、ⅴ）腐敗防止、および、ⅵ）賄賂防止に関する事項についての最低限の情報とされ、これらの情報には、次に掲げるものを含まなければならないとされる。すなわち、ⅰ）～ⅵ）に関する、①ビジネスモデルの簡略な説明、②遂行する方針と、当該方針の遂行に際して行うデュー・ディリジェンス手続、③当該方針の結果、④会社の運営において生ずる、これらに関する主なリスクの詳細、および、関連する限りで、

これらリスクに悪影響を与えると思われる事業上の関係および製品・サービス、ならびに、主なリスクをどのように管理するかの詳細、⑤当該会社の事業に関する非財務的KPIである。そして、前記ⅰ）～ⅵ）の事項との関係で、会社が方針を遂行しないときは、会社がそれを遂行しないことの明確で理由のある説明を提供しなければならない、とされている。このように、非財務情報説明書の記載内容等は、2014年指令の定めるものと同様である。

　戦略報告書への非財務情報説明書の挿入は、EU指令を国内法化するものであるため、同指令に沿って、report or explainアプローチが採用されており、またデュー・ディリジェンス手続の記載義務があること、適用対象が所定の公益事業体であることという3点において、414Ｃ条に定める従来の戦略報告書とは違いがある。もっとも、記載内容自体は重複する部分が大半を占めている。非財務情報説明書の記載項目としてⅴ）腐敗防止とⅵ）賄賂防止に関する事項が挙げられており、これは従来の戦略報告書の記載事項にはみられない項目であるが、この点に関するデュー・ディリジェンスは、2010年賄賂防止法（Bribery Act 2010, c. 23）によりイギリス企業は既に経験済みといえる。

　さらに、2018年規則案は414CZA条の追加等により、大会社に対して、取締役が会社法172条の義務を遂行する際に、同条1項(a)号ないし(f)号に定める事項をどのように考慮したかの説明（172条1項説明書（a section 172(1) statement））を含めることを求めている（英会社414CZA条）。前述のように、2018コードにより、ロンドンのメイン市場上場会社は、年次報告書において、株主以外の主要なステークホルダーの利益と会社法172条に定める事項が、取締役会における議論と決定においてどのように考慮されているかを開示すべきとされている（規程5）が、会社法においても、大会社には「172条1項説明書」の開示が求められる。これらの開示事項には、重複する部分も少なくない。FRCの2018年版戦略報告書ガイダンスにおいては、たとえば、意思決定の長期的な結果を確認し、これを考慮することは、リスク管理プロセスの一部を形成し得るとして、直面する主要なリスクの記載と172条1項説明書の記載とのリンケージが奨励される[24]など、多くの記載項目で、リンケージやクロス・レファレンスが推奨されている。また、ステークホルダーとの

関係は、会社の成功の長期的な維持という価値の主要な源であるとして、取締役会が主要なステークホルダーおよび長期的な成功にとってのそのステークホルダーとの関係の重要性を認識することの意義が強調されている[25]。172条1項(c)号には、「供給業者、顧客およびその他の者」という列挙があるが、FRCのガイダンスでは、関係するすべてのステークホルダーを考慮すること、特に、年金スキーム、年金受給者および労働者（広い意味での会社業務の従事者）との関係に関する開示の検討が奨励されている[26]。

上場会社等は、会社法により年次計算書類と報告書のウェブサイトでの公開を義務づけられているが（英会社430条）、172条1項説明書は、上場会社等ではない大会社に対しても、ウェブサイトで、次の事業年度に係る172条1項説明書が公開されるまで、または事業年度の末日まで、これを公開することが求められることとなる（英会社426B条）。

3 取締役報告書による開示

取締役報告書は、イギリス会社法上の伝統的な記述的開示書類であり、極小会社[27]を除いて、会社の取締役には、事業年度毎の作成が義務づけられている（英会社415条1項）。取締役報告書には、取締役の適格責任補償規定、当該事業年度中に取締役であった者の氏名、取締役が勧告した配当の金額、取締役が認識する限りで会計監査役（auditor）が知らない関連監査情報は存在しないこと等の記載が、会社法本体の規定（英会社236条・416条1項3項・418条2項）によって求められる他、2008年大会社・中規模会社・グループ（計算書類および報告書）規則（Large and Medium-sized Companies and Groups (Accounts and Reports) Regulations 2008, SI 2008/410）10条（Regulation 10）および附則7（Schedule 7）において、1）政治的寄附・政治的費用の負担、2）自己株式の取得、3）障害者の雇用・研修等、4）会社の業務・方針・業績への従業員

---

24) FRC, supra note 21, at para. 8.15.
25) Ibid., at para. 8.16.
26) Ibid., at paras. 8.18 & 8.19.
27) 極小会社の基準は、①売上高£63万2000以下、②資産総額£31万6000以下、③従業員数10名以下のうち、いずれか2つ以上を充たすことである（英会社384A条4項）。

の関与（the involvement）、および、5）温室効果ガスの削減に関する所定の事項と、6）一定の規制市場上場会社について、資本構成、主要株主、特殊な議決権株式、議決権に対する制限の詳細など、所定の事項の記載が求められている。2018年規則案は、この2008年規則を改正して、前記の4）を、従業員、供給業者、顧客およびその他の者との繋がり（Engagement with employees, suppliers, customers and others）と改正するとともに、7）コーポレートガバナンスの取組に関する説明書（Statement of corporate governance arrangement）を追加することとし、そこで記載されるべき事項の詳細を定めている。

4）の「従業員、供給業者、顧客およびその他の者との繋がり」では、第1に従業員との繋がりについて、(a)従業員の関心事についての情報をシステマティックに従業員に提供すること、従業員の利益に影響すると思われる決定の際に従業員の見解が考慮されうるよう定期的に従業員またはその代表者の意見を聞くこと、従業員持株制度またはその他の方法を通じて会社業績への従業員の関与を奨励すること、および、会社の業績に影響する財務的・経済的要因を全従業員の共通認識とすることを目的とする取決めを、導入し、維持または発展させるために、当該事業年度に行った行為の詳細、ならびに、(b)どのように取締役が従業員と繋がっているか、および、どのように取締役が従業員の利益を考慮したかと、当該事業年度における会社の主要な決定に対するものを含めた、その考慮の効果の概要を、記載するよう求められている。対象は、平均従業員数が250名を超える会社である。ここにいう従業員には、主としてまたは専らイギリス国外で働く従業員は含まれない。第2に、会社との事業上の関係における供給業者、顧客およびその他の者との繋がりについて、取締役が、供給業者、顧客およびその他の者との事業上の関係を育成することの必要性をどのように考慮したかと、当該事業年度における会社の主要な決定に対するものを含めた、その考慮の効果の概要を記載するよう求められている。対象は、大会社とされる。

新設される7）コーポレートガバナンスの取組に関する説明書は、巨大企業である非上場会社（公開会社・私会社）を適用対象とするものであり、従来上場会社を対象としたUKCGコードによるガバナンスの規制手法を、非上場の巨大企業にも及ぼすことを意図するものである。巨大企業とは、(a)従業員

数2000名以上、または、(b)売上高£2億および資産総額£20億という数値基準の(a)・(b)いずれかを充たす会社をいう。数値基準は、いずれもイギリス国内外をあわせた数値で判断される。取締役報告書に記載すべき事項は、(a)当該事業年度にどのようなコーポレートガバナンス・コードを採用し、どのように適用していたか、また、当該コードの一部を採用しなかった場合には、その内容と採用しない理由、または、(b)当該事業年度にコーポレートガバナンス・コードを採用していない場合には、採用しないとの決定の理由と、当該事業年度にどのようなコーポレートガバナンスのための取組を採用していたかの説明とされている（2018年規則案25条）。ここにいう「コーポレートガバナンス」とは、当該会社の機関（organ）の性格、構成または機能、当該機関を運営する方法、当該機関に課される要件、他の機関との関係、および、機関と会社構成員（株主）との間の関係を意味し、「コーポレートガバナンス・コード」とは、コーポレートガバナンスに関する実務コードを意味するとされる（2018年規則案25条）。従来、イギリスでは、自主規制の伝統を背景に、様々な業界等においてその業界等のコーポレートガバナンス・コードが作成されている。また、今回のコーポレートガバナンス改革の検討の中で、巨大私会社向けのコーポレートガバナンス・コードを策定する試みが進められており、政府の委託を受けたJames Watesを中心とする産業界および社会横断的なグループが、2018年末までに、巨大私会社向けのコードを策定するものと期待されている[28]。

4 非財務情報の信頼性の確保

(1) 従来の扱い

　財務情報、すなわちグループ計算書類・計算書類（以下単に「計算書類」という。）については、会社法上、会計監査役による会計監査の対象とされ、その監査結果は、会計監査役報告書（auditors' report）に記載されて株主総会に提出・公開される。これに対して、戦略報告書と取締役報告書については、

---

28) BEIS, supra note 19, at p. 12. 2018年6月に、諮問文書（FRC, The Wates Corporate Governance Principles for Large Private Companies(June 2018)）が公表されている。

計算書類（財務情報）と一致するか否かについて会計監査役の意見表明が求められていた。また、取締役報酬報告書は、監査対象部分とそれ以外の部分とに分けて、監査対象部分が会計監査役監査の対象とされる。各部分の記載事項等は、会社法421条に基づく規則に詳細に定められている。以上が従来の規制であり、非財務情報については財務情報との一致の確認が求められていたに止まる。実務的には、これらに加えて非財務情報について任意の保証（third-party assurance）を受ける例もみられた。

その後、2015年の規則等（the Companies, Partnership and Groups（Accounts and Reports）Regulations 2015, SI 2015/980. 他にSI 2016/649）によって、次のような会社法改正が行われている。なお、非財務情報説明書の作成等を義務づける2016年規則（SI 2016/1245）に対応する規則等の改正は、行われていない模様である。

(2) 改正後の扱い

まず、会計監査役報告書には、計算書類の監査に加えて、戦略報告書・取締役報告書、および、コーポレートガバナンス説明書（以下「CG説明書」という。）について、次の事項を記載すべきものとされた。第1に、戦略報告書・取締役報告書（英会社496条1項）について、会計監査の過程で行った業務を基礎に、会計監査役自身の見解として、①これら報告書で提供される情報が計算書類と一致しているか否か、②これら報告書が、適用される法的要件に従って作成されているか否か、および、会計監査の過程で取得した当該会社とその環境に関する知識・理解に照らして、③これら報告書に重要な不実記載が認められるか否か、そして、重要な不実記載が認められるときはその各々の性質の指摘である。前述のように、EUの2014年指令は、法定会計監査役の役割である、経営者報告書が国内法に従って作成されているかについての意見表明と、重大な不実記載の有無の確認義務から、非財務情報説明書を除外しているが、イギリス会社法においては、非財務情報説明書は戦略報告書に含めるものとされているため、会計監査役のかかる意見表明と確認義務から、非財務情報説明書も除外されないことになるものと思われる。

第2に、コーポレートガバナンスの説明（英会社497A条）は、取締役報告書

に記載してもよいが、独立のCG説明書として作成することもできるとされ、いずれの場合も、会計監査役は、会計監査の過程で行った業務を基礎に、会計監査役自身の見解として、その内容が、①計算書類と一致しているか否か、②適用される法的要件に従って作成されているか否か、および、監査の過程で取得した当該会社とその環境に関する知識・理解に照らして、③重要な不実記載が認められるか否か、そして、それが認められるときはその各々の性質の指摘と、開示・透明性規則（DTR7.2.3・7.2.7）が遵守されているか否かを、記載するものとされている。

　他方、会計監査役の義務を定める条項（英会社498条・498A条）には、特段の改正が加えられておらず、上述の諸条項との間に若干のズレが生じているようである。これらによれば、規制市場上場会社の会計監査役は、取締役報酬報告書の監査対象部分が会計記録等と一致するか否かについて、意見を形成するために必要な調査を行い、一致しないときはこれを会計監査役報告書に記載する義務を負う。また、当該会社が、戦略報告書または取締役報告書の作成免除に該当しないと考えられるにもかかわらず、これを作成していないときは、その事実を会計監査役報告書に記載すべきものとされている。さらに、CG説明書に関して、CG説明書が取締役報告書に含まれていないときは、CG説明書が作成されていることの確認、また、不作成とみられる場合は、その事実を会計監査役報告書に記載しなければならないとされる。このように、会計監査役の義務を定める498条・498A条においては、会計監査役報告書の記載事項である、戦略報告書・取締役報告書とCG説明書等に関する前記③に対応する部分の文言が欠けている。もっとも、これには、会計監査役の権限が、定められた義務を履行するために必要と考える情報収集や調査を行う権限、という形で規定されていることが関係しているように思われる。前記③の事項は、会計監査役が監査の過程で取得した当該会社とその環境に関する知識・理解に照らして、記載するものとされており、特に③の記載のために、情報収集や調査を行うことは求められていない、という趣旨のようである。

5 民事責任とセーフ・ハーバー規定

　戦略報告書、取締役報告書および取締役報酬報告書の不実記載等については、会社法に、取締役の民事責任に関するセーフ・ハーバー規定が設けられている。取締役は、これらの報告書について、不実記載、誤導的な記載または不記載の結果として会社が被った損害を賠償する責任を負うとされるものの、責任を負うのは、不実記載・誤導的な記載についてはそれを知っている場合または重大な過失（reckless）により知らなかった場合（悪意・重過失）とされ、不記載については不誠実な隠蔽に当たることを知っている場合とされている（英会社463条1項ないし3項）。また、何人も、これらの報告書の情報に依拠した会社以外の者またはその他の者に対して、責任を負わない旨が規定されている（同463条4項）。後者は、会計監査役などが、その報告書の作成に過失（negligence）があった場合に、会社に対してのみ責任を負うことを確認する規定であると説明されている[29]。このセーフ・ハーバー規定は、おそらく非財務情報の開示を積極的に行うよう促す目的で導入されたものであり、これにより、取締役がより積極的に意味のある将来情報を取締役報告書等で開示することが期待されていた[30]。民事責任に関するセーフ・ハーバー規定導入の効果は、こうした積極的な開示を促すことにばかりでなく、非財務情報の開示をこれら法定開示書類で行うことの誘因にもなっているように思われる。

III　むすびに代えて

　イギリス法においては、元来有価証券報告書に相当する開示書類は存在しないが、DTRやUKCGコードにより開示媒体が分散する虞もあるところ、これらも会社法上の情報開示に収斂させるべく配慮され、実務上、年次報告書

---

[29]　DTI, Explanatory Notes to the Companies Act 2006 (2006), at para. 708.
[30]　B. Hannigan & D. Prentice, The Companies Act 2006—A Commentary, 2nd ed. (2009), at p. 121.

による「一体的開示」が行われている。わが国でも、はじめに述べたように、このところ事業報告等と有価証券報告書の一体的開示について、開示府令・会社法施行規則の改正も含めて、制度的な対応に進展がみられる。一体的開示においては、記載事項をできる限り共通化して相互利用することで実質的に一体化し、さらに開示時点を合わせることで一体の書類として開示することが構想され、また、その過程で開示事項の整理・充実も図られようとしている。では、その次の段階として、公開会社法において議論されているように、金融商品取引法（以下「金商法」という。）の開示をもって会社法の開示であるとする[31]、という段階へと進むのであろうか。ここでは、非財務情報の開示について、会社法上の事業報告を有価証券報告書で代替する可能性について、若干検討してみたいと思う。

　平成17年改正前商法（昭和56年改正商法）およびこれに基づく計算書類規則では、情報開示書類が担う役割について、開示方法の面からする機能的なアプローチがとられており、営業報告書が各株主に送付される直接開示の手段とされたのに対して、附属明細書は会社に備え置いて開示される間接開示の手段であると区別された。そのため、営業報告書の記載事項には、会社の営業状態および財産の状況について一般的な説明を求める事項が多くみられたが、いずれにしても、財務情報と非財務情報の別なく、両者横断的に記述的な説明を記載することが可能であった。これに対して、現行会社法の下では、財務情報と非財務情報を区別して、前者の開示書類としては、計算書類とその附属明細書（および有価証券報告書提出会社では連結計算書類）があり、これらは監査役（監査等委員会設置会社にあっては監査等委員会、指名委員会等設置会社にあっては監査委員会。以下まとめて「監査役等」という。）および会計監査人の監査対象とされる（会社法436条2項1号）。他方、非財務情報の開示書類としては、事業報告とその附属明細書があるが、内容に会計に関する部分が含まれないため、監査役等の監査対象とされるだけである（会社法436条2項2号）。事業報告の内容には、「会社の状況に関する重要な事項」もあるが、

31）　たとえば、神田秀樹＝上村達男＝中村直人「座談会　金商法と会社法の将来──再び、公開会社法を巡って」資料版商事法務408号（2018）22頁。

そこからは計算書類とその附属明細書および連結計算書類の内容となる事項を除く（会社法施行規則118条１号）、とされており、財務情報に言及しながら会社の現状や業績・解決すべき課題などを株主に向けて説明することは想定されていないようである。イギリス会社法には、戦略報告書・取締役報告書という統合的な情報開示のフレームワークが存在し、CSRもESGも、情報開示は会社法上の開示書類で対応するべく、法改正が重ねられてきた。わが国の現行会社法上の事業報告は、前述のように、統合報告的な発想とは無縁であって、その点で、有価証券報告書を事業報告に代替することには、現実的な意義があるように思われる。

　金商法上の有価証券報告書には、「事業の状況」の中に「財政状況、経営成績及びキャッシュ・フローの状況の分析」等の項目があり、米国連邦証券規制による年次報告書のMD&A（Management Discussion and Analysis）に当たる記載がなされることが想定されている。この開示項目は、2018年１月の開示府令の改正により、「経営者による財政状態、経営成績及びキャッシュ・フローの状況の分析」へと記載事項の整理・充実が図られたところである。ここでは、財務上の数値に関連づけた記載がなされるが、一体的開示により記載事項が共通化されるとしても、有価証券報告書における財務情報への言及部分は「事業報告」とは重複しない部分ということになるのであろう。いずれにしても、有価証券報告書の記載は、ひな型的であるといわれている。DWG報告書では、記述情報の開示充実を実現するため、ルールの整備とともに、SECやFRCのガイダンスに言及しつつ、プリンシプルベースのガイダンスを策定すべきであるとしており、有益な提言であるといえよう。開示情報の充実には、民事責任に関するセーフ・ハーバー規定の検討も有用であるかもしれない。また、有価証券報告書には、「提出会社の状況」において「役員の状況」や「コーポレート・ガバナンスの状況等」も記載されるが、CGコードの遵守状況等の開示は証券取引所に提出するCG報告書で行われている。CG報告書は、取引所に提出する書類であって、投資家向けの報告書という意識は必ずしも持たれていないのではないかと危惧される。有価証券報告書がひな型的であることには、財務局に提出する法定開示書類であるという認識が、影響しているようにも思われる。

近時のイギリスにおける動向からしても、本来的な意味における公開会社法制においては、非財務情報の開示について法制度的枠組みを見直すことが必要であるように思われる。事業報告（またはこれに相当する非財務情報の開示書類）は、会社の経営者が、会社事業の状況等を（将来の株主その他のステークホルダーを含めた）広い意味での株主に対して説明するための開示書類であることを明確にするとともに、会社事業の状況等を財務情報に言及しつつ分析的に説明する、MD&Aの性格を有する開示書類であることを基本とすべきであろう。また、非財務情報の中でも、いわゆるESG情報が益々重要性を増している状況を勘案して、企業の社会的責任に関する情報やコーポレートガバナンスの状況等、そして、CGコードの遵守状況等も含めて、原則として、この開示書類に収斂されるような法制度的枠組みを整備することが、望ましいものと考えられる。第3に、開示規制の手法自体については、単に特定の事項の記載を求めるばかりでなく、適宜、comply or explainアプローチやreport or explainアプローチを併用することが検討されるべきであろう。会社法上、事業報告は株主総会の招集に際して株主に提供されるものであることから（会社法437条）、そこに含まれる情報があまり多量になることは適切でないのではないかとも懸念される。そこで、公開会社（有報提出会社）においては、事業報告（またはこれに替わる記述的な開示書類）が上述のような非財務情報の開示書類として見直される暁には、併せて、株主に送付される事業報告は、重要情報を中心とするサマリー報告とし、詳細な事業報告は、当該会社のホームページ等への掲載で代えることや、ホームページ等への掲載を前提に株主からの請求がある場合にのみ送付するものとすることも、検討すべきであろう。電子的な情報開示を活用することにより、事業報告にURL等を示して、より詳細な情報をリンク先等で提供することも可能となろう。

　また、金商法上、監査人（公認会計士または監査法人）の監査対象となるのは、有価証券報告書の「経理の状況」の内容となる財務計算に関する書類（連結財務諸表等と財務諸表等）に限られ（金商法193条の2）、それ以外の開示情報の監査について特段の定めは設けられていないが、公開会社法の下での非財務情報の開示書類については、現在の事業報告と同様に、監査役等の監査対象であることを明示的に規定すべきであろう。加えて、イギリス会社法にみ

られるように、会計監査人（金商法上の監査人）が非財務情報の信頼性を一定程度保証することも、検討されるべきであろう。MD&A情報にみられるように、財務情報に言及しながら業績等を記述的に分析した情報については、会計専門家が、そこで言及される財務的数値等が計算書類（財務情報）と一致することを確認して、必要であればその修正を求め、または重要な虚偽記載等があれば、これを指摘するといったことが、国際的にみても今後益々重視されるものと思われる[32]。なお、ESG投資の広がりに対応して、大手監査法人が環境保護等の情報開示について内容を保証する業務を拡大しているとの報道もみられる[33]。

　一体的開示の取組等が今後どのように進展していくのか、開示の一元化に向かう階段をさらに上っていくのか、まずはその行方に注目したい。

　［付記］　本研究は、JSPS科学研究費（基盤研究（C）課題番号16K03420）の助成を受けたものである。

---

32)　ISA (International Standards on Auditing) 720（改訂）「その他の記載内容に関連する監査人の責任」（2016年12月期から適用）参照。
33)　2018年4月21日付日本経済新聞夕刊3面。

5　企業買収・組織再編

公開買付規制の焦点 (focal point)
―― 株式保有構造と公開買付パターンの
分析を踏まえた考察

渡辺　宏之

はじめに
Ⅰ　日米英独仏5か国における上場会社の株式保有構造
Ⅱ　「支配株式の移転」と日米欧の公開買付規制
Ⅲ　米国における公開買付規制と公開買付けの実態
Ⅳ　欧州（英独仏）における公開買付パターンの分析
Ⅴ　わが国の公開買付けの実態分析と今後の制度設計への示唆
おわりに

はじめに

　本稿は、公開買付規制のあり方について、株式保有構造と公開買付パターンの分析を踏まえた考察を行うものである。公開買付けは、上場会社[1]の支配権取得を企図するものであるがゆえに、必然的に巨大な取引となることが一般的であり、公開買付けの当事者は、ルールにより許容される範囲で、自らにとってできるだけ合理的な行動を選択しようとすることが通常である。それゆえ、各国において、株式保有構造を前提とした公開買付当事者の「選

---

[1]　わが国で公開買付規制の「対象者」（いわゆる対象会社）になるのは、正確には、「株券等」について有価証券報告書を提出しなければならない発行者または株券等である特定上場有価証券・特定店頭売買有価証券の発行者である（金商法27条の2第1項本文）。

択的・戦略的行動」により、明文のルールからは想定しがたいような「均衡」（公開買付パターン）が成立していることが珍しくない。公開買付けの制度論や制度比較を行う際には、そうした各「均衡」およびその「背景」を理解することがきわめて重要であると考える。

具体的には、Ⅰ「日米英独仏5か国における上場会社の株式保有構造」を分析し、Ⅱ「支配株式の移転」の問題に関連して、自らの問題意識を述べる。そして、Ⅲ「米国における公開買付規制と公開買付けの実態」を確認し、さらにⅣ「欧州（英独仏）における公開買付パターンの分析」を行う。以上の調査分析を踏まえて、Ⅴ「わが国の公開買付けの実態」を確認しつつ、「今後の制度設計への示唆」を述べる。なお、本稿では、先行する実証研究の成果を取り入れつつ、本研究自身もまた、実証研究を踏まえた研究たることを企図したつもりである。

Ⅰ　日米英独仏5か国における上場会社の株式保有構造

公開買付けを成功させるにあたっては、対象会社の株主構成の詳細を理解したうえで買付けを実行することが非常に重要なポイントである。対象会社にブロックホルダー（大株主、典型的には保有比率30％以上）が存在すれば、公開買付けの成否は当該大株主からの株式取得の成否に左右される。一方、特別な大株主が存在せず分散した株主構成を有する会社であれば、多くの株主から広く株式を取得することが必要となる。

さらに、ある国の上場会社全体の株式保有構造がいかなるものであるか理解することは、当該国の現行の公開買付ルールの機能を分析するうえで、また望ましい公開買付ルールを考えるうえでも、欠かすことのできない重要な視点である。

筆者は従来、欧州諸国を中心とするM&A専門家と接する機会が非常に多かったが、各国の公開買付けの実務に関して詳細なヒアリング[2]を行う過程で浮かび上がってきたことは、株式保有構造のあり方が相違するために、公開買付けのあり方の基本的なパターンが各国で大きく異なっているというこ

とである。

　日米英独仏5カ国の上場会社の株式保有構造を把握するために、日米英独仏の主要市場における時価総額上位500社の筆頭株主の保有比率について調査した。具体的には、「筆頭株主の保有比率が30％超または50％超の割合」である。

[表]　日米英独仏主要市場時価総額上位500社の筆頭株主

(2013年4月末現在)

国（市場等）	保有比率50％超の筆頭株主の存在割合	保有比率30％超の筆頭株主の存在割合
ドイツ（フランクフルト）	39.0％	52.2％
フランス（パリ）	33.6％	53.1％
英国（ロンドン）	10.0％	20.8％
日本（東証）	6.4％	16.0％
米国（S&P500）	0.2％	0.8％

〔データ出所：Bloomberg／会社四季報CD-ROM（日本）〕

　各国の「主要市場」として対象にした市場は、ドイツではフランクフルト、フランスではパリ、英国ではロンドン、日本では東証の各証券取引所であり、米国については主要500社の指標であるS&P500に組み入れられている会社を対象とした。データは、2013年4月末時点で入手可能であった最新データを使用した。データ出所はBloombergおよび会社四季報CD-ROM（日本）である。さらに、当該各国における近年の公開買付けの具体的なケースの情報を収集し、各国における公開買付パターンの分析を行った（公開買付パターンの分析結果については、後述)[3]。

---

2)　『特集・欧州M&A専門家との対話 (*Dialogues with European M&A specialists on Takeover Rules*)』企業と法創造29号（早稲田大学≪企業法制と法創造≫総合研究所、2011）47-167頁等参照。（http://www.waseda.jp/win-cls/activity/kiyou.html）

　これらのインタビュー記録の日本語翻訳版については、同特集48頁の掲載誌一覧参照。

分析の結果、「筆頭株主の持株比率が30％超の割合」はドイツで52.2％、フランスで53.1％、英国で20.8％、日本で16.0％、米国で0.8％となっている。同様に、「筆頭株主の保有比率が50％超の割合」はドイツで39.0％、フランスで33.6％、英国で10.0％、日本で6.4％、米国で0.2％となっている。ドイツ・フランスでは、筆頭株主がかなりの保有比率を有する会社が典型的であり、他方で、米国では筆頭株主においてもブロックホルダーはほとんど存在しないことがわかる。英国と日本については、支配株主が存在する比率はいずれも低いが、ブロックホルダーが（筆頭株主として）存在する比率は、日本の方が英国よりやや低いという結果であった。

II 「支配株式の移転」と日米欧の公開買付規制

1 相対取引と公開買付け

ハーバード大学のBebchuk教授の論文（Lucian Ayre Bebchuk, Efficient and Inefficient Sales of Control）[4]によれば、相対（あいたい）取引を許容すると企業価値を増加させる支配権の移転が促進されるが、同時に企業価値を減少させる支配権の移転も促進され、公開買付けを強制すると企業価値を増加させる支配権の移転が抑制されるが、同時に企業価値を減少させる支配権の移転も抑制されることになる[5]。

---

3) 日米英独仏の株式保有構造および公開買付パターンに関する分析の結果については、筆者は以前公表したことがある（渡辺宏之「上場会社の株式保有構造と公開買付けパターンの分析」金融財政事情2013年9月2日号34-38頁）。本稿では、これらの分析をさらに進めるとともに（各国主要市場上場会社における筆頭株主の保有比率が30％超または50％超の割合、米国における公開買付けの実態分析、日米における上場会社株式保有構造の最新状況の分析等）、わが国の公開買付けの実態に関する評価や規制の展望等については、前稿の内容を大きく修正している部分もある。紙幅の関係で、筆者の見解の変遷については割愛するが、本稿の内容を以て従来の私見を改めている部分がいくつかあることをご了解頂きたい。

4) Lucian Ayre Bebchuk, *Efficient and Inefficient Sales of Control*, 109 Quarterly Journal of Economics, 957(1994).

藤田友敬教授は、Bebchuk教授が同論文で展開した理論を応用し、公開買付けに関する3つのルールの比較を行っている[6]。前提となる設例は以下の通りである。ある会社（普通株式のみ発行）において、支配株主Xが51％の株式を保有しており、残りの株式が一般株主によって保有されている。買収者Yは51％以上の株式を取得し、この会社の支配権を取得しようとしている。企業価値は、すべての株主によって享受される部分（公的価値）と支配株主だけが享受しうる部分（私的価値）に分かれる。こうした前提の下、以下の3つのルールによる帰結が比較されている。①「ルールA」は、支配株主との相対取引を含め、自由な方法での支配権移転を認める（米国ルールの単純型）。②「ルールE」は、支配株主から取得するのと同じ価格で、対象会社の残りのすべての株主からも株式を取得しなくてはならない（欧州ルールの単純型）。③「ルールJ」は、支配権の取得にあたり、支配株主を含めたすべての対象会社株主に対して公開買付けを行わなければならないが、部分勧誘が容認されており、取得する株式は51％でよい（日本ルールの単純型）。

　藤田教授による理論分析の結果によれば、「支配株主（普通株式の議決権を51％保有）が存在している状態での支配権の移転」を前提とした場合には、例えば、「ルールE（欧州型の公開買付制度）は、企業価値を低める買収を抑止する一方で、企業価値を高める買収をも抑止する効果を有する」ということになる。しかしながら、「支配株主が存在していない状態での支配権の移転」を前提とした分析においては、「ルールE（欧州型の公開買付制度）の下では、企業価値を高める支配権の移転は成功し、企業価値を低める支配権の移転は失敗する」という結果になり、設例の3つのルールの比較においては、ルールEが相対的に優れた働きをすることになる[7]。

---

[5] Bebchuk論文では市場取引を分析対象としていないが、黒沼悦郎教授は、市場取引と公開買付けの関係についても、Bebchuk論文が相対取引と公開買付けとの関係について指摘したことと同じことがいえるとする。黒沼悦郎「公開買付規制の理論問題と政策問題」江頭憲治郎編『株式会社法大系』（有斐閣、2013）548-549頁。

[6] 藤田友敬「支配株式の取得と強制公開買付──強制公開買付制度の機能」岩原紳作＝山下友信＝神田秀樹（編集代表）『会社・金融・法〔下巻〕』（商事法務、2013）33頁。

2 「株式保有構造」と公開買付当事者の「選択的・戦略的行動」

　以上の分析結果は、一定の仮定を前提にした分析結果であって、筆者はその結論自体に特に異論はない。しかしながら、対象となる法域の株式保有構造の相違により、同じルールを導入しても機能の仕方は大きく異なり得ることに留意する必要がある。まさに、前掲注6）の藤田論文においても、「支配株主が存在する場合」と「支配株主が存在しない場合」の分析結果が異なっていることが示唆的である。

　また、「支配権の移転」は、「支配株式の移転」のみならず、「分散した株式の買付者への移転」によっても生じる。前述の株式保有構造の調査分析結果によれば、「支配株式の移転」モデルは、米国の上場会社では、実際にはほとんど成立しない。英国やわが国の上場会社においても、「支配株主」が存在する会社は、むしろ例外的なケースである。それゆえ、「支配株式の移転」モデルで日米欧の公開買付制度を比較して分析する場合、その射程は狭いものとならざるをえない[8]。ただし、公開買付けの対象となる会社には一定の傾向が見られ[9]、公開買付けの対象となりうる会社（原則として上場会社）に対して均等に生じる可能性があるとは言い難いことにも留意する必要がある[10]。

　公開買付けにおいては、適用される公開買付ルールと対象会社の株式保有

---

7) 以上の分析においてはいずれも、「公開買付けに伴う費用」（弁護士費用等）は捨象して考察されている。多額の公開買付関連費用が発生する場合には、やや異なった分析結果が生じることになる。藤田・前掲注6）75-77頁参照。

8) 藤田教授も、「支配株主が存在しない状態から行われる企業買収を前提とすれば、相対取引を容認することは、さして大きな意味はない。取引費用が大きくなるため、多数の相対取引による支配権取得は現実的ではないからである」と指摘している。藤田・前掲注6）58頁参照。

9) 例えば、わが国における最近（2007年-2013年）の統計によれば、公開買付けは（東証1部上場会社における発生比率と比較して相対的に）JASDAQ等の新興上場市場において生じる確率が高くなっている。森田果「公開買付けの当事者・価格その他の公開買付けの条件」田中亘＝森・濱田松本法律事務所編『日本の公開買付け——制度と実証』（有斐閣、2016）276頁。

構造を前提に、買付者が公開買付けの方法や時期・買付価格等を決定する。それゆえ、公開買付制度に関する制度間比較をさらに進めるためには、以下のような「買付者の行動パターン」をも反映しつつ、分析を進める必要があろう。

① <u>強制公開買付制度が存在しない場合でも、相対取引よりも公開買付けによる支配権の取得の方が合理的であれば（コストが低ければ）、買付者は任意に公開買付けを行う。</u>

② <u>支配株式の取得の際に公開買付けが義務付けられていなくても、他のルールを併せて勘案した場合に、公開買付けにより支配株式を取得する方が合理的であれば（対象会社の株式取得に関する総コストが低くなれば）、買付者は任意に公開買付けを行う。</u>

公開買付けをめぐっては、各国において、株式保有構造とそれを前提とした公開買付当事者の「選択的・戦略的行動」により、明文のルールからは想定しがたいような「均衡」（公開買付パターン）が成立していることが少なくない。公開買付けの制度論や制度比較を行う際には、そうした各「均衡」およびその「背景」を理解することがきわめて重要であるということが、本稿の主要な趣旨である。

Ⅲ 米国における公開買付規制と公開買付けの実態

1 分散した株式保有と「公開買付けによる支配権の移転」

米国における公開買付規制については、わが国で以下のような説明がなされることがしばしばある。「米国の公開買付規制においては、……一定の割

---

10) 新興上場市場においては、支配株主やブロックホルダーの存在比率が高くなる傾向がある。筆者が、会社四季報オンラインを使用して「2018年7月21日」時点のデータに基づき行った分析によれば、筆頭株主の保有比率が50％以上である会社の割合は、東証1部で6.52％であったのに対し、JASDAQで17.83％であった。また、筆頭株主の保有比率が30％以上である会社の割合は、東証1部では14.27％であったのに対し、JASDAQでは33.47％であった。

合以上の株式を取得しようとする場合に公開買付けを実施しなければならないという、いわゆる強制公開買付規制は存在せず、大株主から相対で株式を取得する場合であっても、原則として公開買付規制の適用対象とならない。また、対象会社の全ての株式等について勧誘を行わなければならないという、いわゆる全部勧誘義務も存在しない」[11]。しかしながら、米国における公開買付規制の正確な理解のためには、以上の引用部分については、きわめて重要な留保をいくつか付さねばならない。

「米国の公開買付規制においては、……一定の割合以上の株式を取得しようとする場合に公開買付けを実施しなければならないという、いわゆる強制公開買付規制は存在せず、大株主から相対で株式を取得する場合であっても、原則として公開買付規制の適用対象とならない」という記述部分についてであるが、米国では実際には、上場会社（public-traded company）における支配権の移転は、公開買付け（tender offer）によることが一般的である（これに対し、非上場会社における支配権の移転は、株式の相対取引によることが一般的である）[12]。米国では、支配権の移転に際して公開買付けが法律で強制されていない。しかしながら、前掲［表］の株式保有構造に関する調査結果からわかるように、米国の上場会社の株式保有は非常に分散しており、調査を行った2013年4月末時点では、S&P500銘柄に属する上場会社では、保有比率50％超の筆頭株主が存在する会社はほとんど皆無に近く（2社のみ）、筆頭株主の保有比率が30％超の株主もわずか（8社）である[13]。こうしたことから、いわゆる「ブロック・トレード」と呼ばれる相対での支配株式の移転取引は、米国の上場会社においてはほとんど想定できない。そして、株式保有が分散していることにより、分散している株式を大量に買い集めるためには、コストの面でも時間の面でも、市場取引よりも公開買付けの方が有利だと考えられている。こうした諸状況を踏まえて、米国の上場会社における支配権の移転は、

---

11) 石綿学＝久保田修平＝松下憲＝髙田洋輔「買付価格の均一性ルールについて」前掲注9）『日本の公開買付け』23頁。

12) B. Jeffery BELL, ESQ., *The Acquisition of Control of a United States Public Company*, 12 (Morrison Foerster, 2016).

公開買付け（及びその後のcash-out merger）によることが一般的になっている[14]。

2 All Holders Rule（全株主ルール）

「米国の公開買付規制においては、対象会社の全ての株式等について勧誘を行わなければならないという、いわゆる全部勧誘義務も存在しない」という記述についても、重要な留保が必要である。米国の取引所法規則14ｄ－10の規定は、公開買付者に、対象会社のすべての株式（特定の種類の株式が買付けの対象になっている場合には、当該種類株式のすべて）に対して、公開買付けを行うことを義務付けている（All Holders Rule）。この米国のAll Holders Rule（全株主ルール）は、欧州の公開買付規制における「全部勧誘義務」ほど徹底したものではないが、通常の公開買付けは対象会社の普通株式を対象とするものであることからして、当該ルールの機能はほぼ「全部勧誘義務」に相当するものであるといえる[15]。ただし、こうした米国のAll Holders Ruleにおいては、一定の要件を満たすクロスボーダーの公開買付け等の場合には、SECにより本ルールの適用除外が認められることがしばしばある[16]。最近の統計によれば（2009年1月－2015年2月）、米国において実行される公開買付けの約90％が、全部勧誘となっている[17]。

---

13) 米国で発表されたIRRC Institute（Investor Responsibility Research Center Institute）・ISS（Institutional Shareholder Services）の調査レポートによれば、S&P1500index銘柄（米国の主要な上場会社1500社）において、2015年10月25日時点で、「保有比率30％以上の株主が存在する会社」は、わずか27社（「1.8％」）であった〔複数議決権株式保有による実質的な30％以上の支配を含めても、合計105社（7.0％）という結果になっている。〕。Institute, ISS, *Controlled Companies in the Standard & Poor's 1500: A Ten Year Performance and Risk Review*（March 17, 2016）, 15. なお、前掲注4）・Bebchuk論文の注1には、1984年時点において、NYSE及びAMEXにおける過半数保有株主（majority interestを有する株主）が存在する会社は、これらの取引所における上場会社全体の「約5％」であったとのデータが記載されている。

14) Hogan Lovells, *TAKEOVERS-Comparison of key public takeover rules in Hong Kong, Singapore, the United Kingdom and the USA*, 5（April 2015）, BELL・前掲注12）12頁。

15) 伊藤廸子＝Michael O. Braun監修／モリソン・フォスターLLP＝伊藤見富法律事務所編『アメリカのM&A取引の実務』（有斐閣、2009）190頁。

3 「Best Price Rule」と「株式買取請求権等を通じた公開買付価格の監視」

　また、「米国では公開買付けに際して特段の価格規制は存在しない」といった説明がわが国でしばしばなされることがあるが、これも補足を要する。実際には、米国の公開買付規制では「Best Price Rule」と呼ばれる価格規制が存在する。取引所法規則14ｄ－10(a)(2)は、公開買付者に対して、適用が免除される場合を除き、公開買付けに応募された証券につき証券保有者に支払われた対価の最高額を、当該公開買付けの対象であるすべての種類の証券の保有者に対して支払うことを義務付けている。こうした米国の「Best Price Rule」は、わが国の公開買付規制におけるいわゆる「（公開買付価格の）均一性ルール」（金商法27条の2第3項、金商令8条第3項本文）に類似したルールといえ[18]、公開買付価格の水準自体を規制するルールではない。

　米国の連邦証券規制は、規制当局に対して公開買付価格の妥当性を審査する権限を与えていないものの、米国における公開買付けの価格設定は、株式買取請求権を通じて有効に監視されている。デラウェア州をはじめとする多くの州の会社法では、対象会社の証券保有者が公開買付けで提示された価格及び対価に満足しない場合、当該保有者は自己の対象株式の公正な価額を査

---

16) 米国のAll Holders Rule（取引所法規則14ｄ－10）においては、特定の法域の法律上公開買付けが禁じられており、かつ、当該公開買付者がその法律を遵守すべく誠実な努力をする場合、当該法域の居住者は除外することができるという例外規定が定められている。

17) 井上光太郎＝小澤宏貴「公開買付けにおける支配権プレミアムと株主の応募行動」前掲注9）『日本の公開買付け』320頁（図表6）によれば、2009年1月から2015年2月の期間の米国での公開買付けの88％が「支配権獲得TOB」となっている。この「支配権獲得TOB」は、同統計の元データとなったStandard&Poor's社の「Capital IQ」において「支配権獲得TOB」に分類されたものであり、そのほとんどが全株式を買付対象とした公開買付けとなっている。ちなみに、同期間における「支配権獲得TOB」の割合は、英国で91％、日本で69％であった。対象期間が若干異なる他の統計（森田・前掲注9）299頁）では、日本における2007年－2013年の公開買付けにおける「全部勧誘」の割合は約74％であり、上記の統計の結果に近い水準になっている。

18) 石綿ほか・前掲注11）23頁。

定することを裁判所に求めることが認められている（デラウェア州一般会社法第262条等）。

　また、米国における公開買付けは、公開買付価格における（市場価格に対しての）高いプレミアムの水準についても特筆すべきである。最近の統計（2009年1月－2015年2月）によれば、公開買付発表前1か月間の対象会社の平均株価に対するプレミアムの平均は、日本では50％、英国では51％であったのに対し、米国では68％であった[19]。

Ⅳ　欧州（英独仏）における公開買付パターンの分析

1　欧州と日本における強制公開買付制度の相違

　欧州で導入されている「マンダトリーオファー（強制公開買付）ルール」は、基本型としては、対象会社の一定以上の株券等（議決権ベースで30％ないし3分の1が基本）を「取得した場合」に適用されるものである。これに対し、日本の強制公開買付けでは、「買付後」の議決権比率を基準にしている。

　具体的には、欧州における「マンダトリーオファー・ルール（強制公開買付規制・全部勧誘義務）」は、買付者が対象会社の「一定以上（英独仏では30％以上）の議決権」を「取得した後」に適用される〔欧州における「事後型」スレッシュホールド（閾値）〕。これに対し、日本では、議決権（株券等所有割合）の「3分の1超を取得することになるような取得」を「公開買付けによって行うことが要求」される（金商法27条の2第1項2号、いわゆる「3分の1ルール」、強制公開買付規制）。そして、「3分の2以上を取得することになるような取得」には、「すべての内容の株券等の所有者に対して買付の勧誘をする義務」（全部勧誘義務、金商法27条の13第4項、いわゆる「3分の2ルール」）が課される〔日本における「事前型」スレッシュホールド（閾値）〕[20]。

---

19)　井上＝小澤・前掲注17) 320-321頁。

2 英独仏における公開買付パターンと強制公開買付規制の適用状況

英独仏の現行法制では、新たな株式取得により上場会社の30％以上の株式（議決権）を「取得した」場合は、対象会社の全残存株主に対し、同株式を過去一定期間（12ヵ月間または6ヵ月間）の最高取得価格で買取る公開買付けをしなければならない（マンダトリーオファー・ルール）。以下では、欧州諸国（英国、ドイツ、フランス）における「公開買付パターン」の分析結果について述べる。支配権の移転に対し、厳格な規制であるマンダトリーオファー・ルールの適用を義務付けようとしたEU企業買収指令（公開買付けに関する欧州議会及び理事会指令）[21]の制度趣旨とは結果的に大きく異なったかたちで[22]、各国において独特の「均衡」が生じていることに着目すべきである。

英国では、30％のライン（スレッシュホールド）を超えてから公開買付けを行うことは非常に例外的であり、結果的に、価格規制や買付条件設定の厳しいマンダトリーオファー・ルールが適用されるケースは少なく、テイクオーバー・パネルの管轄案件の9割程度は、価格規制が緩く買付条件の柔軟な設定が可能である「ボランタリーオファー（任意公開買付け）」により行われる[23]。また、特に最近では、任意公開買付けに関連して行われる完全買収手

---

20) こうした、日欧の公開買付規制における「スレッシュホールド（閾値）」の設定方法の相違について、筆者は繰り返し強調してきた（e. g. Hiroyuki Watanabe, *Designing a New Takeover Regime for Japan: Suggestions from the European Takeover Rules*, Zeitschrift für Japanisches Recht, Nr. 30, 89）。また、日本証券経済研究所に事務局が設置され、金融庁及び経産省の主導の下で行われた一連の「M&A研究会」（座長：神田秀樹教授）の一環として行われた、英国・ドイツ・フランスへの各調査団による詳細な調査が、この点をわが国で広く周知させることに大きな役割を果たしたといえよう〔研究会の調査結果の概要として、『英国M&A制度研究会報告書』（2009年6月）及び『ヨーロッパM&A制度研究会報告書』（2010年9月）がある〕。この一連の研究会に上村達男先生と共に参加できたことは、筆者の研究生活において大きな財産となっている。

21) Directive of the European Parliament and of the Council on Takeover Bids, 2004/25/EC (April 21, 2004).

22) Centre for European Policy Studies, *The Takeover Bids Directive assessment report*, 355 (2012).

続きである「スキーム・オブ・アレンジメント（Scheme of Arrangement）[24]」において、支配権の移転が行われるケースが典型的であることが特筆すべきである[25]。

ドイツの上場会社ではブロックホルダーが存在する会社が非常に多く、ブロック株式の移転後に（30％ラインを超えて）公開買付けを行えばマンダトリーオファーとなるため、マンダトリーオファーの比率が高くなるように思われる。しかしながら、買付者は、公開買付前にブロック株式の移転の「確定的合意[26]」を取り付けたうえでボランタリーオファーを行い（強制公開買付けによらずに任意公開買付けによって）、ブロック株式の取得そのものは公開買付時に行うケースが多い[27]。BaFin（ドイツ連邦金融監督庁）の統計（Annual

---

[23] 英国テイクオーバー・パネルの統計（Annual Report、パネルHPで公表）によれば、2008年度から2017年度までの10年間のパネルの管轄取引における「マンダトリーオファー（強制公開買付け）の割合」は、「約7.9％」（698件中55件）であった。※なお、この統計の数字は、正確に言えば「買付当初からマンダトリーオファーであったもの」であり、その他にも若干の「買付け途中でマンダトリーオファーに変更したもの」（ボランタリーオファーとして公開買付けを開始したが、買付期間内に市場を通じ一定の株式を取得したりすることで、マンダトリーオファーの義務を負うことになったもの）が存在する。筆者が2010年2月にパネル事務局より提供を受けた統計情報によれば、2001年度から2008年度の8年間で、「買付当初からマンダトリーオファーであったもの」は「64件」であったのに対し、「買付期間にマンダトリーオファーに変更されたもの」は「29件」であった。

[24] 「スキーム・オブ・アレンジメント（scheme of arrangement）」は、対象会社の株主総会または債権者集会において、出席株主の過半数かつ出席株主の保有株式の価額の75％に相当する（直接もしくは委任状による）賛成の議決権行使に基づき、裁判所の許可を得て行われる「全部買収」手続であり（2006年英国会社法第26編）、公開買付けの結果、スクイーズアウトに必要な水準（英国では90％）に達しなかった場合の全部買収の手段として用いられることが典型的であるようである。Mark S Rawlinson＝Stephen Hewes＝渡辺宏之「英国M&A弁護士との対話（英国企業買収ルール）」早稲田法学86巻1号（2010）238-244頁等参照。

[25] 筆者が2010年2月に英国テイクオーバー・パネル事務局に行ったヒアリングでは、パネルの管轄取引の内の「スキーム・オブ・アレンジメント」の割合は、2000年頃には10％程度であったものの、2010年当時は約半数程度に達していたとのことであった。パネルのAnnual Reportによれば、2014年度から2017年度までの4年間では、「スキーム・オブ・アレンジメント」の割合は、約60％（234件中141件）に達している。

Report）によれば、ドイツで2007年から2016年までの10年間に行われた公開買付けにおいて、「強制公開買付けの割合は約22％」（272件中61件）になっている[28]。

　フランスの上場会社でもブロックホルダーが存在する会社が多く、ブロック株式の移転を行ったために、（30％のラインを超えて）マンダトリーオファーの義務が生じるケースが多い。しかしながら、フランスでは対象会社の過半数の株式を保有する者（公開買付直前の取得を含む）が公開買付けを行う場合には、「簡易手続（offer publique simplifée）[29]」が適用されて買付価格は市場価格に準ずる価格で良いとされ（AMF, Règlement Général 233－1条）、結果的に上場会社の支配権の移転の多くは、厳しい価格規制を伴わない「簡易手続」により行われる結果となっている。フランスにおける2009年－2016年の公開買付件数296件のうち、簡易手続によるものは124件（約42％）であった[30]。

　上記の分析結果が示す通り、強制公開買付制度の「スレッシュホールド」

---

26) こうした大株主と買付者間の「確定的合意」は、欧米では"irrevocable undertaking"または"irrevocable commitment"等と呼ばれており、英国やフランスにおける公開買付けの際にも使用されている。かかる合意は一定の要件の下で公開買付けの際に開示の対象となることが一般的である。

27) Michael Burian = James Robinson = Hiroyuki Watanabe, *The Comparison and the Reality of German and the UK Takeover Law*, 企業と法創造29号（2011）161-162頁／日本語訳「英独の企業買収ルールの実態とわが国への示唆」同誌23号（2010）146-147頁。

28) ドイツでは、強制公開買付けと任意公開買付けに同一の価格規制が適用されるが（WpÜG-Angebotsverordnung 第3章により、買付文書開示前6カ月間の最高取得価格かつ買付意思公表日前3カ月間の市場価格の加重平均以上が要求される）、任意公開買付けの場合は自ら買付開始のタイミングを決定することができ、そして買付コストの観点からも、自ら買付けのタイミングを選択できる任意的買付けが、買付者の観点からは有利であると考えられている。それゆえ、ドイツでも英国同様、買付者が任意公開買付けを選択することが一般的である〔Joachim von Falkenhausen = Dirk Kocher = Hiroyuki Watanabe, *The Reality of German Takeover Law and Practice*, 企業と法創造29号（2011）131頁／日本語訳「ドイツにおける企業買収の実相～ドイツM&A弁護士との対話」同誌24号（2010）188頁〕。

29) フランスの公開買付規制における「簡易手続」（offer publique simplifée）については、ベルトラン・カルディ／渡辺宏之訳「フランスにおける公開買付規制」早稲田法学89巻1号（2013）119頁・131頁参照。

が「事後型」である欧州の公開買付規制の下では、買付者の選択的・戦略的な行動の結果として、多くの公開買付けは「強制公開買付け」ではなく「任意公開買付け」を通じて行われることになる。しかしながら、これを単に脱法的行為と片付けるのは皮相的な見方であろう。あるライン（スレッシュホールド、閾値）を超えれば厳しい規制が適用され、そのラインを超えなければ相対的に緩い規制が適用されるという状況において、同ラインを超えないように行動することは、十分に合理的な行動の範疇にある[31]。むしろ、こうした「当事者の『選択的・戦略的行動の結果』として生ずる均衡」に着目すべきであろう。

結果的に、英独仏各国において「強制公開買付け（マンダトリーオファー）」は例外的なものであり、強制公開買付けに適用される「最高価格規制」が適用されるケースも例外的なものになっている[32]。一方で、欧州では、強制公開買付けの場合のみならず、任意公開買付けの場合にも、原則として全部勧誘義務が課される。

また、欧州では、「支配株式（ブロック株式）の移転」は相対取引により可能であるが、支配株式の取得の後で課されることになる厳しいマンダトリーオファー・ルールの適用を回避すべく、支配株式（ブロック株式）の移転を「任意公開買付け」により行うケースが少なくないことに留意する必要がある。

---

30) フランスのRicol Lasteyrie社（フランスの公開買付案件における「独立鑑定人」として任命されることが多い）により公表されている、各年の公開買付レポート（Observatoire des offres publiques）による。
31) 例えば、税法ルールをめぐっては、規制対象者によるそうした「戦略的行動」（厳しいルールが適用されるラインを極力踏み越えないように行動すること）は、一般的に見られる現象であろう。
32) ただし、英国では任意公開買付けの場合においても、強制公開買付けの場合からやや条件が緩和された価格規制が適用される（Takeover Code, Rule6.1, Rule 11.1）。また、ドイツでは、強制公開買付けと任意公開買付けに同一の価格規制が適用される（前掲注28)参照）。

3 欧州一部法域における「追加的なマンダトリーオファー・ルール」

　ところで、欧州の一部法域においては、「追加的な厳しいマンダトリーオファー・ルール」が存在することに留意する必要がある。英国では、30％以上50％未満の間でのわずかな買い増しにもマンダトリーオファー・ルールが適用される（Takeover Code, Rule9.1）。このルールは、全部勧誘の公開買付けを行わずに、対象会社についての株式（議決権）保有比率「30％以上50％未満の間で買い増しすること」への強い「敵意」を感じさせるほど、そうしたタイプの株式取得を強力に抑制しようとする規定であるといえる。

　オックスフォード大学のJohn Armour教授は、英国においてマンダトリーオファー・ルールが最も重要な効果を発揮しているのは、企業買収の実務ではなく、株式保有構造であるとする。英国企業では、筆頭株主の保有割合が30％以上であることは少ないが[33]、Armour教授はこれはマンダトリーオファー・ルールの影響だと指摘している[34]。

　英国と同様に、フランス・アイルランド等の欧州の数ヵ国の法域では「30％（or 3分の1）－50％の間での買い増し」に対してもマンダトリーオファー・ルールが適用される[35]。ただし、英国とは多少異なり、フランス・アイルランド等においては、スレッシュホールドを超えて議決権を有している者が、一定期間に一定範囲の少量の株式を取得することを認めている（いわゆる"creepingルール"）[36]。フランスではかつて、12ヶ月間に2％以下の取得が"creepingルール"として認められていたが、2014年7月より「12ヶ月間に1

---

[33] John Armour and David A. Skeel Jr., *Who Writes the Rules for Hostile Takeovers, and Why?—The Peculiar Divergence of U.S. and U.K. Takeover Regulation*, Georgetown Law Journal, Vol. 95, No. 6, 1727（2007）, 渡辺・前掲注3）35頁参照。

[34] John Armour＝渡辺宏之「英国における企業買収ルールの構造分析」早稲田法学88巻2号（2013）241頁参照。

[35] フランス（AMF, Règlement Général 234－5条）、アイルランド（Takeover Rules 2013, Rule 9.1。

[36] 同様の"creepingルール"は英国にもかつて存在したが、現在は廃止されている。

％以下の取得」にルールが改正され、対象会社少数株主の保護強化のために、許容される買い増しの要件が厳格化されたことも、注目すべき点である[37]。

V わが国の公開買付けの実態分析と今後の制度設計への示唆

1 わが国における公開買付けの実態

わが国における公開買付けは、かつては、「ディスカウントTOB」(市場価格未満での公開買付け)による部分公開買付け(対象会社の全株式の取得を予定しない公開買付け)が一般的であり[38]、相応のプレミアムを付したうえで対象会社の全株式取得を企図する、公開買付けに関する国際的なトレンドから見れば、特異な状況であった。従来のわが国において「ディスカウントTOB」の比率が非常に高かった理由としては、公開買付け自体の件数も非常に少なく、かつ「対象会社救済型」や「創業者からの事業承継型」の公開買付けが主流となっていたことが挙げられる[39]。

しかしながら、最近ではわが国における公開買付けのあり方は大きく変化し、欧米におけるトレンドに近いものになってきているといえる。例えば、2007年〜2013年の7年間の公開買付案件を分析した結果では、約4分の3(74％)は、買付予定株式数の上限設定なし(全部勧誘)の類型であり、約4分の1(26％)は、買付予定株式数の上限設定あり(部分勧誘)の類型となっている[40]。前者の全部勧誘の類型は、グループ会社(持分法適用会社等)の完全

---

37) フランスで2014年3月に成立した改正法(いわゆる"Florange法")の施行による。
38) Timothy A. Kruse = Kazunori Suzuki, *The impact of changes in Japanese tender offers regulations on bidder behavior and shareholders gains*, Working Paper available on SSRN, 36 (2010)によれば、1990年から1999年までのわが国の公開買付けにおける「ディスカウントTOB」の比率は過半数を超えており(例えば1996年には全体の75％を占めていた)、2000年代以降はその比率は低下している。
39) 鈴木一功「なぜ日本では市場価格より低いTOBが成立するのか」金融財政事情2007年9月17日号16頁。

子会社化を企図するケースが典型的であり、後者の部分勧誘の類型は、(a)対象会社の上場維持目的による上限設定、(b)ディスカウントTOB（市場価格以下での公開買付け）、のいずれかに基本的に該当する。

わが国では、「支配株式（ブロック株式）の移転」を伴う公開買付けの類型においては、「ディスカウントTOB」の比率がかねてより高い。ただし、最近のわが国では、支配株式の移転を伴うような公開買付けは非常に例外的であり、「支配株主による対象会社の完全子会社化」のケースが一般的であることも特徴的である。

2　強制公開買付制度

(1)　わが国の公開買付規制の趣旨

わが国の現行の公開買付制度の趣旨としては、会社支配権に影響を与えるような市場外取引などが行われる場合において、①株主および投資者への適正な情報開示を図ること、②株主などに株券等の平等な売却機会を与えること、および③手続が公正に行われること等が挙げられるが[41]、わが国の強制公開買付制度が、「事前型」（公開買付終了時の取得希望ベース）のスレッシュホールド（閾値）を採用していることを適切に説明するためには、「支配権取得取引の透明性」[42]の観点から、支配権取得取引に公開買付けを要求していることを中心的な制度趣旨と捉えて整理することが有益であろう（「支配権取得取引」は、「支配株式の移転取引」に限らず、「分散株式の買い集め取引」等も含むことになる）。そして、かかる考え方は、わが国における公開買付制度創設時の立案担当者等の見解とも適合的なものである[43]。

この点、「支配権プレミアムの分配」をわが国の公開買付規制の制度趣旨とする見解も有力であるが[44]、「支配権取得取引の透明性確保」と「支配権プレミアムの分配」は相互に矛盾するものではないと考えられる[45]。ただし、「支配権プレミアムの分配」を主要な制度趣旨とした場合、わが国で従来からし

---

40)　渡辺・前掲注3）37頁、森田・前掲注9）299頁。
41)　松尾直彦『金融商品取引法〔第5版〕』（商事法務、2018）232頁。
42)　藤田・前掲注6）43頁。

ばしば行われている「ディスカウントTOB」の位置付けが困難になると考えられる[46]。

(2) 市場取引等を公開買付規制の対象に含めるべきか

市場での株式取得を通じた買収においても、株主に対する売却圧力が生じやすいとして、市場取引による支配権の取得も公開買付規制に服するべきとの見解があるが[47]、これに対して、そうした強圧性が生じるという前提が疑問だとする見解がある[48]。

この点、市場取引は透明性の高い取引として、公開買付規制の対象外と考えることができるため、わが国公開買付規制の構造からして、市場買付けを公開買付けの対象に含める必要はないが、平成18年改正による「全部勧誘義務」規定（3分の2ルール）については、欧州の公開買付規制における全部勧誘義務と同様、「退出権の保障」を企図したもので、従来から存在する「3分の1ルール」とはその目的も構造も異質であるため、欧州と同じく「事後規制」にするか、市場取引等により取得した株式も議決権に参入して計算すべきとの見解、あるいは3分の2ルール導入以前の状態に戻すか、いずれかの改正を行うことが望ましいとの見解もある[49]。しかしながら、平成18年改正

---

43) 内藤純一「株式公開買付制度の改正」商事法務1208号（1990）5頁、神田秀樹監修＝川村和夫編『注解証券取引法』（有斐閣、1997）258頁等。なお、上村達男教授は、強制公開買付原則は「流通市場を有する株券等の市場外売買にも、可能な限り流通市場の原理である情報開示の徹底、および投資者の平等取扱の原則が及ぶべき旨を確認した点に意義を有している」と主張されている。上村達男「公開買付市場に対する法規制〔連載 新体系・証券取引法（第9回）〕」企業会計54巻3号（2002）43頁。なお、上村達男「証券取引法における『かたまり取引』―不完全証券市場規制論のための覚書―」菅原菊志古稀記念『現代企業法の理論』（信山社、1998）157-168頁も参照。

44) 近藤光男＝吉原和志＝黒沼悦郎『金融商品取引法入門〔第4版〕』（商事法務、2015）365頁。

45) 藤田・前掲注6）44頁。

46) 松尾・前掲注41）233頁もこの点を指摘する。

47) 飯田秀総『公開買付規制の基礎理論』（商事法務、2015）143頁等、田中亘『企業買収と防衛策』（商事法務、2012）412-413頁。

48) 黒沼・前掲注5）546-547頁。

により導入された「3分の2ルール」は、「(一定以上の)支配権取得の『際の』退出権の保障」と位置付けることで、わが国の公開買付規制の構造に矛盾なく位置付けることが可能ではないだろうか。

なお、「市場取引等による株式取得」を公開買付規制の対象にするか否かは、「支配権取得取引の透明性」の観点から判断すべき論点(3分の1、3分の2双方のスレッシュホールドに共通する問題)であり、全部勧誘義務の論点とは別途検討されるべきである。この点、平成17年改正により「ToSTNeT取引」等を公開買付規制の対象とするために導入された「立会外取引により3分の1超となる買付け等」(金商法27条の2第1項3号)や、平成18年改正により導入された「市場内外の急速な買付け等により3分の1超となる買付け等」(同条同項4号、いわゆる「スピード取引規制」)は、「支配権取得取引の透明性」の観点からも、適切な立法対応と評価できるであろう。

また、わが国では、公開買付けに付随して第三者割当が行われるケースがしばしばあるが、こうした取引についての分析の結果、「対象会社の救済」のため(もしくは対象会社が大量の株式発行に追い込まれた)、または「公開買付けの形式実施」のために、公開買付けに第三者割当を組み合わせた取引が行われた可能性が示唆されている[50]。こうした「公開買付け・第三者割当組合せ取引」についても、当事者の目的・インセンティブ等について今後さらに分析を進めたうえで、適切な規制(あるいは適用除外等の設定)が検討されるべきと考える[51]。

---

49) 藤田・前掲注6)46頁。
50) 松中学「公開買付けに付随する取引——公開買付けに付随する第三者割当て」前掲注9)『日本の公開買付け』348-353頁。
51) 「支配権取得取引の透明性」の問題は、公開買付規制とは別のかたちで対処することもありうる。例えば、平成26年改正会社法により導入された「支配株主の異動を伴う募集株式の発行等」(「特定引受人」が生じるような募集株式の割当て)に関する規定(会社法206条の2)参照。なお、上述の「公開買付け・第三者割当ての組合わせ取引」に関する「会社法上の論点」(有利発行、不公正発行等)については、松中学「公開買付前後の第三者割当てをめぐる法的問題の検討」前掲注9)『日本の公開買付け』113頁以下が論じている。

(3) 強制公開買付制度廃止論等について

　前述のように、わが国における公開買付けは、かつては、「ディスカウントTOB」による部分勧誘が一般的であった。そうした状況を前提に、わが国では強制公開買付制度に伴う手続きやコストがスムーズな支配株式移転の障害になっているおそれがある（相対取引による支配株式の移転を認めるべき）として、「強制公開買付制度の撤廃」を主張する有力な見解が存在したが[52]、この主張に際して、強制公開買付制度廃止の場合には別のかたちで開示規制を設けるべき提案がなされていたこと、また、強制公開買付制度廃止の代替案として、（欧州の例に倣い）企業救済等の一定の類型の支配権移転取引を、公開買付けの適用除外とする提案がされていたことが示唆的である[53]。

　私見も、例えば企業再生的な支配権移転のような場合には、一定の要件の下、公開買付けの適用除外とすることを認めてもよいのではと考えている（後述、V-4-(2)参照）。一方で、わが国の最近の公開買付けにおいては、完全子会社化・連結子会社化等の組織再編的な類型が大半であり、こうした組織再編に準ずる行為における手続きの透明性や対象会社株主保護の要請からも、そのような類型に対する公開買付制度の適用は正当化できよう。

　なお、いわゆる「強制公開買付制度デフォルト・ルール論」として、会社の定款に記載することで強制公開買付規制から離脱できるとする方法も提唱されているが[54]、公開買付規制は、「開示規制」をその柱とするものであるために、適用除外も含めその要件は制度全般で原則として均一であるべきである。それゆえ、個別の会社によるオプトアウト（離脱）を認める方式は開示規制を主体とする公開買付規制には適合的でなく、むしろ、「必要に応じて公開買付規制の適用除外類型を設定していく」方法が望ましいと考える。一方で、EU企業買収指令の国内法化に見られるように（例えば、フランス）、公開買付けに対する「取締役会の中立義務」（breakthrough rule）や「買収防衛策」の導入に関して、対象会社による「オプトイン・オプトアウト方式」を採用し、

---

52) 黒沼悦郎「強制的公開買付制度の再検討」商事法務1641号（2002）55頁。
53) 黒沼・前掲注52) 60頁。
54) 飯田・前掲注47) 252頁。

支配権移転に関する会社法的な規定を任意規定とすることは、ひとつの方向性としてありうるものと考える。ただし、このような方式を導入した場合、ルールやその解釈が非常に複雑なものとなり、混乱を生じる可能性が小さくないと思われる[55]。

　米国には強制公開買付制度は存在しないが、上場会社の支配権の移転は公開買付けにより行われることが一般的である。強制公開買付制度を持たない米国の公開買付法制を可能にする背景として、「(上場会社における)株式保有の徹底した分散化」がある。また、訴訟プレッシャーや市場からのプレッシャー等の明文の法規制によらない監視も強力である。それゆえ、わが国においてそれらの背景(特に株式保有の徹底した分散化)を十分に共有しないまま強制公開買付制度を廃止することには賛成できない。ただし、仮にわが国の将来の株式保有構造が、米国のように分散化が非常に進むならば、そのことを前提として(上場会社の支配権移転に際して、強制しなくとも基本的に公開買付けが利用されることが見込まれる状況となれば)、わが国も強制公開買付制度を持たない法制へと転換することも、ひとつの方向性としてありえよう。

3　全部勧誘義務

(1)　全部勧誘義務の趣旨

　欧州では、強制公開買付けの場合のみならず、任意公開買付けの場合にも、原則として全部勧誘義務が課される。また、米国の公開買付規制においても、基本ルールとしての全部勧誘ルール(All Holders Rule)が存在する。このように、全部勧誘が欧米では「事実上のスタンダード」となっていることからすれば、わが国ではなぜ「本格的な全部勧誘義務[56]」を導入しないかの合理的な説明がなされるべきであろう。

---

[55]　カルディ／渡辺訳・前掲注29) 133-138頁、Olivier Diaz = Emmanuel Brochier = Bertrand Cardi = Hiroyuki Watanabe, *Strategies of the Offeror, Target Company and Minority Shareholders〜French Takeover Rules and Practices②*, 企業と法創造29号 (2011) 65-66頁、69-70頁／欧州企業買収法制研究会 (日本語訳)「フランスにおける企業買収ルールの解釈と運用(2)——買付者・対象会社・少数株主の戦略を中心に」早稲田法学87巻1号 (2011) 90-93頁・98-99頁等参照。

「全部勧誘義務」の制度趣旨については、対象会社（少数）株主の「退出権（売却機会）の保障」の観点から、位置付けられるであろう。この点、わが国の公開買付規制の主要な制度趣旨が、「支配権取引の透明化」にあるとするならば、支配権の取得自体が透明性のある方法（公開買付けあるいはその他の適用除外の形態）でなされれば、それ以上に全部勧誘義務まで課す必然性はないとする見解がある[57]。しかし、この見解は、わが国の公開買付規制に「退出権の保障」を導入すべきではないとするまでの論拠を示すものではない。また、「支配権取得後」の「退出権の保障」は、わが国の公開買付規制の体系に適合的でないとする見解もあるが[58]、「支配権取得『の際』」の「退出権の保障」という構成は想定可能であり、それゆえ「退出権の保障」がわが国の公開買付法制と矛盾するものではないと考えられる。実際に、わが国でも議決権の3分の2超を取得する場合には全部勧誘義務（いわゆる「3分の2ルール」）が課されているが、こうした「3分の2ルール」は、「（一定以上の）支配権取得の『際の』退出権の保障」と位置付けることで、わが国の公開買付規制の構造に矛盾なく位置付けることが可能と考えられる。

　ただし、対象会社株主に退出権を保障することが目的であれば、買付者の取得原因を問わず（市場取引や第三者割当てによる取得に対しても）全部勧誘義務を負わせるべきとも考えられるであろう[59]。この点については、わが国の公開買付規制の趣旨としてあくまで「支配権取得取引の透明性」を重視しつつも、前述のように、一定の「市場取引（or 第三者割当て）・市場外取引の組合わせ取引」や「市場における急速な買付け」等をも公開買付規制の対象とすることで、実質的適正の観点からも理論的整合性の観点からも対処できると考えられる。

---

56)　本稿における「本格的な全部勧誘義務」の導入とは、「全部勧誘義務のスレッシュホールド」を「現行の3分の2よりも低い水準にすること」、または「欧州型の（スレッシュホールドに基づく）全部勧誘義務」を導入することを意味している。

57)　藤田・前掲注6）44頁。

58)　藤田・前掲注6）46-47頁、飯田秀聡「第1章へのコメント」前掲注9）『日本の公開買付け』62頁等。

59)　藤田・前掲注6）46頁。

なお、対象会社における少数株主の保護は、公開買付規制における全部勧誘義務による「退出権の保障」によってではなく、会社法を通じて可能である、あるいは会社法を通じて行うべきとの有力な見解もある[60]。ただし、公開買付けにおいて部分勧誘を行った後の少数株主保護のコストが高いことがそもそも、米国等の公開買付における「全部勧誘」を正当化する主要な理由とされていることに留意する必要がある[61]。それゆえ、「効率的な支配権の移転」を重視する観点からは特に、公開買付後のそうした「少数株主保護のコスト」も勘案したうえで、全部勧誘・部分勧誘をめぐる議論が行われるべきであろう。

(2)　「全部勧誘と対象会社の上場維持の両立可能性」について
　欧州型の全部勧誘ルール導入に反対する論拠として、わが国における親子上場[62]の慣行が指摘されることがしばしばある[63]。しかしながら、「全部勧

---

60) 黒沼・前掲注5) 550頁。また、黒沼教授は、「退出権を保障する意味が少数株主の事前の保護にあるとすると、市場で株式を売却することによって会社関係から退出するのでは、株主の保護としてなぜ不十分なのかがまず問われなければならない」と指摘する（黒沼・同論文552頁）。
61) Subramanian教授（現在、ハーバード大学教授）により2007年に執筆された以下の論文を参照。Subramanian, G., *Post-Siliconix freeze-outs : Theory and Evidence*, Journal of Legal Studies, vol. 36(1), 1-26(2007).
62) 親子上場について、上場子会社の株価パフォーマンス（1968－2008年）が高いことを示す実証研究が近年発表されているが〔宍戸善一＝新田敬祐＝宮島英昭「親子上場をめぐる議論に対する問題提起——法と経済学の観点から」商事法務1898号38頁、1899号4頁、1900号35頁（2010）〕、上場子会社の株価パフォーマンスについて、本来的に有意な実証データと言えるのは、東証が、上場子会社等の株価が過大評価されないようTOPIXの計算方法を大幅に修正した、2006年6月末以降のデータであると考えるべきである〔東証「浮動株指数の導入について」（2004年9月）参照〕。また、日本の上場子会社のIPO後の3年間の投資リターンは、普通の上場会社のIPOよりも明らかに大幅に劣後するという、ハーバード大ビジネススクールの教授ら3名による実証研究があることにも、留意すべきであろう（Sergey Chernenko, C. Fritz Foley, and Robin Grennwood, *Agency Costs, Mispricing and Ownership Structure,* Financial Management, 2012 winter）〔日本私法学会シンポジウム「株式保有構造と経営機構」私法76号（2014）85頁参照〕。
63) 黒沼・前掲注52) 60頁等。

誘」と「対象会社の上場維持」は両立しえないものであろうか。現在の東証（1部・2部）の上場廃止基準では、例えば流通株式比率については5％未満が基準となっているため、全部勧誘を行って公開買付けに成功しても、直ちに当該基準を満たしてしまうことは例外的であるはずである。また仮に、公開買付終了時に上場廃止基準を満たしてしまうことがあっても、一定の猶予期間が認められているため（株主数・流通株式数については1年以内）、当該猶予期間内に、上場廃止基準を超過した分の保有株式を売却することで、上場廃止は回避できる。実際に、わが国でこれまでに行われた公開買付けにおいても、「全部勧誘を行いつつ対象会社の上場廃止を企図しない公開買付け」がしばしば行われている[64]。なお、筆者が2013年4月末に行った諸国の株式保有構造の調査（前掲）において、英独仏（特に独仏）においても、筆頭株主が90％以上の保有比率を有する会社が一部存在した[65]。つまり、それらの会社は当該各取引所における上場基準を満たしているわけであり、これら欧州諸国においても全部勧誘義務と対象会社の上場維持が両立しうる証左となろう。

(3) 「全部勧誘に伴う資金調達の困難性」について

また、全部勧誘の場合、部分勧誘に比べて買収コストが高くなるために、買付資金の調達が難しくなるとの主張もしばしば見られるが[66]、これはM&Aファイナンスの観点からは必ずしも正しくない。欧米（特に米国）おいては、買収対象会社の資産を担保に資金融資を行ういわゆる「LBOファイナンス」が発展しているため、100％の支配権取得を企図した全部勧誘のケース

---

64) 三菱商事による米久株式に対する公開買付け（平成25年1月21日）、イオンによるダイエー株式に対する公開買付け（平成25年7月25日）、DeNAによる横浜スタジアム株式に対する公開買付け（平成27年11月24日）等〔※（ ）は公開買付届出書提出日〕。

65) 2013年4月末の調査時点で、対象となる主要市場における時価総額上位500社のうち、「筆頭株主の保有比率が90％以上」の会社は、ドイツ（フランクフルト）では29社、フランス（パリ）では20社、英国（ロンドン）では2社であった。渡辺・前掲注3）35頁の図表参照。

66) 飯田・前掲注47）205頁、黒沼・前掲注5）544頁等。

の方が（対象会社の資産分も見込めるため）ファイナンスはむしろ容易であると考えられる傾向がある。もちろん、わが国におけるM&Aファイナンスにおいてそうした考え方が浸透しているとは限らないが、M&Aファイナンスの観点から全部勧誘と部分勧誘を比較する際に重要なことは、「資金調達金額の多寡」ではなく「流動性制約の程度」[67]であるということであろう。

(4) 完全買収について

以上の検討によれば、従来わが国で「本格的な全部勧誘義務導入の具体的な障害」として指摘されてきた諸理由は、十分に説得的なものとはいえない。そして、適切な適用除外規定を設けたうえであれば、現状ではわが国の公開買付規制においても本格的な全部勧誘義務を導入する根本的な障害は存在しないといいうるのではないかと考えられる。しかしながら、筆者は、以上の諸点を指摘しつつ、欧米の企業買収実務に浸透している「完全買収」の慣行とセットでなければ、現状のわが国で仮に「本格的な全部勧誘義務」を導入したとしても、その効果は限定的であると考える。

米国や英国では、公開買付後に合併やスクイーズ・アウトのかたちで対象会社を「完全買収」することが一般的であるが[68]、公開買付後に完全買収が行われない場合には、対象会社の少数株主が存続することになり、少数株主に対する不当な取扱いのおそれや少数株主保護のコストの問題が残る[69]。それゆえ、「効率的な支配権の移転」の観点からは、仮に公開買付規制で全部勧誘義務を課しても、完全買収とセットでない場合には非効率な状況が存続することになる。この点、米国や英国で「完全買収」が一般的である背景としては、①買収後に少数株主が残ると少数株主保護コストが高くなると考えら

---

67) 藤田友敬教授も、問題は、買収者の「資金調達金額の多寡」ではなく、「流動性制約（資金制約）の程度」であることを指摘する。藤田・前掲注6）59頁。
68) 米国ではキャッシュアウト・マージャー（cash-out merger）により、英国ではスクイーズ・アウト（squeeze-out）による100％子会社化によって、公開買付後に「全部買収」が行われることが一般的であるようである。Armour＝渡辺・前掲注34）239頁参照。
69) こうした観点から、わが国における平成26年会社法改正によって「スクイーズ・アウト（特別支配株主の株式等売渡請求）」制度が導入されたことは評価できよう。

れていること（前掲注61）参照）、②買収対象会社の資産を担保に融資が受けられる「LBOファイナンス」が浸透していること、等が挙げられるであろう。②についてはつまり、買付者（買収者）が、LBOファイナンス利用のために完全買収への強力なインセンティブを持つという構造である[70]。

わが国でも最近は「完全買収」が一般的となってきており、最近の統計（2007年－2013年）では、公開買付けの約73.6％（416件中306件）において、公開買付け後にスクイーズ・アウト（完全買収）が実行されている[71]。一方、同期間におけるわが国の公開買付けにおける「全部勧誘」の割合は74％であり（前述、Ⅴ－1参照）、公開買付者が公開買付後に完全買収を企図した割合とほぼ一致する。公開買付けで「部分勧誘」を行いつつ公開買付後に「完全買収（スクイーズ・アウト等）」を行うことは甚だ非合理的であって通常は想定しがたいため、公開買付後に「完全買収」を行った買付者は公開買付時に「全部勧誘」を行っていることが推定される。それゆえ、この統計からは、わが国で対象会社株式の全部勧誘を行う買付者の大半は完全買収を企図していることが推定される。

ただし、「スクイーズ・アウト」制度は、あくまで「完全買収を可能にするための法制度」であって、完全買収を法律で強制するものではない。私見は、公開買付後の「完全買収」を法律で強制することには反対である。黒沼悦郎教授も、「完全買収」は株主に残存する余地を与えないため、公開買付けにおける「強圧性の問題」と「フリーライド（ただ乗り）[72]」の問題の両者を解決する唯一の方法としながらも、「完全買収」を法律で強制することには反対

---

70) 例えば、英国会社法では、買収対象会社の資産を使って株式取得資金を調達すること（企業買収に伴う資金援助）は原則として禁じられているが（financial assistance、2006年英国会社法678条）、非上場会社であれば、会社を買収し上場廃止して、その資産を担保に資金調達をすることが可能である。Armour＝渡辺・前掲注34）237頁参照。

71) 森田・前掲注9）293頁。この統計は平成26年会社法改正以前の公開買付けを対象としたものであるため、「スクイーズ・アウト」とは、「全部取得条項付種類株式を用いた完全買収」（キャッシュ・アウト）や「株式交換」（ストック・アウト）等を意味していると思われる。

72) 公開買付けにおける「フリーライド（ただ乗り）」の問題については、飯田秀聡『株式買取請求権の構造と買取価格算定の考慮要素』（商事法務、2013）292-295頁等参照。

している[73]。黒沼教授は、「100％買収を法律で強制すること」への反対論拠として、以下の3点を挙げている。①100％買収のための資金調達の困難の問題、②すでに支配権を有する者の追加株式取得には「100％買収」義務を負わせないこととの不均衡、③市場取引による支配権の取得には「100％買収」義務を負わせないこととの不均衡。私見は、①については、「資金調達の困難」というよりも「資金調達必要額が不必要に大きくなること」がむしろ問題であると考えるが（前述、Ⅴ－3－(3)参照）、②・③の論拠には賛成である[74]。

(5) 私　見

本稿における諸検討の結果、従来わが国で「本格的な全部勧誘義務導入の具体的な障害」として指摘されてきた諸理由は、十分に説得的なものとはいえない。そして、適切な適用除外規定を設けたうえであれば、現状ではわが国の公開買付規制においても本格的な全部勧誘義務を導入する根本的な障害は存在しないといいうるのではないかと考えられる。しかしながら、本格的な全部勧誘義務の導入を想定した場合、以下の点を勘案する必要があると考える。①「完全買収」とセットでなければ、全部勧誘義務導入の効果は限定的であるが、公開買付後の完全買収を法律で強制するべきではないこと、②対象会社の完全買収を企図しない買付者に対して、買付資金の負担が不必要に大きくなってしまうこと（※完全買収の方が資金調達が困難であるかは別の問題）、③部分勧誘後に対象会社の上場が維持されるのであれば、公開買付けに応募しなかった株主は、市場で保有株式を売却する機会を有すること、さらに、④わが国で対象会社の3分の2超の株式取得を企図する公開買付者のほとんどは完全買収を企図しており、現行の全部勧誘義務（3分の2ルール）は買付者に対して抑圧的なものでないといえること。以上の諸点を勘案した結果、筆者は、現状のわが国では、現行の全部勧誘義務（3分の2ルール）を支

---

73) 黒沼・前掲注5）551頁。
74) ただし、②の問題（すでに支配権を有する者の追加株式取得）については、英国・アイルランド・フランス等の欧州の一部の法域では、そうした追加取得も「全部勧誘義務」（全部買収義務そのものではないが）の対象となる可能性があることを指摘しておきたい（前述、Ⅳ－3参照）。

持する。

4　価格規制とディスカウントTOB

(1)　公開買付けの価格規制

わが国の公開買付規制の体系においては、価格規制は構造的に不要との見解もある。こうした見解は、支配株式の取得それ自体を公開買付けによらなくてはならないとする日本法では、価格規制は必要ないとするもので、「多くの投資家が不満を持つような低い買付価格では公開買付けが失敗し、支配株式の取得自体ができない」であろうことを理由とする[75]。

しかしながら、わが国では現実には、公開買付価格が市場価格を下回る「ディスカウントTOB」が従来から一定程度成立していることを見落とすべきではない。対象会社株主が「市場価格未満での公開買付け」に応募することは、公開買付価格に専ら注目するならば経済合理性を欠いた取引であることは否めない。ただし、「ディスカウントTOB」は、経営不振会社の支配権の移転のために行われるケースが典型であるようであり、こうした場合、経営不振会社の大株主になる予定の買付者は、割安な株式取得でなければ買付けに応じる可能性が低くなり、一方で応募株主（旧大株主）は、多少市場価格より低い価格であっても、大量の株式を市場外で早期にまとめて売却できることにメリット（経済合理性）があると考えられる。

他方で、近年のわが国の公開買付案件では、市場価格に相当のプレミアムを付した公開買付価格が提示されることが一般的となってきている。最近の統計（2009年1月-2015年2月）によれば、わが国の公開買付けにおけるプレミアム（公開買付発表前1か月間の対象会社の平均株価に対するプレミアムの平均）は50％であり[76]、英国の51％とほぼ同水準である。また、最近のわが国では、MBO等の公開買付案件について、株式取得価格決定申立訴訟が頻発している。

欧州では厳しい価格規制が適用されるケースが多いが、他方で、米国では公開買付価格の水準に関する法規制はないものの、対象会社株主による株式

---

75)　藤田・前掲注6）40-41頁。

買取請求権の行使や、公開買付けに際しての株式価値算定書の提出等を通じて、公開買付価格が強力に監視されており、プレミアムの水準も非常に高い。価格規制については、わが国でも米国と同様に、明文の価格規制よりも、むしろ株式買取請求権の行使や株式価値算定書の開示等を通じた規律に委ねた方が有効でありうると思われる。

わが国の現行法では、利益相反型の公開買付けにおける株式価値算定書等の開示について、金商法関連の内閣府令で買付者に開示を求めており（他社株府令[77]13条1項8号）、また東証のルールで対象会社に開示を求めている[78]。しかし、実際に開示されている内容は算定書の結論のみであって投資者に有益な内容であるとは考えにくいとして、飯田秀聡教授は、むしろ金商法関連の法令においても、米国のSEC規則（13e-3）に倣い、対象会社に株式価値算定書等の開示を要求し、対象会社は、MBO等の提案の公正性を判断する際に株式価値算定書等を取得した場合には、計算に用いた具体的な数値と計算過程の概要を開示すべきだとする見解を提唱している[79]。

(2) 「ディスカウントTOB」と「公開買付規制の適用除外」について

ところで、わが国ではいわゆる「ディスカウントTOB」の慣行が従来から存在しているが、これがかつて「強制公開買付制度廃止論」の背景となっていたし、最近も種々の解釈論的問題を引き起こしている。「ディスカウントTOB」については、当事者間の市場価格未満での株式譲渡の合意は尊重されてよいと考えるが（欧米でも、支配株式の移転に際して価格規制は存在しない）、

---

76) 井上＝小澤・前掲注17) 321頁。ただし、この統計では「ディスカウントTOB」を除外して計算しているため、公開買付案件全体の実際のプレミアム平均値は、この統計値よりやや低い数値になろう。ちなみに、対象期間が若干異なる別の統計によれば、2006年〜2013年のわが国の公開買付全体におけるプレミアム（公開買付発表前1か月間の対象会社の平均株価に対するプレミアムの平均）は「42.91％」、「ディスカウントTOB」を除外したベースでは、「49.86％」であった。森田・前掲注9）290-291頁。
77) 正式名称は、「発行者以外の者による株券等の公開買付けの開示に関する内閣府令」。
78) 平成25年7月8日付「MBO等に対する適時開示内容の充実等について」東証上会第752号。
79) 飯田秀聡「公開買付けに関する行為規制」前掲注9）『日本の公開買付け』80頁。

一定の要件を満たすものについては、開示規制を別途設けて「支配権取得取引の透明性」を確保したうえで、公開買付規制の適用除外とすることが検討されてもよいと考える。例えば、「企業再生的な企業買収」については、欧州でも原則として公開買付規制の適用除外となっており[80]、米国でも、経営不振会社の買収は、連邦倒産法（Bankruptcy Code）363条に基づく「事業または資産の売却」等によって行うことが一般的であるようである[81]。

ただし、一定の要件を満たす支配権の取得を公開買付規制の適用除外にしたとしても、開示規制を伴うのであれば、買付者の立場からすれば、公開買付けを実行することと大きく変わりはないかもしれない。しかしながら、最近、ディスカウントTOBに関連して、買付者・対象者（対象会社）を同一にする他の公開買付けを前後して行うケース等において[82]、「公開買付価格の均一性」の観点等から、種々の解釈問題が発生している。公開買付者・対象者を同一にする、①「公開買付けの連続実行」や、②「同時並行的な公開買付け」が、金商法における「価格の均一性」ルール（金商法27条の2第3項、金商令8条第3項本文）や別途買付禁止ルール（金商法27条の5本文）に違反しないかという論点である[83]。この点、特に②の類型については立法の手当てをして、脱法とならないことを明記することが望ましいとの見解もある[84]。しかしながら、こうした問題に立法の手当てにより対処するのであれば、むしろ、上述のように、ディスカウントTOBが行われているような支配権の取得

---

80) 英国（Takeover Code, Notes on dispensations from Rule 9., Rescue Operations）、ドイツ（WpÜG-Angebotsverordnung 9条1文3号）、フランス（AMF, Règlement Général 234-9条2号）等。
81) 伊藤＝Braun監修・前掲注15）223頁等参照。
82) わが国の公開買付実務においては、大株主との間では、市場価格からディスカウントした価格で買い付けることを合意する一方、他の一般株主に対しては、プレミアムを付したより高い価格をオファーするために、同一の買付者が、公開買付価格の異なる2つの公開買付けを連続して行うことがしばしばあるようである。さらに、最近では、「自社株公開買付け」との組み合わせスキームも現れている。石綿ほか・前掲注11）32-41頁。
83) 石綿ほか・前掲注11）32-41頁。
84) 飯田・前掲注58）60-61頁。

類型のうち一定の要件を満たすものを「公開買付規制の適用除外」とすることが、理論的にすっきりとしたものになるのではないだろうか。なぜなら、そうした一連の解釈問題は、「特定の株主から支配株式を相対取引により市場価格未満で買い受ける」ことができないことに主として起因していると考えられるからである[85]。

おわりに

公開買付けをめぐっては、各国において、株式保有構造とそれを前提とした公開買付当事者の「選択的・戦略的行動」により、明文のルールからは想定しがたいような「均衡」（公開買付パターン）が成立していることが少なくない。公開買付けの制度論や制度比較を行う際には、そうした各「均衡」およびその「背景」を理解することがきわめて重要である。

公開買付規制の意義を考察するに際して、「相対取引」による支配権の移転と対比されることが多い。「相対取引」による支配権の移転は米国において一般的なものと、わが国では考えられがちであるが、実際には、米国における上場会社の支配権の移転は公開買付けによるものが一般的であり（株式保有が非常に分散しているため、コスト・時間の観点から公開買付けが任意に選択されることが一般的）、かつ、公開買付けには全部勧誘義務に準じるルール（All Holders Rule）が原則として適用されるという実態を、よく認識する必要がある[86]。

欧州では、「支配株式（ブロック株式）の移転」は相対取引により可能であるが、支配株式の取得後に課されることになる厳しいマンダトリーオファー・ルールの適用を回避すべく、支配株式の移転を「任意公開買付け」

---

[85] 飯田・前掲注58) 59頁。

[86] 米国の公開買付規制における自由度の高さは、実質的な規律が緩いことを全く意味しないことに留意する必要がある。このことは、上村達男教授がかねてより強調されていた、「最大の自由を追求するアメリカの株式会社制度・資本市場制度を支える、厳しい規律と広大な法実現力」に着目することこそが肝要との主張に、まさに相応するものであろう。上村達男『会社法改革』（岩波書店、2002）15頁等。

により行うケースが少なくないことに留意する必要がある。わが国では、「支配株式（ブロック株式）の移転」については、「ディスカウントTOB」の比率がかねてより高い。一方で、最近のわが国では、支配株式の移転を伴うような公開買付けは例外的であり、「支配（or 筆頭）株主による対象会社の完全子会社化」のケースが一般的であることが特徴的である。

　欧米における公開買付けは「全部勧誘」が原則であるが、わが国でも最近は全部勧誘が一般的となってきており、適切な適用除外を設けたうえであれば、現状のわが国では本格的な「全部勧誘義務」の導入に根本的な障害はないといいうる状況である。ただし、「全部勧誘義務」は、公開買付後の「完全買収」とセットであってこそ十分に機能を発揮するものと考えられるところ、公開買付後の「完全買収」を法律で強制することには問題が多い。他方で、わが国で対象会社の3分の2超の議決権取得を企図する公開買付者のほとんどは完全買収を企図していることから、現状のわが国では、現行の限定的な全部勧誘義務（3分の2ルール）を支持する。

　わが国の公開買付規制の制度趣旨は、「支配権取得取引の透明性」の観点を中心に理解すべきと考える。平成18年改正により導入された「3分の2ルール」は、「（一定以上の）支配権取得の『際の』退出権の保障」と位置付けることで、わが国の公開買付規制の構造に矛盾なく位置付けることが可能と考える。また、「市場取引等による株式取得」を公開買付規制の対象とするか否かは、「支配権取得取引の透明性」の観点から判断すべき論点であり、全部勧誘義務の論点とは別途検討されるべきであろう。

　価格規制については、欧州では厳しい価格規制が適用されるケースが多いが、他方で、米国では公開買付価格の水準に関する法規制はないものの、対象会社株主による株式買取請求権の行使や、公開買付けに際しての株式価値算定書の提出等を通じて、公開買付価格が強力に監視されており、プレミアムの水準も非常に高い。価格規制については、わが国でも米国と同様に、明文の価格規制よりも、むしろ株式買取請求権の行使や株式価値算定書の開示等を通じた規律に委ねた方が有効でありうると思われる。

　わが国ではいわゆる「ディスカウントTOB」の慣行が従来から存在しているが、これがかつて「強制公開買付制度廃止論」の背景となっていたし、最

近も種々の解釈論的問題を引き起こしている。当事者間の市場価格未満での株式譲渡の合意は尊重されてよいと考えるが、一定の要件を満たす支配権の移転（企業再生的な支配権移転等）については、開示規制を別途設けることで、公開買付規制の適用除外とすることが検討されてもよいと考える。

二段階買収による完全子会社化と手続の公正性
―― JCOMおよび前後の裁判例を手掛かりとして

福島　洋尚

Ⅰ　問題の所在
Ⅱ　JCOM事件最高裁決定の確認と東宝不動産事件高裁決定、積水工機製作所事件決定
Ⅲ　各事例における手続の状況とMOM、第三者委員会（独立委員会）の設置
Ⅳ　3つの事案の特徴とこれらの事案におけるMOMまたはMOM条項、第三者委員会（独立委員会）の組成・機能
Ⅴ　検　　討
Ⅵ　結びにかえて

Ⅰ　問題の所在

　二段階買収による非公開化取引、MBO、完全子会社化にかかる価格決定手続における公正な価格が問題となった事例は一定の集積を見ているが、最決平成28・7・1民集70巻6号1445頁（以下、「JCOM事件最高裁決定」という。事案のみをさす場合には単に「JCOM事件」という）は、多数株主による二段階買収の事例において、手続の公正性が認められる場合には、公開買付価格を公正な取得価格としてよい、すなわち手続的公正性をもって、対価の公正性に代替するとの最決平成24・2・29民集66巻3号1784頁（以下、「テクモ事件最高裁決定」という）の立場を二段階買収の局面でも受け入れる考えを示し、これまでの議論に一定の結論を下した。

もっとも、JCOM事件最高裁決定において示される一般に公正と認められる手続の具体的内容は法廷意見からは必ずしも明らかでなく、また、JCOM事件最高裁決定直前の事案である、東京高決平成28・3・28金判1491号32頁（以下、「東宝不動産事件高裁決定」という。事案のみをさす場合には単に「東宝不動産事件」という）は、JCOM事件最高裁決定と同様、手続の公正性から公開買付価格を公正な価格として認め、原審である東京地決平成27・3・25金判1491号34頁の判断を覆しているほか、JCOM事件最高裁決定後、同決定の基準に従って判断された初めての公刊裁判例と見られる大阪地決平成29・1・18金判1520号56頁（以下、「積水工機製作所事件決定」という。事案のみをさす場合には単に「積水工機製作所事件」という）は、JCOM事件最高裁決定の基準を採用しているものの、後述するように、事案や決定自体にもJCOM事件最高裁決定とは異なる特徴が見られる[1]。

本稿は、これら、JCOM事件を含め、その直前、直後の3つの事件の検討を通じて、JCOM事件最高裁決定の示す、一般に公正と認められる手続ないし利益相反回避措置として[2]求められるべき具体的内容を考察することを目的とする[3]。とりわけ、3つの事案で顕著な対照をなす、少数株主の多数（いわゆるMajority of Minority、以下、単に少数株主の多数を指すときは「MOM」と、公開買付けの成立要件（下限）として設定される条件を指すときは「MOM条項」[4]と

---

[1] その他、公刊物未登載のもので筆者が確認できたものとして、静岡地決平成28・10・7（平成27(ヒ)第4号～第12号株式価格決定申立事件・LEX/DB25544091、評釈として、北村雅史・法教438号（2017）137頁）、東京高決平成29・6・19（平成29(ラ)第378号株式売買価格決定に対する抗告事件・2017WLJPCA06196003）がある。いずれも二段階目の締め出しは、特別支配株主による株式等売渡請求（会社179条1項）によって行われており、いずれもこの場面における売買価格決定申立てについてもJCOM事件最高裁決定を引用している。

[2] JCOM事件最高裁決定の読み方として、「一般に公正と認められる手続」といわゆる「利益相反回避措置」との関係ないし位置付けをどう理解するかという問題があるため、このように表現している。田中亘ほか「〔座談会〕会社法判例の理解を深める（上）」法教445号（2017）85頁［内田修平発言］参照。

[3] いずれの検討も、非公開化を伴う完全子会社化に企業価値の増加が認められる場合を前提とする。

[4] 「MOM条件」の用語も使われるが、本稿では「MOM条項」で統一する。

いう)と、第三者委員会の2つの視点を中心に検討していきたい。

II JCOM事件最高裁決定の確認と東宝不動産事件高裁決定、積水工機製作所事件決定

　ここではまず、JCOM事件最高裁決定を確認するとともに、その直前、直後の事案である東宝不動産事件高裁決定、積水工機製作所事件決定の内容を確認する。

1 JCOM事件最高裁決定

　大株主2社がJCOM株式の70％以上を直接または間接に保有していたところ、両社でJCOM株式を全部保有することなどを計画し、公開買付期間を30営業日として、買付価格を12万3000円として公開買付けを行い、JCOM株式の全部を取得できなかったときには全部取得条項付種類株式を利用した少数株主の締め出しを行い、その際の対価も同額になることとした。特徴としては、公開買付けの成否および全部取得条項付種類株式を利用した少数株主の締め出しの成否が公開買付け開始時において確定していた事案であるといえよう。

　同事件地裁決定（東京地決平成27・3・4金判1465号42頁）、高裁決定（東京高判平成27・10・14金判1497号17頁）とも、買付価格は基本的に株主の受ける利益が損なわれることのないように公正な手続により決定されたものであり、公開買付け公表時においては公正な価格であったと認められるものの、その後の各種の株価指数が上昇傾向にあったことなどからすると、取得日までの市場全体の株価の動向を考慮した補正をするなどして株式の取得価格を算定すべきであり、買付け価格を取得価格として採用することはできないとして、取得価格を1株につき13万0206円とすべきものとした。

　これに対し、最高裁は次のように判示し、手続の公正性から公開買付価格を公正な価格とし、補正を否定した上[5]、1株の取得価格を12万3000円とした。

　「多数株主が株式会社の株式等の公開買付けを行い、その後に当該株式会

社の株式を全部取得条項付種類株式とし、当該株式会社が同株式の全部を取得する取引において、独立した第三者委員会や専門家の意見を聴くなど多数株主等と少数株主との間の利益相反関係の存在により意思決定過程が恣意的になることを排除するための措置が講じられ、公開買付けに応募しなかった株主の保有する上記株式も公開買付けに係る買付け等の価格と同額で取得する旨が明示されているなど一般に公正と認められる手続により上記公開買付けが行われ、その後に当該株式会社が上記買付け等の価格と同額で全部取得条項付種類株式を取得した場合には、上記取引の基礎となった事情に予期しない変動が生じたと認めるに足りる特段の事情がない限り、裁判所は、上記株式の取得価格を上記公開買付けにおける買付け等の価格と同額とするのが相当である。[6]」

なお、小池裁判官による補足意見がある[7]。

2 東宝不動産事件高裁決定

本件は、発行済株式総数の約59％を保有する親会社による完全子会社化の

---

[5] JCOM事件最高裁決定における補正の可否につき、藤田友敬「公開買付前置型キャッシュアウトにおける公正な対価」資料版商事法務388号（2016）48頁参照。

[6] JCOM事件最高裁決定が示される以前にも、学説上は、MBOや支配株主による少数株主の締出しなどの利益相反の問題が懸念される企業買収の場面では、株主と取締役との間には構造的な利益相反関係や情報の非対称性が存在することを踏まえ、裁判所は、（第一段階目の取引である公開買付けに関する）公開買付価格の形成過程における公正さを審査した上で、公正と判断される場合には当該買付価格を尊重するとともに、不公正と判断される場合に限って、裁判所は独自に公正な価格（シナジー適正分配価格）を算定すべきとする見解は少なくなかった。加藤貴仁「レックス・ホールディングス事件最高裁決定の検討〔中〕」商事1876号（2009）5頁、宍戸善一「判批」ジュリ1437号（2012）94頁など。

[7] 田中亘「企業買収・再編と損害賠償」法時88巻10号（2016）24-25頁は、JCOM事件最高裁決定後の裁判所の公正な価格の審査が単に第三者委員会の設置の有無等の外形的な事実のチェックにとどまるとすれば、取引の実質的な公正が確保されなくなるおそれがあると指摘し、同決定における小池裕裁判官の補足意見において「一般に公正と認められる手続が実質的に行われたか否か」という表現が用いられていることは、裁判所の審査が形式に流れることを戒める趣旨と解すべきと主張する。また、同「ジュピターテレコム事件最高裁決定が残した課題」金判1500号（2016）1頁も参照。

事案である。同事件地裁決定（東京地決平成27・3・25金判1467号34頁）は、手続の公正性を認めつつも、諸事情から公開買付価格（735円）そのものを公正な価格とするのではなく、一定の補正を施し、公正な価格を835円とした。

これに対して、同事件高裁決定は次のように判示した上、補正を否定し、手続の公正性から公開買付価格を公正な価格であると認められるとし、原決定を変更した[8]。

「本件取引は、構造的に利益相反の契機を孕む親会社・子会社間の取引ではあるが、相互に特別の資本関係のない独立当事者間の企業再編取引における株式買取請求の事案において、一般に公正と認められる手続により取引条件が定められた場合には、裁判所は当該取引条件を尊重すべきとされている（最高裁平成23年（許）第21号、第22号同24年2月29日第二小法廷決定・民集66巻3号1784頁参照）趣旨に鑑みると、本件のように独立当事者間の取引に当たらない場合であっても、利益相反を抑制し、意思決定の恣意性を排除するための措置が講じられた客観的にみて公正な手続が実質的に履践され、取引条件が定められた場合には、当該取引は企業価値を増加させる取引であり、増加価値分配部分も含めた公正な価格が定められたものとして、特段の事情のない限り、取得価格の決定においても、このような手続で定められた価格を尊重すべきであると思料される。」

このように、同決定は、テクモ事件最高裁決定の趣旨から[9]、独立当事者間取引に当たらない場合の規範を導いていることを明示している。

3　積水工機製作所事件

本件は発行済株式の約32.7％を保有する株主による完全子会社化の事案である。同事件決定も、テクモ事件最高裁決定に言及しつつ、この事案では、

[8) 最高裁は平成29年2月9日に、株主側からの各抗告を棄却したと伝えられている。髙原知明「判解」ジュリ1503号（2017）91頁参照。

[9) もっとも、テクモ事件最高裁決定は、共同株式移転という対価が株式である場合の規範であり、金銭を対価とする二段階買収についてそのまま当てはまるといえるかは検討の余地があろう。すなわち、独立当事者が行う二段階買収につき、テクモ事件最高裁決定の規範が当てはまるかどうかという問題を立てることができる。

株式会社の株式の相当数を保有する株主（多数株主）が、いわゆる二段階買収によって当該株式会社を完全子会社化するための取引であるから、相互に特別の資本関係がある会社間の取引であるといえ、多数株主または当該株式会社（多数株主等）と少数株主との間に構造的な利益相反関係が存在する取引であるといえるとし、テクモ事件最高裁決定の示す、相互に特別の資本関係がない会社間における組織再編の場合とは異なるといえるとした。

その上で、JCOM事件最高裁決定を引用しつつ、同最高裁決定の示す基準に従い、手続の公正性を審査する。そして、全部取得手続における利益相反回避措置（積水工機事件決定では、「恣意的意思決定排除措置」の表現が用いられている）が相応に講じられていたことを認めつつも、本件買付価格がどのような価格交渉を経て妥結されるに至ったのかについての事実経過が明らかでないこと、この価格交渉過程において、利益相反回避措置が具体的にどのように機能したのかが明らかでないことから、「恣意的意思決定排除措置の存在のみから、本件買付価格が公正な価格であると即断することはできない」としたが、公開買付価格と算定書に示される算定結果の対比および市場価格に対するプレミアムの相当性から手続の公正性を推認した上、公開買付価格を公正な価格とした。

Ⅲ 各事例における手続の状況とMOM、第三者委員会（独立委員会）の設置

1 公正な手続ないし利益相反回避措置[10]として各事例で取り上げられているもの

JCOM事件最高裁決定は、利益相反の排除をした上で、一般に公正と認められる手続を要求しているが、その具体的内容については、規範上でそれを示しているわけではない。しかし、JCOM事件最高裁決定が前提としている、

---

10) 本文で既述の通り、「利益相反排除措置」、「恣意的意思決定排除措置」などの表現が用いられることもあるが、本稿では、「利益相反回避措置」の用語で統一する。

同事件地裁決定、同事件高裁決定において、手続の公正性を認める際に取り上げたものを振り返ることで、一定の手がかりを探ることは可能であろう。また、同じように東宝不動産事件高裁決定（および前提としての同事件地裁決定）、積水工機製作所事件決定で取り上げられたものも併せて振り返ることも有益であろうと考えられる。

(1) JCOM事件地裁決定・同高裁決定

JCOM事件地裁決定・同高裁決定が手続の公正を認める上で取り上げたものとしては、次のようなものがある（同地裁決定が示している箇所を引用）。

・第三者委員会の設置、各委員と会社との利害関係の有無（独立性）（第3、2(3)イ(イ)）
・法務アドバイザー、財務アドバイザーとして、利害関係のない専門機関に法的助言や株式価値の算定を依頼し、算定書、フェアネス・オピニオンを得ていること（同(イ)）
・会社の意思決定や大株主との交渉が利害関係の深い取締役を排除して行われたこと（同(イ)）
・二段階買収についての目的、買付価格の説明、公開買付け実施後の上場廃止や残存株主の株式についての全部取得の見込みについてなど適切な情報提供（第3、2(3)イ(ウ)）
・十分な公開買付期間の設定、対抗的な買付けを阻止するための手段の不存在（同(ウ)）
・大株主2社を除いた株主のうちの約3分の2の応募（MOM）（同(ウ)）
・公開買付け価格が、各算定書のレンジ内に収まっていること（第3、2(3)イ(エ)）
・1度公開買付価格の引き上げに成功しているなど、交渉の跡が見られること（同(エ)）
・公開買付価格のプレミアムが類似の公開買付けにおけるプレミアムに比して不当に低いものとは認められないこと（第3、2(3)イ(オ)）

以上から、「本件取引は基本的には株主の受けるべき利益が損なわれることのないように公正な手続を通じて行われたということができ」（る）、とし

(2) 東宝不動産事件地裁決定・同高裁決定

東宝不動産事件では、同地裁決定[11]においても手続の公正性を認めてはいるものの、補正を否定した上で、手続的公正性から取得価格の公正性を導いている同高裁決定においては、より詳細な検討がなされている。同高裁決定において、取り上げられたものとしては、次のようなものがある（同高裁決定が示している箇所を引用）[12]。

・会社及び買収者双方による独立した財務アドバイザーの選任、算定書の取得、価格の決定に関する意見の聴取、価格交渉の助言を得ること（第3、3(2)ア(ア)(イ)）
・会社及び買収者双方による独立した法務アドバイザーの選任、公開買付け価格の決定を含む取引の公正性および適正性についての助言を得ること（同(ア)(イ)）
・会社において独立性を有する第三者委員会の設置、同委員会による公開買付価格の決定過程の公正性および公開買付価格の妥当性等の審査、取締役会への答申の提出（同(ア)(イ)）
・会社と買収者との交渉の存在（第3、3(2)ア(ウ)）
・取締役会の決定が、特別利害関係を有する監査役を除く取締役・監査役

---

11) 同地裁決定において取り上げられているものとしては、次のようなものがある（地裁決定が示している箇所を引用）。・公開買付価格が、複数の算定機関が行ったDCF法による評価レンジの範囲内にあること（第3、2(3)イ(イ)）、・法務アドバイザーを選任し、助言を受けていること、取締役や親会社と独立した委員で構成される第三者委員会を設置して買付価格の妥当性等の審査を依頼し、これに基づいて公開買付けに賛同していること（第3、2(3)イ(ウ)）、・両社の間に真摯な検討、交渉の跡が見られること（第3、2(3)イ(エ)）、・二段階買収による完全子会社化の趣旨・目的、買付価格の算定根拠、公開買付け実施後の残余株主の扱い（公開買付価格と同額での全部取得）や上場廃止の見込みについてなど適切な情報開示（第3、2(3)イ(オ)）、・相応の買付期間の確保によって公開買付者以外にも買付等をする機会を付与していること（同(オ)）、である。
12) なお、同決定の特徴として、これらの審査に入る前に、MBO指針も参照する旨言及していることが挙げられよう。

の全員が出席し、全員一致で第三者委員会の答申に従った決議を行ったこと（第3、3(2)ア(エ)）
・専門性を有する独立した第三者委員会委員の目を意識する形で取引条件の決定作業が進められる状態にあったこと（第3、3(2)ア(オ)）
・公開買付価格が各算定書のレンジの範囲内に収まっていること（同(オ)）
・公開買付けのプレミアム率が近年の公開買付事例に比して低いものではないこと（同(オ)）
・取引の趣旨、目的買付け価格の算定根拠、実施後の完全子会社化の方針、残存株主の処遇、上場廃止の見込みなどの公表により、適切な情報開示が行われたこと（第3、3(2)イ）
・相応の公開買付期間が確保され、公開買付者以外にも買付等をする機会を付与した上で実施されていること（同イ）
・相当数の株主の賛成を得て成立していること（同イ）

以上から、同決定は、「取引は客観的にみて公正な手続が実質的に履践されたと評価することができ、……買付価格は、……公正な価格であると認められる」としている。

なお、上記「相当数の株主の賛成を得て成立していること」は、MOMを意味しているものではない。この点については、同事件の申立人から、少数株主の保有株式のうち、公開買付けに応募したのは約31％にすぎないという主張がなされている[13]。すなわち、MOMにつき、応募率としてもとれていないことになるが、これについて同決定では、公表日の翌日から株主総会の前日までの間に対象会社の株式が多数売買されたこと、申立人らの大多数が公表日以降に対象会社の株式を取得したものであり、その取得数は少なくとも5百数十万株に上ることが認められることからすると、このような事実が直ち

---

[13] 具体的には、東宝不動産事件での公開買付けにおける買付け予定数2269万0659株のうち応募した株式数は999万0177株であるが、このうち合計421万1789株は、公開買付者の連結子会社および公開買付者と応募合意をしていた会社が保有していた株式であるから、少数株主の保有株式のうち、公開買付けに応じた株式数は577万8388株（999万0177－421万1789）であり、少数株主の保有株式数である1847万8870株（2269万0659－421万1789）に占める割合は約31％にすぎないとするものである。

に公開買付価格が不当であることを推認させるとはいえないとしている。

(3) 積水工機製作所事件決定

積水工機製作所事件決定において取り上げられたものとしては、次のものがある（同決定が示している箇所を引用）。

- 利害関係のない算定機関からの各算定書の取得、算定書の評価レンジの範囲内であること（第3、2⑴ア）
- 独立した法務アドバイザーからの助言（第3、2⑴イ）
- 意思決定過程における、利害関係のある取締役の除外（第3、2⑴ウ）
- 独立した第三者からの意見書の取得（第三者委員会としての組成はされていない）（第3、2⑴エ）
- 買付予定数の下限の設定（MOM条項）（第3、2⑴オ）
- 十分な公開買付期間の確保、買収者以外の買付けの機会の確保（第3、2⑴カ）

以上から、「本件全部取得手続については、その利益相反性を排除し、意思決定過程が恣意的になることを排除するための相応の措置が講じられていたと認めることができる」としている。

もっとも同決定は、全部取得手続における利益相反回避措置が相応に講じられていたことを認めつつも、本件買付価格がどのような価格交渉を経て妥結されるに至ったのかについての事実経過が明らかでないこと、この価格交渉過程において、利益相反回避措置が具体的にどのように機能したのかが明らかでないことから、「恣意的意思決定排除措置の存在のみから、本件買付価格が公正な価格であると即断することはできない。」とした上で、

- 公開買付価格が、各算定書のレンジの範囲内であること（第3、3⑶ア）
- 完全子会社化を目的とした他の同種案件におけるプレミアム率との比較においても、一般的な範囲内のプレミアムが付された価格であるということができること（同ア）

これらから、「少数株主の利益に配慮した価格交渉を経て妥結された価格であるとみることができる。……したがって、このような価格交渉を経て妥結された本件買付価格は、本件全部取得手続における……公正な価格である

と認めることができる」としている。

2 テクモ事件最高裁決定とそこで求められる「一般に公正と認められる手続」

　独立当事者間における組織再編の事例であるテクモ事件最高裁決定は、組織再編により企業価値の増加が生じる場合における組織再編対価の公正さを判断するための枠組みとして、①相互に特別の資本関係がない会社間において、②株主の判断の基礎となる情報が適切に開示された上で適法に株主総会で承認されるなど一般に公正と認められる手続により株式移転の効力が発生した場合には、③当該株主総会における株主の合理的な判断が妨げられたと認めるに足りる特段の事情がない限り、当該株式移転における株式移転比率は公正なものとみることが相当である、と判示した。同決定の判示は株式移転に関するものではあるが、他の組織再編や非公開化取引においても、それが独立当事者間におけるものである限り妥当するものと考えられる。

　同決定は、「一般に公正と認められる手続」の例として第三者機関の株式評価を踏まえること、合理的な根拠に基づく交渉を経て合意に至ったものと認められること、というそれまでの下級審裁判例が挙げていた点には言及していない[14]。

　例えば、東京地決平成22・11・15金判1357号32頁（保安工業事件決定）は、「一般に、吸収合併をする各当事会社が、相互に特別の資本関係がない独立した当事会社同士である場合には、各当事会社が当該吸収合併の可否やその条件等について相互に自社の利益の最大化を図って交渉することを期待できる状況にあるということができる。したがって、このような場合には、当該吸収合併の手続について検討した上、各当事会社が第三者機関の株式評価を踏まえるなど合理的な根拠に基づく交渉を経て吸収合併の条件について合意に至ったものと認められ、かつ、適切な情報開示が行われた上で各当事会社の株主総会で承認されるなど、一般に公正と認められる手続によって吸収合併

---

[14] 石綿学「テクモ株式買取価格決定事件最高裁決定の検討〔下〕」商事1968号（2012）15頁。

の効力が発生したと認められるときは、上記株式評価の根拠となるべき詳細な内部事実等が開示されない場合であっても、他に吸収合併自体により当該当事会社の企業価値が毀損されたり、又は、吸収合併の条件（合併比率等）が同社の株主にとって不利であるために、株主価値が毀損されたり、吸収合併から生ずるシナジーが適正に分配されていないことなどをうかがわせるに足りる特段の事情がない限り、当該吸収合併は当該当事会社にとって公正に行われたものと推認することができるというべきである」としている[15]。

しかしながら、テクモ事件最高裁決定にいう「一般に公正と認められる手続」に、第三者機関の株式評価を踏まえることや合理的根拠に基づく交渉を経ることが含まれていないとは考えられず、同決定がそれまでの上記のような下級審裁判例が挙げていた手続に関する審査の基準を緩和したものとは考えられない。すなわち、これらの手続は、独立当事者間における組織再編や非公開取引において、当然に必要とされるものと考えられる。

そうすると、1において見た、一般に公正と認められる手続であるか否かにおいて判断材料となった対象のうち、判断の基礎となる情報の適切な開示、第三者機関の算定評価を得ること、合理的な根拠に基づく交渉が行われたことなどは、独立当事者間での取引においても求められているものである。

テクモ事件最高裁決定は「相互に特別の資本関係がない会社間において」、という前提が付されるのであり、本稿が対象とする、相互に特別な資本関係のある場合の完全子会社化や非公開化取引には、当然には及ばないと考えられる。同決定は、独立当事者間で交渉の上で合意される組織再編の条件を公正な価格の基準とする有力説の立場[16]を支持したものと評価されるが、その背景には、独立当事者間であれば、一方当事会社に不利益と思われる組織再

---

15) もっとも、特段の事情の解釈にかかる部分について、テクモ事件最高裁決定では組織再編公表後の株価の下落をそれのみでは企業価値の毀損を示す徴表としては見ない点で修正がされている。

16) 田中亘「組織再編と対価柔軟化」法教304号（2006）80頁、藤田友敬「新会社法における株式買取請求権制度」江頭憲治郎先生還暦記念『企業法の理論〔上巻〕』（商事法務、2007）290頁、加藤・前掲注6）4頁、同「レックス・ホールディングス事件最高裁決定の検討〔下〕」商事1877号（2009）24頁参照。

編条件が提示されても、当該当事会社における株主総会において株主が自らに不利益と思われる条件に賛成するとは考え難く、当該株主総会で否決されるからである。逆に一見不利益と思われる組織再編条件であっても、当該株主総会で承認されるのであれば、その判断は特段の事情がない限りは尊重されるべきであるとする考えがあると思われる。

相互に特別な資本関係のある場合の組織再編、完全子会社化、非公開化取引では、この仕組みは働かない。独立当事者間であるか否かが問題とされるのは、そのためであろう。

独立当事者間でない完全子会社化を目的とする二段階買収においても、独立当事者間で求められる「第三者機関の株式評価を踏まえること」や「合理的根拠に基づく交渉を経ること」といった「一般に公正と認められる手続」がとられることは必要とされるであろう。しかし、本稿で対象とする、独立当事者間でない場合の二段階買収による完全子会社化や非公開化取引において、これらの手続がとられれば、そこで決定された価格が公正であるということを意味しない。独立当事者間でなければ、上述した仕組みが働かないからである。

また、相互に特別な資本関係のある場合の組織再編や非公開化取引では、テクモ事件最高裁決定が前提とする「それぞれの会社において忠実義務を負う取締役が当該会社及びその株主の利益にかなう計画を作成することが期待できる」の部分もその仕組みが働かない。支配株主に選任されている取締役は生殺与奪の権限を握られているのであり、したがって、これについても利益相反回避措置が必要となり、「当該会社及びその株主の利益にかなう」条件を引き出すための仕組みが求められる。

これらを踏まえて、1の各判断材料を比較対照した場合、利益相反回避措置として位置付けられ、各事例においても顕著な違いが見られるのは、MOMまたはMOM条項の扱いと、第三者委員会の組成・機能の問題であるといえよう。

3 MOMまたはMOM条項

積水工機製作所事件の事案では、公開買付けについて、発行済株式買付予

定数の下限を設定し、応募株券等の総数がこの下限に満たない場合は、応募株券等の全部の買付けを行わないという成立条件が設定されている。この事案でのそれは、多数株主であって公開買付者の保有株式数を除く、株主の保有する株式数の3分の2に相当するものであって[17]、公開買付けの成否について、少数株主の多数の意思を問う措置であるといえよう。このようなMOMは[18]、裁判例の中でも言及されることがあるが[19]、積水工機製作所事件のように、二段階買収にかかる完全子会社化において、公開買付けの成立要件として設定される場合（以下、MOM条項）は少なく[20]、かかるMOM条項に対して裁判所が法的評価の対象としている例もこれまでの（完全子会社化の事例としては）公刊裁判例には見られないものである。

日本におけるMOM条項の利用は、経済産業省「企業価値の向上及び公正な手続確保のための経営者による企業買収（MBO）に関する指針」（以下、「MBO指針」という）が一つの契機となっていると思われるが、そこでは、（少数）株主と取締役との間に構造的な利益相反が認められるMBOの場面を想定したものではあるが、「親会社が上場子会社を完全子会社化する場合等、支配会社

---

17) 対象会社の発行済株式総数は935万株、自己株式が7万6176株、公開買付者の保有株式は306万1000株であり、これらを差し引いた数は621万2824株となり、414万2000株は、この3分の2をわずかに上回る数になる。
18) MOMについて、現時点において考え方自体が必ずしも未だ確立していないことも相俟って、その利用方法にはばらつきがみられると指摘される。森・濱田松本法律事務所編『M&A法大系』（有斐閣、2015）761頁。これに対して、早くからMOM条項の設定を利益相反回避措置として位置付けていたものに、水野信次＝西本強『ゴーイング・プライベート（非公開化）のすべて』（商事法務、2010）177頁がある。
19) 東京地決平成23・3・30金判1370号19頁（ダブルクリック事件決定）では、株主総会における議決権行使に関して法的評価にかかわる言及が見られる。また、MBOの事案である大阪地決平成24・4・13金判1391号52頁（CCC事件決定）では、公開買付けの成立要件としてのMOM、すなわち、本文中のMOM条項が設けられていたが、裁判所はこれのみをもって公正性を推認することはできないとしている。また、MBOの事案において、MOM条項を設定した例として、東京地決平成25・3・14金判1429号48頁およびその抗告審決定である、東京高決平成25・10・8金判1429号56頁（ホリプロ事件）がある。
20) 白井正和ほか『M&Aにおける第三者委員会の理論と実務』（商事法務、2015）298頁以下。

と従属会社の関係にある会社間で組織再編が行われるような場合については、構造上の利益相反問題が存するという点ではMBOと同様であり、基本的には、MBOに関する上記の議論と同じ考え方が可能であると考えられる」としており[21]、学説においても支配株主による少数株主の締め出しの場面は同様に考えられている[22]。

同指針は、構造的な利益相反状況にある取引における透明性・合理性を確保するための枠組みとして、「株主の適切な判断機会の確保」を挙げ[23]、「株主の適切な判断機会の確保」から導かれる株主意思確認の見地を重視した実務上の対応として、「MBOに際しての公開買付けにおける買付数の下限を、高い水準に設定すること」を挙げている。そして、具体的な買付数の下限については、「MBOを行う取締役やその他利害関係を有する者以外の者が保有する株式の過半数や3分の2以上が応募しないと成立しないような水準に設定することが合理的である場合も考えられる」としている[24]。

MOM条項を設定することで、非公開化取引の成否を少数株主の判断に委ねることが可能となる。その場合には、独立当事者間でない非公開化取引の場合であっても、テクモ事件最高裁決定の趣旨を活かし、独立当事者間取引での基準に引き寄せることが可能となると考えられる。MOM条項が設定されている場合、少数株主は、自らの利益が非公開化の成否によりどのように変化するかなどを考慮した上で、公開買付価格が公正であると判断した場合に公開買付けに応募するといえるからである。

このように、独立当事者間取引の基準における株主総会の承認に相当するものとしてMOM条項の必要性を見出す考え方に加え、アメリカ法における支配株主の信認義務や集団訴訟が日本には存在しないことから、これらの代替機能をMOM条項に求めるべきことを根拠として、現在の日本において、MOM条項を設ける必要性が高いことを指摘する見解も唱えられている[25]。

---

21) MBO指針20〜21頁。
22) 白井正和「利益相反回避措置としての第三者委員会の有効性の評価基準」岩原紳作＝山下友信＝神田秀樹編集代表『会社・金融・法〔下巻〕』（商事法務、2013）158頁参照。
23) MBO指針10頁。
24) MBO指針18〜19頁。

すなわち、アメリカ法においては、支配株主は会社と少数株主に信認義務を負っており、支配株主が不公正な価格で少数株主を締め出す取引を行った場合には、事後的に集団訴訟で支配株主が責任を追及されるため、支配株主に公正な価格を提示するインセンティブが生じるが、日本ではそのような状況にないので、MOM条項の設定と、裁判所による判断の尊重を結びつけることにより、その代替的機能[26]を期待しうるとするものである。

MOM条項について、積水工機製作所事件決定は、「かかる買付予定数の下限が設定されることにより、少数株主は、少数株主の保有する株式の3分の2以上の応募がされない限り本件公開買付けは成立しないことを認識することができることとなった。この意味で、上記のとおりの買付予定数の下限の設定は、公開買付けに伴う強圧性を緩和し、少数株主の意思を尊重せんとするためのものであった。」として、利益相反回避措置として有用である旨を判示している。同決定が、JCOM事件最高裁決定の基準の枠内での判断ではあるが、MOM条項について法的な評価を与えた点は注目に値する。MOM条項の設定は独立当事者間取引に引き寄せる効果があるものと考えられるため、他の利益相反回避措置に比して、より重視すべきものと思われる。

4　第三者委員会（独立委員会）

合理的な根拠に基づく交渉が、特別な資本関係に基づいて選任されている取締役によって行われているのであれば、そもそも十分な条件を引き出すことはできず、手続の公正性から取得価格の公正性を認めるための前提を欠くことになり、仮に少数株主の多数が賛成していたとしても、第2段階での公開買付価格での締め出しが公正であるとはいい難い。ここにおいては、条件

---

25)　玉井利幸「判批」金判1543号（2018）5頁。
26)　いわゆる公正価値移転義務（東京高判平成25・4・17判時2190号96頁（レックス・ホールディングス損害賠償請求事件高裁判決）参照）に代替機能を求めることも考えられるが、独立当事者間でない場合には、対象会社の取締役は支配株主に選任されているのであり、そのような役割が期待できないことも指摘されている。玉井・前掲注25)　5頁。また、公正価値移転義務に代替機能を求めたとすると、株主側の立証の負担は重い。なお、森本滋「判批」リマークス49号（2014）93頁参照。

を引き出すために独立当事者間取引において取締役に期待される役割を代替する装置が必要であろう。利害関係を有する者が非公開化の手続に関与しないことは当然であるとしても、これによって、独立当事者間における取締役に期待される役割が果たされるわけではない。第三者委員会（独立委員会）の設置は、このような取締役に期待される役割を代替する手段と考えることができる。またMBO指針においても、意思決定過程における恣意性の排除に対する実務上の対応として、独立した第三者委員会等に対するMBOの是非及び条件についての諮問（又はこれらの者によるMBOを行う取締役との交渉）及びその結果なされた判断の尊重が挙げられている[27]。完全子会社化の事案においても同じことが妥当しよう。

しかしながら、かかる利益相反回避措置としての第三者委員会は、その設置のみをもって有効性を判断することはできない。学説においては、アメリカにおける状況を踏まえて、かかる有効性の判断基準として、①取引に重大な利害関係を有しない独立取締役によって構成されているかどうか、②当該取引に関して十分に情報を得るための全ての合理的な手順を踏んでいるかどうか、③独立した財務および法務に関するアドバイザーと直接に連絡を取ることができるかどうか、④当該取引の審査、分析および交渉の過程において積極的な役割を果たしているかどうか、という点に着目すべきであり[28]、ただ、これらの要素をすべて完全に満たしている必要は必ずしもなく、取引における利益相反性の強弱や取引の緊急性、対象会社の財務状況などに応じて求められる水準は異なり得るとも指摘されている[29]。

JCOM事件地裁決定、同高裁決定および東宝不動産事件高裁決定では、いずれも第三者委員会の実際の開催状況や意思決定過程を手続の審査の中で取り上げているのに対して、積水工機製作所事件決定では、第三者委員会が委員会としては組成されていない中で、独立した第三者の意見の取得が、どの

---

27) MBO指針14頁。
28) 白井・前掲注22)187頁、同「MBOにおける利益相反回避措置の検証」商事2031号（2014）9頁。
29) 白井・前掲注28) 9頁。

ように機能したのかを審査の対象としようとした姿勢を見せており、ここからは、利益相反回避措置としての第三者委員会の重要性が浮き彫りにされているといえよう。

Ⅳ 3つの事案の特徴とこれらの事案におけるMOMまたはMOM条項、第三者委員会（独立委員会）の組成・機能

1 MOMまたはMOM条項

　JCOM事件の事案では、MOM条項は設定されていない。この点について、同地裁決定では、「本件公開買付けにあたり、マジョリティ・オブ・マイノリティ等の設定がなく実質的に少数株主に拒否権がなかったことなど、……各申立人が指摘する事情を考慮しても、上記判断（手続が公正であったとの判断——筆者注）を左右するには至らない」として、MOM条項が設定されなかったことを手続の公正性判断に影響を与えなかった事情として取り上げているほか、MOMについては、同最高裁決定での小池裁判官の補足意見の中で、「本件において上記の特段の事情が認められないことは、少数株主の多数や株式市場によって本件買付価格が受け入れられたとみられることなどからも裏付けられるといえるであろう」として、特段の事情がないことを補足する要素として取り上げられている[30]。

　東宝不動産事件では、MOM条項は設定されていないことに加え、MOMとしてみた場合でも、少数株主の応募率は過半数にも届いていない。同事件高裁決定は、この点につき、公表日の翌日から株主総会の前日までの間に対象会社の株式が多数売買されたこと、申立人らの大多数が公表日以降に対象会社の株式を取得したものであり、その取得数は少なくとも5百数十万株に上ることが認められることからすると、応募率が過半数にも届いていないという事実が[31]直ちに公開買付価格が不当であることを推認させるとはいえないとしている[32]。

　積水工機製作所事件では、既述の通り、MOM条項が設定されており、成立

要件は少数株主の3分の2以上の多数とされている。実際の応募率としてのMOMとしてみた場合には、約90％となる[33]。この点につき、同事件決定は、「かかる買付予定数の下限が設定されることにより、少数株主は、少数株主の保有する株式の3分の2以上の応募がされない限り本件公開買付けは成立しないことを認識することができることとなった。この意味で、上記のとおりの買付予定数の下限の設定は、公開買付けに伴う強圧性を緩和し、少数株主の意思を尊重せんとするためのものであった。」として、利益相反回避措置として有用である旨を判示している。同決定が、JCOM事件最高裁決定の基準の枠内での判断ではあるにしても、MOM条項について法的な評価を与えた点は注目に値する。

---

30) MOMを手続の公正性についての審査基準とした例も存在する。前掲東京地決平成23・3・30［ダブルクリック事件決定］では、（独立当事者間でない場合）「株式交換に関する詳細な事情を把握している当該当事会社側において、各当事会社が第三者機関の株式評価を踏まえるなど合理的な根拠に基づく交渉を経て合意に至ったものであり、子会社の少数株主の利益保護の観点から利益相反関係を抑制するための適切な措置が講じられ、かつ、適切な情報開示が行われた上で子会社の株主総会で少数株主の多数の賛成をもって承認されるなど、公正性を確保するための手厚い措置が講じられたより透明性の高い手続によって株式交換が進められたものであることを具体的に明らかにする必要があるというべきである」との規範が示されているが、本来は、「子会社の株主総会で少数株主の多数の賛成をもって承認される」という結果のみ（すなわち、MOM）では独立当事者間と同視することはできず、少数株主の多数の賛成が組織再編成立の条件（すなわち、MOM条項）となっていなければならないはずである。その意味で、同決定の示す規範には、この点において疑問がある。
31) 正確には、この事件の申立人らの主張は、事前に応募合意をしていた株主の株式数も分母から差し引けば少数株主の応募率は約31％に過ぎないというものである。もっとも、応募合意をしていた株主の株式数を差し引かなくても、買付け予定数2269万0659株のうち、応募した株式は999万0177株であって、MOMを過半数で見た場合でも届いていない。
32) この点につき疑問を呈するものとして、伊藤吉洋「判批」金判1523号（2017）5頁。
33) 対象となる621万2824株のうち、559万5201株の応募であり、90.00589％となる。

2 第三者委員会（独立委員会）

　JCOM事件および東宝不動産事件のいずれも、第三者委員会の設置および当該第三者委員会が取引をめぐる一連の過程においてどのように機能したのかについて審査の対象としており、個々の問題点を捨象すれば、裁判所も手続の公正性を認める有力な要素とみているものと思われる。

　これに対して、積水工機製作所事件の事案においては、第三者委員会（独立委員会）は設置されていない。独立した第三者とされているのは、弁護士（法務アドバイザーである法律事務所の所属弁護士と思われる）と社外監査役であって、これについて裁判所は相応に備えた利益相反回避措置の一つとして認めつつも、それがどのように機能したのかが明らかでないとして、公開買付価格が各算定書のレンジ内に収まっているのか、プレミアムが類似事件に比して相当なものなのかの検討を進めている。その意味では、同事件決定においては、第三者委員会の組成・機能が不明確な中で手続の公正性が認められてしまったものと考えられる。

V 検　討

1 MOMまたはMOM条項

　JCOM事件、東宝不動産事件、積水工機製作所事件の3つの事案のうち、公開買付けの成立要件としてのMOM、すなわち、MOM条項を設定しているのは積水工機製作所の事案のみである。JCOM事件最高裁決定における小池補足意見は、少数株主の多数の応募という点でのMOMについて言及しているものの、それは大株主2社で対象会社株式の70％以上が直接・間接に保有されており、二段階目の締め出しの成否が確定している状況においては、ほぼ意味をなさないものと思われる[34]。このような状況では、公開買付けに応募

---

34) 加藤貴仁「MBOと親会社による子会社の非公開化の規制は同一であるべきか？」田中亘＝森・濱田松本法律事務所『日本の公開買付け』（有斐閣、2016）224頁参照。

しないことは、締め出しの手続が終わる時点まで、対価を受け取る時期が遅れるだけであるからである[35]。このような状況では、公開買付価格を二段階目の取得価格と同額に設定し、それを事前に開示したとしても、その応募率は、価格決定申立てにかかる費用・労力の負担や対価を受け取る時期が遅れることを避ける株主が多かったことを示しているにすぎない。

これに対して、MOM条項の設定がなされる場合には、少なくとも少数株主側に成否の判断が委ねられ、少数株主の多数、これを仮に3分の2に設定すれば、それは公開買付者を除く（特別な資本関係を有する株主を除く）少数株主の中での株主総会特別決議の成立に類似した効用を持つ可能性がある。積水工機製作所事件の事案では、かかるMOM条項が3分の2の基準で設定され、公開買付者の保有する32.7％を除いた少数株主のうち、結果として約90％の賛成を得たのであるから、この点は単にJCOM事件最高裁決定の示す基準の内の一つの要素として考慮するのみならず、テクモ事件最高裁決定の示す基準に引き寄せる効果をも認められてよいものと思われる[36]。

東宝不動産事件の事案では、MOM条項はおろか、応募率の確認という意味でのMOMすら（しかも過半数にすら）届いていない。確かに同事件高裁決定は、取引における過程を仔細に検討した上で手続の公正を認めてはいるが、MOM条項を設定していたのであれば、そもそも成立していない取引である。かかる事案で手続的公正性から取得価格の公正性を導くことは妥当ではないと考えられる[37]。

---

35) 加藤・前掲注34) 224頁参照。
36) なお、MOM条項の設定を求めることについては、公開買付けの成否を不安定にするなどの理由からの批判も考えられるところである（MBOの場面における下限設定につき、MBO指針18頁注16参照）。しかしながら、手続の公正性を価格の公正性に結び付けるというJCOM事件最高裁決定（テクモ事件最高裁決定も同じ）の示す規範の効果は、価格決定申立ての手続において価格の公正性を認めることにすぎない。このことからは、手続の公正性確保のためにMOM条項の設定を求めても、それが設定されないことは、公開買付価格が直ちに公正な価格とはならないということにすぎないことになる。

2 第三者委員会(独立委員会)

(1) 委員会として組成されることの意味

　積水工機製作所事件の事案において、第三者委員会(独立委員会)は設置されていない。確かに金融商品取引所の有価証券上場規程441条の2は、「当該支配株主との間に利害関係を有しない者の意見」を挙げており、委員会としての組成が求められているわけではない。しかし、JCOM事件最高裁決定の例示は、「独立した第三者委員会や専門家の意見を聞くなど」として、委員会としての組成を前提としているように読める。第三者委員会(独立委員会)の有用性を説く見解[38]も、委員会として組成されることの意味については言及

---

[37]　髙原・前掲注8)91頁(後注)に次のような記述がある。「本件と同様に事後株価補正の可否等が問題となり、全部取得条項付種類株式の取得価格を公開買付価格と同額(1株当たり735円)と決定した東宝不動産事件抗告審決定(前掲東京高決平成28・3・28)に対する許可抗告審において、第一小法廷は、平成29年2月9日、『本件事実関係の下においては、所論の点に関する原審の判断は、是認することができる。』と判示して、株主側からの各抗告を棄却した。『本件事実関係の下においては、』という限定が付されている一方で、『正当として』という例文があえて削除されていることに鑑みると、第一小法廷は、手続の公正さに関する原決定の認定判断を積極的に是認したものではなく……本決定の示した判断枠組みの当てはめである原審の専属に属する認定判断の問題に帰着するものとして原決定の結論を維持したというニュアンスがうかがわれる。東宝不動産事件の事案は、2段階キャッシュ・アウト取引の手続の公正さの具体的判断の在り方に関する今後の実務的、理論的検討に当たっての具体的な素材となるものと予想される。」。この指摘が、本件におけるMOMの問題を指していると考えるのは早計かもしれない。田中亘「判批」ジュリ1489号(2016)112頁では、時価純資産法に基づく株式評価と比べ、DCF法による株価評価が著しく下回っている場合、後者の評価と基礎とされたキャッシュ・フロー予測の合理性に疑義を呈しうるという点が指摘されており、東宝不動産事件高裁決定も、この点についての主張に応えており、算定評価の信頼性、算定評価に対する取締役会、第三者委員会のチェックを問題視している可能性もある。しかしながら、交渉過程における算定評価の信頼性の問題に加え、少数株主の応募が少なかったことは、買付価格に説得力がなかったことをも意味するため、これらの問題は単純に切り離すことができないものと考えられる。

[38]　田中亘「総括に代えて——企業再編に関する若干の法律問題の検討」土岐敦司=辺見紀男編『企業再編の理論と実務』(商事法務、2014)228頁、白井正和「判批」ジュリ1455号(2013)117-118頁等。

していない。委員会として組成されていないことの法的評価、委員会として組成されることに期待される役割についても検討する必要があるものと思われる。

委員会として組成するには、会社法上の合議体としての機関に倣い、少なくとも3人の委員を選任することが必要となろう[39]。委員を会社外部に依頼すれば、委員会開催予定の調整、費用の負担などデメリットも認められる反面、各委員の専門性の多様化が期待され、かつ、委員会として合議することによる慎重な手続が期待されるといえよう。また委員会として組成され、審議の過程を記録すること（議事録の作成など）により、手続の透明性を確保することも期待されよう。

(2) 第三者委員会の機能と権限（財務アドバイザー選任権限、交渉権の付与）

第三者委員会の機能としては、取引の目的、手続、価格の公正性を担保するため、これらの内容の検討につき取締役会の諮問を受けた上で、一定期間の検討を経て答申を作成することが一般的であろうと思われる。しかし、価格の公正性を手続の公正性から導くためには、買収者から提示された公開買付価格を検討するだけではなく、委員会独自の財務アドバイザーの選任権限を与え、当該財務アドバイザーの助言の下で、買収者との交渉権限が付与されていないと、独立当事者間取引におけるテクモ事件最高裁決定の基準を支える前提である、「それぞれの会社において忠実義務を負う取締役が当該会社及びその株主の利益にかなう計画を作成することが期待できる」という状況に代替するものが作られないと思われる。

JCOM事件の事案においても、第三者委員会に対して財務アドバイザーの選任権限、交渉権限は与えられておらず、これは東宝不動産事件の事案でも同様である[40]。JCOM事件の事案や東宝不動産事件の事案のように、特別決議を可決できる状況ないし親子会社関係が成立している状況では、利益相反関係は深刻なものとみるべきであり、このような事案ほど、第三者委員会に

---

39) 白井ほか・前掲注20) 157頁参照。

対するかかる権限の付与が求められるべきではないかと考える。

Ⅵ　結びにかえて

　JCOM事件最高裁決定は、多数株主による二段階買収の場面においても、手続的公正性をもって対価の公正性に代替するとの、テクモ事件最高裁決定が示した立場を受け継いだものと評価されるが、JCOM事件最高裁決定において示される手続の公正性を審査するための基準や具体的内容、すなわち、「多数株主等と少数株主との間の利益相反関係の存在により意思決定過程が恣意的になることを排除するための措置」（利益相反回避措置）、ないし「一般に公正と認められる手続」の内容は、は法廷意見からは必ずしも明らかでない。

　適切な情報開示、第三者機関の株式評価を踏まえること、さらには合理的根拠に基づく交渉を経ることなどは、独立当事者間での手続的公正性を示すテクモ事件最高裁決定の基準においても求められているものと思われ、JCOM事件最高裁決定において示される「独立した第三者委員会や専門家の意見を聴くなど」の手続が、形式のみを整えたもので足りると受け止められるなど例示の解釈・運用次第では[41]、テクモの事件最高裁決定の示す独立当事者間で求められる基準と変わらなくなってしまう可能性がある。

　本稿では、例示から離れて、JCOM事件を含む前後3つの裁判例で取り上げられた手続の公正性を認めた要素に着目し、そのうち、特にMOMないし

---

40)　積水工機製作所事件では委員会としての組成もされておらず、認定されているのは、独立した第三者に対して、算定機関による株式評価についての説明があったという部分だけである。

41)　弥永真生「判批」ジュリ1498号（2016）3頁は、JCOM事件最高裁決定が示すこれらの内容につき、（外形的に）独立した第三者委員会や専門家の意見を聴くのみでは、独立した会社間の交渉があったのと同じレベルの措置が講じられたとはいえないのではないかと指摘している。また、玉井・前掲注25）では、意見聴取をしただけで支配株主の影響を排したことになるか疑問であり、適切な例示ではないこと、例示のような方法でよいのであれば、容易に満たすことができ、価格決定の事件における公正な価格の審査は事実上フリーパスになってしまうだろうと指摘する。

MOM条項、第三者委員会の設置を、利益相反回避措置として有効性が認められる措置として取り上げて、独立当事者間の基準からの延長線に位置付ける試みを行った。

実際に、本稿で取り上げた3例においても、JCOM事件では、第三者委員会は設置され、応募率としてのMOMは取れていても、MOM条項は設定されていないし、東宝不動産事件では、同じように第三者委員会は設置されていても、MOM条項は設定されておらず、応募率としてのMOMすら取れていない状況である。積水工機製作所事件では、MOM条項が設定され、裁判所もこれについて手続的公正性を認める要素として評価を与えているものの、第三者委員会は委員会としては組成されておらず、また第三者（専門家）の意見聴取についても、それが二段階買収の中でどのように機能していたのかを審査するには至っていない[42]。

本稿では、多数株主が存在する場合の二段階買収における利益相反回避措置につき、テクモ事件最高裁決定の示す独立当事者間の手続の公正さを担保する要素としての、株主総会による承認に代替するものとしてMOM条項を位置付け[43]、「それぞれの会社において忠実義務を負う取締役が当該会社及びその株主の利益にかなう計画を作成することが期待できる」状況を多数株主が存在する場合には期待できないため、第三者委員会の設置、機能をそれに代替するものとして位置付けている。

MOM条項の設定については、株主総会による承認に代替するものとして

---

42) なお、念のため付言すると前掲静岡地決平成28・10・7で取り上げられた手続は（該当箇所を引用）、利害関係のある取締役の審議への不参加（第3、1(1)ア）、独立した法務アドバイザーの選任（第3、1(1)イ）、独立した財務アドバイザーの選任（第3、1(1)ウ）、第三者委員会の設置・答申の取得（第3、1(2)）、対象会社と買収者との交渉の存在、買付価格の増額、算定書の取得、相応のプレミアム（第3、1(3)）、買付期間の長期設定（30営業日）、少数株主の約83.78％の応募（応募率としてのMOM）（第3、1(6)）である。また、前掲東京高決平成29・6・19で取り上げられた手続は（原審決定の該当箇所を引用）、算定書の取得、第三者委員会（特別委員会）の設置（第3、2(2)）、買収者との交渉（第三者委員会によるものではない）の結果による買付価格の引き上げ、相応のプレミアム、少数株主の約74％の応募（応募率としてのMOM）である。いずれもMOM条項は設定されていないようである。

位置付ける場合には、株主総会での特別決議に相当するものとして、少数株主の3分の2の賛成が求められることになるが、多数株主の保有比率がもともと高い場合には、比較的少数の株主が取引の成否について拒否権を有することになる可能性がある[44]。多数株主が親会社ではない積水工機製作所事件のような事案（約32.7％保有）では、同事件でそうであったように少数株主の3分の2以上を求めてよいと思われるが、大株主2社で70％以上を保有していたJCOM事件のような事案、また親会社が約59％保有している東宝不動産事件のような事案において、少数株主の3分の2以上を求めることは困難であるとも思われる。少数株主の過半数の応募を求めることは、株主総会での普通決議に相当するものとなるが、それでも株主総会での承認の代替とはいえるであろう。

　また、社外取締役など取締役としての地位を有する者を除き、外部からの委員が登用される場合、当該各委員は会社に対して忠実義務を負っているわけではない。そのため、第三者委員会に、独立当事者間取引における各会社

---

[43] MOM条項が設定されていても、公開買付けの成立により、買付価格が公正とは認められない場合、言い換えれば、MOM条項だけでは不十分と考えられる例も存在する。例えば、ニッポン放送株式についてフジテレビが行った公開買付けに、市場価格よりも低い公開買付価格であったにもかかわらず、少なからぬ企業が応じたという事案との関係で、東京電力の取締役の責任を追及する代表訴訟が提起されたが、東京地判平成18・4・13判タ1226号192頁およびその控訴審である東京高判平成18・10・25資料版商事法務274号245頁は、大口顧客のフジサンケイグループとの良好な関係の維持が目的だったなどの事情をあげて、不合理な選択とはいえないとして、損害賠償請求を棄却した例がある。弥永真生「株主総会の活性化は必要か（下）」資料版商事法務338号（2012）10頁、同「企業価値が増加する場合の株式買取価格の決定（下）」商事1968号（2012）6-7頁は、この例を挙げた上で、この裁判例にもあらわれているように、ある公開買付価格での公開買付けにある投資家が応じたとしても、その公開買付価格がその株式の価値と一致する、公正な価格であるという推定が当然に働くわけではないと考えられる、とする。

[44] このような問題に加えて、少数株主の分母をどのように算出すべきかという問題も存在する。現在の実務においては、公開買付者との間で応募合意をした株主は、一律に分母（利害関係を有していない株主）から除外して計算すべきとの運用が行われているようである。内田修平「M&Aにおける公正な価格と利益相反排除措置」法教448号（2018）99頁参照。

の取締役のような役割を求め、会社・株主の利益にかなう条件を引き出すことは、当然には期待することができないのかもしれない。それでも、多数株主によって選任され、支配下にある対象会社取締役との対比、ないしは対象会社取締役に対して、第三者委員会が独立した立場で監視・参画することで、会社および株主の利益にかなう条件を引き出すことは期待できる。多数株主の保有比率が高く、利益相反状況が深刻な場合には、第三者委員会独自の財務アドバイザーの選任権限や、買収者たる多数株主との交渉権限を付与することで、より実効性を期待することができると考えられる。

このように、MOM条項の設定も、第三者委員会の設置・機能も、独立当事者間での手続に期待される役割に完全に取って代わることができるわけではないと思われるものの、手続的公正性をもって対価の公正性に代替する以上、独立当事者間に比肩する手続が求められるべきであろう[45]。

［付記］本稿は、科研費（課題番号15K03229）の成果の一部である。

---

45) 本稿においては、利益相反回避措置としての（特に事前の）マーケットチェックについては検討することができていない。これについては、内田・前掲注44) 99頁、白井正和「非独立当事者間の企業買収における公正な価格の算定」法教447号（2017）87頁参照。

金融商品取引法上の組織再編成に係る開示制度の再検討

久保田　安彦

　　Ⅰ　はじめに
　　Ⅱ　組織再編成に係る開示制度の導入の経緯
　　Ⅲ　米国における立法の経緯
　　Ⅳ　組織再編成に係る発行開示規制の要否
　　Ⅴ　組織再編成に係る継続開示規制の適用範囲
　　Ⅵ　結びに代えて

Ⅰ　はじめに

　組織再編成に係る開示制度は、米国法をモデルとして、2006（平成18）年改正により導入されたものである。同制度が問題にするのは、組織再編成対象会社（消滅会社等）が発行者である株券等に関して開示が行われているが、当該組織再編成によって発行される証券に関しては開示が行われていない場合である。同制度は、そのような場合につき、組織再編成による証券の発行・交付を有価証券の募集・売出しとパラレルに取り扱うことによって、証券発行者（存続会社等）に発行開示を要求し、さらにそれに伴い継続開示まで要求することで、組織再編成によって証券の発行・交付を受ける組織再編成対象会社の株主を保護しようとしている。

　ただし、同制度に対しては、以下のような問題提起が加えられている。その第1は、会社法上の情報開示が充実していることを踏まえると、組織再編成について、重ねて金商法上の発行開示を要求する必要は乏しい[1]。また、継続開示にしても、外形基準（金商24条1項4号、金商令3条の6第3項）を満

たした場合に限って要求すればよいのではないか[2]という問題提起である。

第2に、それとは方向性が異なる問題提起として、同制度は、組織再編成対象会社（消滅会社等）が発行者である株券等に関して開示が行われている場合のみを対象としている点で不十分であることが指摘されている[3]。かかる指摘の基礎には、組織再編成によって多数の投資家（組織再編成対象会社の株主）に証券が発行・交付される場合には、組織再編成対象会社が開示会社かどうかにかかわらず、元来、発行開示の必要性はあるという考え方[4]が認められる。

それでは、これら2つの、いわば相反する問題提起について、どのように考えるべきであろうか。本稿の目的は、そのことの検討を契機として、組織再編成に係る開示制度の合理性を検証することにある。そのための考察の順序として、まずⅡで、同制度の概要や導入の経緯を確認する。次いで、Ⅲでは、同制度のモデルである米国の規制を取り上げ、その立法過程を辿ることで、そもそもなぜ米国法がかかる規制を採用したのかの背景事情ないし問題状況を明らかにする。そのうえで、ⅣとⅤでは、米国とわが国における問題状況の異同を踏まえつつ、上記2つの問題提起について検討し、もって、わが国の組織再編成に係る開示制度の合理性を検証することにしたい[5]。

＊本稿の執筆に際しては、商法研究会（商事法務研究会）、金融商品取引法研究会（早稲田大学）の参加者の方々、および、柳明昌教授（慶應義塾大学）から有益な示唆を得た。ここに記して、篤く感謝申し上げる。
1) 川口恭弘「組織再編成・集団投資スキーム持分等の開示制度」金融商品取引法研究会編『金融商品取引法制の現代的課題』（日本証券経済研究所、2010）34頁以下、受川環大「組織再編行為に関する情報開示規制」同『組織再編の法理と立法』（中央経済社、2017、初出2010）125-126頁。
2) 川口・前掲注1）40頁。
3) 黒沼悦郎「新会社法と証券市場法制との関係」法律時報78巻5号（2006）28頁。
4) 黒沼・前掲注3）28頁。

II　組織再編成に係る開示制度の導入の経緯

1　制度導入前における議論

(1)　発行開示規制の適用関係

　組織再編成に係る開示制度の内容を確認するのに先立ち、まずは、平成18年改正によって同制度が導入される以前、組織再編成に係る情報開示をめぐって、どのような議論がなされていたのかを概観しておこう。先に触れたように、組織再編成に係る開示制度には、発行開示規制としての側面と継続開示規制としての側面があるため、平成18年改正前の議論もそれら2つの側面に分けて、順次みていくことにしたい。

　まずは発行開示規制の適用関係をみると、1971（昭和46）年9月6日大蔵省証券局長通達（蔵証2272号）は、合併によって株式を発行する場合は募集にならないため、発行開示規制は課されないとする。それを受けて、企業内容等開示ガイドライン2-4④（2007（平成19）年改正前）も、「合併、株式交換または株式移転により株式を発行する場合……、有価証券の募集とはならないことに留意する」と定めていた。

　これと同様の解釈は、学説上もみられた。その根拠として挙げられていたのは、合併における消滅会社の株主は、その地位に基づき法律上当然に存続会社・新設会社の株式を取得するため、その間に勧誘が入り込む余地はないという考え方である[6]。これは、有価証券の募集とは新規発行証券の取得の申込みの勧誘を指すところ、そこでいう取得は有償取得であり、また、投資

---

5)　筆者は、以前にも、組織再編成に係る開示制度の合理性について検討する小論（久保田安彦「組織再編成に係る開示制度に関する一考察」ビジネス法務15巻12号（2015）150頁）を執筆したことがある。しかし、紙幅の関係上、米国法の立法経緯や上記第2の問題提起など、本来は取り上げるべきであった事項を取り上げることができなかったため、本稿で再度の検討を試みることにした。そのことは、本稿のタイトルに「再検討」と付したことの理由でもある。

6)　大森忠夫＝矢沢惇編『注釈会社法(5)』（有斐閣、1968）116頁［福光家慶］。

家の投資判断が行われることが前提であるとしたうえで、合併の場合には、株主の投資判断も株主による有償取得もないという考え方であると理解される。

以上に対し、合併による証券の発行について発行開示規制を及ぼすべきとする見解もみられた。この見解はまず、合併による新株の発行は、消滅会社の株式との交換によって行われることを指摘する。これは、実質的には有償取得であるという趣旨であると理解される。そのうえで、新株を取得する消滅会社の株主は、一般の株式の交換または金銭を対価とする新株の取得の場合と同様の投資判断を必要とするから、合併による新株の発行も募集に該当するものとして、発行開示を要求することには「政策的に」十分な合理性があるという。この見解が「政策的」にと述べることの基礎にあるのは、当時の会社法上の情報開示（および委任状勧誘規則による情報開示）は貧弱であったため、重ねて証取法上の発行開示規制を及ぼすことで、情報開示の充実を図るべきであるという問題意識であった[7]。

(2) 継続開示規制の適用関係

次いで、継続開示規制の適用関係をめぐる議論を取り上げよう。2006（平成18）年改正以前にも、学説上、有報提出会社（A社）が消滅会社、有報提出会社でない会社（B社）が存続会社となる吸収合併が行われる場合には、B社はA社の有報提出義務を引き継ぐと解すべきであるとする見解[8]がみられた。この見解は、さもないと、A社がB社に形式的に吸収合併されることで、容易に有報提出義務を免れうることになって問題であるとする[9]。

こうした見解は、平成18年改正以前から、企業内容等開示ガイドラインB24－5にも採用され、同ガイドラインは、「法第24条第1項第3号の規定により有価証券報告書を提出していた会社が新設合併し又は有価証券報告書を提

---

[7] 神崎克郎「合併決議に関する情報開示の充実」小室直人＝本間輝雄編集代表『西原寛一先生追悼論文集　企業と法（上）』（有斐閣、1977）215-216頁。

[8] 証券取引法研究会「第2章有価証券の募集又は売出に関する届出〔10〕」インベストメント23巻6号（1970）56-57頁、60頁〔神崎克郎発言〕、61頁〔龍田節発言〕。

[9] 証券取引法研究会・前掲注8）61頁〔龍田節発言〕。

出していない会社に吸収合併されたときは、当該新設会社又は存続会社は、法第24条第1項第3号に規定する有価証券報告書の発行会社に該当し、同項の規定により有価証券報告書を提出しなければならないことに留意する」と定めていた。このことは、先に触れたように、同ガイドライン上、発行開示規制については適用が否定されていたこととは対照的であるといえる。

2　2006（平成18）年改正による組織再編成に係る開示制度の導入とその趣旨

(1)　同制度の概要

その後、2006（平成18）年改正によって、組織再編成（合併、会社分割、株式交換および株式移転をいう〔金商2条の2第1項、金商令2条〕）に係る開示制度が導入された。同制度の下では、組織再編成によって新規証券の発行または既発行証券の交付が行われる場合のうち、「一定の場合」には、当該証券の発行会社に対し、発行開示が要求され（金商4条1項・5条）[10]、それに伴い、組織再編成後は継続開示も要求される（金商24条1項3号）。

その「一定の場合」とは、組織再編成によって発行・交付される証券が株券などの第1項有価証券であるときは、大要、①当該証券の発行・交付を受ける、組織再編成対象会社（吸収合併消滅会社・新設合併消滅会社・吸収分割会社・新設分割会社・株式交換完全子会社・株式移転完全子会社をいう（金商2条の2第4項1号、金商令2条の2））の株主が50名以上であり（金商令2条の4、2条の6）[11]、かつ、②組織再編成によって発行される証券に関しては開示が行われていないが、組織再編成対象会社が発行者である株券等に関しては開示

---

10)　ただし、目論見書の作成・交付は要求されない（金商4条1項柱書）。これは、組織再編成の場合には、一般的には勧誘行為がないという整理をした結果であると説明される（金融商品取引法研究会「開示制度（I）——企業再編成に係る開示制度および集団投資スキーム持分等の開示制度——」研究記録第23号（2008）20頁［谷口義幸発言］）。

なお、2009（平成21）年の政令改正により、物的分割の場合の分割会社は、組織再編成対象会社に含まれない旨が規定され（金商令2条の2）、物的分割の場合は組織再編成に係る開示制度の規制対象外とすることが明示された。

11)　ただし、適格機関投資家私募・私売出しおよび少人数私募・私売出しに相当する制度が定められている（金商令1条の4、1条の7の4、2条の4の2、2条の6の2）。

が行われている場合（開示会社である場合）[12]である（金商4条1項本文・2号）。

なお、同改正後も、先に触れた、有報提出義務の引継ぎについて定める企業内容等開示ガイドラインB24-5は存置された。ただし、その適用対象は、上記のような発行開示が要求される場合（「法第4条第1項、第2項又は第3項の規定による有価証券の募集又は売出しに係る届出をしている場合」）以外の吸収合併・新設合併の場合に変更されている。

(2) 同制度の趣旨

立案担当者によれば、組織再編成に係る開示制度が導入された趣旨は、以下のとおりである。まず発行開示については、最近の企業の組織再編成をめぐる動向を踏まえると、組織再編成に関する情報は投資家にとって重要な投資情報であるから、これを要求すべきである。ただし、組織再編成対象会社（消滅会社等）の株券等について開示が行われていない場合は、あえて開示規制の対象にする必要は乏しい。また、対価として交付される証券についてすでに開示が行われている場合にも、その情報は当該証券の発行者による臨時報告書・有価証券報告書で開示され、発行開示を求める必要性に乏しいという[13]。

他方、継続開示については、先に触れたように、2006年改正前から、企業内容等開示ガイドラインB24-5で、消滅会社が有報提出会社である場合には、存続会社（吸収合併の場合）・新設会社（新設合併の場合）が当該消滅会社の有報提出義務を引き継ぐ旨が定められている。ただし、会社法による組織再編対価の柔軟化によって、組織再編成の対価として他社株を交付することも可能になったところ（主に三角合併が想定されている）、同ガイドラインは、当該他社株の発行会社による有報提出義務の引継ぎについては定めていな

---

12) 「開示が行われている場合」とは、当該有価証券について既に行われた募集・売出しについて、金商法4条1項所定の届出が効力を生じている場合等をいう（金商4条7項、開示府令6条）。その場合には、それに伴い有報提出義務（金商24条1項3号）などの継続開示義務も課されることになる。

13) 谷口義幸＝峯岸健太郎「開示制度に係る政令・内閣府令等の概要（下）」商事法務1811号（2007）33頁。

い。ところがそうなると、消滅会社の株主は合併後は継続開示を受けられなくなるから、組織再編成に係る開示制度の下、組織再編成の対価として他社株が交付される場合にも、当該他社株の発行会社に継続開示をさせることにしたとされる[14]。

また、上記のほか、継続開示義務の引継ぎについては、上記企業内容等開示ガイドラインＢ24－5は、合併の場合のみを対象にしていたのに対し、組織再編成に係る開示制度は組織再編成を広く対象にしているから、同制度の導入にはそのように規制対象を拡大するという趣旨も認められるであろう。

Ⅲ 米国における立法の経緯

1 検討の目的

米国法では、証券法規則145(a)により、合併やそれに準ずる買収、または一定の資産譲渡（証券の分売のための計画の一環として行われるもの）による証券の発行・交付につき、法律または定款に基づいて証券保有者の議決権行使に付される場合には、「募集」（offer）・「売付け」（sale）があるものとみなされ、証券法5条に従った登録（発行開示）が要求される。また、それに伴い、当該証券については、取引所法15条(d)によって継続開示も要求される。

もっとも、SECが上記の規則145を採択したのは1972年のことであり、それ以前には、合併等による証券の発行・交付について、必ずしも証券法に従った登録が要求されていたわけではない。こうしたSECの立場の変更は、合併等による証券の発行・交付について、当初は会社の行為として行われるものであるという見方（ノー・セール理論）をとっていたのに対し、それを改めて、個々の投資家（株主）の投資判断によるものであるという見方をとった結果であるとも説明される。しかし、こうした説明は、それだけだと十分な説明とは言いがたい。なぜなら、上記2つの見方は、いずれの見方も可能なのであって、後者の見方が論理的に正しいとまではいえないと考えられるからで

---

14) 谷口＝峯岸・前掲注13) 33頁。

ある。むしろ重要なのは、なぜSECが後者の見方に改めたのか、その実質的理由ないし背景にある問題状況はどのようなものかである。それは換言すれば、米国における規制の合理性を裏付けるものは何かという問いである。

以下では、このような問題意識の下、わが国の組織再編成に係る開示制度の政策的な合理性を検討するための予備的な作業として、同制度のモデルである米国の規制を取り上げ、主にSECが公表したリリースや報告書に依拠しながら、その立法過程を辿ることにしたい[15]。

2　SECによるノー・セール理論の採用

もともと1933年証券法の制定時には、合併等による証券の発行・交付について、同法に基づく当該証券の登録(発行開示)が要求されるか、同法3条(a)(10)が定める同法の免除取引に当たるかどうかという問題について、免除取引には該当せず、証券の登録が要求されることが想定されていた[16]。SECが創設される前に、ごく短期間であるが証券法を管轄していたFTC(連邦取引委員会)も、合併による証券の発行・交付には、証券法に従った登録が要求される「売付け」(sale)・「募集」(offer)が含まれているとする見解を採用していたといわれる[17]。

ところが、その後、証券法を管轄することになったSECは、1935年に公表したリリースの注記の中で、吸収合併・新設合併または他社の発行する株式を対価とする資産譲渡が行われる場合において、制定法の規定または定款の規定に基づき、株主の多数決(株主総会決議)による承認が要求されるときは、かかる合併または資産譲渡による証券の発行・交付には「売付け」・「募集」は含まれておらず、それゆえ、証券法5条に従った登録を要しないとする立場(ノー・セール理論)を明らかにした[18]。ただし、実のところ、SECがなぜ

---

15) 米国における立法経緯に関する重要な先行研究として、柳明昌「米国における組織再編成に係る情報開示に関する法理の展開」吉原和志＝山本哲生編『変革期の企業法　関俊彦先生古稀記念』(商事法務、2011) 493頁がある。
16) See H. R. Rep. No. 85, 73d Cong., 1st Sess. 16(1933).
17) SEC, DISCLOSURE TO INVESTORS: A REAPPRAISAL OF FEDERAL ADMINISTRATIVE POLICIES UNDER THE '33 AND '34 ACTS: THE WHEAT REPORT 255(Mar. 27, 1969).

ノー・セール理論を採用したのかの理由は必ずしも明らかではない。この点については、当時、合併はそう多くなく、情報開示を強制すべき必要性も特に認識されていなかった一方、他により重要な問題が多数あって、SECはそれに対応しなければならなかった旨が指摘されている[19]。また、先に触れたように、SECは1972年にノー・セール理論を放棄するのであるが、その際に公表されたリリースでは、ノー・セール理論は、株主総会決議が要求される場合、合併等による証券の交換は、株主総会決議によって授権された会社の行為によって行われるものであって、個々の株主の投資判断によるものではないという考え方によるものと説明されている[20]。

SECは1943年にも、ある訴訟において法廷助言人（amicus curiae）として、新設合併による証券の発行・交付は、証券法上の「売付け」に当たらないとする立場を述べている[21]。ただし、そうした立場によれば、合併等による証券の発行・交付には、証券法に従った登録が要求されないだけでなく、証券法・証券取引所法上の詐欺禁止条項等の適用もないことになる。しかし、その後、詐欺禁止条項の適用は免れないとする旨の判決が多数下される中[22]、SECは、1951年に新たに規則133を採択し、証券法第5条所定の証券の登録との関係においてのみ、株主総会決議を要する合併等による証券の発行・交付は「売付け」に当たらないとする立場を明示することになった。

3　規則133の修正による転売規制の強化

その後、1956年にSECは、証券法規則133を修正して、合併等による証券の発行・交付に登録を要求することを提案しようとした。つまり、SECによれ

---

18) SEC, Rules as to the Use of Form E-1, Release No. 33-493, 1935 WL 28857(Sep. 20, 1935).

19) SEC, *supra* note 17, at 256.

20) SEC, Notice of Adoption of Rules 145 and 153A, Prospective Rescission of Rule 133, Amendment of Form S-14 under the Securities Act of 1933, and Amendment of Rules 14a-2, 14a-6 and 14c-5 under the Securities Exchange Act of 1934(Oct. 6, 1972).

21) Leland Stanford, Jr. University v National Supply Co., 46 F. Supp. 389(N. D. Cal. 1942), rev'd. 134 F2nd 689(9th Cir. 1943), cert. den 320, U. S. 773(1943).

22) See SEC, *supra* note 17, at 257-260.

ば、かつてと比べて、合併や資産譲渡の方法による企業結合の事例が激増した。そうした企業結合は証券保有者に大きな影響を及ぼすところ、上場会社の場合において株主に委任状勧誘規則に基づく委任状説明書が提供されるときを除くと、証券保有者に対する適切な情報開示は行われないという。これは、州会社法上の情報開示が貧弱であるという認識を前提とするものと理解される。そして、SECは、企業結合の場合に証券の登録を免除する明文の規定がないことをも勘案すると、一般投資家の利益のために規則133を修正して、合併、証券や資産譲渡に賛成するよう株主を勧誘することを含む旨を規定することを検討すべきであると提案したのである[23]。

しかし、公聴会の開催を経て[24]、最終的には、上記のような規則133の修正は、さらなるSECの調査が実施されるまで実現しないことになった[25]。それは、情報開示の充実が必要であるとしても、むしろ委任状勧誘規則を改正して、店頭会社（over-the-counter companies）にも同規則を及ぼすことによって図るべきであるという旨の反対論が強かったためであるといわれる[26]。

ただし、SEC自身は、規則133の修正が必要であるという考えを捨ててはいなかった。それは、上記のように、一般投資家に対する情報開示を充実させるべきであるという考えに加え、濫用的な事例[27]が生じたことの影響もあって、企業結合を通じて獲得される証券の一般投資家に対する違法な分売を防止すべきであるとも考えるようになったからである[28]。後者の違法な分売と

---

23) SEC, Notice of Proposed Revision of Rule 133, Release No. 33-3698, 1956 WL 7252 (Oct. 2, 1956).

24) SEC, Notice of Public Hearing on Proposed Revision of Rule 133 and Extension of Time for Submitting Written Comments Thereon, Release No. 33-3728, 1956 WL 7282(Dec. 17, 1956).

25) SEC, Proposed Revision of Rule 133-Notice of Deferral of Action on Proposal, Release No. 33-3761, 1957 WL 7660(Mar. 15, 1957).

26) SEC, *supra* note 17, at 260.

27) S. E. C. v Micro-Moisture Controls, Inc., 148 F. Supp. 558(S. D. N. Y. 1957); Great Sweet Grass Oils, Ltd., 37 S. E. C. 683(1957), aff'd per curiam sub. nom. Great Sweet Oils, Ltd. v S. E. C., 256 F. 2d 893(D. C. Cir. 1958). See SEC, *supra* note 17, at 262-263. また、柳・前掲注15) 502-503頁参照。

いうのは、合併またはそれに類似する取引（資産譲渡など）によって、消滅会社の支配株主が存続会社・新設会社の証券を取得し、あるいは、資産譲渡会社が資産譲受会社の証券を取得し、その後、当該証券を一般投資家に転売することによって行われるものを指す。この場合、当時の法制の下では、消滅会社の支配株主や資産譲渡会社が証券を取得することは、証券法上の「売付け」・「募集」に該当しない。しかも、当時、支配株主・資産譲渡会社による当該証券の転売は、発行者・引受人（underwriter）・ディーラー以外の者による取引という免除取引（証券法4条(1)）に当たると考えられていたために、転売の際にも登録が免除される。この結果、企業結合を利用すれば、証券法に従った登録がなされないまま証券の分売を行うことが可能になることが懸念されたのである[29]。

そこで1959年にSECは、規則133を修正して、上記の場合における支配株主や資産譲渡会社を「引受人」とみなすことによって、企業結合を利用した分売を防止しようとした。つまり、修正規則133(c)の下で、被買収会社（消滅会社等）またはその支配株主が合併またはそれに類似する取引（資産譲渡など）によって証券を取得する場合において、それが当該証券の分売を目的とするときには、当該被買収会社・支配株主は「引受人」とみなされる。これにより、上記の事例において、消滅会社の支配株主や資産譲渡会社が存続会社・資産譲受会社の証券を転売するときには、証券法に従った登録が要求されることになった[30]。

なお、その後も、同様の事例は問題とされ続けた。とりわけ問題視されたのは、スピンオフを用いた証券の分売が行われ、流通市場が形成されるが、継続開示規制が及ばず、ほとんど情報開示が行われないという事例である。つまり、SECが1969年に公表したリリース[31]によれば、株式を公開している会社（A社）が、ほとんど事業活動を行っていない会社（B社）から、名目的

---

28) See SEC, *supra* note 25.
29) SEC, Adoption of Amendments to Rule 133, Release No. 33-4115, 1959 WL 6727 (Jul. 16, 1959).
30) *Id.*

な対価と交換で株式の発行を受けたうえで、株主に当該B社株式を配当として交付する事例（スピンオフ）がしばしばみられる。配当されるのが株式であっても、株主への配当自体には証券法に従った登録が要求されないと考えられてきたために、B社株式についての発行開示も継続開示もなされない。それにもかかわらず、B社株式が多数の者によって保有されることで流通市場が形成され、B社株式が活発に取引される場合が少なくないという。SECは、こうしたスピンオフの主たる目的は、証券法に従った登録によって要求される情報開示を行うことなく、即座に流通市場を作り出すことにあることが多いとしたうえで、上記のA社は分売目的で証券を取得しているから「引受人」に当たると解することで、問題に対応しようとしたのである。

4　証券法規則145の採択によるノー・セール理論の放棄

こうして証券の転売規制が強化されたことで、企業結合を通じて取得される証券について発行開示がなされないまま一般投資家に分売され、その後、継続開示がなされないまま流通市場が形成され当該株式が活発に取引されるという問題は一応の解決をみた。残る問題は、合併等の企業結合が激増する中、合併等による証券の発行・交付に証券法に従った登録が要求されないために、合併等に際して被買収会社（消滅会社等）の株主が州会社法上の貧弱な情報開示しか受けられないという問題であった。

1969年、SECは詳細な研究・調査を経て、「投資家への情報開示」と題する報告書を公表した。この報告書は、当時のSEC委員長であるFrancis M. Wheatの名をとって、The Wheat Reportと呼ばれる。同報告書によれば、問題であるのは、被買収会社（消滅会社等）の株式が公開されているが、継続開示規制が及ばない場合であり、そうした状況は、通常、被買収会社（消滅会社等）にいわゆる外形基準が適用されない場合に生じるという[32]。この点につ

---

31)　SEC, Application of the Securities Act of 1933 and the Securities Exchange Act of 1934 to Spin Offs of Securities and Trading in the Securities of Inactive or Shell Corporations, Release No. 33-4982, Release No. 34-8638, 1969 WL 97001 (July 2, 1969).

32)　SEC, *supra* note 17, at 267.

いての補足説明を試みると、もともと継続開示は、取引所上場会社のほか、証券法で登録が必要な公募を行った会社に義務付けられるにすぎなかった。ところが、米国では、古くから取引所市場以外の流通市場（店頭市場）が発達しており、証券の公募をしない会社の株式についても流通市場が形成され、多数の株主によって株式が保有されるという例が多くみられた。そこで、そのような会社に継続開示規制を及ぼすことを目的として、1964年取引所法改正によって導入されたのが外形基準である。ただし、同報告書によれば、外形基準の導入後もなお、流通市場があるのに継続開示規制が及ばない会社が存在するという問題は必ずしも十分に解決されなかったことになる[33]。

つまり、当時の外形基準の下では、大要、名義株主数が500名以上で、かつ総資産100万ドル以上の会社には、取引所法に従った登録が義務付けられるのに伴い（取引所法12条(g)）、継続開示義務が課され（同13条）、委任状勧誘が行われる場合には委任状勧誘規制も適用される（同14条）。それゆえ、かかる外形基準の適用を受ける会社が消滅会社等になって合併等を行う場合には、株主は合併等を承認する株主総会決議に際して、通常、委任状説明書による詳細な情報開示を受けることができる。これに対し、外形基準の適用を受けない会社、あるいは、外形基準の適用を受けるが取引所法に従った登録が未だ効力を生じていない会社が消滅会社等になって合併等を行う場合には、株主は州会社法に基づく貧弱な情報開示を受けるにとどまる。なぜなら、多くの州会社法の下では、合併等を承認する株主総会決議に先立ち、株主に提供されるべき書類は、単なる招集通知のみであったからである[34]。

同報告書によれば、こうした情報開示ギャップは、企業結合の件数が増えるに従って深刻となっていった。例えば、Mergers and Acquisitions: The Journal of Corporate Venture誌で取り上げられた、1968年の1月と2月に行わ

---

33) 1964年取引所法改正の経緯については、久保田安彦「発行開示と継続開示の接続とその合理性」同『企業金融と会社法・資本市場規制』（有斐閣、2015、初出2012）319-328頁、飯田秀総「継続開示義務者の範囲——アメリカ法との比較を中心に」金融商品取引法研究会編『金融商品取引法制に関する諸問題（上）』（日本証券経済研究所、2016）39-45頁参照。

34) SEC, *supra* note 17, at 267-268.

れた173件の企業結合をみると、買収会社（存続会社等）144社の全てが継続開示会社であった一方、被買収会社（消滅会社等）は186社のうち140社が継続開示会社ではなかった。さらに、それら継続開示会社でない被買収会社（消滅会社等）を対象とした非公式の電話調査を行ったところ、その約15％の事例において、当該会社の株主数は、25名以上（ただし500名未満）であった[35]。このことは、仮に合併等による証券の発行・交付に「売付け」・「募集」があるとされた場合には、それらの事例に発行開示が要求され、株主が受ける情報開示が格段に充実する可能性があることを意味すると理解される。

　また、買収の方法は多様であるが、買収の当事会社からみると、少なくとも合併や資産譲渡の方法を用いれば、株主への情報開示は最低限で済むことになる。同報告書は、そのことは、当事会社がどのような方法で買収を行うかの選択にも影響を及ぼしているとしたうえで、そもそもどのような買収方法をとるかによって法的取扱いに差が生じることは不合理であるとする。つまり、同報告書は、買収が任意による株式の交換という方法で行われる場合には、証券法に従った登録が要求されるが、そうであるなら、買収が合併等による証券の発行・交付という方法で行われる場合にも、同様に証券法に従った登録を要求すべきであるとする。また、先に触れたように、1959年修正規則133は、被買収会社（消滅会社等）またはその支配株主が合併等によって証券を取得する場合において、それが当該証券の分売を目的とするときには、当該会社・支配株主を「引受人」とみなすことによって、合併等を利用した分売を防止しようとした。しかし、買収が任意による株式の交換という方法で行われる場合には、被買収会社の支配株主が「引受人」とみなされることはないのであるから、買収が合併等による証券の発行・交付という方法で行われる場合にも、同様に、被買収会社の支配株主を「引受人」とみなすことはやめて、その代わりに、合併等による証券の発行・交付に証券法に従った登録を要求することによって、合併等を利用した分売を防止すべきである旨を主張したのである[36]。

---

35)　*Id.* at 269.
36)　*Id.* at 270-272.

以上のことに鑑みて、同報告書は、改正の基本方針として、被買収会社（消滅会社等）の株主が、買収（合併等）に同意するかどうかの議決権行使を求められることは、買収によって自己の保有する証券を他社の発行する証券と交換することに同意するかどうかの議決権行使を求められることであると評価しうるから、株主に対して証券法上の証券の「募集」・「売付け」がなされたものとみるべきことを勧告した[37]。

同報告書の公表後まもなく、SECはリリースを公表して、規則133につき同報告書の勧告にしたがった解釈を行うとする立場を明らかにした[38]。さらに、より明確にノー・セール理論を放棄すべく、1972年にSECが採択したのが規則145である。規則145では、資本構成の変更（証券の種類の変更等。reclassification of securities）のほか、合併やそれに準ずる買収、または一定の資産譲渡による証券の発行・交付につき、法律または定款に基づいて証券保有者の議決権行使に付される場合には、「募集」・「売付け」があるものとみなされ、証券法5条に従った登録が要求される旨が規定された（規則145(a)）。かかる登録は、フォームS-14（ただし1986年以後はフォームS-4）によって行われ、それを通じて開示される情報は、基本的には、委任状説明書によって開示される情報と同様である。また、上記規則145でいう一定の資産譲渡とは、その対価として他社の証券が発行される場合で、かつ、①当該証券の発行を受ける会社の解散についても、資産譲渡とともに証券保有者による議決権行使によって決定されている場合、②当該証券の発行を受けた会社が当該証券を株主に比例的に分配することについても、資産譲渡とともに証券保有者による議決権行使によって決定されている場合、③証券保有者による議決権行使から1年以内に、当該証券の発行を受ける会社の取締役が上記の会社解散や株式の比例的分配の決議を行う場合、または、④その他、証券の分売のための計画の一環として資産譲渡が行われる場合であった[39],[40]。

---

37) *Id.* at 272.
38) SEC, Notice of Proposed Revision of Rule 133 and Form S-14, Proposed New Rules 153A and 181 and a Proposed Amendment to Rule 14a-2 of Regulation 14A, Release No. 33-5012, Release No. 34-8711, 1969 WL 97026(Oct. 9, 1969).

5 小　括

　SECがノー・セール理論を放棄することによって対応しようとした問題は、以下の2つに纏められる。その第1は、合併等について、仮に証券法に従った登録（発行開示）を要求するとした場合とそうでない場合とで、非常に大きな情報開示ギャップがあったことである。とりわけ問題視されたのは、取引所市場外の流通市場（店頭市場）を有し、株主数も多いにもかかわらず継続開示規制が及ばない会社が少なくなかったところ、かかる会社の株主に対し、合併等による証券の発行・交付が行われる場合であった。そもそもそうした会社が少なからず存在するのは、米国では、古くから店頭市場が発達していたために、店頭市場を有する会社に継続開示規制を及ぼそうと試みられてきたが、それが十分に効を奏しなかったという事情による。そして、店頭市場を有し、多数の株主を抱えながらも継続開示規制が及ばない会社では、合併等を承認する株主総会決議に際して委任状説明書による開示が行われず、州会社法に基づく情報開示のみが行われるところ、それがあまりに貧弱であったために、証券法に従った登録を強制して、フォームＳ-14（1986年以後はフォームＳ-4）による発行開示（委任状説明書による開示と基本的に同内容の開示）を求めることで、株主に対する情報開示を充実させようとしたという事情が認められる。

　第2に、米国では、合併等によって発行・交付される証券について、直ち

---

39) SEC, *supra* note 20. なお、規則145では、被買収会社の支配株主に係る転売規制等（規則145(c)）も定められている。その点も含めて、同規則の規定内容の詳細については、柳・前掲注15）508-516頁参照。
40) これにより、問題視された資産譲渡後のスピンオフの事例（株式を公開している会社であるＡ社が、Ｂ社に名目的な資産譲渡を行い、その対価としてＢ社株式を取得したうえで、当該Ｂ社株式を配当としてＡ社の株主に交付することで（スピンオフ）、新たにＢ社株式について流通市場が形成されるという事例）には、証券法に従った登録（発行開示）が要求され、それに伴い継続開示も要求されることになった。ただし、その後、資産譲渡を伴わないスピンオフによって、同じく直ちに流通市場が形成されるという事例が問題になったことから、スピンオフそれ自体を規制対象に含めることが必要になった。スピンオフ自体についての規制については、柳・前掲注15）505-507頁参照。

に流通市場が形成される例が少なくなかったために、継続開示規制を及ぼす必要があると考えられたという事情もある。その典型は、株式を公開している会社であるA社が、B社に名目的な資産譲渡を行い、その対価としてB社株式を取得したうえで、当該B社株式を配当としてA社の株主に交付することで（スピンオフ）、新たにB社株式について流通市場が形成されるという事例である。こうした事例について、（規則145の採択前は転売規制を通じてであるが）証券法に基づく登録（発行開示）を要求すべきであるとされたのは、むしろ継続開示規制を及ぼすための導管としての意味合いが強いように思われる。

　ここで注目すべきは、SECがノー・セール理論の放棄によって対応しようとした問題状況は、わが国にはみられないものであって、その意味で、米国特殊のものであることである。つまり、上記第1の問題は、米国では、取引所市場外の流通市場（店頭市場）を有し、株主数も多いにもかかわらず継続開示規制が及ばない会社が少なからず存在することを前提とするものであるが、わが国ではそのような会社はほとんどみられない。また、上記第2の問題は、合併等によって発行・交付される証券について直ちに流通市場が形成される例が少なかったことを前提とするものであるが、それも米国では店頭市場が発達しているという事情が大きく影響していると考えられるのであって、そうした事情のないわが国では、米国のような例はあまり想定しにくいように思われる。続くⅣとⅤにおいては、こうしたわが国と米国の問題状況の相違も踏まえながら、わが国の法制の合理性について検討することにしよう。

Ⅳ　組織再編成に係る発行開示規制の要否

1　問題の所在

　組織再編成に係る開示制度の目的の一つは、組織再編成による証券発行に際し、組織再編成対象会社（消滅会社等）の株主に当該証券を取得するかどうかの投資判断情報を提供するため、発行開示を要求することにある。立案担

当者によれば、組織再編成対象会社が発行者である株券等について開示が行われているが、組織再編成によって発行・交付される証券について開示が行われていない場合には、消滅会社等の株主に情報提供する必要が大きい反面、発行・交付される証券について有価証券報告書や臨時報告書による開示もなされないため、発行開示を要求する必要が特に大きいとされる[41]。

しかし、同制度には、以下のような問題提起が加えられている。その第1は、かつての商法・委任状勧誘規則の下での情報開示の内容はきわめて貧弱であったが、その後、会社法上の情報開示の内容は格段に進歩しているから[42]、現在では、重ねて発行開示を要求する必要は乏しいという問題提起である（発行開示規制不要論）[43]。

第2に、上記とは方向性が異なる問題提起として、組織再編成に係る開示制度には、組織再編成対象会社（消滅会社等）が発行者である株券等について開示が行われている場合のみを対象にしている点で、規制対象が狭すぎるのではないかという旨の問題提起もある（規制対象拡大論）。その基礎にあるのは、組織再編成によって多数の投資家（組織再編成対象会社の株主）に証券が発行・交付される場合には、組織再編成対象会社が開示会社かどうかにかかわらず、元来、発行開示の必要性はあるという考え方[44]が認められる。

それでは、これらの問題提起はどのように評価すべきであろうか。結論から先に述べると、筆者は、上記第1の問題提起（発行開示規制不要論）には十分な合理性が認められるから、支持すべきであると考えている。その主たる理由は、①現行法のように、組織再編成対象会社が開示会社である場合のみを規制対象にするかぎり、発行開示規制を及ぼすことのメリットが小さいこと、②仮に第2の問題提起に従い、組織再編成対象会社が開示会社でない場合にまで規制対象を拡げるならば、発行開示規制を及ぼすことのメリットは増す一方で、小さくないデメリットを伴うために、規制の拡大には慎重にな

---

41) 本稿Ⅱ2(2)参照。
42) 組織再編に係る会社法上の情報開示が充実していく経緯について、柳明昌「組織再編成に係る情報開示規制の過不足の分析」法學志林111巻4号（2014）39-41頁参照。
43) 川口・前掲注1）34頁以下、受川・前掲注1）125-126頁。
44) 黒沼・前掲注3）28頁。

るべきであると考えられることにある。以下、これら①②の点について、順次詳述することにしよう。

2 現行法の規制対象だと発行開示規制を及ぼすメリットが小さいこと

(1) 基本的な理由

　組織再編成による証券の発行・交付に発行開示規制を課すことのメリットとして期待されているのは、直接的には、発行開示規制を課すことによって組織再編成対象会社（消滅会社等）の株主に対する情報開示が充実することである。しかし、発行開示規制不要論の論者が主張するように、現行の会社法における情報開示の内容は相当程度充実しているから、本来重ねて発行開示を要求する必要は乏しいように思われる。

　しかも、組織再編成に係る開示制度の下では、組織再編成対象会社が開示会社である場合に限って発行開示が要求されるところ、そうした場合には、組織再編成に関する情報（組織再編成によって発行・交付される証券の内容やその発行会社に関する情報も含む）は、組織再編成対象会社による継続開示によっても提供される。つまり、組織再編成対象会社は、業務執行決定機関が組織再編成を行うことを決定した後遅滞なく、当該組織再編成について臨時報告書を提出しなければならないうえに（金商24条の5第4項、開示府令19条2項）[45]、上場会社であるときは、取引所の適時開示も行わなければならない。こうした継続開示が要求されるのは、組織再編成に関する情報は、組織再編成対象会社の株券等の価値に重大な影響を及ぼす情報であって、当該株券等を売買する投資家の投資判断にとっても必要な情報だからである。そして、

---

[45] 組織再編成について株主総会決議を要する場合も、その前に取締役会決議で組織再編成を行うこと（基本合意をすること）を決定した時点で、臨時報告書の提出が要求されると解されている。その時点では、組織再編成の対価などの重要事項についての詳細が未定であることも少なくないが、その後、重要事項についての詳細が決定された都度、訂正臨時報告書が提出され（金商24条の5第5項）、それを通じた開示が行われる（宝印刷総合ディスクロージャー研究所編『臨時報告書作成の実務Q&A』（商事法務、2015）119頁参照）。

かかる投資家にとって必要な情報と、組織再編成対象会社の株主が株主総会において組織再編成に賛成するかどうかを判断するのに必要な情報は、基本的に変わらないと考えられる。このことは、組織再編成対象会社が開示会社であり、組織再編成について継続開示が行われる場合には、それによって当該会社の株主に対しても、株主総会で組織再編成に賛成するかどうかを判断するのに必要な情報が提供されうることを意味する[46]。

これらのことに鑑みると、重ねて証券発行会社による発行開示を要求することで、どれほど情報開示が充実するのか、当該会社が負担するコストに見合うだけの便益が期待できるのかは疑わしいところがある[47]。この点に関連して、既述のように、米国において、組織再編成による証券の発行・交付に発行開示規制を及ぼすべきであると考えられるようになった背景には、①多数の株主を有しながらも継続開示規制が及ばない会社が少なくないところ、そうした会社が消滅会社等になる合併が行われる場合には、非常に貧弱な州会社法上の情報開示しか行われないために、合併等による証券の発行について、仮に発行開示を要求するとした場合とそうでない場合とで、非常に大きな情報開示ギャップがあったという事情、および、②合併等によって発行・交付される証券について、直ちに流通市場が形成される例が少なくなかったために、継続開示規制を及ぼすための導管として発行開示規制を適用する必要があったという事情がある[48]。しかし、わが国には、いずれの事情も認められないように思われる。たしかに①については、わが国でも、かつては同

---

[46] 有価証券の募集の場合にも、継続開示が行われているときは、本来、発行開示規制それ自体の必要性は薄い旨が指摘されている（上村達男「発行市場に対する法規制(1)」企業会計54巻5号（2002）98-99頁）。組織再編成の場合にも、（すぐ後で取り上げる開示主体の違いはあるが）有価証券の募集の場合に類似した状況が生じているとも評しうる。

[47] この点に関して、柳・前掲注42）50-60頁は、組織再編成に関する各種の情報開示を詳細に分析したうえで、現行の組織再編成に係る開示制度の導入によって情報開示が充実したという評価は基本的にできないとする。なお、いわゆる三角合併についても、会社法上の情報開示が相当程度充実されたことにつき、山神理=十市崇「三角合併と開示規制——充実した事前開示事項」ビジネス法務7巻9号（2007）30頁以下も参照。

[48] 本稿Ⅲ5参照。

様の事情があり、そのことが組織再編成に対する発行開示規制論の主たる理由になっていたが[49]、上記のように、その後状況は大きく変化したといえよう。

(2) 考えられる反論：開示主体に着目した反論

上記の議論に対しては、以下のような反論がなされるかもしれない。まず考えられるのは、開示主体に着目した反論である。つまり、組織再編成に係る開示制度の下での発行開示と、上記の会社法開示・継続開示とでは、前者は組織再編成によって発行・交付される証券の発行会社（存続会社等）による開示であるのに対し、後者は組織再編成対象会社（消滅会社等）による開示であって、開示主体が異なる。組織再編成に関する情報のうち、とりわけ証券発行会社に関する情報については、当該発行会社自身が開示主体となるのが相応しいため、組織再編成対象会社による会社法開示・継続開示に加えて、発行会社による発行開示も必要であるとする反論である。

しかし、上記のような反論に対しては、以下のように考えることもできる。つまり、組織再編成は、組織再編成対象会社（消滅会社等）と発行会社（存続会社等）の合意によって行われるものであり、お互い、自社についての信頼できる、十分な量の情報を交換しているはずである。そのため、組織再編成対象会社が発行会社に関する情報を開示することも十分に可能である。他社株を組織再編成の対価とする場合（三角合併の場合など）にしても、事実上、組織再編成対象会社は、当該他社株の発行会社（親会社など）の同意を得ることが必要になるであろうから（そもそも現行制度の下でも当該発行会社が組織再編開示をすることに同意してくれないと組織再編成はできない）、事情はさほど変わらないであろう[50]。

開示主体の問題は、どれほど詳細な情報を開示させるべきかという問題とも関連する。なぜなら、発行会社に関する情報として詳細な情報の開示を要求する場合は、発行会社を開示主体にしないと開示できない可能性も生じるからである。しかし、発行開示規制不要論の論者が主張するように、基本

---

49) 本稿 II 1(1)参照。

的に会社法上の株主総会参考書類に記載されている程度の情報を開示させればよいと考えられるところ、そうした程度の情報であれば、(株主総会参考書類がそうであるように) 組織再編成対象会社を開示主体とすることで問題はないように思われる。

また、先に触れたように、組織再編成対象会社の株式等を売買する投資家が投資判断のために必要とする情報 (組織再編成対象会社によって継続開示として提供されるべき情報) と、組織再編成対象会社の株主が株主総会で組織再編成に賛成するかどうかを判断するのに必要な情報 (組織再編成によって発行・交付される証券の発行会社によって発行開示として提供される情報) は、基本的に変わらないと考えられる。そして、従来のわが国では、前者の情報の開示が不足しているという議論は行われてこなかった。そうだとすれば、やはり (継続開示がそうであるように) 組織再編成対象会社を開示主体にすることでも特に問題はないといえそうである。

(3) 考えられる反論：開示方法（対象）に着目した反論

次いで、会社法開示は主に株主・債権者を対象にするが (主に株主・債権者にしか開示されない)、組織再編成によって証券が発行される場合は、有価証券の募集の場合と同じく、組織再編成に関する情報をより広く投資家一般に

---

50) 組織再編成対象会社が開示主体になる場合において、もし当該他社株の発行会社の同意が得られず、当該会社が組織再編成対象会社に情報を提供してくれなかったために、組織再編成対象会社が発行会社に関する開示を行うことができなかったときは、他社株を組織再編成の対価とする組織再編成を断念せざるを得ないことになるであろう。そのことは、現行制度の下でも同様である (当該発行会社が発行開示〔組織再編成開示〕をすることに同意してくれないときは組織再編成を断念せざるを得ない)。

なお、一つ問題になりうるとすれば、発行会社の情報について虚偽開示があった場合の取扱いである。つまり、発行会社を開示主体にしておけば当然に発行者は責任を負う。これに対し、組織再編成対象会社を開示主体とする場合において、発行会社の情報について虚偽開示があり、しかも、その原因が発行会社側にあったときに、もし発行会社が責任を負わないとすると問題であろう。しかし、こうした問題は、現状の継続開示でも問題になりうることであるところ、解釈による対応 (例えば偽計に該当しうると解するなど) が可能であると考えられているものと理解される。

開示すべきであるから、たとえ会社法開示の情報内容が充実していても、それだけでは足りず、公衆縦覧型の発行開示が必要である旨の反論がみられる[51]。これは、開示情報の内容ではなく、情報開示の方法（対象）に着目した反論であるといえる。

これに対しては、既述のように、組織再編成については組織再編成対象会社による臨時報告書を通じた開示や適時開示も行われるところ、それらは公衆縦覧型の開示であるから、仮に公衆縦覧型の開示が必要であるとしても、それで足りるという再反論が考えられる。

また、そもそも発行開示規制の基本構想という観点からみても、わが国の組織再編成について発行開示を要求する必要は薄いように思われる。このことを明らかにするのに先立ち、まずは、金融商品取引法上の発行開示規制の基本構想を確認しておこう。これは以下のように理解される。公正な証券発行価格を確保するためには、情報に基づいた投資判断が求められるところ、有価証券の募集の場合は、かかる投資判断を行う可能性がある投資家は不特定多数にのぼる。そのように不特定多数の投資家に対して個別の説明ですべての情報提供を行うのは非効率であるから、公衆縦覧型の開示が中心になり、それを目論見書の交付を通じた個別説明で補完する。発行証券について流通市場が確立している場合は、基本的に公衆縦覧型の開示は継続開示で足りるはずであるが、流通市場が確立していない場合は有価証券届出書による発行開示が重要になる[52]。

ところが、組織再編成の場合は、上記とは様相を異にしている。というのも、組織再編成によって発行・交付される証券を取得するかどうかの投資判断を行うのは、組織再編成対象会社（消滅会社等）の株主（50名以上）に限られる（つまり多数ではあっても不特定ではない）からである。したがって、かかる投資判断のための情報提供という観点からは、有価証券の募集の場合とは異なり、組織再編成対象会社の株主のみを対象とする会社法上の開示方法でも足りるのであって、発行開示のような公衆縦覧型の開示は必ずしも必要な

---

51) 金融商品取引法研究会・前掲注10) 21頁［松尾直彦発言］参照。
52) 上村・前掲注46) 94頁。

いと考えられる[53]。

　これに対しては、公衆縦覧型の発行開示が必要であるとする立場から、以下のような再反論がなされるかもしれない。その第1は、組織再編成によって発行・交付される証券は、直ちに組織再編成対象会社の株主から別の投資家に転売される可能性があり、そうした転売可能性を考慮すると、実質的な投資判断を行う可能性がある投資家は不特定多数にのぼりうるため、公衆縦覧型の発行開示が必要であるとする再反論である。わが国の組織再編成に係る開示制度は米国の法規制をモデルにしたものであるが、先に触れたように、米国の法規制の主眼も、1つには、発行開示がなされないまま、転売を通じて実質的に多数の者に証券が取得される事態を防止することにあった[54]。

　しかし、組織再編成による開示制度の対象になるのは、開示会社でない会社（存続会社等）が組織再編成によって証券を発行・交付する場合に限られる。その場合、証券の発行会社は当然に非上場会社であるところ、米国において非上場会社の発行証券が転売され、多くの投資家に取得される可能性が小さくないのは、古くから取引所市場外の流通市場（店頭市場）が発達し、かかる証券も比較的流通しやすい状況があることが大きいであろう。他方、わが国の状況はそれとは全く異なっており、非上場会社の発行証券が転売され、不特定多数の投資家に取得される可能性が小さいと考えられる[55]。

---

53) 一般に、発行開示規制の趣旨については、発行会社・証券会社と投資家との間に情報の非対称がある場合は、発行会社・証券会社がそれを利用して不当な販売圧力をかける危険が大きいので、それを防止するために情報開示を要求することにある旨の説明がなされる（黒沼悦郎『金融商品取引法』（有斐閣、2016）59-61頁等）。しかし、組織再編成の場合は、有価証券の募集・売出しの場合と異なり、原則として株主総会決議の手続が要求されるうえに、反対株主には株式買取請求権も与えられるから、不当な販売圧力が投資家（消滅会社等の株主）に比較的及びにくいという事情も認められる。

54) とくに本稿Ⅲ3参照。

55) 発行開示が要求された場合は証券発行者に有報提出義務も課されるが（金商24条1項3号）、これについては、かかる場合には証券の流通が予想されるからといった説明が与えられることが多い。しかし、本文で述べたような、わが国の非上場会社の発行証券をめぐる状況に鑑みると、かかる説明はあまり説得的でないように思われる（久保田・前掲注33）314-318頁参照）。

第2に、組織再編成対象会社（消滅会社等）が開示会社であり、その発行証券について流通市場が形成されている場合は、組織再編成は当該流通市場での価格形成に影響を及ぼすため、投資家一般への開示として公衆縦覧型の発行開示が必要であるとする再反論もありうる。しかし、こうした議論をするのであれば、組織再編成によって証券が発行・交付されない場合（例えば金銭を対価とする組織再編成の場合）にも同様の情報開示を要求すべきなのに、現行法はそのようにしていない。また、既述のように、そもそも流通市場が形成されている場合において、そこでの公正な価格形成を確保するために公衆縦覧型の開示が必要になるときには、本来、取引所の適時開示や臨時報告書を通じた開示によるべきであるから（現行法上も組織再編成によって証券が発行されない場合はかかる開示が行われるにとどまる）、その意味でも、発行開示は必要ないと考えられる。

　したがって、情報開示の方法（対象）に着目した上記の反論を考慮してもなお、組織再編成による証券の発行・交付について金融商品取引法上の発行開示規制を適用する必要はないとする立法論的批判には、十分な合理性が認められるであろう。

3　さりとて規制対象を拡大することはデメリットが小さくないこと

　既述のように、現行の組織再編成に係る開示制度には、組織再編成対象会社（消滅会社等）が発行者である株券等について開示が行われている場合のみを対象にしている点で、規制対象が狭すぎるのではないかという旨の指摘もみられる[56]。その基礎にあるのは、組織再編成によって多数の投資家（組織再編成対象会社の株主）に証券が発行・交付されるかぎり、組織再編成対象会社が開示会社であるかどうかにかかわらず、発行開示の必要性はあるという考え方[57]である。本来、発行開示規制を最も必要とするのは、継続開示が全く行われていない場合（つまり組織再編成の場合だと、証券発行会社による継続

---

56) 黒沼・前掲注3）28頁。
57) 黒沼・前掲注3）28頁。

開示も、組織再編成対象会社による継続開示も行われていないとき）であると思われる[58]ことに鑑みると、こうした考え方自体には相応の合理性が認められる。

　仮にこの考え方に従えば、立法論として、組織再編成対象会社が開示会社でない場合、つまり、取引所による適時開示や臨時報告書による開示が行われない場合のほか、さらに、会社法上の株主総会参考書類による開示が行われない場合にも、組織再編成によって開示が行われていない証券が多数（当該証券が株券等の第1項有価証券である場合は50人以上）の組織再編成対象会社の株主に発行・交付されるときには、当該証券について発行開示規制を及ぼすべきことになる（規制対象拡大論）。そして、そのような場合に関する限り、組織再編成対象会社の株主にとって会社法上の情報開示だけでは必ずしも十分とはいえない可能性があるから、発行開示規制を及ぼす必要はあるという評価も可能になるかもしれない。

　しかし反面で、上記の立法論（規制対象拡大論）には、小さくないデメリットも伴う。つまり、組織再編成対象会社（消滅会社等）が開示会社でない場合にまで規制対象を拡大するということは、比較的小規模な会社までが規制対象に含まれることを意味する。そうした会社に金商法上の発行開示を要求することは、その後に継続開示が要求されることも相俟って、負担が大きくなりすぎるように思われる。そのことは、会社が組織再編成を行うことの障害となり、望ましい組織再編成まで抑制してしまう可能性が小さくない。

　この点に関連して、類似の問題は新株発行の場合にも生じるようにもみえるが、新株発行の場合には、会社が勧誘の相手方を限定することによって発行開示規制の適用を免れるという対応が可能である。これに対し、組織再編成の場合には、そうした対応をとることが困難である。組織再編成に係る開示制度の下では、一定数以上（株券などの第1項有価証券を組織再編成の対価とする場合は50名以上）の株主を有する会社を消滅会社等とする組織再編成を行う場合には発行開示が要求されるから、発行開示規制（およびその後の継続開示規制）の適用を免れるためには、基本的に、一定数以上の株主を有する会社

---

[58] 前掲注46）およびそれに対応する本文参照。

との組織再編成を行わないか、または、証券以外のものを組織再編成の対価にするという対応をとるしかないのである[59]。こうした意味で、新株発行の場合と比べて、組織再編成の場合の方が問題が大きいといえる。

　以上のことを勘案すると、上記の立法論（規制対象拡大論）には相応の合理性があるものの、その導入には慎重になるべきであろう。それゆえ、上記の立法論を前提とした反論を考慮してもなお、組織再編成による証券の発行・交付について金融商品取引法上の発行開示規制を適用する必要はないとする立法論的批判には、十分な合理性が認められるように思われる。

Ⅴ　組織再編成に係る継続開示規制の適用範囲

1　問題の所在

　組織再編成に係る開示制度は、組織再編成対象会社（消滅会社等）が開示会社であるが、組織再編成によって発行・交付される証券（存続会社等の株券等）について継続開示が行われていない場合に発行開示を要求したうえで、そうして発行開示を行った証券発行者に対して、有報提出義務を課する規定（金商24条1項3号）を媒介として継続開示規制を及ぼしている。このように同制度の目的の1つは、組織再編成によって発行・交付される証券の発行者（存続会社等）に継続開示を要求することにある。

　これに対し、学説上、Ⅳで取り上げた発行開示規制不要論に立ったうえで、外形基準（金商24条1項4号、金商令3条の6第3項）を満たした場合に継続開示を要求すればよいとする立法論が示唆されている[60]。それでは、組織再編

---

[59]　少額免除の規定（金商4条1項5号、企業内容等開示ガイドラインＡ4-22）の適用はありうるが、それは、増加する株主資本額（吸収型組織再編の場合）または設立時の株主資本の額（新設型組織再編成の場合）が1億円未満のときであるから、その適用範囲はそう広いわけではない。

[60]　川口・前掲注1）40頁。ただし、川口教授の主張の力点は、外形基準のみによって継続開示規制の適用範囲を画することよりも、むしろ発行開示規制不要論の方に置かれている。

成の場合には、本来どのように継続開示規制の適用範囲を画すべきなのであろうか。以下ではまず、そもそも組織再編成の場合に継続開示規制を及ぼす必要があるのはなぜなのかを確認したうえで、上記の問題を検討することにしよう。

2 継続開示規制を及ぼすべきことの理由

既述のように、米国法でも、組織再編による証券の発行・交付に発行開示規制を及ぼすことの目的の1つは、それを導管として継続開示規制を及ぼすことにある。ただし、米国での主たる問題意識は、組織再編によって発行された証券につき、直ちに流通市場が形成される場合が少なくないため、その場合に継続開示規制を及ぼすことであった[61]。

これに対し、伝統的にわが国で議論されてきたのは、有報提出会社（A社）が消滅会社、有報提出会社でない会社（B社）が存続会社となる吸収合併が行われる場合において、B社に継続開示規制を及ぼす（A社の有報提出義務を引き継がせる）ことである。このような問題意識の違いは、わが国では、米国とは異なり、取引所市場外の流通市場（店頭市場）がほとんどないために、実際上、組織再編成によって発行・交付された証券について、直ちに流通市場が形成されることが考えにくいことに起因するものと理解される。

それでは、上記のように、有報提出会社（A社）が消滅会社、有報提出会社でない会社（B社）が存続会社となる吸収合併の事例で、B社に継続開示規制を及ぼす必要があるのはなぜであろうか。この点について、立案担当者は、吸収合併以前、A社株主は継続開示を受けることができたのに、吸収合併によって継続開示を受けられなくなるのではA社株主の保護に欠ける旨の説明をしている[62]。こうした説明を敷衍すれば、本来、継続開示義務は、法定の免除・停止要件を満たさないと失われないはずであるのに、継続開示義務を負っていない会社を存続会社等とする組織再編成を行うと、法定の免除・停止要件を満たしていなくても、継続開示義務が失われる（その結果として株主

---

61) 本稿Ⅲ 5 参照。
62) 谷口＝峯岸・前掲注13) 33頁。

が不利益を受ける）ことが問題である[63]と理解することができる。これは、一種の規制潜脱を防止すべきであるという議論である。

　B社に継続開示規制を及ぼすべき理由としては、規制の不均衡を是正すべきであるというものも考えられる。つまり、上記の吸収合併の事例で、もしA社を存続会社とすれば継続開示義務は失われないのに、B社を存続会社とすると継続開示義務が失われるのは、規制の不均衡であるという議論である。ただし、これは規制の不均衡それ自体が問題であるというよりも、むしろ規制の不均衡があることによって会社の行動が歪められる、つまり、上記の事例でいえば、本当はA社が存続会社になった方が望ましい場合でも、A社が消滅会社になるという行動が選択される危険があることが問題であるとみるべきであろう。

3　継続開示規制を及ぼすべき発行者の範囲の画定

　先に述べた理由から、有報提出会社が消滅会社、有報提出会社でない会社が存続会社となる吸収合併が行われるときのように、組織再編成によって発行・交付される証券について開示が行われていないときに、当該証券の発行者に継続開示規制を及ぼすべき場合というのは存在する。問題は、具体的にどのようなかたちで、継続開示規制を及ぼすべき発行者の範囲を画するかである。

　この点について、先に触れたように、上記のような発行開示規制不要論に立ったうえで、証券発行者が外形基準、つまり、過去5事業年度のいずれかの末日において、発行する証券の所有者数が一定数（株券の場合は1000名）以上の場合に有報提出義務を課するという基準（金商24条1項4号、金商令3条の6第3項）を満たした場合に継続開示義務を負わせればよいとする立法論が示唆されている。こうした立法論については、どのように考えるべきであ

---

63)　B社にA社の有報提出義務を引き継がせるべきことの根拠として、さもないと、A社がB社に形式的に吸収合併されることで、容易に有報提出義務を免れうることになって問題であることを述べるものとして、証券取引法研究会・前掲注8）61頁［龍田節発言］参照。

ろうか。

　結論から述べると、筆者は、かかる立法論は傾聴に値するものの、問題を完全に是正することができないために望ましくないと考えている。このことを明らかにするために、ここで、組織再編成に関して継続開示義務を負わせる制度が存在しない状況で、例えば有報提出会社（A社）が有報提出会社でない会社（B社）と株式交換を行う場合を考えてみよう[64]。まず、①A社が完全親会社となるときは、A社の株主数が減ることはないため、有報提出義務の免除・停止要件[65]を満たすことはなく、有報提出義務は失われない。これに対し、②A社が完全子会社になる場合には、たとえ株式交換後のB社（完全親会社）の株主数が上記①の場合におけるA社の株主数と変わらない場合でも、当然にはB社に有報提出義務は発生しない。このことは、先にも触れたように何も規制がないとすると、組織再編成の場合には、有報提出義務の潜脱ないし規制の不均衡が生じうることを意味する。

　ところが、外形基準を満たした場合にのみ継続開示義務を課すという法制では、問題は緩和されるものの、十分には是正されない。というのも、そのような法制の下では、A社が外形基準の要件は満たさないが、有報提出義務の免除・停止要件も満たしていないとき（たとえば株主数500名であるときなど）には、上記①②の場合で規制の不均衡が残ってしまう（上記②の場合だけA社

---

64) 念のために付言すると、ここでは株式交換を例に挙げているが、吸収合併等の場合でも同様の議論になる。

65) 有報提出義務の免除・停止要件は、以下のとおりである。(1)有価証券の募集・売出しにつき発行開示をしたために有報提出義務を課された発行者（金商24条1項3号）の場合は、①当該証券の所有者数が、事業年度を含む前5事業年度のすべての末日において300名未満である場合に、財務局長等の承認を受けることで有報提出義務が免除され（金商24条1項ただし書、金商令3条の5、企業内容等開示ガイドラインB24-12)、または、②当該証券の所有者の数が25名未満である場合等に、財務局長等の承認を受けることで有報提出義務が停止する（金商24条1項ただし書、金商令4条、開示府令16条）。他方、(2)外形基準を満たしたために有報提出義務を課された発行者（金商24条1項4号）の場合は、当該事業年度の末日における証券所有者が300名未満である場合に、財務局長等の承認を受けることで有報提出義務が停止する（金商24条1項ただし書、金商令3条の6第1項）。

株主は株式交換後に継続開示を受けられなくなる）からである。

　なぜこのような問題が生じるかといえば、その源泉は、有報提出義務を課すための外形基準の要件と、有報提出義務を免除・停止するときの要件が異なることにある。それら2つの基準を揃えるのであればともかく、そうでないかぎりは、外形基準のみに依拠すべきとする上記の立法論には問題が残ることになる。むしろ常に上記のB社にA社の有報提出義務を引き継がせたうえで[66]、法定の免除・停止要件を満たした場合のみ有報提出義務の免除・停止を認めるという法制[67]による方が望ましいといえるであろう。

4　補　　論

　ところで、本論とは少し離れるが、上記のように開示会社が不当に継続開示義務を免れる危険があるというのは、組織再編成の場合に固有の問題ではない。ここで例えば、普通株式の募集を行ったことにつき発行開示を要求され、それに伴い有報提出義務（金商24条1項3号）を負っている会社が、全部取得条項付種類株式の制度を用いて、株主が保有する普通株式を取得し、代わりに、株主に実質的には同一の内容であるが別の種類の株式（A種類株式）を交付した場合を考えてみよう。その場合、一般的な解釈では、会社がA種類株式と交換で取得した普通株式（全部取得条項付種類株式）を消却すると、有報提出義務（金商24条1項3号）は失われると解されている。このように証券の交換という方法を利用すれば、経済的な実質は変化しないのに、有報提出義務を免れることが可能になるという問題がある。

　こうした問題の源泉は、法が一定の有価証券を定めたうえで、その発行者に有価証券報告書の提出義務を課するという規定方式（金商24条1項）を採用しているために、有報提出義務の発生原因である証券は消滅するが、実質的

---

66)　なお、三角合併の場合において、親会社が有報提出会社でないときには、当該親会社に有報提出義務を引き継がせる旨を規定すべきことになろう。

67)　これは、平成18年改正前において、企業内容等開示ガイドライン24-5に基づいて採られていた措置を、組織再編成全般に拡大して適用することを意味する。ただし、現行の組織再編成に係る開示制度が適用される場合とで、継続開示が要求される範囲は実際上あまり変わらないから、その意味で、ここでの問題は比較的小さいともいえる。

にそれに類似する内容の証券は存続する場合に、規制の不均衡が生じてしまうという点にある[68]。現行法上は、組織再編成の場合についてのみ対策が講じられているが、その場合に限らず、証券の交換の場合も含めた統一的な規制を設けることも検討に値するように思われる[69]。

VI　結びに代えて

わが国の組織再編成に係る開示制度は、組織再編成対象会社（消滅会社等）が開示会社であるが、組織再編成によって発行・交付される証券の発行者が開示会社でない場合につき、組織再編成による証券の発行・交付を有価証券の募集・売出しとパラレルに取り扱うことによって、証券発行者に発行開示を要求し、さらに、それに伴い継続開示も要求している。本稿では、こうした同制度を取り上げて検討したが、その主たる結果は以下の2つである。

第1に、同制度では、組織再編成対象会社が開示会社である場合が対象とされているところ、その場合、組織再編成に係る証券の発行・交付については、会社法開示と継続開示がなされるため、重ねて発行開示を要求する必要は小さい。これは、発行開示と会社法開示、および、発行開示と継続開示の重複を問題視するものである。

第2に、組織再編成対象会社（消滅会社等）が開示会社である場合において、組織再編成によって発行・交付される証券について開示が行われていないときには、常に当該証券の発行者に継続開示義務を引き継がせたうえで、法定の免除・停止要件を満たした場合のみ継続開示義務の免除・停止を認めるという法制によることが望ましい。

上記のことは、組織再編成に係る開示制度は、組織再編成による証券の発

---

68) 久保田・前掲注33) 302-308頁参照。
69) 米国法では、合併その他の買収や一定の資産譲渡と並んで、証券の種類の変更（reclassification）についても、証券法に従った登録（発行開示）が要求され、それに伴い継続開示も要求される（本稿Ⅲ4参照）。発行開示を要求するという規制内容の当否はともかく、証券の交換も場合も含めた統一的な規制が設けられていることに注目すべきであろう。

行・交付を有価証券の募集・売出しとパラレルに取り扱うという規制構造を採用しているところ、そのことの合理性には疑問があり、端的に継続開示義務を引き継がせる規制を設けることだけで足りるのではないか、ということを意味する。この点について、米国では、組織再編成による証券の発行・交付と有価証券の募集・売出しとで、発行開示規制と継続開示規制のいずれの適用関係においても問題状況が類似している面があるために、両者をパラレルに取り扱うことにも合理性が認められるのに対し、わが国の状況はそれとは少なからず異なるように思われる。

ところで、上記第1の議論（発行開示規制不要論）を推し進めていくと、発行開示だけでなく、継続開示をも含めた金商法開示と会社法開示の重複も問題にならざるを得ないが、その問題は、金商法開示と会社法開示を統合するという方法によって解決されるべきものである。これは、かねてより上村達男教授が唱えてきた公開会社法構想に他ならないから、その意味で、本稿は、組織再編成に係る公開会社法構想の予備的な考察であるとも位置づけられる。

一般に、わが国の金商法の母法は米国法であるといわれる。ただし、米国法を継受するときに留意すべきなのは、さまざまな制約はあるにせよ、なるべく米国法の立法経緯を踏まえながら、わが国の実情に合わせた法継受を図ることであろう。それは本稿の問題意識の1つであるが、同時に、「欧米の経験を論理構成によって克服する[70]」という公開会社法構想の基本的な理念に適うものでもある。間接的なかたちであれ、本稿が公開会社法構想の実現の一助となれば望外の幸せである。

---

70) 早稲田大学グローバルCOE《企業法制と法創造》総合研究所「公開会社法要綱案第11案」1.01コメント2。

会社分割における債権者保護制度の再検討
―― 最高裁平成29年12月19日第三小法廷決定を契機として

受川 環大

Ⅰ 序 説
Ⅱ 最高裁平成29年12月19日第三小法廷決定
Ⅲ 現行の債権者保護制度の問題点と改善策
Ⅳ 結 語

Ⅰ 序 説

　近時、債務超過に陥った株式会社が、会社分割により、吸収分割承継会社・新設分割設立会社に債務の履行を請求することができる債権者と吸収分割承継会社等に承継されない債務の債権者とを選別した上で、吸収分割承継会社等に優良事業や資産を承継させ、その結果、承継されない債務の債権者（残存債権者）が十分に債務の弁済を受けることができないこととなるといった詐害的ないし濫用的な会社分割の事案が散見された。詐害的会社分割においては、分割会社に残された債務に係る残存債権者の保護が問題とされ、判例上は、民法上の詐害行為取消権（民424条）の行使等による救済が図られていた[1]。しかし、残存債権者の保護を図るためには会社分割そのものを取り消すまでの必要はなく、端的に、吸収分割承継会社等に対して、債務の履行を

---

1) 会社分割について詐害行為取消権の行使を認めた判例として、最二小判平成24・10・12民集66巻10号3311頁がある。

直接請求することができるものとすることが直截かつ簡明であることから[2]、平成26年（2014年）改正会社法（平成26年法律第90号）は、残存債権者の承継会社等に対する直接請求権を創設した（会社759条4項・764条4項）。これによって、残存債権者の保護規定は一応整備されたものと評価できるであろう。

これに対し、最高裁平成29年12月19日第三小法廷決定（民集71巻10号2592頁）は、吸収分割承継会社に承継される吸収分割会社の債権者（以下「承継債権者」という。）の保護が問題となった事案に関するものである。すなわち、吸収分割によって、吸収分割会社は業績不振の事業を吸収分割承継会社に承継させるとともに特定の債務を免れるという経済的利益を享受する一方で、吸収分割会社の債権者は支払能力を欠くことが明らかな吸収分割承継会社に対してしか債権を請求できなくなるといった事案である。承継債権者は、吸収分割後に吸収分割会社に対して債務の履行を請求することができない吸収分割会社の債権者に該当することから、吸収分割会社に対し、吸収分割について異議を述べることができる（会社789条1項2号）。しかし、本件承継債権者は、法律上または事実上異議を述べることができなかったため、本件最高裁決定は、吸収分割会社の信義則違反という一般条項によって本件承継債権者を救済した。

本件のような事案が生ずる背景には、債権者異議制度の不備が存すると考えられる。また、現行法の下では限定的な範囲でしか認められていない分割当事会社の連帯責任（会社759条2項・3項、764条2項・3項）を拡張することによって、詐害的会社分割における残存債権者のみならず承継債権者を保護することが可能になるとも思われる。筆者は、既に別稿において、会社分割における債権者保護法制全般について、ドイツ法との比較法的考察を通して検討を加えた[3]。本稿は、上記最高裁決定を契機として、会社分割における債権者保護法制（債権者異議制度と分割当事会社の連帯責任を中核とする。）に

---

2) 坂本三郎編著『一問一答　平成26年改正会社法〔第2版〕』344頁（商事法務、2015）344頁。
3) 受川環大『組織再編の法理と立法』（中央経済社、2017）247頁以下。

ついて再検討するものである。
　なお、従来は、中小規模の会社において詐害的会社分割が行われ、分割会社の債権者が害されるケースが多かった、しかし将来的には、有価証券報告書提出会社等の大規模公開会社において、不採算事業を承継会社・設立会社に承継させることにより、承継会社等に承継されない分割会社の残存債権者、または承継会社等に承継される承継債権者の保護を要する事案も起こり得ることは否定できない。会社分割における債権者保護制度は、会社の規模や公開・非公開の有無を問わず、一律に適用される法制度として構築されるものである。

Ⅱ　最高裁平成29年12月19日第三小法廷決定

1　事実の概要

⑴　Xは、学校用品、書籍、教材、教具の販売等を目的とする株式会社で、B生活協同組合の子会社である。Yは、土木建築請負業等を目的とする株式会社であり、その資本金は5000万円である。平成27年6月30日現在の貸借対照表によれば、Yの純資産の額は約8億5000万円である。

⑵　XとYは、平成24年5月、XおよびBが所有する土地上にYの設計・仕様に基づく建物（以下「本件建物」という。）を建設し、これをYが運営する有料老人ホームおよびその付帯施設として使用する目的で、Yが本件建物をXから賃借する旨の契約（以下「本件賃貸借契約」という。）を締結した。本件賃貸借契約には、要旨次のような定めがある。

①　賃貸期間は本件建物の引渡しの日から20年間とし、賃料は月額499万円（ただし当初5年間は月額450万円）として、毎月末日に翌月分を支払う。

②　Yは、本件賃貸借契約に基づくYの権利（敷金返還請求権を含む。）の全部または一部を第三者に譲渡等をしたり、Xの文書による承諾を得た場合を除き本件建物の全部または一部を第三者に転貸等をしてはならない。

③　本件建物は老人ホーム用であって他の用途に転用することが困難であること、およびXは本件賃貸借契約が20年継続することを前提に投資してい

ることから、Yは、原則として、本件賃貸借契約を中途で解約することができない。

④　Yが本件賃貸借契約の契約当事者を実質的に変更した場合などには、Xは、催告をすることなく、本件賃貸借契約を解除することができる（以下、この定めを「本件解除条項」という。）。

⑤　本件賃貸借契約の開始から15年が経過する前に、Xが本件解除条項に基づき本件賃貸借契約を解除した場合は、Yは、Xに対し、15年分の賃料額から支払済みの賃料額を控除した金額を違約金として支払う（以下、この定めを「本件違約金条項」という。）。

(3)　Xは、約6億円をかけて本件建物を建築し、平成24年10月、Yに対し、本件賃貸借契約に基づき本件建物を引き渡した。Yは、同年11月、本件建物において有料老人ホームの運営事業（以下「本件事業」という。）を開始した。

(4)　Yは、平成28年4月20日、Xに対し、本件事業の収支が立ち上げから現在までアンバランスな状況が続き、Yの本業を苦しめる事態になっているため、銀行からの強い指導もあり、会社分割という手法により、本件事業をYから切り離さざるを得ず、このままだと本件事業からの撤退を余儀なくされるなどとして、①会社分割により本件契約の当事者がYから新会社に変更されることを了承されたい、②本件契約の賃料を減額されたい旨申し入れたが、Xは了承しなかった。

(5)　平成28年5月17日、Yが資本金100万円を全額出資することにより、株式会社Aが設立された。

(6)　YとAは、平成28年5月26日、効力発生日を同年7月1日として、本件事業に関する権利義務等（本件賃貸借契約の契約上の地位および本件賃貸借契約に基づく権利義務を含む。）のほか1900万円の預金債権がYからAに承継されることなどを内容とする吸収分割契約（以下「本件吸収分割契約」といい、本件吸収分割契約に基づく吸収分割を「本件吸収分割」という。）を締結した。本件吸収分割契約には、Yは本件事業に関する権利義務等について本件吸収分割の後は責任を負わないものとする旨の定めがある。

(7)　Yは、平成28年5月27日、本件吸収分割をする旨、債権者が公告の日の翌日から1箇月以内に異議を述べることができる旨など会社法789条2項

各号に掲げる事項を、官報公告および日刊新聞紙に掲載する方法により公告したが、上記1箇月の期間内に異議を述べた債権者はいなかった。

⑻　平成28年7月1日、本件吸収分割の効力が発生した。

⑼　Yは、本件賃貸借契約に基づく賃料を平成28年7月分まで全額支払ったが、Aは、本件吸収分割の後、上記賃料の大部分を支払わず、同年11月30日時点で合計1450万円が未払いであった。

⑽　Xは、平成28年12月9日、YおよびAに対し、Yが本件賃貸借契約の契約当事者を実質的に変更したことなどを理由に、本件解除条項に基づき本件賃貸借契約を解除する旨の意思表示をした。

⑾　Xは、Yを債務者として、Yに対する本件違約金条項に基づく違約金債権（以下「本件違約金債権」という。）6億3930万円および滞納賃料請求権1450万円のうち2億円を被保全債権として、Yの第三債務者に対する請負代金債権のほか、金融機関に対する預金債権を仮に差し押さえる旨の債権仮差押命令の申立てをしたところ、仙台地方裁判所は、平成28年12月19日、債権仮差押決定をした。

Yがこれを不服として保全異議の申立てをした。原々決定（仙台地決平成29・2・6金判1537号18頁）は、会社分割によりYは本件賃貸借契約の賃借人の地位を失っており、被保全債権があるとは認められないとして、本件仮差押決定を取り消し、基本事件の申立てを却下する決定をした。

これに対し、Xが保全抗告の申立てをしたところ、原決定（仙台高決平成29・3・17金判1537号15頁）は、原々決定を取り消し、Xの申立てを認可した。なお、Xは、保全抗告審において、被保全債権を違約金請求権1億8550万円（6億3930万円の内金）に減縮した。

さらに、Yは、本件吸収分割がされたことを理由に、本件違約金債権に係る債務を負わないと主張して、原決定の取消しを求めて最高裁に抗告した。最高裁は、Yの抗告を棄却した。

2　最高裁の決定要旨

「Xが、本件賃貸借契約において、Yによる賃借権の譲渡等を禁止した上で本件解除条項及び本件違約金条項を設け、Yが契約当事者を実質的に変更

した場合に、Yに対して本件違約金債権を請求することができることとしたのは、上記の合意を踏まえて、賃借人の変更による不利益を回避することを意図していたものといえる。そして、Yも、Xの上記のような意図を理解した上で、本件賃貸借契約を締結したものといえる。

しかるに、Yは、本件解除条項に定められた事由に該当する本件吸収分割をして、Xの同意のないまま、本件事業に関する権利義務等をAに承継させた。Aは、本件吸収分割の前の資本金が100万円であり、本件吸収分割によって本件違約金債権の額を大幅に下回る額の資産しかYから承継していない。仮に、本件吸収分割の後は、Aのみが本件違約金債権に係る債務を負い、Yは同債務を負わないとすると、本件吸収分割によって、Yは、業績不振の本件事業をAに承継させるとともに同債務を免れるという経済的利益を享受する一方で、Xは、支払能力を欠くことが明らかなAに対してしか本件違約金債権を請求することができないという著しい不利益を受けることになる。

さらに、法は、吸収分割会社の債権者を保護するために、債権者の異議の規定を設けている（789条）が、本件違約金債権は、本件吸収分割の効力発生後に、Xが本件解除条項に基づき解除の意思表示をすることによって発生するものであるから、Xは、本件違約金債権を有しているとして、Yに対し、本件吸収分割について同条1項2号の規定による異議を述べることができたとは解されない。

以上によれば、YがXに対し、本件吸収分割がされたことを理由に本件違約金債権に係る債務を負わないと主張することは、信義則に反して許されず、Xは、本件吸収分割の後も、Yに対して同債務の履行を請求することができるというべきである。」

3 検 討

(1) 原々決定および原決定

本件の原々決定および原決定において、本件の主たる争点は、①本件会社分割が本件契約にいう「実質的な契約主体の変更」に該当するか否か、②Xが、本件会社分割および本件契約の賃料減額を承認して、解除権を喪失したか否か、③本件契約の効果として、本件会社分割にもかかわらず、本件契約

中の解除条項等の適用を受ける契約上の地位がYに残るか否かである、と指摘されていた。これに対し、最高裁（許可抗告事件）においては、③の争点のみが問題とされた。

原々決定および原決定はいずれも、①本件会社分割が本件契約にいう「実質的な契約主体の変更」に該当すると解したが、②Xが本件会社分割および本件契約の賃料減額を承認して解除権を喪失したとするYの主張を認めなかった。

より詳細に記すと、両決定は、争点①について、「吸収分割により賃貸借契約の賃借人の地位が他の会社へ承継される場合は、会社組織自体の変更であって、特段の事情がない限り、人的物的信用に実質的な変更があるものとして、『実質的な契約主体の変更』に該当する」と解している。一方、両決定は、争点②について、Yは、Xの担当者が本件契約をAが承継することに異論を述べず賃料減額交渉に応じたことをもって、Xが本件会社分割を承認して解除権を喪失した旨主張するが、Y主張の事実をもって、解除権の放棄の趣旨を含む「実質的な契約主体の変更」に対する同意と認めることはできないとしている。

争点③について、原々決定は、本件契約の効果として、本件会社分割にもかかわらず、本件契約中の解除条項等の適用を受ける契約上の地位がYに残ることを否定したのに対し、原決定および本決定は、これを肯定している。

原々決定は、本件契約中の解除条項等は、その間接的強制力により、事実上、会社分割を阻止する効果を有するものにすぎず、現に本件会社分割がされた以上、Xとしては、自らの債権を保全するためには、まずは債権者異議手続において異議を述べるべきであって、本件契約の効果として、本件会社分割にもかかわらず、本件契約中の解除条項等の適用を受ける契約上の地位のみがYに残ると解することには無理があるといわざるを得ないとしている。

これに対して、原決定は、「本件会社分割により包括承継が生じたとしても……Yは、本件契約の当事者として即時解除事由に当たる義務違反を行い、それにより本件契約を解除されたのであるから、Xに対し、私法上の契約である本件契約に基づく違約金支払義務を免れないものというべきである」旨

の判断を示している。

(2) 最高裁決定

　最高裁決定は、原決定の結論を支持して、YがXに対し、本件吸収分割がされたことを理由に本件違約金債権に係る債務を負わないと主張することは、信義則に反して許されず、Xは、本件吸収分割の後も、Yに対して同債務の履行を請求することができる旨の判断を示した。その理由として次の3点を挙げているが、いずれの理由も本件事案に固有の具体的な事情を前提とするものであり、今後の類似の事案に当てはめるには慎重な判断を要するであろう。

　①　Xが、本件賃貸借契約において、本件解除条項および本件違約金条項を設け、Yが契約当事者を実質的に変更した場合に、Yに対して本件違約金債権を請求することができることとしたのは、賃借人の変更による不利益の回避を意図したものであり、YもXの意図を理解した上で本件賃貸借契約を締結した。

　②　「本件吸収分割によって、Yは、業績不振の本件事業をAに承継させるとともに同債務を免れるという経済的利益を享受する一方で、Xは、支払能力を欠くことが明らかなAに対してしか本件違約金債権を請求することができないという著しい不利益を受けることになる。」

　③　「法は、吸収分割会社の債権者を保護するために、債権者の異議の規定を設けている（789条）が、本件違約金債権は、本件吸収分割の効力発生後に、Xが本件解除条項に基づき解除の意思表示をすることによって発生するものであるから、Xは、本件違約金債権を有しているとして、Yに対し、本件吸収分割について同条1項2号の規定による異議を述べることができたとは解されない。」

　上記①の理由は、本件賃貸借契約において、本件解除条項・本件違約金条項を設けたXの意図を明らかにするとともに、YもXの意図を理解した上で本件賃貸借契約を締結したことを確認するものである。

　上記②の理由は、本件吸収分割が分割会社の債権者Xを害する意図をもって行われた詐害性の認められるものであることを指摘している。もっとも、

ここでの詐害性とは、分割会社が会社分割により債務超過となるといった残存債権者の保護を要する場合[4]とは異なる。本件承継債権者Ｘを害するとは、承継会社Ａが支払能力を欠いているため、ＸがＡから自己の債権を回収できなくなることを指している。

上記③の理由については、Ｘが異議を述べることは、法的には可能であるが、現実問題として難しかったという趣旨なのか、それとも将来債権だから債権者異議手続の対象ではないとする趣旨なのか明らかではないとする指摘がある[5]。しかし、「本件違約金債権は、本件吸収分割の効力発生後に、Ｘが……解除の意思表示をすることによって、発生するものである」旨の本決定の表現からすると、後者の趣旨であると思われる。

ここでＸがＹに対して有すると主張している債権が本件吸収分割における債権者異議手続の対象となる債権に含まれるかを確認しておこう。まず滞納賃料請求権1450万円については、本件吸収分割の効力発生後に生じたものであり、債権者異議手続の段階では将来発生する債権であるから、異議手続の対象にならないと解すべきであろう[6]。なお、本件吸収分割の効力発生前にＸがＹに対し有する賃料請求権は当然に異議手続の対象となるであろうが、Ｙはその効力発生前は毎月全額の賃料を払っていた事実が認定されているので、仮にＸが異議を述べたとしても弁済がなされたということになる。

次に、本件違約金条項に基づく本件違約金債権６億3930万円については、これを停止条件付債権であると捉えることができれば、異議手続の対象と解する余地があると考えられる。弁済期未到来の債権や停止条件付債権の停止条件が成就していない債権についても、すでに債権が発生していること、弁済のみならず担保提供や信託の方法による保護も認められていることにかん

---

4) 坂本編著・前掲注２）345頁。
5) 飯田秀総「本件判例解説」法教451号（2018）139頁。
6) 将来の労働契約上の債権や継続的供給契約上の将来の債権等については、債権者異議手続の対象に含まれないと、一般に解されている。江頭憲治郎『株式会社法〔第７版〕』（有斐閣、2017）705頁（注２）、酒井竜児編著『会社分割ハンドブック〔第２版〕』（商事法務、2015）305頁等。これに対し、大判昭和10・２・１民集14巻２号75頁は、電力会社の合併に際して、電力の継続的供給契約上の将来債権も含まれると解していた。

がみて、異議手続の対象となる債権に含まれると解することが可能だからである[7]。もっとも、本件違約金債権は、Yが吸収分割をすることにより（吸収分割による契約当事者の変更が停止条件である。）直ちに発生するものではなく、Xが本件解除条項に基づき本件賃貸借契約を解除した時に初めて、本件違約金条項に基づき発生するものであるから、停止条件付債権であると捉えることは困難である[8]。そこで、本決定も、債権者異議手続の段階において、Xは法律上異議を述べることができたと解することはできないとしたのであろう。

(3) 本件事案の特殊性と示唆

平成17年（2005年）制定の会社法の下では、債務超過会社の分割が認められたこと、会社分割による承継の対象が「事業に関して有する権利義務の全部または一部」と規定されたこと（会社2条29号・30号）に伴って、権利義務を恣意的に振り分けて承継することができることなどの事情も加わり、承継会社・設立会社に承継されない債権を有する「残存債権者」を害する会社分割制度の濫用事例が発生した[9]。残存債権者は、会社分割における債権者異議手続において異議を述べることができないことから（会社789条2号・810条2号）、詐害的会社分割が行われると、会社分割の効力発生後に救済するほかない。そして、かかる残存債権者が会社分割の効力発生後に個別に救済を求める手段としては、①会社法22条1項の類推適用の主張、②会社分割の無効の訴えの提起（会社834条9号・10号）、③法人格否認の法理の適用の主張、④民法上の詐害行為取消権の行使（民424条）、⑤破産法上の否認権の行使（破産160条・161条）などが考えられるところ、これらの主張に係る請求を認容した裁判例も散見される[10]。さらに、平成26年（2014年）改正会社法が分割会社の残存債権者の承継会社等に対する直接請求権を創設したことによって（会社759条4項・764条4項）、残存債権者の保護法制は一応整備されたといってよ

---

7) 酒井編著・前掲注6）305頁。
8) 飯田・前掲注5）139頁は、Xは、その承諾なしにYが会社分割する場合には直ちに違約金が発生する契約にすれば自衛できたはずであると指摘する。
9) 神作裕之「商法学者が考える濫用的会社分割問題」金法1924号（2011）40頁。

これに対し、本件事案は、吸収分割において、吸収分割承継会社に承継される債権者（以下「承継債権者」という。）の救済を要する事案である。分割会社の「残存債権者」の救済が求められた従来の事案とは類型が異なる。本件では、吸収分割の方法が選択されているが、新設分割においても、設立会社の財産が承継債権者の債権額に比して少ないときは、同様の問題が生ずる。判例上現れた残存債権者を害する詐害的会社分割の事案の多くでは、新設分割の方法が選択されており、新設分割の一連の手続の中で新会社の設立および分割会社の資産の設立会社への承継が同時に行われていた。他方、本件では、先に新会社を設立した上で、吸収分割の方法によって、分割会社の資産を当該新会社に承継させるという二段階の手続を踏んでいるが、新会社の設立日（平成28年5月17日）と吸収分割の効力発生日（同年7月1日）とは時間的に非常に接近している。Yは、新設分割を利用した従前の詐害的会社分割の事案と一線を画する意図をもって、あえて吸収分割の方法を選択した意図が窺えなくもない。

　ともあれ、承継会社・設立会社に債権が承継される承継債権者については、

---

10)　濫用的会社分割に関する裁判例を紹介し検討した文献として、難波孝一「会社分割の濫用を巡る諸問題」判タ1337号（2011）20頁以下、滝澤孝臣「会社分割をめぐる裁判例と問題点」金法1924号（2011）62頁以下等を参照。

　なお、平成17年制定の会社法の下で、債権者保護の問題を含む会社分割制度を検討した研究論文として、南保勝美「会社分割制度の解釈上の問題点について」法律論叢79巻4＝5号（2007）317頁以下、吉田正之「会社法における会社分割──債権者保護の問題点」布井千博ほか編『川村正幸先生退職記念論文集　会社法・金融法の新展開』（中央経済社、2009）555頁以下、森本滋「会社分割制度と債権者保護──新設分割を利用した事業再生と関連して」金法1923号（2011）28頁以下、山下眞弘「判例にみる詐害的会社分割と債権者・労働者の保護──事業承継をめぐる解釈論の限界」阪法61巻3＝4号（2011）5頁以下、服部育生「会社分割と債権者保護」奥島孝康先生古稀記念論文集編集委員会編『現代企業法学の理論と動態　奥島孝康先生古稀記念論文集第1巻〈上篇〉』521頁以下（成文堂、2011）、宮島司「組織法上の行為としての会社分割と詐害行為取消」山本爲三郎編『企業法の法理』（慶應義塾大学出版会、2012）3頁以下、鈴木千佳子「濫用的会社分割と債権者異議手続の問題点」山本編・前掲書135頁以下、吉川信將「新設分割における会社債権者保護」山本編・前掲書157頁以下等を参照。

本件のように承継会社等の財産が承継債権者の有する債権額を下回ることがあるため、債権者異議手続において異議を述べることができる（会社789条1項2号・810条1項2号）。そこで、会社分割の効力発生後における承継債権者の救済策については判例・学説上ほとんど問題とされてこなかった。ところが、本件Xは、債権者異議手続において本件吸収分割について異議を述べていない。YがXに対し、本件事業を吸収分割によって別会社に承継させる旨を伝え了承を求めたが、Xが了承しなかった事実は認定されているが、Xは債権者異議手続において法定の期間内に異議を述べなかった。Xが異議を述べなかったのは、前述したように、法律上、異議を述べることができなかったからであると、本決定は判断したものと推認される。

そこで、本決定は、異議を述べることができなかったXを救済するために、YがXに対し、本件吸収分割がされたことを理由に本件違約金債権に係る債務を負わないと主張することは、信義則に反し許されないとして、Xは、本件吸収分割の後も、Yに対して同債務の履行を請求することができると結論づけた。本決定に対しては、信義則という一般条項による保護では、会社分割の法律関係の安定性を損なうおそれがあること、また、会社法759条2項では、Yが会社分割の効力発生日に有していた財産の価額を限度とするという制約がかかるが、信義則を用いた決定要旨はそのような制約の有無に言及していないこと、さらには今後もXのような承継債権者は信義則で保護されることになるのか、本決定の射程が明確ではないことなどが指摘されている[11]。

本決定の採用した信義則による救済のほかに、現行法上、Xを救済する方法は存在するか。債権者異議手続について法令違反が認められるときは、会社分割について承認をしなかった債権者すなわち会社分割について異議を述べた債権者は、会社分割の無効の訴えを提起することができる（会社828条2項9号・10号）。そして債権者異議手続の不履行等の法令違反は、会社分割の無効原因となると解されているが[12]、本件の債権者異議手続には法令違反が認められない。そこで、会社分割後に契約当事者となる承継会社・設立会社

---

11) 飯田・前掲注5) 139頁。
12) 酒井編著・前掲注6) 380頁等。

の信用が従前の分割会社に比して乏しい場合には、契約相手方は、その承諾を得ない会社分割が直ちに契約相手方に契約解除権および損害賠償請求権を発生させる旨の条項などをあらかじめ契約中に挿入しておくことにより自衛するほかないことが指摘されている[13]。

Ⅲ　現行の債権者保護制度の問題点と改善策

わが国において、会社分割における債権者保護法制の中核をなすのは、①債権者異議制度と②分割当事会社の連帯責任法制であるところ、両制度を相互に組み合わせることの有用性が指摘されている[14]。本件のような詐害的会社分割が行われるのは、上記の各制度および両制度の連係に不備が存するからであると考えられる。以下においては、必要な範囲で各制度の沿革を辿りながら、各制度の問題点を指摘した上で、その改善のための立法論的考察を行うものとする。

1　債権者異議制度の問題点と改善策

(1)　制度趣旨

債権者異議手続が要求される組織再編行為等は、資本減少を出発点として、合併、組織変更、会社分割、準備金減少、さらには一定の場合には株式交換・株式移転へと順次拡張してきた[15]。明治26年（1893年）旧商法（明治23年法律第32号）や明治32年（1899年）商法（明治32年法律第48号）の制定当初から、債権者異議制度の立法趣旨については明確な説明がなされていなかった。しかし、債権者異議制度の起源が資本減少に遡ることに着目すれば、法が資本減少等について債権者異議手続を要求する根本的理由は、会社財産の減少から債権者を保護することにある。会社債権者にとっては、資本減少等の実施に

---

13)　江頭・前掲注6）925頁（注6）。
14)　森本滋編『会社法コンメンタール17』（商事法務、2010）265頁［神作裕之］、神作裕之「濫用的会社分割と詐害行為取消権［下］——東京高判平成22年10月27日を素材として」商事1925号（2011）47頁。
15)　債権者異議制度に関する立法の変遷については、受川・前掲注3）205頁以下。

よって担保財産が減少し、債権回収に影響を受けるおそれがあることから、債権者に異議権を付与し、債務の履行期より前に弁済等を受けることを保障するものであろう。特に、会社分割の場合には、分割会社の債務であったものが吸収分割契約・新設分割計画の定めに従い承継会社・設立会社に割り振られることが各債権者に不利益を与える可能性があること、不採算部門を分離して他の部門を生き残させる手段として濫用される危険があること、また多角的に事業を営んでいた会社が分割されると、各事業部門が相互に行っていたリスク・ヘッジの機能が失われることにより分割会社の債権者のリスクが増大することなどが指摘されている[16]。そこで、吸収分割契約・新設分割計画の定めに従い承継会社・設立会社の債権者（承継債権者）とされ、かつ、分割会社が当該債務につき重畳的債務引受けも連帯保証も行わない場合には、免責的債務引受け（民472条）または債務者の交替による更改（民514条1項）を受ける形になり、債権者への影響が大きいので、当該債権者は異議を述べることができると説明されている[17]。

(2) 問題点と改善策

債権者異議制度は、会社分割の効力発生前に要求される事前予防措置であって、一見、分割をしようとする会社にとっては負担の重い制度であるようにみえる。しかし、平成9年（1997年）の商法改正（平成9年法律第71号）以降、会社に「知レタル債権者」への各別の催告の省略を認めるなど債権者異議手続の合理化が図られてきた結果、事前予防措置とはいっても、とりわけ会社債権者の担保財産が減少する可能性が大きい詐害的会社分割の事案については、分割会社の残存債権者のみならず承継債権者の保護の観点からも十分な機能を果たしていないように思われる。

現行会社法上、分割会社は、官報公告および日刊新聞紙または電子公告の二重の公告（以下「二重公告」という。）をすれば、不法行為により生じた債務の債権者でない限り、分割会社に知れている債権者であっても、各別の催告

---

16) 江頭・前掲注6) 917頁。
17) 江頭・前掲注6) 918頁。

を省略することができる（会社789条３項・799条３項・810条３項）。先にみた最判平成29・12・19の事案において、仮にＸが債権者異議手続の時点で異議を述べることができる債権を有していたとしても、Ｙが二重公告をする限り、明らかにＹに「知れている」大口債権者であるＸに対してすら、Ｙは各別の催告を省略することができる。実際、本件では二重公告がされていたので、本件原決定においては、ＹはＸに対し、各別の催告をしなかった事実が認定されている。

　ところで、平成26年（2014年）改正会社法は、会社分割について、分割会社に知れていない債権者の保護に関する改正を行っている。平成26年改正前会社法においては、分割会社に知れていない債権者については、分割会社が各別の催告をすることを要しないことから、当該債権者は、官報公告のみが行われた場合（不法行為債権者にあっては、二重公告が行われた場合を含む。）に、各別の催告を受けなかったとしても、吸収分割契約または新設分割計画の内容に従い、分割会社または吸収分割承継会社・新設分割設立会社のいずれか一方に対してしか債務の履行を請求することができないとされていた（平成26年改正前会社759条２項・３項等）。しかし、行われた公告の方法は同じであり、かつ、各別の催告を受けていないという点において同じであるにもかかわらず、その債権者が分割会社に知れているかどうかという分割会社側の事情によって、債権者の保護の在り方に差異を設ける合理的理由はないことが指摘された[18]。そこで、平成26年改正法においては、分割会社に知れているかどうかにかかわらず、会社分割に対し異議を述べることができる債権者であって、各別の催告を受けなかったもの（分割会社が二重公告を行った場合には、不法行為債権者に限る。）は、吸収分割契約・新設分割計画の内容いかんにかかわらず、分割会社および承継会社または設立会社の双方に対して債務の履行を請求することができるものとされた（会社759条２項・３項、761条２項・３項、764条２項・３項、766条２項・３項）。

　上述のように、分割会社が二重公告を行った場合でも、不法行為債権者であれば、分割当事会社に対し連帯責任を追及することが認められている[19]。

18）　坂本編著・前掲注２）312頁。

これに対し、不法行為債権者以外の債権者は、二重公告が行われると、各別の催告を受けなかったときでも、分割当事会社に連帯責任を追及することは認められていない。しかも、二重公告が行われれば、不法行為債権者以外の債権者が会社分割の実施を当然知り得ることを前提に制度が設計されているので、分割会社は各別の催告を省略することができる[20]。

しかし、債権者異議手続の周知方法には不備があるのではないかと考える。本件原決定（高裁決定）も、債権者異議手続の周知性に疑問を呈している。すなわち、原決定は、「会社分割が会社組織に係る包括承継の制度であるとしても、会社法所定の債権者への周知方法は十分なものではなく、知れたる債権者に対する各別の催告（会社法789条2項）を省略する（同条3項、939条1項）ことにより、債権者の異議を述べる機会を困難にすることも可能になるなど、債権者の保護に欠ける面が多々あることからすれば、このような措置に対抗すべく、会社法で認められた異議などの措置のほか、Xが講じたように、事前に債権者の保護に欠ける会社分割等がされる場合に備えて、債権者の利益を守るための特約を結ぶことによって対抗することは契約自由の原則に照らしても許されるというべきである」旨指摘している（金判1537号17頁）。

学説上も、債権者異議手続については、二重公告による個別催告の省略を廃棄すべきとする見解[21]や、分割会社の残存債権者を含むすべての会社債権者を異議申述手続の対象とすべきとする見解[22]が主張されている。

---

19) 江頭・前掲注6）921頁（注5）は、「知れている債権者」でない者に各別の催告を行うことは不可能であるから、事実上、吸収分割契約・新設分割計画により債務を負担しないとされた会社も、常に分割会社の不法行為債権者からは債務の履行を請求され得ることを意味すると説明する。

20) 平成9年改正前商法においては、合併の際の債権者異議手続について、「知レタル債権者」に対する各別の催告が要求されていた（平成9年改正前商法100条・416条1項）。同年の改正商法（平成9年法律第71号）は、債権者に対する公告を、官報のほか日刊新聞紙に掲げてするときは、債権者の知る機会が飛躍的に増えるものと考えられるので、このように公告を充実させた場合には、「知レタル債権者」に対する各別の催告を要しないことを認めた（平成9年改正商法412条1項）。菊池洋一「平成9年改正商法の解説〔Ⅱ〕──会社の合併手続に関する改正」商事1463号（1997）14-15頁参照。

21) 鈴木・前掲注10）147頁。

そこで、筆者としては、次のような立法論を提案したい。

第一に、分割会社の債権・債務を自由に選別して承継会社・設立会社に承継させるか否かを決定できる以上、承継会社・設立会社に承継される承継債権者のみならず、承継されずに分割会社に残される残存債権者についても、債権者異議手続において、会社分割に対し異議を述べることができるものとすべきである（会社789条1項2号・810条1項2号改正）。

第二に、債権者異議手続の周知方法としての不備を是正するため、不法行為債権者以外の債権者であっても、分割会社に知れている債権者については、二重公告による各別の催告の省略を認めず、常に各別の催告をすべきである（会社789条3項・799条3項・810条3項改正）。

第三に、各別の催告を受けなかったかどうかを問わず、分割当事会社の連帯責任の原則を法定すべきである。この点については、後記2で詳細を述べる。

2　分割当事会社の連帯責任法制の問題点と改善策

(1)　分割当事会社の連帯責任に関する立法の沿革

①　平成12年商法改正前の立法提言

会社分割に関する法制度を創設した平成12年（2000年）商法改正以前より、会社分割に関する立法提案がされていた。特に、分割当事会社の連帯責任についてみると、(a)昭和44年（1969年）に公表された商法改正研究会「商法改正要綱私案（第八・六1）」[23]および(b)昭和61年（1986年）の「会社の分割に関する私案（六1）」[24]（債権者保護に関する提案内容は(a)と同じである。）、ならびに(c)昭和45年（1970年）の「吉田私案」[25]は、分割後の各会社が原則として分割前の会社の債務について連帯債務を負う旨の立法論を提案していた[26]。(a)お

---

22)　伊藤邦彦「濫用的会社分割に対して金融債権者が取り得る対応策の検討」金法1918号（2011）108頁、鳥山恭一「会社分割と残存債権者の権利」金判1367号（2011）1頁、吉川・前掲注10）172-173頁等。

23)　商事501号（1969）11頁、私法32号（1970）69-71頁。

24)　田村諄之輔「商法改正追加事項の検討(4)・[15] 会社の分割」商事1072号（1986）11頁以下、田村諄之輔『会社の基礎的変更の法理』（有斐閣、1993）77-80頁以下。

よび(b)は、各債権者との別段の約定によって連帯責任を排除する余地を認めつつ、分割当事会社の債権者の異議権を認めるものであった。他方、(c)は、分割後の各会社が分割前の会社の債務につき連帯して弁済責任を負う旨を定めた場合には、債権者に対して相当の担保を供したことになるから、合併における債権者異議手続の規定（旧商100条）の準用を排除する旨を提案していた。

(a)および(b)が連帯責任の原則を提案した理由として、既にフランス法でもこの原則が採用されていたこと、ならびに合併無効判決確定後の処理に関する規定を参考にしたことが挙げられている[27]。後者の理由については、合併の無効確定時を基準として、一種の会社分割が行われるところ、合併期間中に合併会社が負担した債務については連帯責任を負うべき旨の規定（旧商111条1項。会社843条1項参照）が参考にされた。

② 平成12年商法改正

平成12年（2000年）の改正商法（平成12年法律第90号）は、分割当事会社の連帯責任の原則を採用せず、債権者が個別の催告を受けなかったときだけ、連帯債務となることとした。すなわち、分割会社の債権者異議手続において各別の催告を受けなかった分割会社の債権者に対しては、分割により債務を負担するものとされなかった分割会社では分割の日において有した財産の価額を限度として、また承継会社または設立会社では承継した財産の価額を限度として連帯責任を負うものとされていた（旧商374条ノ10第2項・374条ノ26第2項）。

分割当事会社の連帯責任の原則を採用しなかった理由については、当時の

---

25) 吉田昂「会社の合併および分割に関する改正意見　分割の部(2)」商事536号（1970）4頁。
26) 山田純子「会社分割の規制（二・完）」民商100巻2号（1989）275-276頁も、すべての分割当事会社に、分割会社の社債の償還義務を含む全債務につき、連帯責任を負わせるべきであると提案していた。その場合、新設分割においては、被分割会社の債権者・社債権者に異議の申出を認める必要はないが、分割合併（吸収分割）においては、すべての分割当事会社の債権者・社債権者に異議の申出を認めるべきであると主張していた。
27) 田村・前掲注24)『会社の基礎的変更の法理』78頁。

立案担当官によれば、財産を複数の会社に分割しながら、債務が各会社の連帯債務となるとするときは、営業を移転したにもかかわらず、その営業から生じた債務を分割会社がなお負担することになること、あるいは各会社は、債務が消滅するまで、他方の会社の経営悪化の危険を負担しなければならず、分割会社および設立会社または承継会社に過重な負担を負わせることになることから、分割会社の経営の効率化を実現することができず、会社分割の目的を達成し得ない場合が生じるからであると説明されていた[28]。

しかし、平成9年（1997年）の商法改正によって、二重公告を行うときは個別催告の省略が認められたこと、平成17年（2005年）の会社法制定によって債務超過会社の会社分割が認められたこと、ならびに分割会社の権利義務を恣意的に振り分けて承継させることが可能になったことなどから、上記の説明は、その前提条件を欠いており、もはや妥当しないように思われる。後述するように、平成12年（2000年）改正商法において分割当事会社の連帯責任を一般原則化しなかった理由に対しては、分割当事会社が負うべき責任の限度額を定め、また連帯責任につき除斥期間を定めることによって対処することができると考えられる。

③ 平成17年会社法制定

平成17年（2005年）制定の会社法（平成17年法律第86号）においても、分割当事会社の連帯責任の規定は同年改正前の商法（以下「旧商法」という。）の規定が基本的に引き継がれた。ただし、会社法の規定は、保護されるべき分割会社の債権者について、かっこ書きで「各別の催告をしなければならないものに限る」と限定した点で旧商法の規定とは異なっていた（平成26年改正前会社759条2項・3項、764条2項・3項）。

(2) 現行法の規定と問題点

前記1(2)でみたように、平成26年（2014年）改正会社法は、分割会社に知れているかどうかにかかわらず、会社分割に対し異議を述べることができる債

---

[28] 原田晃治「会社分割法制の創設について［中］——平成12年改正商法の解説」商事1565号（2000）14頁・17頁。

権者であって、各別の催告を受けなかったもの（二重公告を行った場合には、不法行為債権者に限る。）は、吸収分割契約・新設分割計画の内容いかんにかかわらず、分割会社および承継会社または設立会社の双方に対して債務の履行を請求することができるものとした（会社759条2項・3項、764条2項・3項）。

　前記1(2)で述べたように、債権者異議手続の周知方法としての不備を是正するため、不法行為債権者以外の債権者であっても、分割会社に知れている債権者については、二重公告による各別の催告の省略を認めず、常に各別の催告をすべきである。その上で、各別の催告を受けなかった債権者についてだけ、分割当事会社の連帯責任を認めることには一定の合理性があると考えられる。もっとも、債権者異議手続の対象となる債権の中に、停止条件付債権や将来債権が含まれるかどうかは実務上ある程度決着がついているにしても、理論上は議論の余地がある。また、仮にかかる債権が異議手続の対象となる債権に含まれないとすると、当該債権を有する債権者は、たとえ分割会社に知れている債権者であっても保護の対象とはされない。それゆえ、分割会社のすべての債権者を保護するため、分割会社の連帯責任の原則を法定する立法政策もあり得ると考えられる。

(3) ドイツ法の検討

　ドイツ組織再編法（Umwandlungsgesetz）[29] は、分割当事会社の連帯責任の原則を採用する立法例として参照に値する[30]。以下においては、分割の方法と債権者保護制度、分割当事会社の連帯責任の原則の趣旨と概要等について検討する。

①　分割の方法と債権者保護制度

　組織再編法は、分割（Spaltung）の方法として、消滅分割（Aufspaltung）、存

---

29) Umwandlungsgesetz (UmwG) vom 28.10.1994, BGBl. I S. 3210.
30) ドイツ法上の会社分割における債権者保護に関する先行研究として、牧真理子「ドイツ組織再編法における債権者保護規定──会社分割法制の考察」北村雅史＝高橋英治編『藤田勝利先生古稀記念論文集　グローバル化の中の会社法改正』（法律文化社、2014）339頁以下、同『組織再編における債権者保護──詐害的会社分割における「詐害性」の考察』（法律文化社、2018）35頁以下参照。

続分割（Abspaltung）、分離分割（Ausgliederung）の3種類の方法を規定している[31]（組織再編法［以下では条文のみを引用する］123条1項－3項）。それぞれの分割の方法には、吸収分割と新設分割の方法があり、さらに分割会社の財産の一部を既存会社に移転し、残部を設立会社に移転するといった吸収分割と新設分割の混合方式も認められている（同条4項）。

また、合併および分割に共通する債権者保護制度としては、担保提供義務（22条）、議決権のない持分所有者の保護（23条）、組織再編当事会社の役員の損害賠償義務（25条・27条）が規定されている[32]。さらに、分割においては、債権者の担保となる財産が減少するだけでなく、分割会社がその資産と負債を恣意的に振り分けることができるため、分割当事会社の連帯責任（133条）も法定されている[33]。なお、労働法上、分割前に生じた労働契約上の義務につき、従前の雇用者である分割会社は、承継会社とともに連帯債務者として責任を負う[34]（民法613a条1項）。

② 分割当事会社の連帯責任の原則

分割は、分割当事会社の債権者に対し重大な影響を与える可能性がある。分割によって、分割会社から承継会社・設立会社へ財産が移転するところ、分割の反対給付は、分割会社ではなく、その株主に対して、承継会社等への参加という形式で付与される（ただし、分離分割の場合を除く）。分割自由の原則に基づき、分割当事会社は、資産と債務を詳細に区分すること、また資産

---

31) 分割の方法等の詳細については、早川勝「ドイツにおける会社分割規制――株式会社の分割手続を中心として」同法48巻5号（1997）97-98頁、高橋英治『ドイツ会社法概説』（有斐閣、2012）472-474頁、受川・前掲注3）49頁以下参照。

32) 分割当事会社の連帯責任以外の債権者保護制度の詳細については、受川・前掲注3）256頁以下。

33) リューディガー・ファイル／正井章筰訳「企業の組織再編における株主、債権者および労働者の保護――ドイツの法規制」商事1950号（2011）38-39頁、40頁。

34) 高橋・前掲注31) 478頁。なお、組織再編における労働者保護規制につては、正井章筰「2005年会社法のコーポレート・ガバナンス――基本的論点の検討」永井和之＝中島弘雅＝南保勝美編『会社法学の省察』（中央経済社、2012）89-91頁、根本至「合併・会社分割と労働関係――組織変更法の内容」毛塚勝利編『事業再構築における労働法の役割』（中央経済社、2013）381-405頁等を参照。

と債務を按分比例しないで配分することも認められている。法133条は、連帯債務者の責任を命ずることによって、分割より生ずる危険から債権者を保護するものである[35]。

　分割当事会社は、分割の効力が生ずる前に生じた分割会社の債務（以下「旧債務」という。）について、連帯債務者として責任を負う（133条1項1文）。これは、EC第6指令12条6項1文[36]に倣って、承継会社・設立会社が分割会社の債務につき連帯債務者として責任を負う旨を、一般原則として、すべての類型の分割について規定したものである[37]。分割会社の旧債務については、すべての分割当事会社は、分割登記の公告時から5年間は、承継会社または設立会社に移転した旧債務に関する責任を免責されることはない（主債務者は担保提供義務も課され、5年後も責任を負う）（133条1項1文・3項・4項）。

　承継会社・設立会社は、自己に分配された分割会社の旧債務につき責任を負うのみならず、（存続分割または分離分割の場合には）分割会社に残存する債務、および他の承継会社または設立会社に配分された債務についても責任を負う。法は、分割を部分的合併として扱っており、債務に対する責任に関しては、いかなる場合でも、債務が債務の引当てとなる財産によって区別することができないと考えられている[38]。

　分割当事会社が連帯責任を負う場合においても、営業の譲渡人の商号を使用した譲受人の責任の規定（商法25条・26条［日本商法17条、会社法22条に相当

---

35) Seulen in Semler/ Stengel, Umwandlungsgesetz, 4. Aufl., 2017, §133 Rn. 1.
36) EC第6指令は、分割当事会社の連帯責任について次のように規定する。分割計画書に従って分割会社の債務を承継した会社（承継会社および設立会社。以下「承継会社等」という。）の債権者が満足を受けることができない場合において、他の承継会社等は、連帯して当該債務について責任を負わなければならない（12条3項1文）。ただし、当該責任は、承継した純資産の範囲に限度することができる（同条項2文）。また、承継会社等は、分割会社の債務について連帯して責任を負う旨を定めることができる（12条6項1文）。この場合には、その他の保護措置（担保提供等）を設ける必要がない（同条項2文）。森本滋『EC会社法の形成と展開』（商事法務研究会、1984）357頁、山田純子「会社分割の規制㈠」民商99巻6号（1989）835-836頁参照。
37) Schaumburg・Rödder, UmwG・UmwStG, 1995, §133 Rn. 5.
38) Seulen in Semler/ Stengel, a. a. O. (Fn. 35), §133 Rn. 26.

する規定］）および分割会社の役員の損害賠償義務の規定（125条・25条）の適用は妨げられない（133条1項2文）。他方、担保提供義務については、担保提供を請求された分割当事会社だけが負うものとされている（同条項3文）。

なお、分割会社は、承継会社の旧債務については連帯責任を負わない。承継会社の旧債務に係る債権者は、その請求権の危殆化が顕在化するときは、承継会社に対する担保提供請求権の行使によるほかない[39]。

(4) わが国における立法論

既述のように、現行会社法は、各別の催告を受けなかった分割会社の不法行為債権者に限って、分割当事会社の連帯責任を追及することを認めるにすぎない。しかし、上述した理由（前記(2)）から、不法行為債権者以外の分割会社の債権者についても、分割当事会社の連帯責任を原則として規定することが妥当である。

従前より、分割当事会社の連帯責任については、いくつかの立法提案が公表されていた。

平成22年（2010年）12月13日、全国倒産処理弁護士ネットワークは『会社分割の適正化に関する立法意見』を公表していた[40]。その骨子は、①債務超過会社または会社分割により債務超過となることを条件として、②現行法上は分割会社に対して債務の履行を請求できるため異議を述べることができない分割会社の債権者についても、分割会社の知れている債権者（以下「当該債権者」という。）であるときは、③各別の通知を要求すること（債権者異議申述のための催告ではない。）、④分割会社が当該債権者に対し故意に各別の通知を怠ったときは、当該債権者は新会社に対して履行請求できるものとすることである。この立法意見は、濫用的会社分割の事案のみを想定して、新会社が連帯責任を負う場合を拡張する提言として捉えられるであろう。

また、森本滋教授は、「少なくとも新設分割会社の債権者に対する個別催告

---

39) Seulen in Semler/ Stengel, a. a. O. (Fn. 35), §133 Rn. 4.
40) 全国倒産処理弁護士ネットワーク「濫用的会社分割についての立法意見の提出」金法1914号（2011）11頁以下。

を原則義務化し、個別催告を受けなかった債権者を保護するため、物的時期的に制限された連帯責任を課すこと」を提言していた[41]。

　筆者としては、上記(3)のドイツ法の内容も参照して、上記にみた立法提案をさらに一歩進めた提言をしたい。すなわち、吸収分割および新設分割において、分割当事会社の責任限度額および責任を負うべき期間の制限を課した上で、分割会社のすべての債権者が分割当事会社に対して連帯責任を追及することができるものとすること（会社759条2項・3項改正および会社764条2項・3項改正を要する。）が妥当であると考える。より詳細に記せば、次のとおりである。

　①　対象となる会社分割は、吸収分割および新設分割であり、会社分割により債務超過となることや分割会社の債権者を害することを条件としない。

　②　保護の対象となる債権者は、分割会社のすべての債権者である。不法行為債権者であるか否か、債権者異議手続の対象となる債権者かどうか、承継会社・設立会社に債務を承継されない分割会社の残存債権者であるかまたは承継会社等に債務が承継される承継債権者であるかなどを問わない。債権者異議手続の段階では将来発生する債権を有する債権者であっても、会社分割の効力発生後2年間（後記⑤）は保護の対象とする。

　③　連帯責任を負うべき分割当事会社は、分割会社、承継会社または設立会社である。ただし、吸収分割において、吸収分割の効力発生前に生じていた承継会社の債務については、分割会社は連帯責任を負わない。

　④　分割当事会社の責任限度額については、吸収分割の場合には、分割会社は吸収分割の効力発生日において有していた財産の価額を限度として責任を負うものとし、また承継会社は承継した財産の価額を限度として責任を負うものとする。他方、新設分割の場合には、分割会社は設立会社の設立の日に有していた財産の価額を限度とし、設立会社は承継した財産の価額を限度として責任を負うものとする（会社759条2項・3項、764条2項・3項および759条4項、764条4項参照）。

　⑤　分割当事会社の責任の時間的制限に関しては、ドイツ法は分割登記の

---

41)　森本・前掲注10) 39頁。

公告後5年間の連帯責任を課しているが、わが国では、会社法上の他の制度とのバランスから5年の期間はいささか長すぎる。時間的制限については、残存債権者の直接請求権の行使期間（会社759条6項・764条6項）および事業譲渡において譲渡会社の商号を使用した譲受会社の責任の除斥期間（会社22条3項）が参照に値する。そこで、分割会社、承継会社または設立会社が分割会社の債務を弁済する責任を負う場合には、当該責任は、会社分割の効力発生日（会社758条7号・764条1項）後2年以内に請求または請求の予告をしない債権者に対しては、その期間を経過した時に消滅するものとする。この2年の期間は除斥期間とする。

⑥ 事業再生目的で会社分割制度が利用されている実態を考慮すると、債権者との別段の約定による連帯責任の免除を認めるかどうかは、なお検討を要するであろう[42]。

Ⅳ 結　語

本稿では、(1)債権者異議制度の改善および(2)分割当事会社の連帯責任の原則の立法化を提言した。以下において、各々の提言の内容とそれらの相互の関係について確認しておこう。

まず、(1)債権者異議制度の改善提案は、次のとおりである。①分割会社の債権・債務を自由に選別して承継会社・設立会社に承継させるか否かを決定できる以上、承継会社・設立会社に承継される承継債権者のみならず、承継されずに分割会社に残される残存債権者についても、債権者異議手続において、会社分割に対し異議を述べることができるものとすべきである（会社789条1項2号・810条1項2号改正）。②債権者異議手続の周知方法としての不備を是正するため、不法行為債権者以外の債権者であっても、分割会社に知れている債権者については、二重公告による各別の催告の省略を認めず、常に

---

[42] 仮に各債権者との別段の約定を認めるときは、いつまでに約定すべきか、また分割契約または分割計画に別段の約定を記載すべきかなどの困難な問題が生ずる。吉田・前掲注25）3頁参照。

各別の催告をすべきである（会社789条3項・799条3項・810条3項改正）。

次に、(2)分割当事会社の連帯責任の原則を立法化することを提言する。すなわち、吸収分割および新設分割において、分割当事会社の責任限度額および責任を負うべき期間の制限を課した上で、分割会社のすべての債権者が分割当事会社（分割会社、承継会社または設立会社）に対して連帯責任を追及することができるものとする（会社759条2項・3項改正および会社764条2項・3項改正）。

ところで、(2)分割当事会社の連帯責任の原則が立法化されるのであれば、会社分割の効力発生後に、分割会社の債権者のための責任財産は減少することなく、当該債権者は自己の債権の回収を法的に保証されることになるから、会社分割の効力発生前に行われる(1)債権者異議制度の改善の必要性は後退するであろう[43]。また、分割会社の残存債権者を害する場合に限って認められる残存債権者の直接請求権（会社759条4項・764条4項）も必須の制度ではなくなる。

分割会社のすべての債権者を一律に保護する点において、(2)分割当事会社の連帯責任の原則の立法化が最善の策と考える。しかし、それは行き過ぎた規制であり、そうした規制をすることによって、事業再生等の目的で行われる会社分割の迅速な実現を妨げるという批判が当然あり得るであろう。そこで、次善の策としての(1)債権者異議制度の改善も重要である。

会社分割により経営が効率化し、分割会社自体の利益ひいてはその株主の利益が増加することと、会社債権者の債権回収リスクが増加することは矛盾するものではなく同時に起こり得ることが指摘されている[44]。分割当事会社の連帯責任の原則の採用は、分割会社の債権者にとってはきわめて手厚い保

---

43) 江頭・前掲注6）919頁（注3）は、分割当事会社が連帯責任を負う場合には、分割会社の債権者のための責任財産の総額は減少しないから、立法論として債権者異議手続は不要であるとする余地があるが、現行法は、連帯責任が認められる場合であっても、強制執行の二度手間などの点で会社債権者の不利益があるため、債権者異議手続を不要としていないとする。なお、田村・前掲注24）『会社の基礎的変更の法理』77頁、原田・前掲注28）14頁参照。

44) 江頭・前掲注6）918頁（注1）。

護となる反面、平成12年商法改正において指摘されていたように、分割当事会社に過重な負担を負わせることになることから、分割会社の経営の効率化を実現することができず、会社分割の目的を達成し得ない場合が生じる可能性がある[45]。

　この問題は、結局のところ、分割会社のすべての債権者を一般予防的に保護するか、あるいは経営の効率性を優先して詐害的事案に限って債権者を救済するかの立法政策の問題であろう。しかし、現行法の不備をついた濫用的な事案に接するたびに、場当たり的な局所療法で対処する方向性には疑問を抱かざるをえない。

---

45)　原田・前掲注28) 14頁・17頁。

6 金融・資本市場

フランスにおける株式上場制度の形成
―― パリ公認仲買人組合における上場判断要素の変遷を中心に

石川　真衣

```
I   はじめに
II  1807年商法典上の株式会社と株式上場に関する規定の欠如
III 取引所への上場審査権限と責任の所在
IV  外国株式の上場規制の形成とCompagnie du Memphis el Paso and Pacific社事件
V   パリ公認仲買人組合における株式上場判断要素の変遷
VI  むすびに代えて
```

I　はじめに

　株式会社は資本市場を活用しうる会社形態として大きな発展を遂げたものであり、株式会社形態の発展の歴史は資本市場の歴史と密接に関係する。しかし、フランスにおいて株式会社に関する法律規定をはじめて設けた1807年商法典は、株式会社形態を他の小規模会社形態や組合とともに1804年民法典第1832条の「ソシエテ」に分類し、「ソシエテ契約」を基礎とする少人数の構成員から成るモデルを株式会社の基礎とする構成を採った。商法典制定時に採用された設立許可主義が1867年7月24日の法律により完全に放棄され設立準則主義が採用されたことを機に、フランスにおける株式会社の数は大幅に増加したが、株式会社を「ソシエテ」の一種とする構成は変わらず、これは後に株式会社の性質を「契約（contrat）」とみるか、それとも「制度（institution）」とみるかという20世紀フランスの古典的論争を生じさせることになる。

長期計画に基づいた事業遂行を目的とする大規模株式会社の特徴に着目し、伝統的な民法典上の「会社契約」の枠組みの限界を指摘した「制度理論（théorie de l'institution）」[1]が1930年代に発生した背景には、19世紀から20世紀初頭にかけて大きく飛躍したフランス国内の資本市場の状況が関係すると思われる。たしかに、株式会社法制と資本市場法制は一定の関連性を有しながらもそれぞれ異なる形そして要因により展開しているが、資本市場を通じた多額の資金調達による株主数の増大、事業規模及び経済規模の拡大は、大規模上場会社の性格が小規模組合のそれと本質的に異なることをより明確な形で認識させた可能性がある。本稿は、株式会社法制の形成に証券取引所のルールが与えた影響を探るという問題意識を基礎に、フランスにおける資本市場制度と株式会社制度の関係の特色を、株式上場制度の形成過程の検討を通じて明らかにしようとするものである。

II　1807年商法典上の株式会社と株式上場に関する規定の欠如

株式会社（société anonyme）に関する法律規定が初めて置かれたのは1807年商法典制定時である。アンシアン・レジーム期において株式を発行する特許会社は既に存在していたため、上場証券としての株式の歴史はフランスにあったにもかかわらず、商法典第1編第3章第1節第29条以下の株式会社に関する規定は、株式の上場について何ら言及せず、また、第5章第1節第71条以下の取引所に関する規定においても株式会社または株式の上場に関する定めは置かれていない。取引所規制の歴史は、1724年9月24日の国務院法令によるパリ取引所の設置に遡るが[2]、この設置の定めをみても、「為替手形（lettres de change）、持参人払手形または約束手形（billets au porteur ou à ordre）、

---

1) 制度理論の経緯について、米谷隆三「制度法学の展開」一論1巻5号（1938）705頁。制度理論を会社法に応用し展開させたのは、GAILLARD（E.）, *La Société anonyme de demain. La théorie institutionnelle et le fonctionnement de la société anonyme*, Librairie du Recueil Sirey, 1932.

商品（marchandises）、商業証券（papiers commerçables）及びその他証券（effets）のすべての取引は取引所（Bourse）においてなされる」[3]と明記されているにすぎない。

しかし、商法典を通読すると、株式の上場に関連する表現が第1編第5章にあることを確認できる。

【商法典第1編第5章第2節第76条】
「法律の定める手続によって設けられた公認仲買人（agents de change）のみが公債（effets publics）及びその他上場されうる（susceptibles d'être cotés）証券の取引（…）を行う権限を有する」（傍点筆者）

第76条は公認仲買人の独占権を定めるにとどまる。このため、公認仲買人は特段の手続を経ることなく証券取引を行うことができたのであり[4]、公認仲買人が取引を行うこと自体が事実上の上場許可を意味していた[5]。上場審査の原型とみられる手続が現れるのは商法典制定から40年以上経ってからである[6]。

III 取引所への上場審査権限と責任の所在

1 公認仲買人組合の体制と上場審査

19世紀半ばに上場審査手続の原型が設けられた背景には、国内証券市場の

---

2) 先行研究として、高山朋子「フランス証券市場の生成・発展過程について——その株式会社との関りを中心にして」北大経済学研究24巻4号（1974）119頁、中村利平『フランス証券市場論』（文眞堂、1982）。

3) Arrêt du Conseil d'Etat du 24 septembre 1724, in NOUGUIER (L.), *Des lettres de change et des effets de commerce en général*, t. 2, C. Hingray, 1839, p. 58.

4) RIVIERE (H.-F.) (dir.), *Pandectes françaises : nouveau répertoire de doctrine, de législation et de jurisprudence*, t. 3, Chevalier-Marescq et Cie, E. Plon, Nourrit et Cie, 1888, p. 622.

5) GUILLAUME (L.), *L'épargne française et les valeurs mobilières étrangères*, thèse Paris, 1907, p. 144.

拡大がある。19世紀半ばまでのフランスの証券市場は主として公債市場として機能し、七月王政の下では株式取引は取引量全体のごく一部に限られていた[7]。ところが、第二帝政期に鉄道会社の設立が相次ぎ、これらが巨額の資本を事業活動の遂行に必要とし、相次いで上場されたことは、上場証券数の増大という結果をもたらした[8]。証券の多様化は、取引対象の選別の役割を担いそれぞれが実質的な上場審査機関の役割を果たしていた公認仲買人の負担を増大させることとなり[9]、流通する証券の種類及び量の増加に伴うリスク及び負担軽減のために、公認仲買人組合（Compagnie des Agents de Change）の指揮機関に相当する公認仲買人組合の理事会（chambre syndicale）が証券の上場審査業務を担う体制に移行することとなった。

2　証券の上場審査権限の所在をめぐる問題

公認仲買人組合の理事会（以下、「理事会」という）が上場審査手続を担う体制は、各公認仲買人が果たす証券の選別機能を組合に集中させることを意味し、したがって理事会による統一的な判断を可能とした一方で、上場証券の選択に伴う責任を問われるリスクを理事会に意識させた。実際、パリ公認仲買人組合の理事会は、すでに1837年9月15日には財務大臣（Ministre des finances）に対して株式合資会社が発行する株式の上場審査を大臣側が行うことを要求している[10]。しかし、当時の財務大臣は同年10月17日の書簡において理事会による要請については政府提出法律案での対応が検討されているとして、理事会の要求を拒否した[11]。

---

6)　WALDMANN(A.), *La profession d'agent de change, ses droits et ses responsabilités*, F. Pichon, 1888, p. 74.

7)　HAUTCOEUR(P. -C.)(dir.), *Le marché financier français au XIXe siècle*, Vol. 1. Récit. Publications de la Sorbonne, 2007, pp. 273 et s.

8)　*Ibid.*

9)　取引を行った公認仲買人は自らの権限で当該取引証券及びその取引価格を公定相場表に記載していた（GUILLAUME, *op.cit.*(note 5), p. 144）。

10)　Lettre du 21 sept. 1837, *Manuel des agents de change. Banque, finance et commerce contenant les lois, règlements et actes officiels qui régissent et intéressent l'exercice de leurs fonctions*, A. Rousseau, 1893, p. 359.

そもそも政府が上場判断に伴う責任を忌避することは、外国公債の上場を正式に認めた1823年11月12日のオルドナンスの序文[12]においてすでに示されていた。そこでは、外国公債のパリ市場への上場許可は、「これらの公債に対する承認（approbation）を意味するものでも、自らの自由意志によりこれらに資本を投じる一部の国民（sujets）のために介入する義務を政府側に生じさせるものでもない」ことが強調されていた。理事会に上場審査に関する全権が帰属することは、1866年3月14日に立法院の議場にてコンセイユ・デタの長ヴュイトリーにより現物市場及び先物市場への上場決定権限は政府ではなく公認仲買人組合の理事会にあることが述べられたこと[13]により明らかにされ[14]、その結果、理事会は上場審査に伴う全責任を負う主体として、民法典第1383条の不法行為責任の追及リスクを負担することとなった[15]。

　フランス国債は審査手続を経ることなく正規上場[16]されるため、それ以外の有価証券の上場判断権限のみが問題となるが、これが理事会に帰属する事実は、パリ公認仲買人組合の1870年7月24日の規則において確認される。同規則第155条及び第156条は次のように定める[17]。

---

11) Lettre du 17 oct. 1837, *Manuel des agents de change, op.cit.*（note 10), p. 359.
12) Ordonnance royale du 12 novembre 1823, portant autorisation de coter sur le cours authentique de la Bourse de Paris les emprunts des gouvernements étrangers.
13) *Annales du Sénat et du Corps législatif*, 1866, t. 3, séance du 14 mars 1866, p. 68.
14) Chambre syndicale des agents de change : procès-verbaux des séances, B-0069380/1, Séance du 30 janvier 1867（以下、公認仲買人組合の理事会の議事録の引用の際は、識別番号及び理事会会合開催年月日を「B-XXXXXXX/1：JJ/MM/AAAA」の形式で記載する)。
15) FLINIAUX(C.), ≪Des pouvoirs et de la responsabilité de la chambre syndicale des agents de change≫, *Rev. crit. de lég. et de jur.* 1878, p. 331.
16) 正規上場とは取引所上場を意味し、上場証券の取引は公認仲買人が行う。正規上場とは別に非正規市場（coulisse、marché en banque）が存在し、非公認仲買人（coulissiers）により取引がなされていた。
17) WALDMANN(A.), *Ministère obligatoire de l'agent de change. Critique de la jurisprudence de l'arrêt de cassation du 1er juillet 1885*, A. Rey et Cie, 1904, p. 11.

【1870年7月24日の規則第155条】

「理事会は、財務大臣の監督の下、パリ取引所においてフランス国債以外の有価証券の現物（au comptant）または先物（à terme）取引を承認、拒否、停止または禁止するあらゆる権限を有する。理事会は、このために、自らが必要と判断するすべての証明書類及び情報の提供を受ける。」

【1870年7月24日の規則第156条】

「特定の有価証券の上場が一般利益（intérêt général）に照らして求められることが理事会により確認されたときには、理事会は現物市場または先物市場への上場を職権で認めることができる。／理事会は、すでに上場された有価証券の上場廃止を拒否することができる。」

IV 外国株式の上場規制の形成とCompagnie du Memphis el Paso and Pacific社事件

1 外国鉄道会社の発行証券の取引に関する1858年5月22日のデクレと外国証券の取引に関する1880年2月6日のデクレ

株式の上場基準に相当する規定が置かれたのは、外国鉄道会社の発行証券の取引に関する1858年5月22日のデクレ[18]においてである。外国鉄道会社の発行証券とは、具体的には株式（actions）及び社債（obligations）の二つを指す。

もともと外国証券の上場は1785年8月7日の王令第4条により禁止されていたが（取引所上場はフランス公債のみに認められていた）、1823年11月12日のオルドナンス[19]により外国公債についてまず上場が正式に認められた[20]。公債を除く外国証券でいち早く上場が認められたのは、外国鉄道会社の発行株式及び社債であった。

---

18) Décret impérial concernant la négociation, à la bourse de Paris et dans les bourses départementales, des titres émis par les companies des chemins de fer contruits en dehors du territoire français.

19) Ordonnance du Roi portant autorisation de coter sur le cours authentique de la Bourse de Paris les emprunts des Gouvernements étrangers.

1858年5月22日のデクレは、フランス国外で設立された鉄道会社により発行された証券がパリ取引所及び他県の取引所において取引されることを認め（第1条）、その条件として会社が設立国の法律に従い設立されていること（第2条）及び株式（社債が発行されている場合には、当該社債）が設立国の正規市場に上場されていること（第3条）を発行者が証明することが要求された。これに加えて、株式の券面額及び払込みに関する定めが置かれている（第4条）。

　1858年5月22日のデクレ第4条は次のように定める。

【1858年5月22日のデクレ第4条】
　「株式（の額面──筆者注）は500フラン未満であってはならない。発行済株式はすべて10分の7まで払込みがなされていなければならない。株式がフランスの取引所の公定相場表に記載されるのは、その相場が形成されうるために十分な数の公衆による取引（opérations publiques）がフランスでなされた場合に限られる。」[21]

　外国鉄道会社の発行株式についてではあるものの、1858年5月22日のデクレにより上場要件としての額面及び払込割合の下限が明確な形で示されたことは、為替相場関係の問題が生じる可能性は別にして[22]、客観的な判断要素が明らかにされた点で重要である。さらに興味深いのは、株式の額面及び払込要件が満たされても、国内取引所の公定相場表への記載が認められるのは「相場が形成されうるために十分な数の公衆による取引」が国内でなされた

---

20) 1823年以前にも、外国公債は事実上正規市場で取引されており、むしろ取引量が増加したことが1823年11月12日のオルドナンスにつながった（AUBRY（R.）, *L'admission à la cote des valeurs étrangères*, thèse Paris, 1912, A. Rousseau, p. 13）。
21) 1859年8月16日の皇帝デクレにより払込基準の引き下げによる緩和がなされ、「株式（の額面──筆者注）は500フラン未満であってはならない。発行された株式はすべて5分の2まで払込みがなされていなければならない。」と変更された。
22) 額面が通貨の変動により法律に規定される水準を下回る場合、判断が延期された例がある（B-0069388/1：17/02/1893（S^{te} des Tabacs Portugais）。

場合、とされたことである[23]。会社資本に基づく基準に加えて、相場の形成可能性が要件として付加されたことは、一定の取引量の確保が上場の前提となることを示している。また、政策的観点から、外国鉄道会社の証券の流通を制限することにより国内鉄道会社を優遇する、保護主義的な措置としての側面があったとも言えよう[24]。

外国鉄道会社の株式及び社債の上場が認められた後、外国証券の取引に関する1880年2月6日のデクレ[25]により外国証券一般の上場が認められるに至った[26]。1880年2月6日のデクレ第1条ないし3条は次のように定める。

【1880年2月6日のデクレ第1条】
「パリまたは他県の公認仲買人組合の理事会は、外国のソシエテ、コンパニー、企業(entreprises)、コルポラシオン、都市(villes)、地方(provinces)その他すべての外国事業(établissements)により発行された、名称の如何を問わず、株式、債券(obligations)、借入証券(titres d'emprunt)のそれぞれの取引所における取引を承認、拒否、停止、または禁止する。」

【1880年2月6日のデクレ第2条】
「外国証券の上場が申請された取引所の理事会は、次に掲げる文書及び証拠を自らに提出させる。
 1. 発行地で証券が発行された根拠となる公文書または私文書、定款、条件明細書(cahiers des charges)等
 2. フランスに置かれた領事機関によりこれらの文書(1.に掲げたもの——筆者注)が発行国の法律及び慣習に適合し、同国において

---

[23] *Manuel des agents de change, op.cit.*（note 10）, p. 451.「相場が形成されうるだけの取引」が必要であることは、すでに外国公債の上場に関する1825年11月12日付の財務大臣からパリ公認仲買人組合の理事長に宛てられた書簡において明らかにされていたため（*Manuel des agents de change*, p. 329）、行政側の以前からの要請を法文に取り込んだものと見られる。

[24] AUBRY, *op.cit.*（note 20）, p. 20.

[25] Décret concernant la négociation, en France, des valeurs étrangères.

[26] すでに1859年8月16日の皇帝デクレの表題は、「compagnies étrangères」に変更され、外国鉄道会社に対象が限定されないものとする意識が読み取れる。

証券が正規上場されていることの証明—正規の取引所がない場合にはその事実は当該証明において確認される—
3. 国庫（Trésor）への税金の支払責任を負う代表者に対する財務大臣による認可（agrément）の証拠

【1880年2月6日のデクレ第3条】
「理事会は、このほか、自らが必要と判断するあらゆる文書、証拠及び情報を要請することができる。」

条文上、上場申請書面の提出先は理事会であるが、1880年2月12日付の書簡により、理事会は提出された書面を財務大臣に送付すべきことが通知された[27]。

2 Compagnie du Memphis el Paso and Pacific社事件（1877年）

理事会に厳格な上場審査手続の必要性を認識させたのが、外国鉄道会社に関する1877年のCompagnie du Memphis el Paso and Pacific社事件である。

Compagnie du Memphis el Paso and Pacific社は米国テキサス州設立の鉄道会社であり、1869年にフランス国内でモーゲージ・ボンド[28]を発行し、パリ証券取引所への上場が同年許可されていたが、フランスでの上場は詐害目的をもってなされたものであり、同国内で調達された資金2064万1470フランの大半は発起人らにより詐取されていた。これを受け、外国鉄道会社の証券の上場には前述した1858年5月22日のデクレに基づき、①設立国の証券取引所に上場する会社であること（第3条）、②社債（obligations）の上場の場合には資本金または株式により表象された資本部分につき全額払込みがなされ（第5条）、且つ③フランスでの発行につき担当大臣の許可を得ることが必要とされていた（同条）ことを基礎に、モーゲージ・ボンドの取得者らにより当該債券の上場を認めたパリ公認仲買人組合理事会に対する損害賠償請求がなされ

---

27) Lettre du 12 févr. 1880, *Manuel des agents de change, op.cit.* (note 10), p. 592.
28) 工事の進捗状況に応じてテキサス州から取得した線路を敷設する土地を担保とした債券発行がなされていた。

た事案である。

　1874年3月25日のセーヌ商事裁判所判決は、公認仲買人組合の理事会の責任を認め、「Compagnie du Memphis el Paso and Pacific社の債券の正規市場への上場が（……）損害の最も直接的な原因の一つであり」、「フランス市場の番人である理事会によるこの措置における事前の審査及び確認は、公衆にとって、理事会を構成する老練者の目に信頼できるもの（sérieux）と明確に映る有価証券のみを理事会が正規市場に上場させることを必然的に意味する」として、公認仲買人組合の理事会が資本の全額払込みについて会社側に証明を求めなかったこと及び資本金4000万ドルのうち引受証券分は100万ドル分に過ぎず、13万ドル分のみが払込済みであったこと（上記②の要件）、理事会による上場の承認の判断の通知後、大臣側への問い合わせを行ったがそれに対する回答がない状況で上場が許可されたことについて、大臣側の回答を待つ必要があったこと（上記③の要件）等を挙げ、主当事者らが支払う損害賠償金の15分の1に相当する金銭の支払いを理事会に対して命じた[29]。

　これに対して理事会は控訴したが、1876年7月24日のパリ控訴院判決は、第一審判決を是認し、民法典第1383条に基づき理事会の責任を認め、その後、破毀申立てがなされたが、破毀院も1877年12月4日民事部判決[30]において控訴院の判断を支持し、理事会は重大なフォート（faute grave）の結果として生じた損害を賠償する義務を負うとして、破毀申立てを退けた[31]。

　この事件は、株式上場に関するものではないものの上場審査に対する公認仲買人組合の理事会の責任を認めたためきわめて注目され、理事会に上場審査に伴う責任を自覚させたとともに上場審査に伴う責任追及リスクの回避行動を政府側がとるきっかけとなったとされる[32]。ただし、本事件において理事会の責任が認められた理由は、発行者側の詐害的な意図を発見できなかったからではなく、上場審査に際して1858年5月22日のデクレに基づきなすべ

---

29) Trib. com. 25 mars 1874, *Journ. trib. com.* 1879, p. 75.
30) Cass. civ. 4 déc. 1877, *D.* 1878. 1. 251.
31) CA Paris 24 juill. 1875, *Journ. du Palais* 1878, p. 924.
32) Becker(H.), *Études de droit international,* Pedone-Lauriel et Saint-Jorre, 1880, p. 19.

き手順（払込状況、担当大臣への確認）を怠ったからであり、逆に言えば、発行者に詐害的な意図があったとしてもデクレが定める事項につき十分な確認手続を経たうえで上場を決定したのであれば理事会が責任を問われる基礎はないことになる[33]。実際に、後の判例を見ても、詐害的な設立であることを見抜けずに上場を認めた事例においては、公認仲買人組合の理事会の責任は否定されている[34]。

なお、この後、理事会は外国会社の上場に慎重になり、国内投資家に利益をもたらすか否かといった点[35]に加えて、国政状況[36]や会社の事業分野の状況[37]などにも踏み込んで判断を行うようになる。

V　パリ公認仲買人組合における株式上場判断要素の変遷

1　株式の流通要件

外国会社が発行する株式及び社債に関しては前述した厳格な手続規定が置かれていた一方で、内国株式に関しては、後述するように公認仲買人組合の理事会により徐々に複雑化していく上場判断要素に基づいた厳格な審査がな

---

33) RIBIERE (R.), *De l'admission à la Cote dans les Bourses Françaises de Valeurs,* thèse Paris, 1913, pp. 106-107.

34) Cass. civ. 5 mai 1886, *D.* 1887. 1. 481; Trib. civ. Lyon 25 juin 1887, *Journ. soc.* 1888, p. 265.

35) B-0069386/1：21/06/1888（Cie des Chemins de fer Trans-Africains），20/07/1888（Banque Générale de Madrid），B-0069390/1：12/03/1897（Banque Suisse et Française），B-0069393/1：04/10/1907（Régatul Roman），B-0069394/1：17/12/1910（Crédit Foncier de Buenos Aires）.

36) B-0069379/1：04/02/1862（$S^{té}$ métallurgique des Asturies），B-0069381/1：15-18/07/1873（Cie Madrilène d'éclairage et de chauffage par le gaz），B-0069395/1：11/07/1913（Heras-Santander），B-0069384/1：27/06/1882（Cie Financière et commerciale du Pacifique）.

37) B-0069393/1：04/10/1907（Régatul Roman），B-0069394/1：17/03/1908（$S^{té}$ des Fabriques Russes-Françaises de Caoutchouc Prowodnik）.

されたものの、上場に関する法律規定は存在していなかった。しかし、上場制度との関係では、株式の「流通性（négociabilité）」要件に関する会社法上の規定が注目される[38]。

株式の流通性に関する規定がはじめて現れたのは、「株式合資会社熱（fièvre des commandites）」と呼ばれる株式合資会社の設立ブームを抑制する目的で制定された、株式合資会社に関する1856年7月17日の法律においてである。同法律第3条は次のように定める。

【1856年7月17日の法律第3条】
　「株式または株式の利札（coupon d'actions）は5分の2の払込みをもって流通可能（négociables）となる。」

こうした払込みに関する要件に加えて、1856年7月17日の法律においては、株式の最低券面額に関する規定が置かれ、両者の組み合わせにより実質的な資本規制が構築されているとみることができる。流通性要件及び最低券面額を定める方法はその後の法律においても採用され[39]、1867年7月24日の法律では株式の最低券面額が100フラン（資本金20万フラン未満の場合）または500フラン（資本金20万フラン以上の場合）[40]、流通性の取得に必要となる払込水準は「4分の1」とされた（株式合資会社（第1条、2条）、株式会社（株式合資会社の規定を準用（第24条）））。資本の払込水準を基礎に株式の「流通性」が認められることは、会社法に上場適格性の一要件が内在することを意味し、この点は会社法が資本市場制度を補完する一例を示すものと捉えることができる。

---

38) 「流通性」とは、「譲渡可能性（cessibilité）」とは異なる概念であり、会社が作成する名簿における名義書換（transfert）または裏書（endossement）による取引がなされうることを意味する（Riviere(H.-F.), *Explication de la loi du 17 juillet 1856 relative aux sociétés en commandite par actions,* A.Marescq et E.Dujardin, 1857, n°50, p. 43）。

39) 有限責任会社（société à responsabilité limitée）に関する1863年5月23日の法律においても同様に「5分の2」の払込水準が採用された（第3条）。

40) 泉田栄一「資本会社と資本最低限の規定(1)」富大経済論集19巻3号（1974）368頁。

2 パリ公認仲買人組合の理事会議事録にみる上場の判断要素

(1) 上場申請時の提出書面

内国証券の上場審査権限は各地の公認仲買人組合の理事会にある。理事会がとるべき手続に関する法律規定はなかったため、理事会は独自に上場審査手続を構築するに至った。発行者には次の書面[41]の提出が求められた。

① 会社定款
② 設立に関する文書、株式引受人名簿、資本の引受及び株式に対する払込の実施に関する届出書の公署謄本
③ 設立総会の議事録
④ 出資検査役による報告書
⑤ 公告文書
⑥ 証券見本
⑦ 貸借対照表及び株主総会の議事録

上記に加えて、証券の発行価格（taux d'émission）、払込状況、配当の支払期日（époques de jouissance）、配当の支払請求権付与（jouissance courante des titres）に関する情報、将来の株主総会の議事録を理事会に提出することに関する誓約書、証券の物理的状態により引渡しができない場合に理事会の要請に従い交換（échange）に応じる誓約書、証券関係の対応窓口の設置、証券が記名式である場合の特別の譲渡方式への同意などを理事会に伝える必要がある。

(2) 理事会による審査方法と上場判断要素の変遷

上場申請の各種書面の提出を受けた公認仲買人組合の理事会は審査手続に入るが、国内最大級の市場であるパリ市場への上場申請の場合、パリ公認仲買人組合理事会の構成員のうち理事長以外の一名が審査手続を担当し、この者が作成した報告書に基づき理事会の討議がなされ上場の是非が判断される

---

41) VILLARS (L.), ≪ Les valeurs mobilières aux bourses françaises et étrangères ≫, in *Documents, mémoires et notes et monographie. 4ᵉ Fascicule*, P. Dupont, 1900, p. 2 ; DELOISON, *op.cit.* (note 19), n°325, p. 378 ; GUILLAUME, *op.cit.* (note 5), pp. 144 et s.

慣行が19世紀半ばの早い段階で確立していた[42)・43)]。国内証券の上場の判断権限が理事会に帰属することは1890年10月7日のデクレ[44)]第80条において確認される。

【1890年10月7日のデクレ第80条】
「パルケ（立会場）を有する取引所において、相場表（bulletin de la Cote）は、理事会が十分な数の取引を市場において生じさせるまたは生じさせうることを事前に認めた証券が記載される「公定」と呼ばれる常設の欄を含む。（略）」

ここでは、理事会による上場判断要素として一定の取引量が確保される見込みがあることが明らかにされるにとどまり、それ以外の要素は示されていない。そこで、最も株式会社の上場案件が多く国内最大の市場を統括するパリ公認仲買人組合の理事会議事録を基に、証券の取引量以外に株式上場の判断要素があるかを明らかにすることを試みる。

① 上場の拒否と上場判断の延期の区別

理事会による上場審査の態様の理解の手がかりとなるのは、上場が許可されなかった事例である。これらに関しては上場が許可されなかった理由が議事録に記録されるため、理事会がどのような要素を考慮したのかを読み取る

---

42) GUILLAUME, *op.cit.* (note 5), p. 147.

43) 以下では、Sociétéを「S^{té}」と略し、Compagnieを「Cie」と略す。B-0069369/1：04/09/1837（S^{té} des houillères et chemin de fer de Montet aux Moines）、B-0069372/1：13/09/1844（S^{té} anonyme établie à Amiens et Paris pour la fabrication des fils et tissus de lin et de chanvre）、13/01/1845（Cie formée pour l'éclairage au gaz de la ville d'Orléans）、10/03/1845（Cie de l'Ouest）。審査担当者が有する情報が不十分な場合には、追加の書面提出が会社に対して求められた（B-0069372/1：27/09/1844（Entreprise théâtrale des cirques olympiques）、B-0069385/1：22/09/1884（Petit Journal）、B-0069386/1：08/02/1886（Chemin de fer du Sud de la France））。

44) Décret du 7 octobre 1890 portant règlement d'administration publique pour l'exécution de l'article 90 du code de commerce et de la loi du 28 mars 1885 sur les marchés à terme, *JORF* 8 oct. 1890.

ことができる可能性があるからである。パリ公認仲買人組合の場合、株式の上場を認めない判断をするときの選択肢としては、①上場申請を退けることまたは②上場判断を延期すること（ajournement）の二つがある。前者は上場適格性が認められないことを意味するのに対し、後者は上場適格性を認める余地があるが、申請時点でこれを認めることが相当でない場合の措置である。

(a)　株式会社設立許可主義時代（1807年～1867年）

1807年商法典制定から開始する株式会社設立許可主義時代（1807年～1867年）に株式上場申請が退けられた案件をまず見てみると、大きく二つに分けられる。

一つは、会社の設立状況に問題がある場合である。主として設立許可が未だ得られていないまたはその他必要な手続が履行されていない場合が想定される[45]。もう一つは、財務基盤（株式の引受・払込の態様）に問題がある場合である。資本金が過少である場合など、会社の財務状況に懸念がある例が挙げられる[46]。資本金が過少であること[47]、資本金が過少であり且つ株式の全部引受が確認されないこと[48]、株式の全部引受が確認されないこと[49]、資本の一部のみが発行されているに過ぎないこと[50]が理由とされることから、会社法上の要素である資本金額及び払込水準等から事業の安定性が判断されて

---

45) B-0069369/1：19/04/1837(Chemin de Fer de Montpellier à Cette), 27/11/1837(Cie d'assurance contre l'incendie(l'Urbaine)), B-0069371/1：04/03/1844(Chemins de fer du Gard et des mines de la Grand Combe).

46) B-0069372/1：15/09/1845(Mines de Mouzaïas(Algérie)), 15/09/1845(Entreprise de voitures de transport en commun), B-0069379/1：26/02/1866(Mines de l'Argentière), B-0069380/1：18/03/1867(Le bois de Paris, $S^{té}$ cotonnière de St Etienne du Rouvray), 03/07/1867($S^{té}$ des bateaux à vapeur omnibus).

47) B-0069373/1：12/02/1849($S^{té}$ Ornano et Cie), B-0069375/1：23/05/1853($S^{té}$ des paquebots à Hélice), 06/09/1854(Union Parisienne), B-0069379/1：04/03/1863(Mines de Pont-Péan), B-0069380/1：18/03/1867(Le bois de Paris, $S^{té}$ cotonnière de St Etienne du Rouvray), 03/07/1867($S^{té}$ des bateaux à vapeur omnibus), B-0069395/1：23/05/1913($S^{té}$ des Forges de Firminy), B-0069400/1：14/12/1923($S^{té}$ des Nouvelles Galeries Parisiennes de Poitiers).

48) B-0069374/1, 04/02/1850(Cie dite franco-américaine du Sacramento), B-0069381/1：08/09/1869(Sucrerie de Sermaize).

いることが読み取れる。

　これとは別に、取引の迅速性確保の観点から、上場を拒否するにあたり取引の態様を理由とする例もある。パリ取引所における取引量及び頻度が不十分となることが予測された例[51]、株式が記名式であるため譲渡時に本店所在地における署名手続の必要性があるとされた例[52]が挙げられる。

　次に、設立許可主義時代に上場判断が延期された事例をみると、設立状況または財務基盤に明らかな問題がある場合は当然に上場申請が退けられることを除けば、上場申請が退けられた事例と理由付けはほぼ変わらず、一種の程度問題とも見受けられる。財務基盤の確保の観点から、引受状況に軽微な問題がある場合に申請が延期された例があるほか[53]、取引量が理由とされることもあるが、基本的には理事会は上場申請を退けるか延期するかを経験側により判断しているものと見受けられる[54]。また、会社に不確定要素がある場合には上場判断が延期される。具体的には、会社に係争中の事案がある場合（会社資産の一部の売却について訴訟が提起されている場合[55]）、及び株式が記名式である場合[56]であり、理事会が詳細な情報の提供を待つ例が想定される。実際、理事会側に提供された情報が少ないため十分な審査を行うことができない場合には判断は延期される[57]。

---

49)　B-0069375/1：27/11/1854（Chemin de fer et des houillères de Portes et Sénéchas）, B-0069376/1：23/03/1857（Cie générale des sucre et alcool）.

50)　B-0069376/1：02/07/1855（Cie de l'Union des Gaz）, 17/11/1855（S^{té} du Cirque Napoléon）, B-0069379/1：30/03/1863（S^{té} pour la fabrique des tapis de Meaux）, B-0069376/1：26/01/1857（Cie Française des Paquebots à vapeur entre Paris et Londres）.

51)　B-0069369/1：29/09/1837（Banque du Havre）（株式の譲渡がル・アーブルでなされるとする定款条項の存在）.

52)　B-0069372/1：09/03/1845（S^{té} de Hauts fourneaux et de fonderies établies à Tusey）.

53)　B-0069376/1：04/06/1857（Cie des produits chimiques）, B-0069377/1：14/10/1857（S^{té} des forges de Nantes）.

54)　B-0069369/1：23/10/1837（S^{té} anonyme du Pont de Beaucaire）, B-0069371/1：20/03/1843（Chemin de fer de Rouen au Havre）, B-0069372/1：03/03/1845（Chemin de fer de Paris à Sceaux）.

55)　B-0069375/1：30/05/1853（S^{té} des Journaux réunis）.

(b) 設立準則主義採用以降（1867年以降）

　設立準則主義の採用により株式会社数は大幅に増加し、上場申請案件はこれに比例して増加した。ここでも設立許可主義時代と同様に、設立状況に問題がある場合[58]と財務基盤に問題がある場合[59]には理事会により申請が退けられたが、株主または株式数が少数であることが理由とされる場合[60]もみられるようになる。さらに、前述した取引の迅速性の確保の観点から、株式が記名式である場合には上場申請は原則として退けられるが[61]、発行者側が公認仲買人及び公衆に不都合を生じさせずに短期間で譲渡がなされることを約束する場合には理事会が記名株式の上場を認めることがある[62]。また、譲渡制限株式の場合でも、当該株式の上場が公衆に利益をもたらすのであれば、譲受人の氏名の通知から8日以内に証券の移転手続を完了できることを条件に上場が認められる場合もある[63]。

　次に、上場判断の延期事例を見ると、設立許可主義時代と同様に、提供された情報が十分でない場合[64]、株主が少ない場合[65]、株式の引受・払込状況

---

56) B-0069372/1：27/01/1845(Cie du gaz d'Orléans)（株式が記名式であったため本店所在地（オルレアン）においてのみ譲渡ができるに限られ、株式の譲渡がパリにおいてなされるための準備が進行中である場合）、B-0069379/1：20/03/1863(S^{té} des houillères de St Eloi)．

57) B-0069369/1：04/09/1837(S^{té} des houillères et chemin de fer de Montet aux Moines)、B-0069375/1：08/11/1852(S^{té} des Mines de Mouzaia)．

58) B-0069381/1：25/05/1868(Chemin de Fer de Perpignan à Prades)．

59) B-0069394/1：21/01/1911(S^{té} minière et industrielle Franco-Brésilienne)、B-0069395/1：21/03/1912(Cie des Huiles "Vitesse")．

60) B-0069382/1：07/08/1874(S^{té} d'Alfortville-Mazeline)、B-0069381/1：12/07/1870(Union métallurgique de France)、B-0069384/1：12/12/1881(Etablissement Malétra)．

61) 外国会社の例であるが、B-0069387/1：30/08/1889(Cie des Chemins de fer de Saragosse à la Méditerranée)．

62) B-0069393/1：03/11/1905(Banque de l'Union Parisienne)．同様に、取引の安定性及び安全性が保障されれば、記名証券でも例外的に上場が認められる（B-0069393/1：25/01/1907(Crédit Foncier Argentin)）。

63) B-0069393/1：03/11/1905(S^{té} Franco-Américaine)．

64) B-0069384/1：24/05/1880(Banque Nouvelle)、B-0069401/1：06/08/1924(S^{té} Le Taxiphone)．

に問題がある場合[66]、不確定要素がある場合[67]、十分な事業規模がない場合[68]が挙げられるが、理由づけがより多様化し、株式が記名式であるなど譲渡方法に関する理由[69]のほか、1867年法の対象外の形態（匿名組合）をとる場合[70]、国内需要が見込まれない場合[71]、非正規市場における取引で足りる場合[72]、特殊な事業内容の場合[73]などが見られる。なお、法令違反が疑われる

---

65) B-0069383/1：08/02/1876(S^{té} Dècle et Cie)、B-0069390/1：27/11/1896(S^{té} française des charbonnages de Tonkin)。また、株式が十分に公衆に分散していないとされた例として、B-0069392/1：25/11/1901(Cie du Chemin de fer du Beaujolais)、B-0069395/1：20/09/1911(S^{té} des Pétroles d'Oklahoma)、10/05/1912(S^{té} des Affiches Gaillard)、07/12/1912(S^{té} des Etablissements Pazet Silva)。

66) B-0069392/1：25/01/1901(Etablissements J. Voisin)、B-0069393/1：26/07/1905(Banque Hypothécaire Franco-Argentine)、B-0069395/1：26/01/1912(Manufacture Française d'Armes et Cycles de Saint-Etienne)、B-0069395/1：16/03/1912(S^{té} nouvelle des Charbonnages des Bouches du Rhône)、20/09/1912(S^{té} Franco-Italienne du Chemin de fer Métropolitain de Naples) B-0069393/1：22/06/1906(S^{té} des Hauts Fourneaux, Forges et Acéries du Chili)、18/10/1907(même compagnie)、B-0069403/1：01/12/1927(S^{té} d'extension de l'industrie automobile)（以上全額払込が未完了の場合)、B-0069393/1：10/05/1907(Cie Générale de Distribution d'Energie Electrique)（全部引受がなされていない場合)。

67) 係争中の事案がある場合（資本増加がなされたが係争中であった大多数について会社が勝訴しているものの一審継続中が37件、控訴審継続中が38件ある場合(B-0069401/1：07/11/1924(S^{té} Centrale des Banques de Province)))、債権者からの訴訟提起の可能性に関する会社の見解を聴取する場合（B-0069386/1：30/05/1888(Usines à Gaz du Nord et de l'Est))、大規模な資本増加が直後になされる予定がある場合(B-0069398/1：18/06/1920(S^{té} Alsacienne de Produits Chimiques))、特別総会による資本増加の承認を待つ場合（B-0069389/1：08/11/1895(S^{té} des nouveaux quartiers de Paris))、吸収合併に関する手続の適法性について専門家の意見を得てから判断する場合（B-0069398/1：25/02/1921(Chalets de Nécessité))。

68) B-0069398/1：11/02/1921(S^{té} Lyonnaise de Celluloïd)、B-0069400/1：03/02/1923(S^{té} de l'Immeuble Parisien)、13/04/1923(S^{té} des Papiers peints)。

69) 全株式分の払込が未完了のため株式が記名式である場合（B-0069379/1：20/03/1863(S^{té} des houillères de St Eloi)、B-0069395/1：20/09/1912(S^{té} Franco-Italienne du Chemin de fer Métropolitain de Naples))、譲渡方法の修正が必要である場合(B-0069381/1：30/01/1872(S^{té} industrielle))。

70) B-0069390/1：18/09/1896(Crédit immobilier de la Seine)。

71) B-0069381/1：21/10/1872(Chemin de fer de Dunkerque à Furnes)。

場合には理事会は当然に上場申請を退けるが[74]、軽微な違反（事後対応が可能なもの）または定款違反の場合には、上場判断が延期されることが多い[75]。

　また、上場判断が延期された例としては株主数が十数名に過ぎない例[76]や発行株式の大半（1万6000株中1万4000株）が発起人により引き受けられた例[77]、上場申請が退けられた例としては株式会社への組織変更から3カ月が経過したに過ぎず、全額払込が未完了であり且つ8000株中7000株が発起人二名に集中していた例[78]があり、数値が挙げられていることから、明確ではないものの、理事会内で上場に必要となる水準として一定の共通認識があったと思われる。

---

72) B-0069395/1：20/09/1911(Cie Générale de Charbonnages), 07/12/1912($S^{té}$ des Anciens Etablissements Chenard et Walcker).

73) B-0069395/1：04/04/1913(Abattoir Hippophagique de Vaugirard, Marché aux Chevaux de Paris).

74) 額面500フランを125フランに引き下げた後に上場申請がなされた件（B-0069384/1：21/11/1881($S^{té}$ du Gaz de Wazemmes, J. B. Guermonprez et Cie)）、株式合資会社において引受証券の4分の1の払込が完了していない件（B-0069384/1：26/12/1881($S^{té}$ Arlès-Dufour et Cie)）、株式引受及び最低基準となる4分の1の払込が株主総会の第二回目の開催後にのみ実施された件（B-0069384/1：20/04/1882(Cie nationale de construction de matériel, Raynaud, Béchade, Gire et Cie)）、140万フランから250万フランへの資本増加が株主総会承認を受けていないとされた件（B-0069387/1：14/02/1890 (Mines de Meurthe et Moselle)）、設立時に不適法な手続がとられ、且つ事業が公衆にとって利益を与えるものでないとされた件（B-0069389/1：08/11/1895($S^{té}$ du Domaine de Fendeck)）、資本増加に違法性が疑われるとされた件（B-0069390/1：06/05/1897(Cie départementale des eaux et services municipaux)）。資本金額の増加の適法性に関する調査が必要である場合には判断は延期される（B-0069389/1：09/03/1894($S^{té}$ française des Allumettes)）。

75) B-0069387/1：24/01/1890(L'Eclairage Electrique), 07/10/1891(Cie du tramway à vapeur de Paris à St Germain), B-0069388/1：03/08/1893($S^{té}$ des Hauts fourneaux de la Chiers), B-0069397/1：11/02/1919($S^{té}$ Brissonneau), B-0069390/1：03/04/1897(Manufacture française d'armes de St Etienne), B-0069390/1：28/12/1897(Cie urbaine d'eau et d'électricité).

76) B-0069383/1：10/03/1879($S^{té}$ Dècle et Cie), B-0069384/1：10/01/1881(Caisse mutuelle des Reports).

77) B-0069384/1：20/04/1882($S^{té}$ générale des Cirages français).

78) B-0069385/1：26/06/1885($S^{té}$ générale de Produits et Spécialités pharmaceutiques).

さらに、理由を一つとせず、複数の理由（例えば、株主が少数であること及び資本金額の決定に関する情報が欠如していること[79]）に基づき判断が延期される事例の大幅な増加が19世紀半ばから確認される[80]。これは複数の要件から成るより複雑な上場基準が形成される過程を示すと考えられることから、以下では理事会の株式の上場判断要素の変遷を分析する。

② パリ公認仲買人組合理事会における株式上場判断要素の変遷

(a) 株主数に関する判断

19世紀初期の株式上場には、理事会による承認に加えて、財務大臣からの要請または承認が必要であり[81]、大臣側には上場の可否に関する理事会意見が伝達されたが[82]、理事会が特に考慮したのは、株式の取引量[83]および取引頻度[84]である[85]。この二点が着目された理由は株主数と深く関係し、初期の

---

79) B-0069383/1：15/05/1876（S^{té} de la Bénédictine de Fécamp）.

80) B-0069384/1：21/03/1881（le Cercle-Incendie）, 22/05/1882（S^{té} Française Ligurienne）, B-0069385/1, 22/02/1883（Sûreté du Commerce）, B-0069398/1：23/01/1920（S^{té} des Cargos Français）, B-0069399/1：10/05/1922（Tondoir Central de la Boucherie）.

81) B-0069361/1：20/11/1810（Caisse Jabach警察大臣（Ministre de la Police générale）からの要請）. 26/05/1817（Cie royale d'assurances maritimes）, B-0069363/1：09/06/1829（Canaux des Ardennes et du Duc d'Angoulême）, B-0069364/1：29/12/1824（Caisse hypothécaire）, B-0069366/1：15/06/1829（S^{té} anonyme du Creusot）, B-0069369/1：17/08/1835（Canal de jonction de la Sambre à l'Oise）, 28/11/1836（Cie du Chemin de Fer de Paris à St Germain）, 28/08/1837（Chemin de fer de Paris à Versailles, sur la rive gauche de la Seine）, 18/09/1837（S^{té} anonyme du Chemin de fer de Paris à Versailles（rive droite））, 27/11/1837（S^{té} anonyme du Canal de Roanne à Digoin）, B-0069370/1：21/03/1838（S^{té} anonyme du Chemin de fer de Bordeaux à la Teste）, 31/05/1838（S^{tés} anonymes des Chemins de fer de Strasbourg à Bâle et de la Sambre à la Meuse）, 03/09/1838（Chemin de fer de Paris à la Mer）, 24/09/1838（Chemin de fer de Paris à Orléans）, B-0069371/1：06/12/1841（Chemin de fer de Paris à Rouen）, B-0069372/1：27/09/1844（S^{té} anonyme établie à Amiens et Paris pour la fabrication des fils et tissus de lin et de chanvre）, B-0069374/1：12/01/1852（Cie d'assurances maritimes la Vigie）, B-0069375/1：12/07/1852（Chemin de fer de Lyon à Avignon）, 15/11/1852（Cie des Chemins de fer du Midi）, 10/01/1853（S^{té} générale de Crédit mobilier）, 18/08/1853（Chemin de fer Grand Central）.

82) B-0069369/1：18/09/1837（S^{té} anonyme du Chemin de fer de Paris à Versailles（rive droite））, B-0069370/1：21/03/1838（S^{té} anonyme du Chemin de fer de Bordeaux à la Teste）.

上場申請案件において上場適格性が認められた際に「公衆の利益（intérêt du public）」の存在に言及[86]がなされたように、株式が一定数以上の多数の者により取得されていることが上場の前提とされていた[87]。19世紀半ばに差し掛かるとともに「一般利益（intérêt général）」[88]及び「一般及び公の利益（intérêt général et public）」[89]といった表現が増えたこともこうした点を裏付けるものであり、株主数が多いほど一般利益に適うとする考え方が根底に存在する[90]。

(b) 資本金額に対する関心

1830年代に多くの鉄道会社の上場が申請されるとともに、会社の財務基盤に対する関心が高まり、設立準則主義への移行後も財務基盤を念頭に置いた判断がなされ[91]、1890年には資本金額が200万フラン未満の会社の証券の上

---

83) B-0069394/1：15/10/1824（Caisse hypothécaire），B-0069396/1：06/04/1829（S^{té} des Mines Forges et Fonderies du Creusot），B-0069369/1：17/08/1835（Canal de jonction de la Sambre à l'Oise），16/01/1836（Chemins de fer），28/08/1837（Chemin de fer de Paris à Versailles, sur la rive gauche de la Seine），18/09/1837（S^{té} anonyme du Chemin de fer de Paris à Versailles（rive droite）），29/09/1837（Banque du Havre），B-0069370/1：21/03/1838（S^{té} anonyme du Chemin de fer de Bordeaux à la Teste），B-0069375/1：14/02/1853（Comptoir national d'Escompte）．

84) B-0069369/1：17/08/1835（Canal de jonction de la Sambre à l'Oise），28/08/1837（Chemin de fer de Paris à Versailles, sur la rive gauche de la Seine），18/09/1837（S^{té} anonyme du Chemin de fer de Paris à Versailles（rive droite）），29/09/1837（Banque du Havre），B-0069370/1：21/03/1838（S^{té} anonyme du Chemin de fer de Bordeaux à la Teste），B-0069384/1：12/12/1881（Etablissement Malétra）．

85) 十分な取引量がなければ上場廃止となる（B-0069397/1：05/12/1831）。

86) B-0069369/1：16/01/1836（Chemins de fer），28/08/1837（Chemin de fer de Paris à Versailles, sur la rive gauche de la Seine）．

87) 公認仲買人組合自体が公衆保護を目的として設置されたとする認識がある（B-0069397/1，08/08/1919）。

88) B-0069379/1：26/02/1866（Mines de l'Argentière），B-0069382/1：07/08/1874（S^{té} d'Alfortville-Mazeline），B-0069384/1：19/04/1880（S^{té} générale des banques départementales）．

89) B-0069381/1：25/05/1868（Chemin de Fer de Perpignan à Prades），B-0069385/1：22/02/1883（Sûreté du Commerce），09/04/1883（Graineterie française），B-0069386/1：06/12/1886（Cie Patrimoine），13/05/1887（Grand Hôtel），B-0069387/1：26/07/1889（Cie des Chemins de fer à voie étroite de Saint-Etienne, Firminy, Rive de Gier et extensions），10/10/1890（Cie des Chemins de fer économiques du Nord）．

場を認めないとする慣行が理事会内で確立していた[92]。この時点ではすでに資本金額が明確な形で上場基準となっていることが確認される[93]。

　上場申請が退けられた例及び判断が延期された例の理由付けを見ると、資本要素が他の判断要素と組み合わされている例が増加している。会社の資本金が過少であることに加えて他の要素に言及する例としては、株式譲渡の容易性確保の観点から株式について無記名式の不採用を挙げる例[94]及び譲渡承認条項の存在を指摘する例[95]があるが、他の取引所に上場されているためパリ取引所への上場の必要性がないとされた例[96]や会社目的の特殊性が指摘された例[97]もある。また、会社の資本金が過少であることに加えて、株主数が少ないこと[98]または証券が公衆により分散保有されていないこと[99]を挙げ、

---

90) B-0069382/1：07/08/1874（S^{té} d'Alfortville-Mazeline）, B-0069383/1：08/02/1876（S^{té} Dècle et Cie）, B-0069384/1：08/12/1879（S^{té} métallurgique du Périgord）, B-0069385/1：09/04/1883（Graineterie française）, B-0069386/1：26/10/1888（S^{té} agricole industrielle et commerciale de la Nouvelle-Calédonie）, B-0069387/1：31/05/1889（S^{té} d'entreprises et de construction des colonies espagnoles）, 26/07/1889（Cie des Chemins de fer à voie étroite de Saint-Etienne, Firminy, Rive de Gier et extensions）, 10/10/1890（Cie des Chemins de fer économiques du Nord）, 24/10/1891（S^{té} financière "le Crédit"）, B-0069390/1：29/01/1897（S^{té} des Chéneaux et tuyaux en fonte）.

91) 資本金額の全額払込の完了まで判断が延期された例（B-0069389/1：01/02/1895（S^{té} française d'alimentation animale））、出資内容が明確でない場合に判断が延期された例（B-0069384/1：20/04/1882（Comptoir industriel de France et des Colonies））、資本増加（130万フランから195万フランに増資）が資産の一部の要素の増価（plus-value）によることが異常（anormal）であるとして申請が退けられた例（B-0069391/1：20/10/1899（S^{té} du Nouveau Cirque））.

92) B-0069387/1：09/05/1890（S^{té} linière d'Amiens）.

93) 上村達男「資本概念と公開会社法理」ビジネス法務16巻6号（2016）127頁は、資本概念が上場基準としての意義を有する可能性を指摘する。

94) 株式の全額払込及び無記名式の採用が確認されていないとした例（B-0069385/1：28/12/1883（Crédit foncier mutuel））、資本金が過少であることに加えて株式1万株のうち4分の3が記名式であり且つ取引数が少ないことに基づき上場申請が退けられた例（B-0069385/1：27/10/1884（Comptoir de tissus à parapluie Gailliard et Cie））。

95) 資本金が200万フランのみであること、3種類の株式が発行されていること及び定款に譲渡承認条項があることを理由に申請が退けられた例（B-0069384/1：11/07/1881（S^{té} des Ardoisières de l'Ouest））。

保有者数が問題とされる場合も少なくなく、さらには利益還元に偏りがある場合（発起人に利益の大半が付与される場合など）にも上場は認められていない[100]。なお、会社資本は上場を拒否するための理由づけとされる一方で、逆に上場許可のための理由づけとして援用されることもある[101]。

　理事会は、資本金額の決定要素にまで踏み込み財務基盤の強度を調査することがあり[102]、また、次年度の貸借対照表の提出まで判断を延期する[103]、資本金が倍増されてもそれ以降の事業展開が芳しくない場合に判断を延期する[104]、資本金の大部分が営業財産（fonds de commerce）により構成され、償却が予定されず、株主も少数である状況において判断を延期する[105]など、詳細

---

96) B-0069383/ 1：28/ 11/ 1878（Cie des Eaux Minérales de Capvern）, B-0069386/ 1：06/ 12/ 1886（Cie générale des industries textiles Léon Allart et Cie）。上場が市場に利益をもたらさないとして延期された例（B-0069401/ 1：25/ 02/ 1924（Etablissements Dalbrouze et Brachet））。

97) B-0069384/ 1：14/ 11/ 1881（S^{té} française d'Etudes et d'Entreprises）。

98) B-0069381/ 1：13/ 01/ 1873（S^{té} générale d'exploitation de Chemins de fer）, B-0069383/ 1：09/ 10/ 1876（Cie des Filatures et Corderies du Maine）, 26/ 02/ 1879（S^{té} de la Nouvelle-Arborèse）, B-0069386/ 1：03/ 03/ 1888（S^{té} du Gaz de Beauvais）, B-0069398/ 1：12/ 11/ 1920（Cie des Scieries Africaines）。

99) B-0069398/ 1：13/ 02/ 1920（S^{té} des Etablissements Dubigeon）。

100) B-0069400/ 1：14/ 03/ 1924（Brasserie Universelle）。

101) B-0069375/ 1：10/ 01/ 1853（S^{té} générale de Crédit mobilier）先物市場への上場を認める要件として資本金額が高額であり会社の事業に政府が重要性を見出していること（一種の政府保証があること）が挙げられた。また、条件付で上場が認められた例において、株式が無記名式であることに加えて、全額払込み（B-0069375/ 1：21/ 02/ 1853（Manufacture de glaces d'Aix la Chapelle））または10分の5の払込み（B-0069375/ 1：28/ 02/ 1853（Delaire et Cie））がなされたことが挙げられた。

102) B-0069383/ 1：15/ 05/ 1876（S^{té} de la Bénédictine de Fécamp）。

103) B-0069384/ 1：23/ 05/ 1881（S^{té} fermière de l'Hôtel Continental）, 10/ 08/ 1881（Cie auxiliaire des Chemins de fer）, 22/ 05/ 1882（S^{té} Française Ligurienne）, B-0069385/ 1：23/ 06/ 1884（S^{té} des Imprimeries Réunies）, B-0069398/ 1：01/ 03/ 1921（S^{té} anonyme des Etablissements ADT）, B-0069402/ 1：29/ 09/ 1926（Cie Agricole et Minière des Nouvelles Hébrides）。

104) B-0069384/ 1：10/ 01/ 1881（Caisse mutuelle des Reports）。

105) B-0069384/ 1：21/ 06/ 1882（S^{té} Bomard-Bidault）。

な検討を行う。さらに、業界内では無名にもかかわらず資本金が高額である場合に業界の識者に事業の将来性に関する意見聴取を行うなどの追加調査が要請されることもあり[106]、資本金額と事業規模の均衡に注意が払われている。

(c) 設立後の経過年数

1870年代頃から表れてきたのが、設立後の経過期間に関する基準である。設立から上場申請までの期間が過度に短いと上場申請が退けられる[107]または判断が延期される[108]場合がある。上場判断が延期された例としては、初年度の計算書類の提出を待つ例が数件あるが[109]、次第に複数年度分の計算書類が要求されるようになり[110]、上場には長期の事業継続が必要であることが明らかとなる。また、設立からの経過期間に限らず、設立から間もないことを

---

106) B-0069391/1：11/11/1898（Papeteries Gouraud）.
107) B-0069382/1：07/08/1874（S^{té} d'Alfortville-Mazeline），B-0069393/1：08/11/1907（Cie Electrique du Midi），B-0069394/1：29/01/1909（S^{té} Coloniale du Bambao），B-0069395/1, 20/09/1911（S^{té} Foncière de l'Argentine）.
108) B-0069383/1：09/10/1876（Cie de Filatures et Corderies du Maine），08/04/1878（Cie des Transports Parisiens），B-0069384/1：05/04/1880（Cie générale des Minoteries Françaises），10/05/1880（Cie française des Mines de diamants du Cap），12/07/1880（S^{té} du Journal La Lanterne），06/12/1880（Union des Banques），B-0069390/1：28/12/1897（Cie des chemins de fer de l'Est Egyptien, Cie des Tramways de Lorient, Cie industrielle de traction pour la France et l'Etranger），B-0069391/1：14/09/1898（S^{té} des Raffineries de Soufre réunies），03/03/1899（L'Inde française à l'Exposition de 1900），25/04/1899（Paris-France），B-0069392/1：28/06/1901（S^{té} cotonnière Russo-Française），B-0069400/1：11/04/1924（S^{té} Le Blan et Cie）（Le Blanについては、合名会社形態として100年以上の歴史があること等を理由に、事後的に上場が認められている（B-0069401/1：07/05/1924）。），B-0069401/1：30/05/1924（Anciens Etablissements Lesage）.
109) B-0069384/1：26/07/1880（S^{té} des Brasseries Austro-Francaises），18/10/1880（Crédit Parisien）.
110) B-0069391/1：14/09/1898（S^{té} des Raffineries de Soufre réunies），B-0069392/1：18/05/1901（S^{té} des Chemins de fer algériens），B-0069397/1：11/09/1919（S^{té} des Etablissements de Nanterre et de Genevilliers），B-0069399/1：31/05/1921（Banque commerciale de la Méditerranée）。申請が退けられた例として、B-0069394/1：07/10/1908（Etablissements de Dion-Bouton）。

資本金が過少であること及び株主の数が少ないこととあわせて挙げて申請を退ける[111]または延期する[112]例、及び設立から間もないこと及び株式引受人の数が少ないことを理由に申請を延期[113]または退ける例[114]も見受けられる。なお、会社の存続期間が残り僅かの場合にも上場申請は拒否される[115]。ただし、設立から間もない時期での上場申請であっても、当該会社が既存の事業を承継するものである場合には、払込みが2分の1に過ぎず株式が記名式であっても2年以内の全額払込の完了を会社が保証することを条件に上場が認められた例[116]及び初年度の貸借対照表を提出できなくても承継前の事業内容を理由に上場が認められた例[117]があるように、会社の状況に応じた特例措置が採られ、柔軟に対応されることが確認される。

(d) 会社の損益状況と利益の分配状況

事業継続性とも関連するが、1880年代から会社の損益状況も判断要素に明示的な形で含められるようになった[118]。資本金が過少であること及び株主の数が少ないことに加えて、上場申請以前の事業年度がすべて赤字であるとして申請が退けられた例[119]があるほか、上場判断が延期された例としては、株主の数が少ないこと及び一または複数年度分の貸借対照表の提出が求められた例[120]及び証券保有者の数が少ないことに加えて、事業承継後の新会社に

---

111) B-0069384/1：24/05/1880(S^{té} des Pierres, Matériels et Produits lithographiques).
112) B-0069387/1：31/05/1889(S^{té} d'entreprises et de construction des colonies espagnoles).
113) B-0069384/1：21/11/1881(S^{té} postale française de l'Atlantique).
114) B-0069386/1：13/05/1887(Grand Hôtel), B-0069387/1：04/07/1899(Cie des Etablissements Eiffel).
115) B-0069391/1：06/01/1899(Café américain), B-0069393/1：09/12/1907(Banque Française du Rio-de-La-Plata).
116) B-0069393/1：04/10/1907(Usines Métallurgiques de la Basse-Loire).
117) B-0069399/1：14/06/1921 (S^{té} française de Pétroles "Premier").
118) 黒字を求めた例として、B-0069384/1：09/08/1880(Cie générale du Gros camionnage de Paris)、外国会社の例であるが、会社の収支状況の開示を要求したものとして、B-0069394/1：04/04/1911(S^{té} des Hauts-Fourneaux, Forges et Aciéries de Piombino), B-0069395/1：20/09/1911(S^{té} Foncière de l'Argentine)。
119) B-0069383/1：07/04/1877(S^{té} la Nouvelle Arborèse).
120) B-0069390/1：05/03/1897(Cie du Littoral de la Méditerranée).

よる利潤の獲得可能性の判断のために承継前事業で創出された利益額の提出が求められた例[121]がある。さらに、会社の赤字状態に照らし、安定した利益（bénéfices réguliers）の創出を会社が証明しない限り、上場が許可されないことも明らかとなった[122]。

損益状況に言及がなされる理由は、株主の配当取得可能性に対する関心にまずは結びつくものである。つまり、株主が将来配当を得る見込みが上場の重要な判断要素の一つとされているのであり[123]、実際に、配当が実施されるまで上場判断が延期された例[124]や最初の三事業年度間配当が実施されず多額の負債があり且つ買収した事業の将来性が危ぶまれる状況で上場判断が延期された例など[125]が見られる。

利益が確保される状態になれば、上場が認められる可能性が高くなるが[126]、理事会は利益の創出状況にも踏み込んで判断を行い、利益創出が一時的なものでないことが確認された場合に上場を認めるとして延期された例[127]、利益が正常な状況で創出されず、事業が評判（renom）と信用（crédit）を満足に得ていないことを理由に延期された例[128]があるように、安定的に利益を生み出す事業であること[129]が大前提となる。会社の事業に対する客観的な評価を行ううえで、計算書類はきわめて重要な役割を果たし[130]、特に

---

121) B-0069398/1：20/02/1920（Sté des Etablissements Caurin Yrose）.
122) B-0069383/1：18/06/1877（Sté des Usines à Zinc du Midi）.
123) B-0069383/1：14/05/1877（Sté des Mines de Bert）, B-0069384/1, 19/08/1882（Cie française des mines d'or de l'Uruguay）, B-0069385/1：12/12/1882（Sté agricole et immobilière Franco-Africaine）, B-0069386/1：25/11/1887（Cie générale des Mines de Diamants）, 08/12/1887（Cie française de l'Afrique occidentale）.
124) B-0069398/1：23/04/1920（Sté des Hauts Fourneaux de la Chiers）.
125) B-0069400/1：04/04/1924（Sté des Papetries de France）．その後、国内最大手であること、売上高が10億フラン、1922年時点の純利益400万フランが翌年に800万フランになっていること等の主張を受け、上場が認められた（B-0069401/1：25/04/1924）.
126) B-0069403/1：12/10/1927（Cie des Immeubles de la Plaine Monceau）.
127) B-0069383/1：28/10/1878（Sté de l'Hippodrome）.
128) B-0069383/1：07/04/1879（Sté métallurgique de Tarn et Garonne）.
129) B-0069394/1：04/04/1911（Sté industrielle et agricole de la Pointe-à-Pitre）.
130) B-0069384/1：18/07/1881（Sté industrielle et agricole du Delta du Nil）.

1890年代以降は貸借対照表に基づき上場申請に対する判断が延期されるまたは退けられる例が増加する[131]。

また、理事会の関心は株主が受ける配当にとどまらず、取締役や業務執行者が受ける利益にも及び、これらの者に過剰な利益還元が予定されている場合には上場が認められない可能性がある。上場が延期された例として、株式合資会社の業務執行者が過剰な利益を取得することになるとされた例[132]があるが、業務執行者が無限責任を負うこと及びすでに上場されている株式合資会社において同程度の利益還元がなされていたことを受け、最終的には上場が認められた[133]。明確な基準は示されていないものの、利益の27％が取締役会等に付与されることが過剰であるとして追加的な情報を求めて理事会が判断を延期した例[134]がある。

(e) 事業内容に応じた個別判断

19世紀後半からは理事会の注目は事業内容にも向けられるようになる。鉄道会社については線路が敷設される土地利用・工事等の関係で、事業継続に政府許可が必要となるため、これが上場の要件とされることがあり、実際に、株式の全額払込、敷設地に対する銀行の抵当（hypothèque）の解除に加えて、政府による建設期限の延長許可が必要となるとして上場判断が延期された例[135]がある。また、新聞社については、理事会は購読者数の確保に対する慎重な態度を示し、顧客層が安定していると判断するにあたり十分な期間が経過し、十分な保証となる準備金が積み立てられていなければ上場を認めない慣行を形成した[136]。他方で、事業目的が人道的である場合には、会社が発行する証券数が少ない場合でも上場に好意的な態度が示されるように[137]、会社

---

131) B-0069389/1：15/03/1895（S^{té} des Etablissements Dubonnet), 22/03/1895（S^{té} Electrogénique), B-0069398/1：28/05/1920（S^{té} des Grands Moulins de Paris).
132) B-0069400/1：11/04/1924（S^{té} Le Blan et Cie).
133) B-0069401/1：07/05/1924（S^{té} Le Blan et Cie).
134) B-0069402/1：30/12/1924（S^{té} des Etablissements Delattre et Frouard réunis).
135) B-0069383/1：18/02/1878（Cie du Chemin de fer d'Arles à St Louis du Rhône).
136) B-0069384/1：20/07/1880（Journal La Lanterne）理事会側が直接新聞社に対して上場申請の取り下げを促す場合もある（B-0069384/1：14/11/1881（S^{té} du Petit Journal))。
137) B-0069395/1：01/12/1911（S^{té} des Habitations Economiques de la Seine).

目的を基礎に、上場が社会に与える影響が考慮されるといえよう。

また、記名株式をはじめとする証券の流通を妨げる要素に対しては厳格な態度が示されてきたが、業界特有の事情が考慮され、譲渡承認条項・先買権（droit de préemption）条項がある場合でも例外的に上場が認められることがある。特に保険会社の株式の額面は高額であり全額払込が未完了のことが多かったため、定款に譲渡承認条項があったとしても上場を認める慣行が当初存在していた[138]。ただし、こうした扱いは一時的且つ保険業界に限られる[139]ものであり、また保険会社における先買権の態様（特に取得価格の決定方法）によっては、上場申請が退けられる[140]または延期される[141]こともある。

(f) 相場の形成可能性

1890年のデクレにおいて一定の取引量の存在が上場要件とされていることにすでに言及したが、20世紀に入り、証券の安定した取引量の存在は価格形成の観点から理事会の最大の関心事項となり、取引量の不足から生じる相場の不安定性への対応を理事会が要請することがあるように[142]、安定した市場価格が見込まれなければ上場申請は退けられる[143]。また、申請会社の株価の下落だけでなく、当該会社が保有する株式の価格の下落を理由として上場判断が延期され[144]、さらには過去に上場許可を受けても、事情変更によりその後相場が値崩れし会社の将来性に疑義が生じた場合には再び上場判断が延期されるなど[145]、相場変動への細かな対応がなされる。

---

138) B-0069398/1：14/01/1921（Phénix Accidents）.
139) 新聞社が株式会社への組織変更を機に、記名株式を維持し且つ譲渡時には先買権条項を発動させるとして上場申請を行ったことに対し、先買権条項は保険会社の上場の場合のみ認められるとして申請が退けられた（B-0069395/1：17/04/1914（Le Figaro））.
140) B-0069398/1：12/11/1920（S^{té} de Réassurances contre l'Incendie et autres risques）.
141) B-0069401/1：02/05/1924（La Nationale Crédit）. その後、会社側から譲渡承認条項（clause d'agrément）を例外的な場合を除き発動させない旨の通知があり、理事会は上場を認めるに至った（B-0069401/1：12/05/1924）.
142) B-0069394/1：17/03/1908.
143) B-0069394/1：26/03/1909（S^{té} des Phonographes et Cinématographes Pathé）、B-0069392/1：12/09/1902（Cie des Tramways Départementaux des Deux-Sèvres）.
144) B-0069385/1：21/12/1882（Comptoir Industriel de France et des Colonies）.

また、上場の実施時期も相場形成に関する重要な判断事項となり、上場許可後に会社の都合で直ちに上場が実施されない状況を受け、理事会が会社に上場の実現を促すこともある[146]。さらに、理事会による上場判断の結果が事前に公衆に伝わり「一時的に市場をゆがめる遺憾な変動（variations regrettables）」が生じるとして、理事会により上場の是非に関する一般判断がなされたうえで理事長（syndic）に上場のタイミングに関する判断を委ね、上場の前日を公表日とする新たな手法が採用された[147]。

(g) 他の取引所への上場状況

　理事会はパリ取引所への上場を審査するが、他の取引所への上場がすでに実現している場合には、パリ市場への上場が必要でないとして判断が延期される[148]または申請が退けられる[149]ことがある。そもそも、上場の要件となる「一般利益」への合致は具体的には「フランス国民」の利益を意味し[150]、20世紀初頭の上場申請案件においてしばしば「フランス市場（marché français）にとって」上場の意義がないとされることが指摘される[151]。さらに多いのが、「パリ市場にとって」上場の意義がないとされる案件であり[152]、事業が地域限定的な性格を有する場合[153]または外国人株主が過度に多い場合[154]には上場は認められない。したがって、上場の是非に関する一般的判断[155]とパリ市場への上場の是非に関する具体的判断という二段階の判断が実質的になされるものとみられる[156]。

　なお、他の取引所に上場されていないことがパリ市場への上場を拒否する

---

145) B-0069399/1：28/04/1922（Cie d'Alimentation et d'installations frigorifiques）．

146) B-0069393/1：02/02/1906（Goldfields）．

147) B-0069402/1：14/10/1924．

148) B-0069383/1：28/11/1878（Cie des Eaux Minérales de Capvern），B-0069395/1：11/07/1911（S^{té} des Moteurs Gnôme），10/05/1912（S^{té} des Affiches Gaillard），14/06/1912（S^{té} des Usines de l'Espérance），B-0069395/1：23/05/1913（S^{té} des Forges de Firminy）．

149) B-0069389/1：05/07/1895（S^{té} des Papeteries Gouraud），B-0069393/1：06/04/1906（Banque de Bordeaux），B-0069394/1：04/04/1911（L'Energie Industrielle），B-0069395/1：12/01/1912（Sécheries de Morues de Fécamp），20/09/1912（S^{té} pour la fabrication des tubes）．

150) B-0069391/1：11/05/1900（S^{té} des Charbonnages de Bielaïa）．

理由づけとして援用されることもある[157]。

---

151) B-0069392/1：08/07/1904（Cie des Chemins de fer Industriels et Balnéaires de la Somme），B-0069393/1：16/03/1906（Banque privée de Lyon），08/06/1906（S^{té} des Etablissements Hutchinson），B-0069394/1：28/02/1908（Banque de Cochinchine, Chemins de fer du Born et du Marensin），12/03/1909（La Confiance Militaire），21/01/1911（S^{té} minière et industrielle Franco-Brésilienne），B-0069395/1：11/07/1913（S^{té} Cotonnière du Tonkin），B-0069397/1：21/10/1919（S^{té} d'Applications du Béton armé, S^{té} des applications industrielles du Bois），B-0069401/1：25/06/1924（S^{té} des Brasseries et Malteries Motte-Cordonnier），B-0069403/1：11/01/1928（S^{té} des Automobiles Delahaye）（最後に挙げた9件については，「フランス市場（marché français）」ではなく「市場（marché）」とされているのみ）．
152) B-0069392/1：08/03/1901（S^{té} des Grands Travaux de Marseille），29/03/1901（Cie industrielle du Platine），18/05/1901（S^{té} des Verreries de Fresne sur Escaut, S^{té} des Chaux et Ciment Romain Boyer），06/12/1901（S^{té} des Chantiers et Ateliers de Provence, Cie Foncière de Constantine），21/03/1902（S^{té} des Forages et Puits artésiens），18/04/1902（Cie Française des Moteurs à Gaz et Constructions Mécaniques），B-0069393/1：12/05/1905（S^{té} des Explosifs et de Produits Chimiques），26/07/1905（S^{té} des Bitumes et Asphaltes du Centre），09/12/1907（Energie Electrique du Nord de la France），B-0069394/1：29/07/1908（Grands Cafés de Toulouse），23/10/1908（Great Cobar），29/01/1909（S^{té} d'Electricité du Centre），26/03/1909（Papetries du Souche），07/05/1909（Energies Electriques du Sud-Ouest），28/05/1909（Papetries du Limousin, Forges de Recquiguies），18/10/1909（Cie des Tramways de Tours, Cie des Tramways de Lorient, Cie des Docks Rémois），08/04/1910（La Canalisation Electrique），18/05/1910（S^{té} Toulousaine du Bazacle），09/06/1911（Etablissements Poulenc Frères），B-0069395/1：14/12/1911（Union Photographique et Industrielle），12/01/1912（Sécheries de Morues de Fécamp），24/10/1913（S^{té} des Tissages A. Bréchard），B-0069397/1：27/06/1919（S^{té} G. Garde et frères），B-0069401/1：03/07/1924（S^{té} des Rizeries de la Méditerranée Etablissements Pellas frères）．
153) B-0069392/1：10/01/1902（S^{té} des Voiliers de Saint-Nazaire），B-0069395/1：20/04/1912（Banque Adam, Caisse Lécuyer）．
154) B-0069394/1：29/01/1909（S^{té} d'Electricité du Centre），B-0069395/1：01/03/1912（Ateliers de Constructions Electriques de Charleroi）．
155) B-0069392/1：12/12/1902（S^{té} de construction du Port de Salonique, S^{té} des Galeries Lafayette），22/05/1903（Cie générale des Chemins de fer vicinaux），08/07/1904（Cie des Chemins de fer Industriels et Balnéaires de la Somme），B-0069393/1：23/06/1905（S^{té} foncière du domaine de Cheïkh-Fadl）．

(h) 取締役会の構成

20世紀初頭からの理事会の新たな関心事項の一つに、取締役会の構成がある。外国会社について、すでに証券保有者の居住地を理由として申請が退けられること[158]、さらには上場条件として取締役会にフランス国籍の保有者を1名加えることが要求されたこと[159]はあったが、内国会社でも外国人取締役が多勢を占める場合に理事会は慎重な判断を行う傾向があり、取締役のほぼすべてがロシア国籍者であり、設立時に資本の大半がロシア資本の会社のフランス支店により引き受けられた会社の上場申請案件につき財務大臣の意見が求められている[160]。

(i) 株主間の利害調整

株式に異なる権利が付与されていることを理由に上場申請が退けられた例はすでに19世紀半ばにあるが[161]、20世紀に入り、種類株式を発行する会社につき上場判断が延期される例が増加する。公定相場表作成の便宜上、発行証券の統一が会社に求められることは従来からあったが[162]、理事会は権利内容に注目し、種類株式の発行自体に否定的ではないものの[163]、種類株式の発行により株主間に権利内容の面で過度な差異が生じる場合には定款変更により議決権内容を画一化することを促すことがある[164]。なお、議決権数との関係

---

156) 株式が公衆に十分に分散しておらず、且つパリ市場にとって利益とならないとされた例として、B-0069392/1：21/02/1902（Cie des Chemins de fer et Tramways du Var et du Gard）。

157) B-0069386/1：08/06/1888（Chemin de Fer Trans-Africain）。

158) B-0069393/1：06/04/1906（Banque de Guanajuato）。

159) B-0069393/1：07/10/1904（Cie des Chemins de fer de Thessalie）。ただし、アテネ在住のフランス人取締役選任後になされた上場申請について、理事会は判断を延期している（10/01/1905）。社債の上場申請が退けられた案件であるが、取締役会にフランス人取締役を選任すること及び事業が必要とする全材料の調達をフランスから行うことを条件に上場が認められうることを理事会が明らかにし、その後会社側がこれを受け入れた事例として、B-0069393/1：08/11/1907（Chemins de Fer de Goyaz）。

160) B-0069400/1：11/04/1924（Banque Internationale de Commerce）。

161) B-0069383/1：19/02/1877（Cie des Chemins de fer de l'Ouest-Algérien）。

162) B-0069384/1：06/12/1880（Union des Propriétaires de vignobles de l'arrondissement de Barbézieux, Boutellau et Cie）。

では、複数議決権に関する法案の策定過程において上場の判断が延期された例[165]、その後、審議中の同法案において株式は同一額面の他の株式に付与されている議決権の5倍を超える議決権を付与できないとする規定があることを受けて法案で示された水準を超えること等を理由に上場申請が退けられた例[166]があり、理事会が法改正に配慮しながら上場判断を行うことが窺える。

VI　むすびに代えて

　ここまで、商法典制定から20世紀初頭までのパリ公認仲買人組合における株式上場制度の変遷をたどった。株式上場を社債上場の要件とする慣行が理事会内に存在していた状況において[167]、株式の上場審査は市場へのアクセスを決定づける重要な意味を有し、この点は、株式相場に表象される会社の資産価値（valeur de l'actif social）を基礎に、社債の担保に対する判断がなされるとする認識の存在[168]においても確認されるところである。こうした状況における公認仲買人組合の独立性の確保は重要な課題であり、上場許可に際して手数料をとる提案がなされた際には、手数料を得ないことが公認仲買人組

---

163)　B-0069401/1：16/04/1924（S^{té} anonyme de Réassurances）では、種類株式が発行されているが、市場の利益に合致しないため上場判断が延期され、またB-0069402/1：23/06/1926（S^{té} Paul Olmer）では負債の規模が過大であることを理由に判断が延期された。

164)　B-0069400/1：25/05/1923（S^{té} des Etablissements Nozal）、B-0069401/1：06/08/1924（Hôtels de l'Etoile）。また、一方の種類株の権限が過度に制限的であるとして上場に消極的な立場が示された例として、B-0069401/1：28/11/1924（Cie Générale d'Entreprises Electriques））、一方の種類株に10倍の議決権が付与されたためその他の株式保有者が会社の業務執行に関与できない状況につき、貸借対照表上の改善が見られ且つリール取引所における相場が年初めの2倍といった事情がある状況でも上場判断が延期された例として、B-0069400/1：30/10/1923（S^{té} des Etablissements Charles Tiberghian）。

165)　B-0069403/1：02/03/1907（S^{té} Commerciale et Industrielle de la Côte d'Afrique）。

166)　B-0069403/1：30/03/1927（S^{té} des Chaussures Sayard）。

167)　ただし、戦時において国防に寄与する産業の資金調達の容易化のために例外的に社債のみが上場されることはあった（B-0069397/1：30/09/1919）。

168)　B-0069399/1：11/03/1921（S^{té} de la Haute Isère）。

合の完全な独立を保障し、組合は一般利益の観点に照らし判断を行うことができることを理由に提案が却下されている[169]。

本稿では、商法典制定時から制度理論の発生までのフランスにおける株式上場制度の展開の検討を通じて、大規模上場会社の特徴を明らかにしようとした。理事会の厳格なコントロールの下で上場が認められた株式会社は、株主数の多い、安定した利益を継続的に創出する、国家及び上場される市場にとって重要な株式会社であり、上場会社の数が飛躍的に増加する20世紀初頭が「制度理論」の発生時期でもあることは、資本市場制度と会社法理論の相関関係を示すとともに、制度理論が会社の性質をめぐる理念的な論争にとどまらず現実問題への対応としての意味を有することを確認させるものと考えられる。

フランスにおける上場制度の特徴は、内国証券の上場規制が法律規定を通じてではなく、あくまで公認仲買人組合の自主規制の枠組みのなかで発生・発展したことにある。1807年商法典制定から20世紀初頭にかけて、公認仲買人組合理事会はきわめて多様な要素に注目して柔軟に上場判断を行い、上場審査手続のなかで複雑な事情を考慮し、そのなかには過少資本や株主間の利害調整といった会社法特有の問題もあれば、相場形成といった証券市場特有の問題も混在している。上場適格性を判断するにあたり外部からは申請結果が予測しにくい方式が採用された理由の一つは、銀行による証券引受団の形成または元引受契約の締結が一般的であった時代に市場操作が稀ではなく[170]、また19世紀に投資者が市場関連の情報を得る手段が主に新聞であったところ、新聞が提供する情報の客観性はときには大いに疑わしいものであったこと[171]にあり、投資家への情報開示制度がまだ構築されなかった時代に、理事会は投資家らの代わりに正確な情報の提出を証券発行者より受ける役割を果たしたとみられる。

---

169) B-0069398/1：26/11/1920.

170) COURCELLE-SENEUIL (J.-G.), *Traité théorique et pratique des opérations de banque*, 5e éd., Guillaumin et Cie, 1871, p. 112.

171) JANNET (C.), *Le capital, la spéculation et la finance au 19e siècle*, Plon, 1892, pp. 170 et s.

もう一つ考えられるのは、19世紀から20世紀初頭は資本市場の発展時期であるとともに近代株式会社法の形成時期でもあるため、法律及び判例が大きく変動しうる時期に公認仲買人組合の理事会の経験に基づいた個別判断の積み重ねが最も現実的な判断方式となる事情である。上場審査のなかで、理事会が株主数、財務状況、設立後経過年数、損益状況、配当の支払状況、事業目的、取締役会の構成等に注目し、商法典そして1867年7月24日の法律が株式会社に求める水準よりも厳格な水準を満たすことを事実上要請することは、黙示的な形ではあるものの、上場会社のモデルが理事会内で段階的に形成される過程を示すものと捉えられ、そこには会社法的な要素に限らず、のちの上場適格基準につながる要素や国益・公益の保護といった観点をも読み取ることができる。近代的な上場制度の形成及び株式会社制度の構築との詳しい接合点についてはさらに20世紀初頭以降の動向を確認する必要があり、その検討は今後の課題としたい。

　＊本研究は、科研費（課題番号：18Ｋ12688）の研究成果である。

公開会社の株式の募集・売出しと空売り規制
―― 米国SECによる法執行事例の分析を中心に

若林　泰伸

Ⅰ　はじめに
Ⅱ　SECが制定したRegulation MのRule 105
Ⅲ　アメリカにおけるRule 105の法執行事例の分析

Ⅰ　はじめに

　わが国においては、いわゆる増資インサイダー事件を契機として、2011年に公募増資に関連した空売りを防止するための法規制が導入された[1]。この法規制は、アメリカの連邦証券取引委員会（U.S. Securities and Exchange Commission:SEC）が制定したRegulation MのRule 105を参考にしたものである。Rule 105は公募増資に関連して空売りを行い、募集において株式を買付ける態様の相場操縦的な空売りを禁止するものであるが、日本の法規制はSECが2007年にRule 105を改正する前の法規制、すなわち空売りを行った者が募集で買い付けた株式で行うカバー行為を禁止する方法に類する規制方法を採用した。後述のとおり、アメリカでは2007年改正前に脱法的な取引が相次いだことを受けてRule 105の改正に踏み切ったわけであるが、改正前の規

---
1) 金融商品取引法施行令26条の6等。この点については、拙稿「増資の際のインサイダー取引と空売りに対する法規制」商事1962号（2012）26頁以下を参照。

制方法の実効性を確保し、募集・売出しのプロセスを公正にするには、どのような法運用・法執行が必要になるのであろうか。

本稿は、公募増資の際に行われる相場操縦的な空売りに対する法執行のあり方を、アメリカ法の事例分析を通して検討する。以下では、SECのRule 105の概要を確認し、アメリカにおいてRule 105の法執行の対象となった事例について検討を加える[2]。

II SECが制定したRegulation MのRule 105

1 緒　説

アメリカにおいては、1970年代からSECが株式の第二次募集（secondary offeringまたはfollow-on offering）の際に行われる下げの相場操縦に対処しようとしていたが、1988年に暫定的に、1994年に恒久的なルールとして、1934年証券取引所法（以下、34年法という）10条(b)に基づいてRule 10b-21が制定された。このRule 10b-21は、現金を対価として公募される証券と同一のクラスのエクイティ証券を空売りした者は、それが登録届出書等の提出時から登録届出書等による売付けが行われるまでの間に行われた場合に、引受人または分売参加者から買い付けた株式により当該空売りをカバーする行為を禁止していた。株式の確約引受募集においては、通常市場価格から若干ディスカウントされて固定価格の発行価格が決定されるため、そうした公募対象の証券の価格決定システムを悪用した相場操縦的な空売りを規制し、発行会社による資金調達プロセスを保護しようとするものであった[3]。

SECは、現代の証券市場に適合的な規則とするために、1996年にRegulation Mを制定し、Rule 10b-21を引き継ぐRule 105において、公募の際の相場操縦

---

2) Rule 105違反には刑事罰の適用もあり得るが、アメリカにおいてRule 105単独の違反行為について刑事罰を適用した事例はなさそうである。

3) Short Sales in Connection With a Public Offering, Release No. 34-26028（Aug. 25, 1988), 1988 WL 1000034, at *11.

的空売りの禁止を定めた[4]。

2 Rule 105の概要と規制対象行為

(1) Rule 105の概要

Rule 105もRule 10b-21を引き継いで、1933年証券法（以下、33年法という）上の登録届出書またはForm 1-AもしくはForm 1-Eによる通知に従って行われる現金を対価とする証券の募集を対象とし、当初はそうした募集で買い付けた証券をもって空売りをカバーする行為を禁止していた[5]。ただし、Rule 105は制限期間を発行価格決定の5営業日前から発行価格決定までの間に縮小することにより、適用範囲を狭くする改革を行った。このような規制を施すことにより、Rule 105は、相場操縦的な空売りによる流通市場価格の下落により、発行価格の下落および発行手取金の減少を防止することを直接の目的としている[6]。

(2) 現在のRule 105の規制対象行為と適用除外

ところで、Rule 105が対象とする相場操縦的な空売りは、通常、次の3つの行為からなる。すなわち、①流通市場での対象証券の空売り、②公募における同一銘柄の証券の買付けおよび③②で買付けた証券による空売りポジションの解消である。2007年に改正され現在施行されているRule 105が採用している規制方法は、当初の規則とは異なり、所定の制限期間中に空売りを行った者が、公募においてエクイティ証券[7]を買付ける行為であり、①を行った者が②の行為を行うことを禁止する[8]。

---

4) 詳細は、拙稿「証券発行市場と相場操縦規制(8)〜米国証券取引委員会のレギュレーションMについて」早稲田大学大学院法研論集102号（2002）141頁以下参照。

5) Anti-Manipulation Rules Concerning Securities Offerings, Release No. 34-38067(Dec. 20, 1996), 1996 WL 734255, at *35.

6) Id.

7) Rule 105違反行為で法執行された事例ではすべて株式が対象となっており、ごく稀に転換優先株（Aristeia Capital, LLC, Release No. 34-64374（May 2, 2011）, 2011 WL 1651103）やAmerican Depositary Shares（See e. g., Moon Capital Management, LP, Release No. 34-58548（Sept. 15, 2008）, 2008 WL 4201760）が含まれる。

2007年の改正前のRule 105が採用していたのは、公募で買付けた証券で空売りをカバーする行為のみを禁止する方法であったが、このような規制方法により、以下で見るように脱法的な取引が続出することとなった。すなわち、違反行為者は、①流通市場で制限期間内に株式の空売りをし、②公募において同一銘柄の株式を買付け、しかる後に③流通市場で同じ銘柄の株式の売注文を出し、④（ほぼ）同時に流通市場で同じ銘柄の株式の買注文を出すことで、両者を対等させてポジションを解消するなどし、脱法的にRule 105の禁止を免れようとしたのである[9]。そこでSECは2007年より、流通市場で株式の空売りをした者が、公募において株式を買付ける行為自体を禁止する規制方法に変更した。これによって、投資者は、空売りの時点で公募における株式の買付けまたは断念を決定する必要が出てくることとなるが、他方流通市場において株式を買付けて空売りポジションを解消することは何ら問題ない。

このように一定の制限期間中に空売りをした者が公募においてエクイティ証券を買付けることを禁止対象としたため、Rule 105の趣旨に反しない行為を適用除外する必要が出てきた。そこで、SECは2007年の改正において3つの適用除外を用意した。第一に、善意の買付け（bona fide purchase）であり[10]、第二に、独立した口座（separate accounts）により行われる場合であり[11]、第三に、ファンドによる買付けの特例（investment companies）であり、ファンド複合体（Fund Complex）における1つのファンドやあるファンドの別のシリーズのファンドによる空売りが行われた場合に、他のファンドによる買付けを適用除外するものである[12]。

---

8) 17 C. F. R. §242.105(a)(2016).

9) Short Sales, Release No. 34-50103(July 28, 2004), 2004 WL 1697019, at *21-*22.

10) 17 C. F. R. §242.105(b)(1)(2016). 適用除外を否定した事例として、GPS Partners, LLC, Release No. 34-61718(March 16, 2010), 2010 WL 929936.

11) 17 C. F. R. §242.105(b)(2)(2016). 適用除外を否定した事例として、Carlson Capital, L. P., Release No. 34-62982(Sept. 23, 2010), 2010 WL 3725368, at *4-*6；UBS O'Conner, LLC, Release No. 34-69680(June 3, 2013), 2013 WL 2390725, at *2-*6；Millennium Management LLC, Release No. 34-81989(Oct. 31, 2017), 2017 WL 4942805, at *2-*3. 注48）の事件も同様である。

SECの適用免除権限は従来通り存在しているため[13]、事案の内容に応じて柔軟な対応が可能となっている点は改正後も変わりない。

III アメリカにおけるRule 105の法執行事例の分析

1 Rule 105の法執行の概要

(1) SECによる法執行の手段

アメリカにおいてRule 105違反行為の事例は多数報告されているが[14]、Rule 105違反行為に対する法執行事例の大半はSECが行政処分や民事訴訟の提起を行ったものである。多くの事例においては、Rule 105違反についての行政上の排除措置命令 (cease and desist order)[15]、不当利得の吐出し (disgorgement)[16]、判決前利息の支払い (prejudgment interest)[17] および民事制裁金の支払い (civil penalty)[18] を伴い、違反行為者がSECの管轄の範囲内で当該手続に関する範囲を除いて認否について明らかにすることなく、和解をすることで決着している。これら以外では、行政処分としての戒告 (censure)[19] が比較的多くみられ、またSECが民事上の差止命令 (injunction)[20] を求めて提訴し付随的救済として不当利得の吐出しを伴うものや民事制裁金の支払い[21]

---

12) 17 C. F. R. §242.105(b)(3)(2016).
13) 17 C. F. R. §242.105(d)(2016).
14) WestlawのSECのReleasesで検索したところ、2018年3月末までに公表されたRule 105違反事例に関するSECのリリースは約140あり、そのうち同一の違反行為者について行政処分と民事訴訟の双方で扱われている場合や当事者が異議申立てをした場合など重複もある。そのような重複を除くと、SECのリリースにおける正味の事例の数は約110件になるのではないかと思われる。
15) 15 U. S. C. §§78 u -3, 80 b -3(k)(2017).
16) 15 U. S. C. §§78 u -3(e), 80b-3(k)(5)(2017).
17) 15 U. S. C. §§78 u -3(e), 80b-3(k)(5)(2017); 17 C. F. R. §201.600(2017).
18) 15 U. S. C. §§78 u -2, 80 b -3(i)(2017).
19) 15 U. S. C. §§78 d -3(a), 78o(b)(4), 80b-3(e)(2017).
20) 15 U. S. C. §§78u(d), 80b-9(d)(2017).

を求めるものがあるものの、行政手続に比べると数はそれほど多くない。

(2) 他の違反行為との関係

Regulation M制定後最初にSECがRule 105違反の法執行をした事例は2003年公表の事例であるが、初期の事例ではRule 105違反だけでなく、34年法10条(a)およびRule 10a-1の違反をも認定しているものがある[22]。例えば、最初の公表事例であるSEC v. Weitz（S. D. Fla. 2003）では、直近売却価格より低い値段での空売りが多数行われたことが認定されており、そうした違反を含めて金銭的制裁が課されているようである[23]。

近時のRule 105違反の事例においては、Rule 105違反行為をした当事者がインサイダー取引規制違反でも法執行されているものがあり[24]、日本においてもこうした事例が問題となり得よう。

また、アメリカにおいてはヘッジファンドがプライム・ブローカーを利用しており、プライム・ブローカーに対して不正確な取引データを提供したことが帳簿記録義務違反（34年法17条(a)、Rule 17a-3(a)(3)、Rule 17a-25）とされ、その調査の過程でRule 105違反が認定された事例がある[25]。関連して珍しい

---

21) 15 U. S. C. §§78u(d), 80b-9(e)(2017).

22) 34年法10条(a)違反であるが、その実質はRule 105違反であるものとして、Ascend Capital, LLC, Release No. 34-48188(July 17, 2003), 2003 WL 21673433; SEC v. Compania Internacional Financiera S. A., No. 05-CV-10634(SDNY)(LAK), Litigation Release No. 19501(Dec. 20, 2005), 2005 WL 3478340.

23) Litigation Release No. 18121(April 30, 2003), 2003 WL 1983010.

24) ただし、同一の空売りについてRule 10b-5とRule 105の双方の違反を認定したかは必ずしも明らかではない。Peter Siris, Release No. 34-71068(Dec. 12, 2013), 2013 WL 6528874(Puda Coal, Inc. の募集はインサイダー取引とRule 105違反行為の双方に出てくるため、同一の空売りが双方の違反となった可能性がある。Id. at *4-*5, n. 23, n. 57 & n. 58, and n. 25.); SEC v. Langston, No.1：13-CV24360, Litigation Release No. 22882 (Dec. 3, 2013), 2013 WL 6235350; SEC v. Langston, No.1：13-CV-24360-CV-Graham (S. D. Fla.), Litigation Release No. 23281(June 11, 2015), 2015 WL 3623286; SEC v. Fishoff, No. 3:15CV03725, Litigation Release No. 23474(Feb. 24, 2016), 2016 WL 722432; SEC v. Spera, No. 17-CV-12875(D. N. J., Filed Dec. 11, 2017), Litigation Release No. 24084（March 26, 2018), 2018 WL 1479109.

事例としては、プライム・ブローカー・サービスを提供している証券業者（broker-dealer）がRule 105などの空売り規制違反行為を認識しえたにもかかわらず、顧客の表明を信じて適切なポジション管理を行っていなかったことを証券業者の内部管理体制の不備として34年法15条(b)(4)および21Ｃ条に基づいて戒告・行政上の排除措置命令・民事制裁金の支払いを伴う法執行した事例もある[26]。

しかし、こうしたごく少数の例外的な事例を除いては、Rule 105単独の違反行為が法執行の対象とされている。

以下では、日本の現在の規制方法が採用しているものと同種の2007年改正前の法規制におけるSECの法執行事例を中心に検討していく[27]。具体的には、違反行為者、募集の形態と制限期間、規制対象行為について事例を基に検討し、しかる後に法執行の実態を検討するため、法執行手段とその態様について検討していくこととする。

2　違反行為者

Rule 105の前身である旧Rule 10b-21の違反事例においては、専らプロの個人投資家が法執行の対象であり[28]、業者やファンドなどの組織やそこに属する個人は法執行の対象ではなかった。

25）　OZ Management, LP, Release No. 34-75445(July 14, 2015), 2015 WL 4237639.
26）　Goldman Sachs Execution & Clearings, L. P., Release No. 34-55465(March 14, 2007), 2007 WL 763698.
27）　WestlawでSECのReleasesを検索したところ、2007年改正前のRule 105違反事例についてのSECのリリースは38あるが、民事訴訟の提起のみについて記載するもの（2件）や同一の案件についてSECの民事訴訟（和解）と行政上の措置とに分けて記載されているもの（7件）もあるため、SECのリリースにおける2007年改正前の正味の事例数は29件である。なお、2007年改正前後の双方の時期に違反行為が行われていた事例が4件ある。
28）　WestlawでSECのReleasesを検索したところ、SECが公表している旧Rule 10b-21違反のリリースは10あり、そのうちの2つのリリースは同一の者を対象としており、SECのリリースでは8件の法執行が公表されているが、いずれもプロの個人投資家が法執行の対象である。

2007年改正前のRule 105の違反行為者としては、個人投資家、投資ファンドおよびその運用を行っている投資顧問業者とその関係者、ならびに証券業者があがっている。

まず、個人投資家については、2007年改正前のRule 105の法執行事例ではわずかに2件を数えるだけである[29]。これらの個人投資家はフルタイムで投資を行っていた者であり、証券業者から新規公開株の配分の機会を増やしてもらうための手段として公開会社の株式の募集に参加していた者であったが[30]、違反した取引の件数は94件・119件といずれも多数の違反行為を行っていたことから、プロ投資家とも言い得る存在かもしれない。いずれにせよ、証券投資に詳しい個人投資家が法執行の対象となっている。

それ以外の大半の事案は、投資ファンドおよびその運用を行っている投資顧問業者とその経営者・従業員・株主といった関係者である。

投資ファンドの中には実質的には個人オーナーが支配していた事例が相当数あり[31]、これらはプロ投資家が個人で投資をしているのとあまり変わらない実態がありそうにも見えるが、プライベート投資ファンドを創設しその運用を行う組織を別に用意している点で、証券業務をより熟知している者と言える。投資ファンドの典型的なケースでは、投資ファンドの組織としてリミテッド・パートナーシップや会社を設立し、その所有者がリミテッド・ライアビリティ・カンパニーや会社などの組織である投資顧問業者として当該投資ファンドの運用を行っている。こうした投資ファンドにはオフショアのファンドがあり、他の投資ファンドが20件以下であるのと比較して違反行為の件数が多い（85件[32]・176件[33]・57件[34]）。またいわゆるヘッジファンドとの

---

29) Leonard J. Adams, Release No. 34-62072 (May 11, 2010), 2010 WL 1888018; Peter G. Grabler, Release No. 34-62073 (May 11, 2010), 2010 WL 1888022.

30) 旧Rule 10b-21の事例につき、Mark Bogosian, Release No. 34-34191 (June 9, 1994), 1994 WL 263315.

31) See e.g., JC Management, Inc., Release No. 34-50092 (July 27, 2004), 2004 WL 1672373; Ascend Capital, LLC, Release No. 34-48188, supra note 22; Quogue Capital LLC, Release No. 34-57804 (May 8, 2008), 2008 WL 1989779.

32) SEC v. Solar Group S.A., Litigation Release No. 19899 (Nov. 6, 2006), 2006 WL 3199185, at *1.

指摘がある事例がいくつかある[35]。こうしたファンドに関する法執行事例では、Rule 105の違反行為を行うことをファンドの投資戦略としていたことを認定しているケースもあり（後述）、投資ファンドがリスクが低く収益が保証されたRule 105違反の取引[36]を行うことで多額の収益を上げることを目的に投資していたことがわかる。

投資ファンドでは、その運用を行っている投資顧問業者が実質的な運用権限を有しているため、投資顧問業者とその支配者たる個人がSECによる法執行の中心である。投資顧問業者には、SECや州の証券当局に登録している業者とそうでない業者があり、登録業者も相当数違反行為を犯している[37]。

以上のように、2007年改正前のRule 105の法執行事例では、全くの素人の投資家は対象になっておらず、旧Rule 10b-21以来、投資のプロである個人や業者とその関係者が法執行の対象になっており、特に投資ファンドとその運用業者やその関係者は、リスクの低いRule 105違反の取引から多額の収益を上げていた実態がある。

3　規制対象となる募集の形態と制限期間

Rule 105の法執行事例が対象とする募集はSECに登録された公募かRegulation AまたはRegulation Eの募集であり、日本法における売出しの事案も含まれる[38]。こうした類型の公募が確約引受により行われ、そうした募集

---

33) SEC v. Compania Internacional Financiera S.A., Litigation Release No.19501, supra note 22, at *1.
34) SEC v. Armstrong Capital Ltd., Litigation Release No. 20361 (Nov. 8, 2007), 2007 WL 3306108, at *1.
35) Barry W. Rashkover and Laurin Blumenthal Kleiman, SEC Enforcement and Examinations Concerning Hedge Funds, 52 N.Y.L. Sch. L. Rev. 599, 606-607 (2007/08).
36) See Short Selling in Connection with a Public Offering, Release No. 34-54888 (Dec. 6, 2006), 2006 WL 3523646, at *3.
37) 2007年改正前の事例に関するSECのリリースでは、法執行の対象になった登録業者は12あり、うち登録証券業者は2社（1社は決済業者（注26））である。
38) See e.g., Imperium Advisors, LLC, Release No. 34-55483A (March 15, 2007), 2007 WL 858741, at *2-*3.

は募集価格が固定価格で流通市場の価格よりもディスカウントされるものであるからである。確約引受以外の形態で行われる募集は適用除外とされている[39]。

旧Rule 10b-21違反の典型的な事例においては、登録届出書の種類を明示しているものについては、Form S-2またはForm S-3の登録届出書を使用した募集の事例がある。

Rule 105違反の事例においては、ほとんど登録届出書の種類まで明示されていないため[40]、必ずしも明らかではないが、ごく少数の事例では一括登録であることが明示されている[41]。旧Rule 10b-21および2004年改正前のRule 105では、一括登録募集は適用除外とされていた[42]。

そもそも一括登録において株式が一括登録されて募集される事例は少なかったが、近時は相場操縦的な空売りを含む売りの影響をできるだけ避けるために、株式募集においても一括登録が利用される傾向にある[43]。もっとも、この場合は募集によって勧誘を受ける対象となる者の範囲が機関投資家等一部の投資家に限定される傾向にあるようであり、また募集のアナウンスからクロージングまでがきわめて短期間で行われる傾向にあるため、募集が公表された後、価格決定までの間に空売りを行うのが難しい場合があると考えられる。一括登録を利用したことが明示されているAmaranth Advisors, L. L. C. (2007)のCatapult Communications Corp.の一括登録募集においても、2004年11月10日の募集の公表と同日に価格決定が行われており、公表と価格決定の前の制限期間中に1万株を空売りして8,582株を買付け、その差である1,418株について募集で取得した10,000株からカバーしたものと認定された（収益

---

39) 17 C. F. R. §242.105(c)(2016).

40) 例外は、Ascend Capital, LLC(2003) である。Release No. 34-48188, supra note 22, at *2-*3.

41) 後述のSEC v. Colonial Investment Management, L. L. C., 659 F. Supp. 2d 467 (S. D. N. Y. 2009) でも、一括登録募集に係る違反行為が認定されているが、いつ空売りを行ったのかは明らかでない。

42) 17 C. F. R. §240.10b-21(b)(1996); 17 C. F. R. §242.105(b)(2004).

43) 拙稿「アメリカにおける株式の公募に対する法規制の一断面」ビジネス法務16巻7号(2016) 127頁以下を参照。

は2,113ドル）[44]。同社の違反行為があった別の一括登録募集（Cleco Corp.）でも募集の公表と価格決定が同日に行われ、その前に空売りを行っていたことが認定されている（収益は290ドル）。2007年改正の後の事例であるJohn Durrett（2014）は、どの募集が一括登録募集かは明示されていないが、最長でもプライシングの2日前に空売りをかけており、15件の違反行為で44,729.02ドルの収益を上げたとされている[45]。

このように現在のアメリカの公開会社による株式の公募においては、相場操縦的な空売りの影響を避けるために公募のアナウンスメントからクロージングまでが非常に短時間で行われるようになっているため、そうした公募においては、空売りを行った者の範囲を画する制限期間を短期間にしても相場操縦的な空売りの規制に特に問題は生じないものと考えられる。なお、募集の公表前に空売りを行っているこうした事例は、インサイダー取引の蓋然性が高いと思われるが、そうした認定はなされていない。

4　規制対象行為

(1)　緒　説

Rule 105の違反行為の認定は、Rule 105が形式的に適用されるルールであるため、一般的に非常にシンプルである。すなわち、適用対象証券についての公募に関連して、価格決定前の制限期間中に空売りをしたこと、そして公募において当該証券の買付けを行ったこと、また2007年改正前の旧法下の事例においては、公募で買い付けた株式で空売りをカバーしたことが認定される。

2007年改正前のRule 105の法執行において最も問題となったのは、制限期間中の空売りと募集での買付け後に流通市場において「偽装の取引（sham transactions）」を行うことで、Rule 105違反行為を隠ぺいしようとする行為であった。

---

44)　Release No. 34-55728(May 9, 2007), 2007 WL 1364324, at *2-*3.
45)　Release No. 34-71239(Jan. 6, 2014), 2014 WL 31776, at *2-*5.

(2) SEC v. Colonial Investment Management LLC, 659 F. Supp. 2d 467 (S.D.N.Y. 2009)

① 事件の概要

この事件は、2001年から2004年に行われた18の第二次募集に関して、被告（ニューヨークに本店のあるヘッジファンド（Colonial Fund LLC:Colonial）、その運用業者（Colonial Investment Management LLC:CIM）とその支配者であるプロのトレーダー（Cary G. Brody））が、2007年改正前のRule 105違反行為を行ったことに対して、SECが2007年改正後のRule 105違反行為の差止め、利得の吐出し、判決前利息の支払いおよび民事制裁金の支払いを求めたものである[46]。被告は、これらの第二次募集において株式の配分を受けたこと、および、配分された時点で当該株式について制限期間中にショート・ポジションを持っていたという点については争いはなく、争点は、①被告が制限期間中のショート・ポジションをカバーするために配分された株式を利用したか、②そうであれば、どのような救済が認められるべきかであった。

ニューヨーク南部地区連邦地裁は、SECの主張を認めてRule 105違反を認定し、Rule 105違反行為の差止め、CIMとBrodyに対して共同で990,284.63ドルの利得の吐出しと判決前利息の支払い、Colonialに対して487,752.13ドルの利得の吐出しと判決前利息の支払い、Brodyに対して45万ドルの民事制裁金の支払いを命じる判決を下した。これに対して被告は控訴したが、第2巡回区控訴裁判所は地裁判決を支持して控訴を棄却している[47]。

② 地裁判決のポイント

SECの証拠によれば、被告は10件の募集における各配分の後に、15分（多くはより短時間）以内に、ほぼ同数の株式を公開市場で売買していた。これは、⒤Colonialの募集前のすべてのショート・ポジション、ⅱColonialの制限期間中のショート・ポジション、またはⅲColonialが募集において買い付けた株式の数量に、等しいかそれに近いものであった。SECは、10件の募集について、

---

[46] 被告による却下の申立ては認められなかった。SEC v. Colonial Investment Management LLC, No. 07Civ.8849(PKC), 2008 WL 2191764(S.D.N.Y. 2008).

[47] SEC v. Colonial Investment Management LLC, 381 Fed. Appx. 27(2d Cir. 2010).

被告が違法行為を隠ぺいする目的で、そのトレーディングを「偽装の取引」として仕組んだと主張した。

裁判所は、「偽装の取引」があったかどうかを判断するまでもなく、Rule 105違反があったと認定した。その理由は、ⅰ第二次募集における株式の買付けは、制限期間中のショート・ポジションが含まれているのとまったく同じサブ口座で行われていたこと、ⅱ株式の配分は公開市場での買付けに先立って行われ、先入先出法 (FIFO) の適用により、時間的に先に取得した株式が既存のショート・ポジションのカバーに用いられたこと、ⅲColonialは、どの株式を既存のショート・ポジションのカバーに用いるべきかをプライム・ブローカーに伝えたことはなく、株式を当該サブ口座にとどめるよう要請したこともなく、また一定の株式が第二次募集で取得されたものであり、公開市場で取得したものではないことをプライム・ブローカーに知らせたこともなかったためである。裁判所はこのような理由により、募集における配分後の流通市場での取引がRule 105違反をなかったことにすることはできないと判示したのである。

③　小　　括

2007年改正前のRule 105違反の認定と「偽装の取引」について、裁判所は空売りと募集での買付けとで使用している口座の同一性、FIFOの適用およびプライム・ブローカーへの特段の指示がなかったことを理由としてRule 105違反を認定し、配分後の公開市場での取引に関わらずRule 105違反があったと判断した。

本件では、使用された口座の同一性がRule 105違反の根拠の1つとされているが、異なる口座で取引された場合であっても、Rule 105に違反するものと認定された事例がある。AGB Partners, LLC (2010) では、空売りをファンドの口座で行い、募集での買付けを投資顧問業者の自社口座で行う態様の違反行為が認定されており[48]、またPeter Grabler (2010) では、1つの口座で証券の空売りを行い、11の口座を使って証券の買付けを行い、空売りをした数量分の買付株式をカバーのために移転した行為や、空売りと公募における証

---

48) AGB Partners LLC, Release No. 34-61422 (Jan. 26, 2010), 2010 WL 300385, at *4.

券の買付けの注文を別々の証券業者にしていた行為、さらに空売りを3つの口座で行い、他方募集での買付けを4つの口座で行っていた事例が紹介されている[49]。なお、2007年改正後の事例であるWorldwide Capital, Inc.(2014)に関連する一連の事例では別々の口座で空売りと募集での買付けとが行われているが、最終的には個人の資産運用のために設立された会社のプライム・ブローカーにおける当該会社の主口座で決済されており、決済口座は同一の口座が用いられたことが認定されている[50]（ただし、規制対象行為は異なる）。アメリカの投資ファンドの運用ではプライム・ブローカーが利用されるのが一般的なようであり、空売りの「カバー行為」ないし「決済」を規制する方法では、空売りをした口座と買付けをした口座が別々であっても、最終的な決済口座は同一の口座であったのかもしれないが、SECのリリースの説明では必ずしも明らかではない。

　本件以外にも、2007年改正前のRule 105違反のいくつかの事例では、偽装の取引が行われていた。その中には比較的シンプルな事例もあるが[51]、複数の方法が用いられていた事例として、Galleon Management, L. P.(2005)がある[52]。本件での違反行為には大別して4つのパターンがあり、募集での買付株式を空売りのカバーに当てる単純な違反行為のパターンを除くと、第一のパターン（Prime Broke "Collapses"）は、制限期間中に空売りをして募集で株式を買付け、空売りを超える買付分はすぐに市場で売却し、後日（3ないし20日後）残った空売りと買付けのポジションを決済させる指示をプライム・ブローカーに送るというものである。決済を遅らせることが違反をなくすことにはならない。第二のパターン（Contemporaneous Unwinding of Follow-on Offering Boxed Positions）は、空売りと募集での買付けの後に、買い付けた株式の売注文を成行注文で出すと同時に、空売りポジションのカバーのために同数量の

---

49) Peter Grabler, Release No. 34-62073, supra note 29, at *3.
50) Release No. 34-71653(March 5, 2014), 2014 WL 847042, at *1-2.
51) Amaranth Advisors L. L. C., Release No. 34-55728, supra note 44, at *3 ; Moon Capital, LP, Release No. 34-58548, supra note 7, at *2.
52) Galleon Management, L. P., Release No. 34-51708(May 19, 2005), 2005 WL 1185527, at *1-*5.

買注文を成行注文で別のブローカーに出すことにより、これらの取引を対等させるというものであり[53]、募集での買付株式が対等分を超えていれば、超過分は募集後に市場で売却するというものであった。空売りのポジションを募集での買付株式で決済せずとも、実質的にポジションを解消した場合には違反行為と見るというものである。第三のパターン（Cross trade）は、空売りのポジションと募集での買付株式とをブローカーの下で単にクロスさせるものであり、それにより空売りをカバーするものである。証券業者内でのクロス取引もカバー行為と同等とみるものである。クロス取引後に統合テープ（consolidated tape）に出して記録されても違法であることに変わりはない[54]。

SECは以上のように必ずしも募集での買付株式を空売りポジションのカバーに直接充てなくとも、実質的にカバーをしたか否かの判断をすることで、2007年改正前のRule 105の実効性を確保しようとしていた点がきわめて重要である。

5　Rule 105の法執行手段とその態様

(1)　SECによるRule 105の法執行の厳格化

SECによるRule 105の法執行においては行政上の措置と民事訴訟が用いられているが、近時の法執行では行政上の措置が多用されており、SECの執行方針によりRule 105違反に対する法執行が一時的に厳格化された。特に年度末の2013年9月16・17日と2014年9月16日に公表されたRule 105の執行事例が顕著に増加しているが、この理由としては、法執行を行いやすい厳格責任のルールであるRule 105の執行事例を増やすことによって、SECに対する監督権限を有する議会にアピールしたいとの思惑があったとの指摘がある[55]。

こうしたSECの法執行の厳格化の方針自体について、SECの委員長（2013年4月～2017年1月）であったMary Jo Whiteは、2013年10月の講演で「割れ窓理

---

53)　同じく成行注文を使った偽装の取引の事例として、GPS Partners, LLC, Release No. 34-61718, supra note 10, at *3.

54)　Oaktree Capital Management, LLC, Release No. 34-51709(May 19, 2005), 2005 WL 1185528, at *3.

55)　Urska Velikonja, Politics in Securities Enforcement, 50 Ga. L. Rev. 17, 31-41(2015).

論(broken windows policy)」によるものと説明し、より小さな違反行為であってもより広く網をかけていくことや違反行為の規模に関わりなく違反行為に注意を払う考えを表明した。Whiteによれば、こうした法執行はSECの調査方法を合理化するなどの方法によって可能であり、また違反行為者の意図を問うことを要しない厳格責任の法執行には特にそれが当てはまるとする[56]。

もっとも、このような法執行方針に対しては批判もあるところであり、割れ窓理論そのものに対する批判[57]に加えて、地域社会の安全確保のための理論が証券規制の法執行において当てはまるとは言えないとの批判や、抑止効果に比して費用が掛かり過ぎるため予算が限られているSECには不適切であること[58]、現に重大な詐欺事件をSECは見逃してしまったこと、会社の役員・従業員等の個人ではなく会社に対する金銭的制裁には抑止効果に乏しい面があること、規制対象者との間の協力や自己申告を妨げる面があることなどの批判もあるところである[59]。

しかしながら、Rule 105違反行為の法執行それ自体についていえば、SECの規制努力にもかかわらず、依然として第二次募集に関する相場操縦的な空売りが摘発されていないとの指摘もあるところであり[60]、SECは規模の大きなヘッジファンドに対する違反行為も含めて、数多くの違反行為を地道に摘発し制裁を加えてきたのであって、それはアメリカの公開会社の資金調達の円滑化に貢献してきたという評価も可能かもしれない[61]。

---

56) Mary Jo White, Remarks at the Securities Enforcement Forum (Oct. 9, 2013), available at https://www.sec.gov/news/speech/spch100913mjw.

57) 割れ窓理論が実証的に証明されていないこと、犯罪発生率の減少が他の要因によっても説明可能であること、割れ窓理論の実践には副作用(警察権の濫用など)を伴うことがあることなどが指摘される。山本奈生「『安全』と『安心』のユートピア」犯罪社会学研究32巻(2007)120頁以下、同「リスク社会と『割れ窓理論』」佛大社会学31号(2006)81頁以下参照。

58) SEC委員からの批判として、Michael S. Piwowar, Remarks to the Securities Enforcement Forum (Oct. 14, 2014), available at https://www.sec.gov/news/speech/2014-spch101414msp.

59) Brittany Fritsch, Broken Windows is a Broken Policy, 47 U. Tol. L. Rev. 767, 775-779 (2016).

(2) 金銭的制裁について

Rule 105違反の法執行は、行政上の排除措置命令や民事上の差止命令、戒告といった非金銭的制裁があるが、ここでは日本法との比較の観点から金銭的制裁である、不当利得の吐出し、判決前利息の支払い[62]と民事制裁金の支払いに注目する。いずれも行政上の措置として命令される場合とSECが裁判所に民事訴訟を提起して行われる場合の双方がある。金銭的制裁の対象は違反行為者であるが、投資ファンドの事例において投資顧問ないし投資運用者のオーナーや経営者などの支配者が存在する場合には、こうした反則金の支払いについて投資顧問ないし投資運用者とその支配者の両者に連帯して (jointly and severally) 責任を負わせている例が見られる[63]。

以下では、2007年改正前のRule 105違反の事例における不当利得の吐出しと民事制裁金を中心に検討する。

① 不当利得の吐出し

不当利得の吐出しは旧Rule 10b-21の法執行の時から利用されてきたものであるが、2007年改正前のRule 105違反の事例においては、1事件当たり最

---

60) Charles M. Jones et al., Revealing Shorts: An Examination of Large Short Position Disclosures (2015), at 43-44, available at https://papers.ssrn.com/abstractid=1910372；Christian Bonser, If You Only Knew the Power of the Dark Side: An Analysis of the One-Sided Long Position Hedge Fund Public Disclosure Regime and a Call for Short Position Inclusion, 22 Fordham J. Corp. & Fin. L. 327, 363-64 (2017).

61) White, supra note 56. Rule 105による規制や法執行にもかかわらず依然として第二次募集に対する価格低下圧力は生じているとの評価もあるところである。Jones et al., supra note 60, at 43-44. 財務基盤がぜい弱な金融機関に投資している個人投資家が第二次募集に対する価格低下圧力による影響を被るとの指摘もある。Bonser, supra note 60, at 344.

62) 判決前利息の支払いは不当利得の吐出し額に対して命じられるものであり、各違反行為後の最初の月から吐出額の支払いがなされる月前月末までの期間に対して課される。利率は過少支払いの場合の利率を定める内国歳入法6621条(a)(2)(26 U.S.C. §6621(a)(2)(2016)) に基づいて定められる。17 C.F.R. §201.600 (2017).

63) See e.g., JC Management, Inc., Release No. 34-50092, supra note 31, at *3；Quogue Capital LLC, Release No. 34-57804, supra note 31, at *3；AGB Partners LLC, Release No. 34-61422, supra note 48, at *5.

低・最高・平均・中間値は17,574ドル・2,214,180ドル・約48万8千ドル・約19万8千ドルの不当利得を吐き出させており、同じく1違反行為当たりでは、3,525ドル・195,726ドル・約5万5千ドル・約3万2千ドルである[64]。

2007年改正前の事例における不当利得の計算方法については、まず空売りと募集での買付けの数量が同数である場合、当該数量にその価格差をかけて不当利得としていた。たとえば、JC Management, Inc.(2004)では、空売りと募集での買付けの数量1万株に空売り価格と買付価格の差額である2.5788ドルをかけた25,788ドルを不当利得の額としこれに判決前利息を合わせた27,991.94ドルを金銭的制裁として課している[65]。

次に、空売りの数量と募集での買付けの数量に違いがある場合であるが、前者の方が多い場合（例：Oaktree Capital Management, LLC（2005）のAmeritrade Holding Corp.の取引[66]）でも後者の方が多い場合（例：Victoire Finance Capital, LLC（2008）におけるSS&C Technologies, Inc.の取引[67]）でも、対等させた数量の利得額を不当利得として計算されている。ただし、後者の事例の中には、Perceptive Advisors, LLC（2009）のCotherix, Inc.やHythiam Inc.の募集の事案のように、対等数量と価格差をかけた金額（Cotherix, Inc.：14,682.51ドル、Hythiam Inc.：7,192.8ドル）よりも低い金額（Cotherix, Inc.：8,236.53ドル、Hythiam Inc.：1,798.20ドル）しか不当利得として計算されていないものもあり[68]、この差額が何によるのかは説明されていないが、金額が相当額であることに加えて、募集後に市場価格が下落した可能性があることを考えると、

---

[64] 平均値と中間値については、2007年改正前後の双方の違反行為をしている事件が4件あり、また判決前利息の額が含まれている事件もあるため、改正前の違反についての正確な数値ではないが、おおよその金額をつかむことはできる。なお、1違反行為当たりの最低額は新旧規則の双方の違反があったLeonard J. Adams（2010）のものであり、改正前の事件ではDB Investment Managers, Inc.（2004）の5,858ドルが最低額となる。Release No. 34-62072, supra note 29, at *3-*4；DB Investment Managers, Inc., Release No. 34-51707(May 19, 2005), 2005 WL 1185526, at *2-*3.

[65] Release No. 34-50092, supra note 31, at *2.

[66] Release No. 34-51709, supra note 54, at *2-*3.

[67] Victoire Finance Capital LLC, Release No. 58670(Sept. 29, 2008), 2008 WL 4394208, at *2.

超過買付分の損失を控除しているものと思われる。違反行為ごとに行われたすべての取引の正味の金額として計算すれば、こうした控除に合理性があるように思われるが、2007年改正前のRule 105はカバー行為を禁止していたから、仮に（カバー行為とは直接関係のない）超過買付分の損失を控除しているのであるとすると、その理由付けが問題となるように思われる。なお、2007年改正後のRule 105違反の事例においては、超過買付分について、市場価格よりもディスカウント付きで購入しているからその差額を不当利得と見て吐出しを命じている事例が相当数あるが[69]、改正後のRule 105は制限期間中に空売りを行った者は原則として買付け自体を禁止されるため、このような計算方法に合理性があると言える。

　第三に、Rule 105の違反行為の通常の例では空売り価格の方が募集での買付価格よりも高く、その差額が不当利得となる。逆に、買付価格の方が空売り価格よりも高い場合は不当利得は発生せず損失が発生するが、前述のSEC v. Colonial Investment Management, LLC（S. D. N. Y. 2009）では、正味の収益（net profit）として計算されているため、この損失は不当利得額から控除されている。いずれも一括登録募集であり空売り価格が買付価格よりも低かった事例であるが、Cubist Pharmaceuticals Inc. およびLegg Mason, Inc. の取引ではそれぞれ3304.7ドル、2700ドルの損失が発生しており、これらは控除されて不当利得の合計額1,478,036.76ドルが計算されている[70]。他方、SECの行政処分事例ではこうした損失は控除されていない。Imperium Advisors, LLC（2007）のThe Houston Exploration Companyの案件は損失が発生したとされるが、他の募集案件の不当利得の合計（75,192ドル）から損失は控除されていない[71]。Oaktree Capital Management, LLC（2005）のResearch In Motion Ltd. の案件では、取引から不当利得は生じなかったものとされた[72]。違反行

---

68) Perceptive Advisors LLC, Release No. 34-60843(Oct. 20, 2009), 2009 WL 3362205, at *2.
69) See e. g., Sabby Management, LLC, Release No. 34-76141(Oct. 14, 2015), 2015 WL 5964890, at *2.
70) 659 F. Supp. 2d at 486-487, 501.
71) Release No. 34-55483A, supra note 38, at *2-*3.

為ごとに不当利得を計算しているのであろう。

② 民事制裁金の支払い

　民事制裁金の目的は違反行為を抑止することにある[73]。賦課することができる民事制裁金の最高額は三段階に分けて規定されており、第一段階は故意の法令違反等であり、自然人5千ドル・それ以外5万ドル、第二段階は詐欺・相場操縦等であり、自然人5万ドル・それ以外25万ドル、第三段階は第二段階の違法により重大な損失・危険をもたらすなどした場合であり、自然人10万ドル・それ以外50万ドルが、それぞれの各行為または不作為に対する最高金額となる[74]。SECは行政手続による民事制裁金の額の決定にあたって、詐欺・相場操縦などの違反行為の性質、他者の損害、不正な利得、過去の違反の有無や犯罪の軽重、抑止の必要性、その他の事情を考慮に入れることができる[75]。したがって、民事制裁金の額は事案ごとによって異なってくる。

　Rule 105の違反にどの段階の民事制裁金が適用されているのかSECのリリースからは判然としない。前述のSEC v. Colonial Investment Management LLC (S. D. N. Y. 2009) では、詐欺、相場操縦、または意図的もしくは重過失の義務違反とされ、支配者に対して第二段階の民事制裁金が課されている（違反行為1件につき2万5千ドル、計45万ドル）[76]。2007年改正の後の事例については、第一段階の民事制裁金の最低額が6万5千ドルであり[77]同額の賦課事例が多い。2007年改正前のRule 105違反の事例においては、1事件当たり最低・最高・平均・中間値は15,585ドル・870,247ドル・約21万2千ドル・約10

---

72)　Release No. 34-51709, supra note 54, at *2.

73)　H. R. Rep. No. 101-616, at 1384 (1990).

74)　15 U. S. C. §§78u(d)(3)(B), 78u-2(b)(2017).

75)　15 U. S. C. §78u-2(c)(2017). 裁判所が決定する場合の要素につき、SEC v. Opulentica, LLC, 479 F. Supp. 2d 319, 331 (S. D. N. Y. 2007). SECの判断要素として、Statement of The Securities and Exchange Commission Concerning Financial Penalties, SECDIG 2006-02-1 (Jan. 4, 2006), 2006 WL 14406.

76)　659 F. Supp. 2d at 502-503.

77)　Gina Riccio et al., SEC Enforcement Focusing on Rule 105 of Regulation M (Nov. 2, 2013), https://corpgov.law.harvard.edu/2013/11/02/sec-enforcement-focusing-on-rule-105-of-regulation-m/

万ドルの民事制裁金を課しており、同じく1違反行為当たりでは、1,763ドル・97,500ドル・約2万8千ドル・約2万5千ドルである[78]。全体に不当利得の吐出し額よりも少ないことがわかる。

　違反行為の重大性に応じて民事制裁金が課されるため、不当利得の吐出し額よりも民事制裁金の額が大きい事例については、民事制裁金の最低額よりも不当利得の吐出し額が少ない事例を除くと、何らかの理由で重大な違反行為を行っていたものと推測され、規制の趣旨から考えれば、たとえば、相場操縦的な空売りにより価格が下落するなど資金調達に大きな影響があった事例にはそのような制裁が相応しいと思われるが、詳細は不明である。

(3) 私訴権

　Regulation MおよびRule 105の違反については、私訴権についての規定はない。そこで、黙示の私訴権が認められるかが問題となり得る。この点については、旧Rule 10b-21で問題となった事例がある[79]。

●Advanced Magnetics, Inc. v. Bayfront Partners, Inc.（S.D.N.Y.1996）
① 事実の概要

　本件は、原告Advanced Magnetics社（AM社）が、同社の第二次募集において相場操縦的な空売り等を行ったファンド等の被告に対して損害賠償を求める訴訟を提起したところ、当該ファンドが補償ないし責任分担を求めて証券業者（AIM Securities, Inc.およびPaineWebber Inc.）に対して第三者訴訟を提起し

---

78) 平均値と中間値については、2007年改正前後の双方の違反行為をしている事件が4件あるため、改正前の違反についての正確な数値ではないが、おおよその金額をつかむことはできる。なお、1違反行為当たりの最低額は新旧規則の双方の違反があったSEC v. Leonard J. Adams（D. Mass. 2010）のものであり、改正前の事件ではSEC v. Solar Group S. A.（S. D. N. Y. 2006）の2,841ドルが最低額となる。Litigation Release No. 21521（May 11, 2010）, 2010 WL 1888062, at *1; Litigation Release No. 19899, supra note 32, at *1.

79) Advanced Magnetics, Inc. v. Bayfront Partners, Inc., No. 92Civ. 6879（CSH）, 1996 WL 14440（S. D. N. Y. 1996）, vacated in part, appeal dismissed in part by Advanced Magnetics, Inc. v. Bayfront Partners, Inc., 106 F. 3d 11（2d Cir. 1997）.

た事案において、被告・第三者訴訟原告および第三者訴訟被告であるPW社が請求の一部について却下を求め、また原告AM社が2つの争点について略式判決を求めた事例である。

1992年9月17日、原告AM社は被告らに対して34年法10条(a)および(b)、Rule 10a-1、Rule 10b-5、Rule 10b-21(T)の違反を主張して訴訟を提起した。原告の主張によれば、被告らは1992年2月4日、AM社の175万株の公募の直前に、違法にAM社株式7,000株を空売りし、その第二次募集において買い付けた株式をもってその空売りを決済したという。この売付けは、同日の引けの直前に、直前売値より3/8低い価格で実行されたと主張されている。この売り（この日のAM社普通株の全取引の63％）の結果として、AM社の普通株式の終値は1株当たり25.875ドルから25.375ドルに下落したが、この下落は、当日の終値から1ドル引いた価格で公募価格を決定することになっていたため、とりわけ重大なものであった。AM社は救済として、下落分の50セントに募集で売付けた175万株をかけた875,000ドルの損害賠償を求めた。

② 判　旨

ニューヨーク南部地区連邦地裁は次のように述べて、原告AM社のRule 10b-21の私訴権を認めた。

「Rule 10b-21は1934年法の一項に従って制定されたものであるが、当該条項は連邦裁判所が私訴権を導いている点が、Rule 10a-1と異なっている。ここにおけるように、授権している制定法が私訴権を認めている場合、そうした訴権が特定の行政機関の規則から黙示に認められるかという問いには、二方面からの分析が必要となる。第一に、裁判所は行政機関のそのルールが授権している制定法の範囲に適切に収まっているかを調べることになる。そして、第二に、私訴権を黙示に認めていることが授権している制定法の目的を促進するか、である。」

「私は、Rule 10b-21が1934年法10条(b)の詐欺禁止の広範な射程に適切に収まっていると考える。」「私は、株式の空売りは、それが市場を下落させるという開示されない目的を持ちかつそのようにして下落した流通市場で売りのカバーをするという開示されない意図を持っている場合には、当該制定法の意味の『相場操縦的または詐欺的策略もくしは術策』となり得る。Rule

10b-21は、売り手であるAM社を保護するように作用するものであり、AM社はその株式の第二次募集により最大のリターンを望んでいたのである。そうして当該ルールはその制定法の10条(b)の目的を促進するのである。こうした状況において、私はRule 10b-21の違反に対して私訴権を認める。」「原告は被告が所定の主観的要素（requisite scienter）をもって行為したことを立証しなければならない。」

③ 小　括

Rule 10b-21はRegulation MのRule 105に引き継がれたが、Regulation Mが根拠としている制定法は、34年法10条(b)も含まれることから、Rule 10b-21に黙示の私訴権が認められていたのであれば、Rule 105に黙示の私訴権が認められてもおかしくはない。もっとも、証券詐欺のような欺罔の意図（scienter）が要求されるRule 10b-5の民事訴訟とは異なり、SECによるRule 105の法執行の事案では空売りの意図は問われないし、違反行為者の主観的要素は規則違反の認定に当たってほとんど問題とはなっていない。したがって、本件判旨は旧Rule 10b-21の違反について黙示の私訴権を認めるにあたり、そうした主観的要件を課したものと解される。

制限期間中の空売りは短期間に大量の売注文を市場に出すことで価格を人為的に引き下げる取引圧力をもたらす場合があると考えられるため、外形的に相場を引き下げたことを証明するのは容易な場合があるように思われるが、「市場を下落させるという開示されない目的」の立証にあたって、たとえばこうした外形的事実と空売り規制の違反があった場合にはそうした目的が推認されるといった解釈が可能になるかが重要なポイントであるように思われる。

(4) 域外適用

最後に、Rule 105の域外適用の事案に簡単に触れて稿を閉じる。SEC v. Revelation Capital Management, Ltd., 246 F. Supp. 3d 947（S. D. N. Y. 2017）は、SECがヘッジファンドとそのマネジャーに対して法執行の訴訟を提起したところ、被告が、Morrison v. National Australia Bank Ltd., 561 U. S. 247（2010）判決[80]があるため、Rule 105は被告の取引には適用されない旨を主張

し、ニューヨーク南部地区連邦地裁はこの被告の主張を認めたものである。

事案は、カナダに本店のある投資持株会社がトロントとニューヨークの証券取引所に上場しており、2009年11月に米ドル建ての株式の確約引受募集（カナダにおいて登録され、多法域間開示システムによりSECにも相互登録）を行ったところ、バミューダの運用業者およびその創業者が、ニューヨーク証券取引所においてニューヨークのブローカーを通して130万株の空売りをし（ただし、ロンドンのプライム・ブローカーの口座を通して決済）、カナダの引受証券会社の外務員から募集で約400万株の買付けをしたというものであり、株券はカナダの証券預託機関に預託された。

裁判所は、Morrison判決の規範によれば、現行のRule 105は募集される証券の買付けを米国内において行わない限り、Rule 105は適用されないと判示した。市場の価格形成や募集の関係者に対する主要な影響は、ニューヨークで行われた空売りに起因すると考えることができ、相場操縦的行為を規制する趣旨に鑑みれば、空売りこそが重要である。2007年改正が募集での買付けないし募集への参加自体を禁止した影響が出ているとみることができる。

（※筆者は現在在外研究中であり、邦語文献の引用は最小限にとどめざるを得なかった。）

---

80) 湯原心一「判批」比較法学45巻2号（2011）231頁以下。

EUの投資会社の経営破綻における投資者補償制度（ICS）について

松岡　啓祐

I　はじめに
II　EUにおけるICS制度の概要
III　ICS指令の目的と主要な要素等
IV　ICS指令の問題点と2010年の改正提案
V　結びに代えて

I　はじめに

　世界の資本市場法制の動きは近時かなり流動的になっている。そのうち証券業者等の金融機関が経営破綻した場合における円滑な破綻処理・清算手続の整備や投資者補償制度は、とりわけ2008年のリーマンショック以降世界各国の金融・資本市場の対処すべき課題のひとつとなっている。投資者補償制度に関し、わが国では1997年の山一證券等の経営破綻を受けて、当時の証券取引法の改正によりアメリカの法制度等を参考として投資者保護基金制度が設けられた[1]。そして、同制度は現在の金融商品取引法に継承されており、1人当たり1,000万円を上限とする補償が法定の条件の下に実施される仕組みが採用されている（79条の20以下等）。現実に、同制度に基づいて日本投資

---

[1]　アメリカの法制度に関しては、日本法との比較を含め、松岡啓祐『証券会社の経営破綻と資本市場法制～投資者保護基金制度を中心に～』（中央経済社、2013）が検討を行っている。

者保護基金により2000年の南証券の経営破綻及び2012年の丸大証券の経営破綻に際して補償が実施された[2]。そこで、投資者保護基金制度については理論的な側面のみならず、実務上も補償の範囲や拠出金等の在り方といった制度的なデザインを巡り活発な議論が行われつつある[3]。具体的には行政監督機関と補償主体との関係、補償の範囲、補償財源ないし拠出金の在り方、清算や監督機能等の保持等が検討課題となる。わが国でも理論上、投資者保護基金制度は証券市場における価格形成にすでに参加している投資者の投資判断をそのまま維持することで、証券会社破綻による市場機能の遮断を許さないところ（証券市場の連続性確保）にその本質的な意義がある[4]。

この点、EU（European Union、欧州連合）では1997年に欧州委員会（European Commission）の下で、投資会社（investment firm、わが国の証券会社にほぼ相当）の経営破綻等における投資者補償制度（Investor Compensation Schemes、以下「ICS」という）がICSに関する指令（Directive）に基づき創設され、EU加盟各国に整備が要請されている[5]。ICSは資本市場において最後の救済を行うセーフティ・ネットであり、EUの預金保険制度とともに重要な意義を有している。EUでは一般に投資サービスを提供する銀行や信用機関（credit institution）は預金保険と併せ、投資会社として投資者向けのICSに対応しなければならないことも多い。欧州委員会はこうした制度の創設以降加盟各国に対して、最

---

[2]　南証券の事件では、最判平成18年7月13日民集60巻6号2336頁が出され、その理論構成及び結論を巡り議論が分かれている。同判決の解説として、神田秀樹＝神作裕之編『金融商品取引法判例百選』（有斐閣、2013）152頁［森下哲朗］、江頭憲治郎＝山下友信編『商法（総則・商行為）判例百選〔第5版〕』（有斐閣、2008）176頁［川口恭弘］等を参照。

[3]　神田秀樹「投資者保護基金制度」金融商品取引法研究会編『金融商品取引法制に関する諸問題（上）』（日本証券経済研究所、2016）204頁以下、萬澤陽子「わが国における投資者保護基金制度——米国との比較から見えてくること」証券レビュー53巻12号（2013）122頁以下、関俊彦「投資者保護基金制度」証券取引法研究会編『金融システム改革と証券取引制度』（日本証券経済研究所、2000）125頁以下等。

[4]　上村達男「連載：新体系・証券取引法（第24回）証券市場の開設・運営に係る法規制㈢」企業会計56巻10号（2004）117頁。

[5]　欧州委員会ないしEU委員会はEU諸機関で唯一法案提出権を有している（M. ヘルデーゲン著／中村匡志訳『EU法』（ミネルヴァ書房、2013）78頁以下）。

低限の投資者補償スキームの構築を要請し、その進捗状況が事後的に点検されている。

世界的な金融危機の影響等から、近時における資本市場の分野では種々のEU指令の改訂等の動きが活発になっており、多くの問題点が検討されている状況にある。そのような背景において、ICSについても2010年に改正提案がなされるなど関連する議論が続いている。そうしたEU指令の内容と主要な課題を検証することは、わが国の投資者保護基金制度の意義とその具体的な運用の在り方等を考える上でも重要な意義があるものと思われる。そこで、本稿はEUの投資者補償に関する指令について、EUの主要国の状況も含め欧州委員会から公表されている報告書や改正提案の具体的な内容等を中心に検討を加えるものである。

Ⅱ　EUにおけるICS制度の概要

1　ICS制度の意義とその必要性

ICSは投資会社が投資者の資産を返還することができない場合に、投資者に対し一定の補償を提供することにより投資サービスを利用する投資者を保護する制度である。ICS指令は18の条文と2つの付属書から構成されている[6]。同指令の1条は投資会社等の定義、2条はICSの設置の強制等、4条は2万ユーロの最低補償額等、5条は投資会社によるICSに対する義務違反の措置等、7条は投資会社の支店の取扱い等、8条は投資者に対する補償額の算定等、9条は補償金の支払期限等、10条は投資会社による投資者に対する情報提供措置等を規定しているほか、付属書では補償対象から除外される者等を定めている。

ICS指令は1993年の投資サービス指令（Investment Services Directive、ISD）の一環として採択されたものであり、ISDは2004年の金融商品市場に関する指

---

6)　その解説としては、Nicoline M., Wessels-Aas (Rogers & Wells LLP), *Directive on Investor Compensation Schemes*, 10 Eur. Bus. L. Rev., 103（1999）が詳しい。

令(Markets in Financial Instruments Directive（以下「MiFID」という）によって代替されている[7]。ICSは1994年のDeposit Guarantee Schemes（以下「預金保険制度」という）指令をモデルとしており、EUの投資補償制度は預金保険制度と密接に関連しているが、資本市場固有の特質から生じる側面も多い[8]。こうした預金・投資の補償制度は、EUの単一市場を通じた消費者保護において共通の中核的基準と位置付けられる[9]。また、MiFIDは投資会社として業務を行うには加盟国の証券監督当局から免許を受けることとした上で（ヨーロッパ・パスポート）、投資会社に対する適合性の原則等といった行為規制を徐々に整備しており、ICS制度もそれらの規制と併せて理解される[10]。

2 投資会社の経営破綻と補償が必要とされる状況

投資会社とは、一つ以上の投資サービスを第三者に提供し、又は一つ以上の投資活動を行うことを通常の職務又は業務とする法人をいう[11]。ICSによる主な補償対象は、破綻した投資会社による投資サービスの返還を受けられない小口顧客に限定される。投資サービス及び活動は金融商品の注文の受付等、顧客のための注文執行、自己勘定取引、ポートフォリオ・マネージメント、投資助言、金融商品の引受・販売等を行うものであり、金融商品とは譲渡可能有価証券、マネーマーケット商品、集団投資事業における投資単位、有価証券・通貨等のデリバティブ商品等になる（MiFIDの付属書Ⅰ等）。

---

7) MiFIDは投資会社と規制市場を対象とする指令であり、後述するように適宜見直されている。
8) EUの預金保険制度の近時の状況を検討するものとしては、澤井豊＝鬼頭佐保子「EU：預金保険指令の改正」預金保険研究18号（2015）63頁以下等がある。
9) イギリスの財務省・当時の金融サービス機構（FSA）・中央銀行が作成した、A framework for Guarantee Schemes in the EU：A discussion paper, October 2005, 10を参照。
10) その後のMiFIDⅡについては、大橋善晃「第二次金融商品市場指令（MiFIDⅡ）の概要」証券レビュー54巻11号（2014）147頁以下を参照。
11) MiFID 4条1項(1)号。訳語は主に、神作裕之監訳（日本証券経済研究所編）『新外国証券関係法令集：EU（欧州連合）──金融商品市場指令（MiFID）、透明性指令、目論見書指令、市場阻害行為指令他』（日本証券経済研究所、2007）96頁［椎名隆一］等を参考にしている。

投資会社の破綻等において、投資者に対するICSに基づく補償が必要とされる状況は、投資会社の詐欺又は過失（fraud or negligence）のほか、システム上発生したエラー等がある場合である。ただし、この制度は投資リスクを補償するものではなく、一般的な株価下落損失は補償対象にはならない。通常の状況ではなく投資会社の経営破綻が発生し、顧客資産を返還できないときの対処という意味で、ICSは投資者にとって最後の拠り所となるセーフティ・ネットとして位置付けられる。

Ⅲ　ICS指令の目的と主要な要素等

1　ICS指令の目的

EUでは、徐々に資本市場法制の統合が促進されている[12]。そのうち証券業者が破綻した際の投資者補償制度は、1997年9月のICS指令に基づいて採用されたものであり、その主要な目的としては以下の点を重視している。第一に、投資会社から投資サービスを受ける主に小口の顧客について、投資会社が顧客のために保有する金銭や金融商品（money and financial instruments）を返還することができない支払不能又は債務不履行といった特定の状況において補償を実施し、投資者を保護することである。第二に、前述のように顧客のために保有する資産に関し、詐欺的な不正流用（fraudulent misappropriation）（又は投資会社のシステムや管理におけるエラー、過失ないし問題から生じる債務不履行による損失）のリスクに対し投資者を保護するものである。

ただ、ICS指令はその当時EU域内に存在していたICSの最低水準（minimum level）の調和を図ることを目的としており、そのスキームの内部組織や資金調達の方法については多くを加盟国の裁量に委ねている。実際のところ、現在もICSの組織形態や補償の具体的な範囲等は各国で様々である。

---

12)　神作裕之（証券取引法研究会編）『EUにおける資本市場法の統合の動向——投資商品、証券業務の範囲を中心として（証券取引法研究会記録第5号）』（日本証券経済研究所、2005）1頁以下を参照。

2　ICS指令の主要な要素

　ICS指令は同制度について、四つの主要な要素を提示した。それは、第一に、補償の実施事由（トリガー）として投資会社がその財務状況に直接関連する理由で金銭又は金融商品を返還できないこと、第二に、補償範囲は少なくとも2万ユーロであること、第三に、補償の期限は請求の適格性と金額について立証があった後3か月以内であること、第四に、補償のための財源は原則として投資会社自身が負担しなければならないこと、である。

　その趣旨はEU全体のICS制度の導入を通じて、投資サービスに関する単一市場の適切な機能を支援することにある。換言すれば、ICSが最低限の水準を求めることで、EUの資本市場において生じうる競争上の不均衡や弊害の除去を目指すものでもある[13]。また、ICSによる投資者補償に基づき最低限度の水準の保護は受けることができるという投資者の信頼の向上を通じて、小口顧客の投資サービスの利用促進による資本市場の発展や活性化も意図される。

3　補償の上限と除外される者

(1)　補償の上限と小口顧客

　EU指令に基づいて投資者に支払われうる補償のレベルについては、1人当たり最低限度額である2万ユーロとされた。この補償上限はミニマムスタンダードとして、小口顧客（retail client）の保護を念頭に置いている。EUにおいて小口顧客とは、プロ顧客ではない顧客と定義される（MiFID4.1条(12)項）。そしてプロ顧客とは、MiFIDの付属書Ⅱに定める基準を満たす顧客であり（同条(11)項）、自分自身で投資決定を行い、負担するリスクを適正に評価する経験、知識及び専門能力を有する顧客をいう。

---

13)　EUの調和立法には排他的調和(完全な調和)と下限設定調和(minimum harmonisation)、選択的調和があり、そのうち下限設定調和はEUレベルで下限基準を設定して加盟国にそれより高い基準を課すことを許すものである（庄司克宏編『EU法　実務編』（岩波書店、2008）9頁以下［庄司克宏］）。

また、ICSでは、後述するように投資者の損失額の90％を補償上限とするといった取扱いも可能とされてきている。こうした背景により、加盟国のなかにはさらに補償上限額の多い国もあり、多様性が見られる。例えば、ドイツの投資者補償制度における補償主体である投資者補償機構ないし有価証券取引企業補償機構（Entschädigungseinrichtung der Wertpapierhandelsunternehmen、EdW）は投資者補償に関する法律（AnlEntG）に依拠し、ICSと同様に証券補償の限度額を損失額の90％か、2万ユーロにしている[14]。これに対し、フランスの預金保険・破綻処理基金（Fonds de Garantie des Dépôts et de Résolution、FGDR）は通貨金融法典L. 322-1条以下とその規則に基づき、原則としてまず証券（securities）は顧客1人当たり7万ユーロが上限であり、次いで証券口座の運用に関連する現金（cash）については銀行でない業者は7万ユーロを上限に補償し、銀行である業者の場合には預金保険と同額の10万ユーロを上限に補償している[15]。

(2) プロ投資家と機関投資家等の適用除外

　ICSにおいては補償対象から除外されるものが、同指令付属書Ⅰにより以下のように列挙されている。第一に、プロとみなされる顧客の類型である専門的（professional）な投資者と機関投資家は補償対象から除外される。すな

---

14)　EdWのホームページの解説を参照。EdWはドイツ連邦政府の特別基金（special fund）としてその業務はドイツ復興金融公庫（KfW）の部局が担当し、政府から特命を受けて法定の委任行為の任務を遂行している。
　　　EdWは1998年の創設以来、証券取引の潜在的な損失に関し小規模な投資者の保護ないし損失の補償を行うことを目的としており、2015年までに21件の事案に関し約34,100の請求を処理し、約2億8,200万ユーロを投資者補償のため拠出している（KfW, *Annual Report 2015*, 81）。なお、後述するアイルランド等もドイツと同様の補償上限額を採用している。
15)　FGDR, *Protecting Your Accounts in the Event that Your Bank Fails*, 3. これは証券と現金の両方について補償を実施するものであり、補償上限がEU諸国のなかでも高いものとなっている。「2重の」補償基準（second coverage levelないしdouble coverage level）と言われ、国際的にかなりユニークな制度である。預金保険制度と一体的に扱われていることも背景にある。ドイツ等とは異なり、損失額の90％といった取扱いも設けられていない。FGDRの補償の実施状況については、FGDR, *Annual Report 2017*, 53を参照。

わち、投資会社、信用機関、金融機関、保険会社、集団投資の運用会社、年金基金及び退職基金である。

第二に、超国家的な機関、政府機関、中央行政当局、第三に、州、地方、地元自治体、市町村といった当局、第四に、破綻した投資会社の取締役、経営者及び個人的に責任のあるメンバー、5％以上の資本を保有する者、その会計書類について制定法上の監査を実施する責任を有する者、その会社と同じグループ内の他の会社において同様の地位にある投資者、第五に、第四で言及したような投資者のために行動する密接な関係者（relatives）と第三者、第六に、同一グループに属するその他の会社、第七に、その会社の財務上の困難を引き起こすか、又は、そうした財務状況の悪化に関与した投資会社に関するいくつかの事実について責任を負うか、又はそれらの事実を利用していた投資者、第八に、簡略化された貸借対照表を作成することを許されていない規模の会社、である。最後の除外事項は、「小規模な（small）」会社のみを補償対象とする趣旨による。こうした限定により、小口の顧客・投資者を補償する前述したEUの証券規制の趣旨と平仄を合わせている。

Ⅳ　ICS指令の問題点と2010年の改正提案

1　2010年の改正提案の経緯

ICS指令が採択された1997年のおよそ10年余り後に、欧州委員会において見直しの機運が生じることになる。2008年のリーマン・ブラザーズ破綻等といった金融危機の発生を受けて、ICSの目的を包括的に継続するとともに投資サービスの単一市場における適切な機能を支援することを目的にしたものであった[16]。そうした改正提案の背景には加盟国で多数の詐欺（frauds）が小

---

16) European Commission, Commission Staff Working Document, *IMPACT ASSESSMENT Accompanying document to the Proposal for a DIRECTIVE OF THE EUROPEAN PARLIAMENT AND OF THE COUNCIL : amending Directive 1997/9/EC on investor-compensation schemes*, 16 (12. 7. 2010).

口の投資家に重大な損失をもたらし、現在のICS指令の機能にいくつかの限界が顕在化したという事情がある。それは欧州委員会が受け取った数多くの苦情にも見られるものであり、補償が不十分であることや補償の支払の遅れといった点が主に問題となった。

それと同時に、預金保険制度についても金融危機の発生により2010年に補償水準を引き上げるなどの見直しが行われ、それらの修正をICS指令にも反映する必要があった。そこでICS指令を改正する際には、小口投資者の十分な保護の継続性を確保し、規制環境の変化を考慮に入れてEUにおける投資サービスの提供者の信用を維持することが求められた。ここでは最小限度の調和から最大限度の調和への移行が重視され、より実効性のある投資者保護を通じた資本市場への信頼性の向上が目指されている。

その後、そのような見直し案は欧州委員会による2009年3月の『ヨーロッパの信用回復活動』や2010年6月の『持続的な成長に向けた金融サービスの規制』等に沿って検討が続けられた。そして、2010年7月12日に欧州委員会が以下のような改正提案を正式に公表したが[17]、EU全体のレベルでの同意が得られず、2015年3月に撤回されることになった[18]。しかしながら、その改正提案に対する欧州議会の見解や関係機関等の議論はICS制度の意義と課題を知る上できわめて重要であると思われることから、以下においてはその改正提案の内容を中心に検討を加えることにする。

他方、ICSにおける補償とは別に、投資会社の破綻処理に関する議論も進められている。そのような側面では、2012年に金融機関ないし銀行（credit institutions）を含め、欧州委員会によって、「再建及び清算に関する指令（Recovery and Resolution Directive、RRD）」案（いわゆる破綻処理指令案）が欧州議会と閣僚理事会に提出されている。そこでは、①破綻処理の準備と予防、②早期介入、③破綻処理、の3つのフェーズに分けて対応することが提案さ

[17) 改正提案の概括的な紹介としては、御船純「欧州における金融規制改革の動向——監督・セーフティネット・破綻処理」預金保険研究13号（2011）56頁がある。

18) 欧州委員会による2010年の改正提案の撤回の経緯を含め、European Commissionのホームページの、Internal Market and Services（Directive on Investor Compensation Schemes（ICS））の項目を参照。

れた。破綻処理指令案はEU資本指令（CRD）により定義された銀行と投資会社を対象としている[19]。ICSは主に③の破綻処理に関して、必要になる補償の側面に焦点を当てるものである。

2 改正提案の概要

2010年の欧州委員会によるICSの改正提案には、主に五つのポイントがある。第一に、加盟各国が調和すべき補償レベルを2万ユーロから5万ユーロに引き上げるものである。第二に、補償金の支払を迅速化するため補償の期限を設け、投資会社の破綻後原則として遅くても9か月以内に補償金を支払うものとしている。第三に、ICSによる投資者への補償限度額等の情報提供の改善である。

第四に、長期的に責任を負担しうる補償基金を整備するためのルールをいくつかに分けて提示している。それは補償のための基金について、投資会社の事前及び事後の拠出金によるものと位置付けた上で、10年以内に保護対象となる金銭及び金融商品の価値の0.5％の水準に達する事前拠出型の基金の創設を原則として、基金の財源に不足が発生した場合に他の補償制度や加盟国の補償制度との間の強制的な相互貸付（compulsory mutual lending）を導入するもの、である。

第五に、補償対象の拡大として、投資サービス会社が顧客の資金を保有する際に利用していた「第三者たる保管者（third party custodian）」が経営破綻して資金の返還ができなくなった場合及び投資信託ないし単位型投資ファンドに投資したその預託者（UCITS depositary）が破綻した際におけるそのファンドの預託先やサブ・カストディアンが破綻した場合についても補償対象としている[20]。以下では、改正提案の主な内容について、その趣旨等を含め検討

---

[19] その概要については、鈴木敬之「EUにおける銀行同盟の議論」預金保険研究15号（2013）55頁以下が詳しい。

[20] European Commission, *Press release: Commission proposes package to boost consumer protection and confidence in financial services*（12 July 2010）．その内容を簡潔に紹介するものとしては、三菱UFJリサーチ＆コンサルティング『諸外国における金融制度の概要』366頁（2014）がある。

していくことにする。なお、特に断らない限り、条文番号はICS指令を指している。

3 改正提案の主な内容の検討

(1) 補償上限の引き上げ

投資者に支払われうる補償限度額について、1人当たり最低2万ユーロから5万ユーロの固定した水準(fixed level)に引き上げることが提案されている(4条(1)項及び2条(3)項の改正)。もともと2万ユーロという水準の設定はICS指令が導入された際、預金補償スキームと同じ水準(その当時は2万ユーロが上限)に合わせたものであり、この金額が最低限度の補償水準と位置付けられた。ところが、その後2万ユーロという補償水準は低すぎるとの懸念が強く主張されるようになった。それは、第一に、その後一度もインフレを反映した調整を行っていないこと、第二に、ICS指令施行以降において金融商品に対するヨーロッパの投資者のリスクが増大していること、によるものである。さらに、預金補償スキームの指令の改正によって預金保険では、2万ユーロから10万ユーロへと補償上限が徐々に増額されている。加盟国間で補償上限の設定があまりに不均衡であると、投資者による鞘取り(arbitrage)を招くおそれも指摘された[21]。

提案された補償の水準はEU内のインフレを考慮するとともに、小口の顧客(投資者)が実際に保有する平均的な投資価額に合わせようとしたものである。各加盟国が提供する補償範囲が異なると、投資者による不当な鞘取りや選択的な行動が行われるおそれがある。そうした弊害を防止する趣旨からは補償限度額を最低限の水準ではなく、同一化ないし統一化する(harmonised)方向が望ましい。他方、信用機関(credit institutions)のケースにおいて銀行に預託されていた金銭について、預金保険制度ではなくICS指令に基づき補償すべきかどうか疑問が生じる場合がある。銀行業務と投資サービスの両方を

---

21) European Commission, *Proposal for a Directive of the European Parliament and of the Council, amending Directive 97/9 EC of the European Parliament and of the Council on investor-compensation scheme,* 8(12.7.2010).

提供する銀行に関し生じうる不確実性に対処するため、そのようなケースでは投資者は補償水準の大きい預金保険制度に基づいて補償を受けることを明確にしている（ICS指令の2条(3)項の改正）。

(2) 共同補償原則の廃止

補償限度額において、損失の一定部分（10％等）を投資者が負担するというオプションを廃止することも提案されている（4条(4)項及び8条(1)項の改正）。このように補償の上限を90％として、顧客に一定割合の損失負担を求めることを「共同補償原則（co-insurance principle）」と呼ぶ。顧客に証券業者の選択に当たり適切な注意を払わせるものであり、モラルハザードの防止の観点等からかつては預金保険の分野でも採用されていた[22]。それと同様にICS指令の4条(4)項がそのような補償の規定を許容していることから、現在でもドイツやアイルランド等の加盟国ではそのような原則が採用されており、補償限度額を2万ユーロとした上で90％を補償するとしている。

しかし、改正の検討作業において多くの国はそうした共同補償原則の除去に同意した。その理由は、投資家が取引先として選んだ投資企業のリスクを評価することができるとは合理的に期待できないという点にある[23]。実際こうした改正提案を受けて、イギリスのFinancial Services Compensation Scheme（金融サービス補償スキーム。以下、「FSCS」という）は2010年以前には90％の共同補償原則を採用していたが、同年以降の証券業者（金融サービス企業）の破綻から一律5万ポンドに変更し、同原則を廃止している[24]。

(3) 財源の確保と基金に関する基本原則の確立

安定した補償財源を確保するため、改正提案はICSが事前の積立（pre-funding）による十分な水準を設定することを求めている（4a条の改正）。

---

22) Andrew Campbell and Paula Moffatt, *Protecting Bank Depositors after Cyprus*, 23 Nottingham L. J. 103 (2014).
23) European Commission, *supra* note 21, at 11.
24) FSCSによる最近の投資関連業者の破綻における投資者補償制度に関する実施状況については、FSCS, *Annual Report and Accounts 2017/2018*, 38以下の説明を参照。

ICSは補償財源の在り方は各国の自由に委ねており[25]、事前の拠出金による積立方式以外にも、事後的にその年度の状況に応じて拠出金を徴収するもの等様々な手法が存在している。ところが、ICS制度導入以降、補償財源が不十分である事例が相当数現れてきたため、このような提案がなされたものである。

　ICSによる補償財源の徴収に関する基本的な原則は以下のようになっている[26]。第一に、原則として補償のためのコストは市場参加者によって継続的に負担されなければならない。第二に、各補償スキームは潜在的な責任に応じて十分に資金を積み立てなければならない。将来の請求を予測した上での事前徴収等による。第三に、十分なレベルの基金規模を確保するため目標となる基金規模が事前に設定され、10年以内に達成されなければならない。第四に、具体的な事案において事前積立資金が補償スキームの債務をカバーするために十分でない場合、補償主体から追加的な拠出金が要求されなければならない。第五に、基金の財源が尽きてしまった場合、補償スキームは以下の条件により他の補償スキームに補償資金の借入れを請求することができる。第六に、借入方法を含む複数の資金源が、確保されなければならない。第七に、各補償スキームは自らの資金水準に関する詳細な状況を公表しなければならない。なお、これらの原則の詳細は、欧州委員会や欧州証券市場機構（European Securities Market Authority、以下「ESMA」という）によって定められる[27]。

　このうち具体的に目標とされるべき資金の水準は、そのスキームの保護の対象となる資産価値の少なくとも0.5％と設定された。目標の基金水準はそのスキームの会員業者（銀行や投資企業、投資ファンド等）からの定期的な拠出額で賄わなければならない[28]。そして、将来の請求に当てるために徴求される資金がその責務を果たすのに十分でない場合、そのスキームは会員に追加

---

25) Nicoline M., Wessels-Aas, *supra* note 6, at 113.
26) European Commission, *supra* note 21, at 9.
27) これは各国のICSの運用においてEUの機関であるESMAが関与する局面を認めるものであり、興味深い。ESMAの概要については、三菱UFJリサーチ＆コンサルティング・前掲注20) 317頁以下を参照。

的な拠出金を要求しなければならない。ただし、追加的な拠出金はそのスキームの保護の対象となる資産の0.5%を超えるべきではない。

(4) 補償資金の相互貸付（借入）ルールの導入と貸付の要件

加盟国内部の資金徴収ルールの確立とともに、国家の補償スキーム間においても協力に関する仕組みが導入されれば投資者にとってより確実な保護が提供され、投資サービスへの信頼も促進されることになる。また、加盟各国の補償スキームの活動の調和が図られるようになり、各国による規制の違いを悪用した鞘取りのリスクも減少する。そこで、改正提案はICSが最後の救済手段として運用できるように、加盟国の補償スキーム間で資金の貸し借りが可能なメカニズム（borrowing mechanism across national schemes）を含めて、スキーム間での全体的な協力を推進することを求めている（4b条の改正）。そうした補償スキーム間の貸付（借入）制度ないし相互借入ファシリティはまさに最終的な救済ツールとして位置付けられる。加盟国間のスキームにおける相互協力原則に基づくものであり、明確な条件の充足を前提に特別な場合に限って、補償スキームに対し通常の拠出金の選択的なバックアップとなる財源を提供するものである。

貸付制度の詳細は次のようなものである[29]。第一に、補償スキームは、自らの資金が当面の必要性を満たすために十分でない場合に、他の補償スキームから貸付を受ける権利を有する。第二に、各補償スキームにおける事前の資金徴収の一部は、他の補償スキームへの貸付に利用できるものでなければならない。第三に、EUの監督当局であるESMAはその仲介役として、①貸付の請求を受け、②関連する要件が満たされているかどうかを審査し、③要件が満たされている場合には他の補償スキームへその情報を伝達する。第四に、貸付はその請求後5年以内に返済されなければならない。その貸付には利息が付され、利息のレートはヨーロッパ中央銀行の余剰貸付利用レートと

---

28) European Commission, *Investor Compensation Schemes-Frequently asked Questions-MEMO/10/319*, 6（12/07/2010）.

29) European Commission, *supra* note 21, at 10.

同等になる。第五に、貸付制度の利用はEU指令に基づく補償対象に制限されなければならない。例えば、EU指令の補償範囲に含まれない事業主体の債務不履行から生じるニーズについては、補償スキームは貸付を行うことができない。第六に、EU全体で貸付のために利用される資金が急速に枯渇するような事態を回避するため、貸付に利用できるのは各基金の積立額の20％という制限が事例ごとに適用される。なお、EUの銀行同盟（Banking Union）においては、単一の（Single）預金保険制度が志向されており[30]、このような各国間の貸付制度は投資者補償の分野でもそうした枠組みに近づくものといえる。

(5) 補償金の支払遅延問題の改善

補償金の支払が一定の期間内に行われない場合、投資者への補償金支払の遅延（delay）を改善することも重要である。これまでのICS指令の9条(2)項は払戻しについて厳格な期限を設けており、可能な限り速やかに、そして少なくとも3か月以内になされることとしていた。ただ、この支払期限は請求の適格性と請求額が満たされるとの決定がなされた場合にのみ機能するものであったため投資会社の破綻日とは関連付けられておらず、破綻から払戻しまで数年を要する事例も散見された。

そこで、ICS指令の9条(2)項等の改正提案は支払の遅延が特定の期間を超える場合、請求に関する最初の評価に基づいて「一部の補償（partial compensation）」の仮払いを各補償スキームに義務付けている。一部支払のレベルはその請求に関する当初の評価額の3分の1相当額とする。残額はその請求内容が完全に証明された後に支払われることになる。補償スキームはその後そうした請求が実質上有効ではないと決定した場合には、仮に支払われていた金額を取り戻すことができる。また、2条の改正提案では、補償機関はその企業が3か月内に投資者に対する自己の責務を果たすことができるか

---

30) 大塚茂晃「欧州銀行同盟における単一預金保険制度の実現可能性〜EU改正預金保険指令にみる〜」千葉商大論叢54巻2号 (2017) 213頁。欧州銀行同盟は預金保険に加え、監督と破綻処理のメカニズムも単一化を目指している。

どうかについて決定するよう求めている。補償機関の決定の遅延を防止する趣旨である[31]。

補償の遅延問題に対応する改正提案は、ICS指令と銀行の預金保険制度による補償に関する状況の相違を考慮に入れている。預金保険では、当局が特定の金融機関が預金の払い戻しをできないと決定を行った日から20日以内に払戻しを行わなければならないとしている。これに対し、ICS指令では詐欺や不正行為、業務上の問題といった基本的な状況により各投資者の請求権の是非を検討するため、より長期の遅延を許容するものになっている。なお、補償の実施を正式な支払不能（破綻認定）の時点後に限定するべきかどうかについても検討課題とされている[32]。

(6) 補償範囲の明確化及び拡大

補償対象となるサービスの範囲と顧客の定義について、改正提案は、第一に、MiFIDに基づくすべての投資サービスと投資に関わる活動は、ICS指令の対象となることを明確にしている。第二に、投資仲介会社等が顧客の資産を「事実上」保有する場合（各国法上の投資サービスによる権限や性質に関する制限にかかわらず）、顧客はICS指令に基づいて補償を受ける権限を有することとしている（1条(2)項及び付属書Iの改正）[33]。また、プロの顧客の定義についても、MiFIDに合わせた文言上の技術的な調整が行われている。

その上で、投資会社に顧客の資産を返還できない状況をもたらす「第三者たる保管者（third party custodian）」が破綻した場合であっても、投資者は補償スキームにより補償を受ける権利を有するとしている（2条(2)項及び12条の改正）。従来のICS指令では投資会社が顧客の資産を預託している保管者の破綻まではカバーしておらず、第三者たる保管者が投資会社又はその顧客に金融商品を返還できない場合、顧客は補償対象とはされていなかった。したがっ

---

31) European Commission, *supra* note 21, at 12.
32) Oxera, *Description and assessment of the national investor compensation schemes established in accordance with Directive 97/9/EC*, 109（January 2005）.
33) European Commission, *supra* note 21, at 5.

て、投資者の投資対象がその投資会社に保有されているか、第三者に保有されているかによって、その投資者に補償の適格性があるかどうかが左右されることになる。こうした問題は近時のマドフ氏の巨額証券詐欺事件における関連証券会社等の破綻で顕在化したものである[34]。そのため、投資者保護の強化を目指して補償範囲の拡大が提案されている[35]。

(7) 集団投資スキーム保有者への補償範囲の拡大

改正提案では投資者の預託資産の損失が集団投資スキーム（collective investment scheme）、すなわち、Undertakings for Collective Investment in Transferable Securities（譲渡可能証券の集合投資事業。以下、「UCITS」とする）の預託機関（depositary）又は下位の保管者（sub-custodian）の破綻による場合、UCITSの保有者にも補償を付与するように補償範囲を拡大している（1条(4)項、2条(1)項等の改正）[36]。従来その管理行為自体は規制対象としてMiFID上の投資サービスとはされておらず、ICS指令はUCITSとそのユニットの保有者を補償対象とすることはないとされてきた。

しかし、前述のマドフ事件に見られるように、UCITSのユニットの保有者はその預託機関等の破綻によって損失を被っている。そのような状況は実質的に考えると、投資会社の破綻による損失と同様である。そのため、UCITSの預託機関や下位の保管者の破綻も補償対象とするといった提案がなされることになった[37]。UCITSとは、譲渡可能な証券と他の流動性ある金融資産として集団投資スキームを包括するものである[38]。なお、EUではUCITSの指令に関し、1985年以降改正が数回行われてきており、その参入要件や一定の

---

34) マドフ事件については多くの関連文献があるが、さし当り、松岡・前掲注1）215頁以下を参照。
35) European Commission, *supra* note 21, at 6.
36) UCITSはヨーロッパの投資信託である。EUはUCITSの参入等といった規制について詳細な指令を策定しており、2016年には第5次指令が出されている。その点を含め、杉田浩治「投資信託の制度・実態の国際比較」（日本証券経済研究所、2018）トピックス1頁以下が種々の分析を加えている。
37) European Commission, *supra* note 21, at 7.
38) 庄司編・前掲注13）75頁［横井眞美子］。

行為規制が定められている[39]。

(8) 補償範囲に関する投資者への情報提供の強化等

また、補償スキームにより補償されるか否かについて、投資者が投資会社からより詳細な情報を提供されるようにすることが提案されている。現行のICS指令の10条(1)項は加盟国に対し、投資会社が現在の投資者及び潜在的な投資者に、補償の金額や範囲を含むICSに関連する情報が確実に入手できるようにすることを求めている。ところが、この規定の運用が加盟各国で適切に行われているかどうかについて懸念が生じてきていた[40]。そこで、同条は補償スキームが実質的にカバーする対象について、明確かつシンプルに投資者に情報開示を行うことを要請するよう改正されている。こうした提案により投資会社にはICS指令に基づいて補償される範囲等について、さらに詳細な情報を提供するよう義務付けられている。とりわけ、一定の損失（例えば、投資リスクによるものなど）はICS指令に基づく補償支払の対象とはならない点を明確に説明することが要請される。

他方、これまでICS指令は刑事罰の対象となる者がマネー・ロンダリングで得た請求については、補償の範囲から明確に除外してきた（3条）。もっとも、市場阻害行為（market abuse）を行った投資者による請求には触れておらず、その取扱いは加盟国の判断に委ねられていた[41]。この点、改正提案では投資者がインサイダー取引や市場操作（相場操縦）等といったEC指令（Directive 2003/6/EC）に基づき禁止されている行為を行った場合、いかなる請求も補償対象から除外することを明確にしている（3条及び9条(3)項の改

---

39) 前述したUCITS指令は主にファンドの組成・運営・情報開示に焦点を当てているが、業者の販売行為についてはMiFIDが規制を行っている。相沢幸悦監修（日本証券経済研究所編）『図説ヨーロッパの証券市場―2012年版―』（日本証券経済研究所、2012）188頁［杉田浩治］によれば、日本の投信法と金融商品販売法との関係に類似する。
40) European Commission, *supra* note 21, at 12.
41) 例えば、アメリカにおいては証券諸法違反等の不正行為を行った投資者に対する補償は否定されるという重要な判例法理が形成されていることにつき、松岡・前掲注1）117頁以下を参照。

正)。そうした行為を行った投資者はEU指令の与える一般的な保護から利益を受けるべきではなく、補償の対象から除外されるべきであると考えられている[42]。

4 改正提案を巡る議論とその課題

こうして2010年7月に欧州委員会が提案を行い、それを受けてイギリスなどその動きを先取りする加盟国も見られた。しかし、主に以下のような点を巡り、異論が相次いで表明されることになった。そうした意見の対立は加盟国間のみならず、欧州議会や欧州理事会(EU Coucil)といったEU機関内部にも存在する。そのため、改正提案を行っている欧州委員会との意見調整が必要になった[43]。

具体的には、第一に、補償水準の引上げ等については現状で十分ではないかという意見があるのに対し、欧州議会は後述するように預金保険と同様に引き上げる方向に傾いている。また、補償金の支払実施の迅速化の提案には通常詐欺的な要素が関連することが多く、補償の適格性の立証に時間がかかるため困難であるとの意見も根強い。第二に、共同補償制度に関しては、投資者にも一定の責任を求めるべきではないかという考えもある。第三に、補償金の財源となる拠出金の水準は現状でも十分なのではないかという意見なども主張された[44]。

第四に、加盟国間の相互借入制度の導入についてはモラルハザードの懸念が強く指摘された。借入の限度額は積立額の5％程度でも良いという意見のほか、相互借入制度を既に取り入れている預金保険制度との違いを強調する見解も見られる。第五に、事前徴収制度の強制に対しては、必ずしも事前ではなくても良いのではないかとの指摘があった。また、事前徴収による負担金の補償対象を投資商品ではなく、預り金に限定すべきとの提案もある。第

---

42) European Commission, *supra* note 21, at 8.
43) Rainer Eising, Daniel Rasch, Patrycja Rozbicka, *EU financial market regulation and stakeholder consultations*, 13, 18 / 19 April 2013.
44) APCIMS(Association of Private Client Investment Managers and Stockbrokers), *Review of the Investor Compensation Scheme Directive(ICSD)*, 2, March 2011.

六に、UCITSの保有者や第三者たる保管者破綻への補償範囲の拡大について、欧州議会や多くの加盟国はコストとの関係等で難しいのではないかとの理由で反対している[45]。なお、MMF（Money Market Funds）に対する補償にも反対意見がある[46]。

5 欧州議会による修正要求

欧州委員会による改正提案の後、欧州議会（European Parliament）で議論が行われた。その結果、2011年7月に改正提案について、相当の修正が要求されることになった[47]。そこではEUのレゾリューションにおける基本モデル（Basic Model）として加盟各国の調和による統一を目指し、補償限度額の10万ユーロへの引き上げのほか、補償事由の発生原因に詐欺、管理上の不正行為（administrative malpractice）、業務上の過誤（operational error）又は不当助言（bad advice）の4つを挙げるなど多岐に渡る修正を求めている。補償財源となる基金の目標額は顧客資産の0.5％から0.3％に引き下げる一方で、目標の達成期間は10年以内から5年以内に短縮している。なお、UCITSへの補償については反対意見に配慮し削除されている。

こうした欧州議会の修正内容は補償の上限額を欧州委員会による改正提案の倍としていることに加え、補償対象の範囲を広げて不当助言をも取り込み、その抑止策も取り上げている点が特に注目される（2a条等の修正）。10万ユーロという補償上限額は預金保険制度と平仄を合わせるものである（4条の修正）。しかし、補償の上限及び対象の変更には、必要性の是非や補償財源等の問題から異論を唱える加盟国や金融機関等も少なくない。現在も補償上

---

45) Council of the European Union, *Progress report of the Presidency, Council document No. 12032/11*, Brussels 24 June 2011.

46) Efama, *EFAMA response to the Commission's Call for Evidence on Directive 1997/9/EC on Investor-Compensation Schemes, EFAMA's Register ID number:3373670692-24*, 5, 07/04/2009.

47) European Parliament, *Legislative resolution of 5 July 2011 on the proposal for a directive amending Directive 97/9/EC of the European Parliament and of the Council on investor-compensation schemes, first reading*, 2010/0199(COD).

限を2万ユーロとしている加盟国は相当数存在する。また、不当助言に対する補償はイギリスのFSCSしか行っておらず同国のそうした事由に基づく補償件数は多数に上っているため[48]、補償の対象に加えた場合には各国の負担が大きくなることも予想される。

さらに、欧州議会の修正では、加盟各国に対し欧州委員会とESMAに特定のデータ（顧客数、各投資会社の資本水準等）の提供を求めている（4a条等の修正）。そして、ICSの会員業者の拠出金の算定に際し、経営リスクの状況を反映するといった提案も行った。補償対象からテロリスト集団を排除するといった文言も追加している（3条の修正）。こうした種々の修正要求の内容は注目されるが、結局前述のように議論はまとまらず、現在のところ改正提案は成立に至っていない。

他方、欧州議会がICS制度の財源となる拠出金の在り方を検討する際、特に関心が集まったのは民間保険契約（private insurance contracts）を用いた代替的な手法である。そこで、欧州議会の政策部A（経済及び科学政策）の経済・通貨部がリサーチを行い、詳細な報告書を公表している[49]。同報告書では加盟国の利用状況のほか、ロイズ等を利用した民間保険を実際に活用しているカナダやアイルランド等の状況も踏まえて、提言を行っている[50]。その結論としては、まず投資会社自体が補償範囲の一部を保険で部分的に代替する措置（partial replacement）はICSと保険業者との間で法的問題を生じる可能性

---

[48] FSCS, *supra* note 24, at 36以下等を参照。

[49] European Perliament, *Directorate-General for Internal Policies, Policy Department A: Economic and Scientific Policy, Alternatives to Investor Compensation Schemes and their Impact*, 15（IP/A/ECON/ST/2012-01, November 2012）.

[50] カナダ投資者保護基金（Canadian Investor Protection Fund、CIPF）による民間保険の活用状況については、松岡啓祐「証券会社等の経営破綻におけるカナダの投資者補償制度について」岸田雅雄先生古稀記念『現代商事法の諸問題』（成文堂、2016）971頁以下、同「カナダの投資者保護基金制度について―その運用指針を中心に―」専修大学今村法律研究室報68号（2018）12頁以下を参照。また、アイルランドの投資者補償公社（Investor Compensation Company Limited、ICCL）も民間保険を利用しているが、世界的に見て公的な投資者補償スキームが民間保険による補償契約締結の更新に成功している例は少ない。この点、ICCL, *Annual Report 31 July 2017*, 43等の説明を参照。

があり、補償の遅延や訴訟コストが増えかねないとの理由で推奨されていない。次いで、投資会社に対し完全に補償のための保険で代替する措置（full replacement）を強制する場合はリスク管理等の面で利点があるものの、保険業者との関係で補償コストの増加も懸念されている。唯一の有効な選択肢として、ICSによる一定以上の損失発生に関する保険（'excess of loss' insurance）の活用は有効な選択肢になりうるが、大規模な投資会社の破綻をカバーするのは難しいと予測され、必要に応じて加盟各国が強制ではなく任意で利用することを推奨している。

V　結びに代えて

　投資者補償制度は資本市場の公正な価格形成を確保し、投資者の市場への信頼を高めるという重要な意義を有している。EUの投資会社破綻の際における投資者補償制度は1997年のICS制度の導入を契機に、加盟各国でそうした制度の導入や既存の枠組みの改革が順次実施された。各国の実施方法は新たな立法によるもののほか、従来のスキームの改編や修正によるものなど多様である。こうしたスキームの意義と課題を理解する上で、最終的には撤回されたものの2010年の立法提案の内容に関し、2011年の欧州議会の修正案や加盟各国や関係諸機関の議論の状況は興味深いものがある。

　そのなかでも、当初欧州委員会は最低補償額の水準を2万ユーロから5万ユーロに引き上げる改正提案を行ったのに対し、欧州議会が預金保険と同じ金額である10万ユーロへの修正を求めた点は示唆に富む。現在の投資者に対する補償上限額は様々であり、最低限度の2万ユーロとしている国も多く、今後どのように各国の議論が展開するか注目される。アメリカでは逆に、投資者の預託資産のうち証券（securities）が50万ドルで現金（cash）は25万ドル（預金保険と同額）とされており、証券の補償水準は現金の2倍である。日本は証券投資者も預金保険の預金者の補償限度額も1,000万円と同じ水準であるため、その水準の妥当性については検討の余地もある。

　EUの投資者補償制度の出発点は銀行破綻における預金保険制度にあり[51]、補償の対象は小口顧客に限定されている。ただ、その範囲の拡大も議論の対

象になっており、各国の具体的な制度内容については、デリバティブや商品先物取引の扱いにも注意する必要がある。前述した銀行同盟に続き、欧州連合の執行機関である欧州委員会が域内の株式・証券市場等の垣根をなくす資本市場同盟（Capital Markets Union）の促進を目指す動きもあり、投資者補償制度についても影響がありうるかもしれない。投資者保護基金制度は顧客資産の分別管理義務の制度とともに投資者のセーフティネットの二本の柱と言われるが、証券市場の公正な価格形成機能を維持するためには柔軟で迅速な対応が求められる。そこで、破綻した投資会社の全部又は一部の顧客口座を別の健全な投資会社に対し円滑に移管する（transfer）制度に加えて、預金保険に見られるような一部支払や仮払いといった仕組みの導入を検討する必要性も大きい[52]。

投資者補償制度は本稿が検討したEUのICSでも、預金保険制度との関係が各所で重要になっていることがわかる[53]。国際的には投資者補償制度と預金保険制度の一体的運用を行うシステムのほか、保険契約者保護も含めた制度的なデザインも考えられうる[54]。補償の実施を担う機関には、経営状況の監督機能や破綻処理に関与する機能等も求められるかもしれない[55]。投資者・預金者・保険契約者等を併せて、EUを含め国際的には金融消費者の保護（financial consumer protection）の観点が強調されることも多い。金融機関のセーフティネットの総合的な安定性をより高める趣旨であるが、現在のところ各国で様々なスキームが設けられており、どういった仕組みが望ましいの

---

51) 各国の預金保険制度の歴史に関しては、高橋正彦「ペイオフ発動の歴史的意義」横浜経営研究32巻1号（2011）40頁以下がその経緯を紹介されている。
52) 神田・前掲注3）209頁。
53) わが国における投資者保護基金と預金保険制度との関係については、山田剛志「証券会社の破綻処理と証券会社取締役の注意義務」金判1483号（2016）2頁以下、同「証券会社の破綻と投資者保護基金――金融商品取引法と預金保険法の交錯」金融商品取引法研究会編・前掲注3）210頁以下が検討を加えている。
54) EUを含む主要各国の金融機関破綻における預金・投資・保険といった各補償スキームについて、単独の機関が行っている国の状況の分析やその是非等を包括的に検討したものとしては、International Association of Deposit Insures, *Research Paper:Integrated Protection Schemes(Draft)*, December 2014が示唆に富む。

かを巡っては活発な議論がある。金融機関のリスク管理という点においては、EUの欧州議会が顧客数・投資会社の資本水準等の情報収集活動の必要性や投資会社の経営リスクを反映した拠出金の算定を提案していたことは興味深い。預金保険の分野ではそうした手法が広がっている。実際にカナダのCIPFでは、自己資本が低い証券業者に対しては追加の拠出金を求めるといったリスク変動型の会費算定手法が用いられており、アメリカのSIPCでもそうした方向が預金保険制度とともに模索されている。そうした種々の側面も含め、EUの資本市場におけるICS制度の今後の展開に注目していきたい。

---

55) そうした補償スキームの機能別分類には主に、補償のみを行うペイボックス型、破綻処理等の追加的な責任を有するペイボックス・プラス型、最小限のコストによる破綻処理を選択するロス・ミニマイザー型、監督権限や破綻処理機能等の包括的な機能を併せ持つリスク・ミニマイザー型等がある。Financial Stablity Board, *Thematic Review on Deposit Insurance Systems, Peer Review Report*, 8 February 2012. その分析として、大内聡＝鈴木敬之「EU諸国の預金保険制度の最近の動向について——イギリス、フランス、スペイン」預金保険研究19号（2016）87頁も参照。Andrew Jen-Guang Lin, *The Challenges and Contemporary Issues of Taiwan's Investor Protection Systems:A Model to Learn or to Avoid*, 11 NTU L. REV. 129(2016) は、アメリカのSIPCやカナダのCIPF等と比較しながら、台湾のSecurities and Futures Investor Protection Center（SFIPC）が投資者のために会員企業に対し、クラスアクションや派生訴訟、取締役の解任の申立権等といった監督権限や紛争仲介権限等を有していることを紹介している。

個人向け支払サービスにおける一般的補償制度
——なぜ日本ではモバイル決済・キャッシュレス化が進まないか

青木　浩子

Ⅰ　はじめに
Ⅱ　個人向け支払サービス一般について無権限取引による損害補償につき規定する海外の例
Ⅲ　なぜ日本では一般的補償制度の導入が進まないか
Ⅳ　結びに代えて

Ⅰ　はじめに

　本稿は、個人向け支払サービスにおける事故とくに無権限取引の際の損失の負担について、司法解釈によっては限界があることを楽天Edy電子マネー不正使用金返還請求事件を評釈[1]した際に痛感し、その際に考えたことなどを記すものである。

　日本では所轄官庁である金融庁が決済に関する審議会・スタディグループ・ワーキンググループを相当数設けてきたが、これらは主に業法的観点からのものであり、個人向け支払サービスに係る民事責任（さらには補償制度）については、平成17年の偽造カード問題[2]以降、検討された例は限られるようである[3]（後出の欧州やシンガポールでは業規制と平行して損失負担の問題に

---

1)　拙稿「電子マネー不正使用金返還請求事件（東京高判平29・1・18金法2069号74頁）——モバイル決済・クレジットカード払いの事例」NBL1132号（2018）15頁以下。

ついて検討している)。

　しかしこのことは「日本では補償の必要性が低い」ことを意味するものではあるまい。日本における電子決済の利用(いわゆるキャッシュレス化)が遅れているとするコメントが少なくない[4]ところ、セキュリティに関する不安が電子決済を利用しない重要な理由であることを各種のデータが示している[5]からである。セキュリティ向上による対処ももちろん重要だが、補償制

---

2) 偽造カード等及び盗難カードを用いて行われる不正な機械式預貯金払戻し等からの預貯金者の保護等に関する法律(預金者保護法)に係る「偽造キャッシュカード問題に関するスタディグループ」(平成17年6月24日最終報告書発表)(https://www.fsa.go.jp/singi/singi_fccsg/singi_fccsg.html)(キャッシュカードスタディグループ))参照。座長の岩原紳作教授は当時の欧米諸国が偽造・盗難・紛失につき預金者を一律保護する傾向にあることを紹介の上で日本でも法制整備を急ぐべきという私見を述べていた(同「預金者救済を図る法制整備を」金融財政事情2005年3月21日号12頁、15頁)。またスタディグループ報告は盗難紛失について同じルールを適用すべきと勧告していた(偽造キャッシュカード問題に関するスタディグループ最終報告書(https://www.fsa.go.jp/news/newsj/16/ginkou/f-20050624-4/01.pdf)。同22頁で紛失・盗難・偽造を一律に保護する欧米事例を示し、同36頁で紛失盗難は一律保護すべきと勧告)が、預金者保護法は偽造と盗難(紛失は含まない)を別建てとする複雑な内容のものとなった(偽造カードでは民法478条を排除し、預金者保護法4条に従って預貯金者に故意重過失(重過失の場合は金融機関の善意無過失を要する)がある場合で機械式預貯金払戻しによる場合に預金者負担とする。盗難カードでは民法478条の適用を前提に、法5条1項各号の要件を満たし、かつ、同条3項の銀行からの証明がないとき、預金者は同条2項に従った補てんを受けられるとする)。岩原紳作ほか「〔鼎談〕偽造・盗難カード預貯金者保護法と理論・実務上の課題」ジュリ1308号8頁、17頁-18頁(2006)参照。

3) 2018年の「金融制度スタディ・グループ」は情報技術の進展等の環境変化を踏まえた金融制度のあり方について横断的な規制体系を検討するものであり、第3回(https://www.fsa.go.jp/singi/singi_kinyu/seido-sg/gijiroku/20180117.html)の討議で決済の範囲について検討されたが、中間整理(金融審議会「金融制度スタディ・グループ中間整理――機能別・横断的な金融規制体系に向けて――(2018年6月19日)」)では個人支払損失補償については取り上げられていない。決済高度化官民推進会議(https://www.fsa.go.jp/singi/kessai_kanmin/index.html)、金融審議会下の「決済業務等の高度化に関するワーキング・グループ」(第6回で消費者委員会が電子マネーに関する問題につき建議しているが補償問題には触れていない)や「決済業務等の高度化に関するスタディ・グループ」(第9回で若干消費者保護に係る技術論、第11回で欧州PSD紹介)、「金融制度ワーキング・グループ」についても同様である。

度を検討すべきことが強く示唆されていると考えて大過ないであろう。本稿では利用者不安の原因となり得る損失負担における日本の特色を、主に法制面について考察してみたい（Ⅲ）。

Ⅱ 個人向け支払サービス一般について無権限取引による損害補償につき規定する海外の例

　日本の補償制度について検討する前に、海外の個人利用者保護制度で支払一般について規定する例を概観したい。まず最新かつコンパクトでわかりやすいシンガポールの規制を、続いてその前身と見られる欧州の決済サービス指令を、最後に、上の二つの例ほどの一般性はないが、1970年代から存在する米国規制（制定当時はカード取引が中心的であったが、現在ではパソコンでのオンライン取引やモバイル決済にも適用がある）について、その保護内容、補償条件、（筆者が直感的に選択したもので網羅的なものではないが）特色について概観する。

4）　例、経済産業省商務・サービスグループ消費・流通政策課「キャッシュレス・ビジョン」22頁（2018）（日本は治安がよくATMも多く店頭処理も円滑で、現金に対する信頼が強い）、高口康太「中国でキャッシュレス化が爆発的に進んだワケ」（2017）（スマホ決済普及が日本のパソコン浸透分に代わっている・生活水準が遅れた地域が積極的に受け入れた・安全度が高い上に便利である）（https://ironna.jp/article/9601）。Skip Allums, Designing Mobile Payment Experiences 96 (2014) は2000年代にはモバイル決済につき韓国と並び最先端にあった日本は今や米国に逆転されており、それは消費者が携帯による決済に不安感を持っているからであり、背景には業界全体の携帯利用に向けての動機付け欠如があるという。

5）　たとえば、eMarketer, Primary Reason that Internet Users in Japan Don't Access Digital Banking Services, Aug. 2016によると「日本の利用者がデジタルバンキングを使わない主な理由」について多い順に①セキュリティの不安がある、②便利と思わないから、③アプリケーション設定が大変だから、④パスワードでのログインが大変だからとする。スマホ利用につきITMedia「スマホ決済を利用しない理由は？」（http://www.itmedia.co.jp/mobile/articles/1707/04/news103.html）（2017年7月4日）（KDDI調査。セキュリティ不安（38.8％）が理由首位）。

1　シンガポール[6]

(1)　保護内容

　シンガポール金融管理局（Monetary Authority of Singapore. MASとする）が無権限取引による[7]損失等につき一般的つまり広範な領域（支払対象としては預金、電子マネー、クレジットサービス[8]）を対象とする補償制度をガイドラインの形で発表したのは2018年9月28日のことである（2019年1月31日施行予定）。それ以前は預金取引やクレジットカード取引といった支払種類別に利用者保護の定めが設けられていた。

　この補償制度の導入は、同国で2016年来進められている決済サービス規制の全面的見直しの一環として行われたもので、直接の立案動機として、利用者の信頼を得ることによる電子決済利用の促進が謳われている（諮問書Consultation Paper（CP）para. 2.2）。

　補償対象となるのは、銀行・クレジットカード会社・金融会社・電子マネー発行者（一括して「金融機関」とする）が運営する電子支払可能な口座で、個人ないし小規模企業が保有するものである（なお、所定のプリペイドカード（クレジット機能がついておらず残高が500Ｓドル（2018年6月18日時点で1Ｓドル＝約

---

[6]　拙稿「シンガポールの電子決済利用者保護ガイドライン案」国際商事法務676号（2018）1347頁にガイドライン案を紹介した。この原案と最終案との相違等については同誌678号に追加して掲載の予定である（仮題「シンガポールの電子決済利用者保護ガイドライン（最終案）」）。

[7]　無権限取引のほか誤取引の処理に関する金融機関義務の規定もあるが割愛する。無権限取引の経路は①伝統的な手法による盗取（盗み見や推測など）のように原始的・個別的な方法、②不正なプログラムによる盗取のように洗練された方法、に分けられ、②について訴訟となった国内の事例は現時点では見出し得なかった。この②の類型による損失が巨大化する可能性があり（ウイルスソフト等で防衛していない利用者層をターゲットとした場合、被害者数ひいては損失総額が大きなものとなろうから）、海外規制類似の規制の導入が迫られることは時間の問題のように思われる。

[8]　欧州ではデビットカードに比べてクレジットカードの利用が一般に低い上に、クレジットカード関連サービスがいかにPSDに関わるかについては割愛する。経産省・平成27年度商取引適正化・製品安全に係る事業（クレジット産業における取引構造の変化及び国際化に係る実態調査）報告書（2015）が参考となる。

82円)以下のプリペイド式のもの)は現金類似であることを理由に補償対象から除かれる。またクレジットカードを始めとするカード類についても、すでに自主規則で類似の保護があることを理由として本ガイドラインの適用はない)。要するに個人やそれに準じる零細企業が用いる電子支払方式について幅広く保護が及ぼされる。

保護の内容として、案の段階では、無権限取引（unauthorised transactions. CP para3.1によると、保護口座からなされた支払で、口座利用者が支払につき不知かつ承諾を与えていなかったもの）により損失が生じた場合の口座保有者の責任が標準化されている。すなわち保有者の責任が軽い順に三段階（責任を負わない・100Sドルを限度に負う（名目的負担。業者は実質的負担）・全て負う）に区分され、いずれに該当するかは利用者の態様（口座管理における過失の程度）と金融機関の帰責（利用者無過失・軽過失の場合には業者が全部あるいは実質的に負担し、また金融機関に過失ある場合は負担する）とから判断するものとされていた（[追記] 最終案では、100Sドルを限度に負うに代えて、大要、口座利用者に所定のガイドライン違反がなく金融機関側にも帰責がない場合について1000Sドルまでは補償するという、ささやかな補償内容に変更された。その背景等について前掲注6の拙稿（国際商事法務678号掲載予定）を参照）。実際に多いパターンは金融機関無過失・利用者軽過失・利用者名目的負担かと思われる[9]。

(2) **補償条件**

利用者は、所定の水準でのパスワード管理を始めとする各種のセキュリティリスク管理を義務付けられる。ユニークなのが無権限取引に関する義務であり、利用者は、(a)最新の連絡方法を金融機関に知らせ、金融機関からの通知を監視すること、(b)翌事業日までに（by the next business day）無権限取引を金融機関に報告すること、が求められる。つまり「ふだんお使いの電子メールやSMSで取引情報を随時お知らせしますから、必ずご確認いただき、不審な取引があればすぐに（遅くとも翌日営業時間内に（[追記] 最終案ではこれでは

---

9) 過失競合の場合等の詳細については、拙稿・前掲注6）の1349頁を参照。基本的に利用者に支払う方向で運用しつつ、詐欺的請求を防止する措置が個別に取られている。

遅すぎるとして「早急に（as soon as practicable）」という要件に置き換えられた。深夜早朝や旅行・仕事等で電話がとれないといった場合の遅れは認めるが、基本的に通知があればただちに対応することが期待されている））お知らせください」といった内容の負担が利用者に課されるようになった。

同じ電子支払といってもカードやパソコンによる場合、利用者が不正使用を即時に知ることが困難なので、毎月発行される利用明細書を受領してから速やかに報告することが期待されてきた。しかしシンガポールでは、モバイル端末利用の浸透を踏まえ、その利用を前提とした義務付けを行ったと考えられる。

(3) 特　色

次に見る欧州PSD（決済サービス指令）に比べ、各国調整の必要がないせいもあってか、ともかくわかりやすい。2007年に制定された欧州PSDは個人向け電子支払の手法としてカード（携帯できるがパソコンやスマホのような情報通信ができない）やパソコン（情報通信はできるが携帯できない）を想定しているところ[10]、2018年のシンガポールガイドラインは明らかにスマートフォン（携帯して生活全般で利用でき、情報通信も可能）を前提として構築されている。

2　欧　州[11)・12)]

(1) 保護内容

欧州では2007年にリテール決済サービス競争促進を目的として決済サービス指令PSDを発表した。特にリテール分野における決済サービスの遅れ（要するに高いし遅いし不便であった）が目立つとして、欧州連合（正確にはアイスランド・ノルウェー・リヒテンシュタインを加えた欧州経済圏）にわたる統一的

---

10) 日本でスマートフォンの普及がはじまったのは2010年頃である。総務省・基本データと政策動向「図表6−2−1−1　情報通信端末の世帯保有率の推移」（http://www.soumu.go.jp/johotsusintokei/whitepaper/ja/h29/html/nc262110.html）。日本ではスマホ以前にもいわゆるフィーチャー・フォンにおサイフケータイなどを搭載してモバイル決済ができたが、その後のスマホの世界的伸長から今日ではモバイル決済利用率は相対的に低くなっている。後注39）も参照。

な枠組みの整備が求められた。銀行業界を中心に、各国ごとに異なる実務の相違を解消し、SEPA（単一ユーロ決済圏）におけるリテール決済サービス市場の統合を進める動きを法制面から支える関係にある[13]。PSDは2015年に改正され（改正決済サービス指令（PSD 2））、改正の主眼は対象拡大（中間的業者の定義と規制）にある[14]ものの、利用者保護の一層の強化が図られたほか、モバイル端末利用を踏まえた対応もなされている[15]。

指令の規定内容は多岐にわたる（重点は手数料の低下や利用条件の透明化にある）が、本稿との関係では無権限取引による損失を利用者と業者とがどのように分担するかについての規定が問題となる。

指令が対象とする決済サービス提供者（payment service provider）として銀行（credit institutions）、電子マネー発行者、郵便振替取扱機関、指令所定の決

---

11) PSDの紹介として、吉村昭彦＝白神猛「欧州における決済サービスの新たな法的枠組み：決済サービス指令の概要」金融研究2009年3月119頁、PSD 2の紹介として森下哲朗「PSD 2（欧州の決済サービス指令2）の概要」金法2050号（2016）18頁がある。PISP（中間的業者）につき金融庁事務局説明資料（決済に関する中間的業者に係る欧米における制度面での対応等）（https://www.fsa.go.jp/singi/singi_kinyu/financial_system/siryou/20161028/01.pdf）（同164頁以下に指令目次）。指令前のドイツの状況につき川地宏行「キャッシュカードの不正使用をめぐるドイツの法状況」（2005）（約款下での預金者側の重い負担が徐々に銀行側負担へと移行する過程を詳細に紹介、https://www.fsa.go.jp/singi/singi_fccsg/gaiyou/f-20050304-singi_fccsg/01.pdf）。
12) European Commission, New Legal Framework for Payments in the Internal Market（Consultative Document）COM(2003)718 Final（hereinafter New Legal Framework 2003）, European Commission Staff working document – Annex to the proposal for a Directive of the European Parliament and of the Council on Payment Services in the Internal Market-Impact assessment{COM(2005)603 final}SEC/2005/1535（hereinafter Impact Assessment 2005）、https://eur-lex.europa.eu/legal-content/EN/TXT/HTML/?uri=CELEX:52005SC1535&from=EN, European Commission, Payment Services Directive: Frequently Asked Questions, Memo/07/152, 2007（hereinafter FAQ2007）.
13) FAQ2007, supra note 12, at 4.
14) 参考、金融庁事務局説明資料（決済に関する中間的業者に係る欧米における制度面での対応等）（https://www.fsa.go.jp/singi/singi_kinyu/financial_system/siryou/20161028/01.pdf）。顧客保護のため、中間的業者（payment initiation service provider）が関わる決済についても銀行等（account servicing payment service provider）への補償請求を認めている（PSD 2 前文73, art. 90）。

済機関等があり（PSD§1(1)，PSD2§1(1)）。PSD2末尾に新旧条文対照表がある）、取引対象である資金（funds）として現金・預金・電子マネーがある（PSD§4(15)，PSD2§4(25)）[16]。

決済サービス指令はリテール利用者保護を目的としており、企業は基本的に対象としていない（PSD§51(1)，PSD2§61(1)は非消費者につき約定による適用除外を認める）。また所定の少額取引についても支払手段が匿名等の理由から（具体的には無記名のプリペイド式カード等を想定）、約定による適用排除が可能である（PSD§53(1)(b)，PSD2§63(1)(b)）。

(2) 補償条件

無権限取引の場合、業者は利用者（原語はpayment service userなので本稿ではこうしたが、「支払人」が定訳のようである）に支払額を直ちに返還する義務を原則として負う（PSD§60(1)，PSD2§73(1)）。ただし、不正利用発生の事実の通知を起点として、通知前については①支払手段の紛失盗難による場合は利用者が150ユーロ（PSD2で50ユーロに引き下げられた）を限度として負担、②

---

15) European Commission, Payment Services Directive: frequently asked questions（2018）（http://europa.eu/rapid/press-release_MEMO-15-5793_en.htm）のQ16およびQ17によると、電子決済につき決済サービス事業者は強力な認証手段（strong customer authentication．PSD2§4(30)．利用者のみ持つ知識・利用者のみ所有するもの・利用者の属性の3要素の複数を（秘密の質問・携帯電話SMS・生体認証のように）組み合わせた認証手段）の提供を原則として義務づけられるが、リスク・取引額・利用経路といった要素を踏まえ欧州銀行協会が定め欧州委員会が採択した例外（具体例として、モバイル端末や非接触決済により取引の場で支払う場合で低額なものやオンライン決済など。強力な認証手段と同等程度に安全（equally safe and secure）な他の手段が存在することが考慮されている）が認められる（詳細は石川知弘「欧州の決済サービスに係る新たな法的枠組み（PSD2）の概要とインプリケーション」金法2055号（2016）22頁およびEuropean Central Bank, Recommendations for the Security of Internet Payments（2013）参照。石川24頁脚注9にあるようにPSD1ではスマートフォンなどのデジタルデバイスを用いた決済への適用が限定的であった）。

16) Wandhöfer, supra note 20, at 90–96は結論として広範な対象を一律に規制し、各国による適用除外や金額上限制を認めない（その反面として補償制度の適用は個人等に限定した）としたPSD制定過程を紹介している。

不正利用が本人確認手段保管（その義務の根拠としてPSD§56，PSD２§69）につき利用者過失[17]があったため不正使用された場合は利用者が150ユーロ（PSD２で50ユーロに引き下げられた）を限度として負担（PSD§61(1)，PSD２§74(1)．PSD２では利用者無過失の場合は負担なし）し，通知後については利用者負担なしとする（PSD§61(4)，PSD２§74(3)．業者がPSD§57(1)(c)，PSD２§70(1)(c)所定の義務（支払手段の利用の安全に関するもの）を懈怠した場合も利用者負担なしとされる．PSD§61(5)，PSD２§74(3)．ただし利用者行為が詐欺的な場合は利用者全部負担とされる（重過失以上は利用者負担が原則だが各国法で変更可能）．PSD§61(2)～(4)，PSD２§74(1)～(3)）。

通知前後で利用者負担の内容を分けるのは，通知（PSD§58，PSD２§71．補償を受けるにあたり利用者は無権限取引を知った後に不当な遅滞なく（かつ引落日から13か月以内に）その事実を通知する義務を負う）が速やかになされることを促し，損失拡大を抑止するためといわれている（PSD前文32）。

(3) 特　色

①PSDは無権限取引の補償だけではなく、決済関連業者の業法的規制全般に及ぶのでその目的や特色を要約することは困難であるが、目的としてたとえば(a)平等な競争条件確保による競争促進、(b)情報提供の義務付け、(c)利用者・業者間の義務の明確化を挙げることができる[18]。

次に見る米国の例と異なり一般的、つまり広範な領域（主体と客体から規律

---

17)　「過失」としたが、指令はnegligentという語でなく、紛失盗難不正使用につき知り得なかった（not detectable）場合に利用者負担なしとし、そうでない場合（ただし害意（fraudulent）はない）には50ユーロを上限とするという書き方をしている（PSD２においてはrecital 72で軽過失（negligence）の立証という文脈でこの語を用いているが他に用例はない。ただし害意（fraudulent）や重過失（gross negligence）は頻繁に用いられている。例、PSD§61(2)，PSD２§74(1)）。

18)　吉村＝白神・前掲注11)の130頁以下がそのように整理している。EUの決済サービスに関するサイトの概観（https://ec.europa.eu/info/business-economy-euro/banking-and-finance/consumer-finance-and-payments/payment-services/payment-services_en）も類似の整理をしているが、支払の迅速、利用者の保護というようにリテール規制であることが強調されている。

しているが、後者つまり決済サービスとしてPSD Annexは①入金ないし決済事務、②出金ないし決済事務、③決済取引の実行（引落しやカード決済など）、④上の③で与信を伴う（covered by a credit line）場合、⑤決済手段の発行ないしアクワイアリング、⑥送金、⑦端末を用いた決済代行サービスを、PSD2 Annexは上の⑦を削除し（端末を利用した決済サービス一般がPSD 2 の対象となる）、①決済指図伝達、②口座情報サービスを追加している）を対象としている。このように一般化することについては、支払手段によってリスク防止措置やコストが異なることを理由に、特性に応じた規定を個々設けるべきとの批判がPSDの制定過程において業界から強くなされたが、利用者と業者の双方にとってのわかりやすさを重視し、補償の要件・内容を一律とするルールが最終的には導入されたといわれている[19]。

Wandhöfer（業界を代表して電子支払法制に長く関与）は、従来の民事法の感覚からすれば異例に強い補償が意識的・政策的に導入されたという[20]。欧州の決済関連業界とくに銀行界が、欧州リテールの急速な近代化のため目先の不利益を甘受した経緯がうかがわれる。

②統一的な指令の裏面として、各国法の内容および実施状況が判りにくいといった指摘もある[21]。キャッシュレス化の進行も加盟国によりばらつきがあり、PSD導入時にはキャッシュレス化は限られていた（そもそもスマート

---

19) 吉村＝白神・前掲注11）の153頁やImpact Assessment 2005, supra note 12 para. 61によると、もともと決済には利用者による授権を要するところ、電子決済での無権限取引による損失を顧客に負わせることは、利用促進の観点からも、利用者負担が重いことからも、あるいは顧客には違いが分かりにくいことからも不適切であり、顧客信用を得るには①適用法を明確にする、②顧客が不正使用を通知した前および後の各々について顧客負担を限定する、③システム機能不全による損失は銀行が負担する、が重要であり、（当時は）電子決済における無権限取引に関する一般法制が欧州全体のものとしては存しなかったが、オンライン取引かカード取引かといった決済の種類によって保護を違えるべきではないことが研究からも裏付けられたという。

20) Ruth Wandhöfer, EU Payments Integration（2010 UK）112［hereinafter Wandhöfer］.

21) Wandhöfer, supra note 20, at 87は2007年に欧州委員会自身がPSDに解釈上の疑義が残ることを認めているとする。指令が各国妥協の産物であることは制定過程に係る文書一覧のサイト（http://ec.europa.eu/prelex/detail_dossier_real.cfm?CL = en&DosId = 193603）からもうかがわれよう。

フォンが浸透していなかった）ところ、現在ではキャッシュレス化が進み現金がほとんど使われない北欧、北欧に次いでモバイル決済やオンライン決済の利用が盛んな英国やアイルランドといった国がある一方、欧州金融の中心といえるドイツではキャッシュレス決済とくにモバイル決済が（スマートフォン保有率は欧州内で中程度にあるにも拘わらず）意外と浸透していない[22]といった相違が見られる。

3 米　　国[23]

(1) 保護内容

個人向け支払サービスについては連邦法で規定されており、銀行預金の扱いは1978年電子資金移動法（現在の監督官庁は消費者金融保護局）、クレジットカードの扱いは1968年貸付真実法（現在の監督官庁は消費者金融保護局）というように一律化はされていない。いずれも古い立法であるが、無権限電子資金移動や認証方法といった技術的な規定ぶりが幸いしてか、ほとんど改正もなく昨今の電子支払方法をも対象として取り入れられている（なお日本では銀行キャッシュカードにつき脚注2）で紹介したような複雑な法律構成の特別法を置いたこともあり、その後の技術的進展を包含することが難しくなっている）。

①預金支払については、1978年電子資金移動法が消費者（consumer．15 USC

---

22) eMarketer, Uptake of Digital Banking in the UK Is Relatively Slow(Apr. 5, 2018)（https://www.emarketer.com/content/uptake-of-digital-banking-in-the-uk-is-relatively-slow)によると、電子銀行取引利用者に対する調査で、用いる形式としてパソコン・モバイル端末かを国別調査したところ、スマホ利用が特に低いドイツ（60.4％、24.9％。ドイツでもN26のような使いやすさに定評のあるモバイルバンキングが生まれているが、全体としては普及が鈍い印象がある）、双方とも特に利用が高いスウェーデン（68.7％、61.8％）、双方比較的高めに位置する英国（52％、49.8％）やアイルランド（50.5％、58.5％）、パソコンは少ないがスマホは高めのトルコ（45.1％、63.0％）というように、欧州内でもかなり相違がある。

23) 加毛明「欧米におけるインターネット・バンキングの無権限取引に関する金融機関の責任範囲」（金融法務研究会「金融商品・サービスの提供、IT技術の進展等による金融機関の説明範囲を巡る諸問題」（2017）所収）の41頁以下、岩原紳作『電子決済と法』（有斐閣、2003）の96頁以下。

1693a(6)は自然人とする）保護の目的で制定され、企業間支払は別法で規制される。電子資金移動法はクレジットカードに関する貸付真実法における責任負担方式を大幅に取り入れている[24]。

②クレジットカードにつき1968年貸付真実法（15 USC 1601 et seq.）は所持人資格に制限を置いていないところ、法人利用や事業目的利用（ただし15 USC 1645所定の場合を除く）でも可とした裁判例がある[25]。

(2) 補償条件

米国規制の特色として、基準があいまいとなり結局は消費者に不利となるという立法過程での議論から、「過失」のような主観的要件が排除された点が挙げられる[26]。対して欧州（PSD 2）やシンガポール（原案）では、無過失の利用者は負担ゼロ、軽過失の場合は名目的負担、故意重過失の場合には全負担（これに業者側に過失のある場合に業者負担というルールが並行する）というように、利用者の容態をふまえ補償要件・内容が展開する規定となっており、わかりやすい。米国の場合、客観的要件をもとに責任分担における原則と例外を積み上げる書き方であり、業者と消費者とのいずれが最終的・実質的に負担するかがわかりにくい。

預金支払がクレジットカードの補償例にかなり倣っており、この2つで電子支払のかなりがカバーされることから、米国も事実上は一般的補償に近いという評価も可能ではないかと思う。

①預金等につき、口座利用手段発行者が利用者の使用権限を確認する手段

---

24) 岩原・前掲注23）の98頁-99頁。Lewis M. Taffer, The Making of the Electronic Fund Transfer Act: A Look at Consumer Liability and Error Resolution, 13 U. S. F. L. Rev. 231 232 (1979) は、クレジットカード法制のような消費者保護を求める側と、消費者法のような規制による電子資金移動への悪影響をいう業界とが対立したが、結局は消費者側の意向が強く反映される形で実現されたという。

25) Credit Card Service Corp. v Federal Trade Com. (1974, App DC)161 US App DC 424, 495 F2d 1004.

26) 加毛・前掲注23）の47頁や引用する岩原・前掲注23）の99頁の指摘。John C Weistart, Consumer Protection in the Credit Card Industry: Federal Legislative Controls, 70 Mich. L. Rev. 1475, 1527 (1972), Taffer supra note 24, at 237.

（署名、写真、指紋、電子的・機械的手段など。暗証番号（code）も含まれる。CFR 205.2(a)(1)）を提供しており、カードその他の方法（other means of access）で無権限取引（15 USC 1693(a)(12). 消費者以外の者が消費者口座から権限なく行った電子資金移動で消費者が利得を得ないもの）が承認（authorize）された場合、消費者の責任は50ドル[27]か消費者が通知する以前に流出した価額かのいずれか低い方に限定される。ただし①無権限取引の記載された取引明細書（statement）の送付から60日以内または②カード等の盗難紛失を消費者が知った後2日以内（いずれも、旅行や入院等の事情には合理的に調整）に報告していれば損失が生じなかったことを業者が証明した場合には業者は責任を負わない（②の場合はしかし実損と500ドルとの低いほうを消費者負担の上限とするため、実質的には業者負担となる）。

②クレジットカードにつき、(A)当該カードが承認され、(C)カード発行者が責任につき説明をしており、(D)使用明細の裏面か添えるかの形で紛失盗難の際の通知方法について説明しており、(E)カード発行者に通知がある前に無権限取引がなされ、(F)カード発行者が利用者の認証手段を提供していた場合、のすべての要件を満たした場合にようやく(B)50ドルを上限とする責任がカード保有者に課される（15 USC 1643(a)(1)。事故から1年内に請求することを要する。15 USC 1640(e)）。

無権限取引（unauthorized use）の定義規定（15 USC 1602(p). カード保有者以外の者によるクレジットカードの使用で、明示・黙示・表見のいずれの権限も欠き、カード保有者が利得を得ないもの）は抽象的である（それゆえ利用者としては本当に補償を受けられるか心もとないところがある）が、裁判例が累積している[28]。

---

[27] クレジットカードの場合と同様に上限50ドルとしたことについて、損失額がクレジットカードの場合は利用限度額に留まるのに対して銀行預金の場合、預金残高すべてに及びうることを理由に業界から強い反対が唱えられた。Taffer, supra note 24, at 238–239.

[28] 「無権限取引」ではないとされる場合の典型は親族等に不正使用された場合であるが、限界的な事例として例えば利用明細書を見なかった場合（TILA Minskoff v American Express Travel Related Servs. Co. (1996 CA2 NY) 98 F 3d 703. 表見権限ありとされた。ただし下級審で判断が分かれている）が挙げられている。

(3) 特　　色

　上述のように「過失」といった主観的要件が控えられているため、たとえば「無過失の利用者は負担をしない」といった原理原則[29]を規定から読み取ることが困難である（欧州PSD 1 にもその傾向はあった[30]）。とはいえ、実際に重要な類型（利用者に故意重過失のない場合で極端な遅延もない場合）については利用者が無権限取引による損失を実質的には負担しないというポイントは確保されているように思われる[31]。

　電子資金移動法の責任制限額が50ドル、500ドルと二段階となっているのは欧州やシンガポールにはない仕組みのようであるが、500ドルに上限が引き上げられるのは報告時期の遅さが要件とされており、欧州やシンガポールでも局面や効果は違う（欧州では通知前後で補償程度を変えるほか、引落日後13か月内という制限を置く。シンガポールでは金融機関からの通知後、翌事業日内までの報告を利用者がしない場合、義務違反ありとして100 Sドルの負担ないし全負担を求められる可能性がある（［追記］これは原案時点の内容であり、最終案では責任範囲の仕分け要件や負担額につき前述のような変更があった））が、報告のタイ

---

29)　電子資金に関する15 USC 1693g(d)やクレジットカードに関する15 USC 1643(c)は他法や約定の定める以上に本法が消費者に責任を課すものでないとする。これは消費者負担に関するこれらの法の規定は強行法規ではなく、業者がさらに補償することも可能とする趣旨と思われる。また15 USC 1693g(e)や15 USC 1643(d)は本法に規定する以上に消費者は責任を負わないことを確認しており、これが他の根拠に基づく請求を排除する趣旨だとすれば（Permobil, Inc. v. Am. Express Travel Related Servs. Co. (2008, MD Tenn.)571 F Supp 2d 825［ネグリジェンスによる請求につき結論として訴却下の申立てを認めた］）原理的に大胆な規定といえよう。

30)　新しい制度ほどおおよそ①利用者無過失なら利用者に負担させない（利用者害意や無権限にあたらない場合は利用者全負担）、②業者は無過失でも負担する場合がある、③利用者救済要件が充足されるかを判断していき、その過程で過失競合は基本的に考慮しない、といった傾向があると思われるが、PSD 1 では利用者に150ユーロ限りではあるが利用者に無過失責任を課し得た（加毛・前掲注23）の69頁、79頁参照）点などでこれらの傾向を満たしていなかった。

31)　クレジットカードの場合、不当請求を理由に不服申立ての上、賠償を得るという流れが一般的なのかもしれない。米国政府の一般人向け啓蒙サイト（https://www.usa.gov/credit-cards）は、クレジットカード利用に際しての支障について1986年に貸付真実法を改正したFair Credit Billing Actに基づく申立てを勧めている。

ミングに着目している点では共通しているといえる。

4 一般的補償の導入環境やメリット・デメリットなど[32]

以上の補償法制の概観を踏まえ、ここでは個人向け支払制度における一般的な（シンガポールや欧州のように広範な領域（支払対象としては預金、電子マネー、クレジットサービス）につき等しく規制する法制）補償制度のメリット・デメリットあるいは導入条件について考えてみたい。

(1) 生成の動機や背景について

欧州の項で引用したWandhöferは、従来の民事法の感覚からすれば破格といえる補償内容が意識的・政策的に導入されたという。この記述は、米国の1978年電子資金移動法制定時に責任上限50ドル制度の踏襲や立証困難を理由に軽過失要件を課さないとした際の議論、あるいはシンガポールが利用者の信頼を得ることによる電子支払利用の促進を目指しガイドラインを導入した際の経緯や議論を連想させる。

個人向け支払の一般的補償制度の導入は業界に当面は大きなコスト負担となるが、それを負担してもなお個人向け支払サービスを成長させようという背景があるときに現実化してきたようにも思われる[33]。1970年代の米国では現在より競争が穏やかで、銀行は公共的姿勢を保ちやすく、新参のクレジットカード業界の試みや消費者団体の真摯な主張を聞き入れる矜持と余裕とが現在よりもあったのでないか。また2000年代の欧州では、日米に比べて惨憺

---

32) この節で検討する内容（負担ルールのポイントや前提となる考え方）は、前掲注2）の「キャッシュカードスタディグループ」による派生報告書である「偽造キャッシュカード問題に関するスタディグループ第二次中間とりまとめ」（2005年5月13日）（https://www.fsa.go.jp/news/newsj/16/ginkou/f-20050513-3.pdf）で説き尽くされている観があるが、ただ同とりまとめは当時の日本の裁判例を踏まえた争点（銀行と利用者の過失の存否および競合の組み合わせに応じた責任分配や民法478条を前提とする銀行の注意義務）を敷衍しており、重い利用者負担（案では利用者有過失の場合、損失50％負担）が前提となっている（海外では原則として偽造盗難の区別なく補償していること、その理由として区別や調査が困難であること、引出限度額が低く損失が限定されること、が明瞭に紹介されていた。同4頁）。

たる状態の欧州個人向け支払サービスを、通貨ユーロ導入を背景に一挙に逆転しようとする努力（域内力学の中で何がどのように主導したかを読み取ることは難しいが）があったのかもしれない。そして現在のシンガポールは、欧州に比べて各国調整の、米国に比べて業界調整の負担が軽い同国の金融管理局が、比較的自由に制度試行できている（だから欧米制度に比べてわかりやすく合理的である）ように思われる。これらの例にひきかえて現在の日本では一般的補償制度の導入の機運が生じ難いのではないか（Ⅲで更に検討する）。

(2) 利用者にとってのメリット

利用者の観点からは、業界や業者ごとに補償状況が異なるよりは、一律、それも非常識なことをしない限りほぼ補償されるといった高い水準で補償されることが好ましいと想定できるのではないか[34]。

支払形態の進化に伴い、支払自体は簡便にまた数多くなされるようになったが、その仕組みを理解することはますます困難となっている。クレジットカードを例にとれば、かつてはカード自体の不正使用（スキミングなど）に注意すれば足りたが、現在ではカードを用いないパソコンでのオンライン使用（認証手段管理が問題となる）やモバイル決済（簡易迅速性が求められる一方、紛失盗難の危険がパソコンより高い）に拡大し、その一々についてリスク管理（不正使用される経路や確率を予測の上、受忍できる損失をもとに利用態様（利用限度額設定や各種保険加入、セキュリティ環境の向上等）を決めること）をすべての利

---

33) 前掲注2）の「キャッシュカードスタディグループ」第12回（平成17年4月28日）でのコメントがいう「50ドルルールが米英独で（本稿筆者、民間主導で）作られた理由として……厳しい消費者保護の法律を作られて銀行がはるかに大きな負担をするよりましというロジックが働いた」といった事情も確かにあったであろうが、そのような圧力は大型損失が発生した直後に特に強いと思われるところ、本稿で取り上げた諸国では規制に先立ってそのような危機があったわけではなかったようである。

34) 「補償にはコストがかかるのであるから、利用者にコストと便益とを判断させるべく、業者毎に補償条件を違えさせたほうが良い」とする意見も当然あろう（企業向けサービスの場合には特にそうかもしれない）が、現に利用者が不正使用リスクを恐れて利用をさし控えている場合、強制保険のように一般的な補償制度を導入した上で緩和するという段階を経る必要があるのではないか。

用者に期待することは（使い過ぎすら自己管理できない利用者の存在が深刻な問題となっていることに照らしても）無理と思われる。

(3) 一般的補償制度のデメリット

一般的補償制度は範囲が広いことから規制の過剰や過少が生じやすい。「リスクに応じ、たとえば支払種類別に規制せよ」という、欧州や米国の業界からの要請は、最終的には退けられたものの、理不尽なものとはいえまい。

①無権限取引のリスク（の大きさや分かりにくさ）が場合によりどのように異なるかの例をいくつか挙げてみたい。

まず、電子マネーについて、その利用態様や支払時期による違いがある。プリペイド式かポストペイ式かという相違は、支払い前の不正使用発見の機会という観点から相違があり、プリペイド式の方が不正使用を発見しにくい。そこでプリペイド式は、利用額や残高を低めに設定することでリスクに対応すると同時に、（デビットカートで求められる署名や暗証番号入力は求められず、NFC（近距離無線通信）を利用した非接触方式などの）瞬時簡明な認証が求められる局面（たとえば交通系カードのSuicaのように一瞬で改札したい場合）で使われることが多いようである。このようなプリペイド式カードが紛失盗難された場合には無権限使用を防ぐことは困難であることから、一般的補償の対象から除外する前述の欧州やシンガポールの例は合理的と考えられる[35]。

②口座残高の大きさ（預金口座の位置づけ。一日あるいは一回あたりの送金額の大きさも問題となるが、これについては偽造キャッシュカード問題対応の際に業界が金額制限する方向で対応している[36]）も被害額の大きさに影響しよう。オンラインバンキングについてであるが、無権限取引につき海外のように一律補償させようとする案に対して実務が反対した理由として、日本の預金口座の残高は大きい[37]ということがあった。たしかに日本では（2005年のペイオ

---

35) プリペイド式でも対価支払いをクレジットカードや銀行口座から行い、しかもいわゆるオートチャージ設定しているような場合には、クレジットカードや銀行口座からの支払と同じ実質のリスクを負うので別途考慮する必要はあろう。拙稿・前掲注6) 1354頁の脚注19参照。

フ本格解禁による影響はあったものの、いわゆるゼロ金利下で）普通預金口座に保有する金融資産を集中させることが珍しくない[38]。反して少なくとも米国では、金融資産保有として預金の比重が低いこともあり、普通預金口座に全資産を置くといった例はあまりないと推測される。

　もっともこの問題は、送金額制限や前述のシンガポールにおける通知義務（電子支払口座開設・維持の要件として、原則として常時通知確認・対応できることが可能であることが求められよう）といった前提条件の変更により対応可能なのではなかろうか。

Ⅲ　なぜ日本では一般的補償制度の導入が進まないか

　上のⅡで見た海外の例におけるような、政策目的を推進したいという動機ないし機運が日本では弱いからとも考えられるが、これを客観的に証明することは筆者はなし得ない。代わって、一般的な制度と相容れない制度が現存する（そしてそのために利用者に不利益が生じ得る）例を2つ取り上げてみたい。

---

[36]　2005年の状況につき、金融庁「偽造キャッシュカード問題に対する金融機関の取組み状況（平成17年4月末）」（https://www.fsa.go.jp/news/newsj/16/ginkou/f-20050624-4/02.pdf）（引出しにつきカード1日あたりの利用限度額一律引下げした銀行が90.4％）。現在では個人の場合、1日の利用制限額（引出し）が磁気認証で50万円、ICカードで100万円が例として多いように思われるが、顧客がより多額あるいは少額（たとえば0〜200万円）に設定できるとする例も多い。

[37]　前掲注2）の「キャッシュカードスタディグループ」の第3回（平成17年3月4日）の議論で「ドイツでは……預金者は残高を必要最低限にしている……日本のように普通預金の残高が多いと、保険の対象額も大きくなるため保険料を銀行側で負担することが難し（い）」という発言がある。

[38]　EY総合研究所『諸外国における家計の安定的な資産形成の促進に向けた政策的取組みに関する調査研究報告書』（2016年12月15日）の29頁によると2015年の金融資産（なお同30頁によると家計のうち金融資産が占める割合が国によりかなり異なり、日本は不動産比率が激減したため金融資産比率は比較的高い）における預金が占める比率は、日本の50％超が突出して高く、独仏といった大陸諸国が続き、米国は15％程度といった数値となっている（預金以外は株式や投信、保険等に充てられ、無権限取引のリスクははるかに低いであろう）。

これらは電子支払手段として重要なクレジットカードおよびオンラインバンキングにおける不正取引対応であり、両者間で大きく異なるほか、後者では銀行によって対応がまちまちとなっている。

　日本における個人電子支払の不振の理由を風土や技術的要因（変えることは難しい）[39]のみに求め、(1)や(2)のような業規制上の状況（変えることができる）に目をつむることは、業界および監督官庁の地盤を沈下させるもののように思う。

(1)　クレジットカードの場合の対応

　欧州にくらべ日米やシンガポールでは浸透度が高く[40]、電子支払で（それ自体あるいは電子マネー購入手段といった間接的な形態で）利用されることも多い。

---

39)　いくつか考えられるものを挙げてみる。

　①視力の落ちた中高年の利用者にとってスマートフォンの画面は読み辛いところ、すでに馴染んでいるいわゆるガラケーでも機能的に満足でき、利用料金も安く電気持ちがよいなどのメリットもある（もっとも新規のサービスはもちろん、従来使えたサービスも対応を終了する例が増えてはいる。インターネットウォッチ・フィーチャーフォンサイトの終了が本格化、LINEやANA、HMV&BOOKSなど続々追従（2018年6月13日）(https://internet.watch.impress.co.jp/docs/yajiuma/1127222.html)。電子支払も筆者が試みた限りでは対応しない場合が多かった）ため、電話利用者の2、3割程度がなかなか移行しない（ひいてはスマートフォンでの電子支払を利用しない）ことが予想される。

　②現金利用が安全性や便宜性から支持されやすく、ポイント制などの新たに加わる煩瑣な業務にも労働者がなまじ優秀なためIT化しなくても対応できてしまう。

　③偽造や不正利用といった電子支払に伴う事故を制度内在的なリスクであり補償や改善で対応すればよいといった寛容さに欠け、事故のない完璧なサービスを要求しがちである。

40)　日本クレジット協会の資料「諸外国のキャッシュレス（カード決済）に関する統計」(https://www.j-credit.or.jp/security/pdf/h27-cashless.pdf)に2015年度の諸外国におけるカード決済別の発行枚数や取扱高、決済比率に関するデータが掲載されており、クレジットカードについては決済比率72.3％の韓国を筆頭にシンガポール32.3％、米国25.1％、日本16.6％と続くが欧州諸国は概して低くイギリス12％、ドイツは0.4％となっている。

日本では、クレジットカードの電子支払における無権限取引については、次のオンラインバンキング規制とは大きく異なる規制が発達してきた。その背景として、ショッピング機能に関する監督官庁が金融庁ではなく経済産業省であるというほか、業界の自主規則による部分が多いといった事情がある。

　クレジットカードについては現在、オンライン不正使用（店舗等での対面での使用との対比で非対面CNP（card not present）という）が最多となっているため[41]、加盟店における情報非保持化をはじめとする対応がとられている。

　クレジットカード取引では加盟店・加盟店契約会社・カード発行会社・国際ブランドというように関係当事者が多く加盟店も様々であることから、不正対応や事故補償が良く言えば柔軟、悪く言えば外部から理解し難いことに筆者は必ずしも悪い印象をもっておらず、むしろ一般的補償のような規制を課せば規制の過剰過少が問題となろうと考えていた。

　ところが近時、ある事件（東京高判平成29・1・18金法2069号74頁。電子マネー不正使用金返還請求事件）を評釈[42]した際に、クレジットカードに利用者不利な特性が2つあることに気づき（1事件で2つ見つかるならば、他にも問題が相当数あるのではないか）、一般的補償のような包括的対処がやはり必要なのかもしれないと考えさせられた。

①　利用額につき上限設定できないカードがある[43]

　上の事件では、原告X（特許事務所所長でカード使用の態様は小規模企業利用

---

41) 瀬田陽介＝井原亮二『改正　割賦販売法でカード決済はこう変わる』（日経BP社、2018）の19頁は2017年1月～9月における不正使用被害額の73.7%がEC加盟店（非対面環境）でのなりすましだという。拙稿・前掲注6）1359頁の脚注62に引用した銀行における被害の状況（インターネットバンキング被害は横ばい状態にあり、盗難紛失カード・通帳による被害のほうが深刻）とは相当に異なり、改正割賦販売法下で日本クレジット協会クレジット取引セキュリティ対策協議会が策定する「実行計画」（https://www.j-credit.or.jp/security/safe/plan.html）（非対面加盟店につき、不正使用者による情報入手防止のためカード情報非保持化を原則とし少なくともPCIDSS準拠を求める。インターネット取引での対策としてクレジットカード会社に3Dセキュアシステムの推進等を求める）を導入している。

42) 前掲注1）の文献。

の場合に近い）がスマートフォンで電子マネーを使用し、その代金支払のためクレジットカードを利用していた。このスマートフォンをXが紛失し、第三者がパスワードを解除の上でオートチャージ設定（電子マネーが不足するとクレジットカードから自動的に電子マネーを購入して補充する機能）した、いわば打ち出の小槌状態で約2か月間、300万円近くの額を家電店での購入等に用いた（Xは不正使用を1回目の月次明細では見落とし、2回目の月次明細で不正使用に気づいてクレジットカード会社に利用停止を申し込んでいる）。

Xはかねて個人にしては高額な利用をしていたとはいえ、月100万円以上という額は突出していたにもかかわらず、カード会社が異常を探知してXに照会したり利用停止したりすることはなかった。更に悪いことに、本件カード発行者を含む米系のカード会社にはカード利用者側からの利用上限設定を認めず、カード会社から利用実績等に基づき上限を設定するものであったため、本件での損害は高額なものとなった。

利用額の上限設定をできないカードをあえて選好する利用者にも問題はあろうが、米国ではそのようなカードにも次の②で見る補償が及ぶところ（したがって、被害が大きくてもカード保有者の負担は限定的となる）、日本ではそうでない点が利用者に不利である。

② 暗証番号による認証は補償対象とならない

オンラインでのクレジットカード使用の際に要求される情報は、カード番号・氏名・有効期限のみの場合も少なくない。筆者の経験する限り、ネット取引で3Dセキュアによる本人認証を求められることはあっても、4桁の暗証番号（本人認証パスワードやオンライン取引利用のためのパスワードとは別物である）を求められたことはなく、暗証番号が求められるのはICカードを機

---

43) 拙稿・前掲注6）の1352頁以下。同1358頁の脚注61に引用したシンガポール規制の利用制限はキャッシングのみならずショッピングについても大雑把にいえば月収の4倍程度までの利用しか認めず、月収30万円なら120万円という利用上限が自ずと課せられることとなる。ただしこれは多重債務問題対策の規制であり、所定の富裕層は適用を排除できるので、利用上限制度として完全なわけではない。

械で使う場合がもっぱらであるように思われる（要するに、オンライン取引ではない場合に暗証番号使用が問題となるようであり、その意味で本稿のテーマからは外れている[44]）。

ところで暗証番号で認証された場合、無権限取引でも原則として補償の対象とならないと各社の会員規約で定められている[45]。銀行の電子取引（オンライン取引で暗証番号を使用する）に比べ暗証番号が認証に使われる機会は限られるとはいえ、暗証番号も盗用した不正利用につき補償なしとされた利用者が抱く不信感は大きいのではないか[46]。

(2) オンラインバンキングの場合の対応[47]。

あらかじめ結論をいえば、オンラインバンキングのみ見た場合に一般的補償が実現しているとは言い難い状態にある。日本のルールは銀行とクレジットカードで異なり、銀行の中でもカード取引とインターネット・バンキングとでは異なり、前者（カード取引。預金者保護法の適用がある）について偽造と盗難とで対応を異にするというように分散している[48]が、歴史的に見れば銀行についてはPSD前のドイツの制度[49]をおおよそ参考としているものと思わ

---

44) 前掲注42）の事件ではクレジットカード発行会社への請求に対してクレジットカード会社が抗弁の一つとして定款に基づき暗証番号使用の場合は補償対象とならないことを挙げているので、スマートフォンで使用する電子マネーの購入といった典型的なオンライン取引の場合にも暗証番号を使用することがなくはないのかもしれない。

45) ビザやマスターカードといった国際ブランドのカードでも会員規約（個人用）14条3項6号（https://www.smbc-card.com/mem/kiyaku/responsive/pdf/smbc-card_kiyaku_kojin.pdf）で紛失盗難時の不正利用での損害てん補対象からカードショッピング、キャッシングリボについて暗証番号の入力を伴う取引についての損害は填補の対象から外されている。この例では暗証番号管理につき会員に故意過失がないとカード発行会社が認めた場合はこの限りではないとするが、そのような例外文言が置かれていない例もある（https://www.diners.co.jp/content/dam/diners/pdf/tc/regular.pdf（19条2項4号））。

46) 実務的には前掲注45）のように善意無過失と判断される利用者には補てんし、悪意や重過失が疑われる場合に規約を援用するといった使い方がされているのかもしれず、そうだとすれば世間一般のクレジットカードへの不信は限定的かもしれない。

47) 拙稿・前掲注6）の1352頁。

れる。そのドイツがPSDによって大幅に変化していることからも、日本で一般的補償が（銀行業界限りでも）実現していないのは、利用者への配慮が欧州その他にくらべて弱いとみられる可能性があろう。

　キャッシュカード不正使用に関する預金者保護法のような立法措置のないオンラインバンキングについては、ソフトロー（平成20年の全国銀行協会の申し合わせ）で規律されていることが紹介されている[50]。全国銀行協会が平成20年2月19日付け「預金等の不正な払戻しへの対応について」およびインターネット・バンキング補償要件を定める別紙3「インターネット・バンキングに係る補償の対象・要件・基準等について」[51]（以下、「全銀協申し合わせ等」）は補償要件（被害発生日の30日後までの通知を始めとする各種の要件）を満たす個人顧客の補償基準として預金者無過失の場合は全額補償、以外の場合は個別対応するものとしている。

48）　インターネット・バンキング規制については、沖野眞已「個人向けのインターネット・バンキング・サービスにおける不正送金に係る金融機関の責任範囲—ソフトローおよび裁判事例を踏まえて」（金融法務研究会・前掲注23）所収）が詳しい。カード取引について海外の動向を踏まえ銀行側が無権限取引の損失を基本的に負担すべきという学説の主張が早くからあったが（岩原紳作「電子資金移動（EFT）および振込・振替取引に関する立法の必要性(2)」ジュリ1084号（1996）97頁、101頁）、日本では前掲注2）に述べたような経緯をたどった。

49）　川地・前掲注11）を参照。

50）　沖野・前掲注48）の8頁。

51）　https://www.zenginkyo.or.jp/fileadmin/res/news/news200219_4.pdf. 個別対応する理由として「インターネットの技術やその世界における犯罪手口は日々高度化しており、そうした中で、各行が提供するサービスは、そのセキュリティ対策を含め一様ではないことから、重過失・過失の類型や、それに応じた補償割合を定型的に策定することは困難である。したがって、補償を行う際には、被害に遭ったお客さまの態様やその状況等を加味して判断する」とする。

　Ⅱで見た海外の例との異同として、①補償の出やすさ、具体的には、欧米のように重過失等の事情がなければ基本的に全額（日本円で1万円程度負担の場合を含む）補償される制度と、日本のように全額補償には無過失を要するという制度とでは安心感が違う、②（米国で主観要件使用が避けられているとはいえ）海外でも不確定概念につき解釈上の不明は残るとはいえ、日本の電子決済とくにオンライン取引に関する解釈の不明はその比でない等がいえそうである。

上の論文に紹介されるあるメガバンクの利用規定上の補償例（大要、顧客無過失の場合は全額補償し、以外の場合にも一部補てんの可能性が示唆される。ただし無過失認定の具体的要件や一部補てんに関するルールは明らかにされていない）は、伝統的な銀行の多くによって踏襲されているようである。しかしオンライン専業行の対応（ジャパンネット銀行JNB［①年1回500万円まで普通預金口座不正使用保険に付保。②銀行補償については全銀協申し合わせ等を前提に、顧客過失ある場合も全額補償としており[52]、客観性が高いというほか、海外ルールに近い高い補償水準にある］、じぶん銀行［預金者保護法の盗難通帳等の場合（過失の場合75％補償）に準じる。客観性は高いが、損失額が大きい場合の過失ある顧客の負担は重い］、大和ネクスト銀行・ソニー銀行・楽天銀行・住信SBIネット銀行［全銀協申し合わせ等を転載するのみのようである］。2018年5月時点での筆者調べ）は、上のメガバンクの例とも、あるいは相互にも、かなり異っている。

インターネット・バンキングでの不正使用は、クレジットカードの場合に比べて未だ限定的[53]であることから、問題として意識され難いのかもしれないが、利用者から見て補償条件が理解し難い（通帳やカードの場合のルールと異なるほか、インターネット・バンキング補償に係る各行対応が様々であり、メガバンク補償例によれば銀行裁量の余地が大きい）状態にあり、不安感を抱かせる可能性があることは否定できまい。

---

52) ジャパンネット銀行「預金者保護法による補償の内容とお客さまへのお願い」(http:// www.japannetbank.co.jp/news/general2006/060127.html)。

53) 大雑把には一桁違う印象である。拙稿・前掲注6）1359頁の脚注62に引用した金融情報システム作成資料によるとインターネットバンキングの被害（件数、平均被害額）は平成25年に1954件113万円、26年に1408件155万円、27年に1542件158万円、28年に748件147万円というように横ばい状態で、各年あたりの総額も20億円内外に留まっているが、クレジットカードは偽造カード使用以外の場合（番号盗用とその他不正使用。オンライン取引とは限るまい）は平成26年から29年のいずれの年も100億円前後となっている。日本クレジット協会「クレジットカード不正使用被害の発生状況」(2018) (https:// www.j-credit.or.jp/information/statistics/download/toukei_03_g_180330.pdf)。

IV 結びに代えて

 1 海外では個人向け支払サービスにおける一般的補償制度が浸透している一方で、日本ではそうではない（主要な存在であるオンラインバンキングにつき、預金者に過失がある場合の補償基準は個別対応とされ銀行間で扱いに相違がある。クレジットカードでは補償対象外とされる場合（暗証番号で認証した場合）があり、利用限度額の設定ができない場合もある等、意外な形での損失負担が迫られ得る）。

 一般的補償制度には規制の過剰・過少が生じやすいというデメリットがあり、日本で採用されてこなかったことが不見識とまではいえまい。しかし利用者が電子支払手段を利用しようとしない主要な理由としてセキュリティに関する不安があり、セキュリティ向上という正面からの対応だけでは解消しきれない場合、補償で対応するしかないように思われる[54]。電子支払手段の利用を促進するには、利用者不安を解消するだけの手段を講じる必要があるのであり、海外における一般的補償制度の浸透はまさにこのことを具現するものと思われる。

 日本でもオンラインバンキング不正使用における有過失顧客に対する補償基準について、原則的に全部補償あるいは75％補償というように補償内容を予め客観化することにより（重過失などの事情のない限り）顧客補償を積極的に行うとする銀行も存在する。このような銀行が多数派となるならば（さらに、クレジットカードや電子マネーといった支払手段についても同様に、よほど帰責性の高い場合を除き顧客損失は業者が負担するという信頼が確立すれば）、一般的補償制度を導入することなく顧客の不安は解消されるかもしれない。しか

---

54) おそらくこのような発想は従前からあると思われる。前掲注2)の「キャッシュカードスタディグループ」の第4回（平成17年3月11日）の議論では「偽造キャッシュカードの被害件数は……極めて小さいことから、圧倒的多数の預金者は安全であ（るが）……個々の偽造キャッシュカードの被害者からみればその被害額は致命的なものである。このような問題を解決するには保険制度を活用することが適当」といった発言がみられる。

し欧州で一般的補償制度導入当時の議論からも、この水準の補償は業者に重い負担となるものであるから、業界が自発的に高い水準に収斂することは期待し難いであろう（利用者も、補償やセキュリティといったいわば消極的なサービスよりも、目先の金利や各種特典といったサービスを高く評価しそうである）。ネット専業銀行はオンライン取引を促進する動機を強くもつほか、セキュリティ確保やリスク管理を行いやすい（要するに、高い水準での補償を実行しやすい）と思われる反面、伝統的銀行は窓口やATMでの取引も重要であり、一部ネット専業行並みの水準の補償はしないと判断しても不思議はない（現にそのような結果となっている）からである。

　電子支払の利用を振興しようとするのであれば、裁量の余地の広い自主規制に委ねるのではなく、強行法規あるいは事実上強制力のあるガイドラインによって、顧客が安心して利用できるだけの補償水準が実現されるべきと考える。

　2　なぜ（どのように）個人向け電子支払の振興を目指すかについても考えておく必要がありそうである。日本の場合、現金によっても問題なくやっていけるからという意識もあることから、キャッシュレス化自体を目的としても説得力を欠きそうだからである。

　この点で参考となるのがシンガポールにおける規制理由である。そこでは、モバイル端末利用の浸透を踏まえ、利用者にセキュリティリスク管理を義務付けることを明言しており（Ⅱ1(2)。日本の金融機関がサイト等で顧客に要請している事項と似通っているようであるが、通知即応義務（毎日ベースで通知を監視し、異常があればすぐ通知する）をはじめとして、利用者が遵守せざるを得ない内容となっている）、利用者側におけるセキュリティ環境整備の進行を予想させるものとなっている。

　キャッシュレス化やスマートフォン普及率を向上させるといった形式的目標にとどまらず（換言すれば、旧来の支払手段を廃止の上で全国民に通信サービス付きスマホ1台持たせれば終わりではない）、さらに本質的な政策の追及、すなわちインターネットを通じた関係を一層発展させる前提を、セキュリティ対策を含め、また世界標準を意識しながら[55]、整備していくこと（本稿で検討

した一般的補償制度もその一端である）を、日本の立法や行政に期待したい。

＊本稿作成にあたっては湯川翔太氏の貴重な情報・ご意見を賜った。記述の誤り、意見の不適切は評釈者の責任である（本研究についてJSPS科研費17K03448の助成を受けた）。

---

55) 谷崎光「日本の携帯が中国で負けた、誰も言わない本当の理由」（2018年5月17日）（https://diamond.jp/articles／-／170198）は技術で勝る日本の携帯端末が不評な理由として、通信規格の相違は障害とはならず、むしろ現地語（中国語）が打てない・使いにくい・電池の持ちが悪いというように消費者の要望に合わせた改良をしなかったこと（背景としてメーカーが通信キャリアの要請に応じて機器を作成し、自身で市場を把握する体制が欠けていたこと）を挙げている。筆者も東南アジア諸国の携帯ショップで（それより高価なiPhoneが売れるのに）日本の機器が省みられない状況を幾度も目にしている。

保険負債の価値評価
── 「出口価格」モデルと「履行キャッシュフローの現在価値」モデル

大塚　英明

I　はじめに──IASBの一般的な収益認識プロジェクト
II　公開草案「保険契約」(2010年ED) に見る保険負債の特異性の原因
III　2007年DPの提案
IV　履行キャッシュフローの現在価値
V　結びに代えて

I　はじめに
──IASBの一般的な収益認識プロジェクト

　周知のように、国際会計基準審議会 (IASB) は、経営者の恣意に流されやすい企業の収益認識について、一定の統一基準を提供するためこれまで一連の作業に取り組んできた。そして2008年の討議資料 (Disscussion Paper〔DP〕)、2010年の公開草案 (Exposure Draft〔ED〕) を経て、2014年に「顧客との契約から生じる収益 (Revenue from Contracts with Customers)」と題するIFRS15号を策定し、その基本方針を提示した。

　もちろんその究極の目的は、企業が財・サービスの提供によって利益を「稼得」するための仕組みを整え、金銭等の対価を受領して実際にそれによる利益を「実現」する過程を明らかにすることである。ただ、この「利益の稼得」や「利益の実現」という一見して簡明な概念は、企業活動の本質を突いてはいるものの、あまりに曖昧でそれだけでは具体的な評価作業の指針とはなり

得ない。そこにこそ経営側の作為が侵入する余地が生じたのである。そこでIASBは、収益の過程を「契約」という法的な単位で具象化し、契約相手方に対する権利を資産、義務を負債として捉え、取引の形態や企業の業種等に依存しない単一の資産・負債アプローチの手法を開発しようとした。ここで目指されているのは、「財またはサービスを顧客に提供するために締結された契約から生じる収益およびキャッシュフローの金額、時期及び不確実性についての有益な情報を、財務諸表の利用者に報告するために、企業が適用しなければならない原則」[1]の確立であり、とくにキャッシュフローをベースとする資産・負債評価を行うべきことが明記されている。すなわちそこでのプロセスは、(a)顧客との契約を識別（identify）する、(b)契約における個別の履行義務（separate performance obligations）を識別する、(c)取引価格を算定する、(d)当該取引価格を個別の履行義務に配分する、そして(e)企業がそれぞれの履行義務を充足した時に収益を認識する、という行程である[2]。キャッシュフローという観点からいえば、キャッシュインフローを履行義務の充足というキャッシュアウトフローの要素と個々に対比させ、収益を認識することになる。

あらゆる企業の収益活動は他の企業・顧客等の主体との契約により行われるから、そうした収益認識モデルは論理としてまさに正鵠を射たものである[3]。そして、たしかに、例えば典型的な製造業などでは企業の「履行義務（performance obligation）」の履行時期や額を識別することはそれほど難しくはないであろう[4]。

しかしながら、企業活動における契約の種類や性質は多種多様であり、履

---

1) "Revenue from Contracts with Customers"(2010ED), IN(introduction)8. 2010年の"Insurance Contracts"というExposure Draftと区別するために、以下、Revenue EDという。
2) 2010 Revenue ED, para. 2.
3) ただし、辻山教授は、「結局、十余年の議論の末にたどりついた結論は、収益を履行義務と呼び換え、稼得過程を履行義務の充足過程と呼び換えてはいるものの、結果は従来型の実現・稼得過程モデルと何ら異なるところのないものとなっている」とその限界を指摘される（辻山栄子「会計におけるパラダイムシフトの再検討―資産・負債・収益・費用の認識と測定を中心に―」証券アナリストジャーナル48巻5号（2010）13頁）。

行義務の識別自体が容易でないものが存在することも予想される。保険契約による企業の保険負債の評価もまた、IASBのこうした本道的な収益認識プロジェクトとの関係を意識されながらも、結局それについては別ルートでの基準策定作業が続いている。そこで本稿では、保険負債に関するIASBの作業を二つの段階に分けて概観し、両者を比較することによって保険負債評価における特殊性の意味について、若干の検討を行ってみたい。

II　公開草案「保険契約」(2010年ED) に見る保険負債の特異性の原因

1　技術的困難性

保険負債の評価についてIASBはすでに2004年にIFRS 4 号を公表しているが、もともとこれは保険負債の評価手法検討プロセスの「第 1 フェーズ」に属するものであり、単に暫定的な基準としての意味しか有しなかった。現在まで続く本格的検討作業は「第 2 フェーズ」と呼ばれ、その過程では2007年に「保険契約に関する予備的見解 (Preliminary Views on Insurance Contracts)」という討議資料 (DP、以下、Insurance DPという)、2010年に「保険契約」という公開草案 (ED)[5] (2010年のRevenue EDと区別するために、以下、Insurance EDという)、2013年にその改訂版 (revised ED)、そして、2017年にIFRS17号「保険契約」が公表されている[6]。後述するように、本稿は、これら第 2 フェーズの作業実績のうち、2007年DPと、2010年Insurance ED以降のものを区別して捉

---

[4]　2010 Revenue EDは、「顧客との契約により、企業は、対価と交換に財又はサービス (goods or services) を提供する義務を負う」とし、「販売目的で企業が製造する財 (例えば、製造業企業の棚卸資産 (inventory))」、「再販売目的で企業が購入する財 (例えば、小売業者の商品)」、あるいは「その他の当事者が財又はサービスを移転するよう手配すること」など、一般的な財およびサービスの例を列挙している (para. 21.)。

[5]　他注で引用するもののほか、上野雄史「保険契約の会計基準による経済的影響の予測」保険学雑誌604号 (2009) 165頁、佐藤元彦「国際会計基準公開草案『保険契約』における保険契約の測定および表示」保険学雑誌613号 (2011) 187頁等参照。

える。

2010年のInsurance EDは、わずか2ヶ月前に公表された同年のRevenue EDを意識し、「仮に保険者が公開草案『顧客との契約により生じる収益』における提案……を保険料のサービス部分に適用したとする場合」という仮定[7]を置き、そこで生じる問題点を挙げている。

それらのうち、最も解りやすいのは、通常の生命保険契約（とくに死亡保険）に2010年Revenue EDの提案する収益認識モデルを適用しようとする際の問題点であろう。生命保険契約の保険期間は長期に渡ることがふつうであるが、その保険料が月掛けで均一の額として支払われる場合を想定してみよう。このそれぞれの月払保険料は、保険契約者の側に二つの「便益（benefit）」を提供する。一つは、当該月に被保険者が死亡した場合にそれに対する保険金支払を確保するという意義、そしてもう一つは、時間の経過により契約者（被保険者）の年齢があがりまたは健康状態が悪化し、保険契約を付すことが困難ないし不可能になっていくことを低減する意義である[8]。

前者について、収益認識モデルに従えば、取引価格（この場合には月掛け保険料）を履行義務に個別に対応させなければならない。つまり、そもそも保険会社は「各月の死亡保険給付についての独立した販売価格を、契約締結時に見積もっておく（estimate at inception the stand-alone selling price for each month of coverage)」[9] 必要がある。保険期間中の特定の「月」について、総保険料のうちどれだけの「価格」を割り当てるかという合理的な計算は、およそ不可能な作業であろう。本来生命保険は、ある被保険者の経年的死亡リスクを個々に割り出すだけでは成り立たない。保険契約が集団的なリスク分散の手法であることを考慮すれば、ある保険契約の被保険者の死亡リスクの評価は、大数の法則が適用されるべき保険団体の統計的死亡リスクに応じたものでな

---

6) 岡﨑暢夫「国際財務報告基準（IFRS）第17号『保険契約』について」生命保険経営86巻4号（2018）54頁、小川淳平「保険契約に関する会計上の測定—保険契約・収益認識の改訂プロジェクトにおける測定属性の整合性—」生命保険論集164号（2008）68頁。

7) 2010 Insurance ED, BC20.

8) 2010 Insurance ED, BC26.

9) 2010 Insurance ED, BC27.

ければならない。保険会社は、特定の一契約についての単純な「先日付の保障（forward coverage）」を個別に販売しているわけではないのである[10]。

　さらに、後者を意識するとき、保険会社の履行義務の判定はより困難になる。保険期間の経過が浅く保険契約者（被保険者）が若くて健康なうちは、その契約者はよりよい条件の保険契約を選別し直すことが可能である。したがって契約者を維持するためには、その時期の履行義務をそれほど高い価格に設定することはできないであろう。ところが、契約者が経年により他の保険契約に移行するなどの選択肢を失うにつれ、契約者は自身の契約を維持しようとするようになる。そうなると、「平均値を上回る死亡リスクを持つ契約者への集中度が高まる（increasing concentration of policyholders who present above-average levels of risk）」こととなり[11]、保険期間の後期に位置する契約については死亡リスクの単純計算を超えるような高い履行義務評価をしなければならない。

　これは、Ⅰで見た2010年Revenue EDの「(d)当該取引価格を個別の履行義務に配分する」というプロセスの大きな障碍となる。もちろん、これに代表されるいくつかの個別問題のために、2010年Insurance EDがRevenue EDの援用に慎重にならざるを得なかったのは確かである。しかし、保険負債の評価には、実はそうしたテクニカルな障碍を凌駕する本質的な問題が潜んでいた。

2　ミスマッチ──経済的ミスマッチ

　2010年Insurance EDは、上のような個別問題だけにとどまらず、次のように保険負債の評価における「ミスマッチ」について明確に認識している。

　「(a)『経済的ミスマッチ』は、資産及び負債の価値又は資産及び負債から生じるキャッシュフローが、経済状況の変化に対して異なる反応をするときに発生する。例えば、保険負債のデュレーションが保険負債を担保する固定金利資産のデュレーションより長い場合に、経済的ミスマッチが発生する。

　(b)　『会計上のミスマッチ』は、経済状況の変化が資産及び負債に与える

---

10) Id. at BC27.
11) Id. at BC27. なお、EDではこれを逆選択（adverse selection）として例示する。

影響が同程度でありながら、異なる測定属性を適用しているため、それらの資産及び負債の帳簿価額が経済状況の変化に等しく反応しない場合に発生する」[12]。

　一方で、(a)の経済的ミスマッチは、次のように説明される。

　本来であれば保険会社は、既存の保険契約者に対する保険金支払というキャッシュアウトフローと、保険料から形成された資産の運用収益というキャッシュインフローを、将来にわたり調和させるような管理を行わなければならない。しかしながら、両者は環境や経済の状況の中のどのような要因に敏感に反応するかが、そもそも異なる。事故率・死亡率を基本係数とすべきアウトフローに対し、とりわけ資本市場等の市況に大きく左右されるインフローは、対応させることが難しい。そのことは、とくに生命保険のような超長期のデュレーションを持つ負債について顕著である。

　しかも保険会社の実務は、この綻びをむしろ広げる傾向にある。保険業法施行規則69条1項2号（生命保険会社）および70条1号ロ（損害保険会社）で要求されているとおり、保険会社は責任準備金の重要な一要素として、未経過保険料の積立を行わなければならない。未経過保険料とは、決算時において未だ経過していない保険期間に「対応する責任に相当する額として計算した金額」をいう。保険契約では、契約締結後直ちに、すなわち保険者側のサービスが開始するに先立って保険料が払い込まれる。しかしそれは、これから到来すべき保険期間のサービスの対価としての性質を持つものである以上、これを企業会計的観点から見た場合、保険会社が受領した時点で「収益」計上することはできない。未経過分は、「預かり金」としての性質を持つわけである。そこで、保険期間が経過した段階で既経過分だけを処理し、残りを責任準備金として積み立てておくという処理は、わが国ばかりでなく保険会社の一般的な慣行として古くから採用されてきた。

　確かに、契約当初に払い込まれる保険料は保険会社にとってなによりも確実に保有できる「収益候補」の財産である。これによる「収益額の信頼性は高く、期間対応した、リスクから解放された収益のみが認識されることにな

---

12)　2010 Insurance ED, BC172.

る」[13]ので、「未経過保険料」という概念を用いた処理は保険者にとってたいへん魅力的な手法であろう。しかしながら、保険料の額は契約締結時に約定されるとたとえ長期契約においても中途で変更することが原則的に不可能である。しかも既経過保険料の算出は、ふつう1/12法（単純な12ヶ月割）、1/24法（月央を基準とした24分割）あるいは1/365法（一日対応割）など、極めて単純な経過期間対応によって行われる。したがって、それを差し引いた残りである未経過保険料もまた、単純な期間分割対応によって割り出さざるを得ない。そのため、積立のための未経過保険料算出については、計算基礎の固定化のために柔軟性が失われ、保険期間開始後の経済環境の変化に対応できるキャッシュフローを読み込むことが困難になる[14]。

　この意味で、伝統的な未経過保険料というアプローチ自体、悪くいえば経済的ミスマッチを無視した形で醸成されている。

3　ミスマッチ――会計上のミスマッチ

　他方、(b)の会計上のミスマッチは、保険会社の財務状況の正確な情報開示に一層深刻な影響を及ぼす。

　ここであらためて確認しておくと、Ⅰで見た資産・負債アプローチとは、本来は正味経済資源のストックの状態に焦点を当て、企業の利益を導き出す手法である。したがって、ストックの状態の資産および負債を測定するための基準自体がなによりも重要な意味を持つことになる。

　ところで2002年9月のいわゆるノーウォーク合意によって、アメリカ財務会計基準審議会（FASB）は、「国内および国際的な財務報告に使用され得る高品質かつ比較可能な会計基準の開発（the development of high-quality, compatible accounting standards that could be used for both domestic and cross-border financial reporting）」につきIASBと共同作業を行うことに同意した。この合意後の2006年、FASB側は財務会計基準書157号（FAS157）を公表した。この基準書は、資産・負債評価において用いられるべき適正基準について言及している。

---

13)　小川・前掲注6）72頁。
14)　小川・前掲注6）72頁。

すなわち「公正価格（fair value measurement）」の概念である[15]。

公正価格とは、「測定日の時点で市場参加者間の秩序だった取引によって、資産を売却する際に収受し、または負債を移転するために受領すべき価格」[16]と定義される。大まかにいって資産および負債の価値は、当該資産・負債の取得時と放出時のいずれにおいても認識することが可能である。すなわち、「資産または負債についての交換的取引において当該資産を獲得しまたは当該負債を負担するとき、取引価格は、当該資産を獲得するために支払う価格または当該負債を負担するために受領する価格を表す（入口価格）。それに対して、資産または負債の公正価格とは、当該資産を売却するために収受し、または当該負債を移転するために受領すべき価格をいう（出口価格）」[17]。FASBは、両者のうち出口価格を財務会計のための公正価格として採用したことになる。

この出口価格が最もよく妥当するのは、株式のように市場において頻繁かつ公正に取引されている金融資産であろう。IASBやFASBが当初行おうとした純粋な資産・負債アプローチに対して、「収益費用アプローチ、つまり企業が獲得したインプットと販売したアウトプットという財ないしはサービスのフローに焦点を当てることをせずに、資産負債の変動を測定することができるのか、もしできるとしたら、それはどのような測定値になるのか」[18]という疑問が呈されることがある。この疑問については、「問題を金融投資に限定すれば、あるいはそれも可能かもしれない」という一応の「回答」が示されている。すなわち、「発達した資本市場における金融投資については、時価の変動差額は、それに伴うキャッシュフローの獲得に関する不確実性が容認し得るレベルまで減少したとみなせる意味で」、しかも「時価そのものに情報価値があ」[19]るという意味で、株式のような金融資産の「時価」には、評価基準としての高度の信頼性が備わる。だとすれば、純粋に理論の上では、出

---

15) 木下裕一「公正価値会計の意義と限界」桜美林論考：ビジネスマネジメントレビュー1号（2010）21頁等を参照。
16) FAS157, para. 5.
17) FAS157, para. 16.
18) 辻山・前掲注3) 11頁。

口価格を公正価格とするのは評価基準として最もふさわしい選好と捉えることができる。

確かに保険会社の保有する資産の多くは金融資産である。したがって、この評価に出口価格を適用することは、必ずしも不適切であるわけではない[20]。しかし、保険負債については、出口価格を求めることが容易ではない。とくに、本来であれば責任準備金の積立は、前掲の未経過保険料を含め将来のキャッシュフローを想定し、その割引現在価格として行われるはずである。それにもかかわらず、契約締結時の保険料計算時に算定された利子率・割引率が固定され、その後の現実のフローが反映されない仕組みがとられている（ロックイン方式）。そうなれば、保険会社において「金融資産の帳簿価格が変動する一方、保険負債の帳簿価格は変動しないことになり」[21]、ここに、資産と負債を評価する基準の不統一によって「会計上のミスマッチ」が生じるのである[22]。

もとより、前述した経済的ミスマッチは、保有資産・負債のデュレーションの相違などによっていずれの企業にも発生することを免れないものである。問題は、そうしたミスマッチが生じたときに、資産と負債を同一基準で評価することにより、企業の財務状態やリスク管理状況について正確な情報を公表できるようにすることにある。そのため、会計上のミスマッチこそ、

---

19) 辻山・前掲注3) 11頁。ただし論者は、そうした徹底した資産・負債評価にはむしろ批判的な立場をとる。
20) もっとも、保険会社の保有資産は全て金融資産というわけではないから、資産を一律に出口価格で評価することはできない。そのため、すでに資産評価の段階で、市場価格による公正価格の一本化は相当に困難である（小川・前掲注6) 69頁）。加えて、保険会社のみならず一般的な企業でも、「公正価値による評価を前提にしない限り、資産と負債の変動に基づく利益計算という図式は意味を持ち得ない」（辻山・前掲注3) 13頁）にもかかわらず、それを徹底できる企業は必ずしも多くはないであろう。そうなると、ことは保険会社だけの問題にとどまらず、いわゆる「全面公正価値会計」の是非というところまで及んでしまうとも考えられる。ただそれは筆者の能力および関心を大きく超える問題であり、ここではあくまで保険会社の会計上のミスマッチだけを論じたい。
21) 羽根佳祐「保険負債の測定属性に関する考察―会計上のミスマッチの観点から―」早稲田大学商学研究科紀要74号（2012）162頁。

IASBが保険負債の評価において最も重要視した本質的課題であったことが解る。

III 2007年DPの提案

1 保険負債の「現在出口価格」

だからこそ、IASBは2007年のInsurance DPで、この会計上のミスマッチ解消を念頭に置いて保険負債の測定基準を提示した。そこでは、保険負債の測定基準として用いるべきは「残存する契約上の権利および義務を、直ちに他の企業に移転するための対価として、保険者が報告時点で支払うことが見込まれる額」とされた[23]。すなわち保険契約の「現在出口価格」を、当該保険負債を保有する企業が別の企業に移転することを念頭に算出しようとする。

2007年Insurance DPはこの概念を三つのビルディングブロック（構成要素）に分けて詳述する。そのうちの「契約上のキャッシュフローの見積もり」という構成要素は、保険負債の出口価格算定において中核的役割を果たす。このキャッシュフローを見積もる際には、「明示的であること」、「観察可能な市場価格と可能な限り整合性があること」、「当該契約上の義務から生じたすべてのキャッシュフローの金額、時期及び不確実性に関するすべての入手可能

---

22) 2007年Insurance DPで次のように述べられている。すなわち、「最も顕著な会計上のミスマッチの理由は、利付きの金融資産を公正価値で測定する一方で、保険負債を現在の利子率を反映しない基準で測定することにある。金利が変動する場合、資産の簿価は変動するが、保険負債の簿価は変動せず、以下のような結果となる。
    (a) 損益計算書を通じて公正価値で測定するものとして分類される金融資産に関して、損益計算書及び貸借対照表上で会計上のミスマッチが発生する。
    (b) 売却可能金融資産に関しては、損益計算書上では会計上のミスマッチは（資産を売却しない限りは）発生しないが、資本の部において会計上のミスマッチが発生する。
    (c) 保険者が資産を売却する場合には、売却可能金融資産に関してだけではなく、償却原価法で計上される資産に関しても会計上のミスマッチが発生する」。
23) 2007 Insurance DP, para. 93.

な情報を、偏向のない方法で組み込んでいること」、「現在のものであること、言い換えると、報告期間末日における条件に対応するものであること」、そして「企業固有のキャッシュフローは除くこと」が要請される。一見してわかるとおり、こうしたキャッシュフロー算定方法は、市場価格を高い信頼性をもって公正価格とみなし得る株式や社債のような金融商品におけるそれを志向している（ただし、純粋な負債であることから、正確には譲渡時の「解放原価（cost of release）」を意味することになる[24]）。とくに、キャッシュフローの不確実性を含む全ての情報を出口段階で偏向なく読み込むという高いハードルは、資本市場のような効率的な市場を想定しない限り設定することができない。

　もっとも、2007年Insurance DPの提案が、株式や社債のような「現在出口価格」を容易に認識しやすい金融商品と全く同じキャッシュフロー見積もりを援用するかというと、必ずしもそうではない。これらと対比すると、Insurance DPの提案はかなり異質であるとさえいえる。

2　「企業固有のキャッシュフロー」

　一方で、Insurance DPの提案は、「企業固有のキャッシュフロー」による影響を極端に警戒する。これは、「当該保険者に固有で、また、すべての点で同一である債務を有する他の市場参加者に生じることのないキャッシュフロー」を指し、そうした要素は算定評価から除外すべきとされている[25]。例えば、「死亡率のバイアスのない見積りは、測定されるポートフォリオの構成層に依存しており、したがって、それはポートフォリオ固有のものである。ポートフォリオ固有のものであるからといって、企業固有となるわけではない。保険者が異なれば、異なる引受基準を有しているかもしれないが、ある既存のポートフォリオに係る見積り死亡率は、当該ポートフォリオの特徴を反映するべきであり、異なる引受基準が作り出している異なるポートフォリオの特徴を反映するべきでない」[26]。

---

24)　小川・前掲注6）85頁。
25)　2007 Insurance DP, para. 56.

確かに会計基準においては透明性と比較可能性が最も重要な要請である。その意味から、個別の保険会社固有のメリット・リスクを反映させることは、個々の保険負債の評価にブレを生じさせるおそれがあろう。上の例に見られるように、保険会社が独自の引受基準を採用していたとしても、それは、ある特定の保険負債のポートフォリオを個々の引受保険会社がどのように「取り扱うか」の相違にすぎない。つまり、保険事故の頻度・程度または死亡率など、保険会社がこの「取り扱い」を決定するための基礎として考慮する係数は、「保険者自身の見積りが他の市場参加者の行うであろう見積りと異なる」ことはない。したがって、あるポートフォリオの事故率・死亡率そのものは、市場参加者の誰が評価しようとも同一であり、それは保険負債のポートフォリオ自体の特性ということになる。確かにそれら変数が「市場価格の中で観察されたり、そこから直接的に導き出されたりすること」、すなわち市場参加者が各ポートフォリオに備わった死亡率や事故率の特性を情報として正確に価格に盛り込むことは必ずしも容易ではないかもしれない。とはいえ、理論的にはこれらを保険負債のポートフォリオ固有のキャッシュフローとし、市場評価において比較可能性を維持することは可能である[27]。

　しかしながら他方で、この論理を逆説的に当てはめると、「市場参加者」である別の保険会社が同一の計算基礎に置くことができないような要因は、「企業固有のキャッシュフロー」となる。解約率や契約管理コストを独自の企業努力で向上させた場合、他の保険会社がその保険負債ポートフォリオを承継しても、同じ効果を導くことはできない。2007年Insurance DPもこうした要因を認め、「例えば、積極的であるが費用が掛かるクレーム管理は、保険金水準を低くするが、費用水準は高くなる」かもしれないが、そのような「サービスの水準と種類が、保険契約者のある一部の階層に対してよりも強く失効率に影響を及ぼす場合」があるという[28]。そして、「企業固有のキャッシュフローと他の市場参加者のために生じることとなるキャッシュフローを区別す

---

26)　2007 Insurance DP, para. 57.
27)　2007 Insurance DP, para. 58.
28)　2007 Insurance DP, para. 61.

る」[29] 立場を徹底し、「契約期間中の保険契約のサービスに関するコスト」の「見積りを利用することは、当該負債自身に関連するキャッシュフローではなく、その他の認識された又は未認識の資産又は負債とのシナジーに関連するキャッシュフローを組み込むこととな」ってしまうと明言する[30]。したがって、例えば有配等生命保険契約においてふつう「費差」として配当に影響する類の諸要因は、およそ企業固有のキャッシュフローに区分されることになる。前掲の死亡率など、「死差」として反映する要因とは対照的な取扱に服すのである。

　これを敷衍すれば、保険会社の資産運用のパフォーマンスもまた、資産又は負債とのシナジーに関連する企業固有のキャッシュフローと認識される可能性が高い。つまり、有配当保険の場合に「利差」として成果が現れる企業の努力要因もまた、保険負債の評価からは排除されることになろう。それどころか、2007年Insurance DP提案の「企業固有のキャッシュフロー」を除する趣旨からいえば、「債務者（この場合、保険者）が契約に基づく義務を履行しないリスク（不履行リスク又は自身の信用リスク）」さえも、保険負債の評価にはなじまない（ただし、2007年のInsurance DPは、デフォルトリスクはポートフォリオ固有のものと捉える）。この点は、株式や社債のような金融商品とは明らかに異なる。これらの場合には、発行企業の経営パフォーマンスやコスト戦略、そして信用リスクなどが全て情報として読み込まれた上で、市場価格が形成される。市場参加者は、むしろ「企業固有のキャッシュフロー」に関する情報を積極的に商品自体のキャッシュフローに反映させている。それに対して、2007年Insurance DPの提案する評価法では、死亡率のような性質上個別保険者に依存しない要因以外は、保険負債自体の出口価格を評価する情報とはならないのである。

　こうした保険負債の特性からすれば、その評価を、市場を前提として公正な出口価格を導きだせる金融商品に準えることはできない。2007年Insurance DPに対する批判コメントもまたこの点に集中していた。すなわ

---

29)　2007 Insurance DP, para. 59.
30)　2007 Insurance DP, para. 60.

ち、保険負債の「測定アプローチの目的は、負債を第三者に移転する際の価格の見積もりを反映することではなく、保険者が一般的に、支払期限到来時に給付金及び保険金を保険契約者に支払うことに」あり、「市場参加者のために発生するキャッシュフローの見積もりを使用することを保険者に要求する」のは、「目的適合性のない情報しか生み出さない」という批判であった[31]。

Ⅳ 履行キャッシュフローの現在価値

1 将来キャッシュフローと現在価値

　このような批判に屈する形で、IASBは現在出口価格による保険負債の評価を諦めた。そして、「保険者は一般的に第三者に契約を移転するのではなく、保険契約者に給付金及び保険金を支払うことによって、時間をかけて直接契約を履行するという事実に注目している」[32]として、その基本的スタンスを大きく変更したのである。

　出口価格に代え2010年Insurance EDでIASBが導入した新たな方針は、前述したIFRS15の「顧客との契約から生じる収益」との整合的評価法であった。基本認識としては、資産・負債アプローチのいわば本道であるこの「顧客対価モデル」と調和させることを目指したのである。ただし、これも前述したとおり、「顧客との契約から生じる収益」で示された一般的な収益認識モデルを、そのままの形で保険契約の評価に適用することは様々な個別問題によって妨げられる。

　そこで、2010年Insurance EDは、「履行キャッシュフローの現在価値」という概念をもって保険負債を評価する手法を導入した。保険契約において、保険金・給付金の支払は、契約締結時点では当然のことながら確定はしていない。契約の多くの要素は将来にわたる予想によって組み立てられている。その意味で、契約締結時ないしその直後に保険負債について資産・負債評価を

---

31)　2010 Insurance ED, BC49.
32)　2010 Insurance ED, BC50.

実現することはたいへん困難である。保険期間が経過するにつれ、実際に、保険金・給付金が支払われる（キャッシュアウトフロー）以上、厳密な意味での「履行」はその時点でなければ判定できない。そこで、保険期間がまだ経過していない段階では、「基礎となるキャッシュフローを期待現在価値で織り込」むことによって、将来にわたるキャッシュフローを、測定時点で「履行キャッシュフローの現在価値」という枠にいわば仮置きすることとした[33]。

こうして「将来キャッシュフローとして織り込まれたもの」は、保険期間経過後の「キャッシュフローの実現とともに資産の増減に振替わる」[34]。すなわち、保険金・給付金が実際に支払われれば、その実現分は保険会社の既存資産を減少させるが、反面、保険負債の減少にも寄与する（保険料後払いの契約で保険料が入金すれば、そのキャッシュインフローの実現分は、会社資産の増加につながるが、反面、その保険料に対応する会社負債をも増加させることになる）。それら実際のキャッシュフローのうち、インからアウトを差し引くとそれらの実現により形成された資産が割り出される。

重要なのは、キャッシュフローの「実現」により、それ以降の「将来キャッシュフロー」が減少することである。予測したシナリオのうち、支払にせよ収入にせよ実際に「履行」された分についてもはや「推計」する必要はなくなる。そこで、将来キャッシュフローの推計は、毎期見直すこととした。将来キャッシュフローとは、たとえ現在価値に引き直されて算出されたとしても、あくまで仮置きの計算値にすぎない。だとすれば、修正のチャンスを多くすれば、より正確なシナリオを描いていくことが可能である。これにより、伝統的に責任準備金の積立で採用されてきたようなロックイン手法は排され、「経済状況等の変化を速やかに反映できるよう最新の基礎率を適用し、現在価値として計算するいわゆる『ロックフリー』の測定手法が」導入されることになった[35]。したがって、割引率などについても直近のものを使い、保

---

33) この将来キャッシュフローを現在価値に置き換えるには、当然のことながら「割引」が必要となる。2010年Insurance EDは、「貨幣の時間価値」の調整という形で、これを盛り込む。
34) 長嶋宏明「国際会計基準『保険契約』公開草案について」生命保険経営79巻2号（2011）28頁。

険期間が経過するごとに、未経過部分についてフレキシブルに将来キャッシュフローを再計算できることになった。

2 見積もりの不確実性

確かに、「将来キャッシュフローの見積もりには……そうしたキャッシュフローの金額、測定タイミングおよび不確実性について、過剰なコストや労力を要せずに入手できる合理的でかつ支持に足る情報を、偏向のない手法で組み込まなければならない」とされる[36]。しかしながら、将来キャッシュフローはあくまで推定値にとどまるから、この記述自体が認めているように、必然的に見積もりの不確実性（uncertainty）を免れることはできない。もっとも、「保険会社は通常、将来見積もりの不確実性を考慮して保険料を安全な水準に設定するので、その場合において収入現価はリスク調整を含んだ支出原価を上回る」[37]。仮に出口価格をもって当初保険料を評価しようとすれば、それは会社が保険料を収受したときの当期利益として計上しなければならない。保険負債のポートフォリオを移転することを前提とすれば、新たな保険者はその保険負債について支払をしていかなければならず、移転の際にこのリスク調整分を含んだ全ての保険料を引き継ぐ必要があるからである。その点が、出口価格アプローチに対する批判となったことはすでに述べたとおりである。それに対して、保険者が保険債務を履行するという視点から提案された新たなモデルでは、保険料中のこのリスク調整分は「将来にわたる利益であり、実際には保険料の収納や保険契約の履行の状況に応じて、徐々に実現していくはずである」[38]。

より厳密にいうと、「保険料にはこの不確実性の見積値に加えて、保険会社の取り分である収益も加算されている」。あらゆる企業に共通することではあるが、製品ないし提供サービスの原価を超えて、販売・提供価格に「利益」

---

35) 長嶋・前掲注34) 28頁。
36) IFRS17, para. 33.
37) 岡﨑・前掲注6) 56頁。
38) 岡﨑・前掲注6) 56頁。

を見込んだ価格設定をする必要がある。そして、不確実性の見積分と利益分は密接に関係しており、「実際の保険金支払額が、不確実性の見積値を下回れば、その分だけ取り分が多くなり（利益が大きくなる）、逆に見積値を上回れば取り分は少なくなる（利益が小さくなる）」という構図となる[39]。

この不確実性の見積もりと利益の性質は、2010年Insurance EDの段階から次のように明確に認識されていた。すなわち、「当審議会は、保険契約の測定にリスク調整を含めることにより、保険契約に固有のリスク及び不確実性を描写することを提案している。……保険契約の測定には、一定期間内の契約の収益性を描写するための残余マージン（residual margin）も含まれる。残余マージンは契約開始時に算定され、保険契約者から受け取った又は受け取るべき対価の配分された金額として計算される。保険契約の測定にリスク調整及び残余マージンの両方を含めるこのアプローチは『２つのマージン』アプローチ（two-margin' approach）と呼ばれる」[40]。したがって、これら二つの要素は保険料収受時に収益として一挙に計上しない。保険料のうちマージンとして確保されたこれらの要素は、保険期間の経過に応じて、前述の将来キャッシュフローの再評価の時点で「徐々に解放されて利益に計上されることになる」[41]。

2017年のIFRS17でも基本的にこの処理が引き継がれた。一方で、リスク調整は、「非金融リスクによってキャッシュフローの金額および発生が不確実になることに対処するため、企業が要求する対価（compensation）」[42]という形で、保険の構造に固有のリスクであることが強調されている。他方、従来の残余マージンは、「企業が将来サービスを提供するものとして認識する未実現利益を表す」[43]ものという意味で、CSM（contractual service margin）という呼称を与えられた。

---

39) 上野雄史「IFRS17『保険契約』適用後の保険会社のディスクロージャー」保険学雑誌638号（2017）117頁。
40) 2010 Insurance ED, BC105.
41) 長嶋・前掲注34) 28頁。
42) IFRS17, para. 37.
43) IFRS17, para. 38.

したがって、保険期間の経過によってこれら二つのマージンうちどれだけが解放されたかを算定することは、各評価期の損益に直結することになる。

V　結びに代えて

1　ポートフォリオ単位の契約移転

　実は、2002年に始まるIASBの本道的「収益認識プロジェクト」でも、2008年のDP「顧客との契約における収益認識についての予備的見解」が公表される以前、公正価格による資産・負債評価が模索されていた。市場での現在出口価格を基準にするということは、将来キャッシュフローや割引率等を含むあらゆる情報を組み込んだ市場形成価格をもって、資産・負債価値を常に測定時点で再評価できるということを意味する。したがって、現在出口価格というものは、その簡略性・明快性からして、資産・負債アプローチにおいてはある意味で当然に志向されるべき目標である。そのように考えるならば、保険契約の場合に2007年Insurance DPが公正価格モデルを提案したことも、決して荒唐無稽な論理ではない。

　しかしながら前述のように、この試みは挫折し、2010年Insurance EDで「履行キャッシュフローの現在価値」をベースとする評価法へと方針転換が図られた。やはり保険負債を現在出口価格で評価することには様々な違和感が残る。なによりもそこでは、保険負債をポートフォリオ単位で移転するということが前提とされており、株式のように細分化された単位の1保険契約が譲渡対照となるわけではない。したがって、「市場参加者」としては、もっぱら当該負債を保有する保険会社のコンペティターが想定されており、市場評価もその範囲に限定されることを免れない。

　もっとも、実は保険業法にはこの種の保険負債の移転について定める規定がある。業法135条によれば、「保険会社は、この法律の定めるところに従い、他の保険会社……との契約により保険契約を当該他の保険会社……に移転することができる」。その場合、責任準備金の算出の基礎が同一である保険契約を単位として行うことが必要であり、その基準より細分化された、例えば

個々の保険契約を移転することは許されない。この移転単位を維持しなければならない理由は、「保険契約集団を維持するとともに、保険契約者間の公平を確保するため」[44]とされる。このことはより詳細に、「ここで保険契約集団の維持が問題とされているのは、ある種類の保険契約を分割して移転すると、危険の集積度合いが低下してしまい、移転会社の健全性や移転させられる保険契約者に対する保険金の支払可能性に影響を与えるという事態を避けるため」[45]と説明されている。そこでは、移転されるポートフォリオに属する保険契約者は、移転先会社にあっても、移転会社で保険契約を締結したときと全く同じ条件で保険金の支払を確保される「べき」であるという考え方がとられている。そしてその「同条件での支払」を裏付けるための措置として、同条3項で「第1項の契約には、保険契約の移転とともにする保険会社の財産の移転に関する事項を定めなければならない」とされている。移転先会社で移転対照のポートフォリオに属した保険契約者群に当初計算のとおりに支払を確保するためには、必然的に移転会社において算定され形成された責任準備金（相当額）を、移転先会社に移しておかなければならないであろう。したがって、3項の財産の移転は、原則として責任準備金の引渡となる[46]。

このいわゆる「保険契約の包括移転」に見られるとおり、移転される保険負債のポートフォリオに最も強く求められるのは、価値評価ではなく移転前と変わらぬ保険金支払義務の履行である。そのことを前提に置けば、2007年Insurance DPの保険負債の出口価格評価から「企業固有のキャッシュフロー」という要素が排斥されていたわけも理解できる。移転対照のポートフォリオは、移転会社であっても移転先会社であっても同一の条件で履行されること

---

44) 安居孝啓『最新保険業法の解説〔改訂版〕』（大成出版社、2010）450-451頁。
45) 後藤元「第7章 保険契約の包括移転をめぐる保険業法の規律について―保険契約の移転単位規制の緩和を中心に―」『新たな保険経営組織と事業再編スキーム』（生命保険文化センター、2011）170-171頁。
46) ただし3項では、「〔第1項〕の契約により移転するものとされる保険契約……に係る保険契約者……以外の当該移転会社の債権者の利益を保護するために必要と認められる財産を留保しなければならない」とも定める。したがって実際問題として常に責任準備金相当額の引渡しが実現するわけではない。

を求められる。いわゆる利差や費差のように、それぞれの保険会社ごとに当該ポートフォリオに異なる影響を及ぼすような条件は、責任準備金の算出の基礎の同一性という要求に反することになるわけである。対照的に、出口価格評価では、事前に収受した「リスク調整」と「CSM」のマージンについて移転先会社に移転すべきことになろうが、それもまた、移転会社が「移転とともにする保険会社の財産の移転」と捉えれば納得できよう。

2　「履行キャッシュフローの現在価値」アプローチの本意

しかし、こうした「保険契約の同一条件での履行の確保」を絶対の前提条件として保険負債ポートフォリオの移転を認めることは、いうまでもなく市場における自由な出口価格の形成を妨げる。市場参加者にとっての保険負債取引の魅力が著しく殺がれるからである。このことを逆説的にいえば、市場価格をもって保険負債の公正価値を求めようとしても、それに先行する要請として、保険契約の履行の確保が求められるということになる。結局のところ、2007年Insurance DPで提案された現在出口価格評価は、2010年Insurance EDの「履行キャッシュフローの現在価値」測定とは次元を異にするのではあるまいか。保険契約においては、前者よりも後者の評価要請のほうが論理的に優先し、両者は二者択一の関係には立たない。

しかも、履行キャッシュフローの現在価値という手法の真の意義は、実は保険負債の「現在価値」の判定ではなく、将来にわたる保険債務の履行シミュレーションモデルの策定にある。確かに、2010年Insurance EDは、「履行キャッシュフローの現在価値」モデルが、「保険者の財務諸表の利用者に目的適合性のある情報を生み出」し、「会計上のミスマッチの軽減」と「経済的ミスマッチについての明瞭な報告」を可能にすると自負する[47]。しかもそれは、「市場価格が利用可能な範囲で」という限定付きではあるものの、「観察可能な現在の市場価格との整合性」[48]を図ることができるとされ、あくまで公正価格評価の延長線上において意義があるものとされている。その意味で、保

47）　2010 Insurance ED, BC44(e)(f).
48）　2010 Insurance ED, BC44(g).

険契約に関する2010年Insurance ED以降の負債評価手法は、IASBの「収益認識プロジェクト」本道における「顧客との契約における収益認識」に飲み込まれる関係にあると考えられていることになる。

　しかしながら、保険負債というものがその性質上、契約にもとづく一般の負債と同様に評価されるかには疑問が呈されている[49]。そして、保険契約についての履行キャッシュフローの現在価値モデルは、収益認識プロジェクトとは「形式的な整合性」を保つにすぎず、「その整合性を図ることで有用な情報が提供できるのか明らかではない」と指摘される[50]。やはり履行キャッシュフローの現在価値モデルは、保険契約の確実な履行を目指すシミュレーションの確立にこそ主眼が置かれ、収益認識という企業会計の本道的目的からは少なからず異なる方向に進んだものなのではなかろうか。

3　モデルの名宛人——監督規制としての役割

　このように捉えるとき、2010年Insurance ED以降の履行キャッシュフローの現在価値モデルについて、その名宛人は誰かが問題となる。ロックフリーの形で将来キャッシュフローの現在価値を再評価していくことは、将来キャッシュフローとして描かれたシナリオが達成されているかどうかを確認する点に最も重要な意義がある。それによって、保険金・給付金支払義務の確実な履行を図っていくことが可能となるからである。だとすれば、現在価値評価に最も直接的な利害を持つのは、当然に保険契約者ということになりそうである。その点、出口価値モデルが、まがりなりにも市場参加者をはじめとする利害関係者全てを対象としているのと対照的である。

---

49)　羽根佳祐「保険契約の収益認識」産業経理76巻1号（2016）176頁。とくに「保険負債がIFRS第15号の契約負債と同様に再測定されないかはCSM次第といえる。CSMが将来キャッシュフローやリスク調整の変動を吸収するかぎり、保険負債額も内訳項目間の振替があるだけで、負債総額には影響はないが、CSMが使い果たされてしまえば、将来キャッシュフローやリスク調整の変動が負債総額に影響を与えることとなる」と指摘されている。このことは、本文で述べたように、保険契約という範囲内部でバランスを保とうとするために生じるギャップの一つではないかと考える。

50)　羽根・前掲注49）176頁。

ところが、現在および将来の保険契約者は、二つの理由から履行キャッシュフローの現在価値情報を活用することができない。第一に、とくに現在の保険契約者については、キャッシュフローの現在価値によって自らの加入する保険契約がシミュレーションどおりに進行していないことをたとえ知ったとしても、補正行動をとることが困難である。ふつう保険契約においては、保険契約者が契約の途中で解約をすれば様々な利益を喪失するのに加え、加齢などにより当初条件での再加入が難しくなることも多い。第二に、「保険契約者が保険会社の財務諸表を利用しようとした場合に、当該情報を的確に理解することができるのかという問題」がある。「情報利用者にとって、このタイプの情報を理解することは容易ではなく、通常の保険契約者にとって理解可能なものにはなりにくそうであ〔り〕、とりわけ、典型的な生命保険の契約者として想定できる個人の場合はなおさらである」[51]。

だとすれば、履行キャッシュフローの現在価値モデルの直接の名宛人は、その結果から何らかのアクションを起こすことのできる「保険監督者」であると考えるのが、最も適切な理解となろう。ただしこのアクションは、例えばIAIS（保険監督者国際機構）のInsurance Core Principles（ICP）でいわれるような、「関係市場参加者が、保険者の業績および保険者が引き受けるリスクを評価し、適切に対応するために利用可能な十分な情報を得ることを確保しなければならない」（ICP20.0.3）というような、市場規律を介した婉曲なもの[52]ではない。むしろ、この情報により監督者は、キャッシュフローがシナリオどおりに進んでいない徴候をいち早く察知し、当該保険会社に対して直接的な是正措置を発動することを期待されるのである。

ここまで徹底するならば、履行キャッシュフローの現在価値モデルは、「アーリー・ウォーニング」の仕組みに組み込まれる。つまり、仮にこのモデ

---

51) 弥永真生「生命保険会社の会計と国際会計基準」生命保険論集197号（2016）14-15頁。さらに、「保険契約者の評価を通じて、保険会社の行動が規律付けられ、不健全な保険会社は保険契約を獲得できなくなり………保険市場から退出させられるというような市場原理が働くためには、保険契約者にとっても情報の理解可能性が前提となる」とも指摘されている。

52) 弥永・前掲注51）11-15頁を参照。

ルをわが国の保険業法に受け容れるとすれば、保険業法116条（それに伴う保険業法施行規則69条および70条）の責任準備金に関する積立規制をもって対応するのが便宜であろう。しかしその場合、同条は独立した「経理」（業法2編5章の標題）規定としての役割よりはむしろ、「監督」（同6章標題）の「保険会社の経営の健全性を判断するための基準として保険金等の支払能力の充実の状況が適当であるかどうか」についての業法130条、いわゆるソルベンシーマージン規定の一部に組み込んで理解する方が適当だということになろう。もちろん、企業会計上求められる開示の目的は多様であり、これを一つに限定する必要はない。とはいえ、多様性はときとして曖昧性につながってしまうおそれがある。本稿ではあえて主要かつ本来の役割を探ることによって、IFRS17が踏襲する保険負債評価の「本音」を明らかにしたいと考えたにすぎない。

　いずれにせよ、アーリーウォーニングとしての履行キャッシュフローの現在価値モデル（仮に業法116条）を、同130条の前提として捉えようとすれば、こんどはソルベンシーマージンとそれによる早期警戒システム全体にわたる考察が必要となる。ただ、もはや本稿ではそれにまで論を拡張していく紙面的余裕はない。この点についての考察は別稿に譲ることとしたい。

上村達男先生略歴

Ⅰ 経　　歴

昭和23年4月19日	東京都江戸川区にて出生
昭和42年3月	早稲田大学高等学院卒業
昭和46年3月	早稲田大学法学部卒業
昭和48年3月	早稲田大学大学院法学研究科修士課程修了
昭和52年3月	早稲田大学大学院法学研究科博士課程単位取得満期退学
平成17年1月25日	早稲田大学より博士（法学）の学位を授与される（提出論文「会社法改革─公開株式会社法の構想─」）

Ⅱ 職　　歴

昭和51年9月	横浜市立大学非常勤講師（経済法）（昭和52年3月まで）
昭和52年4月	北九州市立北九州大学法学部専任講師（商法）
昭和55年4月	同大学助教授（昭和56年3月まで）
昭和56年4月	専修大学法学部助教授（商法）
昭和58年1月	山形大学法文学部非常勤講師（経済法）（昭和60年2月まで）
昭和61年4月	専修大学法学部教授（平成9年3月まで）
昭和61年7月	コロンビア大学（短期在外研究）（昭和62年1月まで）
平成元年4月	早稲田大学法学部非常勤講師（商法）（平成9年3月まで）
平成元年4月	西南学院大学法学部非常勤講師（証券取引法）（平成3年3月まで）
平成2年4月	立教大学法学部教授（商法）（平成9年3月まで）
平成2年4月	駿河台大学法学部非常勤講師（証券取引法）（平成12年9月まで）
平成3年4月	専修大学法学部非常勤講師（証券取引法）（平成8年7月まで）
平成4年7月	名古屋大学法学部大学院非常勤講師（証券取引法）（集中講義）
平成5年9月	静岡大学法経学部非常勤講師（証券取引法）（平成7年9月まで）

平成6年9月	白鷗大学法学部非常勤講師（証券取引法）（平成9年9月まで）
平成7年12月	九州大学法学部大学院非常勤講師（商法）（集中講義）
平成9年4月	早稲田大学法学部教授（現在に至る）
平成9年4月	立教大学法学部非常勤講師（平成12年3月まで）
平成12年7月	名古屋経済大学大学院非常勤講師（証券取引法）（集中講義）（平成16年3月まで）
平成15年7月	21世紀COE企業社会の変容と法システムの創造・拠点リーダー（早稲田大学21世紀COE「企業法制と法創造総合研究所」所長）（平成20年3月まで）
平成16年4月	早稲田大学大学院法務研究科教授（法学部教授と併任）
平成18年9月	早稲田大学法学学術院長　法学部長（平成22年9月まで）
平成20年7月	グローバルCOE「成熟市民社会型企業法制の創造」拠点リーダー（早稲田大学グローバルCOE「企業法制と法創造総合研究所」所長）（平成25年3月まで）

Ⅲ　その他

平成元年	私募・第三者割当増資に関する研究会（大蔵省証券局）
平成2年	商品等取引問題研究会（通産省産業政策局商務流通審議官）
平成2年〜3年	産業金融と企業組織に関する研究会（通産省産業政策局）
平成3年	社債市場等の規制緩和と簡保資金運用の在り方に関する研究会（郵政省簡易保険局）座長
	資産流動化研究会（通産省産業政策局商務流通審議官）
平成5年4月21日	衆議院法務委員会参考人（商法・商法特例法改正案）
平成5年	財団法人日本資産流動化研究所評議員
平成6年	商品取引所審議会委員（総理府）
平成8年1月	産業構造審議会臨時委員（産業資金部会産業金融小委員会委員）（通産省）
平成8年10月9日	証券取引審議会総合部会参考人（大蔵省）
平成9年1月	司法試験（第二次試験）考査委員（法務省）
	証券取引審議会総合部会（有価証券の定義に関する勉強会委員）（大蔵省）
平成9年6月	商品先物取引制度検討会（通産省商務流通審議官・農水省

	食品流通局長）座長
	新しい金融の流れに関する懇談会（大蔵省銀行局）
平成 9 年 7 月	中小企業政策金融研究会（中小企業庁）
平成 9 年10月	今後の資産流動化の在り方に関する研究会（通産省取引信用室）
平成10年 3 月18日	衆議院法務委員会参考人（株式消却手続特例法改正案他）
平成10年 5 月 8 日	衆議院大蔵委員会参考人（金融システム改革関連法案他）
平成11年 2 月	金融審議会第一部会集団投資スキームワーキンググループ（大蔵省金融企画局）
平成11年 9 月	日本私法学会運営委員
平成11年12月	金融審議会第一部会証券取引所の組織形態のあり方等に関するワーキンググループ（大蔵省金融企画局）
平成12年 4 月	日本FP（Financial Planning）学会理事
平成12年 5 月〜14年	消費者金融サービス研究学会理事
平成12年 5 月 9 日	衆議院法務委員会参考人（商法・有限会社法改正案他）
平成12年 5 月10日	法制審議会商法部会参考人（公開株式会社法理論について）
平成12年 5 月	商法研究会（通産省産業政策局企業組織課）
平成12年 6 月	商品先物取引制度検討会＜第二期＞（通産省商務流通審議官・農水省食品流通局長）座長
平成12年	日本投資者保護基金理事（現在に至る）
	日本内部監査協会参与（現在に至る）
平成12年〜13年	投資顧問業者の注意義務研究会座長（日本証券投資顧問業協会）
平成13年〜14年	議決権行使等株主権行使研究会座長（日本証券投資顧問業協会）
平成13年〜20年	東京証券取引所自主規制委員会委員
平成14年〜19年	日本取締役協会理事
平成14年	大学評価委員会評価員（大学評価学位授与機構）
	中小企業の会計に関する研究会委員（中小企業庁）
	中小会社会計基準研究会委員（日本税理士会連合会）
	法制審議会株券不発行等部会委員
	法制審議会会社法現代化部会第一分科会委員
	内部統制に関する研究会委員（経済産業省）

	商品先物取引に関する研究会委員（経済産業省）
平成15年	NTTドコモ・アドバイザリーボード委員
平成16年	（財）日本証券経済研究所評議員
	（株）JASDAQ証券取引所社外取締役
平成17年	日本コーポレート・ガバナンス・フォーラム理事
平成18年〜30年	（株）資生堂社外取締役
平成18年	日本学術会議連携委員（現在に至る）
	経済財政諮問会議グローバル化改革専門調査会委員（金融・資本市場ワーキンググループ主査・内閣府）
	総合資源エネルギー調査会臨時委員、もんじゅ安全性確認検討会委員（経済産業省）
平成19年	松竹大谷図書館評議員（現在に至る）
	国民生活審議会委員（生活安全プロジェクト「守るワーキンググループ主査」）
平成19年〜21年	日本私法学会理事
	日本内部統制研究学会理事
平成20年	農産物商品市場の機能強化に関する研究会（農林水産省総合食料局長）座長
	東京証券取引所自主規制法人アドバイザリーボード委員（現在に至る）
平成20年〜22年	企業会計基準委員会専門委員
平成20年〜28年	日本証券経済学会理事
平成20年10月	金融庁金融審議会専門委員
	英国M&A制度研究会委員（日本証券経済研究所、引き続きヨーロッパM&A制度研究会委員）
平成21年	明治安田生命評議員（現在に至る）
平成22年〜23年	法制審議会会社法制部会委員（法務省）
平成24年〜27年	NHK経営委員・監査委員（その後、経営委員会委員長職務代行者）

上村達男先生著作目録

Ⅰ　著　　書

1　単　　著

平成 9 年（1997年）
　『インサイダー取引規制の内規事例』　　　　　　　　別冊商事法務195号
平成14年（2002年）
　『会社法改革―公開株式会社法の構想―』　　　　　　岩波書店
平成27年（2015年）
　『公司法改革―公開股份公司法的构想』（中国证券监督管理委员会編）
　（『会社法改革―公開株式会社法の構想―』の中国語翻訳版）　　法律出版社
　『NHKはなぜ、反知性主義に乗っ取られたのか―法・ルール・規範なき
　　ガバナンスに支配される日本―』　　　　　　　　　東洋経済新報社

2　共　　著

昭和57年（1982年）
　『有限会社の設立と運営』（志村治美編）　　　　　　同文館出版
　『現代商法講義Ⅱ会社法』（蓮井良憲編）　　　　　　法律文化社
昭和58年（1983年）
　『改正会社法詳説』（堀口亘・酒巻俊雄編）　　　　　三嶺書房
昭和59年（1984年）
　『講義会社法』（蓮井良憲・酒巻俊雄・志村治美編）　青林書院新社
　「大小会社区分立法等の問題点に関する文献解題」（末永敏和氏と共著）
　『大小会社区分立法等の論点』　　　　　　　　　　別冊商事法務75号
昭和60年（1985年）
　『企業・現代社会・法』（中村一彦・志村治美編）　　三嶺書房
　『会社法　基本問題セミナー』（酒巻俊雄・柿﨑栄治編）　　一粒社
　「大小会社区分立法に関する文献解題」（北沢正啓・酒巻俊雄編）『大小
　　会社区分立法の問題点検討』　　　　　　　　　　ぎょうせい
昭和61年（1986年）
　『会社役員の義務と責任』（酒巻俊雄監修）　　　　　商事法務研究会

『取締役会の機能と運営』（酒巻俊雄監修）　　　　　　　商事法務研究会
昭和62年（1987年）
　『会社法要説』（加藤勝郎・大沢功編）　　　　　　　　青林書院新社
　『株主総会の判例と実務指針』（酒巻俊雄監修）　　　　商事法務研究会
昭和63年（1988年）
　『手形小切手法要説』（加藤勝郎・大沢功編）　　　　　青林書院新社
　『商法総則商行為法要説』（加藤勝郎・大沢功編）　　　青林書院新社
平成元年（1989年）
　『争点ノートⅠ会社法』（奥島孝康編）　　　　　　　　　法学書院
　『争点ノートⅡ手形小切手法』（奥島孝康編）　　　　　　法学書院
平成2年（1990年）
　『図解例示　手形法・小切手法入門』（柿﨑栄治氏・栗山徳子氏・上田宏
　氏・斉藤武氏・尾崎安央氏と共著）　　　　　　　　　　同文館出版
平成3年（1991年）
　『子会社・関係会社の管理』（酒巻俊雄監修）　　　　　商事法務研究会
平成4年（1992年）
　『証券改革―「市場再生」をどう進める』（神崎倫一氏・川口恭弘氏・
　宮尾尊弘氏と共著）　　　　　　　　　　　　　　　　東洋経済新報社
　『商法演習Ⅰ』（奥島孝康・中島史雄編）　　　　　　　　　成文堂
　『総則・商行為法　基本問題セミナー商法3』（酒巻俊雄・柿﨑栄治編）　一粒社
平成5年（1993年）
　『〈改訂〉証券取引法』（堀口亘編）　　　　　　　　　　　学陽書房
　『商法演習Ⅱ』（奥島孝康・中島史雄編）　　　　　　　　　成文堂
　「司法試験シリーズ商法Ⅰ〈会社法〉」（加美和照編）『別冊法学セミナー
　〈第三版〉』　　　　　　　　　　　　　　　　　　　　　日本評論社
平成6年（1994年）
　『会社法』（酒巻俊雄・志村治美編）　　　　　　　　　　青林書院
　『〈新版〉監査役の監査』（酒巻俊雄監修）　　　　　　　商事法務研究会
平成11年（1999年）
　『新判例マニュアル商法Ⅱ〈会社法〉』（河本一郎・奥島孝康編）　三省堂
平成19年（2007年）
　『株式会社はどこへいくのか』（金児昭氏と共著）　　日本経済新聞出版社

3　編　　著

平成2年（1990年）
　『Q&A改正商法・有限会社法』（編著）　　　　　　　　　　　ぎょうせい
平成4年（1992年）
　『公開会社と閉鎖会社の法理（酒巻俊雄先生還暦記念）』（石山卓磨氏
　　と共編著）　　　　　　　　　　　　　　　　　　　　商事法務研究会
平成6年（1994年）
　『現代有限会社法の判例と理論（志村治美先生還暦記念）』（斉藤武氏・
　　森淳二朗氏と共編著）　　　　　　　　　　　　　　　　　　晃洋書房
平成10年（1998年）
　『金融ビッグバン─会計と法』（伊藤邦雄氏と共編著）　　　中央経済社
平成15年（2003年）
　『会社法（現代法学叢書）』（酒巻俊雄氏と共編著）　　　　　青林書院
　『21世紀の企業法制（酒巻俊雄先生古稀記念）』（石山卓磨氏・川島いづみ
　　氏・尾崎安央氏と共編著）　　　　　　　　　　　　　商事法務研究会
平成18年（2006年）
　『会社法における主要論点の評価』（森淳二朗氏と共編著）　中央経済社
平成19年（2007年）
　『第四版　証券用語辞典』（武田昌輔氏・森平爽一郎氏・淵田康之氏と共編著）
　　　　　　　　　　　　　　　　　　　　　　　　　　　　　銀行研修社
　『金融サービス市場法制のグランドデザイン』（神田秀樹氏・犬飼重仁氏
　　と共編著）　　　　　　　　　　　　　　　　　　　東洋経済新報社
平成20年（2008年）
　『早稲田大学21世紀COE叢書企業社会の変容と法創造第1巻〜8巻』
　　（編著）（〜平成22年7月）　　　　　　　　　　　　　　日本評論社
　『逐条解説会社法第1巻、第2巻、第4巻』（酒巻俊雄・龍田節編集代表、
　　上村達男・川村正幸・神田秀樹・永井和之・前田雅弘・森田章編）　中央経済社
平成21年（2009年）
　『逐条解説会社法第3巻』（酒巻俊雄・龍田節編集代表、上村達男・川村
　　正幸・神田秀樹・永井和之・前田雅弘・森田章編）　　　　中央経済社
平成22年（2010年）
　『第五版　証券用語辞典』（武田昌輔氏・森平爽一郎氏・淵田康之氏と共編著）
　　　　　　　　　　　　　　　　　　　　　　　　　　　　　銀行研修社

平成23年（2011年）
　『逐条解説会社法第5巻』（酒巻俊雄・龍田節編集代表、上村達男・川村
　　正幸・神田秀樹・永井和之・前田雅弘・森田章編）　　　　　中央経済社
平成27年（2015年）
　『企業法の現代的課題（正井章筰先生古稀祝賀）』（尾崎安央氏・鳥山恭一
　　氏・黒沼悦郎氏・福島洋尚氏と共編著）　　　　　　　　　　　　成文堂

II　論　文　等

昭和49年（1974年）
　「アメリカにおけるテンダーオファ規制の新展開」
　　　　　　　　　　　　　　　　　　　　　　　　早稲田大学大学院法研論集10号
昭和50年（1975年）
　「カナダ連邦会社法におけるテークオーバー・ビッド」　国際商事法務3巻1号
昭和52年（1977年）
　「証券取引における開示の機能的限界」　　　　　　　　　　　早稲田法学会誌27巻
昭和54年（1979年）
　「合併とその規制」　　　　　　　　　　　　　　　　　　　　　　税理22巻10号
昭和56年（1981年）
　「議決権行使の代理人資格を株主に限る定款規定の意義」
　　　　　　　　　　　　　　　　　　　　　　　北九州大学法政論集8巻3・4号
　「小規模閉鎖会社法への展望」　　　　　　　　　　　　　　　　　経営法務67号
昭和58年（1983年）
　「今後の商法改正の方向性と銀行取引への影響」　　　　　銀行実務12巻2号
　「小規模閉鎖会社の運営機構」　　　　　　　　　　　　　　法律のひろば36巻11号
昭和59年（1984年）
　「継続性の原則―会計・商法・証取法―」今井宏・田辺康平編著『改正会社
　　法の研究（蓮井良憲先生還暦記念)』所収　　　　　　　　　　　法律文化社
昭和60年（1985年）
　「取締役会の招集・運営をめぐる諸問題」　　　　　　　　旬刊商事法務1040号
　「役員退職慰労金の規制上の特異性」　　　　　　　　　　　　　会社法務22号
　「証券取引法と発行市場規制―時価発行増資をめぐって―〈上・下〉」
　　　　　　　　　　　　　　　　　　　　　　　　旬刊商事法務1053号・1055号
　「投資者保護概念の再構成―自己責任原則の成立根拠」　　専修法学論集42号
　「既発行有価証券の分売と開示規制―日米の対比において―」　財経詳報1581号

昭和61年（1986年）
　「株主平等原則の理論的基礎」民事法の諸問題Ⅳ　専修大学法学研究所紀要11号
　「証券取引法における市場法的構成の試み」　　　　　　　　　　私法48号
昭和62年（1987年）
　「セキュリタイゼーションと証券取引法〈上・中・下〉」
　　　　　　　　　　　　　　　　　旬刊商事法務1099号・1100号・1101号
　「外部調査制度の理論的地位――証取法会計・監査と商法会計・監査――」
　　　　　　　　　　　　　　　　　　　　　　　　　　産業経理47巻2号
　「インサイダー取引と法規制のゆくえ」　法学セミナー32巻12号（通巻396号）
昭和63年（1988年）
　「ディスクロージャー制度の見直しについて」　　　証券代行ニュース212号
平成元年（1989年）
　「ディスクロージャー制度の改正について」　　　東証代だより62号別冊
　「転機に立つ証券取引法①～⑬」（～平成3年12月まで）
　　　　　　　　　　　　　　　　　　　　　税務弘報37巻5号～39巻13号
　「証券取引法65条と有価証券概念」　　　　　　　旬刊商事法務1193号
　「商品先物取引をめぐる制度改革」　　　　　　　判例タイムズ701号
　「第三者割り当て増資――秀和事件にみる株価観」　企業会計41巻10号
　「会計・監査と法」　　　　　　　　　　　　　　企業会計41巻11号
　「日米構造摩擦の制度論的評価」　　　　　　　　企業会計41巻12号
平成2年（1990年）
　「改正証券取引法案の意義」　　　　　　　　　　企業会計42巻7号
　「インサイダー取引規制と各界の対応」　　　　　旬刊商事法務1225号
平成3年（1991年）
　「損失保証・損失補填の法律問題」　　　　　　　旬刊商事法務1257号
　「系列関係取引情報の開示」　　　　　　　　　　ジュリスト986号
　「日米構造摩擦への視角」　　　　法学セミナー36巻10号（通巻442号）
　「株主平等原則」　　　　　　　　　　　　　　　法学教室133号
　　（既出のものを加筆修正後に竹内昭夫編『特別講義商法Ⅰ』（平成7年、
　　有斐閣）に収録）
　「改正証取法にみる法の形式化と見直しの視点」　法律のひろば44巻11号
　「国会審議録からみた証券問題の論点〈上・中・下〉」
　　　　　　　　　　　　　　　　　旬刊商事法務1266号・1267号・1269号

平成4年（1992年）
　「資産の流動化と特定債権譲渡規制法案の概要」　　　　金融法務事情1319号
　「公開会社の法理とマーケット」石山卓磨・上村達男編著『公開会社と
　閉鎖会社の法理（酒巻俊雄先生還暦記念）』所収　　　　商事法務研究会
　「市場型規制の先兵たりうるか―証券取引等監視委員会への期待―」
　　　　　　　　　　　　　　　　　　法学セミナー37巻12号（通巻456号）
　「証券取引等監視委員会への期待―市場行政を担えるか―」　企業会計44巻12号
平成5年（1993年）
　「証券会社の法的地位〈上・下〉」　　　　旬刊商事法務1313号・1314号
　「代表取締役の権限濫用行為・専断的行為の効力」北沢正啓・浜田道代編
　『商法の争点Ⅰ』所収　　　　　　　　　　　　　　　　　　　　有斐閣
　「証券会社の損失補填」　　　　　　　　　　　　　　　ジュリスト1030号
　「証券市場の規制と競争」　　　　　　　　　　　　　経済法学会年報14号
　「証券取引法第一条論に関する覚え書」堀口亘先生退官記念論文集刊行
　委員会編『現代会社法・証券取引法の展開（堀口亘先生退官記念）』所収
　　　　　　　　　　　　　　　　　　　　　　　　　　　　経済法令研究会
　「野村證券損失補填代表訴訟判決の法的検討」　　　　旬刊商事法務1335号
　「取締役・会社間の取引と間接取引」奥島孝康・宮島司編『商法の判例と
　論理（倉澤康一郎教授還暦記念）』所収　　　　　　　　　　　日本評論社
平成6年（1994年）
　「金融・証券分野における規制緩和」　　　　　　　　　ジュリスト1044号
　「公開会社法制の確立へ向けて―大会社立法の政策的視点―」
　　　　　　　　　　　　　　　　　　　　　　　　　　　判例タイムズ839号
　「証券市場はいかなる規制に服すべきか」内橋克人・奥村宏・佐高信編
　『企業活動の監視』　　　　　　　　　　　　　　　　　　　　　岩波書店
　「株主代表訴訟の今日的意義と課題」　　　　　　　法律のひろば47巻8号
　「公開会社の法理と株主の監督是正機能」森淳二朗編『企業監査とリスク
　管理の法構造（蓮井良憲・今井宏両先生古稀記念論集）』所収　　法律文化社
　「取締役と内部者取引」加美和照編『取締役の権限と責任』所収　中央経済社
　「株主総会に期待するものは何か―1994年版「株主総会白書」を読んで―」
　　　　　　　　　　　　　　　　　　　　　　　　　旬刊商事法務1376号
平成7年（1995年）
　「期待に見合った理論と制度を―これからの監査役への提言―」
　　　　　　　　　　　　　　　　　　　　　　　　　　　企業会計47巻3号

「内部者取引管理規程の事例研究〈1〉～〈13・完〉」（～平成8年6月）
　　　　　　　　　　　　　　　　　　　　資料版商事法務132号～147号
　「証券市場と株式会社法」　　　　　　　　　　　　旬刊商事法務1402号
平成8年（1996年）
　「持株会社解禁と証券取引法」　　　　　　　　　　　　　経理情報783号
　「日本航空電子工業代表訴訟判決の法的検討〈上・下〉」
　　　　　　　　　　　　　　　　　　　旬刊商事法務1433号・1434号
　「インサイダー取引に関する最近の事例と問題点」　証券代行ニュース255号
　「公開株式会社における取締役の民事責任——経営リスクと訴訟リスク」
　　　　　　　　　　　　　　　　　　　　　　　　　　判例タイムズ917号
平成9年（1997年）
　「公正な取引ルールと自由な競争について」　　　　　　　証券業報551号
　「安易な持株会社解禁が孕む危険」　　　　　　　　　　　　世界635号
　「株主代表訴訟の改悪を許すな」　　　　　　　　　　　東洋経済5431号
　「『司法の重さ』を忘れた明治以来の大改革」　　　　エコノミスト8月5日号
　「ストック・オプション制度の法的評価」　　　　　　企業会計49巻9号
　「株主代表訴訟・古めかしい『改革』案」　　　　　　　東洋経済5447号
　「株主代表訴訟に関する次期商法改正の動き」
　　　　　　　　　　　　　　　法学セミナー42巻12号（通巻516号）
　「日本織物加工株式インサイダー取引事件の法的検討」　旬刊商事法務1476号
　「Rule-backed Securities？」　　　　　　　　　　　　SFI会報17号
平成10年（1998年）
　「監査役制度の改革と方向性」　　　　　　　　　　　税経通信53巻1号
　「なぜ『風説の流布』が目の敵になる」　　　　　　　　東洋経済5468号
　「金融サービス法的な横断的法制の視点」　　　　　　資産流動化研究4号
　「証券取引法における『かたまり取引』——不完全証券市場規制論のための
　　覚書——」平出慶道・庄子良男・小島康裕編『現代企業法の理論（菅原菊志
　　先生古稀記念論文集）』所収　　　　　　　　　　　　　　　　信山社
　「資本準備金による自己株消却をめぐる問題点」　　　　ジュリスト1132号
　「利益供与事件とコーポレート・ガバナンス」　　　　自由と正義49巻7号
　「日本における金融ビッグバンの法的側面」　　　　　　国際金融1015号
平成11年（1999年）
　「証券取引法監査と会計不正の関係について」　　　　税経通信54巻1号
　「金融ビッグバンとコーポレート・ガバナンス」　　JICPAジャーナル11巻5号

「占領と会社法改正」　　　　　　　　　　　　　　　　　　ジュリスト1155号
「集団投資スキーム」　　　　　　　　　　　　　　　　　　ジュリスト1162号
「どこを変えたら会社法は変わるか」　　　　法学セミナー44巻9号（通巻537号）
「包括的資本市場法制構築のための覚書」奥島孝康・新山雄三・斉藤武編
『社団と証券の法理（加藤勝郎先生・柿崎榮治先生古稀記念)』所収
　　　　　　　　　　　　　　　　　　　　　　　　　　　　商事法務研究会
「証券取引規制の展開」『近代企業法の形成と展開（奥島孝康教授還暦記念)』
　第二巻』所収　　　　　　　　　　　　　　　　　　　　　　　　成文堂
平成12年（2000年）
「商法会計の動向」　　　　　　　　　　　　　　　　　　　企業会計52巻2号
「公開株式会社法の構想について〈上・中・下〉」
　　　　　　　　　　　　　　　　　旬刊商事法務1559号・1560号・1563号
「資本市場に適合的な株式会社法制を目指して〈上・下〉」
　　　　　　　　　　　　　　　　　　　　　　　　　　資本市場177号・178号
「証券取引法上の不公正取引規制と近時の動向」
　　　　　　　　　　　　　　　　　　証券代行研究2号（中央三井信託銀行）
「会社区分立法のあり方について」　　　　　　　　　　旬刊商事法務1569号
「〈連載〉新体系・証券取引法〈1〜25・完〉」（〜平成17年2月まで）
　　　　　　　　　　　　　　　　　　　　　　　　企業会計53巻4号〜57巻2号
「次期商法改正の構図」　　　　　　　　　　　　　　　　財経詳報2248号
「証券取引所・金融先物取引所の組織変更」江頭憲治郎・岩原紳作編
『あたらしい金融システムと法』（別冊ジュリスト）所収　　　　　　有斐閣
平成13年（2001年）
「次期会社法改正の歴史的意義」　　　　　　　　　　　　国際金融1059号
「取締役が対会社責任を負う場合における損害賠償の範囲」旬刊商事法務1600号
「商法改正と運営機構」　　　　　　　　　　　　　　　　財経詳報2256号
「持合株一挙消却で、経営統治構築を一株価対策ではなく企業統治改革
　こそが求められる（特集金庫株（トレジャリー・ストック）導入の効用)」
　　　　　　　　　　　　　　　　　　　　　　　　　　金融財政事情2446号
「現行商法・平成13年改正商法・商法改正中間試案から見た配当規制」
　　　　　　　　　　　　　　　　　　　　　　　　　　　　経理情報958号
「金庫株解禁の目的と今後の課題」　　　　　　　　　　　銀行実務508号
「株主総会復権論・批判」泉田栄一・藤田勝利・関英昭編『現代企業法の
　新展開（小島康裕教授退官記念)』所収　　　　　　　　　　　　　信山社

「投資顧問業者の注意義務研究会報告書の意義（特集：投資顧問業者の
注意義務―信認義務との接点）」　　　　　　　　　　金融法務事情1625号
「次期会社法改正の意義」　　　　　法学セミナー46巻9号（通巻561号）
「改訂コーポレート・ガバナンス原則の特徴」　　　　旬刊商事法務1612号
「株式制度等に関する商法改正法律案要綱について」　　　銀行実務511号
「ベンチャー法制は株式会社法制とは別個に規定すべき」　　経理情報967号
「会社法平成大改正の意義と概要―証券市場の圧力と会社法改正―」
　　　　　　　　　　　　　　　　　　　　　　　　　　財経詳報2291号

平成14年（2002年）
「商法改正法律案要綱と企業統治」　　　　　　　　　　　監査研究327号
「証券取引法上の基本概念に関する覚書」酒巻俊雄・志村治美編『現代
企業法の理論と課題（中村一彦先生古稀記念）』所収　　　　　　信山社
「証券市場に適合したガバナンス形態へ」　　　　　　　　経理情報984号
「投資一任会社による議決権行使」　　　　　　　　　旬刊商事法務1631号
「大会社における運営機構の選択」　　　　　　　　　判例タイムズ1093号
「証券市場・株式会社法制が追いつけないアメリカ型企業統治」経理情報985号
「市場法からみた金融システム改革諸法」　　　　　　旬刊商事法務1637号
「委員会等設置会社」　　　　　　　　　　　　　　　　　　法学教室265号

平成15年（2003年）
「資本市場制度改革―欠落した視点（特集・金融リスクをめぐる法的課題）」
　　　　　　　　　　　　　　　　　　　　　　　　　　ジュリスト1240号
「公告に代わる措置と中小会社法理」石山卓磨・上村達男・川島いづみ・
尾崎安央編『21世紀の企業法制（酒巻俊雄先生古稀記念）』所収
　　　　　　　　　　　　　　　　　　　　　　　　　商事法務研究会
「社外取締役のあるべき姿とは」　　　　　　　　　　取締役の法務111号
「公開株式会社法定着への距離」　　　　　　　　　　取締役の法務114号
「会社法の現代化とは何か」　　　　　　　　　　　　　　　監査役477号

平成16年（2004年）
「会社の設立・組織再編（「会社法制の現代化に関する要綱試案」の
論点）」　　　　　　　　　　　　　　　　　　　　　旬刊商事法務1687号
「会社法総則・会社の設立」　　　　　　　　　　　　　ジュリスト1267号
「取締役・執行役概念の再構成」　　　　　　　　　　旬刊商事法務1710号
「証券市場・株式会社・市民社会」シンクネットセンター21編『企業
システムの改革をめざして』所収　　　　　　　　シンクネットセンター21

「市場監視機能・体制の強化」　　　　　　　　　　　　　ジュリスト1280号
平成17年（2005年）
「GHQ文書」早稲田大学比較法研究所編『日本法の国際的文脈：西欧・
　アジアとの連鎖』　　　　　　　　　　　　　早稲田大学比較法研究所叢書32号
「株式会社と市民社会」日本経済新聞社編『歴史から読む現代経済』所収
　　　　　　　　　　　　　　　　　　　　　　　　　　　　　　日本経済新聞社
「市場のルールを踏み荒らす者は誰か」　　　　　　　　　　　　世界739号
「証券取引所の自主規制機能」　　　　　　証券アナリストジャーナル43巻7号
「清算関係」　　　　　　　　　　　　　　　　　　　　　ジュリスト1295号
「会社法制と法分野間のボーダーレス」江頭憲治郎＝増井良啓編『市場
　と組織』所収　　　　　　　　　　　　　　　　　　　　　　東京大学出版会
「市場経済と法」日本経済新聞社編『資本主義の未来を問う：変貌する
　市場・企業・政府の関係』所収　　　　　　　　　　　　　　日本経済新聞社
平成18年（2006年）
「証券取引法との統合」『新会社法詳解（企業会計特別保存版）』所収
　　　　　　　　　　　　　　　　　　　　　　　　　　　　　　　　中央経済社
「企業買収論議の死角」　　　　　　　　　　　　　　　　　　　世界747号
「商法・証券取引法における不法行為」　　　　　　　　法律時報78巻8号
「新会社法の性格と法務省令」　　　　　　　　　　　　　ジュリスト1315号
「金融商品取引法―目的規定の意義を中心に―」　　　　法律のひろば59巻11号
「新会社法の性格と会社法学のあり方」森淳二朗・上村達男編著『会社法
　における主要論点の評価』所収　　　　　　　　　　　　　　　　中央経済社
「村上ファンドはなぜ挫折したのか」　　　　　　　　　　　　　世界755号
平成19年（2007年）
「証券規制における取引ルールと市場ルールの交錯」早稲田大学21世紀
　COE企業法制と法創造総合研究所編『法の基本概念のexplicatioとKritik』
　所収　　　　　　　　早稲田大学21世紀COE《企業法制と法創造》総合研究所
　　　　　　　　　　　　　「基本的法概念のクリティーク」研究会
「会社法・本質的理解と学習のすすめ―総論・会社法の見方と学び方―」
　　　　　　　　　　　　　　　　　　　法学セミナー52巻9号（通巻633号）
平成20年（2008年）
「企業法と労働法の交錯」『季刊企業と法創造4巻3号〈早稲田大学21COE
　機関誌〉』　　　　　　　　　　　　　　　　　　　　　　　　　　商事法務
「公開会社法要綱案とは何か」『季刊企業と法創造4巻3号〈早稲田大学

21COE機関誌〉』 商事法務
「資本市場・企業法制における法継受の意味について」早稲田大学比較法
研究所編『比較と歴史のなかの日本法学：比較法学への日本からの発信』
所収 早稲田大学比較法研究所叢書34号
「公開会社法とは何か―資本市場と一体の改革法制」 資本市場274号
「比較法研究所50周年記念　第二の創世記―高まる比較法研究所の社会的
使命―」 比較法学42巻1号
「生活安心プロジェクトとCSR」 ESP economy, society, policy514号

平成21年（2009年）
「金融・資本市場法制―英国型モデルと日本の選択肢」『季刊企業と
法創造5巻2号〈早稲田大学21COE機関誌〉』 商事法務
「成熟市民社会日本に相応しい企業、金融・資本市場法制の構想とは」
『季刊企業と法創造5巻2号〈早稲田大学21COE機関誌〉』 商事法務
「会社法と労働の基礎理論―基本権を踏まえて―」布井千博・酒井太郎・
川口幸美・野田博編『会社法・金融法の新展開（川村正幸先生退職記念）』
所収 中央経済社
「日本に公開会社法がなぜ必要なのか」上村達男編『早稲田大学21世紀
COE叢書・企業社会の変容と法創造第4巻』所収 日本評論社
「会社法学からの問題提起と憲法学からの応答」 法律時報81巻5号
「変わる会社法と労働法の関係―市民社会の再構築」 生活経済政策149号
「金融ADR法の理論上の意義について」 NBL913号
「敵対的企業買収と防衛策のあり方」浜田道代・岩原紳作編『会社法
の争点』所収 有斐閣
「『最大自由』の法制度が金融危機をもたらした」 世界787号

平成22年（2010年）
「企業法制と憲法学」戸波江二編『早稲田大学21世紀COE叢書・企業社会
の変容と法創造第2巻』所収 日本評論社
「グローバルCOE拠点形成目的の中核企画としての意義について」戒能
通厚・石田眞・上村達男編『法創造の比較法学：先端的課題への挑戦』
所収 日本評論社
「危機再発防止に向けた欧米の法制」日経経済教室セレクションⅡ所収

平成23年（2011年）
「会社法制と資本市場―解釈論上の問題点を踏まえて」 旬刊商事法務1940号

平成24年（2012年）
 「会社法改正の理論と展望」（江頭憲治郎・上村達男・齊藤真紀・中東正文・
　尾崎安央・河村賢治各氏）　　　　　　　　　　　　　　　　　私法74号
 「グローバル経営時代のコーポレートガバナンス」　　企業リスク9巻2号
 「今こそ、法を考える時代」　　　　　　　法学セミナー57巻4号（通巻687号）
 「株式会社は市場とデモクラシーの調和の世界」
　　　　　　　　　　　　　　　　　　　　法学セミナー57巻4号（通巻687号）
 「企業法制における市場の論理とデモクラシーの論理」『季刊企業と法創造
　9巻1号〈早稲田大学21COE機関誌〉』　　　　　　　　　　　　商事法務
 「世界の潮あいつぐ企業不祥事が突き付ける資本市場の『欠陥』」　世界834号

平成25年（2013年）
 「会社法制の見直しについて」　　　　　　　　　　　　監査研究39巻2号
 「『法』に本気で目覚めないと『真の』経済成長はない」　　　　岩波書店
 編集部編『これからどうする─未来のつくり方─』所収　　　　　岩波書店

平成26年（2014年）
 「新しい『所有権法の理論』：会社法・資本市場法からの問題提起」
　　　　　　　　　　　　　　　　　　　　　　　　　　　　　法社会学80号

平成27年（2015年）
 「会社法・金商法の新視点（第1回）金融商品取引業における「業」概念を
　めぐる議論について」　　　　　　　　　　　　　　ビジネス法務15巻2号
 「ガバナンス・コードの問題点：会社法改正への熱意が不可欠」
　　　　　　　　　　　　　　　　　　　青山アカウンティングレビュー5号
 「NHKの再生はどうすれば可能か」　　　　　　　　　　　　　世界870号
 「新たな時代における監査役の役割」　　　　　　　　　　　　監査役643号
 「皮相な株主主権論」斎藤史郎編『逆説の日本経済論』所収　　PHP研究所
 「日本放送協会（NHK）のガバナンスと監査委員会の機能について」
　　　　　　　　　　　　　　　　　　　　　　　　　　　　早稲田法学91巻1号

平成28年（2016年）
 「人間の学としての会社法学」棚澤能生編『持続可能社会への転換と法・
　法律学＝Law and Sustainability』所収　　　早稲田大学比較法研究所叢書43号
 「高市総務相を利する放送法＝倫理規定説─真っ向から『停波発言』の
　違法性を論ぜよ」　　　　　　　　　　　　　　　　Journalism2016年4月号
 「会社法・金商法の新視点（第14回）資本概念と公開会社法理」
　　　　　　　　　　　　　　　　　　　　　　　　ビジネス法務16巻6号

「特集日本の会計・監査制度：資本市場の中核を担える態勢とは⑴～⑶」
　　　　　　　　　　　　　　　会計・監査ジャーナル28巻6号・7号・8号
平成29年（2017年）
　「任意の指名・報酬委員会設計の視点とは何か」　　資料版商事法務395号
　「公開会社法抜きの『株主との対話』とは？」　ディスクロージャー＆IR　第1巻
平成30年（2018年）
　「CEOの後継者指名と社外取締役の役割―日経の記事を巡って」
　　　　　　　　　　　　　　　　　　　　　　　　　　資料版商事法務406号
　「ISSによる報酬関係議案に対する反対推奨について」　資料版商事法務409号

Ⅲ　判例評釈等

昭和50年（1975年）
　「株式会社が代表取締役の退任及び代表権喪失を登記した場合における
　　商法12条と民法112条」　　　　　　　　　　　　法律のひろば28巻1号
昭和51年（1976年）
　「商品取引所法91条他に違反する委託契約の効力」酒巻俊雄・吉井溥編
　　『商品取引の判例と紛議処理』所収　　　　　　　　　　　同文館出版
　「会社名義で商品取引をした従業員と表見代理」酒巻俊雄・吉井溥編
　　『商品取引の判例と紛議処理』所収　　　　　　　　　　　同文館出版
昭和53年（1978年）
　「商法262条と重大な過失」　　　　　　　　　　法律のひろば31巻3号
昭和54年（1979年）
　「証券取引法64条2項にいう悪意の意義」　　　北九州大学法政論集6巻4号
昭和56年（1981年）
　「商品取引員の注文拒否と投資家に対する不法行為」　法律のひろば34巻11号
昭和57年（1982年）
　「議決権代理行使の代理人資格」　　　　　　　　　　税経通信37巻16号
昭和59年（1984年）
　「取締役の辞任と対第三者責任」　　　　　　　　　法律のひろば37巻12号
昭和62年（1987年）
　「商法245条1項1号の営業譲渡契約の無効と信義則他」　判例タイムズ644号
昭和63年（1988年）
　「事故株の処理についての証券会社の商慣習」『新証券・商品取引判例百選』
　　　　　　　　　　　　　　　　　　　　　　　　　　　別冊ジュリスト100号

「インサイダー取引(3)――不正流用理論」『新証券・商品取引判例百選』
別冊ジュリスト100号

平成2年（1990年）
「譲渡制限株式先買契約の効力」『平成元年度重要判例解説』　ジュリスト980号

平成4年（1992年）
「計算書類の虚偽記載と商法266条ノ3第2項の責任」『会社判例百選〈第5版〉』
別冊ジュリスト116号

平成5年（1993年）
「証券会社従業員の無断売買の効果」『平成4年度重要判例解説』
ジュリスト1024号

「有限会社における法定準備金の資本組入れの可否」『商業登記先例判例百選』
別冊ジュリスト124号

平成6年（1994年）
「商業帳簿の提出命令の対象」『商法（総則商行為）判例百選〈第3版〉』
別冊ジュリスト129号

平成9年（1997年）
「証券会社による損失補填に対する利益供与（野村證券事件）」『独禁法審決・判例百選〈第5版〉』
別冊ジュリスト141号

「総会開場前の社員株主の前方着席と不法行為」『平成8年重要判例解説』
ジュリスト1113号

「取締役・会社間の約束手形の振出」『手形小切手判例百選〈第5版〉』
別冊ジュリスト144号

「敵対株主からの株式買取工作と利益供与」『臨時増刊〈会社判例と実務・理論〉』
判例タイムズ948号

平成10年（1998年）
「計算書類の虚偽記載と商法266条ノ3第2項の責任」『会社判例百選〈第6版〉』
別冊ジュリスト149号

平成14年（2002年）
「証券会社の損失補填に対する株主代表訴訟」『独禁法審決・判例百選〈第6版〉』
別冊ジュリスト161号

「商業帳簿の提出命令の対象」『商法（総則商行為）判例百選〈第4版〉』
別冊ジュリスト164号

平成16年（2004年）
「裏書禁止手形」『手形小切手判例百選〈第6版〉』　別冊ジュリスト173号

平成18年（2006年）
　「計算書類の虚偽記載と対第三者責任」『会社法判例百選』
　　　　　　　　　　　　　　　　　　　　　　　別冊ジュリスト180号
　「商業帳簿の提出命令の対象」『商法（総則商行為）判例百選〈第5版〉』
　　　　　　　　　　　　　　　　　　　　　　　別冊ジュリスト194号
平成23年（2011年）
　「計算書類の虚偽記載と対第三者責任」『会社法判例百選〈第2版〉』
　　　　　　　　　　　　　　　　　　　　　　　別冊ジュリスト205号
平成25年（2013年）
　「ToSTNet取引と公開買付規制」『金融商品取引法判例百選』
　　　　　　　　　　　　　　　　　　　　　　　別冊ジュリスト214号
平成29年（2017年）
　「金融商品取引法の目的」『証券事典』（証券経済学会・日本証券経済研究所
　編）　　　　　　　　　　　　　　　　　　　　　　　　　　きんざい

Ⅳ　翻訳その他

昭和48年（1973年）
　「英国会社法改正の基本的構想(Ⅰ)～(Ⅲ)」（酒巻俊雄氏と共訳）
　　　　　　　　　　　　　　　　　旬刊商事法務644号・646号・648号
昭和50年（1975年）
　「英国新産業法案について(1)～(2)」（星川長七氏と共訳）
　　　　　　　　　　　　　　　　　　　　　法律時報47巻9号・10号
昭和54年（1979年）
　「イギリスにおける会社買収について日本企業が留意すべき諸点」
　　　　　　　　　　　　　　　　　　　　　　　国際商事法務7巻6号
昭和56年（1981年）
　「イギリス1980年会社法(1)～(3)」（共訳）　国際商事法務9巻3号・4号・6号
昭和59年（1984年）
　「中小企業判例紹介」　　　　　　　　　　　　　　　会社法務4号
昭和60年（1985年）
　「昭和60年度司法試験解説と答案例講評〈商法〉」
　　　　　　　　　　　　　　　　　　法学セミナー30巻9号（通巻369号）
昭和61年（1986年）
　「昭和61年度司法試験解説と答案例講評〈商法〉」

法学セミナー31巻9号（通巻381号）
昭和62年（1987年）
　「昭和62年度司法試験解説と答案例講評〈商法〉」
法学セミナー32巻9号（通巻393号）
平成元年（1989年）
　「会計調査人調査基準の概要とその問題点〈司会〉」（武田隆二・脇田良一・
　佐藤裕志各氏と座談会）　　　　　　　　　　　　　　　　税理32巻16号
平成3年（1991年）
　「損失補塡に関する法的諸問題」（河本一郎・龍田節・若杉敬明各氏と
　座談会）　　　　　　　　　　　　　　　　　　　旬刊商事法務1263号
平成5年（1993年）
　「特集・法子さんの証券取引法探検」　　法学セミナー38巻2号（通巻458号）
平成6年（1994年）
　「金融証券市場と監査役」（三國陽夫・中地宏各氏と座談会）　企業会計46巻12号
平成9年（1997年）
　「立法・立法学の現状と課題〈上・下〉」（宇賀克也・大森政輔・鎌田薫・
　長谷部恭男・山本庸幸・後藤敬三・寺田逸郎各氏と座談会）　NBL630号・631号
平成10年（1998年）
　「『自民党改正試案骨子』・『経団連緊急提言』の問題点」　　法と民主主義326号
　「企業活動とリーガルマインド」（倉澤康一郎・堀龍兒・ダリル・G・金子
　各氏と座談会）　　　　　　　　　　　　　　　ビジネス実務法務1巻1号
　「日本の企業システムは変わるか」（岩井克人・奥村宏各氏と座談会）
　　　　　　　　　　　　　　　　　　　　　　　　　　　　企業会計50巻11号
平成11年（1999年）
　「日本版ビッグバンと金融システム改革法」（神田秀樹・池尾和人・三國谷
　勝範・関要各氏と座談会）　　　　　　　　　　　　旬刊商事法務1514号
　「金融機関の破綻処理と企業法制」（神田秀樹・岩村充・末村篤・野村修也
　各氏と座談会）　　　　　　　　　　　　　　　　　　　ジュリスト1154号
平成13年（2001年）
　「どうなる！商法ビッグバン」（鳥飼重和・中西敏和と座談会）
　　　　　　　　　　　　　　　　　　　　　　　　　　ビジネス法務1巻1号
平成14年（2002年）
　「コーポレート・ガバナンスの強化へ向けた監査制度改革と課題」（八田
　進二・中東正文・別府正之助・角田善弘各氏と座談会）　　監査研究28巻1号

「平成13年および14年会社法改正の検証」（岸田雅雄・酒巻俊雄・下山祐樹・
友松康夫・尾崎安央各氏と座談会）　　　　　　　　判例タイムズ1093号
平成18年（2006年）
「ライブドア事件が映し出したもの―生きる、働く、暮らす人のために―」
（内橋克人氏と対談）　　　　　　　　　　　　　　　　　　　世界752号
「会社法の問題点を斬る」（稲葉威雄・内田千秋各氏と座談会）
　　　　　　　　　　　　　　　　　早稲田ビジネススクール・レビュー4号
「フォーラム勉強会証券市場を考える―ライブドア事件を踏まえて」（八田
進二氏とともにパネリスト）日本コーポレート・ガバナンス・フォーラム
編『資本市場の論理とコーポレート・ガバナンス』
　　　　　　　　　　　　　　　　日本コーポレート・ガバナンス・フォーラム
平成19年（2007年）
「資本市場における公認会計士の役割とその責任」（藤沼亜起・椿愼美各氏
と座談会）　　　　　　　　　　　　　　　会計・監査ジャーナル19巻3号
平成20年（2008年）
「市場型M&Aの到達点と今後の課題―日本が進むべき道」（大楠泰治・三苫
裕各氏と座談会）　　　　　　　　　　　　　　　　　　　　MARR159号
「CSRの促進に向けて―ステークホルダーとの新たな関係構築」（稲岡稔・
松本恒雄各氏と座談会）　　　　　　ESP economy, society, policy508号
「特別講演株主・投資家・市民―IRの射程とは何か」　　　IR-Com 1・2号
「金融・資本市場改革の方向性」（池尾和人・松尾直彦・犬飼重仁・斉藤惇
各氏）『季刊企業と法創造4巻3号〈早稲田大学21COE機関誌〉』　商事法務
「企業と労働」（毛塚勝利・熊谷謙一各氏）『季刊企業と法創造4巻3号
〈早稲田大学21COE機関誌〉』　　　　　　　　　　　　　　　　　商事法務
「会社法制の行方」（稲葉威雄・河本一郎各氏）『季刊企業と法創造4巻3号
〈早稲田大学21COE機関誌〉』　　　　　　　　　　　　　　　　　商事法務
「企業法と労働法の交錯」『季刊企業と法創造4巻3号〈早稲田大学21COE
機関誌〉』　　　　　　　　　　　　　　　　　　　　　　　　　商事法務
「講演開示・会計・監査・内部統制と資本市場」
　　　　　　　　　　　　　　　　　　　産研アカデミック・フォーラム16号
「成熟市民社会英国の企業買収ルールを徹底的に学ぶセミナー」（ノエル・
ヒルトン・小田博各氏）『季刊企業と法創造4巻3号〈早稲田大学21COE機
関誌〉』　　　　　　　　　　　　　　　　　　　　　　　　　　商事法務
「日本版テイクオーバー・パネルの構想」（渡辺宏之・河村賢治各氏）

「『季刊企業と法創造4巻3号〈早稲田大学21COE機関誌〉』　　　商事法務
「日本型モデルで富国強『法』をめざす—人間中心の企業社会構築への道」
　　　　　　　　　　　　　　　　　　　　　　　経済倶楽部講演録710号
「生活安心プロジェクトとCSR」　　　　ESP economy, society, policy514号
「講演　株式会社はどこへ行くのか—企業価値と労働」　　世界の労働58巻10号
「正念場迎える東京金融・資本市場改革(3)上村達男早大法学学術院長」
（石橋純子氏のインタビュー）　　　　　　　　　　　　　　　金融財政9960号
平成21年（2009年）
「金融オンブズマン世界大会の印象を語る」（梁瀬捨治・田中圭子・犬飼
　重仁各氏）『季刊企業と法創造5巻2号〈早稲田大学21COE機関誌〉』　商事法務
「金融資本市場法制が目指したものとその将来」（神田秀樹・内山昌秋・
　犬飼重仁各氏）『季刊企業と法創造5巻2号〈早稲田大学21COE機関誌〉』
　　　　　　　　　　　　　　　　　　　　　　　　　　　　　　　商事法務
「金融危機に学ぶ日本の企業社会の将来」　　　　　　　　　　資本市場285号
「法理論創造時代の会社法制—担う内部統制・内部監査」　　監査研究35巻5号
「公開会社法とは何か〈第1回〉〜〈第3回・完〉」（中村直人氏と対談）
　（〜平成22年2月）　　　　　　　　企業会計61巻12号・62巻1号・62巻2号
平成22年（2010年）
「格付けを通して見た日本経済」（三國陽夫氏と対談）　　　　　　世界802号
平成23年（2011年）
「会社法制の見直しとコーポレート・ガバナンス」（講演および清原健氏
　と対談）　　　　　　　　　　　　　　　　　　　　　　Law and practice 5号
平成24年（2012年）
「会社法・金商法の諸問題を語りつくす（上）（下）」（松尾直彦氏と対談）
　　　　　　　　　　　　　　　　　　　　　　　ビジネス法務12巻2号・3号
平成26年（2014年）
「基調講演ガバナンス経営のあり方—企業、市場、市民社会—」経営関連
　学会協議会編『新しい経営学の創造』　　　　　　　　　　　　　中央経済社
平成27年（2015年）
「次期会社法改正と日本の企業社会」（江頭憲治郎・岩原紳作各氏と座談会）
　　　　　　　　　　　　　　　　　　　　　　　　　　　　早稲田法学90巻2号
平成29年（2017年）
「役員報酬に関するガバナンス設計の考え方」（岩田彰一郎・阿部直彦・
　澁谷展由各氏と座談会）　　　　　　　　　　　　　　資料版商事法務395号

「新しい株式報酬の法的問題、設計についての考え方」(弥永真生・大杉謙一・阿部直彦・澁谷展由各氏と座談会)　　　資料版商事法務398号

平成30年（2018年）

「金商法と会社法の将来——再び、公開会社法を巡って」(神田秀樹氏・中村直人氏と座談会)　　　　　　資料版商事法務408号

■執筆者紹介（掲載順）

中村　直人	（なかむら　なおと）	弁護士
中東　正文	（なかひがし　まさふみ）	名古屋大学大学院法学研究科教授
河村　賢治	（かわむら　けんじ）	立教大学大学院法務研究科教授
高橋　英治	（たかはし　えいじ）	大阪市立大学大学院法学研究科教授
中村　信男	（なかむら　のぶお）	早稲田大学商学学術院教授
鳥山　恭一	（とりやま　きょういち）	早稲田大学法学学術院教授
山本真知子	（やまもと　まちこ）	甲南大学法学部教授
岩原　紳作	（いわはら　しんさく）	早稲田大学法学学術院教授
黒沼　悦郎	（くろぬま　えつろう）	早稲田大学法学学術院教授
川濱　昇	（かわはま　のぼる）	京都大学大学院法学研究科教授
久保利英明	（くぼり　ひであき）	弁護士・桐蔭法科大学院教授
牛島　信	（うしじま　しん）	弁護士
藤田　友敬	（ふじた　ともたか）	東京大学大学院法学政治学研究科教授
柿﨑　環	（かきざき　たまき）	明治大学法学部教授
弥永　真生	（やなが　まさお）	筑波大学ビジネスサイエンス系教授
神田　秀樹	（かんだ　ひでき）	学習院大学大学院法務研究科教授
尾崎　安央	（おさき　やすひろ）	早稲田大学法学学術院教授
川島いづみ	（かわしま　いづみ）	早稲田大学社会科学総合学術院教授
渡辺　宏之	（わたなべ　ひろゆき）	早稲田大学法学学術院教授
福島　洋尚	（ふくしま　ひろなお）	早稲田大学法学学術院教授
久保田安彦	（くぼた　やすひこ）	慶應義塾大学大学院法務研究科教授
受川　環大	（うけがわ　かんだい）	明治大学専門職大学院法務研究科専任教授
石川　真衣	（いしかわ　まい）	早稲田大学高等研究所講師
若林　泰伸	（わかばやし　やすのぶ）	早稲田大学法学学術院教授
松岡　啓祐	（まつおか　けいすけ）	専修大学法科大学院教授
青木　浩子	（あおき　ひろこ）	千葉大学大学院専門法務研究科教授
大塚　英明	（おおつか　ひであき）	早稲田大学法学学術院教授

あとがき

　上村達男先生は、2018（平成30）年4月19日をもってめでたく古稀を迎えられました。本書は、上村先生の古稀をお祝いして、先生が所属されている早稲田大学の関係教員、先生から直接指導を受けた研究者だけでなく、他大学の指導的な研究者や著名な法曹の方々が、問題意識溢れる貴重な論文を寄稿された論文集です。

　上村先生は、日本私法学会の個別報告で「証券取引法における市場法的構成の試み」（私法48号（1986年）179頁所収）と題して当時の証券取引法学説に対して「証取法1条論」をもって学会デビューを果たされました。前田重行先生の司会で、多くの著名な先生方が次々に質問され、それに答えられた若き日の上村先生の姿は、今も忘れられません。その後、証券取引法市場法論を展開され、その中で株式の法的性質・地位についてのご研究を進められ、公開株式会社法理論として会社法の基礎理論に大きな影響を与える数多くの業績をあげてこられました。本書のタイトルを『公開会社法と資本市場の法理』とした由縁です。

　上村先生は、上記のような卓越した研究業績により学界・社会に多大なご貢献をされただけでなく、教育面でも、北九州（市立）大学・専修大学・立教大学・早稲田大学をはじめ、数多くの大学・教育機関等で教鞭をとられ、その間数多くの後進の育成にご尽力されてこられました。学界には、上村先生から直接あるいは間接に指導を受けた研究者が多数ご活躍です。また、大学行政面でも、早稲田大学法学学術院長・法学部長として重責を担われました。

　特筆すべきは、21世紀COE「企業社会の変容と法システムの創造」・グローバルCOE「成熟市民社会型企業法制の創造」の拠点リーダーとして、国内外の多数の研究者との研究交流を通じて、企業社会と市民社会との関係性を踏まえた新たな企業法理論を提唱されたことです。現在では、先生の研究はさらに発展し、持続可能社会法学・人間の学としての会社法学などの新たな研

究領域が切り開かれています。

　この古稀記念論文集に、これほど多くの、また多彩な論文が寄稿されたことは、ひとえに上村先生のご人徳とこれまでの多方面にわたるご活躍・交流の賜物であるといえます。早稲田大学関係者にとどまらず、早稲田大学以外の研究者・法曹の方々からも、貴重な論文が多く寄せられ、そのことが本書の価値を大きく高めていることは間違いありません。大変ご多忙のなか刊行の時間的な制約があったにもかかわらず、力作をお寄せくださった先生方に心から感謝申し上げます。

　上村先生は、2019（平成31）年3月をもって早稲田大学をご退職されます。先生がご健勝で退職後も益々ご研究を深められ、後進を指導し続けていただくことを、執筆者一同、願ってやみません。

　最後に、出版事情が大変厳しい折、株式会社商事法務の皆様、とりわけ、代表取締役社長小宮慶太氏、取締役渡部邦夫氏には大変お世話になりました。この場を借りて厚くお礼を申し上げます。

　2018（平成30）年12月

尾崎　　安央
川島　いづみ
若林　　泰伸

上村達男先生古稀記念
公開会社法と資本市場の法理

2019年2月4日　初版第1刷発行

編　者　　尾　崎　安　央
　　　　　川　島　いづみ
　　　　　若　林　泰　伸

発行者　　小　宮　慶　太

発行所　　㈱商　事　法　務
　　　　　〒103-0025　東京都中央区日本橋茅場町3-9-10
　　　　　TEL 03-5614-5643・FAX 03-3664-8844〔営業部〕
　　　　　TEL 03-5614-5649〔書籍出版部〕
　　　　　http://www.shojihomu.co.jp/

落丁・乱丁本はお取り替えいたします。　　　　印刷／中和印刷㈱
© 2019 Yasuhiro Osaki, Izumi Kawashima　　　Printed in Japan
　　　 Yasunobu Wakabayashi
Shojihomu Co., Ltd.
ISBN978-4-7857-2695-9
＊定価はカバーに表示してあります。

〈JCOPY〉〈出版者著作権管理機構　委託出版物〉
本書の無断複製は著作権法上での例外を除き禁じられています。
複製される場合は、そのつど事前に、出版者著作権管理機構
（電話03-5244-5088、FAX 03-5244-5089、e-mail: info@jcopy.or.jp）
の許諾を得てください。